문화의 수수께끼를 풀다

GODS OF THE UPPER AIR
Copyright ⓒ 2019 by Charles King
All rights reserved.

Korean translation copyright ⓒ 2024 by Gyoyangin
Korean translation rights arranged with Massie & McQuilkin
through EYA Co., Ltd

이 책의 한국어판 저작권은 EYA Co., Ltd를 통해
Massie & McQuilkin과 독점 계약한 '교양인'이 소유합니다.
저작권법에 의하여 한국 내에서 보호를 받는 저작물이므로
무단 전재 및 복제를 금합니다.

문화의 수수께끼를 풀다

문화 상대주의로 세상을 바꾼
인류학의 모험가들

찰스 킹 | 문희경 옮김

나는 내가 내린 결론이 우주에 관한 진실이라고 말하지 않겠다. 하지만 나는 이제껏 달콤하면서도 씁쓸한 숱한 길을 걸어왔고 그 모든 길이 내게는 옳았다고 느낀다. … 머리 위에 구름 왕관을 쓰고 지그재그로 내리치는 번개가 손가락을 스치는 폭풍 속을 걸었다. 저 높은 곳의 신들이 내 눈앞에 얼굴을 드러냈다.
— 조라 닐 허스턴, 인류학자, 1942년

새로운 과학적 진실은 반대자들을 설득하고 그들이 빛을 보게 함으로써 승리하는 것이 아니라, 결국 반대자들이 죽고 그 진리에 익숙한 새로운 세대가 자라남으로써 승리한다.
— 막스 플랑크, 물리학자, 1948년

차례

1장　문화 상대주의는 어떻게 탄생했는가　　　10

2장　북극으로 떠난 탐험가　　　30
　　　(1858~1885)

3장　"문명은 상대적이다"　　　64
　　　(1886~1888)

4장　인종 이론에 맞서다　　　92
　　　(1889~1899)

5장　두개골 수집가들　　　120
　　　(1900~1911)

6장　"나의 최고의 제자들은 전부 여성이었다"　　　156
　　　(1911~1924)

7장　마거릿 미드, 폴리네시아로 떠나다　　　188
　　　(1924~1926)

8장　우생학에 빠진 미국　　　232
　　　(1926~1929)

9장	"나는 바너드칼리지의 신성한 검은 소였다" (1925~1929)	272
10장	최초의 원주민 인류학자 (1914~1941)	314
11장	광기에 휩싸인 세 인류학자 (1931~1935)	356
12장	산 자와 죽은 자, 그리고 좀비 (1935~1942)	398
13장	인종주의의 쌍생아, 독일과 미국 (1933~1946)	436
14장	문화 상대주의의 승리	476

감사의 말	496
주석	500
참고문헌	533
찾아보기	555

1장

문화 상대주의는 어떻게 탄생했는가

보아스 학파의 핵심 개념은 현명하게 살아가려면 타인의 삶을 공감의 눈으로 바라보아야 한다는 것이다. 사회 현실을 보는 다른 관점을 판단하려면 우선 그 관점을 제대로 이해할 때까지 판단을 보류해야 하고, 다음으로 먼 곳의 종족을 연구할 때처럼 냉정하고 회의적인 시각으로 우리 사회를 바라봐야 한다.

1925년 8월 마지막 날, 샌프란시스코에서 시드니로 정기 운항하는 3층짜리 증기선 소노마호가 사화산 분화구에 자리 잡은 항구를 향해 서서히 들어왔다. 투투일라섬은 가뭄으로 누렇게 메말랐지만, 언덕 위에는 아직 아보카도 나무와 활짝 핀 생강꽃이 흩어져 있었다. 백사장 너머로 검은 절벽이 흐릿하게 보였다. 길게 늘어선 쭉쭉 뻗은 야자수 너머로 초가집들이 옹기종기 모여 있었다. 벽 없이 사방이 뚫린 초가집은 아메리칸사모아*의 전통 가옥이었다.

소노마호에는 펜실베이니아 출신의 스물세 살 여자가 타고 있었다. 가냘프지만 체격이 다부진 이 여성은 결막염으로 수영도 못하고, 발목이 부러진 데다 가끔 오른팔도 쓰지 못할 만큼 만성 질환에 시달리고 있었다. 트렁크에는 기자 수첩과 타자기, 이브닝드레스, 그리고 머리가 헝클어진 나이 든 남자의 사진이 들어 있었다. 그녀가 '파파 프란츠'라고 부르는 이 남자의 얼굴에는 사브르 칼에 베어 얽은 흉터와 수술 실패로 신경이 손상돼 흘러내린 자국

---

* 남태평양 오세아니아 중부에 있는 사모아 제도의 동쪽 섬. 1900년 미국이 해군 기지를 설치하면서 미국령이 되었다. 투투일라섬은 아메리칸사모아 인구 대부분이 거주하는 대표 섬이다.

이 있었다. 그 사람이 마거릿 미드(Margaret Mead, 1901~1978)가 이 여행을 시작한 이유였다.[1]

미드는 얼마 전에 그의 지도를 받아 박사 학위 논문을 완성하며 컬럼비아대학 인류학과의 험난한 과정을 마친 최초의 여성 연구자 중 한 명이 됐다. 이때까지 미드는 현실의 삶보다 도서관의 장서에 의지해 논문을 썼다. 그러나 제자들에게 파파 프란츠로 불리던 인류학과의 학과장 프란츠 보아스(Franz Boas, 1858~1942) 교수는 미드에게 인류학자로서 발자취를 남길 만한 현장을 찾아 떠나라고 권했다. 보아스는 몇 달 후 미드에게 보낸 편지에 적절한 계획과 약간의 운이 따라주면 "원시 사회의 집단적 정신 상태를 탐구하는 최초의 진지한 시도"가 될 수 있을 거라고 썼다.[2] "자네의 성공은 원주민 부족에 대한 연구 방법론의 새로운 시대를 열 수 있을 거라고 믿네."

지금, 미드는 배의 난간 너머를 내다보며 가슴이 내려앉는 느낌을 받았다.

항구에 회색 순양함과 구축함과 지원함이 가득 들어차 있었다. 수면에는 무지개 빛 기름이 떠 있었다. 아메리칸사모아와 투투일라섬은 1890년대부터 미국의 지배를 받았다. 미드가 도착하기 3년 전에는 미 해군이 대서양에 있던 미국의 외양선 대다수를 태평양으로 옮겼는데, 아시아에 대한 미국의 관심이 커지면서 나타난 전략적 방향 전환이었다. 아메리칸사모아는 새로 재편된 함대를 위한 연료 기지와 수리 거점이 됐다. 미드가 도착한 날 마침 미군 함대도 파고파고 항구에 입항했다. 시어도어 루스벨트 대통령이 미국의 해상력을 과시하기 위해 그레이트화이트 함대를 전 세계로 파견하기 시작한 1907년 이래 최대 규모의 해군력이 이곳에 배치된 것이다.

하늘에서 항공기들이 굉음을 일으켰다. 땅에서는 포드 자동차 수십 대가 좁은 콘크리트 도로를 쌩쌩 달렸다. 파고파고 한복판의 야외 공용 공간인 '말래'에서는 사모아인들이 즉석 장터를 열어 나무 그릇과 구슬 목걸이, 바구니, 풀잎 치마, 장난감 카누를 늘어놓고 팔았다. 풀밭에는 사모아의 가족들이 모여 앉아 이른 점심을 먹었다. "저 배들 때문에 계속 늦어지네."3) 미드가 투덜거렸다. 여기서는 아무리 봐도 원시 부족을 연구할 방법이 없어 보였다. 미드는 파고파고에서 최대한 먼 곳으로 이동하기로 했다.

미드의 연구 주제는 파파 프란츠가 제안한 것이었다. 유년기에서 성인기로 넘어가는 시기에 남녀를 막론하고 모든 청소년이 부모에게 반항하는 현상은 순전히 사춘기가 시작되면서 나타나는 생물학적 변화의 결과인가? 아니면 특정 사회가 청소년기를 그렇게 다루기로 정해서 나타난 결과인가? 미드는 이 질문의 답을 찾기 위해 이후 몇 달에 걸쳐 숲속을 돌아다니고, 외딴 마을에서 야영하며 현지의 어린아이들과 청소년들의 생활사를 기록하고, 성인들에게 내밀한 사랑과 성 경험에 관해 물었다.

얼마 후 미드는 사모아에는 반항하는 청소년이 거의 없어 보인다고 판단했다. 반항할 이유가 거의 없기 때문이었다. 사모아는 성 규범이 유연했다. 원칙적으로 순결을 중요하게 여겼지만 현실에서는 순결에 그만한 가치를 두지 않았다. 엄격한 정조 관념은 이질적이었다. 미드는 사모아의 방식이 원시적이거나 후진적이라기보다는 지극히 현대적이라고 보고했다. 미국에서 미드 세대가 받아들인 다양한 가치가 사모아 사람들에겐 이미 당연한 것인 듯했다. 말하자면 파티에서 애무하고 밀주를 마시고 찰스턴 댄스*

를 추는 1920년대 미국 젊은 세대의 가치관과 다르지 않았다. 미드의 목표는 사모아인들이 어떻게 방문을 쾅 닫는 청소년이나 소년원의 비행 청소년, 미국의 논평가들이 집착하는 문명의 붕괴의 두려움 같은 것을 피해 갈 수 있는지 알아내는 데 있었다. 사모아 청소년들은 어떻게 미국 청소년들에게 전형적으로 나타나는 불안에 사로잡히지 않고 자랄 수 있을까?

아니, 정말로 그럴까? "섹스, 섹스, 섹스 얘기만 하는 게 어찌나 지겨운지요."[4] 미드가 사모아로 들어온 지 몇 달 만에 가장 가까운 사이인 루스 베네딕트(Ruth Benedict, 1887~1948)에게 보낸 편지다. 미드는 수첩을 빼곡히 채우고, 색인 카드를 만들고, 현지 조사 보고서를 작성해 부서지는 파도를 뚫고 암초를 넘어 우편선으로 향하는 카누에 실어 보냈다. 그러고는 혹시라도 카누가 뒤집혀 자신이 지구 반대편까지 와 있는 단 하나의 이유, 막연하게 연구 경력이라고 부를 수 있는 유일한 증거가 물속에 잠길까 조마조마하게 지켜보았다. "그럭저럭 중요한 사실을 많이 찾았어요." 미드는 냉소적인 말투로 이런 게 다 무슨 소용일지 의심했다.[5] "제가 여기서 이러고 지내는 것도 그렇고, 이런 생각도 다 한심해요. … 돌아가면 지하철 매표원 자리나 알아봐야겠어요."[6]

당시에는 몰랐겠지만 사실 미드는 환영 만찬과 산호초 고기잡이, 후텁지근한 오후와 열대 폭풍의 거센 바람 속에서 새로운 혁명의 한복판을 통과하고 있었다. 그 혁명은 철학과 종교, 인문과학의 중심에 있는 골치 아픈 질문들에서 시작됐다. 인간 사회에서 자연스러운 구분은 무엇인가? 도덕은 보편적인가? 우리와 다

---

* 1920년대 미국 사우스캐롤라이나주 찰스턴의 흑인들 사이에서 시작된 스윙 댄스. 재즈 음악에 맞춰 추는 것이 특징이다.

른 신념, 다른 관습을 가진 사람들을 어떻게 대해야 할까? 이 혁명은 사회적 동물이란 표현의 의미를 근본적으로 재고하고 서구 문명의 우월함에 대한 손쉬운 확신을 포기하는 데서 끝난다. 그리고 이 혁명이 끝나는 곳에서 우리의 먼 조상이 진화의 어느 지점에서 우리가 문화라고 부르는 놀라운 것을 발명했다는 확신이 위태로워진다.

이 책은 우리 시대 가장 큰 도덕 전쟁의 최전선에 서 있던 사람들에 관한 이야기다. 피부색과 성별, 능력, 관습이 달라도 인류는 하나의 분열되지 않은 전체라는 사실을 증명하기 위해 고군분투한 사람들의 이야기다. 그리고 민족주의와 사회 분열의 시대에 세계주의자로 살다 간 사람들, 오늘날 우리가 현대적이고 개방적이라고 부르는 관점의 기원에 관한 이야기다. 여성 참정권 운동과 시민권 운동부터 성 혁명과 결혼 평등에 이르기까지 지난 100년간 나타난 급격한 사회 변혁과 그 반대편에서 국수주의와 극심한 편견으로 치달았던 세력에 관한 이야기다.

그렇다고 정치나 윤리, 신학에 관한 책은 아니다. 또 관용의 교훈을 설파하는 책도 아니다. 그보다는 과학과 과학자들에 관한 이야기다.

한 세기 남짓 전만 해도 교육받은 사람이라면 누구나 세상이 어떤 명확한 방식으로 돌아가는지 이해한다고 믿었다. 인간은 개인이면서 동시에 특정 유형을 대표하는 존재이고, 그 자체로 인종적·국가적·성적 특성의 총합이다. 인종 유형에 따라 지적이거나 게으르거나 규칙에 얽매이거나 호전적인 성향으로 태어난다. 정치는 남자의 영역이고, 여자는 설령 공적 영역에 진출하더라도 주로 자선 단체나 선교 사업, 아동 교육 분야에서 가장 생산적이다. 이민자는 국가의 자연스러운 활력을 떨어뜨리고 정치적 극단주의를 낳는다. 동물은 다정하게 대해야 마땅하고, 동물보다 조금 나은 수준인 후진적 종족은 우리가 도와줄 대상이지 존중할 대상이 아니다. 범죄자는 법의 테두리를 벗어나도록 타고났지만 교화할 수 있다. 동성애자와 남색자는 스스로 타락을 택했고 구제받지 못할 존재다. 이런 생각들이 이른바 진보의 시대의 논리였다. 노예제를 정당화하던 사회 풍조에서 벗어나고 있었고, 엄격한 계급의 경계가 흔들리며, 마침내 제국도 해체할 수 있는 시대였다. 그러나 인류의 결함을 드러내는 존재들, 이를테면 장님이나 귀머거리, 벙어리, 절름발이, 바보, 멍청이, 미치광이, 다운증후군 환자는 벽 뒤에서 소리 없이 살아가야 했다.*

현실의 경험에서 이런 자연스러운 진리를 확인할 수 있었다. 어떤 주권 국가도 여성에게 투표권과 공직을 허용하지 않았다. 미국은 인구 조사를 통해 사회를 '백인'과 '니그로(Negro)', '중국인', '아메리카 인디언'이라는 명확하고 배타적인 인종 유형으로 나누었다. 1890년 인구 조사에서는 물라토(mulatto, 백인과 흑인의 혼혈아), 쿼드룬(quadroon, 백인과 반*백인의 혼혈아), 옥토룬(octoroon, 흑인의 피를 8분의 1 물려받은 혼혈아)을 추가해 흑인도 피부색의 색조로 구분했다. 모든 사람이 어떤 인종 범주에 속하는지 아주 명확하게 구분되었는데, 그 범주는 당사자가 아니라 다른

---

* 이 책에는 오늘날 더는 쓰이지 않거나 부적절하게 여겨질 수 있는 '니그로(Negro)', '인디언(Indian)', '정신박약자(feebleminded)', '장님(blind)' 같은 표현을 그대로 사용한 부분이 있다. 본문 뒤에 실린 〈감사의 말〉에서 밝혔듯이 저자는 역사적 맥락을 충실히 반영하려는 의도에서 이런 표현을 살려 썼고 한국어판도 저자의 의도를 살리고자 했다.

사람, 흔히 백인 남성이 맡았던 인구 조사원이 정해주었다.

파리에서 런던과 워싱턴 D.C.에 이르기까지 어느 도시의 주요 도서관에 가든 이런 내용에 동의하는 교양서를 쉽게 발견할 수 있었다. 1911년에 완결된 《브리태니커 백과사전》의 20세기 초판에서는 '인종(race)'을 "공통 조상을 둔 후손"으로 정의했는데, 이는 백인과 흑인이 진화의 시간 속에서 전혀 다른 혈통으로 갈라졌다는 의미였다. 또 '문명(civilization)'은 "고도로 발달한 인간 종족이 문자 체계를 발명한" 이후의 시기로 정의됐다. 1911년에 출간된 《옥스퍼드 영어 사전》축약본에는 '인종주의(racism)'나 '식민주의(colonialism)', '동성애(homosexuality)' 항목이 없었다.

인간 사회를 바라보는 표준적인 관점에서는 신념과 관습의 차이를 발전이나 일탈의 문제로 보았다. 그리고 원시 사회에서 선진 사회까지 거의 직선으로 이어진다고 보았다. 뉴욕 센트럴파크의 한쪽 끝에서 반대편 끝까지 가보기만 해도 이런 자연의 오디세이를 되짚을 수 있었다. 한쪽 끝의 미국자연사박물관에는 아프리카인과 태평양제도 원주민, 아메리카 원주민이 엘크(큰사슴)나 회색곰 입체 모형과 함께 한 지붕 아래 전시됐다(현재도 마찬가지다). 그리고 센트럴파크 반대편의 메트로폴리탄미술관으로 건너가면 인류의 진정한 성취를 확인할 수 있었다. 당시 사회에는 여전히 결함이 존재했다. 결함은 바로 가난한 사람, 성적으로 일탈한 사람, 정신박약자, 과도하게 야심 찬 여자들이었다. 하지만 이런 결함도 이미 발달한 문명을 완성하기 위해 아직 해야 할 일이 남아 있다는 증거일 뿐이었다.

인간 유형의 자연스러운 서열이라는 생각은 세상 모든 부분에 영향을 끼쳤다. 초·중·고와 대학의 교과 과정, 법원 판결과 경찰의 치안 전략, 보건 정책과 대중문화, 미국의 인디언사무국과 필리핀의 식민지 행정관은 물론이고, 영국, 프랑스, 독일 등 다수의 제국과 국가와 준주(樽酒) 행정관의 업무에까지 영향을 미쳤다. 그 견해에 따르면, 가난한 사람들은 스스로 부족해서 가난했다. 자연은 나약한 원주민보다 강인한 식민지 개척자에게 우호적이었다. 외모와 관습과 언어의 차이는 근원적이고 본질적인 차이가 반영된 결과였다. 진보주의자들조차 기본적으로 이런 개념을 받아들여 원시적인 지역에 선교사와 교사, 의사가 충분히 보급되면 원시적이고 부자연스러운 관습을 근절하고 계몽주의적 관습을 도입할 수 있다고 주장했다. 미국에서 세계 정치와 국제 관계를 다루는 가장 중요한 정기 간행물이자 1922년에 처음 발행돼 현재까지도 영향력을 발휘하는 잡지 〈포린어페어스(Foreign Affairs)〉의 원래 이름이 '인종 발달 저널(Journal of Race Development)'이었던 것도 같은 이유였다. 원시 인종들은 강건한 기독교와 수세식 화장실과 포드 자동차의 혜택을 아직 누리지 못한 사람들일 뿐이었다.

하지만 이 모든 것에 대한 우리의 관점이 달라지기 시작했다.

인종, 민족, 국적, 성별, 성적 취향, 장애와 같은 개념은 여전히 우리가 사회 세계를 이해하기 위해 사용하는 기본 범주다. 가령 입사 지원서에서 이들 개념 중 몇 가지를 묻기도 한다. 또 인구 조사 양식에서 묻는 개념도 있다. 우리는 (21세기 미국에서도 여전히) 교양 강의와 SNS에서 이 범주에 관해 이야기한다. 물론 이런 범주의 의미가 과거와 같다는 뜻은 아니다.

2000년 인구 조사에서 미국인들은 최초로 자신의 인종이나 민족 정체성에 관한 질문에 복수 응답을 할 수 있게 됐다. 또 미국에서 600곳 이상의 대학에서 사용하는 '공통 지원서'라는 입학 양식에서는 지원자의 성별을 출생 증명서에 기재된 사항과 일치하도록 요구하기는 하지만, 지원자가 그 사실을 어떻게 인식하고 표현하는지 상세히 설명할 기회도 준다. 2015년에 미국 연방대법원 대법관 다수는 연방 결혼보호법(DOMA)에서 부부를 염색체상 여성과 남성으로 이루어진 커플로 한정하지 말라는 내용의 판결을 내렸다.* 학교와 공공건물, 대학, 직장에서는 (청각 장애가 있는 사람부터 휠체어 사용자, 독특한 학습 양식을 지닌 사람에 이르기까지) 불과 얼마 전까지만 해도 결함으로 여기던 요소를 이제는 모두 수용해야 할 차이로 간주하고, 단지 소리의 파동이나 계단 때문에 아이디어나 기술이나 재능을 표현하지 못하는 일이 생기지 않도록 해야 한다.

우리는 이런 변화를 흔히 도덕적 세계의 확장이나 축소로 설명하려 한다. 미국에서 정치적 좌파는 짐 크로 시대**의 인종 차별주의 해체부터 스톤월 항쟁***과 1990년에 제정된 미국장애인법을 거쳐 최초의 여성 대통령 후보를 내기까지, 지난하고도 불가피했던 궤적을 되짚어보는 경향이 있다. 이것은 진보의 서사이자 미국 건국 문서에 명시된 권리가 점점 더 많이 실현된 서사다. 반면에 정

---

* 2015년 6월 26일 미국 연방대법원은 '오버거펠 대 호지스 사건'에서 동성혼 합헌 판결을 내렸다. 미국 수정헌법 14조에 따라 미합중국 모든 주는 동성혼을 인정해야 한다는 내용을 담고 있다.
** 시골의 초라한 흑인을 희화화한 캐릭터 '짐 크로'는 19세기 미국에서 '니그로(검둥이)'를 가리키는 경멸적인 표현으로 자리 잡았다. 남북전쟁 후 남부 11개 주에서 1876년부터 1965년까지 흑백 분리 차별법이 시행되었고 이 시기를 '짐 크로 시대'라 한다.
*** 1969년 6월 동성애자, 드래그퀸, 트랜스젠더 들이 자주 출입했던 미국 뉴욕의 '스톤월 인'이라는 술집을 경찰이 급습해 손님들을 체포하자 이에 저항하는 과정에서 일어난 미국 최초의 성 소수자 항쟁.

치적 우파는 이런 변화 중 일부가 사회 공동체가 스스로 사회적 관습을 결정하는 능력을 제한한다고 본다. 그들에게 이런 변화는 지나침과 불합리의 서사이자 오만한 국가가 개인의 말과 생각, 개인이 진실로 추구하는 가치까지 과도하게 침범하는 서사다. 다른 나라들에도 이와 비슷한 전선이 그어져 있다. 특정 유형의 차이를 존중하자는 주장과 지난 세대의 유서 깊은 가치를 보존하자는 주장 사이에 그어진 전선이다.

하지만 이런 논쟁에 앞서 더 근본적인 변화가 있었다. 프란츠 보아스가 "우리의 작은 모임"이라고 겸손하게 일컬은 소수의 비주류 연구자들이 찾아낸 결과물이다.[7] 이들은 실제 증거를 토대로 분석하면 근대성의 가장 뿌리 깊은 관념 중 하나, 곧 특정 개인이나 집단이 더 똑똑하고, 유능하고, 정직하고, 지배력이 뛰어나다고 과학적으로 입증된다는 관념이 뒤집힐 거라고 보았다. 이 연구자들은 실제로 과학은 정반대 방향을 가리킨다고, 그러니까 인간이 만들어 가는 삶의 다채로운 방식을 아우르는 이론을 가리킨다고 보았다. 인종이나 성별처럼 우리가 흔히 우리 자신을 규정하는 사회적 범주는 알고 보면 인위적이다. 이런 범주는 사실 어떤 사회의 정신 체계와 무의식적 관습에 배어 있는 인위적 책략의 결과라는 뜻이다. 보아스 학파는 인간은 문화적 동물이며 스스로 만든 규칙에 얽매여 산다고 보았다. 그리고 규칙을 만든 사회 안에서는 규칙이 보이지 않거나 당연하게 여겨진다고 보았다.

보아스 학파의 이야기를 들여다봐야 하는 이유는 그들이 오랜 세월 굳어진 편견에 도전한 유일한 사람들이라서가 아니다. 사실 인류가 하나의 전체라는 개념은 전 세계의 종교와 윤리 체계, 예술, 문학을 관통한다. 다만 보아스와 제자들이 실재하는 무언가와 우리가 실재한다고 말하는 무언가 사이의 거리를 남달리 잘 포착했다면, 그것은 그들이 실제로 사례 연구 속에서 살았기 때문이다. 20세기 전반의 미국은 계몽주의 가치에 뿌리를 둔다고 선언하면서도 광범위한 인종 차별 제도를 완성했다. 미국 국민은 고유한 국가를 부여받았다고 생각하고 자신들의 '좋은 사회' 개념을 전 세계에 보편적으로 적용할 수 있다고 믿었다. 미국은 특정 국가에서 온 외국인을 막으려고 애쓰면서도 동시에 그 외국인을 보낸 국가를 재건하는 데 막대한 부와 군사력을 쏟아부었다. 한마디로 보아스 학파의 과학은 때마침 이런 과학을 절실히 필요로 하는 시대와 장소에서 탄생한 것이다.

보아스 학파는 자신들을 문화인류학자(cultural anthropologist)라고 부르고, 자신들의 생동감 넘치는 이론을 문화적 상대성, 요즘 말하는 문화 상대주의(cultural relativism)라고 명명했다. 지금까지 한 세기 가까이 보아스 학파를 비판하는 쪽에서는 이들이 부도덕을 정당화하거나 문명의 근간을 훼손하려 한다는 식으로 전방위적으로 비난했다. 오늘날 문화 상대주의는 전통과 선행의 적으로 간주되며 포스트모더니즘과 다문화주의 같은 용어와 함께 묶인다. 보아스 학파의 연구는 보수 매체와 대안 우파 웹사이트, 다양성 프로그램과 정치적 올바름에 반대하는 활동가들, 그리고 '세상을 망친 열 권의 책'과 같은 목록에 올라 골칫거리이자 조롱거리가 됐다. 보아스 학파를 비판하는 사람들은 우리가 판단하려는 모든 대상이 시대와 장소와 맥락에 따라 상대적이라면 옳고 그름을 어떻게 판가름할 수 있느냐고 묻는다.

우리의 방식만 상식적이고 도덕적이라는 믿음은 특히 과학이나 합리성, 종교, 전통의 언어로 표현될 때 강력한 매력을 발산한다.

모든 사회는 자기네 특성은 장점으로 보고 남들의 특성은 단점으로 보는 경향이 있다. 하지만 보아스 학파의 핵심 개념은 현명하게 살아가려면 타인의 삶을 공감의 눈으로 바라보아야 한다는 것이다. 사회 현실을 보는 다른 관점을 판단하려면 우선 그 관점을 제대로 이해할 때까지 판단을 보류해야 하고, 다음으로 먼 곳의 종족을 연구할 때처럼 냉정하고 회의적인 시각으로 우리 사회를 바라봐야 한다.

보아스와 제자들이 이해한 대로 문화는 우리가 상식이라고 생각하는 것의 궁극적 원천이다. 문화는 명백하고 의문의 여지가 없는 것이다. 문화는 우리에게 아이를 키우는 방법, 지도자를 선택하는 방법, 좋은 음식을 구하는 방법, 결혼을 잘하는 방법을 알려준다. 그리고 세월이 흐르는 사이 이런 것들이 때로는 느리게, 때로는 빠르게 변화한다. 다만 사회 세계에서 인간이 스스로 만든 현실만큼 근본적인 현실은 없다.

진실은 우리가 서로 합의해서 만들어진다는 개념에는 심오한 함의가 있다. 이 개념으로 인해 원시 사회부터 이른바 문명 사회까지 선형적으로 이어지는 사회 발전을 주장하는 입장이 타격을 입었다. 나아가 인종이 명확히 나뉜다는 믿음부터 성(sex)과 성별(gender)은 동의어라는 믿음에 이르기까지, 정치와 사회의 질서를 이루는 일부 요소에도 의문이 제기됐다. 보아스는 인종 개념을 사회적 실체로 봐야지 생물학적 실체로 여겨서는 안 된다고 주장했다. 말하자면 생물학적 인종 개념은 카스트(인도의 세습적 계급 제도)부터 부족이나 종파에 이르기까지 전 세계의 모든 사회를 관통하는, 인간이 만든 뿌리 깊은 정서의 구분선에 지나지 않는다는 것이다. 성의 영역에서도 여성과 남성의 삶은 고정적이고 배타적인 섹슈얼리티에 의해 결정되는 것이 아니라, 지역에 따라 달라지는 성별·매력·에로티시즘에 대한 유연한 관념에 영향을 받는다. 순수성을 중시하는 것, 이를테면 오염되지 않은 인종이나 순결한 육체, 조상의 땅에 세워진 국가를 중요하게 여기는 관점은 혼합이 세상의 자연스러운 상태라는 관점으로 바뀌어야 한다.

이런 관점의 변화는 사회학자들이 이민자 통합 또는 배제를 이해하는 방식이나 공중 보건 당국자들이 당뇨병부터 약물 중독에 이르는 풍토병을 바라보는 관점, 경찰과 범죄학자 들이 범죄의 근본 원인을 이해하는 관점, 경제학자들이 비합리적으로 보이는 구매자와 판매자의 행동 모형을 구축하는 방식 등에 영향을 주었다. '혼혈' 정체성이 정상이고, 생물학적 성은 둘 중 하나가 아니며, 인간의 성적 취향은 다양하고, 사회 규범이 옳고 그름에 대한 우리의 감각에 영향을 끼친다는 생각이 정착되었다. 사실 이 모든 것들은 법, 정부, 공공정책을 세우기 전에 상상되고, 어떤 면에서는 입증되어야 한다. 우리는 박물관을 관람하거나 인구 조사 질문지를 작성할 때, 자녀를 8학년 보건 수업에 보낼 때에도 이런 지적 혁명의 영향을 접한다. 오늘날 동성 커플이 기차 플랫폼에서 당당히 작별 키스를 하고, 대학생이 고전 수업에서 힌두교 경전인《바가바드기타》를 읽고, 인종 차별은 도덕적 파멸이자 명백히 어리석은 행동으로 배척당하는 것이 그리 놀랍지 않다면, 그리고 이 모든 일들이 혁신이나 열망이 아니라 우리 사회의 일상적이고 당연한 방식으로 받아들여진다면, 이런 개념을 지켜내기 위해 싸운 보아스 학파에 감사해야 한다.

헝클어진 머리카락에 독일식 억양이 강했던 파파 프란츠는 전형적인 미친 과학자의 이미지였다. 1930년대에는 점점 허물어지는 왼쪽 얼굴을 감추기 위해 평소처럼 오른쪽 얼굴로 찍은 사진이 〈타임〉 표지를 장식했고 프랭클린 루스벨트 대통령과 영화 감독 오슨 웰스를 비롯한 유명 인물들에게 생일 축하 인사를 받을 만큼 유명했다. 보아스의 고국인 독일에서 히틀러가 권력을 잡자, 그의 저서는 나치 열성분자들에 의해 아인슈타인과 프로이트, 레닌의 저서와 함께 가장 먼저 불길에 던져졌다. 1942년에 보아스가 사망하자 〈뉴욕 타임스〉는 그의 죽음을 애도하는 특별 부고를 실었다. 보아스 사후에는 〈뉴욕 타임스〉의 표현대로 "그가 대담한 개척자로서 이끌던 계몽적 연구"를 제자들이 이어 갔다.[8]

보아스의 제자들은 20세기의 스타 지식인이자 위대한 학자로 성장한다. 거침없는 현장 연구자이자 미국 최고의 대중 과학자 중 한 명인 마거릿 미드, 보아스의 가장 중요한 조력자이자 미드가 평생 사랑한 연인이며 미국 정부를 위한 연구로 제2차 세계대전이 끝난 후 일본의 미래에 영향을 끼친 루스 베네딕트, 대평원 원주민의 전통을 보존하는 데 도움을 주고도 자신은 평생 가난과 무명 속에서 살다간 엘라 캐러 델로리아(Ella Cara Deloria, 1889~1971), 할렘 르네상스*를 대표하는 반체제 인물이자 보아스에게 배운 민속학 연구를 토대로 삼아 이제는 고전이 된 소설 《그들의 눈은 신을 보고 있었다》를 쓴 조라 닐 허스턴(Zora Neale Hurston, 1891~1960)을 중심으로 하여 예일대학부터 시카고대학, 버클리대학에 이르기까지 세계 최고의 인류학과를 구축한 소수의 학자와 연구자 들이 있었다.

---

* 1918년부터 1930년대 중반까지 미국 뉴욕의 흑인 지구 할렘을 중심으로 일어난 흑인 예술·문화 부흥 운동.

그들은 다른 인간을 이해하는 과제를 사랑한 과학자이자 사상가였다. 그들은 인간에 관한 가장 심오한 과학은 인간 본성의 뿌리 깊고 변하지 않는 무언가를 찾아내는 것이 아니라고 믿었다. 오히려 그 과학은 인간 사회의 폭넓은 다양성, 곧 예의범절, 관습, 도덕, 정의의 방대하고 다채로운 변이를 밝혀내는 것이었다. 그들은 또한 우리 사회의 가장 소중한 전통이 알고 보면 사회 질서를 정하는 방식부터 유년기에서 성인기로 가는 과도기를 나타내는 방식까지, 인간의 기본 문제를 해결하기 위해 인류가 고안한 수많은 방식 중 극히 일부라고 주장했다. 치명적 질병을 치료하는 약이 밀림 깊숙한 곳에 있는 미지의 식물에서 발견될 수 있듯이, 우리 사회의 문제도 멀리 다른 곳에 사는 사람들이 인류 공통의 과제를 해결한 방식에서 해법을 찾을 수 있다고 보았다. 그리고 국가가 변화하고 세계가 점점 더 밀접하게 연결되는 시대에 인류의 해결책 목록도 점차 줄어들 수밖에 없기 때문에 이런 연구가 시급하다고 보았다.

멀리 떠나보면 심오한 교훈을 얻을 수 있다. 우리 집 뒷마당이 꼭 현재와 같은 풍경일 필요는 없다는 사실을 깨닫게 되는 것이다. 루스 베네딕트는 이런 교훈을 "인류의 변치 않는 문제를 해결하기 위해 전혀 다른 방법을 떠올리면서 얻는 깨달음"이라고 불렀다.[9] 이는 보아스가 제자들에게 권유한 일상 연구의 핵심이었다. 외국 여행, 박물관 전시, 원주민 언어와 성 풍습에 관한 논문 작성을 비롯해 보아스가 독려한 연구 방법은 모두 우리가 지구상에서 처음으로 결혼을 하고, 자식을 기르고, 상실을 애도하고, 누가 규칙을 정할지 결정한 사람들이 아님을 보여주기 위한 것이었다.

보아스와 제자들은 진리가 존재할 가능성과 현실을 이해하는

현대 미국 인류학의 창시자 프란츠 보아스

인간의 능력을 의심한 사람들이 아니었다. 오히려 그들은 과학적 방법(우리의 결론이 잠정적이고 언제든 새로 발견된 자료에 의해 반박될 수 있다는 가정)이야말로 인류 역사에서 가장 위대한 성취라고 보았다. 그리고 과학이 자연에 대한 이해를 변화시킨 것처럼 사회에 대한 관념도 혁신적으로 변화시킬 수 있다고 믿었다.

보아스 학파는 사회를 연구하는 과학이 일종의 구조 활동이어야 한다고 믿었다. 우리는 엄청나게 망각하면서 지금의 우리가 되었다. 말하자면 우리는 지금까지 이런 종류의 나무를 뭐라고 부를지, 씨앗을 언제 심을지, 신들이 어떻게 불리기를 원하는지 잊어 왔다. 조상에게 예를 갖출 수는 있어도 우리 중 그 누구도 조상을 진실로 인식하지는 못한다. 과거와 현재의 인간 사회를 이해하는 과정은 이런 망각과의 경쟁이다. 우리가 과거에 누구였는지 세

세한 정보를 다 잊어버리기 전에 더 심각하게는 잘못 기억하기 전에, 인류 문화의 저장고에 모아야 한다.

과거의 방식은 사라졌다. 지금 우리의 방식도 언젠가는 사라질 것이다. 우리의 증손자들은 우리가 도대체 어떻게 지금처럼 믿고 행동할 수 있었는지 의아해할 것이다. 또 우리의 무지에 경악하고 우리의 도덕적 판단을 비난할 것이다. 그래서 '문화'는 보아스가 널리 퍼트린 용례처럼 복수형으로만 의미가 있다. 반 고흐와 도스토옙스키도 문화지만 얼굴 문신과 카누를 만드는 법, 친족의 범위도 문화다.

보아스는 "예의와 겸손, 올바른 예절, 명확한 윤리 기준을 따르는 것은 보편적이다. 하지만 예의와 겸손, 올바른 예절, 윤리 기준을 구성하는 요소는 보편적이지 않다."고 지적했다.[10] 보아스와 제자들은 시대를 초월한 인간 본성이 존재한다는 신념으로 인해 어떤 행동은 신성시되고 그 밖의 다른 행동은 금기시된다는 사실을 간파했다. 지금과 같은 과학적 발견의 시대에도 신과 전통이 특정 유형의 가족이나 특정 유형의 사람(물론 우리에게 가장 친숙한 유형) 편이라는 확신을 떨쳐내기란 쉽지 않다. 그러나 보아스 학파의 핵심 메시지는 우리 모두가 일종의 박물관 전시품이라는 것이다. 말하자면 저마다의 금기와 토템, 저마다의 신과 악마가 있고, 이 모든 것은 우리가 스스로 만들어냈기에 숭상할지 배척할지도 우리에게 달려 있다.

보아스는 자기 사회의 가장 뿌리 깊은 편견이 도덕적 주장이 아니라 과학적 주장에서 나왔다는 사실을 당대 어느 누구보다도 정확히 이해했다. 이를테면 이런 식이다. "최신 연구에 따르면 아프리카계 미국인들은 지적으로 열등하다고 밝혀졌다." "여성이 사회에서 요직에 오를 수 없는 이유는 여성의 약점과 특이한 성향이 연구로 입증돼서다." "정신박약자를 사회에서 분리해야 하는 이유는 사회 발전의 열쇠가 인구 구성에서 이런 부류의 비율을 줄이는 데 있기 때문이다." "이민자들이 질병부터 범죄, 사회 무질서에 이르기까지 미개한 본국의 병폐를 함께 들여왔다."

인류가 극복할 수 없을 만큼 서로 갈라져 있다는 주장을 입증하는 듯 보이는 과학은 사실은 그렇지 않다고 입증하는 과학으로 반박됐다. 보아스와 제자들은 특히 미국인들이 그들 자신을 낯설게 보게 만들어(미국인들이 인종이라고 부르는 개념에 대한 완강한 믿음, 일상적 폭력에 눈 감으려는 태도, 성에 주저하는 태도, 여성의 정치적 역할을 둘러싼 비교적 뒤떨어진 태도) 다른 세계를 조금 더 친숙하게 보게 해주는 데 크게 공헌했다. 이 책에 소개된 학자들의 중요한 발견은 이렇다. 우리 사회를 포함해 어떤 사회도 인간 사회 진화의 종착점이 아니다. 우리가 인류의 발달 단계에서 어느 한 지점에 있는 것도 아니다. 역사는 직선으로 나아가지 않고 순환하고 원을 그리며 움직인다. 또 역사는 특정 종착점을 향해 나아가지 않는다. 우리 사회의 악습과 맹점은 지구상의 어느 사회에서든 쉽게 찾아볼 수 있다.

보아스 학파의 학자들은 싸우고 논쟁하고, 수많은 편지를 주고받고, 모기장 안이나 비에 젖은 오두막에서 숱한 밤을 보내며 서로 사랑하고 헤어지기를 거듭했다. 그들 각자가 쌓은 명성은 불명예로 둘러싸여 있었다. 그들의 연구는 음탕함과 추잡함의 대명사, 미국인들이 역사상 가장 위대한 국가를 건설하지 못했을 수도 있다는 황당한 주장의 대명사가 됐다. 그들은 직장에서 쫓겨나고, FBI의 감시를 받고, 기자들에게 쫓겨 다녔다. 단지 그들이 인간 사회를 연구하기 위한 유일하게 과학적인 방법은 모든 사회를 하나의 통합된 인류의 한 부분으로 바라보는 것이라는 단순한 명제를 제시했다는 이유였다.

한 세기 전에 이들 이탈자 무리는 밀림과 빙하에서, 뉴멕시코의 푸에블로와 도시 근교의 안뜰에서, 오늘날까지도 우리의 공적 삶과 사적 삶을 이루는 어지러운 진실을 파헤치기 시작했다.

그들은 예의가 인간을 만드는 것이 아니라는 사실을 발견했다.

그 반대가 옳다.

2장

북극으로 떠난 탐험가

"나는 이따금 우리 '좋은 사회'가 '야만인' 사회에 비해 어떤 장점이 있는지 자문하곤 합니다. 여기 사람들의 풍습을 보면 볼수록 우리에게는 그들을 경멸하고 무시할 권리가 없다는 생각이 들어요. 우리 사회 중 어느 곳에서 여기와 같은 환대를 베풀어줄까요?"

마거릿 미드가 사모아로 떠나기 반세기 전, 프란츠 보아스는 훗날 독일 북부 지역으로 편입되는 고향의 언덕과 습지에서 모험의 꿈을 키웠다. 그에게 최악은 집에 머무는 것이었다.[1] 보아스가 가장 좋아한 책은《로빈슨 크루소》였고, 그는 학창 시절에 이 책을 읽으며 언젠가 아프리카로, "적어도 열대 어딘가로" 탐험을 떠나는 꿈을 꾸었다.[2] 보아스는 먹기 싫은 음식도 꾸역꾸역 먹어 가며 궁핍한 삶을 연습했다. 학교 친구가 근처 강에서 익사했을 때는 며칠 동안 노를 저으며 시신을 찾아다녔지만 끝내 찾지 못했다.[3]

보아스는 1858년 7월 9일 당시 프로이센 왕국에 속한 베스트팔렌의 소도시 민덴의 동화된 유대인 가정에서 태어났다. 유럽 학생들은 누구나 보아스의 고장을 잘 알았다. 1648년에 역사상 가장 중요한 전시 협정 중 하나인 베스트팔렌 평화조약이 체결된 곳이기 때문이다. 이 협정은 30년 전쟁을 끝내고 현대 외교의 초석을 놓았다. 베스트팔렌 평화조약은 국제법의 기초를 마련하고 유럽을 주권 국민국가 체제로 재편했다. 이때부터 질서, 제한적 권력, 합리성이 국제 사회의 근간이 됐는데, 철학자들도 이런 동일한 것들을 문명화된 삶의 본질이라고 선언했다.

보아스 세대의 사람들은 민덴처럼 비교적 낙후한 지역에서도 계몽주의의 희미한 여운을 느낄 수 있었다. 프리드리히 실러(Friedrich Schiller)와 요한 볼프강 폰 괴테(Johann Wolfgang von Goethe)가 세상을 떠난 지 몇십 년밖에 지나지 않았고, 프로이센의 자연주의자이자 여행가이자 철학자이던 알렉산더 폰 훔볼트(Alexander von Humboldt)는—당시 누군가는 훔볼트를 "대홍수 이후 가장 위대한 인물"[4]이라고 불렀다—비록 뇌졸중으로 쓰러졌지만 18세기 '철학'의 살아 있는 연결 고리로 아직 생존해 있었다. 이 사람들이 주창한 사상(합리적 토론과 대중의 요구에 즉각 반응하는 통치, 냉철한 탐구로 활기를 얻는 삶)은 유럽 역사상 가장 거대한 자유주의 혁명의 물결에 영감을 주었다.

보아스가 태어나기 10년 전인 1848년에는 전제 군주들에게 도전하는 무장 봉기가 대서양에서 발칸반도까지 유럽 전역을 휩쓸었다. 학생, 노동자, 지식인, 자작농 들이 정의와 개혁을 요구했다. 언론의 자유, 집회의 권리, 국가 통일을 지지하는 대규모 시위가 독일의 여러 왕국과 공국으로 퍼져 나갔다. 파리 시민들은 바리케이드를 세워 루이 필리프 국왕의 입헌군주제를 무너뜨렸다. 헝가리와 크로아티아의 애국자들은 그들을 지배하던 합스부르크 황제에 맞서 싸웠다. 무질서, 폭력, 희망이 뒤섞인 몇 달은 '민중의 봄'으로 불렸다. 하지만 이내 겨울이 왔다. 국가마다 군주들이 권력을 되찾았다. '1848년 혁명'을 물심양면으로 지지했던 사람들은 이제 대학이나 전문직으로 물러나거나 외국으로 추방당했다. 정권은 프로이센의 철혈 재상 오토 폰 비스마르크(Otto von Bismarck) 같은 사람들에게 넘어갔다.

특히 지방으로 물러난 유대인이 많았다. 한 여행자의 기록에 따르면 프로이센은 "파편화된 왕국"이었고, 복잡한 법규와 종교 제약, 길드의 특권, 도시의 자치권으로 이루어진 나라였다.[5] 독일 북부의 여느 도시처럼 민덴의 유대인 인구는 개신교 인구에 비하면 매우 적었다. 유럽의 거의 모든 지역처럼 민덴에도 반유대주의가 만연했다. 다만 전제주의가 부활한 시대에도 부유한 유대인들은 지역 사회에서 꽤 탄탄하게 입지를 다졌다. 프란츠 보아스의 부모인 마이어와 조피 보아스의 가족에게 뷔르거리히(bürgerlich, 도시적이고 교육 수준이 높으며 자유로운 사고방식을 지닌 부르주아 계급)의 삶은 소수 종교를 믿는다는 사실만큼이나 그들의 삶에서 중요한 특징이었다.

유대인은 말 그대로나 비유적으로나 지방 자치의 핵심이었으며, 도심의 타운하우스에 거주하고 번화가에서 사업체를 운영했다. 유대인은 민덴의 소매업자이자 은행가였고 장인과 전문직 종사자였으며, 1869년에 프로이센에서 마침내 유대인에게도 완전한 시민권과 공민권을 주기 전에도 이미 독립된 공동체로서 자치를 확립하고 있었다. 유대인은 유대교 회당을 운영하기 위한 공동 세금을 내고 유대교 명절을 지키며 (보아스 집안처럼) 크리스마스에 선물을 주고받기도 했다.[6] 유대인은 상업과 여행에서 국제적 네트워크에 속해 있었고, 세계주의를 표방했다. 마이어는 평범한 곡물상이었다가 결혼하면서 이 세계로 더 깊숙이 들어갔다. 아내 조피 마이어가 지참금으로 가져온 처가의 가족 사업에 뛰어든 것이다.[7] 뉴욕에 있는 야코프 마이어 회사에 고급 리넨과 식기, 가구를 수출하는 사업이었다.

딸들이 있는 집안의 외아들이던 프란츠 보아스는 어린 시절에 현실적인 아버지에게는 화를 샀고, 애정 어린 어머니에게는 걱정을 샀다. 보아스는 머릿속 세계에서 사는 성향이었다. 우울하고 자주 두통에 시달렸지만, 정말로 중요한 일이 닥치면 모험심과 용기를 보였다.[8] 비교적 유복한 집안에서 태어난 그는 결국 고전 언어와 철학을 중시하는 지역 김나지움에 입학했다. 라틴어와 프랑스어, 수학에서 좋은 성적을 거두었고 지리에서는 최고로 우수한 성적을 받았다.[9] 그러나 교사들에게는 성실하지는 않아도 우수하다는 평가를 받는 학생, 한 가지에 빠졌다가 다른 걸로 옮겨 가면서 어느 하나에 오래 머물지 못하는 학생이었다.

보아스는 학창 시절을 회고하며 자신에게 한 가지 중요한 성향이 있다면 바로 자연에서 관찰한 대상을 체계적으로 비교하는 것이라고 밝혔다.[10] 가족과 함께 북해의 영국령 헬리골랜드(헬골란트) 군도에서 여름 휴가를 보내고 돌아오는 길에 지질 연구를 위해 수집한 암석을 독일 세관원에게 빼앗긴 적도 있었다.[11] 그리고 숲에서 우연히 발견한 작은 동물의 사체도 수집했다.[12] 어머니는 보아스가 더 많이 연구할 수 있도록 동물 사체를 삶아 뼈를 발라낼 솥을 마련해주었다.

대학 진학을 고민할 나이가 되자 보아스는 미적거리고 망설였다. (그가 속한 사회 계층에서 남자가 가족 사업에 합류하지 않기로 했다면 대학에 들어가야 했다.) 의사가 되라는 아버지의 권유도 거절했다. 수학이나 물리학을 공부할 수도 있었지만, 이들 학과를 전공해서 어떤 분야로 진출할 수 있을지 막연했다. 보아스의 주된 원칙은 재능이 출중한 여느 청소년들의 원칙과 같았다. "알려지지도 않고 주목받지도 못하는" 사람이 되지 않으려면 상황을 조율해야 했다.[13] 보아스는 1877년에 독일의 옥스퍼드 격인 하이델베르크 대학에 입학했다. 중세 도시 위로 꿈의 첨탑이 솟아 있었다. 보아스는 기차역에서 마부를 불러 호텔로 갔고, 호텔에서 저녁 정찬을

주문해 이 도시의 첫날 저녁을 호화롭게 기념했다.[14]

당시 독일은 프랑스-프로이센 전쟁을 끝내고 통일 제국을 이룬 지 몇 년 안 된 상황이었다. 보아스는 어렸을 때 군악대가 제복 차림의 병사들을 이끌고 멀리 프랑스 전선으로 진군하는 장면을 구경한 적이 있었다.[15] 이제 영광스러운 전투에 관해 듣고 자란 청년들이 대학을 명예의 전장으로 만들었다. 대학생들은 순식간에 친구나 동지들과 집단을 이루었는데, 이들 집단의 유일한 의무는 자발적으로 형성된 집단의 경계를 지키는 것이었다. 그들은 술에 취하고, 한량처럼 빈둥거리고, 때로는 날카로운 군도를 차고 돌아다니며 개인적 모욕감은 오직 무대 위 결투*에서 얻는 만족감으로만 상쇄되는 사회에서 살았다.

한번은 이웃 사람이 친구의 피아노 연주 소리를 불평하자 보아스가 이 사소한 갈등을 언쟁으로 키웠고 결국 결투 신청을 수락했다. 보아스가 상대의 뺨을 베었고(친구 두 명에게 잠깐 배운 펜싱 실력이 다였기에 운 좋은 일격이었다) 그의 두피가 살짝 잘려 나갔다. 그래도 어쩐 일인지 결국 보아스의 승리로 인정받았다.[16] 결투를 벌인 양측 모두는 독일의 청년들이 대학에 들어가면 꼭 얻고 싶어 하는 상징인 '슈미스(Schmiss)'라는 결투의 흉터를 마치 경기병의 두툼한 비단 튜닉처럼 당당히 달고 돌아갔다. 이 사건은 보아스가 대학 생활에서 다섯 번 이상 치르게 될 기사도 정신으로 포장된 칼싸움 중 첫 번째였다. 훗날 보아스는 그 시절에 얻은 흉터인 이

---

* 중세 후기 유럽 대학들에서 열린 펜싱 경기에서 유래해 16세기 후반 독일 전역의 대학가로 퍼진 남학생들의 결투 멘주어(Mensur)를 가리킨다. 참가자들은 보호 장비를 착용하고 끝이 뭉툭한 검으로 싸우지만 간혹 두개골 파열로 사망한 사람이 있을 만큼 결투는 폭력적이었다. 치열한 결투의 결과로 생긴 흉터 '슈미스'는 강한 남성성의 상징이었다.

1881년경 프란츠 보아스. 이 무렵 보아스는 독일 킬대학에서 물리학으로 박사 학위를 받았다.

마와 코, 뺨, 그리고 입부터 귀까지 이어진 삐뚤빼뚤한 선 때문에 늙은 바다코끼리 같은 얼굴이 된다.[17)]

당시 독일에서는 학생들이 명문 대학을 순회하며 이 대학에서 강의를 듣고 저 대학에서 유명한 교수의 개별 지도를 받은 후 최종 학위 시험을 치르는 것은 드문 일이 아니었다. 보아스는 하이델베르크대학에서 본대학으로 옮겼고 1879년에는 다시 킬대학으로 옮겼다. 발트해 연안 북부 저지대에 있는 좋은 대학이지만 명문은 아닌 대학이었다. 다른 이유는 없었고 병에서 회복 중인 누이 토니가 이 도시의 의사에게 치료를 받고 있어서, 누이를 돌보기 위해 대학을 옮긴 것이었다.[18)] 보아스는 수학과 물리학 전공을 이어 갔고 독립적 연구로 박사 학위를 받고 경력을 쌓아 잘하면 학자로서 명성을 얻을 수도 있겠다고 희망을 품었다.

보아스가 수학한(그리고 결투를 벌인) 대학은 모두 철학자 이마누엘 칸트(Immanuel Kant)가 '아우프클래룽(Aufklärung)'이라고 일컬은 사조, 곧 독일 계몽주의를 계승했다. 데카르트(René Descartes)와 몽테스키외(Charles de Montesquieu), 디드로(Denis Diderot) 같은 프랑스 사상가들은 자연법의 구조와 함께 법과 정부의 형성에 영향을 주는 이성의 힘을 고찰했다. 그리고 자연 세계에서 겉으로 드러난 혼돈 속에 숨은 수학적 우아함을 발견했다. 존 로크(John Locke)와 데이비드 흄(David Hume) 같은 스코틀랜드와 영국의 학자들은 진정한 지식은 추상적 사변이 아니라 직접 경험을 통해 얻을 수 있다고 주장했다. 이들이 모두 인간과 세계를 이해하는 인간의 능력에 관심을 보인 데 비해, 독일 학자들은 인간과 세계를 상상하는 인간의 불완전한 능력에 관심을 보였다.

특히 칸트는 인간이 추상적 추론에서 드러내는 한계야말로 철학자와 윤리학자, 그 밖에 자연계를 연구하는 모두가 주목할 주제라고 보았다. 칸트는 우리가 법칙이 지배하는 우주에 살고 있을지도 모른다고 믿었다. 모든 피조물은 질서와 완벽함이라는 신의 계획에 잘 부합하는지 모른다. 그러나 가장 깊은 실상은 항상 우리의 부실한 마음 때문에 가려진다. 우리는 감각을 통해 현실에 대한 상을 얻는데, 사실 이런 감각은 신뢰할 수 없는 정보원으로 간주해야 한다. 그럼에도 불구하고 우리가 감각으로 인식한다고 말하는 모든 것에 의심을 품기보다는 우리의 인식 그 자체로 주의를 돌리는 것이 진정한 앎에 이르는 가장 확실한 방법이다.

어쨌든 우리가 무언가를 본다고 하는 것을 잘못 생각할 여지는 많지만(가령 신기루를 보거나 길에서 누군가를 옛 친구로 착각하는 것처럼) 우리의 현실 감각 자체는 틀릴 수 없다. 당연하게도 누구나 자신의 경험에 관해서는 전문가다. 철학자의 임무는 우리에게 쏟아져 들어오는 감각-지각과 우리가 믿는 사물에 대한 정신적 그림 사이의 간극을 연구하는 것이다. 세상을 제대로 이해하려면 보편적 이성의 힘에 대한 믿음과 우리의 인식 능력에 대한 완강한 의심 사이에서 방향을 잡아야 한다. 칸트의 제자인 요한 고트프리트 폰 헤르더(Johann Gottfried von Herder)는 심지어 모든 민족은 각자 고유한 경험적 의미화의 틀을 장착할 수 있다고까지 말했다. 특정 '문화'마다 그 문화를 만들어내는 고유한 '천재성'을 장착한다는 뜻이다. 인류 문명은 이렇게 각기 다른 존재 방식으로 이루어진 퍼즐과 같고, 어떤 조각은 때로는 다른 조각보다 더 거친 모양으로 인류의 성취라는 거대한 그림에 각자의 조각을 더한다는 뜻이다.

독일의 대학생이라면 누구라도 이처럼 흥미롭고 해방감을 주는 사상을 피할 수 없었다. 보아스는 칸트를 읽고 헤르더의 전집 40권을 사들였으며, 모든 자연을 상호 연결된 하나의 체계로 봐야 한다고 주장한 알렉산더 폰 훔볼트의 저서도 탐독했다.[19] 킬대학은 이런 사상의 실제 적용에 특히 중점을 둔 대학이었다. 교수진은 과학적 엄격함과 경험적 관찰, 세상의 모든 사물의 변화상에 대한 관심을 강조했다. 일부 젊은 교수들이 물리적 현실과 인간의 지각 사이의 관계를 탐색하는 실험을 제안하기 시작했다. 보아스도 그 뒤를 이어 논문 주제로 액체의 측광학적 속성을 제시했다. 그는 빛이 물에 의해 편광되는 방식, 즉 빛이 어떤 매질을 통과할 때 모양이 변화하는 방식을 연구하기로 했다. 킬대학의 실험실 장비를 이용해 직접 관찰하며 독창적인 연구를 수행하기에 적합한 주제였다. 또 상급 학위를 취득하는 데 필요한 과정이기도 했다.

보아스는 얼마 후 여러 종류의 물이 담긴 시험관에 빛을 비추어 반대편에 나타난 속성을 관찰하느라 바빴다. 그는 킬의 분주한 항구에 떠 있는 배 한 척을 빌려 도자기 접시와 거울을 뿌연 바닷물 속에 내려놓고 반사된 빛이 수심에 따라 달라지는 지점을 관찰했다.[20] 허술하고 즉흥적인 실험이긴 했지만 논문 심사위원들로부터 간신히 합격점을 받았다. 1881년 7월에 보아스는 물리학 박사 학위를 받았다.

그러나 이때 보아스는 방향을 바꾸기로 결심했다. 논문 작성자들이 대개 그렇듯이 보아스 역시 자신의 연구가 지루해졌고, 물 실험의 어정쩡한 결과(최우등이 아닌 우등으로 학위를 취득했다[21])는 대학의 교수진이나 채용 위원회에 깊은 인상을 주지 못할 터였다. 더욱이 독일의 대학 강단에 서려면 그보다 상위 학위인 '하빌리타치온(Habilitation, 대학교수 자격 학위)'이 필요했고, 그러려면 새로운 독창적인 연구를 수행해야 했다. 보아스는 자신의 진짜 관심사가 불변하는 물리 법칙을 발견하거나 정밀한 수학적 증명을 구축하는 것이 아니라 자신의 눈과 바닷물 속에 담근 도자기 접시 사이의 간극을 이해하는 데 있다는 것을 서서히 깨달았다.

보아스도 알았듯이 빛이 물과 같은 매질을 통과할 때는 예측 가능한 법칙에 따라 변화하는 객관적인 색상 스펙트럼이 존재한다. 하지만 우리의 정신이 빛 주파수의 미묘한 변화를 어떻게 해석하는지 이해하는 것, 말하자면 우리가 어떤 대상이 더는 파란색이 아니라 청록색이라고 판단하는 지점을 이해하는 것은 전혀 다른 문제다. 보아스는 이것들이 서로 완전히 다른 연구 주제라는 사실을 깨달았다. 하나는 구체적 현실 세계에 관한 것이고, 다른 하나는 감각적 지각에 관한 것이었다. 달리 말하면 독일 대학생들이 배우는 (칸트의 용어로) '본체적(noumenal)' 영역과 '현상적 (phenomenal)' 영역과 관련이 있었다. 보아스는 '현상적' 영역에 뛰어들어, 자연계가 '실제로 하는' 일이 아니라, 자연계가 한다고 우리가 '생각하는' 일을 탐구하고 싶었다. 우선 한 가지 방법은 우리와 전혀 다른 사람들이 세상을 어떻게 보는지 이해하는 것이었다. 그러려면 민덴이나 킬처럼 그에게 익숙한 곳에서 최대한 멀리 떠나야 했다.

보아스는 같은 세대의 많은 젊은이처럼 북극 탐험 이야기를 들으며 자랐다. 북쪽으로 떠나는 여행은 유럽 여러 나라가 벌인 아프리카 쟁탈전의 추운 기후 버전이었다. 다만 열악한 환경과 희소한 인구로 인해 북극으로 떠나는 탐험대에는 군인이나 상인이 아니라 주로 과학자나 애국자가 포함됐다. 북극에 사는 사람들의 영토와 노동력을 착취하기보다는 순수한 의미의 탐험이 목표였다. 보아스는 독일의 부유층을 위한 학교에서 학생들에게 주입하는 사명감, 곧 독일 국민으로서 다른 나라보다 먼저 지구 끝까지 도달해 독일의 국가적 위대함에 일조해야 한다는 생각을 체화한 터였다.

그로부터 40년 전에 영국의 한 탐험대가 유빙과 괴혈병, 기아에 희생됐다. 이후 수십 년에 걸쳐 영국과 미국의 탐험가들이 북극해의 지도를 그리고, 그 지역 원주민에 관한 정보를 수집하고, 극한 기후에서 인간의 인내력의 한계를 시험했다. 1860년대 말과 1870년대 초부터는 독일의 모험가와 학자도 북극 탐험에 뛰어들었다. 독일의 극지 탐험대 두 팀이 바다에 떠다니는 얼음을 헤치고 그린란드의 해안선 지도를 작성하며 독일 대학들의 추후 연구를 위해 식물 표본도 채집했다. 두 탐사대 모두 북극까지 도달하지 못했지만, 이들의 실패로 새로운 시도에 대한 열망은 더 커졌다. 마침 통일된 독일은 세계 탐험이라는 위대한 게임에 뛰어들 수 있었다.

보아스는 박사 학위 논문을 발표한 지 얼마 지나지 않아 개인 탐험을 위한 계획을 신중히 세웠다.[22] 세계에서 다섯 번째로 큰 섬인 배핀섬에 사는 원주민의 이주 양상을 연구하는 계획이었다. 캐나다 북부에 있는 배핀섬은 독일의 과학 연구자와 이 섬의 해안에 자주 드나들던 스코틀랜드와 미국의 포경선 어부들에게는 꽤 알려진 곳이었다. 보아스는 몇 달 동안 과학 문헌을 검토하며 이곳 이누이트 원주민의 언어인 이누크티투트를 조금씩 익히고, 새로운 분야에서 연구를 시작하려는 젊은 과학자를 지원해줄 지리학자와 탐험가 들을 수소문했다.[23] 그리고 일간지 〈베를리너 타게블라트〉를 설득해 자신의 탐험에 관한 글을 연재한다는 약속을 받아냈다. 그리고 이 신문의 편집자에게 행방불명된 탐험가 데이비드 리빙스턴을 찾아 중앙아프리카로 건너간 저널리스트 헨리 모턴 스탠리의 독일 버전이 되겠다고 장담했다. 〈뉴욕 헤럴드〉에 연재된 스탠리의 기사는 선풍적인 인기를 끌었는데, 보아스는 스탠리처럼 "개성이 뚜렷한" 글을 쓴다면 자기도 그렇게 될 수 있을 거라고 자신했다.[24]

보아스는 초기 계획은 가족에게 알리지 않고 추진했다.[25] 하지만 결국에는 아버지에게 계획을 알리며 소박한 요청도 함께 내놓았다. 아버지에게 탐험 비용의 상당 부분을 지원해 달라는 요청이었다. 마이어 보아스는 하나 있는 아들의 뜬금없는 열정을 어리석다고 느꼈을 것이다. 그래도 잘하면 '하빌리타치온' 학위를 따낼 수도 있고, 이 학위만 있으면 현실적인 일자리를 구할 수도 있을 터였다. 마이어는 마지못해 동의해주며 한 가지 조건을 달았다. 가족의 하인인 빌헬름 바이케를 조수이자 보호자로 데려가라는 조건이었다.

보아스는 민덴으로 돌아가 바이케와 함께 떠나면서 가족과 작별 인사를 나눴다. 혹여 모를 위험에 대처하기 위해 리볼버로 사격 훈련을 받다가 총소리로 이명 증상을 얻었다.[26] 1883년 6월 중순 보아스와 바이케는 함부르크에 도착했다. 독일 제국에서 가장 번화한 무역 중심지 중 한 곳인 함부르크는 멀리 남미와 인도, 동아시아에서 온 증기선이 엘베강을 거슬러 올라가기 위한 초입이었다. 두 사람은 부두에 도착해 북극 탐험을 위한 주요 기관인 독일극지위원회에서 마련해준 게르마니아호라는 낡은 범선으로 향했다. 게르마니아호의 임무는 일 년간 배핀섬에 체류한 다른 탐험대의 연구원들을 데려오는 것이었다. 그리고 독일극지위원회는 가는 길에 개인 여행자인 보아스와 바이케를 무료로 태우도록 주선했다.

두 사람은 배에 짐을 실었다. 과학 장비와 방한복, 지도, 의약품, 텐트, 최대한의 식량, 담배와 칼, 바늘, 그 밖에 원주민과 물물교환하기 위한 물품과 함께 극지위원회의 기부금과 아버지의 너그러운 마음을 실었다. 게르마니아호는 북해로 향하는 지난한 여행 채비를 마쳤다. "사랑하는 나의 조국! 사랑하는 나의 조국, 잘 있으시오!"[27] 보아스는 일기장에 이렇게 극적으로 적었다. 케이블로 예인선에 연결된 쌍돛대 범선 게르마니아호는 닻을 올리고 뱃머리를 드넓은 바다로 돌렸다. 배가 지나갈 때 사람들이 환호성을 질렀다.[28] 증기 시대에도 구식 범선이 아직 돛을 펄럭이며 출항하는 장면은 흥미로운 구경거리였다. 아버지 마이어는 부두에

서서 게르마니아호가 강 아래로 사라질 때까지 지켜보았다.[29]

보아스는 이미 봄부터 배핀섬 사람들을 "나의 에스키모"라고 불렀다.[30] 19세기에 이 지역의 이누이트 공동체는 유럽과 북미의 포경업자들과 더 자주 접촉했다. 이누이트는 나날이 급증하는 극지방 탐험에서 반드시 필요한 존재가 됐다. 유럽인들이 북극에 다녀와 쓴 기록에는 이누이트가 거의 등장하지 않았지만 사실 그들의 도움이 없었다면 북극 탐험은 불가능했을 것이다. 이누이트가 먼저 발견하지 않은 새로운 발견은 거의 없었다. "나는 또한 내 연구를 도울 에스키모인 몇 명을 고용할 것이다."[31] 보아스가 두 쪽 분량의 연구 계획서 초안에 명확히 밝힌 내용이다.

이누이트는 영국의 사략선* 마틴 프로비셔호가 대서양과 태평양 사이의 유명한 북서 항로를 찾기 위해 출발한 16세기부터 유럽인들에게 잘 알려져 있었다. 일부 초기 기록에서는 이누이트를 늑대처럼 생긴 개떼와 함께 사는 사납고 교활한 종족으로 묘사했다. "그들은 모든 고기를 날것으로 먹는다. 또한 살코기와 생선, 가금류를 피와 물을 조금 넣고 푹 고아 그 물을 마신다. 물이 부족해 우리가 사탕이나 설탕을 먹듯이 그들은 딱딱한 얼음을 즐겨 먹는다."[32] 1577년에 프로비셔호의 선원인 디오니스 세틀이 남긴 기록이다. 탐험대는 그들이 발견한 사실에 대한 증거를 수집했다. "여자 두 명, 남자들처럼 잘 도망치지 못한 여자들, 한 여자는 나이 때문에, 한 여자는 어린애를 데리고 있어서 우리가 데려왔다."[33] 이누이트 네 명(남자인 칼리초, 여자인 아르나크, 여자의 아이인 누타크,

---

* 국가의 허가를 받아 타국(주로 적국)의 선박을 나포해 노획물을 국가와 배분하는 민간 해적선.

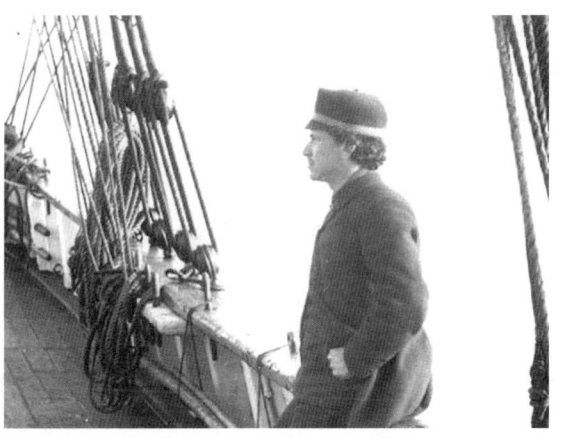

1883년 여름, 캐나다 북극에 있는 배핀섬으로 가기 위해 배에 오른 보아스.

그리고 이름 모를 또 한 명의 남자)이 결국 영국행 배에 실렸다. 이들은 넋을 놓고 구경하는 엘리자베스 1세 시대 사람들에게 호기심의 대상이 됐다가 질병과 부상으로 죽었다. 이들은 유럽의 문헌에서 '에스키모인'이나 '인디언'이 아니라 각자의 이름으로 기록된 최초의 북미 원주민 포로였다.[34]

19세기 유럽 여행자들은 이누이트보다 그들이 사는 환경에 더 흥미를 느꼈다. 게르마니아호가 데리러 간 과학자들(1882년에 11개국이 참여한 극지 탐사대의 연구대원)은 극지의 기상 패턴을 관찰하고 지구 자기장을 이해하는 데 관심이 있었다. 반면에 보아스는 이누이트 자체에 매료되었다. 광대한 거리를 이동하고 험악한 환경에서 생존하는 능력, 그리고 외지인에게는 그저 황량하고 무정형으로 보이는 주변의 풍경을 이해하는 능력에 매료된 것이다.

보아스는 이누이트가 식량을 구하는 능력과 이동 양상과 환경의 관계에 대한 몇 가지 초기 가설을 세웠다. 다만 이미 발표된 과학 보고서를 읽고 학술 세미나 몇 군데에 참석하면서 확신 없이

2장 북극으로 떠난 탐험가 43

세운 가설일 뿐이었다. 독창적 연구를 통해 현지에서 수집한 자료를 토대로 얻은 자신만의 결과로 노트를 채우면 이전에 자신이 박사 학위를 따려고 수행했던 비전문적 실험을 한참 뛰어넘을 수 있을 거라 생각했다. "그러면 저는 지리학계에서 당장 인정받을 겁니다."[35] 보아스가 배핀섬으로 출발하기 몇 달 전에 1848년 혁명 실패 후 뉴욕으로 망명한 저명한 의사인 아브라함 야코비(Abraham Jacobi)에게 쓴 편지다.*

보아스와 바이케는 긴 항해를 위해 마음을 단단히 먹었다. 북해의 바람이 비명을 질러대는 사이 게르마니아호는 엘베강 하구에서 빠져나와 헬리골랜드 군도로 향했다. 항해가 시작된 지 이틀도 되지 않아 뱃멀미를 시작했다.[36] 선장과 4인조 선원은 셰틀랜드 제도와 페로 제도를 지나 아이슬란드와 그린란드를 거쳐 마지막에 캐나다 북극의 관문인 배핀만까지 길게 휘어지는 항로를 설정했다.

매일 추워지고 바다는 아침부터 오후까지 시시각각 색을 바꾸었다. 보아스는 이런 현상을 일기장에 부지런히 기록했다. 바이케에게 영어를 가르쳐봤지만 "그는 지독히도 머리가 굳어버린 사람"이라고도 적었고, 자신의 뱃멀미에 대해서도 "아픈 날"이 많았고 "몹시 아픈 날"도 있었다고 기록했다.[37] 5천 킬로미터 가까이 되는 긴 항해가 몇 주에 걸쳐 이어지는 사이, 배의 양옆으로 천둥 같은 굉음을 내며 스쳐 지나가는 유빙을 제외하고는 아무것도 보이지 않았다.[38] 차가운 바다 위로 신기루가 어른거리며 눈을 속였

---

* 아브라함 야코비는 프란츠 보아스의 이모 파니 마이어의 남편이었다. 파니가 1856년에 사망한 뒤에도 야코비는 보아스 일가와 관계를 이어 갔고 프란츠에게 가장 든든한 후원자가 되어주었다.

고, 두 사람은 바다 한가운데 아름다운 교회가 떠 있다고 착각했다.[39] 무엇이 진짜인지 분간하기 어려웠다.

7월 중순에 드디어 시야에 배핀섬이 들어왔지만 육지에 배를 대는 것이 불가능했다. 6주가 더 지나서야 선장과 선원들이 변덕스러운 바람과 무시무시한 유빙을 처리할 방법을 찾았다. 마침내 8월 26일에 게르마니아호는 북극권 바로 남쪽에 있는 컴벌랜드만에 도착해 케커튼섬의 작은 정착지로 향했다.

배가 보이자 마을 개들이 짖어댔다. 면 치마에 바다표범 가죽 외투를 두른 이누이트 여자들이 작은 배를 타고 나와 정박지까지 예인할 밧줄을 게르마니아호로 건네자 게르마니아호는 닻을 깊이 내렸다.[40] 고래잡이 기지의 일꾼들이 영국과 미국 국기를 걸어 환영했다. 보아스와 바이케는 해변에 내려서 환영의 럼주를 받아 마시고 개들이 죽은 바다코끼리를 끌고 이누이트 마을의 천막들 사이로 지나가는 모습을 보았다. 보아스는 그런 천막 중 한 집에 초대받아 들어가보고 이렇게 적었다. "생각보다 지저분하지 않았다. 육지에 발을 딛고 처음으로 꽃을 보고 얼마나 기분이 좋아졌는지 모른다."[41] 그는 야생풀을 뽑아 어릴 때처럼 노트 사이에 조심스럽게 눌러서 식물 표본을 채집했다.[42] 보아스는 훗날 이렇게 회고했다. "며칠 후 배가 떠났고, 나와 하인만 에스키모인들 사이에 남았다."[43]

보아스의 원래 계획은 배핀섬을 누비는 이누이트의 이동 경로를 기록하고 유빙과 눈 더미, 바다표범의 습성을 기록해 지도를 작성하는 것이었다. 하지만 곧 현실적으로 얼마나 어려운 계획인지 깨달았다. 거친 빙하와 험악한 날씨로 보아스와 바이케는 주로 케커튼을 중심으로 컴벌랜드만 부근에서 몇 달간 발이 묶였다. 그래도 시간을 허비하지는 않았다. 보아스는 전문 탐험가들이 쓸 법한, 가죽 장정에 가장자리에 대리석 무늬가 있는 노트를 충분히 준비해 왔다. 배가 출발하고부터 때에 맞춰 풍향과 위도, 경도를 기록하며 노트를 숫자로 채웠다. 두 번째 노트의 절반쯤부터는 이누이트어 단어도 적었다. 원주민 천막과 집에서 한참 대화를 나누며 스스로 만든 어휘 목록이었다.

보아스는 원주민들에게 둘러싸였다. 이누이트족은 소규모 고래잡이 공동체와 아마추어 탐험가 두 명보다 수적으로 우세했다. 보아스는 몇 주 만에 이누이트 없이는 아무것도 할 수 없다는 것을 알았다. 그는 긴 겨울밤에 시그나라는 이누이트 남성과 외국어를 섞어 대화를 나누며 점차 시그나의 말을 더 많이 알아듣게 되었다.[44] 그러다 시그나에게 개인적인 사연이 있는 것을 알았다. 시그나는 데이비스 해협 연안의 다른 지역에서 태어나 어렸을 때 케커튼으로 이주했다. 만 서쪽의 거대한 호수에서 사슴을 사냥하며 자랐다. 고래잡이들이 베티라고 부르던 시그나의 아내는 유쾌하고 다정했지만, 민덴에서 아내가 남편에게 정육점에서 고기를 사오라고 시키듯 시그나에게 독일에서 온 방문객들과 탐험을 떠날 때마다 바다표범 고기와 기름을 가져오라고 닥달했다.[45] 시그나는 그저 어느 해안에서 생존을 위해 고군분투하는 시대를 초월한 원주민이 아니었다. 그는 방랑과 이동, 혈통의 개인사가 있고, 고난과 기쁨의 순간을 기억하는 존재였다.

보아스는 이곳까지 항해하며 풍속과 바닷물 색을 기록한 것처럼 점차 시그나와 다른 이들에게 이누이트 이야기를 들으며 기록하기 시작했다. 보아스의 이누이트어 능력은 초보 수준이었지만 고래잡이 어장의 공용어인 피진 영어를 섞어 충분히 소통할 수 있

배핀섬의 이누이트 복장을 한 보아스. 사진은 1885년경 독일 민덴의 스튜디오에서 찍은 것으로 추정된다.

었다. 그리고 이누이트가 천막 안에서 하는 놀이와 개썰매의 구조, 순록 가죽옷을 제대로 입는 법, 이글루 만드는 법, 사나운 기후의 땅에서 만나는 예상치 못한 난관을 극복하는 법을 기록했다. 이런 기록은 머지않아 이누이트 어휘 목록에서 이누크티투트로 된 긴 글이 됐다. 그리고 보아스는 연필로 가계도를 그려서 누가 누구와 친척인지 알아내려 했다. 또 민덴에서 유년기에 피아노 레슨을 받으며 익힌 악보 그리는 법을 이용해 이누이트의 노래를 기록하며 C나 G의 키로 멜로디를 하나하나 옮겨 적었다.[46]

보아스는 현지의 전문 지식을 수집해 원주민들에게 썰매 경로와 안전한 길과 함께 그들이 아는 장소를 지도로 그려 달라고 부탁했다. 모기와 개미, 거미줄 가운데에 매달린 거미를 비롯해 온갖 곤충을 연필로 스케치하고 그 그림에 이누이트 이름을 적었다. 그런 다음 전체 이야기를 이누이트어 발음으로 소리 나는 대로 받아 적었다.[47] 그리고 컴벌랜드만 주위에 거주하는 모든 사람을 천막 별로 조사해 대략의 인구를 파악했다.[48] 민덴에서는 물론 아무도 이곳 상황을 상상도 하지 못할 테고, 하이델베르크나 킬에서도 저명한 교수들 중 일부만 상상할 수 있을 터였다. 보아스의 삶이 부빙이 매끄러운지 거친지, 썰매를 끌 개가 충분한지에 따라 결정될 거라고는 누구도 상상하지 못할 터였다. 하지만 보아스는 이제 마을의 모두가 순록을 쫓아 떠나고 나면 뱃사람을 구하는 것이 얼마나 어려운지, 바다표범 사체가 해류에 떠밀려 얼음 구멍으로 빨려 들어가 저녁 먹을거리가 사라지면 어떤 기분인지 알았다.

10월 하순에 케커튼의 한 이누이트 여자가 고열과 기침, 폐울혈 증상으로 보아스를 찾아왔다. 보아스는 보급품에 들어 있던 테레빈유로 흉부를 문질러주고, 열과 기침을 가라앉히기 위해 퀴닌과 아편을 주고, 울혈된 폐를 풀어주려고 코로 암모니아를 들이마시게 했다.[49] 여자는 윗도리를 풀어헤치고 필사적으로 숨을 쉬어보려 했고, 보아스는 추위를 막기 위해 자신의 숄을 어깨에 둘러주었다. 마을 사람들은 보아스에게 여자의 상태를 봐 달라고 부탁했다. 이렇게 그는 바이케가 사람들 앞에서나 둘만 있을 때나 매번 부르던 호칭인 '박사님'이 됐다. 이누이트족에게 보아스는 독토랄루크(Doktoraluk), 곧 큰 박사님이었고, 그는 의학 박사가 아니라 물리학 박사인데도 의학적 조언과 빠른 치료를 위해 사람들이 자연스럽게 찾는 존재가 됐다.

이틀 후 그 여성은 사망했다. 다음 달에는 어린 소년이 죽었다. 보아스는 소년의 호흡이 거칠어지는 동안 곁에서 지켜보았다. 여기 사람들은 항상 거친 자연에 노출되거나 바다표범 사냥을 나갔다가 목숨을 잃었다. 고래잡이들이 바다에서 실종되기도 했다. 그러나 이런 죽음은 본 적이 없었다. 무언가가 건강한 여자와 남자, 아이들을 바다가 아닌 육지에서 익사하게 만드는 것 같았다.

보아스는 의학 전문가는 아니었어도 이런 증상에 대해 알고 있었다. 컴벌랜드만에서는 본 적 없었던 디프테리아가 정착촌에서 정착촌으로 퍼져 나갔고, 그 여파로 수많은 이누이트 가정이 무너졌다.[50] 그는 이누이트가 죽은 친척을 발견하면 옷을 다 찢어발기고 오두막과 천막 사이에서 거칠게 뛰어다니며 비명을 지르는 모습을 보았다. 그리고 천막 안에서 누가 죽으면 천막 전체를 허물어버리는 장면도 보았다. 죽은 자의 영혼이 산 사람의 세상에 영향을 미칠까 봐 두려워한 것이다. 보아스는 11월 18일에 한 희생자에 관해 이렇게 적었다. "아이의 죽음이 내 책임은 아니라고 계속 나 자신에게 말하지만, 아무것도 도와주지 못했다는 죄책감이 나를 짓누른다."[51] 이제 모든 이누이트 가정에서 아이들이 병에 걸렸고, 이후 몇 주 사이 멀리 떨어진 들판에서도 사람들이 죽어 나간다는 소식이 케커튼으로 전해졌다.[52]

이 전염병은 공교롭게도 보아스와 바이케가 들어온 시기와 겹쳤고, 사람들은 두 사건 사이에 연관성이 있다고 의심했다. 게다가 보아스는 진짜 의사도 아니었다. 사람들은 그가 어떤 알 수 없는 이유로 죽음을 불러왔다고 수군대기 시작했다. 서쪽 해안의 나페킨이라는 이누이트 주술사가 아무도 보아스를 집 안에 들이거나 그의 안내자로 나서거나 썰매 개를 빌려주지 말라고 공표했다.[53] 1월에 보아스는 컴벌랜드만을 건너 나페킨의 이글루로 찾아가 안에 들어가게 해 달라고 요청했다. 그러면서 자신이 탄약과 각종 보급품을 제공한다는 점을 상기시켰다. 그리고 나페킨이 이글루의 문턱을 넘도록 허락해주지 않으면 더는 물품을 공급하지 않겠다고 경고했다. 나페킨은 결국 고집을 꺾었고, 그해 봄에는 바다표범 가죽을 선물로 들고 보아스를 답방하고 탐험을 도와주겠다고 제안했다.

협상과 회유, 사과와 보상, 선물 제공과 철회, 상처받은 감정과 실수가 쌓이고 쌓이다 용서의 순간이 오고, 마침내 평화가 찾아왔다. 원래 보아스에게 배핀섬 사람들은 그가 지도를 그리고 연구해야 할 풍경의 한 요소인 연구 대상이었다. 그래서 처음에 보아스는 그들을 같은 사람으로 보지 않았다. 하지만 배핀섬 사람들과 함께 지내면서 그의 논리와 인생관에 변화가 일어났다. "그거 알아요? 한때 내게는 마음이 없다고 생각했어요. 강렬하게 느껴지지 않는 것이 많았고, 지금도 여전히 그래요."[54] 그해 12월에 보아스가 특별한 친구라고 말하고 남들은 더 진지한 관계로 의심하던 마리 크라코비처에게 보낸 편지다.

나는 이따금 우리 '좋은 사회'가 '야만인' 사회에 비해 어떤 장점이 있는지 자문하곤 합니다. 여기 사람들의 풍습을 보면 볼수록 우리에게는 그들을 경멸하고 무시할 권리가 없다는 생각이 들어요. 우리 사회 중 어느 곳에서 여기와 같은 환대를 베풀어줄까요? 무슨 일을 부탁하든 불평 한마디 없이 들어줄 사람들이 또 어디에 있을까요! 우리는 그들의 관습과 미신을 비난해서는 안 됩니다. 우

리 '고등교육을 받은' 분들이 상대적으로 훨씬 더 나쁘니까요.[55]

보아스는 풍경과 악천후와 수렵 경제의 상호작용에 작용하는 일반 원리를 밝혀내기로 계획했다. 이누이트 사냥꾼들의 이동 경로를 그리면서 배핀섬에서 외부인에게 알려지지 않은 곳에도 가보았다. 그사이 자신에 대해서도 몇 가지 깨달음을 얻었다. 이누이트의 이야기를 듣고 그들과 함께 식사하면서, 또 이누이트와 소통하면서 자신과 자신의 인식을 돌아보며 깨달았을 것이다. 보아스는 진정한 깨달음은 자신의 약점과 실패를 인정하고 자신을 서툴고 무력한 존재로 여기며 작은 오두막 밖에서 울부짖는 바람 소리와 자신을 악과 죽음을 가져온 자라고 비난하는 주술사의 언명과 함께 온다는 사실을 서서히 알아챘다. 환경이 그에게 성찰을 요구하는 것 같았다. 보아스는 동상이 코를 덮치기 전에 막을 방법이라고는 옆에서 누가 지켜보다가 피부가 부자연스럽게 하얗게 변하기 시작할 때를 알려주는 수밖에 없다는 것을 알았다.[56] 시그나와 함께 개썰매를 타고 멀리까지 나갈 때는 이누이트 안내자를 인간 거울 삼고(서로 얼굴을 바라보며), 그 역시 시그나를 마주보는 것이 생존에 중요하다는 것을 깨달았다. 보아스는 컴벌랜드만 맨 끝의 이누이트 야영지 아나르니퉁에서 마리에게 이렇게 편지를 보냈다. "어떤 사람이든 어떤 민족이든 전통을 떨쳐내고 진실의 길로 나아가려면 고통스러운 투쟁을 거쳐야 한다고 믿어요."[57] 그리고 그가 얻은 가장 큰 교훈은 "모든 교육의 상대성"이라고 썼다.[58]

여기 이누이트족 마을에서 '박사님'으로 불린 사람은 병든 아이를 치료할 수 없었다. 대학까지 나온 사람이 눈과 바람에는 문외한이었다. 탐험가는 개썰매꾼들의 뜻대로 움직여야 했다. 보아스는 이런 현실을 인식했다. 자신의 무지를 응시하며 혼란을 느꼈고 이때 얻은 교훈은 하얀 얼음 위의 갈색 물개처럼 뚜렷했다. 명석함은 상황과 환경에 따라 상대적인 것이었다. 보아스를 초대해준 이누이트 사람들이 그에게 보이는 존경심과 보아스가 그들에게 배우는 교훈을 표현하기에 적절한 독일어 단어도 있었다. 보아스는 독일의 명문 대학을 옮겨 다니며 알렉산더 폰 훔볼트와 여러 철학자들의 저서에서 이 개념을 접했는데, 이 북쪽 땅에서 그를 사로잡은 정신의 변화를 설명해주는 완벽한 단어였다. 바로 '헤첸스빌둥(Herzensbildung)', 곧 다른 사람의 인간성을 보는 마음의 훈련이라는 개념이다. 세상에서 그의 위치가 달라지자 세상을 바라보는 그의 관점도 달라졌다.

보아스는 그해 겨울을 아나르니퉁에서 보내고 케커튼으로 돌아왔고, 봄에는 컴벌랜드만 서쪽의 지도를 그리며 수정같이 맑은 네틸링 호수까지 육로로 트레킹을 떠났다가 동상에 걸리고 햇볕에 화상을 입었다.[59] 보아스는 거의 모든 밤을 천막이나 이글루에서 보냈고, 바이케가 그의 오른쪽을 지키고 이누이트 여인이 그의 왼쪽에서 그의 소지품을 말려주었다. 시그나와 이누이트 남자들은 얼린 바다표범 고기를 입에 가득 문 채 대화하고 있었다.[60] 보아스는 그들에게 둘러싸인 채로 잉크를 녹여 그 자신이 '크라켈퓌세', 곧 악필이라고 부르는 작고 독특한 필체로 노트에 글자를 적었다.[61]

보아스는 훗날 이런 계시의 순간의 증거가 필요하면 노트에서 처음 기록한 페이지를 다시 펼쳐보면 됐다. 지금도 그의 노트에는 바다표범의 간에서 튄 피가 그대로 묻어 있다.[62] 보아스와 바이케는 1884년 가을까지 배핀섬에 머물렀다. 북극에서 보내는 두 번째 겨울이 시작될 무렵, 두 사람은 범선 여러 척을 옮겨 타며 노바스코샤주 핼리팩스로 갔고, 거기서 다시 쾌속선을 타고 미국으로 갔다. 트렁크에는 노트와 직접 그린 지도가 가득 들어 있었다. 이누이트가 직접 그린 지도도 많았고, 그 외에도 어휘 목록, 글, 스케치를 비롯해 온갖 자료가 있었다. 보아스는 이미 사진 건판을 보내고 〈베를리너 타게블라트〉와 약속한 대로 기사도 써 보내 중부 유럽 전역에서 열렬한 독자층을 확보했다.

증기선 아르단두호가 1884년 9월 21일에 뉴욕에 도착했고, 15개월 만에 처음으로 도시 느낌이 나는 곳에 발을 디뎠다. 보아스와 바이케는 순록가죽 옷만 있어서 부두에 마중 나온 친척들에게 멀끔해 보이려고 선장에게 옷을 빌려 갈아입었다.[63] 부두의 친척 중에는 체제비의 상당액을 지원해준, 가족 사업의 소유자인 야코프 마이어도 있었다.

잠시 후 그들은 가장 중요한 소식을 나눴다. 사실 보아스는 북쪽에서 지내는 동안 뉴욕에 정착한 저명한 오스트리아인 의사의 딸 마리와 약혼한 상태였고, 마리는 그동안 그가 깊은 속내를 털어놓은 상대였다. 보아스는 게르마니아호의 선실에 마리의 이름을 수놓은 깃발을 꽂았고, 배핀섬에 두고 온 배에 '마리'라는 이름을 붙였다. 두 사람은 몇 년 전에 독일의 어느 산장에서 처음 만났다. 그런데 부두에 나온 떠들썩한 무리 속에는 마리가 없었다. 마리는 마침 뉴욕주 북부의 휴양지인 조지 호수에서 휴가를 보내던 중이었고, 보아스는 지체하지 않고 기차를 잡아타고 북쪽으로 향했다. 그는 곧 가족에게 허락을 받아 마리와의 약혼을 발표했다.[64]

프란츠 보아스와 마리 크라코비
처. 사진은 결혼식을 올린 1887년
에 찍은 것이다.

 가족은 두 사람의 결혼을 마지못해 허락한 듯하다. 마리는 흠잡을 데 없는 집안 출신이었지만(부유하지 않은 편인 보아스의 아버지보다 어머니 조피의 배경에 훨씬 가까웠다) 보아스는 현실적으로 아직 가정을 꾸릴 수단을 찾지 못한 상태였기 때문이다. 그의 직업적 삶은 청사진만 있었다. 독일에서 교수직을 보장받은 것도 아니고 미국에서 같은 직종으로 일자리를 구하는 것은 더 막막했다. 지금 보아스는 그의 가족과는 바다 건너 멀리 떨어진 타국에 사는 여자에게 청혼하고 있었다. 알고 보면 그가 잠시나마 언론계로 외도한 것도 아버지의 지원이 있었기에 가능했다. 마이어가 〈베를리너 타게블라트〉에 아들이 신문사에서 지급한 선금을 떼먹지 않고 충실히 기사를 보내줄 거라고 재정적으로 보증을 서준 터였다.[65]

 다만 보아스에게는 삶의 에너지가 있었다. 그리고 언변이 좋아 처음 보는 사람에게 연락하거나 장황한 탐험 계획이나 혁신적인 가설을 들고 남의 사무실에 찾아가는 데 거리낌이 없었다. 보아스는 자기 얼굴의 흉터가 북극곰의 공격으로 생겼다는 이야기로 시작해 상대가 농담인지 아닌지 궁금해하게 만들었다.[66] 뉴욕주 북부에서 마리를 만나고 돌아온 뒤에 북극 탐험의 과학적 연구 결과를 정리해 학술지에 제출하고 미국의 독일계 신문에 짧은 글을 기고했다. 그러다 워싱턴 D.C.에 북극 관련 자료가 많고, 대다수 자료가 당시 캐피톨 힐에서 멀지 않은 곳에 새로 준비 중인 박물관에 소장되어 있다는 사실을 알았다. 보아스는 다시 한번 마리를 떠나 그의 험난한 경력에서 다음 단계에 오르도록 이끌어줄 사람들을 만나기 위해 기차를 타고 남쪽으로 향했다.

1884년 가을, 워싱턴 D.C.는 정치·사회적 격변의 소용돌이 속에 있었다. 공화당 출신의 체스터 아서 대통령이 백악관에서 지켜보는 사이, 공화당이 그해 대통령 선거에 제임스 블레인을 내세운 것이다. 블레인에 맞서는 민주당의 그로버 클리블랜드는 남북전쟁 이래 최초의 민주당 대통령이 되기 위해 경쟁했다. 클리블랜드는 혼외 자식을 낳았다는 소문이 자자한 바람둥이였다. "엄마, 엄마, 우리 아빠 어디 계세요?"는 공화당이 선거 운동에서 가장 애용하는 구호가 됐다. 한편 아직 대다수 여성에게 투표권이 주어지지 않던 시대였지만 참정권 운동가 벨버 앤 록우드(Belva Ann Lockwood)는 평등권당의 여성 대통령 후보로 출마했다. 내셔널 몰 공원에는 조지 워싱턴을 기리는 거대한 흰색 오벨리스크가 완공 단계에 이르러, 버지니아주 알링턴의 오래된 플랜테이션 농장을 지나 흐르던 포토맥강과 의사당 사이의 중간쯤에 자리 잡았다. 그해 12월에 이 화강암 기념탑이 완공되어 수도 워싱턴 D.C.의 랜드마크가 되었다.

뉴욕에서 기차로 출발해 워싱턴 D.C. 캐피톨 힐 서쪽 사면 근처의 종착역에서 내리면 이 기념탑이 바로 보였다. 보아스는 역을 빠져나와 내셔널 몰을 가로질러 사암과 붉은 벽돌로 지어진 한 쌍의 건물로 이어지는 길지 않은 거리를 걸었다. 그로부터 거의 50년 전에 아마추어 화학자이자 어느 영국 공작의 사생아인 제임스 스미스슨(James Smithson)이 자신이 소유한 너른 토지를 과학 연구와 교육을 위해 미국 국민에게 유증했다. 유산 정리를 두고 수년간 논쟁이 이어진 끝에 1846년에 의회에서 마침내 스미스소니언협회(Smithsonian Institution)의 설립을 승인했다.

건축가들은 이 협회를 위해 기발한 모양의 성과 함께 유럽의 기차역, 코니아일랜드의 회전목마를 절충한 모습의 건물까지 특이한 형태의 건물 두 채를 설계했다. 건물 안에는 "최후의 잉카인인 아타우알파가 썼던 머리 장식", "'요셉과 마리아가 앉은' 자리로 전해지는 플라타너스 나무 조각"처럼 수상쩍은 설명이 붙은 기이한 기증품이 많았다.[67] 그래도 보아스 시대에 탐험과 실용 예술에 관심이 있다면 누구라도 이 연구소의 쌍둥이 건물에 매료됐을 것이다. 두 건물은 사람들이 이미 미국국립박물관이라고 부르던 기관의 본부가 됐고, 오늘날에도 두 건물 중 큰 건물에 이 이름이 새겨져 있다.

스미스슨은 자기 재산을 "지식의 증진과 확산"에 사용하기로 결정했다. 교육과 좋은 정부의 관계를 잘 보여주는 상징물로 이보다 더 나은 것을 보유한 국가는 없었다. 미국 정부는 새로운 박물관을 수도의 중심부에서도 공화국의 주요 통치 기관과 가까운 자리에 배치하기로 결정했다. 그리고 이와 같은 프로젝트를 이끌 대표자로 군인이자 탐험가이자 학자인 존 웨슬리 파월(John Wesley Powell)만큼 경력이 화려하고 확실한 사람도 없었다. 그가 바로 보아스가 만나러 온 사람이었다.

오른쪽 소매를 핀으로 고정해 잃어버린 팔을 감추고 덥수룩한 수염을 떡 벌어진 가슴까지 기른 파월은 아동 모험 소설에서 방금 건져 올린 것 같은 인생을 살아온 인물이었다. 그는 보아스보다 스물다섯 살 가까이 많았다. 당대의 야심 찬 여행가나 지리학자가 하나같이 파월뿐 아니라 파월 세대의 선배들이 위대한 발견을 다 이루었다고 개탄한 것도 무리가 아니었다.

뉴욕주에서 태어난 파월은 백인 정착민들이 한곳에 모여 살면서 아직 베지 않은 숲이 울창하고 정복되지 않은 적들이 도사리고 있는 황무지로만 여기던 서부 개척지에서 자랐다. 그는 대학을 다니다 말다 했고, 탐욕스럽게 책을 읽으며 뚜렷한 목표도 없이 탐험 욕구를 키우던 시골 지식인이었다. 파월은 위스콘신을 걸어서 횡단했다. 혼자 노를 저어 일리노이와 오하이오까지 내려갔고, 미시시피강을 따라 멕시코만까지 내려갔다.

1861년에 남북전쟁이 발발하자 파월은 연방(the Union) 보병대에 사병으로 입대했다. 얼마 후 직접 포병대를 조직해 포탄의 궤적과 조준과 포격에 대해 비공식적으로 연구한 내용을 활용했다. 1862년 4월에는 테네시 남서부에서 치열하게 벌어진 샤일로 전투에 장교로 참전했다. 파월이 오른팔을 들어 포격 명령을 내렸을 때 미니에 총알이 손목을 관통했고, 나중에 팔꿈치 아래를 절단하는 수술을 받아야 했다. 그는 부상에서 회복한 후 다시 전장으로 돌아가 부하들을 이끌고 미시시피강과 서부 전역에서 교전을 벌이는 데 도움을 주었다. 그리고 전투를 치르는 사이사이 참호 속

에서 화석을 수집했다.[68]

파월은 전쟁이 끝나고 숨 돌릴 틈도 없이 탐험을 시작했다. 청년 시절에는 무작정 떠난 여행이었지만 이번에는 책을 쓸 목적으로 떠났다. 1869년에 스미스소니언협회의 의뢰를 받아 배를 타고 그린강과 콜로라도강을 따라 그랜드캐니언을 가로지르는 최초의 기록적인 탐험을 했다. 1871년과 1872년에도 비슷한 탐험을 떠났고, 이 탐험을 통해 미국 남서부의 경이로운 풍경을 담은 최초의 지도와 일기, 사진을 남겼다.

파월은 1875년에 《서부의 콜로라도강과 그 지류 탐험》을 출판해(왼손으로 겨우 서명만 할 수 있는 상태라 필경사에게 구술하는 식으로 책을 썼다) 즉시 미국에서 가장 유명한 탐험가로 등극했다. 책의 제목은 다소 밋밋했지만 파월은 한 가지 문학적 결단 덕분에 굳건한 명성을 얻었다. 책 전체를 현재 시제로 쓴 것이다. "그린 리버 시티의 선량한 사람들이 우리가 출발하는 장면을 보러 나온다." 그리고 책의 중반부는 이렇게 시작했다. "우리가 작은 깃발을 들고 강변에서 배를 밀자 빠른 물살이 우리를 싣고 떠내려간다."[69] '당신도 그곳에 있다'는 식의 이런 문체는 독자들에게 마치 그들도 그랜드캐니언의 명암이 선명한 절벽이 우뚝 솟은 강에서 급류를 헤쳐나가는 것처럼 긴박감과 불확실성을 느끼게 해주었다. 당시 책에 실린 여러 판화에는 파월이 한쪽 팔로 힘겹게 키를 잡고 있고, 물보라가 작은 배를 집어삼켜 강바닥으로 끌어내릴 듯 위협하는 장면이 담겨 있다.

보아스가 워싱턴에 도착했을 때 파월은 미국의 박물학자와 모험가 사이에서 인정받는 지도자였다. 아마추어 탐험가, 전직 군인, 관료, 성직자 등 전문적으로 훈련받지 않았어도 지적 호기심이 넘치는 사람들이 파월을 중심으로 모여서 미국 자연의 보고를 발견하고 정부의 기획자들을 설득하는 사업에 전념하기 위한 단체를 결성했다. 파월이 워싱턴 북서부에 있는 M 거리의 자택에서 열던 비공식적 응접실 대화는 훗날 워싱턴 최고의 학자들이 모이는 코스모스 클럽(Cosmos Club)으로 발전했다. 파월은 서부의 토지와 수자원 관리 보고서를 작성하고 의회에 실질적인 조언을 제공하며 많은 친구와 지지자를 끌어모았다. 1879년에 파월은 정책 입안자들에게 물리지리학과 지질학, 수로학 정보를 제공하는 미국 지질조사국을 최초로 구성했다.

동시에 파월은 새로 설치된 민족학국(Bureau of American Ethnology)의 국장에 임명됐다. 지질조사국이 서부 영토의 물리적 자원을 조사하던 것처럼, 민족학국은 이 지역에 사는 종족을 연구했다. 훗날 미국인들이 개척지에 대해 안다고 생각하는 내용의 상당 부분(지형과 하천계, 산맥과 대초원, 원주민과 그들의 언어)은 파월의 왕성한 연구와 수집에서 나온 것이다. 1880년대 중반에 지질조사국과 민족학국은 세계의 다른 어떤 학술 기관보다 더 많은 인원과 더 풍부한 자금, 더 야심 찬 프로젝트를 추진하며 보아스가 독일에서 본 어떤 조직보다 규모를 키웠다.[70] 수천 쪽에 달하는 연례 보고서는 독창적인 연구를 꼼꼼히 편집해 삽화와 함께 넣었고, 보고서마다 그해 발견한 원주민과 그들의 생활 양식에 대한 파월의 요약이 포함됐다. 이 보고서는 아주 중요한 자료로 분류돼 스미스소니언협회를 감독하는 직속 기관인 미국 의회 하원의 기록에 한 쪽도 빠짐없이 들어갔다.

다른 국가에도 왕립학회와 사설 박물관이 있었지만, 미국에서는 이제 기초 과학이 최고 대의 기관의 공인을 받았다. 흥미진진

한 일이었고, 야심 찬 젊은 탐험가에게는 파월의 이런 궤도 안으로 들어가는 것이 엄청난 일의 중심에 서는 것과 같았다. 대륙 전체가 독창적 연구의 재료였고, 정부가 연구에 필요한 자금과 인력을 지원했다. 따라서 보아스가 누구보다도 먼저 만나고 싶은 사람이 있다면 (사실대로 말하면, 아니 사실이 그랬다) 파월이었다.

하지만 같은 이유에서 파월과의 만남이 보아스에게는 약간 실망스러웠다. 파월에게 민족학국에는 빈자리가 없다는 말을 들은 것이다. 규모가 더 큰 스미스소니언협회에도 추가 채용 계획이 없다고 했다. 두 기관의 넉넉한 예산(게다가 신설 자연사박물관과 합병할 계획이었다)에도 불구하고 보아스는 때를 놓친 것 같았다. 직원 자리가 이미 다 차 있었다. 추가 탐험과 지도 탐사 계획도 이미 진행 중이었다.[71] 보아스가 파월을 만난 사이에도 연구원들이 체로키족과의 조약 관계, 나바호족의 성가와 의례, 플로리다 세미놀족의 관습, 주니족의 양육에 대한 방대한 연구를 완료하고 있었다.[72]

보아스는 최근의 현장 경험, 그것도 미국이 아닌 타 지역의 현장 경험 외에는 달리 내세울 경력이 없었다. 그래도 파월은 배핀섬 연구에 관한 보아스의 보고서가 완성되면 다음번 연례 보고서에 일부를 실어주기로 했다. 이로써 워싱턴까지 찾아온 목적은 일부 달성한 셈이었지만, 보아스는 파월이 지원하기로 한 금액이 전체 연구 비용을 충당하지 못할까 봐 걱정했다.[73] 지도를 그리고 동판에 새겨야 했고, 영어도 도움을 받아야 했다. 보아스의 영어 실력이 바이케나 시그나에게는 깊은 인상을 남겼을지 몰라도 미국인들의 마음은 움직이지 못했다. 보아스는 워싱턴의 한 학회에서 열린 토론을 따라가지 못했고, 비서가 그의 논문을 대신 낭독하는 동안 옆에서 묵묵히 지켜봐야 했다. 보아스는 우울하고 당혹스러운 심정으로 뉴욕으로 돌아왔다. 아브라함 야코비의 주선으로 컬럼비아대학에서 진행된 두 차례의 초청 강연은 보아스에게 또다시 언어적 참사가 되고 말았다.[74]

보아스는 뉴욕과 워싱턴에서 제출한 모든 입사 지원서를 거절당했다. 그를 채용해줄 박물관이나 대학은 없어 보였다.[75] 이제 선택의 여지가 없었다. 독일로 돌아가는 수밖에. 마이어와 조피는 이 소식에 기뻐했을지 몰라도 보아스에게는 패배를 의미했다. 마리는 뉴욕에 남기로 했고, 결혼식은 미뤄졌다. 일단 보아스가 제대로 된 일자리를 구할 자격을 갖춰야 했다. 1885년 3월 그는 언제 돌아올지, 과연 돌아올 수는 있을지 기약하지 못한 채 대서양을 건너 귀국길에 올랐다.[76]

그나마 유일한 위안은 자신의 기분이 어떤지 표현할 만큼은 영어 실력이 늘었다는 것이었다. 보아스는 마리에게 배운 표현대로 '우울한(blues)' 심정이었다.[77]

3장

"문명은 상대적이다"

과학 연구자는 선입견을 실험실에 남겨 두어야 한다. 사회 진화의 법칙이 존재할 수도 있지만, 이런 법칙을 발견하려면 우선 연구자가 자신의 무지와 싸우기 위해 시간을 쏟아야 한다. 보아스는 북서부 해안에서 이런 글을 남겼다. "이 모든 자료 앞에서 내가 참 어리석다는 느낌이 들었다."

"그애가 도착했을 때, 거기서 실패한 일에 어찌나 좌절하고 낙담해 있던지 내 가슴에서 피눈물이 나는 것만 같더군요."[1] 민덴에서 조피 보아스는 뉴욕의 아브라함 야코비에게 편지를 보냈다. 프란츠 보아스는 가장 나쁜 시기에 미국을 떠났다. 그가 배핀섬으로 떠나면서부터 언저리를 맴돌았던 과학계가 드디어 폭발하려는 순간이었는데, 그 중요한 순간을 놓친 것이다.

'인류학(anthropology)'이라는 말 자체는 아리스토텔레스 시대부터 존재했지만, 19세기에 하나의 종으로서 인간의 발달을 연구하는 학문을 가리키는 용어로 굳어졌다. 이때의 인류학은 호모 사피엔스가 처음에 어떻게 등장했는지 밝혀내는 데 도움이 될 만한 뼈와 두개골을 발굴하는 연구를 가리켰다. 학자들은 이 주제를 별도의 전문 분야나 대학의 학과로 지정할 만한 가치가 있다고 보기 시작했다. 최초로 '인류학자'로 불린 사람 중 한 명인 옥스퍼드 대학의 교수 에드워드 버넷 타일러(Edward Burnett Tylor)는 이 분야를 한마디로 '인간에 대한 과학'으로 정의했다. 그는 1881년에 이 주제에 관한 교재 집필에 착수하며 독자들에게 리버풀이나 런던의 부두에 함께 서서 지나가는 무수히 다양한 인류를 찾아보자고 제안했다. "납작한 코, 넓은 콧구멍, 두툼하게 튀어나온 입술,

그리고 … 놀랍도록 돌출한 턱"을 가진 "아프리카 니그로"나 "황달기가 있는 것처럼 누런 피부에 거칠고 곧은 검은 머리카락의 … 중국인."[2] 인류학이라는 용어를 사용한 최초의 학술 기관(영국 왕립인류학회나 프랑스 국립자연사박물관의 인류학 학과장)도 이 분야를 지질학적 시간에 따른 식물과 동물의 물리적 변화를 연구하는 학문인 해부학이나 자연사의 한 분야로 간주했다.

존 웨슬리 파월의 관심 분야를 정의한 '민족학(ethnology)'이라는 용어는 1840년대에 생긴 훨씬 새로운 개념이었다. 인류학이 그리스어로 '안트로포스(anthropos)', 문자 그대로 '인간'을 존재의 한 유형으로 연구하는 학문이라면, 민족학은 인간을 국가, 민족 집단, 부족, 종족과 같은 특정 사회나 공동체의 맥락에서 연구하는 학문이었다. 타일러가 표현한 대로 '문화의 과학'에서는 수출입표에서 문명인의 생활 양식이 드러나듯이 "돌화살촉과 조각이 새겨진 몽둥이, 숭배물, 무덤, … 마법사의 의식, … 동사의 활용"에서 원시인의 생활 양식이 어떻게 드러나는지 탐색한다.[3] 원시인의 사회 집단은 어떻게 발생했을까? 언어와 습관이 서로 어떻게 달랐을까? 그들은 어떤 세계관으로 살았고, 또 친족으로 간주할 대상부터 신들을 불러내는 방식까지 모든 사안에 대해 어떤 과정을 거쳐 고유한 양식에 이르렀을까?

이 질문들에 답하면서 명성을 얻기 위한 최적의 요건은 학자의 지위와 우편 서비스 접근성이었다. 타일러는 외딴 이국 땅의 사람들이 어떻게 행동하고, 어떻게 말하고, 어떻게 믿는지 소개하는 수집가와 모험가의 글을 샅샅이 뒤져서 옥스퍼드대학 교수 자리에 올랐다. 동시대의 변호사이자 케임브리지대학 교수인 제임스 G. 프레이저(James G. Frazer)는 고전 문헌에서 찾은 종교적 관습들에 대한 자신의 비교 연구를 모아 1890년 《황금 가지》라는 책으로 발표했다. 프레이저는 마술과 신화의 기원(그의 표현으로 '아리안족'의 '원시 종교')에 관한 고전 문헌을 조사하면서 한편으로는 우리의 집 앞에 그 기원에 관한 증거가 있을 수 있다고도 생각했다. 프레이저는 이 책 초판 서두에 이렇게 썼다. "사실 원시 아리아인은 정신적 성향과 구조가 절멸한 것은 아니다."[4] "아리아인은 오늘날에도 우리 사이에" 섞여 "농부들의 미신과 관습"에 남아 있다. 학자들에게 인간 사회의 비밀은 주로 인간이 창조한 텍스트, 곧 성서와 비문, 상형문자, 중세 필경사나 현대의 번역가가 옮긴 서사시에 숨어 있었다. 구전이나 동시대의 "나무꾼과 농부의 종교"는 원시의 관습을 밝혀준다는 점에서 가치가 있다고 프레이저는 말했다.[5]

하지만 파월의 민족학국은 더 체계적이고 전문적이며 자료에 기반을 둔 연구를 지향했다. 즉 기록으로 남아 있는 고대의 자료를 넘어서 현재 관찰이 가능하고 살아 있는 대상을 연구하려 했다. 미국 정부의 전폭적인 지원과 예산을 받는 이 기관의 임무는 유럽인이 이주하기 전에 아메리카 대륙에 살던 다양한 집단의 기원과 언어, 관습을 구분하고 목록화하는 것이었다. 그래야 그들의 살아 있는 흔적, 말하자면 누구나 서부로 향하는 기차 여행에서 여전히 마주칠 수 있는 원주민을 이해할 수 있었다. 미국 정부가 이제 원주민을 관리해야 했기에 민족학국의 임무는 더 중요해졌다.

1871년에 '인디언 세출법(Indian Appropriation Act)'이 통과되면서 미국 의회는 이제 원주민 부족과 협상하는 이전의 방식을 거부했다. 연방 정부는 더는 원주민 집단을 자신들과 공식 조약을 체결한 다른 국가로 간주하지 않았다. 이때부터 원주민은 연방 정부의 '보호 대상'으로 취급당했다. 이제 원주민들은 법적으로 외국인과 온전한 시민권자 사이의 중간 지대에 놓였고, 그로부터 수십 년이 지나서야 시민권자로 인정받게 된다. 따라서 원주민 부족의 정체성은 이제 공무원들의 관심사에서 밀려났고, 대신 유물 수집가와 박물관 학예사의 관심 영역으로 넘어왔다.

민족학국의 '민족학자'들이 아메리카 원주민 사회를 묘사하고 설명하는 연구를 수행하는 데 철학적 체계를 제공한 사람은 파월의 지적 스승이었던 뉴욕 로체스터 출신의 사업가이자 정치인이자 학자인 루이스 헨리 모건(Lewis Henry Morgan)이었다. 모건은 파월과 보아스처럼 어쩌다 자신의 소명에 전념하게 된 열정 넘치는 학자였다. 그는 1818년에 지주이자 교육받은 도시민 집안에서 태어났다. 당시 뉴욕 북부는 지역 제조업이 부흥하고 1825년에 이리 운하가 개통되고 상품이 쏟아져 들어오면서 호황을 맞았다. 이런 빠른 변화로 인해 뉴욕 북부 사람들은 유독 뿌리를 찾고 싶어 했던 듯하다. 모건의 성장기에 주변 사람들 모두가 미국이 보기보다 훨씬 더 오래됐다는 생각에 사로잡힌 듯했다.

소도시마다 사람들이 예언자, 신비주의자, 영적 지도자가 밝혀낸 감춰진 현실에 눈을 뜨고 있었다. 로체스터 근처에 사는 농부 조지프 스미스는 예수 그리스도가 방문했던 사라진 아메리카 문명에 관한 이야기를 전하는 예언자 모르몬의 글이 새겨진 금속판을 발견했다고 주장했다. 스미스의 추종자들은 같은 언덕과 숲에서 더 단순하고 덜 타락한 시대를 살았던 사람들과 그들 자신을 구분하기 위해 스스로 '후기 성도(Latter-Day Saints)'라고 칭했다.

여기서 동쪽으로 더 멀리 떨어진 지역에 만들어진 오네이다 공동체*는 이미 오래전에 그리스도가 재림한 사실을 깨닫는 과정에서 인간으로서 완벽함을 이룰 수 있다고 믿었다. 그리고 행복의 비결은 자유로운 사랑에서 공동 재산에 이르기까지 현대 사회가 포기한 옛 방식으로 돌아가는 데 있다고 믿었다.

모건은 회복할 수 있는 과거가 우리 눈에 보이는 현재에 내재해 있다고 보았다. 그리고 그 과거는 온타리오호 남동쪽 지방에 흩어져 사는 원주민 공동체에 있었다. 모건은 그중에서도 모호크, 오논다가, 오네이다, 카유가, 세네카, 투스카로라족을 복잡한 정치와 경제 단위로 통합했던 옛 이로쿼이 연맹에 사로잡혔다. 이로쿼이 연맹은 프랑스와 영국 정착민들이 들어오면서 서서히 사라졌는데, 1840년대에 모건과 동료 몇몇이 이 연맹을 재건한다는 비현실적인 계획을 세웠다. 그리고 이렇게 되살아난 연맹이 원주민과 유럽인 모두에게 더 순수하고 진정한 삶의 방식을 되찾아줘 한때 아메리카 대륙에 존재했던 문명을 되살릴 수 있기를 바랐다.

백인 신입 회원의 '인디언화'를 위한 의례가 고안됐고, 부족과 각 집단에는 발음 나는 대로 적은 새로운 이로쿼이식 부족명을 붙였다.[6] 프리메이슨의 공간을 빌려서 비밀 회의도 열었고, 원주민 언어를 가르치는 계획도 세웠다. 그러나 제2차 대각성(19세기 중반 미국에서 대대적으로 펼쳐진 개신교의 신앙 쇄신 운동)이라고 불리던 여러 유사한 계획과 마찬가지로, 이 계획도 결국 실패했다. 이 연맹의 구성원은 400명 정도에서 정점을 찍었다.[7] 모건은 새로운 사

---

* 급진적 종교철학자이자 유토피아 사회주의자였던 존 험프리 노이스(John Humphrey Noyes, 1811~1886)가 1848년에 세운 기독교 공동체. 이 집단은 모든 남편과 아내를 공유하는 '복합 결혼'을 실천했다.

업을 시작하고 가정을 꾸렸다. 그러면서도 이로쿼이 사람들의 과거와 현재를 기록하는 일은 계속 이어 갔다.

모건은 뉴욕주 서쪽의 핑거 호수 지역을 여행하며 원주민들을 더 많이 만나고 그들과 진정한 우정을 나눴다. 그는 토지 거래 사기를 당해 대대로 살아온 땅에서 쫓겨난 원주민 가족이 얼마나 많은지 목격하면서 큰 충격을 받았다. 1851년에 모건은 자신이 배운 모든 것을 《호데노소니 또는 이로쿼이 연맹》이라는 책에 담았다. 이 책은 곧 아메리카 대륙에 살았던 가장 위대한 인디언 연맹의 역사와 언어, 관습을 연구한 주요 자료로 인정받았다. 특히 여성이 씨족의 족장이자 의사 결정권자인 독특한 정치 제도에 관한 대목에 관심이 집중됐다. 모건은 이 책의 서문에 이렇게 썼다. "이 책은 인디언의 시민권과 제도적 지위, 나아가 장차 신분 상승 능력에 대한 진실한 지식을 토대로 삼고 있으며, 인디언에 대한 더 친절한 마음을 장려하기 위해 쓰여졌다."[8] 모건은 이런 오래된 '유산'이 항상 존재해서 원하면 누구나 볼 수 있고, 또 이 유산을 제대로 이해한다면 인디언이 미국에서 온전한 시민으로서 권리를 '되찾는' 데 도움이 될 거라고 믿었다. 모건은 이 책을 세네카족 번역가이자 변호사이며, 그에게 주요 정보원이자 연구 파트너가 되어준 엘리 파커에게 헌정했다.

1877년에 모건은 《호데노소니 또는 이로쿼이 연맹》에 이어서 《고대 사회》라는 책에서 이로쿼이 연맹에 관한 지식만이 아니라 그리스와 로마, 그 밖에 전 세계의 사례까지 다루면서 인간 사회가 그들 자신과 재산을 조직하는 방식에 관한 범세계적 모형을 제시하려 했다. 모건은 모든 사회가 같은 단계를 거쳐 진화한다고 보았다. 고대부터 현대에 이르기까지 단순한 형태의 단위(가족, 정치·종교 단체, 부족)에서 현대의 복잡한 국민국가로 발전하는 법칙을 발견할 수 있다고 보았다. 모건의 연구는 획기적인 연구로 여겨졌고, 그는 학자들 사이에 사회 변화를 이해하는 권위자로 인정받았다. 찰스 다윈은 1871년에 출간한 책 《인간의 유래》에서 결혼 양상과 친족 제도의 발전을 다루며 모건을 인용했다. 카를 마르크스는 《고대 사회》를 읽고 특히 모건이 야만과 미개와 문명이라는 사회 진화의 세 단계를 규정한 데 주목했다. 프리드리히 엥겔스는 1884년에 출간한 《가족, 사유 재산, 국가의 기원》에서 《고대 사회》의 많은 부분을 표절했다. 그리고 존 웨슬리 파월도 이들의 뒤를 이었다. 파월은 민족학국의 연구 방식을 구상하면서 모건의 《고대 사회》를 민족학국 모든 구성원의 필독서로 지정했다.[9]

1886년 3월, 파월은 워싱턴의 과학 엘리트들이 모인 대규모 회의에서 연단에 올라 모건의 사상에 기반을 둔 미래 비전을 제시했다. 그는 "인간사는 영원히 순환하는 것이 아닙니다"라는 말로 연설을 시작했다.[10] 파월에 따르면, 우리는 주위에서 항상 같은 사건이 끝없이 되풀이되는 것이 아니라 진보하는 과정을 볼 수 있다. 역사에는 방향이 있다. 인류학은 변화에 관한 학문이어야 한다. 인간의 신체에서든, 민족학자들이 연구 대상으로 삼은 '민족(ethnos)'을 정의하는 행동, 제도, 관습에서든 마찬가지다.

파월은 이런 변화가 어떻게 일어나는지에 관한 선명한 로드 맵을 제시했다. "인간 문화에는 단계가 있다." 파월은 모건을 인용해 이렇게 단언했다. 인간 사회는 야만에서 미개로, 이어서 문명으로 자연스럽게 이동하고 각 단계는 "거대한 활동 군집" 곧 해당 발전 단계에 고유한 "문화"를 지닌다. 개인은 자신이 속한 단계의 모든

유명한 탐험가이자 민족학자, 지질학자로서 미국민족학국을 이끌었 던 존 웨슬리 파월(1890년경).

특성을 드러내지 않을 수도 있다. ("집시처럼") 인간 문화의 "타락하고" "부패하고" "기생하는" 형태로 나타날 수도 있다고 파월은 설명했다. (파월이 사례―문명의 잠재적 야만성의 사례―를 들고 싶었다면 샤일로 전투에서 잃은 자신의 오른팔이 있던 자리를 보면 됐다.) 그러나 "문화의 전반적인 진보"는 더 높은 성취를 향해 나아간다.

진보의 단계는 종종 서로 섞여 있었다. "과학자에게 완전한 빛과 완전한 어둠이라는 것은 결코 발견될 수 없고, 빛과 어둠이라는 현상은 양쪽 끝 사이의 무한한 단계만을 포괄하기에 완전한 빛과 완전한 어둠은 관찰된 현상의 경계를 넘어 오직 진술로만 존재한다." 민족학자는 이 반쪽 빛 속에 살면서 인류 발전 단계의 경계를 연구하고, 다양한 민족이 인류 문화의 한 시대에서 다음 시대로 이동한 과정, 각 민족의 언어 발달과 각 민족을 정의하는 각기 다른 특성, 그들이 (부족에서 국가에 이르기까지) 일관된 단위로 존재할 수 있었던 이유, 삶과 우주에 대한 그들의 변화하는 관점, 파월이 언급한 그들의 '정신 작용'을 연구해야 했다.

이 모든 과정이 때로는 빙하가 움직이듯 서서히 진행되었지만, 당시 미국 서부처럼 야만 공동체와 문명화된 공동체가 접촉했을 때는 속도가 빨라질 수도 있었다. 하지만 그 출발점은 우리와 다른 사람들이 타락했거나 어떤 명백한 이상형에 미치지 못하는 열등한 존재가 아니라는 점을 이해하는 것이었다. 그들은 인류 공통의 발전 과정에서 다른 단계에 있을 뿐이고, 저마다 고유한 특성과 내적 논리를 보유하고 있다.

파월은 다음과 같이 말했다. "야만의 시대는 돌의 시대다. 미개의 시대는 진흙의 시대이고, 문명의 시대는 철의 시대다." 야만인은 같은 조상을 둔 소규모 혈족에 집착했다. 미개인은 부족처럼 좀 더 큰 단위로 묶였다. 문명화된 민족은 공식 정부 제도와 명확한 영토 경계를 갖추어 외세의 공격을 막아낼 수 있는 국민국가를 이루었다. 야만인은 개별 단어나 단순한 개념만 이해할 수 있지만 미개인은 복잡한 구문으로 자신을 표현할 수 있고 문명인은 복잡하고 추상적인 개념을 표현하는 언어를 사용할 수 있었다. 음악도 발달 단계마다 달랐다. 야만인은 통나무나 돌을 두드리며 리듬을 타지만, 미개인들은 선율이 있는 노래를 부르고, 문명인들은 여기에 대위법과 화성을 더했다. 야만인의 신은 다양하고 짐승이나 새로 표상되기도 했다. 미개인은 자연의 힘을 신이라고 믿었다. 문명인은 마침내 신이 하나의 이름과 정체성을 지닌 단일한 힘이라는 것을 깨달았다.

인류(humanity)의 본질은 파월이 '인문학(humanities)'이라고 부른 것에 있었다. 즉 언어를 만들고 제도를 만들고 세상을 이성으로 이해하는 능력에 있었다. 파월의 문법적 동어 반복은 철학적으로 대담한 접근이었는데, 그가 모건의 도식을 가져와 무기로 바꾸었기 때문이다. 말하자면 인간 사회의 변화가 자연계에서 종의 분화를 일으키는 법칙과 같은 방식으로 일어난다는 주장에 정면으로 맞서는 것이었다. 영국의 생물학자 허버트 스펜서(Herbert Spencer)는 얼마 전에 '적자생존'이라는 용어를 만들어 다윈이 《종의 기원》(1859)에서 언급한 생물학적 우월성을 위한 싸움을 설명했다. 스펜서를 비롯한 학자들은 사회도 생존을 위해 투쟁하고 어느 민족이 우월한 성취와 세계관으로 열등한 민족을 지배할지는 자연에 의해 결정된다고 보았다. 반면에 파월은 사회의 진화는 생물학적 진화와는 다르다고 주장했다. 사회의 변화는 열등한 사고와 행동과 제도에서 고등한 쪽으로 상승하는, 인간 중심의 진보였다. 다른 민족들이 이미 거쳐간 변화의 여정을 마무리하지 못할 민족은 없었다. 따라서 민족학이란 문명인이 자신이 걸었던 길을 아직 걷지 못한 사람들과 나누는 대화였다.

파월의 연설이 어떤 반응을 받았는지는 기록에 남아 있지 않지만 뜨거운 호응을 얻었던 듯하다. 후원 기관인 워싱턴인류학회는 워싱턴 최고의 박물관 학예사와 교수들이 참여하는 단체였고, 별도의 기관인 여성인류학회도 이 단체에 참여할 수 있었다. 파월은 모건의 세 단계 도식을 모든 사회를 담을 수 있는 틀로 정립했다. 그는 민족학의 관심 대상(문화)을 생물학의 연구 대상에서 분리했다. 그러자 그의 민족학국에 무궁무진한 가능성이 열렸다. 서부 대평원을 떠돌며 부족을 이루고 사는 야만인 수족을 연구할 수도 있고, 모건이 직접 정교한 연맹 정치에 대해 설득력 있게 설명한 미개인인 이로쿼이 연맹을 연구할 수도 있고, 나아가 산업과 상업을 신대륙에 가져온 문명화된 영국인을 연구할 수도 있었다. 이제 세계는 미분화된 민족들의 덩어리가 아니라, 같은 인류의 고속도로를 따라 각기 다른 정류장에 머무르는 한정된 유형의 집합으로 보였다.

몇 년 후, 파월의 집에서 워싱턴을 가로질러 가면 나오는 자리에 의회도서관이 들어설 웅장한 건물의 공사가 시작됐다. 1897년에 완공된 이 건물에서 독자들은 외부의 거대한 계단을 올라가 파월이 설명한 인간 세계의 도식적 위계를 거의 직관적으로 확인할 수 있었다. 파월이 소장한 모형으로 만든 화강암 두상 33개가 의회도서관 1층 창문 위를 기괴하게 장식한 것이다. 문명화된 유럽의 여러 민족은 출입구 근처에 배치돼 의사당을 바라보았다. 미개한 중국인과 아랍인이 양옆을 둘러쌌다. 야만적인 아프리카인과 태평양 제도의 주민들은 후미진 뒤편에 있었다. 지금도 방문객들은 이 도서관의 주요 건물인 제퍼슨 건물의 외벽을 돌면서 모건과 파월이 그려놓은 경로를 따라 시각적으로 여행을 떠날 수 있다.

보아스는 미국 학자들이 그가 배핀섬에서 좀처럼 연결하지 못한 관찰을 정리하는 데 도움이 될 만한 과학적 틀을 마련하려 한다는 것을 이미 감지하고 있었다. 민덴으로 돌아온 지 몇 달 지나지 않아 독일로 돌아온 결정이 끔찍한 실수였다는 것을 깨달았다.

보아스는 배핀섬 탐험에 관해 짧은 독일어 서적을 출판해서 교수 자격에 필요한 '하빌리타치온' 학위를 취득할 수 있었다. 이제 독일 제국의 얼마 안 되는 교수 중 한 명이 죽어 자리를 내줄 때까지 기다리는 일만 남았다. 몇 차례 강의를 제안받고 시간당 보수를 받았고, 베를린의 권위 있는 왕립민족학박물관에서 연구 조교수로 일하게 됐다. 그는 이 박물관에서 독일 인류학계의 거두인 루돌프 피르호(Rudolf Virchow)와 아돌프 바스티안(Adolf Bastian) 아래서 연구했는데, 마침 두 학자 모두 보아스가 조직한 것과 같은 방식의 현장 연구를 장려했다. 그러나 그때까지도 보아스는 여전히 유물을 분류하는 역할 이상의 진로에 대한 희망이 거의 없었다. 모든 일이 지루해 보였고 대서양 건너편의 끌림은 강렬했다. 마리는 독일에서의 불확실한 미래를 위해 가족이 있는 맨해튼을 떠나지 않을 터였다. 결정은 거의 자명했다. 떠밀리듯 독일로 건너온 지 일 년이 조금 지난 1886년 7월에 보아스는 다시 뉴욕행 여객선에 올랐다. 그때는 확신하지 못했지만 보아스는 뉴욕에 완전히 정착하려고 돌아가는 길이었다.

보아스는 독일인의 미국 이민이 절정을 이루던 1880년부터 1900년 사이에 미국에 정착한 약 180만 명의 독일어 사용자 중 한 명이었다.[11] 마리의 가족인 크라코비처 집안과 보아스의 이모부였던 아브라함 야코비 집안은 1848년 혁명 실패 후 중부 유럽을 탈출한 전문직 종사자들과 정치 활동가들에 속했다. 그들은 일종의 개척자였으며, 같은 배에서 3등칸에 빽빽이 들어찬 농부나 장사꾼과 자신들을 차별화하려 했다. 그러나 이제 보아스와 같은 물결을 타고 온 사람들(이전에 건너온 사람들보다 더 도시적이고 숙련되어 있었고, 가톨릭보다는 개신교와 유대교를 믿었고, 보아스처럼 주로 미혼의 남자)은 미국에 도착해 낯선 나라에서 처음부터 다시 시작할 필요가 없었다. 뉴욕은 미국의 도시이면서 독일의 도시처럼 느껴졌다.

당시 세계에서 뉴욕보다 독일인 인구가 더 많은 도시는 빈과 베를린 단 두 곳뿐이었다. 만약 클라인도이칠란트(Kleindeutschland, 작은 독일) 혹은 더치타운으로 불리던 맨해튼의 한 지역(오늘날의 로어이스트사이드) 주민들이 마법처럼 빌헬름 황제의 독일 제국으로 다시 옮겨진다면, 그들은 즉시 독일 제국에서 다섯 번째로 큰 도시를 이룰 수 있었다.12) 독일인들은 뉴욕에서 크게 성공하고 수적으로도 다수를 차지한 터라 클라인도이칠란트 밖에서도 의사와 대학 교수, 서점 주인, 술집 주인, 피아노 선생님(아마도 독일계 미국인 스타인웨이Henry Steinway의 피아노로 연주하는)이 다들 비슷한 억양으로 영어로 말하는 소리가 심심치 않게 들렸다.

보아스가 뉴욕에 도착해 가장 먼저 간 곳은 클라인도이칠란트의 작은 상점과 장인 정신이 깃든 공방 거리가 아니라 웨스트 60번가에 있는 크라코비처의 집이었다.13) 마침 마리는 뉴욕 북부에 사는 친척 집에 가 있어서 두 사람의 재회는 연기됐고, 보아스는 이후 몇 주간 학계에서 새로운 인맥을 쌓느라 바빴다. 보아스는 독일 공동체의 가족과 지인들을 찾아다니며 추천서를 부탁하고 간혹 돈도 빌렸다. 그는 직업이 없었고, 새로 취득한 '하빌리타치온' 학위는 일자리를 구하는 데 전혀 도움이 되지 않았다. 여전히 영어 실력이 부족해 권위 있는 미국과학진흥협회에서 논문을 낭독할 기회를 포기해야 했다.14) 문법 실수를 저질러 촌뜨기로 낙인 찍힐까 봐 두려운 탓이었다. 하지만 일 년 전보다는 낙관적이었다. 8월에 부모에게 보내는 편지에는 이렇게 적었다. "제 앞에는 드넓고 자유로운 노동의 장이 펼쳐져 있어요. 그 생각만으로도 흥분돼요."15)

보아스는 지체하지 않고 다음 단계의 연구를 위해 새로운 현지 조사 후보지를 찾아보았다. 베를린의 박물관에서 일할 때 브리티시컬럼비아에서 온 원주민 부족인 벨라 쿨라, 곧 누할크족에 대해 알게 되었다. 보아스는 그들의 언어와 정교하게 조각한 나무 가면을 쓰고 추는 의례용 춤에 매료됐다. 태평양 연안 북서부 원주민인 누할크족은 널집과 복잡하게 설계된 장대 기념비, 포틀래치라는 풍습으로 유명했다. 포틀래치란 누가 공동체에 식량과 보물을 더 많이 나눠줄 수 있는지를 두고 집안의 가장들이 경쟁하는 것이었는데 때로는 한 사람이 파산할 만큼 치열한 풍습이었다. 보아스는 이 지역이 배핀섬 연구를 이어 갈 좋은 후보지라고 보았고, 특히 북미에 관해 전문 지식을 쌓을 기회로 삼았다. 게다가 뉴욕이나 워싱턴에서 안정적인 일자리를 구하는 데도 도움이 될 거라고 보았다. 1886년 가을에 보아스는 아브라함 야코비에게 자금을 빌린 뒤, 나중에 박물관에 팔 유물을 수집해 돈을 더 벌 수 있겠다는 기대를 안고 서부로 출발했다.

그즈음에야 태평양까지 연결된 북태평양 철도가 워싱턴주의 신생 항구 도시인 터코마에 승객들을 내려줬다. 여기서부터는 석탄 증기선을 타고 살리시해를 따라 캐나다의 브리티시컬럼비아까지 갈 수 있었다. 작은 만과 피오르로 들쑥날쑥한 해안선을 따라 짙은 안개에 싸인 더글러스 전나무와 알래스카 삼나무 숲 속에 벌목장과 어장이 숨겨져 있었다. 저 멀리 올림픽산맥의 눈 덮인 봉우리들이 하늘을 배경으로 우뚝 서 있었다. 보아스는 "밴쿠버는 참

묘한 인상을 준다"면서 이렇게 썼다.[16]

캐나다 태평양 철도가 이곳에 종착지를 둔다는 소식이 전해지자마자 황무지에 도시가 생긴 지 채 일 년도 되지 않았다. 도시 한복판에도 집이 없는 곳에는 불에 탔거나 아직 타고 있는 나무 그루터기가 있다. 각지에서 온 사람들이 집도 없이 나무판자로 덮인 거리를 떼지어 돌아다닌다. 거리는 아직 제대로 정비되지 않았고, 나무판자로도 덮이지 않은 골목과 나머지 거리는 지나갈 수 없을 정도의 늪지다. 화이트칼라의 등장은 밴쿠버에서 아직 특별한 사건이지만 여기서는 모든 것이 급속히 변화하는 중이다.

"처음 빅토리아에 온 외지인은 이 도시에 인디언이 많이 사는 걸 보고 놀란다."[17] 보아스가 브리티시컬럼비아주의 주도인 빅토리아에 대해 보고한 내용이다. 그는 브리티시컬럼비아주의 전체에서 원주민 인구가 3만 8천 명에 달하고, 그들 중 대다수가 해안가에 거주하며, 유럽계 인구보다 훨씬 많다고 추정했다.[18] 그는 유럽식 복장을 하고 부두 일꾼이나 생선 장수, 세탁부로 일하며 교외 곳곳에서 판잣집이나 천막에 사는 원주민들을 보고 놀라움을 금치 못했다. 원주민들은 각기 다른 언어로 말하고 사회 조직도 제각각으로 보였다. 이를테면 틀링깃족은 강력한 씨족 단위로 나뉘었고, 보아스가 콰키우틀족으로 알았던 부족은 사람들이 존경하거나 두려워하기까지 하는 복잡한 비밀 결사 조직을 자랑했다. 그러나 보아스는 원주민들을 하나로 묶어주는 것은 "고도로 발달한 예술적 취향,"[19] 특히 오두막을 장식한 멋진 나무 조각과 양식화된 동물 그림이었다고 썼다.

빅토리아는 비가 오면 그나마 있던 도로마저 통행할 수 없는 진창으로 변했지만, 그래도 배핀섬에서 겪은 영하의 날씨와 유빙보다는 견딜 만했다. 보아스는 연구에 몰두했다. 부모에게 보내는 편지에 이렇게 적었다. "사람들을 찾아다니며 이야기를 듣습니다. 그리고 손가락이 아프도록 적습니다."[20] 매일 밖에 돌아다니며 사람들과 대화를 나누고 숙소로 돌아와서는 그날 들은 이야기를 곧바로 기록했다. 이후 몇 달 동안 보아스는 가죽 장정 노트에 300쪽이 넘는 분량을 채우고, 독일의 부모에게 서신으로 꾸준히 소식을 전했다.[21]

보아스는 해안 지역의 신화와 민담을 수집하면서 밴쿠버섬에 집중하기로 했다. 베를린의 박물관을 방문한 원주민들에게서 익힌 벨라 쿨라 말을 몇 마디 알았고, 거래에 필요한 간단한 치누크족 말을 구사할 수 있었다. 하지만 그보다는 원래 잘 쓰던 방법에 주로 의존했다. 잘 모르는 사람, 가령 기독교 선교사나 영어를 할 줄 아는 현지인에게 중요한 자리에 같이 가 달라고 정중히 부탁하는 방법이었다. 콰키우틀 여자와 결혼한, 틀링깃족과 영국인 혼혈인 조지 헌트(George Hunt)가 배핀섬 시절의 시그나처럼 보아스의 안내자이자 진입점이 되어주었다.[22]

어떤 때는 여느 때보다 일이 잘 풀렸다. 한번은 브리티시컬럼비아주 밴쿠버섬의 해안 마을인 커먹스 출신 여성이 찬찬히 들려준 정교한 이야기를 두 시간이나 받아 적었는데, 통역이 그 여성이 들려준 이야기가 전부 지어낸 것이라고 일러주었다. 그 여성은 보아스가 말을 배우려고 연습하는 줄 알았다고 했다.[23]

문제는 이 모든 것을 어떻게 이해하느냐였다. 보아스는 코위찬강 계곡의 소메노스라는 마을에서 한 남자 노인과 여자 노인이 보아스의 질문에 답하려다 주먹다짐까지 간 일에 대해 이렇게 보고했다.

남자 노인은 어떤 남자가 아흐레 동안 죽어 있었다고 말했고, 여자 노인은 열흘이라고 말했다. 그러자 남자 노인이 버럭 화를 내더니 그에게서 아무 말도 들을 수 없었다. … 남자 노인은 5분에 한 번씩 자신이 마을의 모든 남자 중 최고이고 모르는 게 없다고 강조한다. 그사이 옆에서 꾀죄죄한 아이들이 소리를 지르며 뛰어다니고 때로는 식사도 한다. 개와 닭이 사람들 사이를 헤집고 다니고, 불 피운 연기가 자욱해 앞이 잘 보이지 않는다. 남자 노인은 내가 자기 이야기를 한마디도 빠짐없이 받아 적는지 지켜보면서, 혹여 한마디라도 빠트리면 기분 나빠하면서 내가 알아듣지도 못하는 이야기를 길게 이어 간다.[24]

보아스는 당시에도 이렇게 전해 들은 신화가 지나치게 저속하고 음란해서 출판할 수 있을지 걱정했다.[25] 그리고 "그들은 항상 낯선 사람들을 속이려고 한다"며 불평했다.[26] 그것은 과학의 문제이기도 했지만 역사의 문제이기도 했다. 그가 지금 수집하지 못하면 그 이야기들은 영원히 수집되지 못할 수도 있었다.

언젠가 보아스는 밴쿠버섬의 커먹스 마을 근처 바위가 많은 해변을 걷다가 그 일대가 인간의 뼈로 뒤덮인 것을 발견했다. 지역 농부가 경작한 오래된 매장지의 잔해였다.[27] 곧 캐나다 태평양 철도가 화물칸에 산업용 물자를 가득 싣고 객차에는 백인 정착민을 가득 태우고 이 지역으로 들어올 터였다. 그리고 이런 장면이 펼쳐질 터였다. 판잣집이 헐리고 그 자리에 현대식 집들이 들어서고, 오래된 매장지 위에 새 도로가 깔리고 오래된 뼛조각은 자갈 해변에서 하얗게 바랠 것이다. 이누이트족 사회처럼 이런 일이 순식간에 벌어질 것이다. 디프테리아 때문이든 증기기관 열차 때문이든 과거의 삶의 방식이나 흔적은 이내 사라질 터였다. 보아스는 아무도(정착민도, 원주민조차도) 이 모든 상황을 비극으로 받아들이지 않는 것 같아 놀랐다. 그가 이 지역에 왔다가 떠났다는(독일인 박사가 변경 지대에서 민족학 연구를 수행했다는) 소식이 지역 신문의 헤드라인을 장식했다. 그는 대단치 않은 유명인이었다.[28]

그해 12월에 뉴욕으로 돌아온 보아스는 연구 결과를 정리해 미국의 한 출판사에 보낼 시간이 주어지기를 바랐다. 영어로 쓴 저서가 나오면 진지한 학자로서 명성을 쌓을 수 있겠다고 판단했다. 하지만 한 달 후 다른 기회가 찾아왔다. 학술지 〈사이언스〉에서 편집 보조 자리를 맡아 달라는 제의가 들어왔고, 너새니얼 D. C. 호지스 편집장과 저녁 식사를 한 후 그 자리를 얻었다. 보아스는 가족에게 미국에서 정식으로 체류 허가를 받게 됐다고 전보를 보냈다. 그리고 마리에게는 봄에 결혼식 계획을 세울 수 있다고 알렸다.[29]

신생 학술지로 고군분투하던 〈사이언스〉는 1880년에 표지에서 밝힌 대로 "과학의 진보에 관한 주간 기록"을 표방하며 창간됐다. 보아스는 지리학 분야(그가 아직 주요 관심 분야라고 밝힌 분야였다)의 논문을 게재하는 일을 담당하고, 지도를 준비하고 지리학의 발전상에 관해 짧은 글을 쓸 지면을 맡았다. 이름을 넣지는 못하지만 그가 이전에는 가져본 적 없는 기회였다. 현장에서 관찰한 내용과 지리적 설명뿐만 아니라 새로 떠오르는 사회과학 분야에 관해 자신이 구상하는 폭넓은 개념을 제시할 수 있는 비교적 안전한 기반이 주어진 것이다.

보아스는 1887년 초 〈사이언스〉에 실은 첫 번째 글에서 지리학자와 민족학자는 이제 물리학자와 그 밖의 다른 자연과학자를 모델로 삼으려는 시도를 멈춰야 한다고 강조했다. 근본적으로 맥락에 따라 달라지는 현상을 일반화하는 것은 불가능하다. 이를테면 큰까마귀에 관한 신화가 커먹스에서는 이런 의미지만 살리시해의 해안가에서는 전혀 다른 의미일 수 있다. 민족학은 기본적으로 특정 시대와 장소에 의존한다. 민족학은 "인간의 삶은 그가 사는 나라에 따라 달라진다"는 것을 이해하려는 욕구에 의해 활력을 얻는다.[30]

보아스는 워싱턴의 국립박물관과 존 웨슬리 파월을 중심으로 한 저명한 학자들의 공동체가 이 모든 측면에서 심각하게 잘못된 방향으로 가고 있다고 보았다.

브리티시컬럼비아에서 돌아오고 얼마 지나지 않아 보아스는 스미스소니언박물관에 소장된 북서부 해안가 부족에 관한 전시물을 조사하기 위해 워싱턴을 방문했다. 이 박물관은 주로 르네상스 시대와 근대 초기의 왕과 대공들이 그들 자신과 친구들의 즐거움을 위해 수집한 호기심의 집합체, 독일어로 '쿤스트캄머(Kunstkammer, 예술의 방)'라는 박물관의 원형적 특징을 간직한 공간이었다. 쿤스트캄머식 박물관에는 특이한 전시물이 뒤죽박죽 섞여 있곤 했다. 먼 곳에 사는 상상 속 부족의 복식과 기형 동물의 뼈대, 유난히 큰 종양, 그리고 가장 유명한 예로는 옥스퍼드 애슈몰린 박물관에 훗날 루이스 캐럴의 작품 《이상한 나라의 앨리스》 속 한 인물에 영감을 주는 도도새의 유해 일부가 전시돼 있었다.

 반면에 19세기에 서서히 발전한 자연사와 민족학의 현대적 박물관은 분류에 중점을 두었다. 단순히 놀라움이나 즐거움을 주는 것이 아니라 대중을 교육하는 데 전시의 목적이 있었다. 그래서 전시물을 캐비닛에 아무렇게나 집어넣거나 테이블에 쌓아 두는 것이 아니라, 논리적인 계획에 따라 배치했다. 대영박물관의 신축 건물(1850년대에 개관), 보아스가 일한 베를린 왕립민족학박물관(1870년대에 설립), 옥스퍼드의 피트리버스박물관(1880년대에 설립)은 깃털과 돌, 나무가 어지러이 흩어져 있던 박물관 내부를 질서 정연하게 정리하기 시작했다. 개방감 있게 탁 트인 전시관을 관람하는 것은 합리적이고 이해가 가능한 세계를 거닐며 자연의 내적 논리(동식물, 화석, 발자국)가 눈앞에 펼쳐지는 광경을 보는 경험이었다.

 보아스는 스미스소니언협회 산하 국립박물관에서도 비슷한 이야기를 한다는 사실에 놀랐다. 이 박물관의 민족학 학예사인 오티스 터프턴 메이슨(Otis Tufton Mason)은 파월의 협력자로서 민족학국의 소장품을 스미스소니언 성(박물관 행정본부의 별칭) 바로 동쪽에 새로 들어선 건물로 이전하는 역할을 맡았다. 메이슨은 파월이 인류의 발달 단계에 대해 강연한 워싱턴인류학회를 창립하는 데 도움을 주었고, 이 개념을 구현하기 위해 새 박물관을 설계했다. 의례, 도구, 무기, 복식, 그 밖의 습관과 풍습은 (모건과 파월의 주장처럼) 뚜렷한 발달 단계를 거치므로, 지역과 상관없이 뼈 장신구와 동물 가죽으로 만든 북을 한 공간에 모아 두는 것이 적절했다. 어차피 이런 유물은 명확한 진화의 단계를 공통으로 보여주는 물건이었다. 마치 기차의 각 차량처럼 모두가 거의 비슷한 속도로

'야만'과 '미개'로 표시된 역을 지나 종착역인 '문명'을 향해 굴러가는 것 같았다.

보아스는 박물관의 유리 진열장 사이를 거닐수록 이 모든 것이 이상하게 느껴졌다. 그는 밴쿠버와 빅토리아에서 현실의 민족학이 얼마나 어지럽게 얽혀 있는지 직접 확인했다. 현지 조사의 현실은 박물관의 관람객이 보는 뚜렷한 분류와는 한참 거리가 멀었다. 전시품의 구성은 그 물건을 만든 사람의 세계관이 아니라 그 물건의 용도에 대해 수집가가 느끼는 감각을 반영하는 듯했다. 관람객은 물건 제작자의 의도도 알 수 없었고, 실제로 그 물건이 어떻게 사용됐는지도 알 수 없었다.

보아스는 뉴욕으로 돌아와 이런 생각을 적어 내려갔다. 6월에는 위대한 '파월 소령'에게 편지를 보내 민족학 연구의 '근본적 질문'에 도달했고, 이를 연구하고 싶다고 말했다. "주변 환경은 얼마나 영향을 미칠까요?"[31] 배핀섬으로 항해를 시작한 순간부터 보아스를 움직이게 한 이 의문을 처음으로 (아직 서툰 영어로) 명확히 진술한 것이다. "연구를 할수록 관습, 전통, 이주와 같은 현상은 그 기원이 너무나 복잡해서 … 그 역사를 온전히 알지 못하고는 심리적 원인을 연구할 수 없다는 확신이 들었습니다."[32] 보아스는 지리가 "나의 에스키모들"의 이동 양상에 어떤 영향을 끼치는지 명확한 결론에 이르지 못했고, 마찬가지로 북서부 해안에서 노래와 이야기, 신화가 서로 가까이 사는 사람들 사이에서도 일정한 양상을 따르지 않는 듯하다는 점을 발견했다. 따라서 그는 "역사적 사실이 주변 환경보다 더 중요하게 영향을 끼치는지"를 알아보고 싶었다.[33] 그리고 〈사이언스〉 다음 호에 관련 주제에 관한 생각과 함께 파월의 동료인 스미스소니언의 저명한 학예사 오티스 터프턴 메이슨에 대한 전면적 비평을 싣겠다고 예고했다.

그해 5월에 보아스는 〈사이언스〉에 이렇게 명백히 밝혔다. "우리는 메이슨 교수가 제시하는 민족학 연구의 주요 원칙에 동의할 수 없다."34) 그리고 메이슨이 그의 저술과 박물관 전시물 구성에서 분명히 존재하는 가능성을 간과했다고 지적했다. 유사한 조건에서 유사한 결과가 나올 수도 있지만, 유사한 조건에서 전혀 다른 결과가 나오는 경우도 많다는 것이었다. 보아스는 북서부 해안의 여러 원주민 사회에서 확연한 차이와 함께 놀랍도록 유사한 특징을 모두 발견했고, 벨라 쿨라족과 살리시족이 모두 같은 발전 단계에 있다는 것을 보여주는 증거는 전혀 나오지 않았다고 지적했다. 같은 환경(솔숲, 고기잡이, 비가 많이 오는 겨울과 소용돌이치는 파도)에서 서로 겹치거나 공유되기도 하지만 전혀 다른 관습과 유물도 풍부하게 만들어졌다. 그러나 국립박물관 관람객은 모든 전시관을 돌아다니며 이런 기본적인 현실을 알아챌 수 없었다. 북서부에서 온 유물이 전시관 곳곳에 흩어져 전혀 다른 지역의 유사한 유물, 곧 문화적 진화의 같은 단계에 속할 법한 유물과 함께 묶여 전시돼 있었다. 보아스는 다음과 같이 썼다. "어떤 도구를 주변 환경을 배제하고 본다면, 그 도구를 발명한 사람들의 다른 발명품을 제외하고 본다면, 그 사람들과 그 생산물에 영향을 끼치는 여러 현상 밖에서 고려한다면 우리는 그 의미를 파악할 수 없다."35) 마치 큰 물건은 여기, 작은 물건은 저기로 모으면서, 크리스마스 장식품들과 낡은 신발과 먼지 앉은 여행 트렁크가 자리를 다투는 다락방을 정리하는 것과 같았다. 한마디로 과학이 아니었다.

메이슨은 그해 여름에 〈사이언스〉 지면을 통해 이렇게 답했다. "생명이 생명에서 나오듯 관습과 물건은 앞선 발명에서 나오고,

예술, 제도, 언어, 지식, 관습, 종교, 인종을 연구할 때는 항상 생물학자의 방법과 도구를 적용해야 한다는 점을 빨리 알아챌수록 우리가 사랑하는 이 과학이 더 빨리 확고부동한 기반 위에 굳건히 설 수 있을 거라는 확신이 점점 강해진다."[36] 메이슨은 '분류'가 진정한 과학적 이해로 가는 첫걸음이라고 주장했다. 그리고 보아스가 유사한 특성은 유사한 원인에서 비롯된다는 명백한 사실을 거부해 애초에 비교를 불가능하게 만들려 한다고도 지적했다. "사람들 사이를 돌아다니며 그들의 신조와 활동을 연구하려는 연구자라면 각 분야를 다른 시대, 다른 장소의 같은 활동과 비교해야 연구를 더 잘 수행할 수 있다."[37]

보아스는 〈사이언스〉 6월호에서도 이 대화를 이어 가 자신이 중요하고 포괄적이라 생각한 진술로 마무리했다. 그리고 메이슨을 비판한 이유는 그가 이 분야에서 존경받는 민족학자일 뿐 아니라 박물관 학예사로서 소장품을 관리하는 박물관에 폭넓은 영향을 끼쳤기 때문이라고 밝혔다. 메이슨이 유물을 잘못 배치하면 중대한 실수를 저지르는 셈이라는 뜻이었다. 보아스는 전시품의 주인들이 현재에도 살고 있는데, 그들이 만든 물건은 마치 시간이 멈춘 것처럼 영구히 박제되어 있다는 주장을 펼쳤다. 알고 보면 그 사람들에게도 그들 나름의 역사가 있었다. 그들은 이주했고, 다른 민족과 다른 사상의 영향을 받았다. 보아스는 배핀섬에서 안내자가 되어준 시그나의 인생 이야기를 정리하며 그들의 현실을 직접 보았다. 브리티시컬럼비아에서도 서로 전혀 다른 언어로 말하는 사람들이 같은 이야기를 하고 같은 신화를 말하는 것도 보았다.

이 문제는 오직 보아스가 아는 귀납적 방법을 통해서만 해결할 수 있었다. 즉 다양한 집단을 심층적으로 조사하고 가능한 한 많은 출처에서 자료를 수집할 때까지 일단 이론화를 멈추는 것이었다. 연역적 추론에서는 일반 원칙에서 출발해 그 원칙을 주어진 사례에 적용한다. 하지만 보아스는 이렇게 연구하면 기존의 편견을 확인해주는 증거가 나올 때까지 계속 정보를 찾아 헤맬 뿐이라고 보았다. 과학 연구자는 선입견을 실험실에 남겨 두어야 한다. 연구자들은 사람들이 실제로 살아가는 환경을 연구하면서 인간 사회에 관한 이론이 서서히 드러나게 해야 한다. 사회 진화의 법칙이 존재할 수도 있지만, 이런 법칙을 발견하려면 우선 연구자가 자신의 무지와 싸우기 위해 시간을 쏟아야 한다. 보아스는 북서부 해안에서 이런 글을 남겼다. "이 모든 자료 앞에서 내가 참 어리석다는 느낌이 들었다."[38] 하지만 이제 그는 이런 느낌(자료의 폭풍 속에서 방향 감각을 잃은 느낌)을 과학적 방법으로 전환하기 시작했다.

"민족학에서 중요한 것은 개별성이다."[39] 보아스는 약간 모호하게 결론을 내렸다. "나는 민족학 수집의 주된 목적은 문명이 절대적인 것이 아니라 상대적이며, 우리의 생각과 개념은 우리의 문명 안에서만 진실이라는 사실을 널리 전파하는 데 있다고 믿는다." 이것이 그가 배편섬에서 얻은 통찰을 마리에게 적어 보낸 이후 줄곧 연구해 온 결론이었다. 활처럼 생긴 물건이 무기인지 아이들 장난감인지 아니면 불 피우는 도구인지 정확히 말할 수 있는 사람은 오로지 그 물건의 진정한 전문가, 곧 특정한 장소에서 특정한 시간에 실제로 그 물건을 사용한 사람뿐이었다. 이 뼈로 만든 딸랑이로 연주를 할 수도 있고, 악령을 쫓아낼 수도 있다. 또 다른 딸랑이는 우는 아이의 주의를 빼앗을 수도 있다. 그리고 이 모든 것은 사회 진화의 선형적 경로에서 어느 시기에 있는지가 아니라 세상에서 어디에 있는지에 달렸다. 박물관을 설계할 때 야만, 미개, 문명으로 이어지는 모건과 파월의 공식을 따르면 안 된다. 그보다는 전시된 유물을 그 물건을 만든 사람들과 연결해야 한다.

보아스는 당연히 자신이 이겼다고 생각했을 것이다. 파월 소령이 보낸 장문의 편지가 〈사이언스〉 편집부 앞으로 도착하기 전까지는. 파월의 편지는 〈사이언스〉 다음 호에 실렸다. 파월은 보아스의 제언이 현실적으로 실행 불가능하고 과학적으로도 의심스럽다고 일축했다. 보아스에게는 박물관의 여러 기능에 대한 개념이 없다고 넌지시 비판하면서 유물을 생산한 사회에 따라 분류하려는 그의 야망은 대중에게 교육적 의의가 전혀 없고, 또 학자들에게도 아무런 통찰을 주지 못한다고 주장했다. 파월은 "인류를 특징짓는 보편적 인간 활동", 곧 "예술, 제도, 언어, 철학"에 충실한 방향이 훨씬 바람직하고, 박물관이라 불릴 만한 모든 박물관은 이런 식의 분명한 구분에 따라 전시품을 배치해야 한다고 주장했다.[40]

보아스로서는 자신과 파월이 여러 근본적인 지점에서는 의견이 같다는 짧은 글로 소심하게 답할 수밖에 없었다.[41] 이후 보아스는 부모에게 보낸 편지에서 이 모든 사건으로 인해 골머리를 앓았다고 토로했다.[42] 편집 보조라는 불안정한 위치에서 이 분야에서 가장 중요한 거물 두 명을 상대했고, 여론은 보아스의 패배 쪽으로 기운 듯했다. 〈사이언스〉와의 계약이 끝나고 이제 그는 2년 전과 같은 처지로 돌아갔지만, 그나마 형편은 조금 나아졌다. 미국 과학진흥협회에서 장학금을 받는 연구원으로 선발된 데다, 이제는 즉석에서 영어로 발표할 수 있었다.[43] 또 그가 외국어로 쓴 가장 긴 논문, 배핀섬 연구의 결과물인 〈중앙 에스키모(The Central Eskimo)〉가 민족학국의 연례 보고서에 실릴 예정이었다. 그래도 이보다 더 시기가 나쁠 수 없었다. 1888년 가을에 마리와 함께 첫 아이 헬렌을 맞았는데, 그는 다시 떠돌이 학자로 돌아간 것이다.

4장

인종 이론에 맞서다

사회과학 데이터로 분류되는 것(연구자들이 현장 노트에 기록한 구체적인 관찰 내용)은 연구자 자신의 세계관과 직능, 기존의 범주에 따라 달라진다. 보아스는 모든 과학은 잠정적이라고 믿게 되었다. 이론은 진실도 거짓도 아니었다.

보아스가 미국으로 건너간 때는 마침 인류학자가 떠오르던 시기였다. 인류학자라는 명칭은 이제 보아스가 배핀섬과 태평양 북서부에서 그랬던 것처럼 여행하며 유물을 수집하고 언어를 배우고 뼈를 찾아다니는 사람들을 일컫는 용어가 됐다. 누군가 인류학자를 자처한다면, 스스로 개척지에 서 있다고 느낀다는 의미였다. 인류학자인 당신 앞에는 미지의 영역이 펼쳐져 있다. 당신은 시간을 거슬러 올라가 인류의 기원을 응시할 수도 있다. 잃어버린 조상들이 당신의 삽질에 흙먼지 속에서 서서히 모습을 드러낸다. 원시인이 불가해한 언어로 당신에게 말을 걸고, 당신은 끈질긴 노력으로 그 언어를 해독하는 데 성공한다. 이런 일을 잘하려면 여행의 욕망과 이질에 걸릴 위험을 기꺼이 감수하려는 의지, 그리고 자신이 조금씩 쌓아 올리는 것이 인류의 위대한 과학이 된다는 절대적인 확신이 필요했다.

보아스는 기차를 타고 클리블랜드에서 열리는 학회에 참석하러 가던 길에 그때까지 만난 누구보다도 자신의 야망을 잘 이해해 줄 사람과 대화를 나누었다. 바로 학계 거물인 그랜빌 스탠리 홀(Granville Stanley Hall, 1844~1924)이었다. 홀은 하버드대학 재학 시절 심리학이라는 새로운 분야에서 미국 최초의 박사 학위를 받았다. 이후 볼티모어에 신설된 존스홉킨스대학에서 이 분야 최초의 진정한 실험실을 만들었다. 홀은 인간의 정신을 연구하는 분야는 이전처럼 철학의 한 분야가 아니라 과학의 관점에서 접근해야 한다고 보았다. 또 사변적인 공상을 버리고 통제된 조건에서 가설을 신중하게 검증하는 연구에 집중해야 한다고 생각했다. 홀은 자신을 뛰어난 실험주의자로 여겼을 뿐만 아니라, 과학을 제대로 이해하기만 하면 더 건강하고 풍요롭고 오래 살 수 있다는 것을 누구나 아는 시대에 사람들이 진리를 찾게 해주는 사람으로 여겼다.

심리학자로서 홀은 인간의 욕망과 약점을 이해했다. 이런 재능 덕분에 사람들이 그의 원대한 학문적 계획에 동참하도록 설득하는 데 남달리 능숙했을 것이다. 아직 심리학이라는 학문이 온전히 자리 잡지 못한 1887년에 홀은 〈미국심리학회지〉를 창간했다. 또 미국심리학회를 설립하기는 했지만 미국의 심리학자를 모두 모아도 대형 세미나실 하나를 못 채우던 시대이기도 했다. 실제로 첫 번째 학회의 풍경이 그랬다. 홀은 민족학자들이 민담을 수집하듯이 사람들을 모았다. 홀은 줄무늬 넥타이와 편안한 대화로 카리스마 넘치는 존재감을 보였고, 대중 강연이 끝나면 늘 열성적인 젊은이들이 주위에 모여들었다. 홀은 영매와 점쟁이의 실체를 폭로한 사람이고, 청소년의 성에 관해 논란을 불러일으킨 권위자였으며, 《노년기: 인생의 후반부》, 《인형 연구》, 《심리학의 관점에서 본 예수 그리스도》라는 곤혹스러운 제목의 베스트셀러를 쓴 저자이기도 했다.

보아스는 마침 〈사이언스〉와 계약이 끝나 가던 때에 기차에서 우연히 만난 이 자신감 넘치는 학자에게서 뜻밖의 제안을 받았다. 홀이 매사추세츠주 우스터에 설립을 추진하던 클라크대학의 강사

자리에 관심이 있느냐는 제안이었다. 보아스는 미국 대학에서 인류학이라는 아직은 생소한 학문을 가르치기 위해 특별 채용된 최초의 인물이 될 수 있었다.[1] 언젠가 교수라는 직함을 달고 싶었던 꿈에 한 걸음 더 다가갈 기회였다. 보아스는 주저 없이 수락했다. 1889년 가을에 그는 가족과 함께 우스터의 교외로 이사하고 여전히 불안한 영어 실력에 대한 걱정을 안고 강의록을 준비했다.[2]

클라크대학은 새로 들어올 교수진과 학생들에게 과학 교육에서 도약을 이룰 대학이라고 홍보했다. 이 대학 설립에 자금을 댄 주요 인물이자 상인으로 크게 성공한 조너스 길먼 클라크(Jonas Gilman Clark)는 기업가들이 상급 교육 기관에 재산(과 이름)을 기부하는 선례를 따랐다. 국가 전신 시설의 초창기 투자자인 에즈라 코넬(Ezra Cornell)은 말년에 뉴욕주 이타카에 대학을 설립하는 데 전념했고, 코넬대학은 1865년에 문을 열었다. 해운업자이자 철도 재벌인 코닐리어스 밴더빌트(Cornelium Vanderbilt)는 1873년에 테네시주 내슈빌에 자신의 이름을 단 밴더빌트대학을 설립했다. 석유 사업가 존 록펠러(John Rockefeller)는 1890년에 시카고대학이라는 이름으로 문을 열 대학에 초기 자금을 기부했고, 일 년 후에는 골드러시 도매상인 리랜드 스탠퍼드(Leland Stanford)가 캘리포니아주 팔로알토에 세워진 대학에 같은 방식으로 기부했다.

그런데 클라크대학에는 특별한 점이 있었다. 학생들에게 대학원 학위만 제공하기로 한 것이다. 교수진의 학부 강의와 시험 채점 업무를 줄여 전공 분야의 독창적 연구에 집중하게 하려는 취지였다. 존스홉킨스대학을 제외하고 이처럼 새로운 '연구 대학'의 이상을 구현하는 데 성공한 기관은 거의 없었다. 다만 대학원 교육에는 비용이 많이 들었다. 박사 과정을 밟는 학생들은 법학이나 경영학이 아닌 순수 학문에 전념하려면 장학금이나 학비 면제를 기대해야 했고, 대학은 한정된 인재들 중에서 교수진을 꾸리기 위해 치열한 경쟁을 벌여야 했다. 클라크대학은 특히 (보아스처럼) 외국의 연구 중심 대학에서 학위를 받은 인재를 선호했고, 인적 자원을 활용해 독창적 지식을 발전시키는 데 전념하는 새로운 공동체를 구축하려 했다. 보아스가 뉴잉글랜드의 강렬한 가을빛으로 둘러싸인 널찍한 건물 두 채가 서 있는 클라크대학 캠퍼스에 첫발을 내디뎠을 때, 이 대학은 가능성으로 충만해 보였다. 기부금을 약 70만 달러나 모아서 스탠퍼드대학, 코넬대학, 시카고대학과 어깨를 나란히 했다.[3]

클라크대학은 사실상 그랜빌 스탠리 홀의 개인 프로젝트였다. 그는 초대 총장으로서 모든 강의와 교수 임용을 감독했다. 하지만 보아스는 얼마 안 가 상황이 그리 잘 풀리지 않을 것임을 예감했다. 11월 초에 열린 첫 강의에는 학생 여덟 명이 강의실에 앉아 있었고, 강의실이 어두워 보아스는 자신의 노트마저 잘 보이지 않았다.[4] 홀은 약속은 남발하지만 실천을 적게 하는 편이었다. 첫해에 지출한 비용이 기부금을 넘어섰고, 홀 자신이 디프테리아를 앓아 말을 잃었고, 가스 누출로 아내와 아이가 질식사하며 사생활에도 비극이 잇따랐다.[5]

교수진은 이내 조용한 반란을 일으켰다. 매년 시카고대학의 경영진이 기습적으로 원정을 와서 트위드 재킷 차림의 교수들을 차량 가득 태우고 우스터를 떠났는데, 그 교수들이 새로 받는 임금은 클라크대학의 두 배였다.[6] 보아스는 그 행렬에 합류할 수 없었다. 특히 1891년 매사추세츠의 추위가 매서웠던 2월에 아들 에른스트가 태어난 후 한동안 안정된 생활을 유지하겠다고 마리에게 약속한 터였다. "대학을 향한 신뢰가 더 커질 수 있기만 바랍니다."[7] 보아스는 부모에게 이렇게 편지를 보냈다.

보아스는 브리티시컬럼비아에서 몇 해 여름을 보내며 수집한 자료를 정리하는 작업을 이어 갔다. 클라크대학의 한 가지 장점은 여러 분야의 재능 있는 학자들을 (비록 간간이 중단되기는 했지만) 한자리에 모았다는 점이었다. 보아스는 과학으로 풀어야 할 가장 위대한 질문에 이끌린 연구자들과 처음으로 긴밀히 협력하면서 깊은 영향을 받았다. 보아스의 첫 박사 과정 학생인 A. F. 체임벌린(A. F. Chamberlain)이 1892년에 인류학 분야에서 미국 최초로 박사 학위를 취득했다.[8] 그러나 이는 험난한 과정이었다. 처음에 선구자처럼 보였던 홀은 이제 완고하고 때로는 복수심에 불타는 경영자가 됐다. 그는 이 대학의 설립자인 클라크에게 전적으로 의존해 자금을 받았는데, 클라크는 변덕스럽고 간섭이 심했다.

브리티시컬럼비아에서 보내는 여름이 보아스에게는 탈출구가 됐지만, 여름이 가고 가을이 오면 다시 고된 업무와 음모가 난무하는 우스터의 일상으로 돌아와야 했다. 1892년에 교수진은 대학 건물 복도와 점심 식사 자리에서 일상적으로 불만을 나누었다. 그해 학년 말에 클라크대학 전체 교수진 중 절반이 훌쩍 넘는 인원이 집단으로 사임했는데, 홀은 이 사건을 예언자 무함마드가 박해를 피해 메카를 탈출한 데 비유하며 '헤지라'라고 일컬었다.[9] 클라크대학은 이때 입은 타격에서 끝내 완전히 회복하지 못했다. 사임한 교수들은 홀의 부족함에 염증을 느낀 교수들이 가장 많이 찾던 시카고대학으로 대거 적을 옮겼다.

보아스도 곧 같은 길을 걷게 되지만 그가 향한 곳은 시카고대학이 아니었다. 1892년 11월에 그는 우스터의 집을 정리하고 아내 마리와 딸 헬렌, 아직 아기인 에른스트를 데리고 시카고 사우스사이드의 잉글우드로 이사했다.[10] 여기서 미시간 호수의 황량한 늪지대로 쉽게 출근할 수 있었는데, 그곳은 조만간 활기로 가득찰 예정이었다. 미시간은 세계 최고의 과학과 기술과 예술을 선보이는 박람회를 준비하고 있었다. 보아스는 미국 시민이 된 지 얼마 안 됐고, 자신을 받아준 국가의 경이로운 성취를 선보이는 사업에 작으나마 힘을 보태고 싶었다.[11] 보아스가 새로 맡은 일은 출입구 위에 '인류학'이라고 새겨진 건물에서 일하는 것이었다.

보아스는 1893년 5월 1일에 개막하는 시카고만국박람회(공식 명칭은 '세계콜럼버스박람회')의 직원으로 일하고 싶어 한 터였다. 클라크대학으로 옮길 때처럼 이번에도 또 한 명의 명망 있는 학자를 통해 기회가 찾아왔다. 그 사람은 바로 하버드대학 부속 피보디고고학민족학박물관 관장 프레더릭 워드 퍼트넘(Frederic Ward Putnam)이었다.

아메리카 원주민 유적지 연구로 이름을 알린 고고학자 퍼트넘은 그의 스승인 하버드대학의 위대한 박물학자 루이 아가시(Louis Agassiz)의 학통을 이어받았다. 퍼트넘은 시카고만국박람회를 앞두고 "원시 야만인 시대부터 현대에 이르기까지 세 아메리카(북미, 중미, 남미)에서 살아온 사람들의 거주지 전시회"를 위한 대담한 제안서를 구체적으로 작성해 〈시카고 트리뷴〉에 발표했다.[12] 박람회 조직위 측은 이 기사에 주목하고 30만 달러라는 넉넉한 예산을 퍼트넘의 민족학과 고고학 부서에 할당했다.[13] 퍼트넘은 당장 전시품을 수집하고 공공 박물관을 설계하고 박람회 기획 문서에 필요한 방대한 원본 자료를 정리하기 위해 조력자를 모집했다.

시카고만국박람회는 콜럼버스의 신대륙 발견 400주년을 기념하는 행사였고, 1871년의 대화재 이후 시카고의 재건을 널리 선보일 기회이기도 했다. 하지만 퍼트넘도 알았듯이 이 행사는 인류학이 일관성을 갖춘 지식 분야로 스스로를 알릴 드문 기회이기도 했다. 1888년에야 인류학이라는 용어를 제목에 넣은 최초의 학술지 〈미국의 인류학자〉가 워싱턴에서 파월 주변 학자들에 의해 창간됐다. 창간호에는 인간 손의 진화적 발달, 고대 그리스와 로마의 시간 기록, 알곤킨족의 야금술, 미국 수도에서 아이들이 하는 놀이, 파월이 2년 전에 발표한 '야만에서 문명으로'라는 연설문에 이르기까지 잡다한 주제가 담겼다. 퍼트넘의 계획은 이렇게 제멋대로인 학문을 하나로 모아 (비유적인 의미로) 한 지붕 아래 두는 것이었다. 고고학자들이 원주민 고분에서 발굴한 유물, 민족학자들이 수집한 원주민 의복과 의례용 물건, 언어학자들이 수집한 노래와 성가, 심지어 원주민 사회에서 데려온 실제 원주민들이 살아 있는 모형이 되어 관람객들에게 이야기를 전하고 놀라움을 선사할 예정이었다.

퍼트넘은 경쟁자가 여럿이라는 사실을 알았다. 워싱턴의 오티스 터프턴 메이슨을 비롯한 학예사들이 이미 스미스소니언의 일부 소장품을 시카고로 옮길 채비를 마쳤다. 민족학국은 박람회장 한복판에 세워질 미국관에 자체 전시 공간을 마련하기로 했다. 또 근처 '미드웨이 플레이선스'라 불리는 공원에는 세계 각국의 무용수와 곡예사, 음식 판매상들이 관람객에게 즐길 거리와 먹을거리를 제공하는 공간이 있었다. 퍼트넘도 색다른 무언가를 선보여야 했다. 그래서 보아스에게 특별 임무를 맡겼다. 인류학이 진정한 과학처럼 보이는 영역, 이를테면 숫자와 정밀도, 섬세한 측정, 특히 인체의 다양한 비율을 측정하는 영역에 관한 전시를 기획하는 일이었다. 바로 '인체측정학'이라는 희귀한 연구 분야였다.

18세기 후반부터 자연사 연구자들은 인간의 두개골과 전체 골격을 한데 모아 인간의 차이를 목록화했다. 보아스도 브리티시컬럼비아에서 이런 작업을 한 적 있었다. 밴쿠버섬 근처에서 자신이 찾은 황폐한 매장지에서 뼈를 채취했다. 그런데 왜 살아 있는 사람들을 측정할까? 1890년대에는 답이 명백해 보였다. 바로 모건과 파월을 비롯한 학자들이 주창한 사회진화론의 관점에서 나온 답이었다.

사람이 어린 시절부터 시간이 흐르며 서서히 키가 자라고 뼈가 튼튼해지고 머리가 커졌다가 다시 뼈가 약해지고 척추가 휘는 노년기에 접어들듯이, 인간 사회도 유형화된 변화의 증거를 보여 줄 수 있을 거라고 믿었다. 인간은 이전 단계에서 진화했으므로, 전 세계의 야만인 사회와 미개인 사회를 들여다보면 문명인이 초기 발달 단계에 어떻게 나타났을지에 대한 단서를 발견할 수 있을 터였다. 게다가 신체 특징은 지리적 위치에 따라 선명하게 구분됐다. 예를 들어 피부색이 어두운 사람들은 일부 지역에 살았고, 피부색이 더 밝은 사람들은 다른 지역에 살았다. 과학은 이런 표면적 관찰을 넘어서서 두상부터 키, 체중, 대퇴골 길이까지 측정 가능한 신체적 차이를 세밀하게 기록하는 것으로 옮겨가야 하고, 그 목표는 사람들을 신체 특징에 따라 분류하는 데 있었다.

직경을 재는 기구인 캘리퍼스와 줄자는 고대의 무덤에서 나온 유골뿐만 아니라 살아 있는 사람의 신체도 간단히 측정할 수 있었다. 앞서 유럽의 연구자들이 그 길을 닦아놓았다. 영국에서는 찰스 다윈의 사촌이자 현대 통계 방법론의 선구자인 프랜시스 골턴

(Francis Galton)이 영국의 여러 섬에 사는 주민들의 객관적이고 계산 가능한 아름다움을 기준으로 삼아 지도를 만들었다. 외과 교수이자 파리인류학회 창립자인 폴 브로카(Paul Broca)는 야생 동물과 걸출한 명사들의 뇌를 수집해 뇌의 크기를 비교하여 각기 다른 정신 능력을 설명했다. 인체측정학자들이 모인 자리는 언제나 지표와 평균치, 그리스어 어휘로 이루어진 최신 연구 결과로 활기를 띠었다. 두상이 상대적으로 긴 장두형은 아프리카와 지중해의 여러 민족에게서 발견된다고 알려졌다. 두상이 짧은 단두형은 주로 중앙아시아에 분포했다. 두상이 중간 길이인 중간형은 유럽과 남북아메리카 대륙에 흩어져 있었다. 이런 수량화의 매력을 거부하기는 어려웠다. 수량화는 인문과학의 막내 격인 분야가 어엿한 과학으로 존중받는 가장 확실한 길이었다.

하지만 이 모든 것은 단지 기술적 자료 수집에만 국한되지 않았다. 인체측정학 연구의 근간에는 신체적 차이가 공중 보건부터 지능에 이르기까지 현재 관심의 대상이 되고 있는 수수께끼의 단서를 제공할 수 있다는 믿음이 있었다. 불과 수십 년 전에 스웨덴의 해부학자 안데르스 레치우스(Anders Retzius)는 두개골의 최대 폭을 최대 길이로 나눈 다음 100을 곱하는 두지수(cephalic index)를 개발했다. 레치우스의 공식에서 나온 숫자는 인체측정학자들에게 주목받는 중요한 수치가 됐다. 연구자들은 간단한 산술로 한 사람의 머리를 다른 사람의 머리와 비교하는 수치를 찾아낼 수 있었다. 그러나 이 수치의 실제 가치는 인구 전체의 평균 두지수를 비교하는 데 있었다. 넓은 범위의 사람들의 평균 두지수를 계산해서 이 수치를 지도에 표시하면 시간이 흐르는 사이 인류가 어떻게 진화하고 이동했는지, 앞선 인류의 유형과 어떻게 달라졌는지, 현재 지구상에 존재하는 다양한 인간 유형이 어떻게 퍼져 나갔는지 파악할 수 있을 것 같았다. 시간을 돌아보며 잃어버린 제국과 왕국의 경계를 채우거나 사막에서 산봉우리까지 이어지는 보이지 않는 기온 경도를 표시하듯이 인간의 본질적 차이를 도표로 그리는 방식이었다. 그러면 자연의 기본 유형이 두상이나 두개골의 용량에 따라 동시대 인류의 군집 형태로 드러난다는 것이다.

그리고 머리에는 뇌가 들어 있으므로 두지수와 다른 두개골 특징은 인간의 행동을 이해하는 데 중요한 열쇠가 될 수도 있다고 보았다. 보아스가 시카고로 옮기기 몇 년 전에 프랑스 경찰 공무원 알퐁스 베르티용(Alphonse Bertillon)은 범죄자 연구에 사진 기술을 체계적으로 활용하자고 제안했다. 경찰서마다 훈련받은 경찰관이 카메라와 체포된 용의자에 대한 시각 자료를 수집하자는 것이었다. 베르티용은 용의자를 정면과 측면의 두 가지 자세로 촬영하자고 제안했다. 용의자는 이미 구금된 상태이므로 단지 신원 파악을 위한 용도는 아니었다. 그보다는 용의자의 이마와 턱 모양부터 두개골의 부피에 이르기까지 얼굴의 주요 특징과 유명한 범죄자의 얼굴 특징을 대조하는 연구에 필요한 사진 자료를 확보하는 것이 핵심이었다. 어떤 특징을 찾아봐야 할지만 알면, 이미 범죄를 저지른 사람만이 아니라 앞으로 어느 시점에 누가 범죄자가 될지도 더 쉽게 파악할 수 있다는 것이었다. 범죄는 특정 가계나 특정 유형의 인간에게 나타나는 것일 수 있고, 눈썹이나 턱에서 범죄의 단서를 찾을 수도 있었다. 나중에 경찰의 머그샷으로 진화하는 이 시스템은 인체측정학이 현실에서 활용된 사례였다. 한마디로 인간의 정상과 비정상에 관한 이론을 일정한 자세로 찍은 사진으로 표준화한 후 두지수라는 단일 수치로 상관관계를 파악한

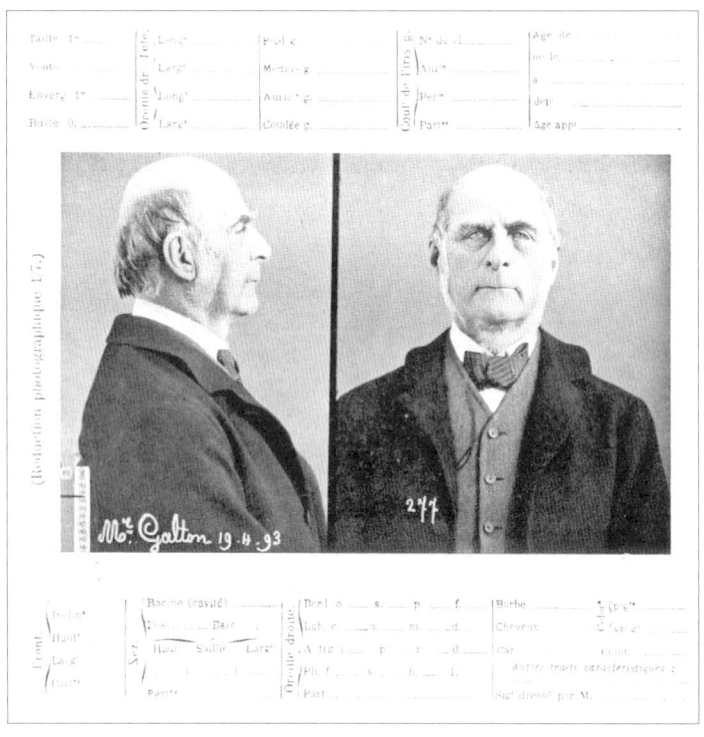

프랑스의 알퐁스 베르티용이 개발한 신원 확인 기술을 적용한 사례. 이 자료의 인물은 영국의 유전학자이자 우생학 창시자인 프랜시스 골턴이다. 1893년에 골턴이 베르티용 연구소를 방문했을 때 사진을 찍어 만들었다.

다는 개념이었다.

퍼트넘을 비롯해 당시 대다수 과학자들에게 심리학, 민족학, 인체측정학은 모두 개인의 외적 특질을 체계적으로 관찰해 사회 집단 사이의 명백한 차이를 밝히는 것이 목표였다. 보아스는 이 연구 분야들을 연결하는 작업을 이끌 적임자로 보였다. 보아스는 독일에서 박사 과정 중에 수학과 통계학을 공부했는데, 미국의 소규모 민족학 학계를 구성하는 지리학자와 아마추어 탐험가 사이에서는 드문 경력이었다. 게다가 보아스는 배핀섬부터 브리티시컬럼비아에 이르기까지 여러 지역에서 탄탄한 현지 조사 경험을 쌓았다. 또 미국 심리학의 창시자 중 한 명인 그랜빌 스탠리 홀에게 인정받은 데다, 클라크대학에서 인체측정학 실험을 시도한 적도 있었다. 1891년에 보아스는 우스터 공립학교 학생들의 신체를 측정하는 대규모 계획을 세웠다. 학생들의 성장과 영양, 정신 발달을 연구하기 위해 학교 이사회의 승인을 받은 연구 프로젝트였다. 그러나 이 계획은 지역 신문에서 비난받았다. "얼굴에 칼자국이 나 있고 눈과 코, 한쪽 뺨에 흉터가 있는" 독일식 억양이 강한 독일인의 제안으로 학생들에게 "해부당하는 느낌을 받게" 하는 것은 매사추세츠의 부모들에게 과도한 요구였다.[14]

이 연구에 대한 논란(그리고 제대로 나서서 방어해주지 않은 홀의 태도)은 보아스가 클라크대학을 떠나고 싶게 만든 이유 중 하나였다. 그래도 보아스는 이 연구로 결국 퍼트넘의 관심을 끌었다. 이제 보아스는 아침마다 마리와 아이들을 잉글우드에 남겨 두고 망치와 톱 소리가 요란한 호숫가로 향했다.

보아스가 박람회장으로 출근할 즈음에는 이미 모든 일정이 예정보다 늦어진 터였다. 퍼트넘의 전시품을 전시할 건물은 아직 설계도만 나온 상태였다. 전시품도 더 수집해야 해서 아직은 대중에게 선보이기에는 한참 부족한 상태였다. 보아스는 인체측정 실험실을 설계하는 작업 외에도 다른 민족학 전시도 거들었다. 우선 현장 연구자 70명을 조직해, 북서부 해안 부족들의 유물을 수집하도록 내보냈다.[15] 그리고 브리티시컬럼비아를 처음 방문할 때부터 알고 지낸 인맥을 동원하고 현지의 대리인을 통해 의례용 유물과 가면, 카누, 토템 기둥, 그 밖에 다른 품목을 시카고로 보내 달라고 했다. 그의 조수들도 멕시코와 남미의 대리인들에게 비슷한 요청을 했는데, 모두 퍼트넘이 짓고 있던 2층짜리 대형 홀을 채우기 위해서였다.

박람회는 1893년 5월 1일에 엄청난 환호 속에서 개막했다. 현대 도시 공원의 창시자로 불리는 조경가 프레더릭 로 옴스테드(Frederick Law Olmsted)가 설계한 '위대한 백색 도시'가 약 280만 제곱미터 규모로 펼쳐졌다. 전기 조명으로 불을 밝힌 200여 개의 가설 건물이 상상할 수 있는 모든 영역에서 과학과 기술의 진보를 선보였다. 약 16만 제곱미터에 달하는 엄청난 규모의 '제조 및 교양관'은 모조 대리석과 코린트식 기둥에 둘러싸인 목조 구조물이었는데, 당시 지구상에서 가장 큰 지붕 덮인 구조물이었다.[16] 그리고 미드웨이 플레이선스에는 베두인족의 야영지부터 오스트리아 빈의 카페에 이르기까지 세계 각국의 독특한 문화가 전시됐지만 대체로 물건을 팔거나 값싼 오락거리를 제공하는 얄팍한 상술의 공간이었다. 건물 전체가 여성의 삶과 진보에 초점을 맞춘 곳도 있고 농업과 전기, 플라스틱 기술의 발전을 선보이는 건물도 있었다. 박람회 기간인 6개월 동안 새로운 잠금장치인 지퍼, '주시 프루트(Juicy Fruit)'라는 이름의 껌, 토목 기사 조지 페리스가 선보인 대관람차, 팹스트 가문에서 내놓은 수상 경력이 빛나는 맥주, '크림 오브 위트(Cream of Wheat)'라는 약간 어리둥절한 이름의 아침 식사 요리도 등장했다.

관람객들은 농업 구역에서 출발해 남쪽으로 연못에 놓인 다리를 건너 민족학 구역까지 이어지는 고가 철도에 탑승했다. 유카탄 반도의 마야 유적 복제품이 페놉스코트 인디언의 자작나무 껍질 원형 막사 옆에 세워졌고, 그 옆에는 조각이 새겨진 토템 기둥 여섯 개가 세워졌는데 특히 2층 높이의 곰 모양 토템이 관람객의 시선을 끌었다. 실물 크기의 기다란 집 두 채에는 보아스의 현장 연구원들이 데려온 아이 두 명을 포함해 콰키우틀족 열일곱 명이 실제로 거주했다.[17] 남서쪽의 암굴 주거지를 복제한 거대한 집 바로 옆에 인류학 전시관이 있었고, 7월 4일 공휴일에 맞춰 드디어 관람객들에게 공개됐다.

마치 지구 전체에 걸친 고등학교 과학 박람회가 갑자기 서커스 쇼로 바뀐 것 같았다. 퍼트넘의 조수들이 수집한 물건들이 전시관의 천장까지 가득 채웠고, 보아스가 수년 전에 스미스소니언박물관에 촉구한 것처럼 명목상 국가나 민족 단위로 분류되어 있었다. 건물의 두 층에서 관람객들이 인류 진화의 역사를 둘러볼 수 있었다. 세계 각지의 다양한 풍습과 복식과 신앙을 강조하고, 이어서 위생, 공공 자선 단체, 감옥의 현대적 전시로 안내했다.[18] 한마디로 인류의 과학은 개인을 더 깨끗하고 더 안전하고 더 좋게 만들어주는 길임을 상기시키는 공간이었다. 골풀 돗자리는 자작나무 바구니와 노끈으로 만든 수공예품 옆에 쌓여 있었다. 발목 장신구는 가죽 탬버린과 사람 머리카락으로 만든 치마, 원숭이 이빨로 만든 부적과 나란히 진열됐다. 손으로 짠 옷을 입은 마네킹이 하이다족 마을의 축소 모형 옆에 서 있었고, 그 뒤로 안개 자욱한 솔숲 그림이 걸려 있었다. 그리스 조각상이 서 있는 정원에는 어망과 풀잎으로 짠 바구니, 사슴가죽 튜닉이 전시됐다. 수많은 현수막과 라벨, 도표, 지도가 전시되었는데, 거의 다 보아스가 직접 손으로 수정한 것이었다.

인류학 전시관의 북쪽 회랑을 따라 보아스가 맡은 인체측정학 전시실 여덟 곳이 이어졌다. 이 방들은 세 가지 주요 연구 분야에 배정됐다. 아메리카 원주민과 '혼혈인'의 신체적 특징에 관한 전시, 아동의 성장과 발달에 관한 자료, 그리고 심리학·신경학·두상학(인간의 머리 모양을 연구하는 학문) 분야에서 관람객을 대상으로 삼아 현장에서 실시간으로 연구를 수행하는 실험실이었다. 이처럼 전시실과 연구실을 모두 목표로 삼은 대규모 공공 과학 실험은 전례가 없었다. 후원자들은 고릴라, 오스트레일리아인, 호텐토트인*, 페루인 두 명, 유럽인 한 명의 전체 골격과 함께 아테네에서 발굴돼 소포클레스의 것으로 알려진 두개골을 볼 수 있었다.[19] 관람객들은 최신 장비로 현장에서 신체 측정을 받을 수도 있었다. 길이를 측정하는 캘리퍼스, 얼굴 각도를 측정하는 측각기, 큰 수치를 더할 수 있는 기계식 고속 계산기인 컴토미터, 잠벨리가 발명한 두개골 횡단면을 그려주는 장치가 있었다. 심지어 보아스가 박람회 공식 프로그램의 한 지면에서 설명한 "케임브리지 과학기기 회사의 수직 머리 측정기, … 안와 아래쪽 테두리와 귀 입구를 통과하는 판 위로 정수리 높이를 정밀하게 측정하기 위한 대형 장치"도 있었다.[20] 인체측정학의 최신 연구 결과를 보여주는 도표와 포스터도 있었다.

하지만 보아스의 시카고 전시실 여덟 곳을 둘러본 사람이라면 이 모든 수량화와 계산을 보고 다소 혼란스러웠을 것이다. 과학에서 확실성이 핵심이라면 보아스의 전시실에는 확실한 것이 거의 없어 보였다. 북아메리카 물라토(혼혈인)의 측정치를 보면 물라토의 키는 백인의 키와 거의 같았다. 또 북아메리카 원주민의 지문

---

* 아프리카 남부에 사는 코이코이족을 가리킨다. 1650년대 케이프에 식민지를 건설한 네덜란드 정착민들이 코이코이족 말의 독특한 혀 차는 소리(흡착어)를 모방한 데서 유래한 인종차별적 표현이다.

전시에서는 개인마다 고유한 지문을 지녔고, 집단과 집단 사이에는 전형적인 차이가 없다는 점을 확인할 수 있었다. 파리 시내의 신장별 인구 분포는 미국 남북전쟁 참전 용사의 신장에 대한 조사 결과만큼이나 다채로웠다(다만 서쪽 지역 출신이 동쪽 지역 출신보다 키가 큰 편으로 나타났다). 이탈리아인의 신장 연구에서도 결과적으로는 이탈리아의 북부에서 남부로 내려오면서 드러나는 뚜렷한 양상을 발견하지 못했다. 티롤인과 바이에른인의 두상은 매우 다양했다.[21] 그들의 두상은 실제로 다양한 혈통이 모인 미국 백인들보다 더 다양했다. 놀랍게도 '구(舊)유럽' 사람들은 여러 지역의 이민자들로 이루어진 미국 인구보다 신체적으로 훨씬 더 혼재된 것으로 나타났다.

보아스는 점차 증거로 뒷받침되지 않는 이론에 거부감이 커졌고, 관련 자료를 제시하는 일과 자료를 통해 거창한 교훈을 끌어내는 일 중에서 선택할 수 있다면 전자를 선호했다. 이런 태도는 초기에 메이슨, 파월과 논쟁을 벌인 이유가 되었고, 시카고에 자신의 연구소를 세우는 중요한 계기가 됐다. 보아스는 이미 1889년에 연구자들이 어떻게 심각한 오류를 범할 수 있는지에 관한 소논문을 발표했다.[22] 이 논문에서는 보아스가 '소리맹(sound blindness)'이라고 지칭한 현상, 즉 듣는 사람이 특정 단어들의 발음 차이를 인식하지 못하는 현상을 다루었다. 소리맹은 색맹인 사람이 특정 색의 차이를 인식하지 못하는 것과 유사한 현상이다. 학자들 사이에서는 사회의 발달 수준에 따라 소리맹 성향이 더 크거나 덜하다는 주장이 지배적이었다. 원시인의 언어는 발음이 흔들리고 고정되지 않아서 언어의 변형을 더 많이 허용하는 경향이 있다고 보았다. 반면에 진보한 민족은 글쓰기와 철자에 규칙이 생겨서 발음이 굳어지는 경향이 있고, 그래서 흔히 동포의 틀린 발음을 더 쉽게 알아채고 바로잡을 수 있는데, 이것은 보아스 자신도 영어를 익히려고 혀를 굴려보면서 경험한 현상이었다.

하지만 보아스는 언어에 대한 이런 식의 관점이 잘못된 자료뿐 아니라 잘못된 이론에서 나온다고 보았다. 우선 보아스가 이누이트족과 콰키우틀족 지역에서 연구한 결과, 원주민들이 그들을 관찰하는 민족학자들보다 발음을 더 많이 변형하는 경향은 발견하지 못했다. 오히려 관찰자들 사이에 소리맹 현상이 더 자주 발생하는 듯했다. 보아스는 유럽과 미국의 탐험가들이 수집한 원주민의 어휘를 비교한 결과, 한 연구자가 원주민 단어의 철자를 여러 방식으로 기록했다는 것을 발견했다. 보아스는 가죽 노트를 다시 살펴보면서 자신도 같은 실수를 했다는 사실을 깨달았다.

보아스는 연구자들이 세상을 객관적 현실로 보는 것이 아니라 그들이 가장 잘 아는 언어 체계로 인식한다는 사실을 알아챘다. 말하자면 모국어로 나누는 일상적 대화에서 혀와 치아, 목구멍, 코가 만들어내는 소리로 세상을 인식하는 것이다. "수집가가 기록한 어휘는 발음 식별 부호나 특수 알파벳을 사용했더라도 거기서 그들 자신의 모국어의 음성학적 증거를 찾을 수 있다."[23] 보아스는 이어서 이렇게 썼다. "따라서 미지의 소리를 모국어의 소리를 통해 인식한다고 볼 수 있다." 결국 소리맹은 원주민에게만 국한된 현상이 아니라는 결론에 이를 수밖에 없다. 이것은 세계에 대한 인간의 이해, 보아스의 표현으로는 '통각(apperception)'의 일반적 특징이었다. 새로운 경험을 가장 익숙한 경험에 비추어 해석하는 보편적 경향이었다.

사회과학 데이터로 분류되는 것(연구자들이 현장 노트에 기록한 구체적인 관찰 내용)은 연구자 자신의 세계관과 직능, 기존의 범주에 따라 달라진다. 보아스는 모든 과학은 잠정적이라고 믿게 되었다. 이론은 진실도 거짓도 아니었다. 이론은 성공이냐 아니냐, 다시 말해 관찰 가능한 자료에 부합하느냐 부합하지 않느냐는 식으로 설명해야 했다. 관찰 결과가 기존 이론과 충돌한다면 이론을 변경해야 했다. 우선 양질의 자료를 확보해야 하고, 이론은 그다음이어야 한다. 시카고 인체 측정 실험실의 혼란스러운 표와 그래프의 요점이었다.

인류학 전시관은 박람회장 변두리에 있어서 한 안내서에는 "여느 관람객이 그냥 지나치기 쉽다"는 경고 문구가 있었다.[24] 초기 예산의 규모가 상당했는데도 퍼트넘이 실제 지출한 금액은 전체 박람회 비용의 0.25퍼센트에도 미치지 못하는 8만 3천 달러를 조금 넘긴 정도였다.[25] 지출이 상대적으로 적은 만큼 관심도 덜 받았다. 관람객 2천5백만 명 이상이 박람회장 정문을 통과했지만, 그중 인류학 전시관까지 찾아온 관람객은 거의 없어 보여서 퍼트넘은 무척 실망했다. 관람객들은 인류학 전시관 바로 옆에 있는 소와 치즈가 전시된 낙농관이나 가죽과 신발 무역관을 더 많이 찾았고, 낙농관이나 무역관은 콰키우틀족 춤꾼들에게는 어울리지 않는 배경이었다.[26] 스미스소니언에서 조직한 민족학 전시관도 공식 박람회장 바로 밖에 세워진 원뿔형 천막에서 열린 버펄로 빌의 와일드 웨스트 쇼*만큼이나 퍼트넘의 전시관에 대한 관심을 빼앗아 갔다. 급조한 '인류학 회의'에도 교수들 몇몇만 참석했다.[27]

---

* 서부 개척 시대를 상징하는 인물이자 들소 사냥꾼이었던 버펄로 빌(Buffalo Bill)이 1883년부터 벌인 순회 공연. 카우보이와 원주민과 벌인 전투 따위를 재연했다.

1893년 5월에 열린 시카고만국박람회의 콰키우틀족 춤꾼들. 프란츠 보아스가 맡은 인류학 전시관은 박람회장 한쪽 구석에 있어 관람객을 많이 모으지 못했다.

시카고만국박람회는 보아스가 몇 년 전에 메이슨, 파월과 벌인 논쟁에서 제시한 원칙, 곧 대중에게 선입견이 아닌 원본 자료와 최신 현장 연구를 보여준다는 원칙에 따라 박물관을 설계하는 데 도움을 줄 기회였다. 그러나 전반적으로 실패했다. 박람회 총감독인 할로 N. 히긴보텀(Harlow N. Higginbotham)은 민족학 전시관을 찾아오지 않았다.[28] 콰키우틀족도 적은 수의 관람객만 끌어모았을 뿐이었다. 어쩌다 들른 관람객도 눈앞에 펼쳐진 광경에 분개했다. 콰키우틀족이 '식인종 춤'이라는 의식을 선보이며 피를 흘리는 시늉을 하자, 한 관람객이 공연 도중에 "그만해! 그만해! 여긴 기독교 국가야!"라고 외치기도 했다.[29] 보아스는 박람회가 끝날 무렵 독일의 부모님에게 "과학적으로 볼 때 이번 여름은 대실패였어요"라고 편지를 보냈다.[30] 그리고 "다시는 서커스단 단원 노릇을 하지 않겠다"고 스스로 다짐했다.

보아스는 자신에게도 시카고만국박람회 주최 측에도 모든 것이 낭비이자 혼란이라고 생각할 수밖에 없었다. 천연두가 도시를 휩쓸었고, 독감까지 유행했다. 인기 있던 시카고 시장 카터 해리슨이 박람회의 폐막식이 열리기 직전에 암살자의 총탄에 쓰러졌고, 실직자가 된 일꾼들이 전시관에 불을 질러 대부분이 전소됐다. 게다가 보아스가 잉글우드에 세 들어 살던 집은 연쇄 살인범 H. H. 홈스가 세운 3층짜리 호텔 건물에서 불과 몇 블록 떨어진 곳이었다. 신문 보도에 따르면 홈스가 방마다 특수 배관을 설치해 투숙객들을 몰래 질식사시킨 것으로 밝혀졌다. 또 다른 비극은 더 가까운 곳에서 일어났다. 보아스가 인체측정연구소를 개소하기 위해 분주하던 1893년 3월에 보아스의 딸 헤드위그가 태어났는데, 아이는 박람회가 폐막하고 얼마 지나지 않아 사망했다.[31]

보아스는 임시로 고용되어 인류학 자료를 더 영구적으로 보관할 장소인 시카고의 필드박물관으로 자료를 옮기는 작업을 총괄했다. 그러나 박람회를 위해 모인 대규모 인력이 필요 없어지자 보아스 역시 곧 해고됐고, 해고 통보도 간접적으로 전해 들었다. 보아스는 "더할 나위 없는 모욕"이라고 격분하며 상관들에게 항의 편지를 보냈다.[32] 그의 교육 수준이 지나치게 높고, 그를 적임자로 쓸 자리가 없어졌다는 말 외에 그가 처한 곤경에 대해서는 아무런 설명도 듣지 못한 채 다시 실업자가 됐다.

보아스의 성격도 한몫했다. 걸핏하면 화를 내고 고집불통이며 참을성이 없고 좀처럼 타협하지 않는 성격이라 몇몇 상관과 사이가 썩 좋지 않았다. 보아스는 점차 부당한 취급을 당했다는 느낌에 사로잡혀 자리를 옮겨 다니는 버릇이 생겼고, 동료들 사이에서도 그냥 그를 내보내는 것이 좋겠다는 생각이 커졌다. 보아스는 뉴욕으로 돌아와 여러 박물관에서 계약직으로 일하며 가능한 대로 돈을 벌었고, 그러면서도 대학들에 계속 전화를 돌렸다. 부수적으로는 북서부 해안 탐험에서 구한 가면이나 각종 유물을 옮겨와 계속 수집했다. 스미스소니언박물관의 새 전시회를 지원하기 위해 사진 모델이 되기도 했다.[33] 시카고만국박람회에서 처음 본 콰키우틀족 비밀 결사의 의례용 춤을 보여주기 위한 이 연작 사진을 위해, 그는 모직 정장과 속옷 차림으로 우스꽝스러운 포즈를 취했다. 1895년에 전시회가 처음 열렸을 때 관람객들은 콰키우틀족의 실제 생활에서 가져온 전시품이 아니라 인류학자가 직접 속옷만 입고 뛰어다니는 사진을 보게 될 줄은 몰랐을 것이다. 보아스는 또 한 차례의 서부 탐험 여행을 하면서 마리에게 보내는 편지에 이렇게 적었다. "미국에서 내 분야 최고라는 자부심이 무슨 소용이 있겠어요. 내 능력을 제대로 쓰지도 못하고 그저 생계를 위해 여기저기 불려 다니며 일해야 한다면."[34]

하지만 시카고만국박람회 경험에는 몇 가지 이점이 있었다. 우선 북서부 해안의 원주민 부족들에 관한 연구를 선보일 수 있었다. 그리고 최첨단 연구 분야, 곧 인류학적 유형을 물리적으로 측정하고 두상이나 코 모양이나 여러 특징의 차이를 분류하는 새로운 분야에서 대규모 학술 사업을 관리하는 경험을 쌓았다. 이렇게 쌓은 능력(그리고 퍼트넘과의 인연)이 결국 결실로 이어졌다. 퍼트넘은 뉴욕 미국자연사박물관의 학예사가 됐는데, 이 박물관은 거의 망해 가던 시점에 사업이 성공한 후 자선 사업으로 눈을 돌린 철도업자이자 금융가 모리스 K. 제섭(Morris K. Jesup)에게서 새롭게 활력을 받았다. 1896년에 보아스는 새로 시작하는 박물관 사

스미소니언박물관 학예사들이 콰키우틀족의 비밀스러운 의례를 입체 모형으로 제작하는 데 도움을 주기 위해 보아스가 직접 춤을 시연했다.

업에 합류해 달라는 제안을 받았다. 보아스 가족은 시카고를 떠나 센트럴파크 가장자리에 있는 분홍빛 박물관 건물에서 멀지 않은 웨스트 82번가의 3층짜리 적갈색 건물에 정착했다.[35]

1869년에 설립된 미국자연사박물관은 원래 유럽의 귀족과 박물학자, 박제사들의 소장품을 모아 센트럴파크 옆 오래된 무기고에 쌓아 두면서 마련된 공간이었다.[36] 1874년 6월 20일에 율리시즈 S. 그랜트(Ulysses S. Grant) 대통령이 웨스트 77번가 북쪽에 있는 먼지 날리고 나무 한 그루 없는 황무지에 새 건물을 위한 초석을 놓았다.[37] 화강암과 분홍빛이 도는 적갈색 사암으로 지어진 신로마네스크 양식의 이 건물은 센트럴파크에서 콜럼버스 거리까지 걸쳐 있었고 3년 후 드디어 대중에게 공개되었다. 그 뒤로 1930년대에 들어서 센트럴파크 서쪽에 웅장한 기둥 모양의 입구가 생기고 그 앞에 말을 탄 시어도어 루스벨트 대통령 동상이 서면서 박물관의 방향이 바뀌었다. 하지만 보아스가 도착할 당시에도 약 7만 제곱미터 부지에 건물 여러 채가 새로 지어지면서 이미 세계에서 가장 큰 박물관 중 하나였다.[38]

퍼트넘이 인류학 학예사로 임명되면서 모든 일이 순조롭게 진행됐다. 그는 시카고만국박람회에 쏟았던 에너지의 일부를 이제 뉴욕의 이 새로운 상설 전시관을 기획하는 일에 쏟았다. 보아스는 퍼트넘의 지시에 따라 북서부 해안 부족들에 관한 새로운 전시관을 열기 위해 자료를 수집했고, 이 과정에서 보아스가 직접 그 지역을 탐험한 경험과 현지에 있는 인맥이 결정적인 역할을 했다. 노 젓는 사람과 가면 쓴 주술사 모형을 태운 약 2미터 길이의 카누가 전시장 중앙부를 차지했다. 그리고 보아스는 박물관 관장인 제섭의 지원을 받아 북태평양을 가로질러 아시아 원주민과 아메리카 원주민의 관계를 탐색하기 위한 탐사 작업을 수행할 연구 팀을 꾸리는 데 도움을 주었다. 또 다른 프로젝트는 미국 서부에서 사라져 가는 부족들을 기록하는 데 중점을 두었다. 두 프로젝트의 결과로 박물관의 소장품이 늘어나고 방대한 보고서와 출판물이 쏟아져 나왔다. 보아스는 작은 손 글씨로 전시품 편람에 바구니, 배, 토템, 뼈의 출처에 관해 상세히 주석을 달았다.

보아스 가족도 늘어났다. 마리와 함께 동부로 돌아온 후 그해 봄에 딸 거트루드가 태어났다. 2년 후 아들 헨리도 태어났다. 1902년 초에는 다시 딸 마리 프란치스카가 태어나 자녀가 모두 다섯 명이 됐다. 뉴욕으로 귀환은 시카고만국박람회가 끝난 후 암울했던 겨울에는 상상할 수 없던 운명의 변화를 가져왔다. 보아스는 이제 안정적이고 야심 찬 기관에서 학문적 지위와 교수 직함까지 얻었다. 1897년 초 컬럼비아대학의 교수로 임용된 것이다. 배핀섬으로 향하는 게르마니아호에 처음 오를 때 세운 목표를 40대가 되어서야 비로소 실현할 수 있었다. 보아스는 집안의 연줄이 작용했는지 의심했지만 확인할 수 없었다. 사실 야코비가 몰래 대학 당국과 접촉해 그의 월급을 대신 내주겠다고 제안한 적이 있었다.[39] 하지만 이번 자리는 시간제였고, 박물관에서 수집하고 전시를 기획하고 편람을 제작하는 업무와 연결돼 있었다.

컬럼비아대학은 1754년에 영국 왕 조지 2세의 허락을 받아 킹스 칼리지라는 이름으로 설립됐다가 미국 독립혁명 이후 더 애국적인 이름으로 개명했다. 브루클린의 정치인이자 진보적인 공화당원인 세스 로(Seth Low)가 총장으로 부임한 후 컬럼비아대학은 대학으로서 정체성을 새롭게 정립하며 사회과학에 중점을 두고 대학원 학위 과정을 설치하고 교과 과정을 전면 개편했다. 보아스가 인류학 교수로 철학부에 들어온 해에, 로는 도심에 있던 캠퍼스를 맨해튼의 위쪽이자 미국자연사박물관에서 북쪽으로 몇 블록 떨어진 구역으로 이전했다. 보아스는 두 직장에서 시간을 적절히 배분할 수 있었다. 박물관의 서쪽 입구 앞을 지나는 9번가 고가 전철을 타고 모닝사이드하이츠의 날로 넓어지는 캠퍼스까지 바로 이동했다.

보아스는 이제 그 어느 때보다 안정된 지위에 올라 학술 연구에 매진했다. 1899년 봄에는 파월의 옛 학술지인 〈미국의 인류학자〉를 다시 발행하는 사업을 맡아 새로운 편집 위원회와 함께 워싱턴의 소규모 인류학회의 내부 간행물이 아니라 전국적 학술지로 키운다는 야망을 품었다. 보아스는 동료들에게 새 간행물에 기고해달라고 요청했고, 컬럼비아대학에서 그의 명성이 올라간 덕에 소규모 대학원생 연구 팀을 끌어들여 현지 조사 보고서와 새로운 연구 결과로 학술지의 지면을 채울 수 있었다. 이듬해에는 국립과학원의 정식 회원으로 선정됐다는 매우 영광스러운 소식을 들었다. 자연사박물관에 소속된 젊은 세대의 학자들이 새롭게 부상하고 제섭 관장이 그들에게 직접 관심을 보이며 자금을 지원하면서 인류학 연구의 무게 중심이 점차 워싱턴에서 뉴욕으로 옮겨졌다. 보아스가 미국에 머무는 동안 줄곧 존경받던 존 웨슬리 파월은 여전히 민족학국 국장 자리를 지켰지만 1902년에 사망했다. 파월의 죽음은 초창기 탐험가 집단의 상징적인 죽음이었다. 이제 미래는 보아스 세대의 몫으로 보였다. 파월이 사망한 해에 보아스는 오래된 학회를 되살리면서 학회의 이름을 '미국인류학회(American Anthropological Association)'로 바꾸었고, 학회는 그 이름에 걸맞은 최초의 국가 학술 단체로 거듭났다. 그리고 〈미국의 인류학자〉는 미국인류학회의 공식 간행물이 됐다.

  보아스는 새롭게 정비된 학술지의 첫 호에서 그의 학문적 선배들이 밝혔던 신념을 소신껏 비판했다. 그는 더 많은 자료를 수집하기 전까지는 누구도 인간의 차이에 대한 광범위한 이론을 내놓아서는 안 된다고 주장했다. 그러면서도 (두지수를 계산하는 방법부터 신장이나 코 모양의 차이를 기록하는 방법까지) 신체의 형태를 측정하면 결국 인류의 자연스러운 다양성을 선명하게 정의할 수 있다는 개념은 옹호했다. 그리고 다음과 같이 적었다. "이런 사실은 인간 유형의 엄청난 영속성을 가정하는 데 매우 강력한 논거다. 측정 분포를 분석하는 작업은 지금보다 훨씬 멀리 나아가야 하고,

분석을 마치면 우리는 인간의 지리적 변종의 혈연 관계를 매우 정확히 규정할 수 있는 수단을 얻을 것이다."[40]

그러면서도 보아스는 이 모든 것에는 한계가 있다고 보았다. 인류학은 저마다의 자료와 이론과 설명을 갖추고 다각도에서 문제에 접근해야 했다. 인체측정학자들이 분류한 신체 차이는 서로 다른 인간 집단이 시간이 흐르는 사이 서로 섞였다는 사실을 보여주는 중요한 증거일 수도 있다. 민족학자는 의례와 노래와 신화가 어떻게 공간을 가로질러 이동했는지 밝혀낼 수 있다. 언어학자는 언어가 어떻게 퍼져나가고 변화했는지 이해할 수 있다. 각각은 고유한 '유형'의 인간 공동체를 설명할 수 있지만, 그 자체로는 세계에서 관찰되는 광범위한 차이를 설명하기에 충분하지 않았다. 특히 보아스가 거의 20년 전 게르마니아호에 올라탄 이래로 여러 방식으로 에둘러 이야기해 온 단어인 '문화(culture)'를 설명하기에는 더더욱 역부족이었다.

보아스는 자연사박물관에 합류하자마자 〈사이언스〉에 발표한 논문에서 문화를 단수형과 복수형으로 번갈아 표현했다. 그는 문화라는 개념을 보편적인 인간의 사고와 실천 전체에 쓸 때도 있고, 특정 부족이나 특정 지역에 한정된 존재와 행동 양식을 가리키는 데 쓸 때도 있었다. 보아스는 인류학이 "문화 진화의 획일적이고 체계적인 역사를 구성하려는 무모한 노력을 포기하기 전까지는 결실을 얻지 못할 것"이라고 썼다.[41] 모든 인간 사회를 움직이는 '보편적 개념'을 발견하는 것은 시작에 불과하다. 다음 단계에서는 "두 가지 질문에 답해야 한다. 첫째, 이런 보편적 개념의 기원은 무엇인가? 둘째, 이런 개념이 다양한 문화에서 어떻게 드러나는가?"[42] 인간은 시간과 공간을 초월해 공통의 방식으로 사회를 조직할 수 있고, 인간의 사회적 행동을 지배하는 보편적인 법칙이 존재할 수도 있다. 하지만 보아스는 민족학자이자 인체측정학자로서 연구하면서 (만약 이런 보편적 법칙이 존재한다면) 온갖 다양한 방식으로 표현된다는 사실을 깨달았다. 인류 공통의 '문화'는 우리가 실제로 관찰할 수 있는 '문화들'을 통해서만 접근할 수 있다는 것이다.

이런 복수형에서 모든 차이가 발생했다. 다음 10년 동안 보아스는 〈미국의 인류학자〉에서 주장했던 것과 정반대의 주장을 펼치게 된다. 즉 각 개인은 변하지 않는 생물학적 유형 중 하나의 표현이라는 주장과는 정반대로 훨씬 많은 증거에서 인간의 신체도 인간이 이루는 사회도 다원적이고 유동적이며 끝없이 적응하는 성질을 지닌다는 점이 확인된다고 주장한 것이다. 이 관점은 과학의 역사에서 가장 중요한 발상의 전환 중 하나였고, 주로 보아스의 기본적인 방법론에서 나왔다. 귀납적으로 추론하고 자료를 따르는 방법이다. 보아스가 선택한 이 방법은 결과적으로 그를 받아준 국가가 그들 자신을 이해하는 전통적인 관점, 이를테면 유럽인과 미국인이 '인종'이라고 부르는 문화적 강박관념과 정면으로 충돌한다.

5장

/

두개골
수집가들

보아스는 인종이 불안정하다는 결론에 도달했다. 인종이 현재 물리적 실체로 존재하지 않는다면 과거에도 존재했을 리가 없고, 이는 결국 인종들 간의 대혼전으로 표현되는 인류 역사는 본질적으로 거짓이라는 의미였다.

보아스는 당대 여느 인류학자처럼 인간이 자연의 범주에 속한다고 당연하게 여겼다. 인류학의 한 가지 목표는 인간 사회의 구성 요소에 이름을 붙이고 이해하는 것이었다. 외부 신체 부위의 색상, 형태, 크기, 질감도 이런 분류를 위한 기본 자료라고 보았다. 보아스가 몸담았던 클라크대학 연구소와 시카고만국박람회의 인체측정학 전시장은 인체를 기준으로 분류한 유형이 더 심오한 생물학적 현실을 잘 나타낸다고 합리적으로 확신할 수 있을 만큼 충분한 자료를 수집하는 것이 목표였다.

인종 개념은 인류학의 핵심이었다. 거의 모두에게 유형과 인종(1790년부터 시작된 미국 인구 조사의 표현에 따르면 '피부색')은 사실상 동의어였다. 인간 공동체마다 복식도 다르고 노래하는 방식도 달라서 다성 합창을 부를 수도 있고 툴툴대는 소리로 노래할 수도 있고, 사막이나 평야나 늪지대에 살 수 있고, 흙집에서 살거나 가파른 지붕널을 얹은 케이프코드식 주택에서 살 수도 있다. 하지만 이처럼 혼란스러운 행동의 바탕에는 변함없는 자연의 질서가 있었다. 동물의 품종이나 혈통처럼(부드러운 털이나 꼬불꼬불한 털, 큰 몸집이나 작은 몸집, 뿔이 있거나 없는 종류) 인종도 다양하다. 그냥 겉으로 보기만 해도(상대의 입술이나 머리카락 질감, 코 모양, 피부색

따위를 보기만 해도) 이 사실을 확인할 수 있었다.

그로부터 한 세기 이상 전에 독일의 해부학자 요한 블루멘바흐(Johann Blumenbach)는 인종 분류의 기반이 되는 다섯 가지 분류 양식을 만들었다. 블루멘바흐는 1775년에 발표한 논문 〈인류의 자연스러운 다양성에 관하여〉에서 인간을 지리적 위치와 함께 눈에 보이는 특징으로 분류했다. 아프리카에 사는 사람들을 '에티오피아인'이라고 부르고, 아메리카 대륙과 북극의 원주민들을 '아메리카인'이라고 부르고, 아시아에 사는 사람들을 '몽골인'이라고 부르고, 태평양에 사는 사람들을 '말레이인'으로 분류하고, 마지막으로 유럽의 여러 국가와 해외로 이주한 유럽인들을 '코카서스인(백인)'이라고 불렀다.

앞의 네 범주는 이미 널리 사용되고 있었는데, 그 기원을 찾아보면 형태는 약간 다르지만 종에 따른 근대 분류 체계를 고안한 스웨덴의 박물학자 칼 린네(Carl Linné)로 거슬러 올라간다. 다만 다섯 가지 중 마지막 범주는 블루멘바흐가 처음 분류한 것이다. 그는 개인이 소장한 두개골을 기준으로 범주를 나누었는데, 100년이 지난 뒤에도 보아스를 비롯한 인류학자들이 여전히 사용한 것과 같은 종류의 자료였다. 그중에 두개골 하나가 블루멘바흐의 관심을 끌었다. 러시아제국 남단의 캅카스산맥에서 출토된 조지아 출신 어린 소녀의 두개골이었다.

블루멘바흐는 이 소녀의 두개골이 우아한 선과 적절한 비율을 지녀 특히 아름답고, 최초의 인간처럼 신의 형상을 본떠 창조된 두상이라고 생각했다. 그는 이 소녀의 두개골이 캅카스산맥에서 발견된 데다 일부 지도 제작자들이 성경에 나오는 에덴 동산이 있었을 것으로 추정하는 위치와 가까웠기에 '코카서스인'이라고 불렀다. 신은 완벽한 형상을 창조했지만(이 조지아 소녀가 증명하듯이) 시간이 흐르는 사이 환경의 압박과 삶의 우여곡절로 인해 대가를 치르게 되었다. 매끄러운 머릿결이 거칠어졌고, 흰 피부가 갈색으로 짙어졌고, 좁은 코가 납작해져 들창코가 되었다. 블루멘바흐는 코카서스인을 모든 하위 인종의 원형으로 보았다.

이 도식의 지속력은 놀라웠다. 블루멘바흐가 인간의 차이를 이해한 방식은 자연과학부터 역사 서술과 예술에 이르기까지 거의 모든 지식의 영역에 영향을 끼쳤다. 지리 교과서는 이 도식을 반복했다. 의학 학술지는 이 도식을 당연하게 받아들였다. 박물관 전시는 대중에게 이 도식을 설명했다. 1890년대 후반에 파월의 민족학국은 미국민족학국(Bureau of American Ethnology)으로 명칭을 바꿨다. 이는 지리적 범위가 아니라 인종적 소명, 다시 말해 미국의 원주민, 곧 블루멘바흐가 분류한 '아메리카인'을 연구하는 역할을 인정한 명칭이었다. 보아스의 시대에는 어린아이도 무의식 중에 블루멘바흐의 도식을 따랐다. 이를테면 19세기 후반에 널리 불리던 주일 학교 찬송가의 가사는 다음과 같았다. "붉은색, 갈색, 노랑색/ 검은색과 흰색 모두가 예수님이 보시기에 존귀한 존재/ 예수님은 세상의 아이들을 사랑하시네."

하지만 인종은 단지 사람을 외모로 분류하는 문제가 아니었다. 인종은 오래전부터 신체 능력, 지능, 언어, 문명 수준과 같은 다양한 특성과 연결됐다. 모든 인종은 말하고 먹고 춤추고 옷 입는 고유한 방식이 미리 포장되어 있는 것처럼 보였다. 새의 깃털과 독특한 울음소리, 비행 방식, 둥지를 틀고 이동하는 본능이 종을 정의하듯이 인종의 모든 요소가 하나로 결집한다고 본 것이다. "기존 신체 유형의 영속성은 오늘날 고고학자나 박물학자에게 의문의 대상이 아니다. 이 경쟁적인 중재자들은 이런 유형에 따른 도덕적·지적 특성의 영속성도 부정하지 못할 것이다." 1854년 이후 여러 판으로 출간된 미국에서 가장 중요한 지리와 인간 생물학 교재인 《인간의 유형》은 이렇게 선언했다. "지적 인간은 육체적 인간과 분리되지 않고, 둘 중 한쪽의 본성은 다른 쪽의 상응하는 변화가 없다면 변화하지 않는다."[1]

이 문제에 정통한 사람들이 보기에 문제의 핵심은 이런 요소들이 자연과 일치하는지 여부가 아니었다. 역사는 더 유능한 인종과 덜 유능한 인종으로 나뉜다는 것을 명백히 입증했다. 가령 복잡하고 세계를 정복한 유럽 민족과 단순하고 뒤떨어진 아프리카 민족이 있다. 스미스소니언박물관 최초의 체질인류학(인체측정학을 점차 이렇게 부르게 됐다) 학예사였던 체코 태생의 알레시 흐르들리치카(Aleš Hrdlička)는 1906년에 "아름다움은 주로 백인종에게 두드러지는데, 백인종 간에는 개인적 차이가 크기 때문"이라면서 "황갈색 인종 간에는 개인 차가 적고, 순수 흑인 간에는 신체적 개인화가 가장 제한적이다"라는 결론에 이르렀다.[2] 당시 인류학자 중 이런 생각에 동의하지 않는 사람은 거의 없었을 것이다. 저명한 민족학자이자 미국과학진흥협회 회장인 대니얼 브린턴(Daniel Brinton)은 여러 학회에서 자신의 권위를 이용해 "흑인종, 갈색 인종, 적색 인종은 해부학적으로 백인종과 상당히 다르고 … 뇌 용량이 동일하더라도 같은 노력을 들여서는 결코 백인종의 성과를 따라잡을 수 없다"는 식의 견해를 확고히 굳혔다.[3] 인종 간 잠재력과 성취도가 근본적으로 다르다는 개념은 당연시됐다. 과학자들의 진정한 관심사는 애초에 이런 인종 간 격차가 어떻게 생겨났는지에 있었다. 이 지점에서 이 문제에 대한 과학적 의견은 두 진

5장 두개골 수집가들 123

영으로 갈라졌고, 20세기가 시작되면서 양 진영은 서로에게 날을 세웠다.

이른바 인류 일원론(monogeism) 지지자들은 모든 인간이 동일한 원형의 변종이라고 주장했다. 기독교 학자들은 성경을 근거로 들며 이 입장을 옹호하면서 모든 인간은 신이 창조한 에덴 동산의 아담과 하와의 후손이라고 선언했다. 더 경험적인 사고방식을 지닌 학자들도 같은 의견이었지만 그들이 생각하는 분화의 이유는 달랐다. 그들은 자손 재생산의 양상이나 환경과 같은 사회적 관습 혹은 외부 영향이 인종이라는 여러 변종을 만들어냈다고 보았다. 블루멘바흐와 인류 일원론자들에게 현대의 다양한 인종은 인간이 낙원에서 쫓겨난 이후 얼마나 타락했는지를 보여주는 증거일 뿐이었다.

백인종 유럽인이라고 해도 지저분한 도시에서 질병에 시달리는 육체로 살아가는 사람들은 과거의 오래되고 순수한 피조물이 잘못 발현된 형태로 간주됐다. 토머스 제퍼슨(Thomas Jefferson)은 《버지니아주에 관한 비망록》(1785)에서 "같은 속의 다른 종이나 같은 종의 변종이 다른 자질을 지닐 수 있다고 전제하는 것은 경험에 어긋나지 않는다"라고 적었다.[4] "자연사를 사랑하는 사람, 모든 동물 종의 단계적 차이를 철학의 관점으로 바라보는 사람이라면 인간의 명확한 범주를 자연이 빚어준 그대로 구분하려고 노력해도 되지 않을까?" 제퍼슨은 인류의 종은 하나이지만, 순종 말과 밭을 가는 말이 구분되는 정도의 뚜렷한 차이를 지닌 고유한 자연적 '범주'가 존재한다고 제안했다.

반면에 인류 다원론자들은 현대의 인종이 신의 명령에 따른 별도의 행위나 서로 다른 조상에게서 나왔다고 보았다. 이 관점은 물론 성경의 이야기와 모순되는 것처럼 보였지만, 박물학자들은 인종 간 문명의 불평등과 신체적 차이를 달리 설명할 수 없다고 보았다. 계몽주의 시대에는 칼 린네부터 볼테르(Voltaire), 데이비드 흄(David Hume)에 이르기까지 인류 다원론(polygenism)을 지지하는 뛰어난 인물이 많았다. 19세기에 이르러 인류 다원론은 보아스가 클라크대학 시절부터 사용한 방식과 같은 인체 측정 기법을 통해 더 강력한 지지를 받았다. 필라델피아의 외과의사 새뮤얼 모턴(Samuel Morton)과 앨라배마의 의사 조시아 노트(Josiah Nott), 퍼트넘의 옛 스승인 동물학자 루이 아가시 같은 하버드대학의 아마추어 연구자들은 인종 간의 근본적이고 본질적인 차이를 보여주는 연구를 발표했고, 그들의 연구 내용은 널리 읽혔다. 이런 인종 간의 질서가 훼손될 때 느껴지는 자연스러운 혐오감을 과학이 잘 설명해주는 듯했다. 아가시는 필라델피아에서 흑인을 처음 보고는 어머니에게 보내는 편지에 이렇게 썼다. "두툼한 입술과 삐뚤게 자란 이빨, 짐승의 털 같은 머리카락, 휘어진 무릎, 길쭉한 손, 크고 구부러진 손톱, 특히 검푸른 색의 손바닥을 가진 흑인의 얼굴을 보면 물러나라고 경고하고 싶어 그들의 얼굴에서 눈을 뗄 수 없었습니다."[5]

그러나 보아스가 태어날 즈음 적어도 과학계에서는 일원론자들이 논쟁에서 승리한 듯했다. 1859년 찰스 다윈은 《종의 기원》에서 시간이 흐르며 나타나는 사소하고 무작위적인 변화로 인해 유기체의 외형적 특징의 차이가 어떻게 발생하는지 보여주었다. 모든 형태의 생명체는 이전 형태에서 분화하는 과정에서 서로 연결된다. 별개의 종은 아주 긴 시간에 걸친 자연 선택의 결과다. 다윈은 《인간의 유래》(1871)에서 핀치새에서 인간으로 관심을 돌리면서 인종 개념 자체를 겨냥했다. 다윈은 인종이 몇 개인지에 대해서는 전혀 합의가 이루어지지 않았다면서 학계의 경쟁자들을 은근히 조롱했다.

인간은 그 어떤 동물보다 더 신중히 연구됐지만, 유능한 심판관들 사이에도 인간을 단일한 종 또는 인종으로 분류해야 할지, 아니면 둘(비레Julien-Joseph Virey), 셋(자퀴노Honoré Jacquinot), 넷(칸트), 다섯(블루멘바흐), 여섯(뷔퐁 백작), 일곱(헌터 John Hunter), 여덟(아가시), 열하나(피커링Charles Pickering), 열다섯(보리 드 생뱅상Bory de Saint-Vincent), 열여섯(데 물랭Charles des Moulins), 스물둘(모턴), 예순(크로포드John Crawfurd) 혹은 버크처럼 예순세 가지로 분류할지에 대해 여전히 의견이 분분하다.[6]

결론은 자명했다. "박물학자들은 … 진화의 원리를 인정하는 현재 떠오르는 대다수 학자는 모든 인종이 단일한 원시 종족의 후손이라는 사실을 의심하지 않을 것이다."[7] 다윈은 인간이 후진적 변종과 발전한 변종으로 나뉜다고 믿었지만, 이는 진화적 경로에서 발생하는 선천적이고 생물학적인 차이가 아니라 환경과 습관에 따른 결과라고 보았다.

그러나 다윈 이후에도 인류 다원론은 과학 연구나 공공 담론에서 사라지지 않았다. 19세기 후반에 인류 다원론이 다시 활기를 띠었다. 남북전쟁이 끝난 미국에서는 과거의 남부가 해체된 것이 아니라 옛 남부의 주요 특성이 오히려 전국으로 퍼져 나갔다. 남부군의 장군과 관료들이 사면돼 다수가 의회로 돌아가거나 연방 정부에서 한자리씩 차지했다.[8] 남부 재건 운동이 공식적으로 종료되면서 남부군 출신 지도자들이 인종에 중점을 둔 새로운 법률의 제정을 주도했다. 법적으로 강제하는 인종 분리, 다른 인종 간 결혼 금지, 투표 제한에 관한 법률이 제정됐다. 그 밖에도 1890년대부터 도입된 정책이 인종 기반 정치와 사회 체제를 성립시켰고, 결국 짐 크로 체제라는 권위주의적 인종 분리 체제가 형성됐다. 사법 시스템에서도 유사하게 광범위한 판례를 쌓아 백인을 명확한 법적 범주로 만들었다. 변호사들은 역사가와 민족학자, 그 외 여러 전문가들의 지식을 활용하여 인간을 분류하는 국가 기본 체계의 과학적 타당성을 확인했다. 1878년에 선례를 남긴 법적 견해에서는 중국인은 백인이 아니라고 확인했다.[9] 1889년에는 하와이인, 1894년에는 버마인과 일본인, 1900년에는 아메리카 원주민, 1916년에는 필리핀인, 1921년에는 한국인이 백인이 아니라는 법적 판단이 내려졌다. 멕시코인과 아르메니아인, '아시아 인디언(인도인)', 시리아인이 각각 1897년, 1909년, 1910년에 생물학적 '비(非)백인'이라는 판례가 나왔다. 이들 판례는 즉각 실질적인 결과를 낳았다. 이런 판례에 따라 인종 규제 지역에서 부동산을 매입하거나 인종 규제 병원에서 출산하거나 인종 규제 학교에 자녀를 보내거나 인종 규제 공동묘지에 묻힐 수 있는지가 결정됐다. 짐 크로 법과 인종 판례법은 노예제 시대의 유산이 아니라 인종 과학의 최신 연구에 근거한 새롭고 국가적이고 자연스러운 현상으로 여겨졌다.

세계적으로도 유사한 상황이 벌어졌다. 1870년대 후반에 유럽 열강 사이에 아프리카 쟁탈전이 벌어지면서 식민지 원주민에 대한 새로운 관심과 함께 이들을 관리하기(나아가 착취하기) 위한 최적의 방법이 등장했다. 벨기에령 콩고의 고무 농장부터 남아프리카공화국의 금광에 이르기까지 아프리카 대륙에 새롭고 효과적인 노예 관리 시스템이 퍼져 나갔다. 유럽의 제국주의자와 미국의 입법자 들이 인종 개념 때문에 인종을 의식한 정책을 만든 것은 아니었다. 그보다는 유럽계 후예들(아프리카의 식민지 개척자든 미국에서 재건 이후 더욱 대담해진 백인 다수파든)이 권력을 내세우며 정당성을 요구하면서 나온 결과였다. 그리고 모든 부류의 인종 이론가들은 인종 개념의 근거를 찾으려고 열성을 다했다.

정치 권력의 원리로서 인종 개념이 과학적 인종 연구에 활력을 불어넣었다. 인종 개념을 널리 전파하려는 사람들이 넘쳐났고, 인종에 집착하는 사람들이 모인 세계의 과학계에서 서로의 글을 읽었다. 조시아 노트는 프랑스 이론가 아르튀르 드 고비노(Arthur de Gobineau)가 고대 '아리아' 인종을 현대 백인의 조상으로 상정하고 열등한 인종과의 근친 교배에 의한 분화를 비판한 1천 쪽 분량의 저서 《인종 불평등론》(1853~1855)을 읽었다. 반대로 고비노는 미라로 발견된 이집트인들을 연구하면서 피라미드를 건설한 사람들이 백인종 유럽인이었다고 확신하는 새뮤얼 모턴의 책을 읽었다. 그리고 1873년에 사망할 때까지 하버드대학 비교동물학 박물관 관장으로서 노예 제도의 정당성부터 인종 간 결혼 금지에 이르기까지 모든 사안에서 법적 논쟁과 입법, 공공 정책에 영향을 끼친 아가시의 책은 모두가 읽었다. 노트가 공동 편집자로 참여한 책 《인간의 유형》은 교재로 널리 채택되었고 인종 기반 과학을 현실에 적용하는 데 기여했다.

민족학이 미국 문화를 위한 뛰어난 과학이 되어야 하는 데는 이유가 있다. 블루멘바흐가 분류한 다섯 인종 중 세 인종이 이 땅에 모여 그들의 운명을 최선의 방식으로 결정했는데, 중국계 이민자와 쿨리*가 캘리포니아로 들어온다면 우리는 당장 네 번째 인종과 가까이 접촉해야 할 위험에 처한다. 이 사람들과의 관계와 이들에 대한 관리는 당연히 이들의 고유한 인종 특성을 기준으로 해야 한다. … 따라서 미국의 정치가와 자선가뿐 아니라 박물학자들에게도 이 연구는 흥미로운 연구가 됐다.[10]

그런데 이 주제를 다룬 수많은 작가와 사상가, 대중 강연자 중 매디슨 그랜트(Madison Grant, 1865~1937)보다 중요한 인물은 없었다. 그랜트는 인간의 두개골에 관한 온갖 난해한 자료를 가져다 미국인의 삶의 방식에 관한 실질적 제안으로 바꾸는 능력이 뛰어났다. 사실 그랜트는 그의 조국에 관한 한 가지 사실을 누구보다 잘 이해했다. 인종 과학의 진정한 가치는 어떤 사람이 블루멘바흐의 인종 범주 중 어디에 속하는지 판단하는 데 있지 않았다. 인종 감별은 그저 잠깐 피부를 보거나 머리카락 한 올만 쓸어봐도 알 수 있었다. 인종 과학의 진정한 가치는 바로 백인 중에서 좋은 품종과 나쁜 품종을 구분하는 데 있었다.

잘생기고 언변도 좋고 콧수염을 풍성하게 길러 양 끝을 뾰족하게 만든 귀족적 분위기의 매디슨 그랜트는 전형적인 미국인 혈통이었다. 그의 선조들은 신대륙으로 건너온 초창기 청교도와 네덜란드인 식민 정착지 개척자였으며, 미국에서 일어난 모든 전쟁에

---

* 19세기에서 20세기 초에 해외에서 단순 육체노동에 종사한 인도·중국계 저임금 노동자.

참전하고 주요 통치 문서에 서명했다. 뉴욕 출신인 그랜트는 예일대학과 컬럼비아대학에서 학위를 받은 후 공직에 진출했고, 자신의 열정과 야망 그리고 집안의 재산을 사회 전체에 혜택을 주는 사업에 투자했다. 그랜트는 절친한 친구이자 동료 활동가인 시어도어 루스벨트처럼 진보적 이상을 실현하려 했다. 즉 정부가 국민의 삶을 개선하고, 유능한 인재들이 공공복지를 위해 재능을 써야 하며, 과학의 발전이 미국이 나아갈 길을 보여줄 것이라 믿었다. 그는 마흔 살에 미국 서부를 탐험하고 무스와 순록에 관한 독창적인 연구를 수행했고, 국립공원 제도를 구축하도록 촉구했으며, 1899년에 브롱크스 동물원이 개장하는 데 큰 역할을 했다.

브롱크스 동물원은 그랜트가 가장 애정을 쏟은 사업 중 하나였다. 그는 풍요로운 대자연을 순수한 형태 그대로 보존하는 것이 인간 사회의 의무라고 믿었다. 루스벨트처럼 맹수 사냥에 열광한 그랜트는 로키산맥과 대평원에 서식하는 대형 동물을 가까이 접하며 야생 동물을 체계적으로 관리하면 미국의 고유한 동물군을 보존하고 환경 파괴라는 비극을 막을 수 있다고 믿었다. 그랜트는 대중의 인식을 개선하기 위한 캠페인을 벌이고 의회에 끈질긴 로비 활동을 벌여 다코타와 몬태나에서 멸종 위기인 아메리카들소 보호 구역을 마련했다. 실제로 그랜트가 아니었다면 오늘날 아메리카들소는 멸종했을 수도 있다.[11]

그랜트는 아메리카들소의 모든 개체를 보호할 필요까지는 없어도 이 종을 지키기 위해 어느 정도 관심을 기울여야 한다고 생각했다. 그래서 야생 동물 보호 구역이나 동물원이 필요하다고 보았다. 동물원은 순수함과 보존, 대중 교육의 장소였다. 한 개체는 그 종을 대표하고 그 종의 다른 동물들에게 나타나는 모든 특징을 지니고 있다. 세계의 모든 사자나 하마를 볼 수는 없지만, 동물원에 가면 다 보았다고 확신할 수 있다. 각 개체는 그 종의 완벽한 구현이기 때문이다.

자연을 있는 그대로 놔두면 나름의 장관이 펼쳐질 것이다. 목 뒤에 혹이 솟은 수컷 들소, 새끼를 구하기 위해 늑대 무리에 맞서 싸우는 암컷 무스처럼. 하지만 그랜트는 현장 조사에서 고귀한 종이 어떻게 쇠퇴하는지 직접 목격했다. 가장 건강한 대표 동물이 무책임한 사냥꾼에게 희생되면 개체군 전체가 멸종했다. 외래종이 유입되면 서식지 환경이 달라지기도 했다. 위엄 있는 생물이 은밀하게 들어온 침입자들의 압박에 멸종할 수 있었다.

그랜트는 뉴욕으로 돌아온 뒤 로어맨해튼의 광장과 고층 건물 사이에서도 같은 일이 벌어진다고 확신하게 되었다. 1910년 가을 윌리엄 하워드 태프트 대통령에게 보낸 편지에서 "낮 12시에 5번가를 따라 워싱턴 광장까지 걸어본" 사람이라면 외래종의 영향을 직접 확인할 수 있다고 썼다.[12] 카프탄 차림으로 수염을 다듬지 않은 채 돌아다니는 유대인 이민자와 발에 채도록 많은 이탈리아인, 성가신 슬로바키아인, 외국 어느 항구에서 막 건너온 끈질긴 행상인까지, 이런 알아듣지 못할 언어의 바벨탑을 못 보고 지나치기란 불가능했다. 도로에서 벗어나면 안 된다거나 인도에서는 오른쪽으로 보행해야 하는 것조차 모르는, 갓 이주한 인간들이 도시에 넘쳐났다. 그랜트는 마침 브롱크스 동물원을 운영하면서 동물의 개체 수를 기록하고 동물종을 보존하려고 노력하여 성공을 거둔 참에, 이런 전문 지식을 새로운 연구와 활동 분야에 적용하기로 했다. 바로 이민자들의 공세에 맞서 자신의 인종을 보존하는 일이었다.

이 주제와 관련된 문헌은 부족하지 않았다. 1899년에 정리된 참고 문헌이 2천여 권에 달했다.[13] 웬만큼 장서를 갖춘 도서관이라면 노트, 고비노, 아가시를 비롯해 인류 다원론자들의 저서를 쉽게 찾을 수 있었다. 20세기의 첫 10년간 다양한 인종 간 관계와 세계에서 가장 강력한 백인종 유럽인과 해외로 건너간 그 후손들의 체력과 능력(심지어 생존력)에 관한 연구가 쏟아져 나왔다. 최근의 연구 결과는 다시 인체측정학 관찰을 이용해 명확하고 과학적인 용어로 인종의 경계를 정의했다. 통계학자 프레더릭 L. 호프먼(Frederic L. Hoffman)은 흑인의 발뒤꿈치 길이는 평균 2.08센티미터이고, 백인의 발뒤꿈치 길이인 1.2센티미터와 큰 차이를 보인다고 밝혔다.[14] 독일의 사회학자 오토 암몬(Otto Ammon)은 계보 조사와 머리 길이 측정을 토대로 삼아 장두형은 도심에 밀집하는 편이고, 도시의 상류층이 나머지 계층보다 장두형인 경향이 있다는 결과를 얻었다.[15] "장두형인 노르드인*은 지배적이고 진취적이며 개신교를 믿는" 편인 데 반해, "단두형인 알프스인은 소극적이고 보수적이며 가톨릭을 믿는 경향"이 있다고 요약했다.[16]

그랜트도 1908년에 강연을 들은 인물인 하버드대학 정치경제학 교수이자 사회학자 윌리엄 Z. 리플리(William Z. Ripley)는 이런 연구 결과를 종합해 장두형과 단두형, 그리고 나머지 유형이 인류 역사에 관여한 상대적 기여도를 폭넓게 기술했다.[17] 리플리의 저

---

* 노르드 인종(Nordic race)은 19세기 인류학에서 유래한 개념인데, 지금은 쓰이지 않는다. 18세기 후반 독일 해부학자 블루멘바흐가 분류한 다섯 인종 가운데 '코카소이드'(코카서스 인종, 백인)가 가장 우월한 인종으로 여겨졌는데 19세기 후반부터 일부 인류학자들이 코카서스 인종을 다시 '노르드인' '알프스인' '지중해인' 등 몇 가지 하위 종(sub-race, 아종亞種)으로 나누었다. 여러 하위 종 가운데 노르드인이 가장 우월한 인종으로 여겨졌다.

20세기 전반 미국 우생학 운동의 핵심 인물이었던 매디슨 그랜트. 그의 저서 《위대한 인종의 종말》은 히틀러에게 큰 영향을 주었다.

서《유럽의 인종들》(1899)은 유럽인을 '튜턴인', '알프스인', '지중해인'으로 나누었는데, 그중 첫 번째 유형인 튜턴인이 세계 문명에 크게 기여했다고 보았다. 유럽 역사는 한 편의 인종 야외극이었고, 각 인종이 무대에 등장했다가 퇴장하면서 대본에 대사를 더하거나 저마다 이질적인 방식으로 서사에 흠집을 냈다. 근대 유럽은 현재의 유럽 대륙을 특징짓는 복잡한 인종 조합으로 보아 인종 이주의 기록이었다. 장두형의 튜턴인이 북유럽과 서유럽의 보루로 밀려났고, 그 자리에 남쪽과 동쪽의 단두형 인종들이 들어온 흔적이 고스란히 남았다. 리플리는 독자들에게 "피레네산맥 너머부터 아프리카가 시작된다"고 주장했다.[18]

그랜트에게 이런 연구는 계시와도 같았을 것이다. 그는 리플리가 논문에서 박식하게 설명한 인종 이동의 물결을 현실에서 실시간으로 목격하고 있다고 생각했다. 더욱이 이제는 인종 적합성과 인간 경관의 침식에 대한 대중의 우려를 설명하는 용어가 생겼다는 것도 알았다. 바로 1880년대 초에 인체측정학의 기반을 다진 영국의 박물학자이자 통계학자 프랜시스 골턴이 만든 용어였다. 골턴이 '우생학(eugenics)'이라고 지칭한 연구와 활동 분야는 나쁜 자질보다 좋은 자질을 의도적으로 지속시켜 인류를 향상시키는 데 목표를 두었다. 우생학이란 '좋은 유형' 혹은 '잘 태어난' 사람을 뜻하는 그리스어에서 유래한 용어였고, 그랜트가 들소 보호 구역과 사자 우리에 적용한 것과 같은 과학적 원리를 인간에게 적용한 것이었다. 인간이 자연히 저마다의 인종으로 태어난다면 인류 전체를 향상시키는 가장 확실한 방법은 리플리와 여러 사람이 기나긴 유럽 역사에서 포착한 훌륭한 인종적 자질, 말하자면 가장 우수한 백인의 특성인 활기차고 혁신적이며 모험적이고 지적인 자질을 장려하는 것이었다.

그랜트는 역사학자나 인류학자가 아니라서 이 주제에 관해 독창적인 연구를 해본 적도 없었고, 보아스가 시카고에서 관람객들을 대상으로 실험한 것처럼 두지수를 계산하기 위해 사용한 캘퍼스는 들어본 적도 없었다. 하지만 방대한 학문을 정리하는 능력만큼은 탁월했다. 여기에 뉴욕 귀족의 철석같은 신념을 더했다. 1916년 봄에 그랜트는 인종과 인류 역사에 관한 선언문 초안을 친구들에게 보여주었고, 친구들은 원고를 출판사에 보내라고 권했다. 그해 가을에 찰스 스크리브너스 선스 출판사(시어도어 루스벨트와 러디어드 키플링을 비롯해 주요 저자들을 보유한 출판사)가 그랜트의 원고를 "위대한 인종의 종말"이라는 제목으로 출간했다. 서점에서는 이 책을 주된 주제인 유럽사 연구로 분류하지 않고 과학 연구 서

가에 진열했다.[19]

 이 책은 인종과 민주주의에 대한 논의로 시작한다. "미국에서 우리는 타고난 특권, 곧 좋은 혈통을 지닌 사람이 세상에 태어날 때 장착한 지적·도덕적 장점을 파괴하는 데 거의 성공했다."[20] 보통선거는 미국 사회에서 '평균 법칙'을 만들었다. 정부가 국민을 대표해야 한다는 주장은 "권리를 요구하는 끝없는 불평"이 됐다.[21] 그러나 역사는 "인류가 선택받은 자들의 지도력 아래 야만과 미개에서 벗어났으며, 선택받은 자들은 그 자신의 용기, 역량, 지혜로 인해 복종을 강요할 수 있는 힘과 지도자가 될 권리를 갖게 되었다"는 사실을 증명했다.[22] 그리고 그랜트는 인종과 우생학이라는 새로운 과학에서 제시하는 통찰을 근거로 삼아 이런 힘 있는 사람들은 마땅히 선택받은 존재라는 결론에 이르렀다.

 그랜트는 과학이 최초의 남녀 한 쌍에서 인류가 기원했다는 '아담 이론'을 오래전에 폐기했다면서 표준적인 다원론 비판을 반복했다.[23] 그는 각 개인은 자기 인종이 지닌 특질의 총합이자 과거에 있었던 짝짓기와 혼합의 결과로 형성된 일종의 도서관이라고 주장했다. 인간의 신체 그 자체가 증거였다. 그랜트는 인간의 코가 "가장 위대한 가치"라고 말했다.[24] 초기 인류의 코는 유아의 코처럼 펑퍼짐하고 콧대가 낮았다. 유아는 인류의 초기 형태의 특징을 재현한다. 길고 좁은 매부리코는 더 발달한 인종과 문명과 연관된다. 입술에 관해서도 세심한 연구가 필요했다. "두툼하고 튀어나온 입술은 원시적 인종의 특징"이라고 그랜트는 썼다.[25]

 전반적으로 그랜트는 인체측정학자들이 오래전부터 펼친 주장을 반복했을 뿐이다. 다만 두 단계 더 나아갔다. 첫째, 인종 자체는 뚜렷한 신체적 차이로 구분할 수 있다고 주장했다. 그리고 백인도 '아종'으로 나뉜다고 덧붙였다. 둘째, 인종적 특성은 거의 변하지 않는다고 주장했다. 과학이 제대로 초점을 맞춘다면 인종과 아류형들 간의 깊은 차이에서 비롯된 신체적 특징과 행동 특질을 밝히는 데 도움이 될 거라고 보았다. 가령 똑같이 토가를 입는다고 해서 시리아인이 로마인이 될 수 없듯이 "영어로 말하고, 좋은 옷을 입고, 학교와 교회에 다닌다고 해서 니그로가 백인이 될 수 없다는 사실을 깨닫는 데 50년이나 걸렸다".[26] 인간의 얼굴과 몸은 "난해한 상형 문자 덩어리"이므로 과학자들은 여전히 해석하는 데 어려움을 겪는다.[27] 해석해내기만 한다면 결국 인간을 올바르게 분류할 수 있을 뿐 아니라 진정으로 더 나은 집단을 형성할 수 있는 특질을 선별해 다음 세대로 전달할 수 있을 것이다. "인간을 분류할 때 겪는 가장 큰 어려움 중 하나는 잘못된 상대와 짝짓기를 하려는 인간의 비뚤어진 성향이다."[28] 과학 연구가 인간의 이런 성향을 바로잡을 방법을 제공할 수 있다. 원시적 인종은 오래전 인류의 잔재이므로, 그들과 발달한 인종의 결합은 열등하고 원시적인 유형으로 회귀하는 결과를 낳을 뿐이다(인류의 '원초적' 형태로 회귀하므로 '원시적'인 것이다). "백인과 인디언이 결합하면 인디언이 나오고, 백인과 니그로가 결합하면 니그로가 나오며, 백인과 힌두가 결합하면 힌두가 나오고, 유럽의 세 인종과 유대인이 결합하면 유대인이 나온다."[29]

그랜트는 리플리처럼(감사의 말에서 리플리를 모범으로 삼았다고 특별히 언급했다) 구석기 시대부터 고대와 야만족의 침략을 거쳐 현대에 이르기까지 유럽사를 광범위하게 다루면서 신체적으로 더 열등한 유럽 인종들 간 경쟁이라는 관점으로 역사를 기술했다. 그랜트는 "입법자들이 이런 사실의 진정한 의미와 중요성을 인식하는 순간, 우리의 정치 구조는 완전히 달라질 것"이라면서 "현재 우리가 교육의 영향에 의존하는 상태는 인종적 가치에 기반을 둔 재조정을 거쳐 대체될 것"이라고 결론을 내렸다.30) 그랜트는 결론에서 이것이 실제로 의미하는 바는 "이타적 가치관"과 수백만 명의 하층 유럽인을 받아들이게 한 "감상주의"가 "국가를 인종적 심연으로 끌고 내려간다"는 것이라고 밝혔다. 그리고 미국은 더는 "억압받는 자들의 망명지"로 남을 수 없다고 주장했다. 그러다 아테네와 로마의 전철을 밟으며 열등한 인종에게 침략당해 세계사의 무대에서 밀려날지도 모른다.

그랜트가 연대기를 기록한 위대한 인종은 바로 북유럽계 백인(노르드 인종)이었다. 시각 자료가 필요하다면 그의 책 뒤에 접혀 있는 지도를 보면 된다. 유럽 전역의 신체적 유형에 따른 흥망성쇠를 강렬한 색채로 표시한 이 지도는 자신의 취약성에 주의를 기울이지 못한 인종이 얼마나 덧없이 사라졌는지 역사적 교훈을 보여주는 것이었다.

《위대한 인종의 종말》은 과학적 개념을 역사와 공공 정책에 적용하게 해주는 이정표로서 환영받았다. 이 책은 후대의 추종자들에게 영감을 주어 논문을 쓰게 하고 정책 입안자에게 자문해 새로운 법안을 발의하게 했다. 하버드대학부터 캘리포니아대학에 이르기까지 미국 대학의 4분의 3에서 우생학 강의를 개설했고, 그중 상당수가 그랜트의 저서를 주교재로 삼았다.31) 그랜트와 함께 미국에서 가장 신뢰할 만한 인종 과학자 중 한 명으로 꼽히는 인물이자 뉴잉글랜드 출신의 젊은 학구파 로스럽 스토더드(Lothrop Stoddard)는 피부색이 어두운 인종의 범람을 경고한 베스트셀러 《유색인의 부상》(1920)과 아랍인과 튀르크인, 페르시아인 사이에서 일어난 "무함마드 부흥"이 서구에 가하는 위협을 살펴본 《새로운 이슬람 세계》(1921)를 출판했다. F. 스콧 피츠제럴드(F. Scott Fitzgerald)의 작품 《위대한 개츠비》의 등장 인물 톰 뷰캐넌은 그랜트와 스토더드의 책을 두고 이렇게 말한다. "글쎄, 모두 다 과학적인 책들이야. 지배 인종인 우리 백인이 주의하지 않으면 다른 인종들이 세계를 지배하게 될 거라는 거야."

1910년까지 미국의 외국 태생 인구가 약 1350만 명으로 증가했는데, 이는 세기 전환기에 걸친 20년 이상 동안 일어난 대규모 이주의 결과였다.[32] 이주민이 전체 미국 인구의 14.7퍼센트를 차지했는데, 이 수치는 사상 최고치를 기록한 1890년의 14.8퍼센트에 약간 못 미치는 수준이었다. 특히 증가폭이 엄청났다. 1910년에는 1900년보다 외국 태생 인구가 거의 3분의 1가량 증가했다. (한 세기가 지난 2010년대에 들어서야 이민자 수가 다시 비슷한 수준에 도달했다. 2015년 도널드 트럼프가 대통령 선거에 출마해 멕시코인을 '강간범'이라고 비난할 당시, 외국 태생의 미국인 비율은 1910년 수준에서 1퍼센트포인트 이내였다.[33])

새로운 이민자 대부분이 도심 밀집 지역에 거주해서 지식인과 정치인은 이들에게 관심이 많았다. 이민자들은 그랜트처럼 오래되고 부유한 미국인 가정의 문 앞에 살았다. 1882년에 미국은 중국인 배척법(Chinese Exclusion Act)을 비준해 중국인 노동자의 합법적 입국을 중단시켰지만, 1890년대 이후 특히 동유럽과 남유럽에서 들어오는 수백만 유럽인에게는 문을 활짝 열었다. 실제로 20세기로 넘어가면서 외국 태생 인구의 90퍼센트 가까이가 출생지를 유럽 어딘가로 기재했다.[34] 뉴욕 안에 있던 질서정연하고 오래된 '작은 독일'에는 이제 유대인, 폴란드인, 이탈리아인, 슬로바키아인이 넘쳐났다. 따라서 그랜트와 당시 이론가들에게 인종 문제는 '코카서스인'을 '몽골인'이나 '니그로인'과 구분하는 것이 아니었다. 어느 정도 교육받은 사람이라면 그 정도는 구분할 수 있었다. 이들에게 더 큰 관심사는 로어이스트사이드의 거리에서 마주치는 열등한 아종(알프스인, 지중해인)과 진보적이고 건강하며 활기찬 북부 유럽인을 어떻게 구분할지였다.

그랜트는 단순히 학문적 주장을 펼치기 위해 펜을 든 것이 아니었다. 그는 《위대한 인종의 종말》의 첫 페이지에서 그즈음 정부가 지원한 연구의 결과를 특별히 언급하며 (이런 결과를 진지하게 받아들인다면) 미국에서 가장 유능한 인종이 종말을 맞게 될 수 있다고 꽤 구체적으로 지적했다.

> 최근 이민자들 사이에서는 열등한 인종의 이익을 위해 두개골 모양이 한 세기가 아니라 한 세대 만에 변할 수 있다고 입증하려는 시도가 있었다. 1910년 의회이민위원회에 한 인류학 전문가가 제출한 보고서에 따르면, 대서양을 건너온 둥근 두개골의 유대인은 둥근 두개골의 아이를 낳을 수 있고 실제로도 그렇다. 하지만 몇 년 후 이들이 미국의 제도라는 미묘한 만병통치약에 반응하는 사이 이스트사이드의 공동주택에서 전형적으로 나타나는 것처럼 두개골이 훨씬 긴 아이를 낳을 수 있었고 실제로도 그런 아이를 낳았는데, 긴 두개골의 남부 이탈리아인이 이후 자유롭게 자손을 낳는다면 정확히 반대 방향으로 동일한 경험을 할 것이라고 진지하게 밝혔다. 다시 말해 '용광로'가 변화된 환경의 영향을 받아 즉각 작동한다는 것이다.[35]

이어서 그랜트는 이런 주장이 터무니없다고 반박하면서 그 근거를 제시했다. 그가 모호한 정부 보고서를 언급한 것은 우연이 아니었다. 사실 그 보고서는 그랜트의 주요 표적 중 하나였고, 그 보고서를 작성한 익명의 '인류학 전문가'도 주요 표적이었다. 그랜트가 리플리와 골턴의 저서를 읽던 몇 년 사이, 보아스는 조용히 자기만의 연구에 빠져 지냈다. 그 연구에는 그랜트가 고급 주거지에 관해 이론을 세우던 지역인 로어맨해튼을 직접 방문하는 작업도 포함돼 있었다.

보아스가 컬럼비아대학에 부임한 후 자연사박물관과의 관계는 소원해졌다. 보아스가 남들에게 호감을 사기보다 존경받는 데 관심이 더 많은 사람이었기 때문이다. 박물관에서 보내는 시간 동안 새로운 연구와 전시를 진행했지만 한편으로는 실망, 직업적 불만, 동료들 사이에서 받는 상처도 쌓여 갔다. 동료들은 그가 과도하게 자신만만하고 화를 잘 내고 퉁명스럽다고 여겼다. 1905년에 보아스가 이 박물관의 학예사 자리에서 공식적으로 물러날 때 아무도 그를 붙잡지 않았다.

이후 보아스는 컬럼비아대학에서 정식 교수로 일하면서 자신만의 연구 팀을 꾸릴 기회를 얻었다. 1901년에 보아스는 어느 동료에게 보낸 편지에 이렇게 썼다. "인류학 교수 다섯 명이 있는 베를린도, 인류학 학교를 보유한 파리도, 식민지 학교를 보유한 네덜란드도 우리가 필요로 하는 관찰자들에게 적절한 교육을 제공하지 못합니다."[36] 그는 전통적인 인체측정학뿐 아니라 언어학과 민족학까지 포괄해 인류학과의 교과 과정을 재편했다. 그리고 니콜러스 머리 버틀러 총장에게 "우리 대학이 고고학을 대표한다면 인류학

자들을 다방면으로 훈련할 수 있을 것입니다"라고 말했다.[37]

보아스는 아내 마리, 자녀들과 함께 허드슨강 건너편 뉴저지주 그랜트우드에 있는 허름한 집으로 급히 이사했다. 이 집은 얼마 안 가 점점 늘어나는 대학원생들의 비공식 모임 장소가 됐다.[38] 이미 많은 대학원생이 보아스가 인류학의 학문적 기초로 여기는 네 분야인 민족학, 언어학, 고고학, 체질인류학에서 탄탄한 지식을 갖춘 학자로 명성을 떨치고 있었다. 이들 중 1901년에 컬럼비아대학에서 최초로 박사 학위를 취득한 사람은 뉴욕의 독일 이민자 공동체 출신인 앨프리드 크로버(Alfred Kroeber)였다. 그는 곧 캘리포니아로 가서 버클리대학에 인류학과를 만들었다. 오스트리아 이민자이자 대평원 원주민에 관한 신진 전문가인 로버트 로위(Robert Lowie)는 1908년에 컬럼비아대학을 졸업한 후 서부 해안으로 가서 크로버가 몸담고 있던 버클리대학 인류학과에 합류했다. 러시아제국에서 온 유대계 이민자 에드워드 사피어(Edward Sapir)는 1909년에 보아스의 지도 아래 태평양 북서부의 언어에 관한 논문으로 박사 학위를 받았다. 그는 곧 오타와로 올라가 캐나다 정부의 지질 조사를 이끌었다. 각각 우크라이나 키예프와 폴란드 우치에서 온 유대인 이민자인 알렉산더 골든와이저(Alexander Goldenweiser)와 폴 라딘(Paul Radin)은 1910년과 1911년에 인류학 이론과 아메리카 원주민 민족학 연구로 학위를 받았다. 보아스는 버틀러 총장에게 다음과 같이 자랑스럽게 말했다. "컬럼비아대학 인류학과 졸업생에 대한 수요가 높아서 인류학 박물관과 대학의 거의 모든 젊은 연구자가 우리 대학을 졸업했거나 우리 학과에서 오랜 기간 동안 수학한 인재들입니다."[39]

그러나 불과 몇 년 만에 초기의 추진력이 힘을 잃은 듯했다. 버틀러 총장은 교수들이 강의보다 연구에 과도하게 시간을 할애한다고 못마땅하게 여겼다. 그는 보아스에게 인류학과의 예산을 더 늘릴 수 없다고 통보했다.[40] 교재를 살 돈이 없었다. 모든 연구 분야를 다루기에 강사가 턱없이 부족했다. 1908년 초에 보아스는 크로버에게 편지를 보내 "상황이 몹시 열악하네. … 우리가 품었던 모든 희망과 열망이 현재로선 산산조각이 났어."라고 썼다.[41] 유일한 해결책은 새로운 수입원을 찾는 것이라면서, 심지어 "관심사를 완전히 바꿔서라도" 안정적 재정 기반을 마련해야 한다고 덧붙였다. 그가 원하는 대로 현지 조사를 지속하려면 꼭 필요한 일이었다.

보아스는 생각나는 거의 모든 곳에 편지를 보내 새로운 자금을 유치하기 위한 대규모 연구 프로젝트를 제안했다. 미국민족학국의 옛 동료들에게는 아메리카 인디언 언어 안내서를 만들겠다고 제안했다. 이를 통해 제자와 동료 들에게 현지 조사를 위한 추가 비용을 제공할 수 있기를 바랐다.[42] 1907~1908학년도에는 '흑인 문제'라는 수업을 비롯해 개설 강좌를 확대했다.[43] "나는 니그로 인종에 관한 특수한 과학적 연구를 진행할 생각이고, 이런 시도가 흑인 문제와 관련해 우리 국민의 인식을 바꾸는 데 실질적으로 도움이 될 것으로 믿습니다."[44] 그가 당시 가장 유명한 흑인 인권 운동 지도자 부커 T. 워싱턴(Booker T. Washington)에게 한 말이다. 강의실에 학생이 더 많아지면 인류학과의 예산을 늘릴 이유가 생긴다고 보았기에 그는 학부생 강의를 개설하기 위해 노력했다. 그러던 중 1908년 봄에 보아스로서는 여러 난제를 한꺼번에 해결할 수 있는 기회가 찾아왔다.

1년 전 미국 의회는 이민의 증가와 이민이 미국 사회에 미치는 실질적 영향을 연구하기 위한 특별위원회를 조직했다. 마침 외국 정부에서 사회에 유해한 사람들을 제거하기 위해 고의로 범죄자와 병약자를 미국으로 보내서 미국 사회를 쇠락시킨다는 소문이 돌았다. 버몬트주의 공화당 상원의원 윌리엄 P. 딜링엄(William P. Dillingham)이 위원장을 맡은 이 특별위원회에는 매사추세츠주의 공화당원이자 이민 반대론자인 헨리 캐벗 로지(Henry Cabot Lodge), 미시시피주의 민주당원이자 델타의 저명한 농장주인 리로이 퍼시(LeRoy Percy) 등 유명 인사들이 들어가 있었다. 이들은 밀짚모자에 리넨 정장 차림으로 증기선을 타고 나폴리와 마르세유, 함부르크를 비롯해 유럽의 여러 항구로 향했다. 그곳에서 그들은 이탈리아인, 그리스인, 시리아인으로 가득한 지저분한 임시 수용소를 보았다. 대서양을 건너는 대가로 파렴치한 선장에게 돈을 얼마든지 낼 의향이 있는 사람들이었다. 그러나 특별위원회 위원들은 매디슨 그랜트가 말한 '위대한 인종'을 파멸하려는 음모에 관한 증거는 발견하지 못했다. 그런데도 미국으로 돌아와 실무 조직을 만들어 이민의 전반적인 문제를 연구하고, 통계 자료를 수집하고, 미국의 해안으로 밀려드는 외국인의 물결에 대처하기 위한 더 합리적인 정책을 마련하기 위해 세부 권고안을 발표하기로 했다.[45]

1908년 3월 특별위원회는 보아스에게 "다양한 인종이 이 나라로 들어오는" 현상에 관한 보고서를 준비한다면서 보고서 작성에 대해 의견을 물었다.[46] 보아스는 곧장 답하면서 최근 미국에 도착한 이민자의 신체 변화를 조사하자고 제안했다. 이주가 미국 사회에 실제로 영향을 끼친다면 가장 분명한 결과는 가장 새로운 미국인, 곧 이민자 자녀들의 신체에 나타날 거라는 뜻이었다. 이민자들의 자녀 세대가 일반적인 미국인 유형에 동화됐을까? 아니면 유럽 일부 인종에게 공통된 유전적 특질이 시간과 거리를 뛰어넘어 유지될 만큼 너무나 강력해서 인종이나 종족을 초월한 결혼으로 태어난 자녀에게까지 전달됐을까? 원시 인종과 아인종의 흔적인 유전적 특질이 미국의 '용광로'라는 이상을 가로막는 천연 장벽이 될 수 있을까?

"이 질문의 중요성은 아무리 과장해도 지나치지 않습니다. 현대 인류학 방법론의 발전으로 우리에게 제기된 문제에 확실한 답을 제시하는 것이 완벽히 가능해졌습니다." 보아스가 특별위원회에 보낸 답변이다.[47] 그는 연구비 예산을 2만 달러 가까이 요청했는데, 이는 실험 팀에서 사람들의 두상을 측정하고, 가족력을 조사하고, 보아스가 제기한 질문의 답을 찾기 위해 필요한 방대한 통계 자료를 수집하는 데 들어가는 비용이었다. "이 조사의 실질적 결과는 남유럽과 동유럽에서 온 이민자들이 우리 국민으로 동화되는지, 그리고 동화될 수 있는지에 관한 의문을 일단락 지을 만큼 중요하다고 확신합니다." 보아스가 말했다. 특별위원회는 비용 부담 때문에 망설였지만, 예비 연구를 지원해주는 데는 동의했다. 그리고 그해 가을에는 정부가 이 작업을 본격적인 연구 사업으로 확대하기로 합의했다.[48]

보아스의 대학원생, 컬럼비아대학 동료, 고용된 조교들이 당장 뉴욕 전역으로 흩어져 조사를 벌였다. 그들은 보아스가 시카고만국박람회에서 사용한 측정 장비와 뉴욕의 한 안경사가 눈동자 색을 비교하기 위해 특수 제작한 유리구슬 세트를 들고 다녔다.[49] 그들은 로어이스트사이드의 유대인 학교 학생들의 머리 길이를 측정했다. 그리고 채텀스퀘어와 용커스에 거주하는 이탈리아계 가정에 설문지를 돌렸다. 또 이스트사이드의 여러 동네, 3번가와 1번가 사이의 구역, 이스트 70번가와 84번가 사이에 사는 보헤미안을 대상으로 설문 조사도 했다. 그들은 브루클린에서 헝가리인, 폴란드인, 슬로바키아인을 찾아다녔다. 허드슨강 하구에 있는 엘리스섬 부두에서는 캘리퍼스와 눈동자 색 측정 도구를 들고 서서 새로 입국하는 사람들이 건강검진을 받기 위해 기다리는 동안 그들 옆에서 대기했다. 소년원과 청소년 시설, 교구학교와 사립학교, 히브리청년협회와 기독교청년회(YMCA)에 속한 약 17,821명이 보아스의 저울과 줄자에 몸을 맡겼다.[50] 전례 없는 조사였다. 특히 새로 들어오는 이민자들이 미국의 신체 정치에 어떤 영향을 끼치는지 정확히 파악해야 하는 정부 공식 위원회의 후원을 받아 이루어진 연구는 없었다. 그런데 1910년 봄에 보아스는 미국민족학국 동료들에게 편지를 보내 자신의 연구가 "전혀 예상치 못한 결과를 낳고 있고, 전체 문제를 완전히 새로운 시각에서 보게 만든다"고 알렸다.[51]

자료 수집과 분석, 보고서 작성에 엄청나게 많은 시간을 들인 끝에 마침내 1911년에 딜링엄위원회 공식 기록물로 〈이민자 후손의 체형 변화〉가 발표됐다. 보아스는 두 번째 쪽에서 결론을 요약했다. "이민자의 적응력은 우리가 조사를 시작하기 전에 예상한 것보다 훨씬 강한 것으로 보인다."[52] 미국에서 태어난 아이들은 부모의 민족 집단(그랜트의 표현으로는 인종)보다 미국 태생의 아이들과 더 많은 공통점을 보였다. 둥근 두상의 유대인은 장두형의 유대인이 됐다. 시칠리아인의 긴 두상은 짧아졌다. 나폴리인의 넓적한 얼굴은 옛 조국의 인종이 아니라 현재 주변에 사는 이민자들의 얼굴처럼 좁아졌다. 다시 말해 1세대 이민자 자녀의 신체를 기준으로 판단하자면 순전히 물리적 측면에서 '유대인'이나 '폴란드인', '슬로바키아인'과 같은 것은 존재하지 않는다는 뜻이었다. 식습관부터 환경에 이르기까지 생활 조건이 이전에는 고정돼 있고 유전되며 본질적인 유형을 표현한다고 여겨지던 두상에 빠르고 측정 가능한 영향을 끼쳤다.

보아스는 인종이 불안정하다는 결론에 도달했다. 인종이 현재 물리적 실체로 존재하지 않는다면 과거에도 존재했을 리가 없고, 이는 결국 인종들 간의 대혼전으로 표현되는 인류 역사는 본질적으로 거짓이라는 의미였다. 적어도 대중적으로 정의되는 측면에서 인종 개념이 물리적 영속성이 없다면 지능이나 신체 능력, 문명 발전의 적합성을 비롯한 여타의 특질도 집단화할 수 없다는 뜻이었다. 보아스는 이렇게 결론지었다. "이 결과는 너무도 확실하다. 지금까지는 우리에게 인간 유형이 안정적이라고 가정할 권리가 있었더라도, 이제 모든 증거가 인간 유형은 변화할 가능성이 크다고 말하고, 새로운 환경에서도 인간 유형이 지속한다면 규칙이 아니라 예외로 봐야 한다고 말한다."[53]

보아스는 배핀섬 시절부터 이 결론을 향해 달려왔지만, 이제 그의 주장은 단순한 직관 이상의 구체적인 증거들로 뒷받침되었다. 혁명적인 (그리고 많은 사람에게 불편한) 결론을 가리키는 방대한 자료를 확보한 것이다. 말하자면 보아스가 미국으로 건너온 후 박물관과 전시관에서 관련 자료를 정리하는 데 도움을 준 개념으로서 '민족'이 인류의 자연스러운 변종이 아니라는 결론을 지지하는 증거를 확보한 것이다. 특정 인종이나 민족에 속하는 개인이 다른 인종이나 민족보다 사회에 더 해악을 끼치거나 범죄를 저지르기 쉽거나 사회에 동화되기 어렵다고 볼 만한 근거가 없었다. 누구인지가 아니라 무엇을 했는지가 사회과학의 출발점이 되어야 하고, 나아가 정부 이민 정책의 기초가 되어야 했다.

보아스는 딜링엄위원회의 보고서가 발표된 해에 출판한 자신의 첫 번째 대중서 《원시인의 정신》에서 이 견해를 자세히 설명했다. 저널리스트로 북극에 파견된 이후로 대중에게 목소리를 내고 싶었던 그로서는 인종, 과학, 권력에 관한 격렬한 논쟁에 오래 기다려 온 한 걸음을 내디딘(사실은 뛰어든) 셈이었다. 또한 (시카고만국박람회와 미국자연사박물관, 컬럼비아대학 세미나실에서 차곡차곡 쌓아온) 방대한 경험 자료를 세계관이라고 부를 수 있는 무언가로 구성하기 위한 첫 번째 시도였다.

보아스는 유럽인과 그 후손은 숲을 생산적 경작지로 일구었고, 돌산 깊숙이 숨겨진 진귀한 광물을 캐냈으며, 마법처럼 작동하는 기계를 발명했다고 말하며 시작했다. 자연을 지배하기보다 자연에 굴복한 원시인들에게는 이런 능력이 없으니 문명인들이 "연민 어린 미소"로 그들을 바라보는 것은 당연한 일이다.[54] 다만 그 미소 뒤에는 입증되지 않은 가정이 있다고 보아스는 주장했다. 말하자면 현재 자신이 속한 사회의 성공은 보통 문명인이라 불리는 사람들, 특히 '북유럽 유형'으로 분류되는 사람들이 그들보다 성취가 부족한 원시인들보다 본래 우월하게 태어났기 때문이라는 가정이 깔려 있다는 것이다.

보아스는 이런 가정에는 근거가 없다고 썼다. 성취의 격차는 우연 또는 시간의 문제로 충분히 설명할 수 있다. 구세계가 아직 문명의 유아기에 머물러 있을 때 신세계에서는 비교적 '고도의' 문명들이 이미 발전해 있었기 때문이다.* 그러다 탐험의 시대에 유럽인들이 해외로 퍼져나가 새로 정복한 땅에 제국을 확장하면서 현지의 물질적·문화적 발전이 단절됐다. 보아스는 이렇게 결론을 내렸다. "간단히 말해 한 인종을 문명으로 이끈 데는 그들의 본질적 능력보다 역사적 사건이 훨씬 강력한 역할을 한 것으로 보인다. 따라서 한 인종의 성취를 두고 그들이 다른 인종보다 더 우월한 능력을 지녔다는 증거라고 볼 수는 없다."[55]

보아스는 신체적 특질도 발달한 인종과 뒤떨어진 인종을 구분하는 데 좋지 않은 기준이라고 썼다. 사람들은 습관적으로 '상위 인종'이라는 말을 썼는데 여기에는 동물에서 출발해 높은 성취를 이룬 유럽인에 이르는 선형적 발달 경로가 있다는 의미가 담겨 있었다. 또 이른바 '하위 인종'은 모든 인간의 조상이 된 동물(유인원)의 신체 특질 중 일부를 지니고 있다는 뜻이기도 했다. 문명화에 뒤처진 사람들은 그들의 관습만큼이나 신체적으로도 발달하지 않은 사람들로 여겨졌다. 그러나 잠시만 생각해봐도 터무니없는 주장이라는 것을 알 수 있다고 보아스는 지적했다. 인간 중에 가장 유인원과 닮은 유형은 (인체측정학의 관점에서 볼 때) '하위' 인종이 아니라 입술이 얇고 다리가 짧으며 등에 털이 많은 특정 유럽인이었다.[56]

보아스는 인간 유형의 문제로 눈을 돌렸는데, 여기에는 그가 "구별의 불명확성"이라고 부른 것이 포함되었다.[57] 물론 사하라이남 아프리카 출신과 북유럽 출신은 피부색과 코 모양, 머리카락의 질감 등 한눈에도 신체적으로 뚜렷한 차이를 보인다. 그러나 이런 차이가 모든 경우에 반드시 한 덩어리로 묶인다고 믿는 것

---

* '신세계(New World)'는 16세기 초반 유럽의 대발견 시대에 지구의 서반구, 특히 아메리카 대륙을 가리키는 용어로 쓰이기 시작했다. 신세계에 대응하는 '구세계(Old World)'는 동반구에 속하는 아프리카, 아시아, 유럽을 가리킨다.

은 과학적 관찰 결과와 정면으로 배치된다. 신체적 차이는 미세한 차이, 즉 인구 집단과 다른 인구 집단 사이의 신체적 특질의 혼합에 관한 것이지, 한 신체 유형과 다른 유형을 구분하는 명확한 경계선에 관한 것이 아니다. 머리카락, 피부색, 대퇴골 길이, 두상은 같은 유형으로 분류되는 인간 집단 안에서도 큰 차이가 나는 것을 얼핏 봐도 알 수 있다. 혹은 보아스가 시카고와 로어이스트사이드에서 진행한 것처럼 수치를 측정하면 바로 확인할 수 있다. 그런데도 이런 사실과 반대인 주장을 믿는다는 것은 경험적 관찰보다 이론을 우선시하고, 귀납적 추론보다 연역적 추론의 관점으로 접근하기 때문이다. 보아스는 이런 접근은 결코 과학이 아니라고 믿었다. "모든 인종과 모든 유형의 인간을 비교하면 무수히 많은 변이가 존재한다는 것을 알 수 있고, 따라서 어느 한 특징이 다른 모든 특징을 배제하고 한 유형에 속한 모든 개인에게 나타난다고 말하기는 어렵다."[58] 게다가 이런 특징 중 상당수가 세대를 거치거나 심지어 한 인간이 평생을 살아가는 동안에도 변화한다는 점을 고려할 때 "인간은 안정된 형태를 지니고 있다고 가정할 수 없다".[59]

동질적이고 간단히 식별되는 '인종' 개념이 사라지자 인종의 위계도 무너졌다. 보아스는 "인간 유형 간 차이는 전반적으로 각 유형 안에서 나타나는 변이에 비해 적다"라고 결론지었다.[60] 한 인종과 다른 인종을 구분하는 뚜렷한 경계선이 없을 뿐 아니라 한 인종의 범주 안에서도 큰 차이가 존재하기 때문에, 인종이라는 개념 자체의 유용성에 의문이 제기됐다. 캘리퍼스나 줄자로 인종을 정량화하기는커녕 인종을 정의하려 할수록 손에 잿더미를 쥐고 있다는 것을 깨닫게 됐다.

《원시인의 정신》은 보아스의 인체측정학 연구를 요약한 책이었다. 또 인종과 신체적 차이뿐 아니라 세상을 보는 방식을 정의하기 위한 첫걸음이기도 했다. 보아스는 이 책의 전반부를 인종의 위계와 사실상 인종 개념 자체를 해체하는 데 할애했지만, 그보다는 원시인의 '정신'을 다루고자 했다. 그는 "인간의 정신 활동은 신체적 차이만큼이나 전 세계 사람들 사이에 무한히 다양한 형태로 나타난다"고 지적했다.[61]

　보아스는 "우리는 먼저 욕망하거나 행동하고 나서 그다음에 우리의 욕망과 행동을 정당화하려 한다는 것이 일반적인 관찰이다"라고 썼다.[62] 그는 자신이 "관습적 행동에 대한 이차적 해석"이라고 일컬은 메커니즘, 곧 우리의 문화적 관습을 어떤 다른 (일반적으로는 터무니없는) 설명에 따라 합리화하는 경향도 확인했다. 예를 들어 우리는 야만인처럼 칼로 음식을 먹을 때 입을 벨 위험 때문에 문명 사회에서 포크가 발명됐다고 주장한다. 터무니없는 소리다. 사실 포크도 칼 못지않게 입을 다치기 쉽다. 모든 사회는 그 사회의 관습, 특히 정서로 포장된 관습(가령 상류층 미국인들의 식사 예절)을 합리적 발달의 산물로 간주하는 경향이 있다. 그러나 이런 관습이 어떤 보편적 논리에서 유래했다고 보기보다 역사적 차용부터 순전한 우연까지 여러 이유에서 생겨났다고 믿는 것이 훨씬 합리적이다. 보아스는 우리가 다른 사회의 관습을 불편하게 여긴다면 그런 우리의 반응을 분석하는 것이 진정으로 과학적인 일이라고 주장했다. 그것은 아마 자신의 문화가 소중히 여기는 것이 무엇인지 알아내는 데 좋은 단서가 될 것이다. 최고의 자료를 확보해주는 장치는 바로 우리의 혐오감이다.

　보아스는 방법론이 전부라고 믿었다. 연구자로서 콰키우틀 마을이나 이누이트 마을에서 어떤 일이 일어나는지 정말로 이해하려면, 자신이 태어나 자란 환경에서 습득한 관점을 최대한 배제하려고 노력해야 한다. 새로운 사고방식과 새로운 논리를 따르고 새로운 감정을 포착하려고 노력해야 한다. 본능적 두려움과 쌓여 가는 분노, 깊은 슬픔(모두 낯설고 생소해 보여서 생기는 감정)을 느껴보고 그 감정에 따라 행동하려고 노력해야 한다. 날아오르기 전에 발에 경련이 일어나고 공격하려 할 때 손이 떨리듯이 말이다. 그러지 않으면 아무것도 이해했다고 말할 수 없다. 그저 다른 사람의 문화라는 거울에 비친 자신의 편견만 들여다볼 뿐이다.

보아스는 이 방법론을 여행자나 언론인, 심지어 인류학자를 자처하는 사람들이 원시인에 대해 흔히 말하는 내용에 적용하면 그들의 말이 대체로 터무니없다는 것을 알 수 있다고 썼다. 원시 부족 사람들을 두고 게으르다고들 하지만, 만약 그들이 크게 신경 쓰지 않는 일에서만 게으르다면 어떨까? 왜 모든 사람이 똑같은 일에 똑같은 열정을 품고 주의를 기울이거나 똑같은 일에 똑같이 근면하고 헌신적으로 접근해야 한다고 기대할까? 원시 부족은 감정적으로 화를 잘 내고 격렬하게 화를 낸다고 한다. 따라서 문명인이 된다는 것은 냉철하고 합리적이라는 뜻이다. 하지만 허허벌판의 빙원에서 바다표범을 쫓거나 카누를 타고 노를 저으면서 자신이 지치거나 고래가 지칠 때까지 고래를 쫓아가야 한다면 과연 냉철하고 논리적인 사고가 필요할까? "야만인의 변덕과 백인의 변덕을 비교하는 적절한 방법은, 각자에게 똑같이 중요한 사안에서 각자의 행동을 비교하는 것"이라고 보아스는 썼다.[63]

보아스는 《원시인의 정신》에서 인간 사회를 이해하기 위한 방법과 일련의 기본 원칙들을 자세히 소개했다. 또 그의 특징적 논증 양식으로 자리 잡을 방식을 만들어냈다. 각 장에서 그의 문학적 접근법은 동일했다. 먼저 공통 개념을 제시하고, 그것이 세상을 보는 방식으로서 특정한 매력을 지니고 있다고 인정했다. 이어서 그 개념이 우리의 일상적 경험에 어떻게 부합하는지, 다양한 현상을 어떻게 설명하는지, 다양한 관찰을 어떻게 이해하는지 보여주었다. 그러다 보아스는 의외의 결말로 넘어갔다. 만약 우리의 경험과 관찰 자체에 문제가 있다면 어떨까? 만약 우리가 본질적으로 우리의 경험 안에 갇혀, 우리가 직접 만든 안경을 통해 세상을 보고 있는 것이라면? 인간 발달과 사회 조직에 대한 우리의 이론을 제대로 확인하고 싶다면 먼저 눈을 떠야 한다.

우리가 우리의 문명에 부여하는 가치가 우리가 이 문명 안에서 살고 있고 태어난 순간부터 이 문명에 의해 모든 행동을 통제받아서 나온 결과라는 사실을 자각하는 것은 결코 쉽지 않다. 그러나 우리가 나고 자란 문명이 아니라서 그 가치를 인정하기는 어려워도, 우리와 다른 전통을 갖고 있고 우리와 다른 감정과 이성의 균형에 기반을 두고 있으면서 우리 문명보다 가치가 떨어지지 않은 문명이 존재할 수 있다는 사실은 명확히 알 수 있다. 인류학 연구에 의해 발전된, 인간 활동의 가치 평가에 대한 일반론은 우리가 지금 공언하는 수준보다 더 높은 관용을 가르쳐준다.[64]

보아스는 자신의 지적 작업을 단순한 과학이 아니라 어떤 정신의 상태로, 나아가 바람직한 삶을 위한 처방전으로 보게 됐다. 인류학을 제대로 실천하면 '더 높은 관용'을 지향하는 성향, 곧 '연민 어린 미소'조차 버릴 수 있는 성향을 키울 수 있다고 보았다. 그것은 인류학이 인간의 다양한 모습을 기록할 뿐 아니라 어떤 면에서는 인간을 사랑하는 가장 희망적인 과학으로 변모할 수 있는 청사진이었다.

6장

"나의 최고의 제자들은 전부 여성이었다"

베네딕트는 여기서 더 깊이 들어갔다. 미국 서부에 존재하는 종교 경험(무아지경의 환상, 고문에 가까운 종교적 시련, 우유 배달부처럼 찾아오는 수호신의 강림)에는 "극단적으로 다양한 심리적 태도"가 개입해 있었다. 이제 베네딕트는 어린 시절부터 내밀하게 인식하던 무언가를 과학적으로 설명할 방법을 발견했다. 정신 역시 손쉬운 분류를 거부한다.

1911년은 보아스에게 승리의 해였다. 보아스가 여기저기 편지를 보내고 인맥을 쌓은 덕에 이제 컬럼비아대학 인류학과는 재정적으로 탄탄하게 기반을 다졌다. 보아스가 주도한 최대 규모의 통계 프로젝트가 딜링엄위원회 덕분에 가능해졌다. 또한 스미스소니언의 후원으로 《아메리카 인디언 언어 안내서》 시리즈의 첫 권을 출판했고, 지속적으로 연구비를 지원해주겠다는 약속도 받았다. 그리고 《원시인의 정신》은 상업적으로는 크게 성공하지 못했지만, 학계를 넘어 대중을 만나려는 중요한 시도로 인정받았다.

보아스는 쉰세 번째 생일을 맞는 여름에 오래전에 배핀섬으로 떠날 때부터 꿈꿔 온 대중적 지식인이 되었다. 그는 《아메리카 인디언 언어 안내서》 첫 권 머리말에서 이렇게 밝혔다. "우리는 인류에 대한 모든 분류가 주어진 관점에 따라 어느 정도 인위적일 수밖에 없다는 사실을 안다."[1] 이제 보아스는 그 자신이 풀어내려고 노력한 바로 그 분류법의 전문가로 인정받았다. 과학 논문을 발표해 달라거나 인종 문제를 다루는 모임에서 연설해 달라는 요청이 쇄도했다.

보아스는 몇 년 전에 흑인 인권 운동 지도자 W. E. B. 듀보이스의 초청으로 애틀랜타대학에서 감동적인 졸업 연설을 했는데, 그 연설에서 미국인들에게 인종 서열에 관한 낡은 관념을 거부하라고 촉구했다. 이제 보아스와 듀보이스는 런던에서 열린 제1회 세계 인종 회의에서 다시 한번 같은 연단에 섰다.[2] 이 대회는 '인종 간 경제'부터 '인종 간 우호 증진을 위한 긍정적 제안'에 이르기까지 온갖 주제에 관한 저명한 권위자가 모인 국제 회의였다. 보아스는 연설에서 딜링엄위원회 보고서의 결과를 다시 언급하면서 "인간 유형이 절대적으로 안정적이라는 가정은 타당하지 않다"고 명확히 밝혔다.[3] 이는 그가 대중 강연에서든 대중을 위해 쓴 기사에서든 기회가 있을 때마다 강조한 주장이었다. 보아스는 인종 개념이 그 자체로 역사의 산물이고 한 집단이 필사적으로 믿으려는 신념, 말하자면 자신들이 다른 집단보다 우월하고 유능하고 선진적이라는 신념을 합리화하려는 생각일 뿐이라고 알렸다. 인종은 유럽인들이 그들의 특권과 성취감을 스스로에게 설명하는 개념이었다. 적어도 유럽인들이 생각하는 인종이 존재한다면, 그것은 생물학적으로 타고난 운명이 아니라 문화적 창조일 뿐이었다.

그러나 보아스의 주변 세계, 특히 그의 조국은 이런 과학적 결론과는 정반대로 나아가는 듯했다. 딜링엄위원회는 장장 41권에 달하는 최종 보고서를 내놓기까지 백만 달러에 가까운 비용을 들이고도 보아스가 보고서에서 내린 결론은 거의 다 무시했다. 딜링엄, 로지, 퍼시 그리고 이들의 의회 동료 대다수는 이민에 격렬히 반대하며 자신들의 신념만 거듭 강조했다. 그래서 딜링엄위원회는 결국 인종적 구분의 위력과 의미를 재확인했을 뿐이었다. 이 보고서 요약본에는 이민자에 대해 "블루멘바흐의 분류를 따르는 것이 합리적이라고 판단"한다면서 "미국인이 학교에서 배우는 가장 친숙한 지리학, 곧 백색, 황색, 검은색, 갈색, 적색 인종의 분류"를 따라야 한다고 밝혔다.[4] 1880년대 이후에 미국에 온 이민자들은 주로 이 인종 분류에서 첫 번째에 속했지만, 불행히도 "유럽에서도 덜 발전하고 덜 진보적인 국가"에서 온 사람들이었다. 이들이 미국 사회에 동화되는 속도는 "이전 비영어권 인종에 비해 느렸다." 이들은 "이전 세대보다 훨씬 덜 지적"이며, 이전에 영국과 독일에서 온 이민자들과는 "근본적으로 달랐다".[5] 딜링엄위원회는 이들이 대체로 미국의 공동선에 공헌하기 위해서가 아니라 미국이 제공하는 혜택을 누리기 위해 온 사람들이며, 새로운 조국에 충성심이 있는지조차 의심스럽고 미개한 본국에 대한 애착을 간직한 채 영원히 문밖에 한 발을 걸치고 있다고 보았다.

물론 보아스도 이민자였지만, 적어도 딜링엄위원회에 따르면 보아스가 속한 공동체는 상상할 수 있는 한 가장 모범적인 소수민족이었다. 사회적으로 잘나가고 잘 통합된 독일어권 이민자들은 최근에 유입되는 이탈리아인, 폴란드인, 유대인과는 상당히 다르다고 위원회는 강조했다. 동유럽과 남유럽 출신 이민자가 급증했지만, 여전히 독일 출신 이민자가 비앵글로색슨계로는 미국에서 가장 큰 집단이고, 전체 48개 주 가운데 절반에 조금 못 미치는 주에서 가장 큰 집단이었다.[6] 과거 수십 년간 독일계 미국인은 미국 공적 사회의 모든 분야에서 지도자 급으로 떠올랐다. 그들은 교수진과 주(州) 변호사 협회에 속해 있었다. 그들은 신문을 편집하고, 펜실베이니아부터 다코타에 이르기까지 농지를 경작하고, 상급 학교와 시골의 작은 학교에서 학생들을 가르치고, 루터교도, 복음주의자, 로마가톨릭교도들에게 설교했다. 독일어를 쓰는 유대인 중 적어도 신앙심을 유지하는 유대인들은 기독교 이웃들과 관계를 강조하는 건축과 장식(교회 의자, 성단소, 스테인드글라스)을 갖춘 유대교 회당에 다녔다.

따라서 딜링엄위원회 보고서가 의회에 제출되고 불과 몇 년 사이에 보아스는 자신이 한 번도 예상하지 못했던 지위, 말하자면 미국인들이 가장 두려워하고 증오하는 소수 민족의 지위로 떨어졌다는 것을 깨닫고 큰 충격에 휩싸였다. 보아스는 1848년 혁명이 실패한 후 유럽에서 다시 독재 통치가 부상하던 때에 태어났다. 이제 중년이 된 그는 유대인이라서가 아니라 독일인이라서 새 조국에서도 유사한 변화를 감지했다. 제1차 세계대전이 발발하면서 미국에서 가장 큰 두 유럽 이민자 사회(영국에 조상을 둔 이민자와 독일에 연고를 둔 이민자)는 점차 국제적 갈등에서 서로 반대편에 세게 되었다.

1914년 8월에 독일이 벨기에를 침공하자 연합국 지지자들은 독일을 강력하게 비난했다. 하지만 독일계 미국인들은 우선 분쟁의 모든 당사자의 의견을 침착하고 공정하게 들어보자고 촉구했다. 이듬해에 대서양에서 독일 해군의 잠수함 작전이 증가하자(1915년 5월에 아일랜드 남쪽 해상에서 미국의 루시타니아호가 침몰당해 미국 국민을 포함해 1,200명에 달하는 승객이 사망한 악명 높은 사건에서 정점을 찍었다) 미국의 여론은 독일 종족이 미국의 안보를 직접 위협한다는 생각으로 기울었다. 독일 기업은 비공식적인 보이콧에 직면했다. 베토벤과 바그너가 주요 오케스트라의 연주 목록에서 빠졌다. 괴테와 실러의 기념비에 페인트가 뿌려졌다. 주요 신문과 잡지의 만평에서 독일인은 공장을 파괴하거나 저수지에 독을 풀 기회를 노리는 공모자이자 비밀스러운 야만인으로 묘사됐다. 우드로 윌슨(Woodrow Wilson) 대통령은 1915년 12월 연두교서에서 이제는 미국 시민권이 애국심을 보장하지 않는다고 경고했다. 그러면서 "다른 국가에서 태어났지만 우리의 관대한 귀화법에 따라 환영받은" 첩보원과 파괴 공작원 들이 시민권을 이용해 테러 계획을 위장할 수 있다고 주장했다.[7)]

 1916년 여름에 독일의 비밀 요원들이 뉴저지주의 항구 도시 저지시티에 있는 대규모 군수 기지 블랙톰을 폭파해 반경 1.5킬로미터 이내의 건물이 파괴됐다. 멀리 맨해튼에서도 유리창이 깨졌고, 자유의 여신상에까지 파편이 날아가 박혔다. 독일계 비시민권자 60만 명이 당장 연방 정부에 신원을 등록해야 했고, 부두 방문과 기차 여행, 컬럼비아특별구(워싱턴 D.C.) 거주가 금지됐다.[8)] 법무부는 국민에게 경계를 늦추지 말고 의심스러운 행동을 하는 사람은 신고하라고 촉구했다. 특히 적국의 동조자나 첩보원의 문화적 프로파일에 해당하는 사람(이를테면 독일인처럼 보이거나 독일어로 말하거나 친독일 의견을 표명하는 사람)을 발견하면 신고하라고 강조했다. 루이지애나주, 켄터키주, 사우스다코타주, 아이오와주에서는 공개 모임이나 전화 통화에서 독일어 사용을 금지했다.[9)] 미국 전체의 절반에 가까운 주의 학교에서 독일어 수업을 전면 혹은 부분적으로 금지했다(이 규정은 결국 대법원의 판결이 내려진 이후에야 철회된다).[10)] 이와 같은 정책과 정치적 수사의 변화에 대한 대중의 반응은 예상대로였다. 위스콘신주부터 플로리다주에 이르기까지 살인, 즉흥적으로 구성된 '시민 위원회'의 태형, 린치, 알몸에 타르를 끼얹고 깃털을 뿌리는 폭력 행위, 대대적 기물 파손 사건이 보고됐다. 가정에서도 독일어를 쓰지 않거나 성에서 독일계로 의심받기 쉬운 철자인 'k'와 'sch'를 지웠다.

 보아스와 마리는 애초에 규모도 크고 환대를 받던 독일 공동체에 속했다. 그 공동체는 뉴욕의 클라인도이칠란트부터 어퍼웨스트사이드와 뉴저지 교외에 이르는 지역에 자체 레스토랑과 종교 시설, 문화센터까지 갖추었다. 그런데 이제 미국 정부와 미국 사회 전체가 이렇게 잘 동화된 집단에 빠르게 등을 돌린 듯했다. 자신의 고국인 독일과 같은 문명 지대에 속할 것이라 가정하고 새로운 나라에서 삶을 일구었으나 보아스는 미국에 와서 처음으로 당당한 이민자로 살아갈 수 없게 됐다. 이제 그는 외부인이었다. 얼마 후 〈뉴욕 헤럴드〉는 독일이나 오스트리아-헝가리계로 추정되는 사람들의 이름과 주소를 지면에 정기적으로 게재했다.[11] 보아스도 1892년에 취득한 미국 시민권으로는 제대로 보호받지 못하는 듯했다.

보아스가 이 전쟁에 공개적으로 가장 비판적인 사람 중 한 명이 된 것도 도움이 되지 않았다. 1915년에 그는 〈뉴욕 타임스〉에 기고한 편지에서 독일의 대의에 공감한다고 밝히며, 이런 개인적인 관점 때문에 같은 미국 국민에게 비난받을 이유가 없다고 주장했다. 그리고 상황이 계속 이대로 간다면 독일이 미국에 전쟁을 선포할 명분을 줄 수 있다고 주장했다. "법에 뭐라고 써 있든, 독일에 공감하는 보통 사람이라면 독일 군함에 보급품을 보낸 사람은 우리 정부에 의해 기소돼 법에서 정한 가장 가혹한 처벌을 받는 데 반해 상대편 군에 수백만 달러 상당의 탄약을 보낸 사람은 우리 정부로부터 보호받고 추앙받는 이유를 전혀 이해할 수 없을 것이다."[12] 그러면서 미국이 독일이나 오스트리아와 같은 입장이었다면(불안정한 이웃 국가들에 둘러싸이고, 소수의 파벌이 통치하며, 다른 제국주의 열강의 야욕에 도전받았다면) 아마 독일처럼 대응했을 것이라고 주장했다. 사실 불과 10여 년 전에 일어난 에스파냐-미국 전쟁*에서도 국제 평화를 위협하는 세력은 미국이었고, 유럽은 평화

를 촉구하는 쪽이었다.[13]

 보아스는 이듬해 초 〈뉴욕 타임스〉에 다시 장문의 편지를 기고해 자신의 입장을 거듭 밝히며 이제 미국은 유럽 분쟁의 당사자가 됐을 뿐 아니라 잠재적인 "세계의 중재자"로 나섰다고 주장했다. 보아스의 편지는 일종의 지적 전기였다. 그는 유럽에서 겪은 민족주의적 갈등이 인종의 용광로인 미국에서는 낯선 일일 거라는 낙관론에 마음이 부풀어 미국으로 건너왔다. 그러나 1898년에 "갑작스러운 각성"과 "깊은 실망"의 시기를 보냈다. 미국이 에스파냐와 전쟁을 벌이고 필리핀을 잔혹하게 식민 통치하면서 제국주의적 확장에 뛰어든 것이다. 보아스의 정치적 신념은 항상 미국의 대외 정책은 자제력으로 정의된다는 확신에 기반을 두었다. 미국인은 남들의 삶의 방식을 모르기에 그래야 했다. 보아스는 "나는 늘 우리의 이상을 다른 국가에 강요할 권리가 없다고 생각"했다면서 "그들이 어떻게 살아가든, 그들이 자기네 국가의 자원을 활용하는 데 느리든, 그들의 이상이 우리 이상과 얼마나 상반되든 간에 문제가 되지 않았다"고 적었다.[14]

 1917년 초에 보아스는 유럽 전쟁에 뛰어들기로 한 미국의 결정을 비난하면서 독일에 대한 적대감이 커지는 것은 윌슨 대통령 탓이라고 했다.[15] 4월에 미국이 결국 참전을 선언하자, 보아스의 의견은 단지 의심스러운 것이 아니라 전쟁 열기가 뜨거운 시기에 명백히 비애국적인 것이 되었다. 컬럼비아대학의 버틀러 총장은 그해 여름 개교식에서 보아스와 같은 급진적인 교수들을 겨냥한 듯

---

* 1898년 4월부터 8월까지 쿠바와 필리핀에서 벌어진 전쟁. 대항해시대에 중남미 일대를 장악하여 아메리카 대륙의 패권을 차지했던 에스파냐가 미국에 참패하면서 미국이 태평양 일대에서 새로운 최강자로 서게 됐다.

"이전에는 용인되던 것이 이제는 용인되지 않으며, 어리석은 행동은 반역"이라고 단언했다.[16] 또 다른 대학 동료는 〈뉴욕 타임스〉에 기고한 글에서 보아스의 의견이 "비미국적"이며 대다수 "컬럼비아대학 사람들"은 공감하지 않는다고 비난했다.[17]

컬럼비아대학에서 보아스의 상관들은 그에게 대중을 향한 발언을 자제하라고 요구했다. 그리고 이사회는 이런 요구가 받아들여지지 않자 보아스의 급여를 삭감하고 연구비 지원을 거부했으며, 한 이사회 위원의 표현대로 "독일 관점에서 해석한 인류학"을 가르치는 그의 방식을 공개적으로 비판했다.[18] 각종 청구서가 쌓여가고 연구비가 계속 부족한 탓에 학계의 동료들과 뜻있는 후원자들이 모금해준 기금만으로 겨우 버틴 시기도 있었다.[19]

하지만 보아스는 고삐에 끌려다닐 인물이 아니었다. 그는 계속 〈뉴욕 타임스〉의 편집자에게 기사와 편지를 보냈다. 윌슨 대통령부터 시작해 정치인들을 비난하고, 미국에서 가장 저명한 유명 인사들과 논쟁을 벌이기도 했다. 그러다 매디슨 그랜트의 《위대한 인류의 종말》에 관한 논평을 요청받자 기회를 놓치지 않았다. 보아스는 〈뉴리퍼블릭〉에 기고한 글에서 그랜트가 "눈동자 색이 짙은 사람들이 증가하면서 우리에게 닥칠 모든 재앙에 대해 카산드라의 예언"을 내놓았다고 적었다.[20] 그러나 그랜트의 주장을 뒷받침하는 증거는 거의 없고, 대부분 명백히 잘못된 것으로 밝혀진 "독단적 가정"에 불과하다고 지적했다. 미국인들이 '인종'이라고 부르는 범주에는 유전적 근거가 전혀 없다. 실제로 어느 한 인종에 속하는 사람들의 신체를 측정했을 때 확인하게 되는 것은 신체적 특징의 집합이 아니라(지적 또는 도덕적 특징은 더 적다) 아주 다양한 유형이다. "인류 전체의 유전적 특성에 관해 말하는 것은 아무 의미가 없다."

보아스는 또한 그랜트가 더 심각한 죄를 지었다고 느꼈다. 인종주의는 단순히 어느 한 인종이 다른 인종보다 우월하다거나 열등하다는 견해가 아니었다. 인종주의는 기본적으로 인종 자체가 유전되는 실체라는 믿음이었고, 과학의 언어로 그럴듯하게 포장된 이 생각은 콰키우틀족의 가면처럼 서양 문화의 산물이었다. 보아스는 《원시인의 정신》에서 어떤 이론에 대한 증거가 없다면, 특히 그 이론이 우리와 같은 부류를 우주의 중심에 놓는다면 그 이론을 폐기해야 한다고 제안했다. 아니면 우리가 과학이라고 부르는 학문은 결국 허울뿐인 헛소리에 지나지 않는다는 것이다.

보아스는 독자들에게 어려운 개념적 도약을 요구하고 있었다. 미국인과 서유럽인에게 그들의 위대함에 대한 신념을 버리라고 요구한 것이다. 그랜트는 자신의 주장에 더 단순하고 강력한 근거가 있다고 믿었다. 앵글로색슨족이 전 세계를 지배하는, 관찰 가능한 현실에 기반을 둔 서구 사회의 뿌리 깊은 자신감이었다. 그랜트에 따르면 독일이 오스만제국이나 일본과 잘못된 동맹을 맺은 것은 인종적 특권을 지닌 이들이 자신의 운명을 인종적 퇴보에 내맡기면 어떤 상황이 벌어질 수 있는지를 보여주었을 뿐이다. 반면 보아스가 내놓은 거라고는 난해한 두개골 측정치와 통념을 거스르는 과학 이론뿐이었다. 예상대로 그랜트의 《위대한 인종의 종말》은 계속 불티나게 팔렸다. 얼마 후 새 판본으로 출간됐고, 이번에는 '튜턴인'(참호 속에서 싸우는 미국의 보병들)이라는 표현을 쓰지 않고 정치적으로 더 수용 가능한 '노르드인'이라는 표현으로 대체했다.

전쟁이 끝난 후 보아스는 직업적으로 더 나쁜 상황에 내몰렸다. 그는 과학이 아름다운 목소리로 뱃사람을 유혹하는 세이렌의 노래가 될 수도 있다고 느꼈다. 과학을 잘못 사용하면 정책 입안자들을 위험한 바다로 끌어들일 것이다. 그는 〈더 네이션〉에 발표한 에세이에서 외국에서 현지 조사를 가장해 첩보 활동을 벌인 것으로 의심되는 학자들을 익명으로 거론하며 인류학 연구를 정부의 목적으로 이용하는 행태를 비난했다. 그러자 미국인류학회(보아스가 설립하는 데 도움을 준 기관)는 보아스가 학술 연구를 정치화한다고 비난하면서 학회의 운영위원회에서 그를 제명했다. 주요 학자들이 스미스소니언협회에 편지를 보내 "미국 대통령의 진실성을 훼손했다"는 이유를 들어 보아스와 관계를 단절하라고 촉구했다.[21] 스미스소니언협회 사무국장 찰스 월컷(Charles Walcott)은 이미 보아스를 미국민족학국의 명예 언어학자 직위에서 해고하기로 결정했다. 보아스가 《아메리카 인디언 언어 안내서》 집필을 시작했을 때부터 맡아 온 직책이었다. 월컷은 더 나아가 윌슨 대통령에게 법무부가 보아스의 급진 사상을 조사해야 한다고 촉구했다. 얼마 후 좌파와 반체제 인물들을 대상으로 악명 높은 '파머 습격(Palmer Raids)'*을 개시한 법무장관 A. 미첼 파머(A. Mitchell Palmer)가 보아스에 관한 파일을 열었다.

미국자연사박물관장인 헨리 페어필드 오즈번(Henry Fairfield Osborn)은 월컷에게 보아스가 "현재 모호하고 영향력이 없는 자리에 있다"고 편지를 보냈다.[22] 제섭의 뒤를 이어 박물관장을 맡

---

* 1919년 11월부터 1920년 1월까지 파머 법무장관의 지휘를 받으며 경찰들이 펼친 대규모 사회주의자 소탕 작전. 특히 아나키스트나 공산주의자로 의심되는 사람들을 적발해 국외로 추방하기 위한 작전이었다.

깔대기 모양 여과 장치로 미국으로 들어오려는 유럽 이민자들을 통제하는 '엉클 샘'. 1921년 이민 제한법을 묘사한 카툰.

은 오즈번은 오래전부터 보아스를 괴짜로 여겼다. 또 오즈번은 그랜트의 《위대한 인종의 종말》 개정판에 찬사 일색의 머리말을 써주었고, 그랜트의 인종 우월주의 철학을 대중에게 선보이기 위해 박물관의 전시품을 다시 구성하느라 바빴다.[23] 그는 보아스가 응당한 벌을 받는 데 조금도 안타까워하지 않을 인물이었다.

보아스는 개인적으로도 어려운 처지에 몰렸다. 가족이 아직 독일에 남아 있었고, 다른 많은 독일계 미국인처럼 미국과 독일에 대한 충정 사이에서 갈등하고 있었다. 1919년 베르사유 조약이 체결된 후 보아스 집안은 재정적 위기와 사회적 혼란에 휘말렸다. 큰누나 토니는 무사히 미국으로 이주했지만, 독일 국민이자 이전

적국에서 온 외국인이었기에 미국 정부에 의해 재산을 압수당했다.[24] 토니는 보아스의 보살핌을 받으며 그랜트우드의 집에 정착했다.

다행히 토니는 딜링엄위원회가 들인 노력의 결실로 미국의 이민 정책이 대대적으로 바뀌기 직전에 미국에 들어왔다. 1924년에 미국 의회는 존슨-리드법*에 따라 1890년에 미국에 거주한 이민자 인구 비율에 맞춰 국가별 신규 이민자를 허용했다. 약간 난해한 이 규정은 미국의 인구 구성을 20세기 초 대량 이주가 발생하기 이전 상태로 되돌리려는 시도였다. 아시아 지역 사람들의 이민(값싼 노동력 공급원이자 민족주의 정치인과 노동조합 양쪽 모두가 우려한 대상)은 사실상 전면 금지됐지만, 그 사이 이민자 유입이 적었던 라틴아메리카인의 이민에는 제약이 없었다. 따라서 존슨-리드법은 명백히 보아스에게 친숙한 사람들, 말하자면 로어이스트사이드의 유대인, 이탈리아인, 폴란드인, 슬로바키아인을 비롯해 공동체의 규모가 급격히 커진 다른 사람들의 미래 인구를 줄이고 위험하거나 문화적으로 부적절하다고 여겨지는 사람들의 유입을 막기 위한 법이었다. 이 법은 1965년에 폐기되기 전까지 40년 이상 미국 이민 제도의 중심이 되었다.

얼마 후 미국은 더 많은 규제로 외국인에게 장벽을 쌓았다. 미국 국무부는 입국자를 감시하기 위해 새로운 관료주의적 도구인 '비자'를 도입했다. 비자는 자격을 갖춘 여행자에게만 수수료를 받고 발급해주었다. 영사관 직원들은 오늘날 '연쇄 이민'으로 폄하되

---

* 1921년 이민 제한법에서 정했던 쿼터제 비율인 3퍼센트에서 더 낮춰, 1890년 인구 조사를 기준으로 삼아 2퍼센트 내로 각 국가별 이민자 비율을 제한하는 내용을 담고 있었다.

기도 하는 이산 가족 재결합을 장려했는데, 여기에는 특별한 이유가 있었다. 존슨-리드법으로 백인으로 분류된 이민자들에게 특권을 부여해 미국 시민권자가 외국에서 가족을 데려올 수 있도록 허용하여 전체 인구에서 백인 비율을 늘리는 방법이었다. 다른 법안에서는 부적절한 구성으로 보이는 가족을 명시적으로 차단했다. 예를 들어 1922년 기혼 여성법은 인종이나 국적 때문에 시민권을 받지 못하는 외국인 남성과 결혼하는 미국 여성의 시민권까지 박탈하도록 규정했다. 한마디로 백인이 아닌 외국인 남성과 결혼한 많은 미국인 여성의 시민권을 박탈한 것이다. 같은 해에 대법원은 '오자와 대 미국' 재판*에서 이 법이 합헌임을 확인했다. 이 재판은 인종을 이유로 들어 일본인의 귀화 자격을 박탈한 일련의 판례 중 하나였다.[25]

"우리는 노르드 인구가 하위 인종에 의해 잠식당하는 세태를 막기 위해 때 맞춰 문을 닫았다."[26] 당시 매디슨 그랜트가 한 말이다. 의회가 채택한 새로운 출신 기반 제도는 "이 나라의 역사에서 가장 위대한 단계 중 하나"라고 그랜트는 적었다. 그랜트의 로비 활동은 1924년 입법으로 정점을 찍은 일련의 이민 제한 조치들이 통과되는 데 결정적 역할을 했다. 스크리브너스 선스 출판사에서는 《위대한 인종의 종말》을 두 판을 더 발행했는데, 책 분량이 거의 두 배로 늘어났고 방대한 분량의 참고 문헌이 첨부됐다.[27] 보

---

* 다카오 오자와는 1875년 일본 가나가와현에서 태어나 19세에 미국으로 이주한 일본계 미국인이었다. 그는 미국으로 이민을 온 지 20년째 되던 1914년 미국 시민권 신청을 했지만 거절당했다. 당시 이민법에 따르면 백인과 아프리카 인종만이 미국으로 귀화할 수 있었다. 오자와는 자기 피부가 백인보다 희기 때문에 자신이 백인에 해당한다고 주장했지만, 대법원은 법에 명시된 백인은 피부색과 상관없이 코카서스 인종을 가리킨다고 하면서 귀화 신청을 거부했다.

아스를 고용한 컬럼비아대학도 미국의 다른 명문 대학들처럼 외부 인종과 외국 태생의 입학을 제한하기 시작했다. 이제 학생들은 입학 지원서에 가족의 종교와 부모의 출생지를 기재해야 했다.[28] "앵글로색슨, 게르만, 스칸디나비아 또는 라틴 인종"을 위한 장학금도 새로 생겼다.[29] 허버트 호크스 학장은 신입생이 입학할 때마다 "혀가 꼬이지 않고도 모든 이름을 발음하는 것이 수월해졌다"면서 긍정적으로 평가했다.[30]

1925년에 《위대한 인종의 종말》이 독일어로 번역되어 출간됐다. 같은 해 감옥에서 막 출소한 오스트리아 출신의 한 급진주의자는 그랜트에게 이 책을 "나의 성경"이라고 일컬으며 찬사를 담아 편지를 보냈다.[31] 얼마 후 그는 역사와 국제 문제에 관한 논문을 발표해 그랜트의 주장처럼 유럽 국가들이 영국인과 프랑스인, 독일인이라고 거짓으로 주장하는 잡종 인구에 희생됐다고 주장했다. 하지만 특히 한 국가가 "미약하게나마 더 나은 구상을 향해 출발한 것이 눈에 띈다"고 적었다.[32] 아돌프 히틀러는 《나의 투쟁》에서 미국은 외래 인종을 명시적으로 배제함으로써 더 밝고 과학적인 방식으로 정치 공동체를 구축하는 길을 제시했다고 언급했다. "인종 독살의 시대에 가장 뛰어난 인종 요소를 지키는 데 전념하는 국가는 언젠가는 지구의 주인이 될 것이다."[33]

프란츠 보아스는 전쟁을 겪으며 크게 달라졌다. 아들 에른스트가 보아스의 뜻을 거슬러 미군에 자원입대했고[34] 아들이 프랑스에서 무사히 돌아올 때까지 보아스는 극심한 걱정에 휩싸였다.[35] 1915년 봄에는 침샘에 종양이 생겼다. 보아스는 종양을 일종의 사형 선고로 받아들였고, 그래서인지 전쟁을 더 신랄하게 비판했다.³⁶⁾ 죽어 가는 사람은 잃을 게 없었다. 결국에는 종양을 제거했지만 이 수술로 신경이 끊어졌다. 이제는 왼쪽 눈과 뺨이 처지고 시야가 흐려졌으며, 그의 표현에 따르면 얼굴이 "판자처럼 느껴졌다".³⁷⁾ 특유의 강한 억양은 더 불명확해졌다. 혹시 치과 치료를 받다가 암이 재발할까 봐 치아를 방치했다.³⁸⁾ 나중에 인체측정학 동료 연구자들의 캘리퍼스와 줄자에 몸을 맡겼을 때는, 이처럼 누적된 건강 악화로 머리카락의 3분의 2가 세고 "얼굴이 심각하게 상한" 모습으로 기록됐다.³⁹⁾

보아스는 아들 에른스트에게 "내 삶에서 가장 크게 실망스러운 것은 미국이 민족주의에 굴복한 것"이라고 말했다.⁴⁰⁾ 자기를 받아준 국가도 날이 갈수록 독일이나 다른 유럽 국가와 비슷해졌다. 순수성에 집착하고 외부인을 경계하며 선한 일을 행하기보다 위대해지는 데 관심이 많아 보였다. 미국인도 결국 보아스 자신을 비롯해 모두가 기대했던 것만큼 예외적인 사람들이 아니었다.

"가족의 삶이든 애국심이든 대학 정신이든 민족주의든 종교적 불관용이든 항상 똑같다."⁴¹⁾ "단지 자신의 삶의 방식을 좋아한다는 이유로 다른 사람을 쫓아내야 할까?"⁴²⁾ 보아스는 이민자로 살기 시작한 이래로 그 어느 때보다 더 소외되고 주변으로 밀려난 느낌을 받았다. 버틀러 총장이 규모를 축소한 인류학과는 이제 저널리즘 대학원 건물의 7층 계단 위에 있는 방 세 개만 썼는데, 하나는 보아스의 연구실이었고 하나는 비서실, 나머지 하나는 비어 있었다.⁴³⁾ 보아스는 이런 처지에서 더는 뭔가를 해볼 힘이 남아 있지 않다고 느꼈다. 컬럼비아대학 안에서 유배당한 처지로 부유한 지인 몇 명의 호의에 의지해 연구비를 지원받고 이따금 월급도 받았다.

독일에서 오래전 그의 여행 동반자였던 빌헬름 바이케가 사망했다는 소식이 전해졌다. 보아스는 에른스트에게 이렇게 편지를 보냈다. "젊은 시절의 모든 것이 사방에서 사라지기 시작하면 끔찍하게 고통스럽단다."[44] 대중 학자로 진출한 것이 문제였을까? 그가 전한 메시지가 아무리 훌륭했더라도 어쨌든 그는 과학자이지 논쟁가가 아니었다. "나는 효과적으로 말하는 법을 몰라. 내용으로 승부를 낼 수 없는 말을 외적인 형식으로 성취하는 것은 내 깊은 감정에 어긋나. … 그러니 자연히 중요한 운동에서 적극적인 지도자 역할을 맡을 수 없지. 실제로는 자잘한 활동에서조차 중요한 역할에서 배제되지. 내가 할 수 있는 일은 그저 내 분야에서 묵묵히 일하는 거야. 사실에 관한 지식과 통제력이 중심이고, 정서적 요인은 비교적 작은 역할로 밀려나는 분야 말이다."[45]

보아스가 지휘한 곳은 강의실이었다. 인류학과의 학부 수업은 전쟁 기간에 단계적으로 폐지됐다. 버틀러 총장이 '컬럼비아의 청년들'을 보아스의 급진적 영향으로부터 보호하기 위해 고안한 또 하나의 방책이었다.[46] 그래도 대학원 수업과 그가 '보드빌* 강의'라고 부르던 인기 있는 개론 수업은 남아 있었다.[47] 그의 가장 열광적인 청중은 브로드웨이를 가로질러 조금만 걸어가면 나오는 곳에 따로 모여 있는 컬럼비아 학생들, 곧 여학생들이었다.

당시 대다수 대학처럼 컬럼비아대학도 원래 젊은 남자들을 교육하기 위해 설립됐다. 그러나 1880년대 초 이사회와 학장은 여자들도 학사 학위 시험을 치르게 해주는 특별 프로그램을 도입했다.

---

* 1890년대부터 1930년대까지 미국에서 유행하던 버라이어티쇼.

다만 여자들은 학위 취득을 준비하는 데 필요한 강의는 수강할 수 없었다.

이 프로그램의 초기 졸업생 중에 애니 네이션 마이어(Annie Nathan Meyer)가 있었다. 마이어는 뉴욕에서 가장 유서 깊은 세파르디 유대인 집안 출신이었는데, 여러 갈래의 족보에 시인 에마 라자루스(Emma Lazarus)와 법학자 벤저민 카르도조(Benjamin Cardozo) 같은 인물이 있었다. 소수 민족 중에서도 손꼽히는 소수 민족인 세파르디 유대인은 그 뿌리가 15세기에 에스파냐 가톨릭 군주에 의해 추방된, 에스파냐어를 쓰는 유대인으로 거슬러 올라갔다. 하지만 마이어의 미국 국민 자격은 매디슨 그랜트 못지않게 흠잡을 데가 없었다. 마이어의 증조부 게르솜 세이사스(Gershom Seixas)는 식민지 시대 뉴욕에서 유명한 유대교 회당을 이끌던 랍비였다. 세이사스가 조지 3세를 위해 기도하기를 거부하자 영국이 그의 유대교 회당을 폐쇄하기도 했다.[48] 이후 그는 조지 워싱턴의 취임식을 도왔다.

저명한 유대인 의사인 앨프리드 마이어와 결혼한 애니 네이션 마이어는 상당한 인맥(그리고 사실상 컬럼비아대학의 동문이라는 지위)을 동원해 여성을 위해 제대로 건물을 갖춘 대학을 설립하는 운동을 주도했다. 컬럼비아대학에 속하면서도 길 건너편의 안전한 장소에 남학생들로부터 보호받는 캠퍼스를 만들자는 취지였다. 마이어는 훗날 이렇게 말했다. "급진적 계획을 실행에 옮기려면 가능한 한 가장 보수적인 방식으로 접근해야 한다고 나는 재빠르게 판단했다."[49] 1889년에 이 대학이 개교한 후 마이어는 대학의 수호성인이자 지도자가 됐다. 다른 시대였다면 마이어의 이름을 대학명으로 붙였을 것이다. 하지만 이름이 붙지는 않았어도 마이어의 능력은 여실히 드러났다. 존경받던 전임 총장 프레더릭 바너드(Frederick Barnard)의 이름으로 대학 이름을 정한 것도 마이어의 제안이었다. 컬럼비아대학 이사회는 이 제안을 받아보고 여성들이 대학을 망치지 않을 거라고 확신한 것 같았다. 컬럼비아대학이 마침내 남성 전용 정책을 폐지한 1983년까지 바너드칼리지는 여학생 지원자들이 컬럼비아대학에 입학하는 중요한 경로로 남았다.

마이어는 교육에서는 진보적인 데 반해 여성 참정권에는 노골적인 반대론자였다. 개선이 우선이고 정치적 목소리는 그다음이라고 믿은 것이다. 다만 이런 신념은 바너드칼리지가 끌어들인 학생이나 교수 들의 신념과는 전혀 달랐다. 제1차 세계대전이 끝나고 사회과학(심리학, 행정학, 응용 통계학, 인류학) 교육에서는 바너드칼리지가 본 대학 못지않은 수준이었고, 더 뛰어난 경우도 많았다. 바너드칼리지의 선구자이자 오랫동안 학장을 지낸 버지니아 길더슬리브(Virginia Gildersleeve)는 브로드웨이 서쪽 바너드칼리지에 강의를 추가하기 위해 컬럼비아대학에서 최고의 교수진을 불러오는 데 주력했다. 길더슬리브는 특히 보아스에게 강의를 요청했고, 보아스가 버틀러 총장과 소원해진 시기에도 그에게 계속 강의 자리를 마련해주었다.

보아스의 교수법은 학생들이 처음부터 독립적으로 깊이 있는 연구를 수행한 다음 필요에 따라 일반 이론으로 빈칸을 채우게 하는 방식이었다.[50] 그는 교재를 정하지 않고 대신 학생들이 강의와 전문 서적을 바탕으로 작성한 노트를 서로 공유하게 했다.[51] 어떤 학생에게 인체측정학의 기초를 이해하기 위해 통계 방법론이나 미적분 강의가 필요하다면, 보아스는 칠판에 방정식과 공식을 빠르게 적어서 학생들이 그 자리에서 전부 익히기를 기대했다.[52] 보아스는 직접 손에 흙을 묻혀 가며 경험적 자료를 확보하고 실제로 관찰 가능한 자료를 기반으로 삼아 가설을 세우는 것이 진정한 과학 연구라고 가르쳤다. 이런 식으로 연구하지 않아서 매디슨 그랜트나 로스럽 스토더드 같은 학자가 나오는 것이라고 보았다.

보아스는 브로드웨이 동쪽의 컬럼비아 본 캠퍼스의 대학원 수업에서도 거의 같은 방식으로 강의했다. 성적을 늦게 매기고 학생들에게 구체적인 피드백을 충분히 주지 않았지만 형식적 요건을 충족하기보다 열심히 연구하는 것이 학생들에게 더 중요하다고 확신했다. 보아스는 학생들이 현장에 나가면 곧 그들에게 필요한 것을 배울 거라고 믿었다.[53] 더욱이 그는 자신의 정치적 견해를 명확히 드러내며 일부 학생을 소외시키기도 했다. 갓 제대한 참전 용사인 랠프 린턴(Ralph Linton)이 군복 차림으로 박사 과정 수업을 받으러 오자 보아스는 호되게 꾸짖었고, 린턴은 당장 하버드 대학의 경쟁 과정으로 옮겼다.[54] 린턴은 나중에 컬럼비아의 '유대인 무리'가 자신을 저지하려고 공모했다고 불평하기도 했다.[55] 보아스는 무심하게 독설을 내뱉지만 의외로 온화한 구석이 있었다. 그는 10년 넘게 성별 제한이 없는 대학원 프로그램에 여학생을 더 많이 받으려고 애썼다.[56] 그는 활용할 수 있는 자료의 절반(남성의 관습, 이야기, 의례)만 이용하는 과학은 과학이라 말할 수 없다고 보았다.

1921년에 보아스의 강의실에 나타난 키가 크고 둥근 얼굴의 젊은 여성에게는 보아스의 이런 전망이 짜릿하게 느껴졌다. 학교에서 아이들을 가르치고 학자인 남편을 뒷바라지하며 주부로 살던 그녀는 사상의 세계는 거의 경험해본 적이 없었고, 보아스가 필독

서로 지정한 인류학 학술 논문에 담긴 모험 여행과는 더더욱 거리가 멀었다. 그녀는 바너드칼리지에서 역사학, 철학, 인류학과 같은 기본 강의를 들은 적은 없지만 독학으로 메리 울스턴크래프트와 프리드리히 니체를 공부했고, 시내에서 열리는 무료 사회과학 세미나에도 몇 번 참석했다. 그녀는 친구에게 이렇게 말했다. "난 아이가 없으니 호텐토트족 애를 낳을 수도 있어."[57]

얼마 지나지 않아 루스 베네딕트는 인류학과의 대대적인 인구 구성 변화의 한복판에 섰다. 보아스는 한 동료에게 다음과 같이 썼다. "지난 몇 년 사이 대학원 과정에 흥미로운 일이 일어났어. 나의 최고의 제자들은 전부 여성이라네."[58]

루스 풀턴은 태어난 지 21개월 만에 아버지가 감염병으로 세상을 떠나면서 자신의 인생이 비로소 시작됐다고 회고했다.[59] 아버지가 세상을 떠나자 어머니는 큰 충격에 빠졌다. 장례식을 치르던 밤에 어머니는 아버지의 시신이 안치된 방으로 딸을 데리고 들어가 목 놓아 울면서 딸에게 아버지를 꼭 기억하라고 당부했다. 어머니는 매년 3월 아버지의 기일마다 그날의 장면을 되풀이하며 큰 소리로 울었고, 남편의 죽음을 '슬픔의 의식'으로 만들었다.[60] 루스는 어린 시절부터 두 세계에 사는 법을 배웠다.[61] 하나는 고요하고 아름다운 죽음의 세계였고, 다른 하나는 혼란스럽고 폭발적이며 걱정으로 가득 찬 삶의 세계였다. 루스는 쉰 살이 되면 (성인 초기를 지나고 평생 할 일을 찾고 남편감을 고르는 고난의 시간을 거치면) 마침내 평안에 이를 거라고 상상했지만, 어쩐지 그럴 가능성이 희박해 보였다.[62] 그때까지는 달려오는 지하철에서 불어오는 뜨거운 바람처럼 생생하게 느껴지는 어둠을 마주하는 수밖에 다른 도리가 없었다.

루스는 1887년 6월 5일에 뉴욕에서 태어났지만, 아버지가 세상을 떠나기 직전 뉴욕 북부의 가족 농장으로 이사했다. 1909년에 바사칼리지에서 학위를 받고 곧이어 코넬대학 의과대학 출신의 생화학자 스탠리 베네딕트와 결혼했다. 부부는 뉴욕으로 돌아왔지만 루스는 표류했다. 가정이 루스의 삶에서 중심이 됐다. 요리하고 청소하고 조용히 지내면서 스탠리가 엔진 수리나 사진 촬영과 같은 취미 활동에 몰두할 수 있게 해줘야 했다.[63] "그 사람이 내게 부탁하는 거라고는 평온한 생활을 유지하게 해 달라는 것뿐이야."[64] 루스가 자신에게 말했다. 루스는 정해진 일상에서 위안을 얻었고, 훗날 이것이 "무방비 상태에서 거세지는 자살 충동을 막기 위한" 자신만의 방법이었다고 말했다.[65]

스탠리가 교외의 삶에서 평온을 찾아 가던 시기에 루스는 교외로 이사하는 데는 동의하면서도 뉴욕에 방 한 칸을 유지했다.[66] 결혼 후 처음으로 자기만의 공간을 갖게 된 것이다. 그곳에서 시와 일기를 쓰기 시작했고, 웨스트 20번가의 타운하우스에서 무학년제로 운영되다가 나중에 사회 연구를 위한 뉴스쿨(New School for Social Research)로 발전하는 실험적 교육 기관인 '자유학교(Free School)'에서 강의를 들었다. 이 학교에서 바너드칼리지의 졸업생이자 남서부 아메리카 원주민 연구의 권위자로 떠오른 엘시 클루스 파슨스(Elsie Clews Parsons)의 대학원 수업을 들었다.

월스트리트에서 가장 유명한 중개인을 아버지로 둔 파슨스는 모험심 강하고 명석했으며 사람을 끌어당기는 매력이 있었다. 그녀는 관습을 뒤집는 것을 즐겼고, 그럴 만한 재력과 사회적 자신감을 갖추고 있었다. 바너드를 졸업한 후 컬럼비아대학에서 사회학 박사 학위를 취득하고, 보아스가 전쟁 기간에 어려운 시기를 보낼 때 인류학과에 자금을 지원하는 주요 후원자가 되었다. 파슨스의 초기 저서 《두려움과 관습》(1914)은 보아스의 《원시인의 정신》에 대한 대중적 해설이었다. 파슨스는 독자들에게 기존의 사고방식을 버리고, 우리가 정상이라고 여기는 모든 것이 낯설고 이상해 보이는 세상을 상상해보라고 촉구했다. "변화에 대한 두려움은 인간이 살면서 항상 느끼는 두려움의 일부이지만, 이제 인간은 그 두려움에서 벗어나기 시작했다. … 인간이 현재 관습이라고 부르는 것은 변화에 맞서는 보호 체계의 일부였지만, 인간은 이제 변화를 조사하기 시작했고, 두려움이 줄어들면서 심지어 관습을 포기하기 시작했다."[67]

파슨스는 우리는 모두 우리가 물려받은 분류의 포로라고 믿었다. 우리를 명명할 수 있는 단위로 묶어주는 것처럼 보이는 것들, 곧 가족이나 부족이나 국가는 사실 다른 사람과 사회에 대한 완벽하게 "두려움 없는 사랑"을 가로막는 장벽이다.[68] 또 이런 단위는 개인이 자신의 국가(혹은 고향)에서 이질감을 느끼고, 사회에서 요구하는 삶의 정해진 범주에 맞지 않아 고통받게 되는 원인이기도 하다. 그렇다면 사회과학은 멀리 떨어진 이국적 사회에서든 우리 사회에서든 둥그런 구멍과 네모난 말뚝(개인과 개인에게 기대되는 사회적 행동 사이의 괴리)을 인식하는 법을 배우는 데서 시작해야 한다. 그러지 않으면 우리의 타고난, "분류하려는 성향은 위대한 성취만이 아니라 비참한 실패의 원인이 될 수도 있다".[69] 《사교계 명사 인명록》의 편집자들은 파슨스의 말이 옳다는 것을 입증하듯이 파슨스가 자유연애와 이혼, 피임의 미덕을 찬양하는 책을 잇달아 출간하자 뉴욕 명문가 공식 인명록에서 파슨스의 이름을 삭제

했다.[70]

　루스 베네딕트에게는 이 모든 것이 계시와도 같았다. 베네딕트는 자유학교에서 파슨스를 비롯한 사람들이 조성한 분위기에 매료됐다. 베네딕트는 수업 과제에서 파슨스의 개념 몇 가지를 직접 시도해보았다. 기말 과제에서는 인간의 자유라는 측면에서 볼 때 자유연애를 옹호하는 사회가 여성의 성생활을 처녀, 아내, 매춘부라는 세 범주로 제한하는 사회보다 진보한 사회라고 주장했다.[71] 세상은 이미 정해진 것들이 아니라 가능성의 집합이고, 사회과학은 가능성에 대한 이해를 날카롭게 하는 과정이었다. 파슨스는 독자들에게 스스로 주변 환경에서 벗어나 자신의 관습을 기괴한 무언가로 보기 시작하라고 권했다. 베네딕트로서는 어릴 때부터 자연스럽게 터득한 태도라서 새삼 연습할 필요가 없었다. 세상을 본질적으로 불안정한 것으로 보는 태도, 곧 베네딕트의 표현대로 "영혼의 혼란"은 공포를 불러일으키지만 동시에 모험과 통찰을 불러올 수도 있었다.[72] 사실 베네딕트에게 모든 대화는 번역 연습이었다. 어릴 때 홍역을 앓아 한쪽 귀의 청력을 잃은 상태여서 매 순간 남들에게는 또렷이 들리는 단어와 문구를 알아듣기 위해 안간힘을 써야 했다. 베네딕트에게 세상은 그녀의 남편에게 보이듯 선명하고 밝은 선이 아니라 흐릿한 경계로 이루어진 듯 보였다.

　베네딕트의 또 다른 교수인 알렉산더 골든와이저(보아스의 제자)는 그녀에게 컬럼비아대학 박사 과정에 들어가 관심 분야를 더 탐구하라고 권했다. 마침 파슨스를 비롯한 자선가들이 인류학과를 위해 새로운 현지 조사와 출판 등을 위한 비용까지 지원해서 보아스도 사실상의 유배 상태에서 벗어나던 중이었다. 이전 세대의 제자들(버클리대학의 크로버와 로위, 자유학교의 골든와이저, 캐나

프란츠 보아스의 뒤를 이어 컬럼비아대학 인류학과를 이끈 루스 베네딕트. 사진은 1924년에 바너드칼리지에서 보아스의 조교로 일하던 시절에 찍은 것이다.

다의 사피어)이 새로운 세대에 자리를 내주었다. 스와스모어칼리지를 졸업하고 나바호족을 연구하고 있던 글래디스 라이카드(Gladys Reichard), 아프리카계 미국인 문화에 관심이 많은 멜빌 허스코비츠(Melville Herskovits)에 이어 얼마 후에는 베네딕트가 합류했다. 다만 베네딕트는 수줍음이 많아 대화에 잘 끼지 못했고, 서른네 살로 다른 학생들보다 한참 나이가 많았다. 그녀는 논문을 쓰기 위해 미친 듯이 책과 현장 보고서를 뒤적이며 하루하루를 보냈다.

박사 학위 논문은 대체로 독창적 연구라기보다는 공연 예술에 가까웠는데, 논문 심사관에게 학생이 어떤 기술적 지식을 습득했는지 증명하는 도구에 불과했다. 하지만 베네딕트는 논문을 쓰면서 진정으로 영감을 받았다. 도서관에서 수집한 자료를 살펴보면서 종교 경험을 여러 갈래로 가르는 기존의 방식이 적절하지 않다고 느꼈다. 학자들은 원시 신앙을 애니미즘, 마법, 신비주의라는 상자에 나누어 담았다. 하지만 베네딕트가 논문과 현장 보고서를 검토한 것처럼 조금만 시간을 들여서 살펴보면, 가령 대평원 부족들의 관습에서 복잡하고 풍성한 모습을 발견할 수 있었다. "기존에 알려진 모든 종교의 분류가 … 이 한 지역에서 뒤엉켜 있다."[73] 베네딕트가 1922년에 발표한 첫 논문에 쓴 글이다. "우리의 첫 과제는 종교 경험이 삶의 어떤 영역과 연관되는지 가능한 한 구체적으로 조사하고, 그 이질성과 무한한 다양성을 추정하는 것이 아닐까?"

신예 학자가 보아스에게 배운 교훈을 서툴게 표현한 것이다. 말하자면 인간 경험의 분류는 관찰자가 부여하는 정신적 틀이 아니라 경험 그 자체에서 출발해야 한다는 뜻이었다. 하지만 베네딕트는 여기서 더 깊이 들어갔다. 미국 서부에 존재하는 종교 경험(무아지경의 환상, 고문에 가까운 종교적 시련, 우유 배달부처럼 찾아오는 수호신의 강림)에는 "극단적으로 다양한 심리적 태도"가 개입해 있었다.[74] 이제 베네딕트는 어린 시절부터 내밀하게 인식하던 무언가를 과학적으로 설명할 방법을 발견했다. 정신 역시 손쉬운 분류를 거부한다.

베네딕트는 1922년 여름을 캘리포니아에 머물며 크로버와 함께 원주민 보호 구역에서 연구했다. 그해 가을에 보아스는 베네딕트에게 버나드칼리지에서 조교가 되어 세미나를 감독하고 연구실에서 연구하고 학생들을 데리고 자연사박물관으로 현장 학습을 다니라고 제안했다. 공식 직위나 직책은 없어도 베네딕트에게는 진정한 학자로서의 첫 경험이었다. 당시에는 다른 선택지도 거의 없었다. 베네딕트는 세 학기 만에 〈북미에서 수호신의 개념〉이라는 긴 논문을 완성해 1923년에 인류학 박사 학위를 받았는데, 그해 사회과학 전 분야에서 여성에게 수여된 단 마흔 개의 박사 학위 중 하나였다.[75] 그러나 베네딕트의 연구 지원서는 하나씩 거절당했다. 연방 연구비 지원 기관인 국립연구위원회에서는 서른다섯 살이나 먹고도 대학에서 제대로 된 직책이 없다면 "발전 가능성이 그리 크지 않은 인물"이라는 답변이 돌아왔다.[76]

그러나 1924년 여름에 베네딕트는 시간제 일자리와 보아스의 호의, 인류학과의 변함없는 후원자인 파슨스의 꾸준한 관심에 힘입어 파슨스가 다녀온 옛 현장 중 한 곳으로 직접 탐사를 떠날 만큼 돈을 모았다. 베네딕트는 얼마 후 기차를 타고 뉴멕시코주의 갤럽으로 향했다.

4세기 전에 북아메리카 남서부의 원주민은 신대륙 발견 초기의 에스파냐 탐험가들이 도시, 곧 '푸에블로'라고 인식한 정착촌에 살던 최초의 원주민 집단 중 하나였고, 텍사스주에서 네바다주에 이르는 강과 사막에 널리 흩어져 살았다. 갤럽 남쪽의 주니족 지역에는 점토와 목재로 멋지게 장식한 정사각형 건물들이 계곡 아래에 모여 있었다. 이 건물들에는 주변 부족과는 다른 언어를 쓰는 작은 공동체가 모여 살았다. 이웃의 나바호족과 아파치족 약탈자들은 관개 시설을 갖춘 옥수수밭과 가축 떼를 찾아 내려왔다. 옥수수 산이라는 뜻의 도와 얄란네(Dowa Yalanne)라는 우뚝 솟은 붉은 띠의 메사*는 주니족이 그곳을 최후의 요새로 삼았던 시대를 떠올리게 했다. 스미스소니언협회의 민족학자인 프랭크 해밀턴 쿠싱(Frank Hamilton Cushing)은 1879년에 이 경이로운 풍경을 처음 본 순간을 가슴 벅찬 어조로 이렇게 묘사했다. "언덕 너머로 해가 저물고 있었다. 언덕이 뾰쭉뾰쭉한 피라미드로 변하며 찬란한 후광을 썼고, 한밤중의 오로라처럼 보이던 것이 부서진 구름 사이로 터져 나오며 안개 자욱한 푸른 섬을 진홍빛과 황금빛으로 감싸고 그 빛의 띠가 위쪽으로 넓게 퍼지며 이글거렸다. 마치 높은 하늘에서 지상의 찬란함을 재현하는 것처럼 보였다."[77]

파슨스는 베네딕트에게 주니족 지역으로 들어가는 것은 "뾰족한 못들이 박힌 울타리"를 뚫고 들어가는 것과 같다고 주의를 주었다.[78] 부족민들은 반세기 전에 쿠싱이 민족학국 보고서에서 신성한 의례와 종교적 비밀을 공개한 이래로 연구자들을 경계했다. 쿠싱이 외지인에 대한 나쁜 인상과 깊은 의심을 심어준 것이다. 하지만 베네딕트는 보아스의 또 다른 제자이자 여행 동반자인 루스 번젤(Ruth Bunzel)과 함께 때로는 돈을 주면서 장시간 인터뷰에 응해줄 정보원을 찾아냈다. 베네딕트는 밤을 새워 민담을 필사하고 주니족 사람들과 장시간 대화를 나누면서 받아적은 내용을 이해하려 노력했다. 사실 영어로 말할 때도 베네딕트는 무슨 말을 하는지 이해하기 위해 안간힘을 써야 했다. 푸에블로 사람들은 '귀머거리'로 불리던 그녀가 왜 그렇게 듣지도 못하면서 옛날이야기를 열심히 수집하는지 궁금해했다.[79] 하지만 베네딕트는 자신이 찾아낸 사실에 매료되지 않을 수 없었다. 주니족 사회에서는 집안의 남성들이 여성들을 위해 일하고 여성들이 재산권을 독점했다.

---

* 꼭대기는 평평하고 등성이는 벼랑으로 된 언덕. 미국 남서부 지역에 흔하다.

어머니가 딸에게 재산을 물려주고 딸은 여성 우위의 질서를 계승했다. 주니족은 모계 혈통에 특권을 부여했는데, 아버지가 아니라 어머니의 혈통에 따라 조상을 따진다는 의미였다. 사람들은 증조할머니의 조상 가계도에서 이름을 붙일 수 있었는데, 옛 뉴요커들이 배를 타고 처음 뉴암스테르담으로 들어온 네덜란드인 조상이 누구인지 알아내던 것과 같은 방식이었다.

주니족도 서부의 다른 부족처럼 성별이 교차하는 전통이 있었다. 프랑스 탐험가들은 이런 전통에 '베르다슈(berdache)'라는 이름을 붙였다. 생물학적 남성이 사회적 여성의 역할을 맡아 여성의 옷을 입고 여성의 일을 하며 심지어 베르다슈가 아닌 남자와 관계를 맺을 수도 있었다. 이런 남자들을 일상 언어로 '남성-여성(men-women)'으로 기술하는 것(아니면 프랑스에서 넘어온 단어로, 실제와 다르게 '성노예'를 뜻하는 아랍어에서 유래한 용어인 베르다슈를 쓰는 것)에서 주니족의 현실을 미국의 보통의 언어로 번역하기가 얼마나 어려운지 보여준다. 여성이 음경을 가질 수 있고 남성이 여성 혼례복을 입을 수 있었다. 베네딕트는 이 모든 것이 왜 그렇게 파슨스의 흥미를 끌었는지 이해할 수 있었다.

하지만 주니족은 이미 개척된 땅이었다. 보아스도 잠시 방문한 적이 있었다. 베네딕트는 새롭고 독창적인 연구를 수행하고 싶었다. 그러다 어느 더운 오후에 진흙 벽의 그림자만 그늘을 만들어주는 그곳에서 의례, 이야기, 성격이 일종의 체계를 이룰 수 있다는 아이디어가 떠올랐다. 보아스에게 문화는 그 자체의 조건에 따라 이해해야 한다고 배웠다. 베네딕트는 논문을 쓰기 위해 자료를 조사하면서 이미 정신은 그 정신이 형성된 사회와 유사한 형태를 띤다는 것을 알았다. 이제는 비록 불완전하고 간접적이긴 해도 스스로 증거를 수집한 경험을 쌓은 상태였다. 그리고 이곳은 부와 정체성이 남성 혈통이 아니라 여성 혈통을 따르는 것이 당연한 지역이었다. 그녀의 고향이었다면 스탠리 베네딕트가 스탠리 풀턴이 된다고 하면 다들 비웃었을 것이다.

베네딕트는 나중에 〈인류학과 비정상〉이라는 논문에서 "폭넓게 다양한 문화를 연구하면서 알게 된 가장 놀라운 사실은 우리가 비정상이라고 부르는 것이 다른 문화에서는 아무렇지 않게 기능한다는 점"이라고 썼다.[80] 어떤 일탈자나 범죄자도 그들의 고통이 받아들여질 뿐 아니라 그들에게 안락하고 나아가 명예로운 삶이 보장되는 사회를 발견할 수 있었다. 아무리 이상해 보이는 사람도 이상하지 않게 살아갈 수 있는 곳을 발견할 수 있었다. 황홀경을 추구하는 사람과 환각제를 복용하는 사람, 신경증 환자와 악령에 씌인 사람, 정신분열증 환자와 만성 우울증 환자도 지역적 맥락에서 벗어나면 그런 사람들로 불리지 않을 수 있었다.

베네딕트는 동성애도 또 하나의 좋은 예라고 했다. 주니족처럼 사회 구조상 비정상인 행동이 "가능한" 행동이 되는 사회에서는 동성애자도 "사회적으로 자리를 얻었다". 말하자면 동성애자들은 사회의 표준 구조에서 동떨어지더라도 여전히 사회 안에서 안전하게 보호받으며 주어진 역할을 맡았다. '베르다슈'는 추방된 자들이 아니었다. 비정상이기는 해도 여전히 이해할 수 있는 존재로서 사회 안에서 누구에게나 인정받았다. "한마디로 정상성이란 넓은 범위에서 문화적으로 정의된다. 정상성은 주로 어떤 문화권에서 인간 행동에 대해 사회적으로 정교하게 규정된 측면을 의미하고, 비정상은 어떤 문화권에서 통용되지 않는 측면을 지칭하는 용어이다."[81]

베네딕트는 일탈이란 (그것이 어떤 유형이든 간에) 개인의 삶의 방식과 그가 속한 사회가 선호하고 중시하는 행동과 감정의 목록이 서로 어긋난 것일 뿐이라고 보았다. 어떤 사회에서든 정상성은 인간의 모든 가능한 행동이라는 거대한 텍스트의 편집본일 뿐이고, 모든 사회가 같은 방식으로 편집된다고 볼 근거는 없었다. 어떤 존재 방식을 비정상이라 부르는 것은 그 지역에서 "사회적으로 허용되지 않는 사람들의 정신적 딜레마"를 만들어냈다는 의미일 뿐이었다.[82] 이것은 베네딕트 자신의 경험에서 나온 표현이었다. 베네딕트는 도서관에 앉아 대평원 원주민 사회에서 영적 세계와 교류하는 의례를 연구하고 푸에블로에서 한 인터뷰를 살펴보면서 자신의 청각 장애와 우울한 정서, 수줍음을 이해하는 법을 배웠다. 그리고 이런 성향은 타고난 부족함이 아니라 그녀와 같은 부류에게 어울리지 않은 문화를 이루는 보이지 않는 힘의 결과라는 점을 깨달았다.

베네딕트는 현장 연구를 마치고 뉴욕으로 돌아와 다시 이력서와 연구비 지원서를 우편으로 발송하는 생활을 시작했다. 보아스의 지원에도 학계에선 일자리 제안이 없었다. 스탠리와의 결혼 생활은 익숙한 정체기로 접어들었다. 두 사람은 사실상 별거 중이었지만 공식적으로 이혼하지는 않았다. 베네딕트의 일기장에는 업무와 회의, 가끔 보아스와 함께하는 저녁 식사, 도서관에서 보내는 오전 시간, 온종일 학생들의 과제를 채점하면서 보내는 일상으로 가득했다. 하지만 베네딕트의 삶은 전혀 예상치 못했지만 두말할 것 없이 옳은 방향으로 서서히 흘러갔다.

베네딕트는 남서부 지역에서 현지 조사 경험을 쌓은 후 마침내 자신이 속한 사회의 민담과 가짜 과학, 종교 교리에서 물려받은 구속적 관습을 벗어던지려 했다. 직접적인 원인은 바너드칼리지의 보아스의 개론 수업에서 그녀가 관심을 갖게 된 사람, 가냘프지만 다부진 어깨를 가진 학부생 마거릿 미드였다.

7장

마거릿 미드,
폴리네시아로 떠나다

아이들과 청소년들이 새벽 5시부터 자정까지 미드를 찾아와 대화를 나누고 즉석에서 댄스파티를 열었다 … "여기서 제일 행복한 순간은 사모아인 집 마루에서 원주민들과 함께 목욕하거나 바다를 바라보거나 늙은 추장에게 미사여구를 넣어 장황하게 말할 때다."

마거릿 미드는 의례와 규칙에 관심이 많았다. 어린 시절에도 규칙을 자주 만들던 아이였다. 미드는 여자 친구들을 불러모아 집이나 학교에서 일어난 재미난 일들을 글로 쓰는 모임을 만든 적도 있고,[1] 동생들의 정신 발달을 기록하며 각 행동이 교활한 행동인지 단순히 유치한 행동인지 주석을 달기도 했다.[2] 그리고 여느 아이들처럼 "내가 제일 좋아하는 공부", "우리가 전염병에 걸린 해"라는 제목의 목록을 만들기도 했다.[3]

마거릿 미드는 1901년 12월 16일에 필라델피아 웨스트파크 병원의 신설 산부인과 병동에서 첫째 아이로 태어났다.[4] 자유로운 실험 정신, 완벽의 가능성, (정치, 사회 생활, 개인의 행동에서) 개혁의 필요성은 에드워드와 에밀리 미드 부부가 유아기를 넘기고 살아남은 네 자녀 모두에게 물려준 유산이었다. 에밀리는 시카고대학에서 사회학을 전공하면서 에드워드를 만났고, 뉴저지주 파인 랜즈에서 이탈리아 이민자들의 고단한 삶을 연구하며 박사 학위 과정을 시작했다. 마거릿이 여섯 살일 때 처음 참석한 결혼식은 에밀리가 박사 학위 연구를 하며 알게 된, 이탈리아에서 갓 이민 온 연인의 결혼식이었다. 에밀리는 결혼식이 끝나고 큰딸에게 방금 본 낯선 음식과 관습에 대해 자세히 말해보게 했다.[5] 펜실베이니아대학 와튼스쿨의 금융학 교수였던 에드워드는 중절모를 쓰고 베란다에 앉아 소스타인 베블런(Thorstein Veblen)의 책을 읽으며 오후를 보내곤 했다.[6] 가족의 말에 따르면 마거릿은 뜻도 모르고 '사회학'과 '경제학'이라는 단어를 발음할 수 있었다고 한다.[7]

미드 집안은 자주 이사했는데, 그중에 가장 안정감을 준 집은 펜실베이니아주 벅스카운티의 작은 골짜기와 산등성이에 있었다. 네 자녀는 미드가 개인 문구에 새긴 첫 주소지인 홀리콩이라는 작은 지역사회 근처의 가족 농장 롱랜드에서 자기네끼리 연극을 만들며 여름을 보냈다. 미드의 친할머니 마사는 미드를 책을 많이 읽고 자신감 넘치는 여성, 지혜와 어리석음 사이의 얇고 밝은 경계선을 아는 인간으로 키우고자 했다. 미드의 어린 시절은 정직함이 어떻게 반항이 될 수 있는지를 보여주는 훌륭한 본보기가 됐다. 미드는 열한 살이 되던 해에 모태 신앙으로 감리교를 물려받았지만 사실상 무신론자였던 아버지에게 성공회 교회에서 세례를 받기로 했다고 알렸다.[8]

1919년에 미드는 아버지의 모교인 드포대학에 입학했다. 대학 야외극 공연을 위해 진지한 우화를 써서 수상하기도 했다. 기숙사 방에는 직접 커튼을 만들어 걸고 벵골 철학자 라빈드라나트 타고르와 러시아 혁명가 예카테리나 브레슈코프스카야의 사진을 붙였다.[9] 여학생 사교 모임 가입 권유 주간에는 양귀비꽃이 흩뿌려진 밀밭을 연상시키는 드레스를 직접 만들어 입었다. 하지만 '카파 카파 감마' 클럽에서는 정중하게 미드의 가입을 거절했다.[10] 올바르게 생각하는 여학생이라면 일부러 인디언처럼 보이고 싶어 하지 않았을 거라고 본 것이다.

심각한 거절은 아니었지만 미드로서는 마치 망명 생활을 하는 듯한 느낌을 받았다.[11] 미드는 처음으로 인생에서 또래에게 온전히 받아들여지지 않는다고 느꼈다. 그전까지 미드가 자부하던 것들(패션 감각, 성공회 신자, 미국 동부 발음)이 갑자기 낯설고 의심스러워 보였다.[12] 동부 해안은 드포대학이 있는 중서부의 그린캐슬과 전혀 다른 세상처럼 보였다. 그린캐슬에서는 예측 가능한 기준점에 따라 한 학기가 돌아갔다. 한마디로 "남학생 사교 모임, … 풋볼 경기, 그리고 … 그들이 훗날 어엿한 로터리 클럽 회원이 되고 그들의 아내들을 훌륭한 가든 클럽 회원으로 만들어줄 인맥을 쌓는 생활"이 중심이었다.[13] 미드도 이미 맨해튼의 제너럴신학교에 입학한 시골 의사의 아들 루서 크레스먼과 약혼한 상태였다. 드포대학에서 일 년 동안 성적이 그리 뛰어나지 않았어도 열심히 필기를 하며 학업을 마친 후 미드는 결국 집에서 가까운 학교로 옮기게 해 달라고 아버지를 설득했다. 1920년 가을에 미드는 바너드칼리지 2학년으로 들어갔다.

미드는 나중에 "처음으로 나보다 나은 무언가를 찾았다는 느낌이 들었고 행복했다"라고 회상했다.[14] 바너드칼리지에서는 우연이 아니라 스스로 선택해 친구들을 사귀었는데, 젊은 여학생 열 명 정도로 이루어진 친구들 모임에는 훗날 미국 시인상을 수상하는 레오니 애덤스(Léonie Adams)도 있었다. 해마다 그들은 경멸적인 이름을 명예의 상징으로 채택했다.[15] 이를테면 웨스트사이드 사람들이나, 어떤 어리석은 행동이나 급진적인 정치 성향에 분노한 교수들이 그들에게 내뱉은 경멸적인 표현이었을 것이다. 그중에 정말 기억에 남은 이름이 '애시 캔 캐츠(Ash Can Cats, 쓰레기통의 고양이들)'였다.[16] 자유분방하고 모험심 강하고, 흐트러지긴 했어도 지적 유행을 이끌고, 절반이 유대인이며, 모두가 볼셰비즘과

젊은 시절의 마거릿 미드. 프란츠 보아스의 대표적 여성 제자인 미드는 인류학을 대중에게 알리는 데 큰 역할을 했다.

에드나 세인트 빈센트 밀레이(Edna St. Vincent Millay)의 시를 잘 알고 단발머리에 학식을 뽐내는 여자들 모임의 성격을 잘 나타내 주는 좋은 이름이었다. 이들이 모이던 웨스트 116번가의 아파트는 즉흥적인 경구, 진 술병이 널브러져 쨍그랑거리는 소리, 캠퍼스에 떠도는 나이 든 남자와 때로는 나이 든 여자와의 관계에 대한 소문으로 떠들썩했다. 1921년 여름에 미드는 '필라델피아 일일 방학 성경 학교'에 앞으로는 방학 동안 성경 공부 교사로 봉사할 수 없다고 알렸다.[17]

미드는 목사의 아내라는 예측 가능한 미래와 거리가 먼 쪽으로, 시와 감정, 그리고 '애시 캔 캣츠'의 핵심 구성원으로 이루어진 "소수의 다채로운 레즈비언 친구들"의 세계로 들어갔다.[18] 미드는 주변의 모든 사람처럼 정치적 급진주의자였지만 적절한 선을 넘지는 않았다. 한 친구가 그녀를 '불그스름하다(reddish)'고 표현할 정도였다.[19] 사코와 반제티*를 지지하는 행진, 난해한 수학과 사회학 수업, 이사도라 던컨과 존 배리모어의 〈햄릿〉 개막 공연, 약혼자인 루서와 함께 그리니치빌리지의 '졸리 프라이어스 인'에서 하는 저녁 식사, 폭스트롯과 왈츠를 빼고는 연필로 X 표시를 한 댄스 카드**까지 뉴욕은 열정과 행동이 분출하는 도시였다.[20] 뉴욕의 이 모든 것은 바너드칼리지에서 '치료 체육' 수업을 들어야 했을 만큼 작은 체구에 건강이 좋지 않던(이따금 팔에 신경염이 재발하고 어느 크리스마스에는 성홍열까지 앓은) 미드에게 충분히 보상이 됐다.[21]

미드는 성적도 올랐다. 특히 1922~1923학년도에 인류학과 심리학에서 수준 높은 수업을 들으면서부터였다. 미드는 교수의 말을 한마디도 놓치지 않으려는 듯 깨알같이 작은 글씨로 필독서와 강의 내용을 여러 쪽에 걸쳐 빠르게 받아 적었다. 특정 부족의 문양을 기억하기 위해 바구니 문양을 세밀하게 그렸고, 친구들을 대

---

* 1920년 4월 15일에 매사추세츠주에서 두 명의 무장 강도가 구두 공장에 침입해 경리를 살해하고 돈을 훔쳐 달아나는 사건이 일어났다. 이 사건의 범인으로 이탈리아 이민자 출신 노동자인 니콜라 사코와 로메오 반제티가 체포되었는데 두 사람 모두 사건 당시 알리바이를 증명해주는 증인들이 다수 나타났는데도 혐의를 벗지 못했다. 두 사람이 무정부주의자라는 점이 배심 재판에서 불리하게 작용해 1급 살인으로 유죄를 선고받았고, 이후 항소가 이어졌지만 모두 기각되었다. 결국 두 사람은 1927년 4월 23일에 전기의자에서 사형당했다. 사법 살인의 대표적인 사례로 꼽힌다.
** 격식 있는 무도회에서 여성이 함께 춤을 추고 싶은 남자 상대의 이름을 적기 위해 사용한 카드.

상으로 심리학 실험과 간단한 여론 조사를 실시해 결과를 기록하기도 했다.[22] 미드는 C나 B 학점을 받는 중위권 학생으로 바너드 칼리지에 입학했지만, 졸업할 때는 "최소한으로 공부하고도"[23] 우등생 명단에 올라 아버지를 안심시켰다.[24] 특히 인류학 수업에서 좋은 성적을 거두어 보아스 교수와 그의 조교인 베네딕트 부인이 기말 시험을 면제해줄 정도였다.[25]

그러다 자살 사건이 일어나면서 미드는 심각한 타격을 입었다. 1923년 2월 초, 동기인 마리 블룸필드가 과학 실험실에서 몰래 가져온 청산가리를 치사량 들이켰다.[26] 미드는 친구들과 함께 브룩스홀 기숙사 방에서 마리의 시신을 발견했다. 〈뉴욕 타임스〉는 이 사건의 원인을 "마음이 병들어 있었고, 그동안 읽은 책을 통해 죽음이 황홀경과 환희 속에서 온다는 확신을 얻은 듯하다"라고 간략히 보도했다.[27]

미드는 자신을 탓했다. 마리는 홍역에 걸렸다가 회복하던 중이었는데, 미드는 그런 마리를 돌보지 않고 다른 여자, 그러니까 까다롭고 집착이 심한 마리보다 "육체적 애정"이 더 큰 여자를 만나러 간 것이다.[28] 미드가 지난 크리스마스에 마리에게 시집을 선물했고 마리는 그 시집에서 잘 선택한 죽음을 찬양하는 듯한 시 구절들에 밑줄을 그었다. 〈뉴욕 타임스〉에서 마리의 자살에 영향을 끼쳤을 거라고 언급한 텍스트였다. 이때 미드는 세상에 어떤 생각을 내놓을 때 신중을 기하지 않으면 치명적인 결과를 초래할 수 있음을 깨달았다. 자신이 이 모든 결과를 예견했어야 했다고도 생각했다. 얼마 후 미드는 어머니 에밀리 미드에게 보내는 편지에 이렇게 적었다. "그애한테는 제가 대학에서 제일 친한 친구였는

데, 제가 충분히 사랑을 주지 못했어요."29)

베네딕트는 비보를 듣고 당장 미드에게 짧은 편지를 보냈다. 2월 8일에 쓴 것으로 "사랑하는 마거릿에게"로 시작하는 편지였다.30)

> 네 힘에 부칠 만큼 친구들이 널 필요로 할 거야. 혹시라도 내가 널 더 자유롭게 해줄 방법이 있다면 세미나실로 연락하렴. 아니, 네가 올 수 있다면 직접 찾아오렴. 오늘은 미뤄도 되는 일만 있어. 나는 오늘 너를 생각할 거고, 사람들이 힘들 때 서로에게 더 큰 도움이 될 수 있기를 바랄 거야.

미드는 이 편지를 죽는 날까지 간직했다. 이 편지는 미드가 바너드칼리지의 선배이자 컬럼비아대학 조교이던 베네딕트와 주고받은 수많은 편지 중 현재까지 남아 있는 최초의 편지다.

두 사람은 이전 해 가을부터 서로 알고 지냈다. 바너드칼리지의 소규모 여성 공동체에서는 학생과 강사가 친하게 지냈다. 여학생들이 '충돌 사고'라고 부르던 강렬한 짝사랑(순수한 짝사랑만이 아니라 실질적 정사)에 대한 소문이 넘쳐났지만, 두 사람의 관계는 아직 입방아에 오를 정도는 아니었다. 하지만 그해 봄에 찾아든 심리적 스트레스로 인해 둘의 관계가 달라지기 시작했다. 친밀감이 더 커지고 새로운 관계가 싹텄다. 미드가 '베네딕트 부인'이라는 호칭을 버리고 '루스'라고 부르기까지는 시간이 좀 더 필요했지만, 베네딕트는 뭔가가 달라진 것을, 적어도 자신의 관점에서 뭔가가 달라진 것을 느낄 수 있었다. 베네딕트는 일기에 "그녀는 푹신한 의자와 벽난로처럼 나를 쉬게 해준다"라고 썼다.31)

한 달 후인 3월에 베네딕트는 미드에게 컬럼비아대학에서 인류학과가 포함된 사회과학 대학원 프로그램을 고려해보라면서[32] 이렇게 말했다. "보아스 교수님과 나는 중요한 연구의 기회 말고는 아무것도 해줄 것이 없어."[33] 그해 봄에 미드가 졸업 가운에 미국 대학 성적 우수자 모임을 가리키는 파이 베타 카파(Phi Beta Kappa) 배지를 달아 깐깐한 아버지마저 자랑스러워할 성적으로 학사 학위를 받자, 베네딕트는 선물로 300달러를 건네면서 대학원 진학에 도움이 되는, "복잡한 절차가 없는 장학금" 정도로 생각하라고 말했다.[34] 미드는 '요정 대모'에게 감사의 답장을 보내고 추신에 이렇게 농담을 던졌다. "이 편지는 '복잡한 절차가 없는' 답장이 아닐 것 같아요."[35]

학부 과정을 마친 미드와 크레스먼은 드디어 오랜 약혼 상태에 종지부를 찍었다. 두 사람은 1923년 9월에 펜실베이니아에 있는 미드 가족의 시골집 근처 작은 성공회 교회에서 결혼식을 올렸다. 그리고 루스와 스탠리 베네딕트 부부가 소유한 뉴햄프셔의 별장에서 짧은 신혼여행을 보냈다.[36] 크레스먼 부부는 침실을 따로 썼는데, 미드가 뉴욕으로 돌아가기 전에 연구 논문과 독후감을 마무리해야 했기 때문이다. 그리고 미드는 다시 학교로 돌아갔다.

미드는 오래전부터 사회과학자가 되겠다고 꿈꾼 것은 아니었지만 이제 어머니가 오래전에 중도 포기한 대학원에 진학했다. 그리고 이내 세미나와 동료 연구자들과 벌이는 논쟁, 사회 세계에 대한 이해를 넓히는 느낌에 빠져들었다. 마치 폐쇄적이고 은밀한 조직에 들어간 느낌이었다. 모든 강의가 새로운 지평을 열어주었다. 우선 베네딕트의 인체측정학 강의를 신청했는데, 다소 파격적인 강의였다. 과거처럼 두지수와 인종 위계를 자세히 설명하는 방식이 아니라 주어진 통계치를 다양한 해석에 열어 두는 방식이었다. 베네딕트는 개인의 신체 측정에서 집단의 행동으로 확장하는 것은 지나친 비약이고, 자칫 잘못된 추론을 유도한다고 가르쳤다. 사회적 규칙으로 보이는 것도 알고 보면 우리 자신이 만든 통계적 범주에서 비롯된 허구일 수 있다. "스웨덴인, 바이에른인, 흑인의 차이를 결정하는 문제를 시작해보자." 미드가 베네딕트의 개론 강의 노트에 적은 글이다. "우리는 순진하게도 스웨덴인이 바이에른인보다 흑인하고 더 다르다고 말한다. 그러나 이런 차이를 정의하는 것은 또 다른 문제다."[37] 사회과학은 명백해 보이는 것 너머로 나아가고, 사회가 제공하는 기존의 진실에 의문을 제기하는 법을 배우는 것을 의미했다.

미드는 이미 보아스와 베네딕트에게서 몇 가지 핵심 개념을 배웠다. 선입견을 버리고 좋은 질문을 던지고 실제로 자료를 수집하기 위해 발로 뛰어야 한다는 것이었다. 미드는 인류학이 여느 학과에서 배우는 것보다 훨씬 엄격한 방법으로 연구하는 일종의 종합 과학인 것 같다고 느꼈다. 얼마 후 미드는 보아스가 가장 좋아하는 주제 중 하나로 박사 학위 논문을 쓰겠다고 제안했다.

보아스는 수십 년 동안 문화 형태의 분화를 설명하는 방법에 관한 논쟁의 중심에 서 있었다. 같은 지역에서도 사회에 따라 바구니 짜기, 문신, 카누 제작과 같은 관행이 디자인이나 기법, 의례와의 연관성 면에서 크게 다를 수 있었다.

학자들은 이런 차이의 원인을 두고 두 가지 관점으로 나뉘었다. 한쪽에서는 진화를 핵심으로 보았다. 사회마다 자신들이 처한 상황에 따라 일련의 행동을 발전시킨다는 것이었다. 인간의 독창성과 기술의 발전으로 사람들은 조상들이 해결하지 못한 문제에 대해 더 효율적이고 바람직한 해법을 찾는다. 이 과정이 오랜 시간에 걸쳐 저절로 일어났기에, 현대 사회가 고대 이집트 사회보다 기술적으로 더 발전한 것이다. 이 관점은 더 나아가 문명 사회와 현존하는 원시 사회의 의례, 친족 제도, 종교, 장식 예술에 나타나는 차이도 설명해준다. 분화는 좀 더 선진적이고 독창적인 사회로 나아가는 과정이고, 발전 과정에서 이전 단계에서 '살아남은 것'(예를 들어 오늘날 아일랜드의 레프러콘*에 대한 믿음)이 비 온 뒤 땅에서 드러나는 질그릇 파편처럼 현대의 풍경에 흩어져 있다는 것이다.

보아스의 관점은 이와 달랐다. 북서부 해안의 현지 조사에서 직접 경험한 바에 따르면, 문화 형태는 집단 사이에, 때로는 지리적으로 넓은 지역에서 서로 차용됐다. 특별한 규칙이나 뚜렷한 법칙에 따라 변화한 것이 아니었다. 진화론자의 관점에 따르면 특정한 지리적 공간에서 문화적 관행이 어느 정도 균일하게 분포하고 기회와 제약도 균일할 것으로 예측된다. 그러나 실제로는 보아스가 '확산(diffusion)'이라고 부른 과정에 따라 상당한 분화가 나타났다. 가령 멀리 떨어진 정착촌들에서 같은 문양의 문신을 할 수도 있고, 가까운 지역의 부족 사이에서 문양이 확연히 다를 수도 있다. 한 지역의 집짓기 기술이 강 상류 부족의 집짓기 기술을 단순히 빌려온 것처럼 보일 수 있지만, 자세히 들여다보면 목공이나 장식, 지붕선이 복잡하게 혼합되어 있을 수 있다. 집단마다 멀리 떨어진 여러 지역의 기술을 가져다 쓰는 것처럼 보이므로 관습이

---

* 아일랜드 민담에 나오는 인간 남성의 모습을 한 작은 요정.

나 이야기, 의례의 궁극적 기원을 추적하려는 시도가 무의미할 수 있다.

1924년 여름에 미드가 대학원 첫 학년을 마칠 즈음, 보아스는 "모든 특별한 문화 형태는 역사적 성장의 산물"이라고 썼다.[38] 인간의 관행과 습관은 고대의 단일한 표준에서 갈라져 나온 것이 아니라, 처음부터 각기 다른 지역에 살던 사람들이 다르게 행동하다가 낯선 사람이나 집단과 접촉하면서 서로의 관습을 공유하고 수정해 나갔다는 것이다. 여기에는 우연과 개인의 독창성도 중요한 역할을 했다. 보아스는 "우리는 한 개인이 중요한 신화 전체를 소개한 예도 안다"고 썼다.[39]

어느 사회든 과거와 연결해서 이해해야 한다. 그 사회의 고립이나 접촉, 이주의 이력을 들여다봐야 한다. 현대 사회는 글을 읽고 쓸 줄 알며 역사를 의식하고 자신의 복잡성을 즐기지만, 그렇다고 해서 이전 사회가 더 단순하고 변화하지 않았던 것은 아니다. 원시 사회에도 역사가 있었다. 원시 사회는 고장난 시계처럼 시간을 초월해 자연 상태로 존재하며 문명인이 찾아와 생명을 불어넣어주기를 기다린 것이 아니다. 따라서 인류학 연구자는 태초부터 거의 변하지 않은 사회를 들여다본다고 생각하고 현장에 들어가서는 안 된다. 그보다는 분화, 확산, 혼합의 긴 서사에서 동시대의 한 단면만 들여다본다고 생각해야 한다. 불안정성과 이동, 차용과 유행은 오늘날의 브로드웨이에서처럼 원시 사회에서도 흔한 현상이었다. 다만 연구자들은 그 속에서 무엇을 탐색할지 고민해야 한다.

미드는 보아스의 강의에서 이 모든 개념을 접했고, 베네딕트의 세미나에서 다시 확인했다. 그리고 박사 학위 논문을 위해 폴리네시아의 확산 문제에 집중하기로 했다. 폴리네시아는 보아스의 개념을 검증하는 데 최적의 지역이었다. 극단적 거리와 광대한 바다로 분리된 이런 지역의 문화 집단에서 확산의 증거를 발견한다면, 차용과 상호 영향이 지리적 공간과 상관없이 작용한다는 사실을 입증할 수 있었다. 그러면 여행과 접촉이 더 수월한 지역에서는 이런 과정이 더 활발하게 일어날 거라고 미루어 짐작할 수 있었다.

미드는 민족학 연구와 그림, 문신과 카누 제작에 대한 평가를 비롯해 수집 가능한 모든 정보를 집어삼킬 듯 섭렵했다. 그리고 1925년 5월에 논문을 제출했다. 토론토의 한 학회에서 이미 연구 결과의 일부를 발표했고, 반응은 고무적이었다. 이 학회의 주최자인 에드워드 사피어는 보아스의 제자이자 인류학계를 이끌어 갈 다음 세대 리더였다. 그는 미드의 연구에 각별히 관심을 보였다.[40] 미드는 진정한 사회과학자가 되는 길에 들어섰거나, 적어도 그렇게 느껴졌다. 이제 미드에게 필요한 것은 다른 사람의 연구를 재해석하는 데 그치지 않고 직접 자료를 수집해 독립적인 학자로서 날개를 펼치기 위한 연구 프로젝트, 곧 베네딕트를 푸에블로로 이끌었던 것과 같은 자극이었다. 이제 미드는 보아스의 제안에 따라 진화인가 확산인가를 둘러싼 논쟁의 핵심을 꿰뚫는 질문으로 방향을 전환했다.

아이를 키워본 사람이라면 사랑스럽고 고분고분하던 아이가 열두 살 무렵부터 마법 같은 변화를 겪는다는 것을 알 것이다. 보이지 않는 힘이 아이들을 낯설고 알아볼 수 없는 존재로 바꿔치기하는 것만 같다. 끊임없이 짜증을 내고 갑자기 화를 내며, 아기 때부터 자기를 먹이고 입혀준 사람들을 부끄러워하기 시작한다. 보아스의 클라크대학 시절 상관이던 심리학자 그랜빌 스탠리 홀이 바로 이 현상에 관한 연구로 두 권짜리 저서를 냈다.《청소년기: 청소년기의 심리학, 그리고 청소년기와 생리학과 인류학, 사회학, 성, 범죄, 종교, 교육의 관계》(1904)는 주요 참고 문헌이 됐다. 홀에게 이 문제는 개별 유기체의 가장 깊은 곳, 나아가 인종의 진화에도 뿌리를 두고 있었다. 인종 유형이 야만에서 문명으로 발달 단계를 거치듯, 한 인간도 어린 시절의 원시성에서 성인기의 정교한 합리주의로 발전한다는 뜻이었다. 홀 세대의 저자들이 '십 대'라고 부르기 시작한 이 시기 아이들의 독특한 투쟁은 근대성의 성장통과 닮아 보였다.

그런데 이 모든 것이 특정 시대와 특정 문화의 산물이라면 어떨까? 미드는 이 점이 궁금했다. 청소년기의 반항처럼 인류의 뿌리 깊어 보이는 특성조차 사회 학습의 결과이지 호르몬(미드가 살던 시대에 이르러서야 이름이 붙은 화학 물질) 분출이 원인이 아니라고 입증된다면, 파파 프란츠는 진화론자들에게 또 한 번의 타격을 가할 수 있었다. 이 주제는 일면 미드의 개인적 주제이기도 했다. 미드 자신이 그즈음 '십 대'를 갓 벗어난 터였다. 미드는 "거대한 시골 교구에서 아이들이 북적거리는 집에 살면서 주변의 모든 이가 갖가지 문제로 조언을 구하러 오는 상대가 된다"는 청소년기의 꿈도 거의 포기했다.[41] 바너드와 컬럼비아에서 보낸 삶은 드포대학 여학생 사교 모임의 서약에 대한 충격적 반란처럼 보였다. 인류학자가 인류의 초기 모습을 찾기 위해 현지 조사를 나간다면, 미드는 어떤 의미에서 자신의 초기 모습을 찾고 있었다.

보아스는 미드에게 아메리칸사모아를 고려해보라고 제안했다. 미국 시민권자로서 미국 영토 안에 머무르는 이점이 있을 뿐 아니라 의료 시설도 꽤 잘 갖춰진 섬이라고 했다.[42] 미드는 가끔 재발하는 신경염 때문에 팔을 들기도 힘든 상태였다. 게다가 대학원 1학년 때 바람이 많이 불던 어느 날 밤 브로드웨이에서 바람에 날아간 모자를 잡으려다가 택시가 달려오는 도로에 뛰어든 적이 있었는데 그때 부러진 발목이 완치되지 않았다.[43] 논문을 쓰면서 폴리네시아의 배경 조사는 이미 마쳤기에, 이제 미드 자신만의 현장으로 가서 자료를 수집하기만 하면 됐다.

미드에게는 떠나고 싶은 더 직접적인 이유도 있었다. 미드의 삶은 보아스가 아는 것보다 훨씬 더 복잡했다. 한창 경력을 쌓아야 할 시기에 남편과 사이가 멀어지고 있었다. 그리고 미드는 베네딕트에게 깊이 빠졌다. 또 캐나다에서 미드의 학회 논문을 칭찬해준 세련된 학자 에드워드 사피어와는 이미 연인 사이였다.

미드는 토론토에서 사피어를 처음 만났을 때 불꽃이 튀는 것 같았다고 회고했다.[44] 아내 플로렌스가 긴 투병 끝에 그해 봄에 세상을 떠났고, 사피어는 망연자실한 어둠에서 막 빠져나오던 참이었다. 사피어는 미드가 '명석한 두뇌'를 지녔다고 생각했던 것을 기억했고[45] 두 사람은 곧 서로의 문장을 완성해줄 수 있을 만큼 함께 생각을 나누었다.[46] 1925년 봄, 미드가 남태평양으로 떠나기 불과 몇 달 전 사피어가 정기적으로 뉴욕을 방문하던 시기에 펜실베이니아 호텔에 가명으로 투숙하면서 둘의 불륜 관계가 시작됐다.[47]

키가 크고 나무처럼 생긴 사피어는 미드보다 스무 살 가까이 연상이었지만 영원한 소년처럼 보였고, 동그란 안경과 튀어나온 귀를 가진 무성영화 배우 해럴드 로이드의 지적인 버전이었다. 하지만 그는 뛰어난 작가이자 연설가였으며, 주변 사람들이 보아스의 제자 중 천재라 부른 인물이었다. 미드는 나중에 그를 "내가 만난 사람 중 가장 만족스러운 두뇌"라고 회상했다.[48] 사피어는 보아스가 나무를 보던 자리에서 숲을 보는 특별한 재능을 지녔다. 사피어가 만든 아메리카 원주민 언어 분류 체계는 후세대 언어학자들 사이에서 표준이 됐다. 그는 언어의 본질에 관해 설득력 있는 일반론을 제시하며 동료 인류학자들에게 독특한 삶의 방식에 대한 기록으로서 구어에 주목하라고 촉구했다. 미드와 처음 만났을 즈음, 사피어는 그때까지 답답할 정도로 모호하던 보아스 이론의 주요 요소, 곧 인류학자들이 '문화'라는 이름표로 묶는 개념, 관행, 관습, 유물을 체계화하기 시작했다.

보아스처럼 사피어도 스스로 현지인으로 개조한 이민자였다. 그의 고향 포메라니아는 스웨덴령과 독일령, 폴란드령을 오가던 지역이었다. 장날이면 발트해 연안의 작은 마을과 항구 도시의 거리를 폴란드어와 이디시어, 독일어 방언 등 온갖 언어가 가득 채웠다. 1890년에 사피어의 가족은 뉴욕에 정착했다. 매디슨 그랜트 같은 관찰자들에게 분노를 산, 로어이스트사이드로 이주한 유대인 이민자 물결의 일부였다. 가족의 주요 수입원은 어머니가 운영하던 상점이었다. 하지만 사피어를 대학으로 이끈 건 오페라 스타가 되겠다는 환상을 품고 유대교 회당 성가대의 선창자로 활동하던 아버지의 야망이었다.

사피어는 유능한 이민자들이 캠퍼스에 넘쳐나는 것을 막기 위한 반유대인 입학 정책이 시행되기 직전에 장학금까지 받고 컬럼비아대학에 입학했다. 그는 대학원에서 언어학 석사 과정을 이수하면서 아버지가 집에서 정기적으로 보여주던 탈무드와 히브리

프란츠 보아스의 뛰어난 제자들 중에서도 '천재'라 불린 언어 인류학자 에드워드 사피어.

어 번역본을 활용했다. 1910년에 캐나다 지질조사국의 수석 인류학자로 임명됐을 때는 북미에서 가장 저명한 인류학자 중 한 명이 됐다.

보아스는 사피어를 경험주의자로 훈련시켰다. 민족학적 증거를 수집하고 신중히 평가하고 체계화한 다음 거창한 이론화는 남들에게 맡길 수 있는 학자로 키운 것이다. 하지만 언어학은 필연적으로 사피어를 보편성의 영역으로 끌어들였다. 언어의 쌩, 퍽, 펑 소리(아이들이 가족이나 놀이 친구를 따라 하면서 혀를 치아와 목구멍, 입천장에 대고 만들어내는 소리)를 분류하기만 해서는 이런 소리가 만들어내는 복잡한 의미망을 정의할 수 없었다. 보아스의 《아메리카 인디언 언어 안내서》는 사라져 가는 원주민 언어의 문법과 폭넓은 어휘를 정리해 언어를 살려낸 훌륭한 사례로 찬사를 받았다. 하지만 사피어는 언어는 단순한 '언어' 그 이상이라고 생각했다. 모든 사회는 소통을 한다. 어떤 소리나 기호를 선택하든, 어느 사회든 똑같이 복잡한 생각을 표현할 수 있는 듯 보였다. 가령 새로 발견한 샘물까지 가는 길을 간결한 산문으로 알려주거나 배우자를 잃은 고통스러운 상실감을 엄격한 규칙의 운문으로 표현하는 식이었다.

사피어는 언어가 보편적이면서도 다채롭고, 자발적이면서도 우연적이라고 보았다. 우리는 어떤 소리를 내거나 기호를 적는 방법을 선택한다. 그리고 이 선택은 우리의 자유와 개성의 표현이다. 그러나 우리가 이렇게 하는 것은 학습한 규칙을 따른 것이다. 그리고 이 규칙은 본질적으로 임의적이다. 영어에서 b 대신 k를 쓰기로 할 수도 있다. 우리는 역사와 관습에 따라 어느 한 글자를 쓰고 다른 글자를 쓰지 않는다. 그리고 말하고 글을 쓸 때 가장 보편적인 인간 활동에 참여하는 동시에 우리를 특정한 공동체로 가장 긴밀하게 묶어주는 활동에도 참여한다. 이런 모든 이유에서 언어는 인간의 다른 어떤 행동보다도 그 언어를 쓰는 문화의 맥락에서 이해해야 한다.[49]

그렇다면 문화란 무엇일까? 사피어는 미드가 아직 대학원생이던 1924년 1월에 이 주제에 관한 의견을 발표했다. 사피어는 '문화'라는 단어가 크게 세 가지 의미로 쓰인다고 말했다. 민족학자에게 문화는 주로 "인간의 삶에서 사회적으로 물려받은 물질적·정신적 요소"를 의미했다.[50] 다른 사람들에게 문화는 세련미에 대한 특정 감각을 의미할 수도 있는데, 가령 잘 차려진 만찬을 '교양 있는(문화적인)' 사람의 작품이라고 느낄 때의 감각을 의미한다. 하지만 사피어는 세 번째 의미가 있다고 썼다. 문화는 어떤 대규모 사회 집단의 특정한 '정신'이나 '천재성'으로 여겨질 수 있고, 이런 특성을 그 집단의 '민족적 문명화'의 '징후'로 생각할 수도 있다는 것이다.[51]

여기서 사피어는 보아스가 대학 시절에 읽은 책 중에서 19세기 독일 철학자 요한 고트프리트 폰 헤르더의 글을 인용했다. 헤르더는 각 민족(Volk)은 고유한 문화(Kultur)를 갖는다고 주장했다. 세계는 수많은 민족의 수많은 천재로 반짝이고, 각자는 그들 자신을 정의하는 핵심 특성과 신념, 관습, 세계관을 드러낸다. 하지만 사피어는 헤르더의 사고방식과는 약간 다른 방향으로 나아갔다. 그는 문화는 '진정한' 형태와 '거짓된' 형태로 존재할 수 있다고 보았다. 문화라고 명명할 수 있는 가장 적절한 실체는 내부의 결속력을 보여주는 일련의 신념과 관습이다. 문화는 그 자체로 의미가 있어야 한다.

사피어는 보아스의 핵심 개념을 반영해 이렇게 적었다. "진정한 문화에는 높고 낮음이란 게 없다."[52]

문화는 본질적으로 조화롭고 균형 잡혀 있고 자기 충족적이다. 문화는 풍성하고 다채로우면서도 삶에 대한 통합되고 일관된 태도, 문명의 어느 한 요소의 의미를 그것이 다른 모든 요소와 맺는 관계에서 파악하는 태도이다. 이상적으로 말하면, 문화에서는 영적으로 무의미한 것이 없어서 일반적 기능에서 어떤 중요한 부분도 좌절감을 주거나 방향이 잘못되었거나 공감하지 못할 노력이라는 느낌을 주지 않는다.

보아스는 공유된 사회적 행동의 가치를 판단해서는 안 되며, 사회적 행동은 역사와 시간과 공간에 걸친 차용의 산물로 이해해야 한다고 오래전부터 지적했다. 사피어는 이 주장을 더 확대했다. 문화는 견고하고 구체적인 것으로 보일 수 있지만, 그보다는 특정한 생각과 습관이 서로 결합된 체계에 더 가깝다. 문화는 얼마나 진보적이고, 세련되고, 현대적인지로 파악할 수 있는 것이 아니다. 오히려 그 문화를 실행하는 사람들이 그 안에서 합리적이고 최소한의 좌절감을 느끼는 상태를 발견할 때 그 문화를 제대로 보는 것이다. "민족학과 문화사에 관한 사실을 읽어보면 정점에 오른 문화에서도 종종 정교함의 측면에서 수준 낮은 상태가 발견되고, 최저점에 이른 문화에서도 가장 높은 수준의 정교함이 발견되는 것을 알 수 있다. 문명은 전체적으로 발전하고, 문화는 나타났다가 사라진다."[53]

마을에 문화가 있을 수 있다. 이웃이나 부족에도 문화가 있을 수 있다. 그런데 미국 전체(좌절한 공장 노동자, 실패한 결혼, 통근 열차를 가득 채운 직장인들)에는 문화가 없을 거라고 보았다. 박물관에서 한 전시관에는 프랑스 미술을 전시하고 다른 전시관에는 네덜란드 미술을 전시하듯, 일반적으로 국가를 문화를 담는 그릇으로 본다. 그러나 문화는 어디든 존재할 수 있고, 결코 고정적이고 안정적인 실체가 아니다. 문화는 시대에 따라, 새로운 기술에 따라, 새로운 사고와 행동 양식에 따라 변화한다. 우리가 어떤 문화를 안다는 것은 개인이 사회 세계에서 친숙하게 받아들이는 사고와 실천의 체계를 인식하는 문제였다.

미드가 남태평양에서 답을 찾으려 한 질문을 구성하는 데 이보다 더 나은 방법은 없었다. 미국인들이 발명한 것보다 더 '진정한' 십 대가 되는 방법이 존재할까? 사회적 혼란을 피하면서 청소년기의 생물학적 현실을 헤쳐 나갈 수 있는 로드 맵이 존재할까? 이보다 더 중요한 것은, 미드가 속한 사회(엄격한 성 역할을 강요하고 성적 좌절감을 주는 사회, 버너드칼리지에서 일어나는 '충돌 사고'를 비밀로 유지해야 하는 사회)가 미드와 같은 사람을 수용하지 못한다면 과연 '문화'라고 불릴 자격이 있을까? 미드는 자신이 대다수 사람이 이해하는 듯 보이는 삶의 양식을 따르지 못할까 봐, 말하자면 낭만적 사랑을 거쳐 한 쌍의 소나 양말처럼 제짝을 찾지 못할까 봐 걱정했다. 그러면서도 사랑과 성, 결혼과 재생산, 가정과 배우자, 이 모든 것이 반드시 함께 가야 하는 것도 아니고 꼭 두 사람만의 관계여야 하는 것도 아니라고 생각했다. 옳건 그르건 자료를 통해 알았다. 그 자료는 바로 그녀의 감정과 얽히고설킨 관계였다. 다만 아직 미드에게는 이런 자료를 이해할 만큼 충분한 이론이 없었다.

그해 여름 사피어는 미드에게 사랑의 표시로 사별한 부인의 결혼 반지를 보냈다.[54] 그는 이 반지가 남편과 아내로서 두 사람의 미래의 결합을 상징하기를 바랐다. 그러나 미드는 이상적인 관계에 대한 자신의 생각을 인류학 수업에서 배운 '일부다처제(polygamy)'라는 용어로 조금 다르게 설명하기 시작했다.[55]

미드는 일 년 이상 현지 조사를 계획했다. 우선 아버지를 설득해 여행 경비를 마련했고, 국립연구위원회로부터 체류비를 일부 충당할 보조금을 따냈다. 대신 위원회에 조사 결과를 담은 보고서를 제출해야 했는데, 이것은 사실상 미드에게 먹구름을 드리운 의무였다. 미드는 기차와 증기선 일정을 알아보았고, 서부 해안까지 갔다가 바다 건너 하와이로 간 다음 마지막으로 아메리칸사모아까지 가는 여정을 계획했다. 그해 여름 베네딕트가 주니족 지역으로 현지 조사를 떠날 예정이라, 두 사람은 대륙 횡단의 일부 구간을 동행하기로 했다.

미드 혼자서 뉴욕에서 멀리 떨어진 곳에서 일 년 가까이 지내는 것은 상상하기 어려웠지만, 미드와 크레스먼 부부에게는 잠시 떨어져 지낼 시간이 필요해 보였다. 미드는 결혼 생활에서 갑갑함을 느꼈고, 나중에는 결혼 생활을 "학생 결혼"이라고 부르며 크레스먼의 화를 돋웠다.[56] 부부의 아파트는 친구들이 자주 드나들어 둘만의 안식처가 되어주지 못했고[57] 가끔 친구들에게 집을 빌려준 뒤에 보면 친구들이 부주의하게 흘린 콘돔이 나오기도 했다. 크레스먼은 신앙과 직업 모두에서 위기를 겪고 있었다. 그는 신학교를 졸업하고 성공회 사제 서품을 받은 후 어느 부활절 아침에 웨스트사이드 이웃 동네인 헬스키친의 세인트클레먼트 성당에서 첫 미사를 집전했다. 얼마 후 교구 신자가 쌍둥이를 낳다가 사망했는데, 그는 이런 비극을 허락한 신에게 봉사할 이유가 없다고 생각했다. 그는 주교를 찾아가 교회 명부에서 자신의 이름을 지워 달라고 요청했다.[58] 그리고 곧 컬럼비아대학 사회학 박사 과정에 들어갔고, 유럽에서 일 년간 산아 제한에 관한 진보적인 접근법을 연구하기로 했다.[59] 교구민의 죽음을 막을 수 있었을지 모르는 방법이었다.

그리고 사피어도 있었다. 사피어는 아내가 세상을 떠나고 남겨진 세 자녀를 돌봐줄 현모양처를 원했다. 그는 미드에게 크레스먼과 이혼하고 자신과 재혼해 학자로서 앞날이 창창한 자신을 뒷바라지해 달라고 간청했다. 시카고대학에서 그에게 자리를 마련해 주기로 했다. 사피어는 보아스와 베네딕트에게 연락해 미드의 현지 조사를 막아 달라고 부탁하면서 미드가 심리적으로 안정된 상태가 아니라고 말했다. 그러면서 미드가 앓는 신체적 질병은 잠재 신경증의 징후라고 말했다. 사피어는 베네딕트에게 이런 편지를 보냈다. "미드가 걱정됩니다. 대체 사모아에는 왜 가려는 건가요? 미드도 이런 행동이 복잡하게 얽힌 현실에서 도피하려는 시도라고 인정합니다. … 이런 지옥 같은 사태를 막기 위해 마지막 순간에라도 뭔가를 해야 한다고 생각하지 않습니까?"[60] 그리고 필요하다면 누군가가 미드의 손을 잡고 정신과 의사에게 데려가야 한다고도 적었다. 사피어는 인류학과 공식 편지지에 이렇게 휘갈겨 썼다. "미드의 경력에서 이런 게 다 얼마나 황당한 일입니까? 사모아라니요? 터무니없는 소리 아닌가요? 어떻게 다들 이렇게 눈이 멀 수 있나요? 저 여자는 미쳐 가고 있어요."[61]

사피어와 베네딕트는 그가 미드를 만나기 전부터 편지를 주고받던 사이였고, 어쩌면 둘 사이에도 정신적 사랑에 가까운 친밀한 우정이 쌓였을 수 있었다.[62] 두 사람은 시도 주고받고 보아스의 다른 제자들에 대한 험담도 나누었다. 미드는 자신이 두 사람의 공통 관심사가 된 데 자부심을 느꼈다. 사피어는 "지금 미드가 말하는 일부다처제 이론(그녀가 직접 쓴 표현입니다)은 자기 합리화에 불과합니다"라고 불평했다.[63] "그녀는 에로틱한 삶을 자아의 촉수로 만들면서 사랑의 대가는 감당하려 하지 않습니다. 그런 '변덕스러운' 사랑, 현대적으로 아름답고 … 불성실하고 '자유로운' 사랑은 진정한 사랑이 될 수 없어요." 그러나 베네딕트는 사피어와 주고받은 수많은 편지에서 자신이 미드에게 점점 빠져든 사실을 밝힌 적이 없었고, 이즈음 이미 미드와 강렬한 감정을 나누었을 텐데 그 사실을 넌지시 알리지도 않았다. 베네딕트는 훗날 미

드에게 자기 인생 최악의 날은 사피어와 미드가 사랑에 빠진 사실을 들은 날이라고 말했다.[64]

이제 미드와 베네딕트의 관계에서 긴 드라마가 펼쳐질 무대가 마련됐다. 출연진은 바뀌었어도 대본은 같았다. 보아스가 이 문제 많은 집단의 지적 중심으로서 거리감이 느껴지는 권위자였다면, 베네딕트는 이 집단의 정서적 중심으로서 현장 연구를 떠났을 때 의지할 수 있는 닻이자 아이디어와 영감의 원천이었다. 미드는 베네딕트하고만 공유하는 은밀한 암호를 만들었다. 이 암호는 전보를 치는 비용을 아끼고 비밀을 말할 때 유용했다. 미드는 해외로 떠나면서 베네딕트에게 'a'는 파파 프란츠, 'b'는 에드워드, 'h'는 건강하고 행복한 상태, 's'는 크레스먼, 'u'는 "당신의 사랑(곧 베네딕트의 사랑)이 나를 살아 있게 해준다"는 의미라고 일러주었다.[65] 우울하고 참을성이 많은 베네딕트는 사피어와 크레스먼의 편지에서 "친애하는" 사람이었고 사적인 암호로 온 미드의 전보에서는 "사랑하는" 사람이자 은행 계좌와 보험 증권의 관리인이었으며, 모두가 끝없이 불만을 털어놓는 마을의 단골 식당 같은 존재였다.

1925년 7월에 마침내 미드는 가족과 작별 인사를 나누고 베네딕트와 함께 서부로 떠났다. 두 사람은 오하이오를 거쳐 일리노이를 향해 대초원을 지나 남쪽으로 이동한 후 베네딕트가 푸에블로에서 현지 조사를 할 때 알게 된 사막으로 향했다. 두 사람이 함께 보낸 가장 긴 시간이었고, 더욱이 남편 없이 보낸 가장 긴 시간이었다. 미드는 베네딕트의 품에 안겨 울면서 과거를 잊고 새로운 사랑을 받아들였다.[66] 베네딕트는 미드의 눈과 입술에 키스했던 것을 기억했다.[67]

베네딕트는 그랜드캐니언 근처에서 내렸고, 미드는 기차에 혼자 남아 캘리포니아로 떠나야 했다. 베네딕트가 플랫폼에 서서 미드를 돌아보았다. 순간 옆 선로에서 열차가 지나가자 베네딕트의 머리카락이 바람에 날렸다. 마법 같은 한 장면이었다. 미드는 베네딕트와 헤어진 직후 편지를 썼다. "그 배경에서 선생님과 제가 둘 다 빠르게 움직이고 있었어요. 제가 탄 기차가 마치 우주를 질주하듯 달리는 사이 선생님은 제 자리 옆 창문 너머에서 바람에 날리는 사랑스러운 모습으로 내내 서 계셨어요. 이 장면을 오래 간직할게요. 이 장면이 제게 큰 위로를 줄 거예요."[68] 베네딕트는 뜬눈으로 밤을 새우며, 기차에서 사랑을 나누고 서로의 손가락에, 손가락 하나하나에 입을 맞추고 미드의 손바닥을 입술로 훑던 순간을 떠올리며 몽상에 젖었다.[69]

미드는 샌프란시스코 항구를 향해 달리면서 기차 여행 전체가 신화적이고 짜릿하고 터무니없는 작별이라고 곱씹었다. 자신에게 세상 누구보다 큰 의미가 된 사람과의 자연스러운 이별이었다. "선생님은 주니족 마을에서 기록하고, 저는 폴리네시아에서 기록을 할 겁니다. 이 배열에는 적지 않은 의미가 있어요."[70] 미드는 오랫동안 베네딕트에게 보내는 메모와 편지에 '사랑을 담아'라고 서명했는데, 아직은 언니라고 부르거나 몇 년 전 요정 대모라고 부르던 것과 같은 의미였다. 하지만 이제는 처음으로 솔직한 마음을 다 털어놓을 수 있었다. "저는 늘 선생님을 사랑해요."[71]

미드는 자신에게 일 년의 시간을 주면서 스스로 만든 관계의 실타래를 풀어보려 했다.[72] 하지만 2주 만에 상황이 생각보다 선명해졌다. 기차에서 혼자 시간을 보내면서 크레스먼에게 편지를 써서 결혼에 양가감정이 들고 개방적이고 자유로워지고 싶은 열망이 크다고 털어놓았다.[73] 또 사피어에게 어떻게 말할지 고민하다가 자신은 변덕스러운 공기의 정령 '에어리얼'이라면서 자신의 사랑은 한 사람에게만 구속되거나 한 방향으로만 흐를 수 없다고 말하며 그에게 조심스럽게 실망을 안겨주기로 했다.[74] (전보의 비밀 암호 'J'는 "사피어에게 계속 편지를 쓸 수 없다. 내 결정을 실행에 옮길 것이다. 그에게 적절한 말로 위로해 달라"는 의미였다.[75]) 그렇게 그랜드캐니언 동쪽 어딘가에 이를 즈음 베네딕트는 마침내 미드의 것이 됐다. 솔직하게, 일말의 의심도 없이.

샌프란시스코에 도착한 미드는 예전에 병력 수송선으로 쓰였지만 현재는 하와이로 운항하는 멧소니아호에 올랐다. 그 어느 때보다 자유롭고 행복했지만, 한편으로 걱정도 커졌다. 사모아에서 무엇을 찾을 수 있을지, 과연 찾을 것이 있기나 한지 알 수 없었다. 모호한 연구 문제, 남들의 연구를 바탕으로 작성한 미공개 박사학위 논문, 연구비를 지원해준 후원자들에게 갚아야 할 빚이 있었다. 호놀룰루에 도착하자마자 베네딕트에게 편지를 썼다. "국립연구위원회를 위해 무언가를 하려고 시도하는 것조차 정직하지 못하다는 느낌이 듭니다. 인생에서 처음으로 패배할 것 같은 예감이 들어요."[76]

미드도 알고 있었듯이 폴리네시아는 장소라기보다는 하나의 관념이었다. 그리스어로 '많은 섬'을 뜻하는 단순한 합성어인 폴리네시아(Polynesia)는 18세기 중반 프랑스의 한 박물학자가 만든 용어였다. 정작 태평양 중부와 남부에 걸친 넓은 지역에 사는 사람들은 이렇게 포괄적인 이름을 쓰지 않았다.

폴리네시아를 이루는 땅덩어리들은 다양했다. 화산 폭발로 생긴 섬도 있고 바다에서 솟아오른 산봉우리로 된 섬도 있었다. 다만 여러 섬의 사람들이 언어에서는 일정한 공통성을 보였는데, 이처럼 많은 요소를 공유하는 것은 인류의 정착과 이주의 측면에서 놀라운 현상이었다. 고대 여행자들은 노와 바람으로 가는 배를 타고 폴리네시아로 정의되는 삼각형 제도(북쪽으로 하와이, 남쪽으로 뉴질랜드, 동쪽으로 이스터섬까지) 안에서 지구 한 바퀴의 4분의 3만큼의 거리를 이동했다.

이 광활한 지역을 배로 미끄러지듯 지나며 이해하려는 시도는 실패할 수밖에 없었다. 가장 유명한 탐험가가 그렇게 하려다가 목숨을 잃었다. 영국의 탐험가 제임스 쿡(James Cook)이 1760년대에 세 번에 걸친 태평양 탐험 중 첫 번째 탐험을 시작했다. 일반적으로 쿡의 거대한 배가 이곳에 도착하면서 유럽인과 태평양 섬 주민들이 처음 접촉한 것으로 기록됐다. 쿡이 이끄는 탐험대의 지도 작성자들이 육지와 육지 사이의 엄청난 거리를 보여주는 현대적 해도를 최초로 그렸다. 섬 주민들과의 긴장은 피할 수 없었다. 1779년 2월, 쿡의 선원들은 하와이의 왕 칼라니오푸를 납치해 그들이 도난당했다고 생각한 배를 돌려받으려 하다가 실패했다. 선원들은 곧바로 왕의 지지자들에게 습격당했고, 쿡은 거친 바다에서 몽둥이에 맞아 죽었다.

쿡이 첫 항해를 다녀온 후 출간된 일기는 곧바로 큰 성공을 거뒀다. 자연사와 지리에 대해 풍부한 지식이 담긴 책이었다. 이 책은 특히 영어 사용자들에게 '타투(tattoo, 문신)'와 '터부(taboo, 금기)' 같은 말을 소개했는데, 폴리네시아 현지에서 '타푸(tapu)' 혹은 '카푸(kapu)'라고도 발음된 터부는 폴리네시아의 여러 사회를 지탱해주는 정교한 금지 행위의 체계를 의미했다. 쿡의 끔찍한 사망 소식이 전해진 뒤에도 그의 일기는 태평양을 일종의 지상 낙원으로 여기는 믿음이 커지는 데 일조했다. 로버트 루이스 스티븐슨(Robert Louis Stevenson)부터 폴 고갱(Paul Gauguin)에 이르기까지 여러 작가, 화가, 여행자 들이 활짝 핀 연꽃이나 나무에서 떨어지는 이국적인 음식, 이방인에게 환대를 베풀고 음탕하기까지 한 원주민이라는 상투적인 이미지를 쌓아 갔다. 19세기에는 해외에서 유럽의 식민지가 확장되면서 영토 쟁탈과 제국주의 경쟁이 심해졌고, 1890년대에 일련의 조약이 체결되면서 강대국 사이에 경계선이 정해졌다. 태평양 연안 지역에서 일본과 중국 같은 독립 국가들은 이런 조약에서 제외됐지만, 통가나 하와이처럼 작지만 오래된 왕국까지 점차 제국주의 외세에 굴복했다. 제1차 세계대전이 끝나고 태평양 중부와 남부 일대에서 인간이 사는 섬 중에 대서양 연안의 몇몇 국가가 소유권을 주장하지 않은 섬은 거의 없었다. 수십 년 전 아프리카를 차지하기 위한 경쟁보다 더 광범위하게 바다 저편에서 제국주의 쟁탈전이 벌어졌다.

미드가 대학원에 들어가기 직전, 태평양 지역 연구는 런던에 거주하는 한 폴란드계 이민자로 인해 활기를 띠었다. 미드와 달리 그의 현지 조사는 연구 지원금이 넉넉해서가 아니라 국제 정치의 영향으로 더 멀리 나아갈 수 있었다. 1914년에 런던정경대학의 젊은 학자인 브로니슬라브 말리노프스키(Bronislaw Malinowski)는 태평양 남서부로 떠나 멜라네시아 사람들을 대상으로 민족학 연구를 시작했다. 직역하면 '어두운 섬들'이라는 뜻의 멜라네시아에는 뉴기니와 솔로몬 제도, 피지 등이 포함됐다. 하지만 제1차 세계대전이 발발하자 말리노프스키는 이 지역을 탐험하기 위한 자연스러운 출발점인 오스트레일리아에 발이 묶였다. 오스트리아-헝가리 제국의 신민이던 그는(당시 오스트리아의 통치를 받던 폴란드

도시 크라쿠프에서 태어났다) 공식적으로 적국 출신 외국인이어서 영국으로 재입국이 금지됐다. 그는 입국하려다가 체포당할까 걱정했다.[77]

그런데 조난자가 된 것이 말리노프스키의 경력을 쌓는 계기가 됐다. 그를 받아준 오스트레일리아 사람들은 그가 어떻게든 연구를 이어 갈 수 있도록 파푸아뉴기니 동쪽의 산호 환초로 이루어진 트로브리안드 제도로 건너갈 수 있도록 허락했다. 외부인들은 루이스 헨리 모건의 오래된 도식에 따라 폴리네시아인을 태평양의 미개한 귀족 정도로 인식했다면(족장과 깃털 옷, 정교한 금기와 사회적 위계를 근거로 삼아), 멜라네시아인은 그보다 아래 단계인 야만인으로 여겼다. '폴리네시아'와 마찬가지로 멜라네시아라는 용어 자체는 1830년대에 태평양과 그곳에 사는 종족들을 4등분하자고 제안한 프랑스 탐험가 뒤몽 뒤르빌(Jules-Sébastien-César Dumont d'Urville)이 처음 만든 말이다. 뒤몽 뒤르빌은 폴리네시아와 함께 미크로네시아('작은 섬들'), 말레이시아('말레이 사람들의 땅'), 멜라네시아(뉴기니인부터 오스트레일리아의 에보리진에 이르기까지 태평양 남서부에 거주하는 원주민들의 어두운 피부색과 곱슬머리를 노골적으로 지칭하는 명칭)를 추가했다. 뒤몽 뒤르빌 이후로 유럽에서 온 여행자와 과학자들은 태평양 사람들을 보면서 멜라네시아 사람들을 피부색이 밝은 편인 폴리네시아 사람들보다 인종 발달 수준 척도에서 낮은 단계에 놓았다.[78] 멜라네시아인은 '대양의 니그로'라고 불리며 대서양의 편견을 태평양으로 그대로 옮겨 온 분류 체계에 편입돼 사하라 이남 아프리카인의 역할을 떠맡았다.[79]

그러나 말리노프스키는 트로브리안드 제도에서 놀랄 만큼 복잡하고 분화된 사회를 발견했다. 트로브리안드 사람들은 직접 제작

인류학자 말리노프스키와 트로브리안드 제도의 원주민들.(사진은 1917년 10월에서 1918년 10월 사이에 촬영한 것으로 보인다.)

한 카누를 타고 상상할 수 없는 먼 거리를 이동했다. 그들은 섬과 섬을 오가며 정교한 선물 교환 관습을 이어 갔는데, 이것은 광활한 바다에 돌출한 작은 섬들에 자리 잡은 공동체들을 서로 연결해 주는 일종의 경제 시스템이었다. 비합리적으로 보일 수도 있는 관습(조개껍질 장식이나 목걸이, 팔찌 등을 교환하기 위해 목숨을 걸거나 팔다리를 잃을 위험을 감수했다)은 사실 정치적 권위, 의무, 신뢰, 파트너십이 얽힌 정교한 네트워크의 한 부분이었다. '쿨라(Kula)'라 불린 이 시스템이 유럽인에게는 낯설어 보여도, 조금만 생각해보면 유럽의 군주들이 전략적 동맹을 맺기 위해 딸을 내주던 것이나 제국이 저항하는 종속국을 달래기 위해 연금을 지급하는 것과 크게 다르지 않았다.

말리노프스키는 유럽이 전쟁을 치르는 동안 트로브리안드 제도에서 지냈고 이때의 경험을 담아 1922년에 《서태평양의 항해자들》을 출판했다. 미드가 바너드칼리지 4학년이 되던 해에 나온 책이었다. 이 책은 여러 면에서 민족학 표준 연습 교재였다. 말리노프스키의 목표는 트로브리안드 사회에 관해, 특히 환초에 사는 사람들이 바다를 누비는 놀라운 항해술을 폭넓게 다루는 데 있었다. (그래서 고대 그리스 신화에 비유해 낭만적인 책 제목을 달았다.*) 하지만 정말로 참신한 부분은 말리노프스키의 연구 방법론이었다. 그는 원주민을 멀리서 관찰하면서 그들의 의례를 기록하거나 이국적인 유물을 찾기 위해 단기간 '탐험'하는 것이 아니라 실제로 그들과 함께 살았다.

말리노프스키는 트로브리안드 사람들과 일상적인 일을 함께 했다. 카누를 만들고 조개껍데기를 갈아 정교한 장식품을 만들고 놀이를 하고 긴 항해를 마치고 돌아오는 배를 환영했다. 후일 학자들은 이 방법론을 '참여 관찰'이라고 부르지만, 현장의 솔직한 경험과 함께 이 방법론의 기본 논리를 제시한 사람은 말리노프스키였다. 그는 이 관찰법이 "절망과 체념"으로 시작되었다고 말한다. 혼란에 빠지고 방향을 잃고 "이해할 수 없는 현실의 삶"이 감당하기 힘들게 밀려왔다고 했다.[80] 소설책을 읽으며 스스로 부적절하다는 느낌을 지우려 할 수도 있었다. 남들이 정해놓은 선행과 악행의 규칙에 따라 올바른 인간이 되는 법을 다시 배우려면 용기를 내야 했다. '사람들'을 알기 위해, 더욱이 '한 종족'을 알기 위해

---

* 이 책의 원제는 "Argonauts of the Western Pacific(서태평양의 아르고호 선원들)"이다. 아르고호는 그리스 신화에서 영웅 이아손과 동료 모험가들이 황금 양털을 찾아 모험을 떠날 때 타고 간 배의 이름이다.

"(나의) 모기장에서 나와서" 나를 초대해준 사람들이 보는 것처럼 세상을 보기 위해 최선을 다해야 했다. 그러려면 오랜 기간 실제로 그곳에 살면서 내가 이해하려는 공동체 안에서 합당한 방식으로 행동하는 방법을 처음부터 다시 배워야 했다.

미드는 호놀룰루에서 사모아행 배를 기다리면서 말리노프스키의 그림자에 갇힌 기분을 떨칠 수 없었다. 사람들은 이미 《서태평양의 항해자들》을 하나의 이정표로, 곧 현장에서 인류학자의 역할에 대해 어떻게 생각할지 획기적으로 바꿔놓은 사건으로 받아들였다. 말리노프스키가 인류학 연구의 새로운 방법론을 제시한 것이다. 미드도 사람들의 삶을 알고 싶었다. 사람들이 어린 시절과 노화에 대해 어떻게 생각하는지, 어른이 되는 것을 어떻게 생각하는지, 성적 쾌락을 어떻게 생각하는지, 누구를 사랑하는지, 언제 지독한 공적 굴욕감이나 극심한 고통을 일으키는 사적 수치심을 느끼는지 알고 싶었다. 다만 미드의 연구 계획에는 특이한 점이 있었다. 미드는 말리노프스키를 비롯한 인류학자들이 놓치고 있는 듯한 보이지 않는 사람들, 곧 성인 여성과 소녀와 함께 이 모든 작업을 시도하고 싶었다. 말리노프스키의 방법론을 받아들여 새로운 환경에서 새로운 질문에 적용해보고, 그렇게 얻은 결과가 마을에 떠도는 잡담 이상이기를 바라야 했다.

미드는 하와이에서 최선을 다해 준비했다. 언어 수업을 받고 폴리네시아의 문화와 자연사 자료 보관소로 유명한 버니스 P. 비숍 박물관의 학자들과도 교류했다. 사모아에 도착하면 이 박물관을 위해 수집품을 모으기로 했다. 8월 말에 다시 소노마호를 타고 바다로 나가서 중간 기항지인 시드니로 향했다. 심한 뱃멀미 때문에 선실 침대에 누워 하루에 16시간씩 자면서 식사 시간 외에는 거의 갑판에 나가지 않았다.[81] 8월 마지막 날에 소노마호가 드디어 아메리칸사모아의 본섬인 투투일라의 곶을 돌아 파고파고의 초승달 모양 앞바다에 정박했다.

미드는 곧장 여객선이 항구에 들어갈 때의 혼란과 흥분 속으로 던져졌다. 그날은 마침 미 해군의 대규모 순회 방문으로 도착한 구축함과 지원함을 환영하는 인파로 더 떠들썩했다. 지난 20년 사이에 파고파고는 남태평양에서 미 해군의 주요 기지가 됐다. 북쪽으로 3,700킬로미터 이상 떨어진 하와이와 자연스러운 한 쌍을 이루었다. 두 섬 모두 20세기 초 미국령으로 편입돼 선교사, 상인, 군인 등 온갖 부류의 사람들을 끌어들인 식민지 분위기가 났다.

함대 사령관인 로버트 쿤츠(Robert Coontz) 제독은 USS 시애틀호에서 투투일라의 고위 인사들을 맞았다. 다들 정교한 머리 장식과 풀잎 치마를 입고 몸에 기름칠을 해 윤을 냈다. 선원들은 모두 '말레'라는 마을의 공동 구역인 공원으로 내려가 미국에서 온 손님들을 환영하는 공식 선물 증정식에 참가했다. 선물은 코코넛과 촘촘히 짠 돗자리, 구슬을 꿰어 만든 끈, 그림을 그려 넣은 '타파'(나무껍질 천)였다. 쿤츠 제독이 미국 대통령을 대신해 감사를 표했고, 젊은 남녀 그룹이 '시바(Siva)'라 불리는 환영의 춤을 준비했다. 마을 사람들이 맨발로 몰려들었다. 남자들은 기다란 '라바라바'*를 입고, 여자들은 값싼 수입 천으로 만든 펑퍼짐한 원피스를 입고 있었다. 선원들이 사진을 찍으려고 앞다투어 몰려왔다.

---

* 폴리네시아인을 포함해 태평양 연안 원주민들이 일상복으로 즐겨 입는 치마 형태의 전통 의상. 직사각형 모양의 화려하게 날염된 옷감을 허리에 감아서 입는다.

사모아 사람들이 비와 햇빛을 가리기 위해 쓰는 검은색 면 우산이 그 자리를 구름처럼 덮었다. 행사가 다 끝나자 장교들은 순양함인 USS 마블헤드호로 돌아가 떠들썩한 난장판 속에서 저녁 식사를 했고, 선원들은 갑판에 설치된 임시 영화관 스크린 앞에서 리처드 딕스와 프랜시스 하워드가 주연한 영화 〈투 매니 키스〉를 감상했다.[82]

미드는 만약을 위해 챙겨온 이브닝드레스를 입고 선상 파티에 참석했다. 그리고 그날 밤 그녀를 호위해준 해군 장교에게서 즉석 강연을 들어야 했다. "그는 내게 언어, 본능, 인종, 유전, 그 밖에 몇 가지 관련 주제에 대해 자신의 견해를 말했다. 세상에서 가장 지루한 시간은 누군가가 내 전문 분야에 대해 떠드는 소리를 듣는 시간이라는 것을 알았다."[83] 미드는 바다 사나이의 열변을 통해 사모아에 대해 간접적으로 듣기보다 직접 사모아를 발견하고 싶었다. 얼마 후부터 미드는 벅스카운티에서 쓰던 낡은 편지지가 아니라 새로운 레터헤드가 인쇄된 편지지로 가족과 친구들에게 편지를 보냈다. 이제 편지에는 "마거릿 미드, 파고파고, 투투일라, 사모아"라는 이국적인 주소가 찍혀 있었다.

미드는 파고파고의 유일한 호텔에서 다른 '팔라기(palagi)', 곧 외국인들과 지내면서 성게와 야생 비둘기, 사모아의 주식인 끈적끈적한 타로를 비롯한 현지 식단에 적응했다.[84] 그리고 직접 본 모든 것을 묘사하는 습관을 들이며 고국의 친구와 가족에게 정기적으로 보낼 '소식지' 형식으로 글을 썼다. 폴리네시아와 미국식 복장의 기묘한 조합, 이 오지에 문명을 들여올 거라는 현지 당국의 믿음, 관계를 공고히 다지는 선물('알로파alofa')의 힘, 플루메리아 꽃향기, 코코넛유로 피부를 문지른 아기의 감촉까지 묘사했다. 소노마호에서 처음 내렸을 때만 해도 사모아 사람들은 누가 누군지 알아볼 수 없이 그냥 거대한 덩어리로 보였지만 몇 주 안에 그런 첫인상이 얼마나 터무니없는 것이었는지 깨달았다. "저마다 얼굴에 개성이 뚜렷했다."[85] 미드는 사방이 뚫린 사모아 전통 가옥의 자갈 바닥에 다리를 꼬고 앉아 꾸준히 언어 수업을 받으면서 강사의 아이를 무릎에 앉히고 요리와 예절에 관한 문장을 힘겹게 만들었다.[86]

잠깐씩 파고파고에서 내륙 마을로 여행을 다녀오기도 했다. '말라가(malaga)'라는 이 공식 여행에서는 연설과 선물 증정식, 카바나무 뿌리로 만드는 폴리네시아의 전통 음료 '아바(ava)'를 제조하는 의식이 따랐다. 파고파고섬 반대편에 있는 바이토기 마을에서 미드는 명예 처녀라는 의미의 '타우포우(taupou)'가 됐는데, 이는 사모아의 다른 지역을 다닐 때 항상 지니고 다닐 존경받는 지위였다.[87] 그러나 이 모든 것이 연구의 성공에 필요한 자료에 접근하도록 보장해주지는 못했다.

미드는 말리노프스키의 표현대로 모기장에서 나오지도 않은 채 현지 조사를 하는 것이 얼마나 어려운지 이미 체험하고 있었다. 좋은 질문을 하는지, 어리석은 질문을 하는지 판단할 수도 없었다. 원래 정보원들은 연구자가 듣고 싶어 할 법한 말을 해주는 경향이 있었다. 한번은 미드가 파고파고 마을의 추장 아수에기에게 이렇게 물었다. "추장 아들이 몸에 문신을 새기면 특별히 집을 지어주지 않나요?"[88] 그러자 추장은 "아뇨, 아뇨, 특별한 집 없어요"라고 대답했다. 이런 식이었다.

집을 지어주지 않는 거 맞아요?

네. 가끔 나뭇가지와 나뭇잎으로 작은 집을 짓기도 해요. 그래요.

그 집은 '사(sa)'(금기)였어요?

아니요. '사' 아니에요.

그 집에 음식을 가지고 들어갈 수 있나요?

아, 안 돼요. 그건 '사'예요.

거기서 담배를 피울 수 있나요?

아, 안 돼요. 정말 '사'예요.

그 집에 들어가고 싶으면 들어가도 되나요?

네, 누구나.

누구나요? 정말 아무나?

네, 누구나 들어갈 수 있어요.

출입이 금지된 사람이 아무도 없어요?

네.

아들의 여동생도 들어갈 수 있어요?

아, 안 돼요, 그건 금기예요.

10월 중순에 미드는 투투일라섬에서는 더 얻을 것이 없다고 판단했다. 보아스에게 보낸 편지에 "그나마 규모 있는 마을에는 선교사와 상점, 온갖 거슬리는 영향이 넘쳐납니다"라고 말하면서 미국인들의 영향을 받아 많이 오염됐다고 적었다.[89] 총독은 문맹률을 낮춘다면서 마치 사모아인에게는 그들만의 이야기가 없다는 듯 유럽의 동화집을 인쇄할 계획을 세웠다.[90] 미국 행정부는 섬 주민들을 '남에게 영향받기 쉬운 아이들'로 여기고 그렇게 대하는 듯했다.[91] 호텔의 '팔라기'들은 양질의 도움을 받는 것이 얼마나

사모아섬에서 원주민 복장을 한 마거릿 미드(가운데)와 원주민 여성들(1926년경).

어려운지 불평하면서 시간을 보냈다.[92]

11월 9일에 미드는 증기선을 타고 투투일라섬에서 약 160킬로미터 떨어진 외딴 군도인 마누족의 섬으로 향했다.[93] 거기서 다시 카누를 타고 타우섬이라는 작은 섬으로 이동했다. 미드의 주요 연구 대상인 청소년들에 대한 조사를 아직 제대로 시작하지도 못했는데, 타우섬에는 청소년이 넘쳐나는 듯했다. 게다가 외부인의 발길이 거의 닿지 않은 섬이라 성가신 선교사들도 없어 보였다.[94]

미드는 이 섬에 사는 미국인 홀트 부부의 집에서 지내기로 했는데, 하얀 물막이 판잣집은 진료소도 겸했다. 미드는 이 분위기에서 진정한 현지 조사를 할 수 있을지 걱정했다. 보아스에게 보내는 편지에 원주민처럼 살고 싶은 마음과 혼자 조용히 경험을 기록하고 돌아볼 시간의 필요성 사이에서 갈팡질팡하는 심정을 담았다.[95] 사방이 트인 사모아 전통의 공동주택에서는 혼자만의 시간을 내기 어려워 보였다.

베란다에서 인류학을 연구했을지는 몰라도(미드의 방은 홀트 부부의 집 뒤쪽 베란다를 얇은 대나무 벽으로 가린 공간이었다) 연구 대상만큼은 부족하지 않았다.[96] 아이들과 청소년들이 새벽 5시부터 자정까지 미드를 찾아와 대화를 나누고 즉석에서 댄스파티를 열었다.[97] 미드는 보아스의 사진을 벽에 붙이고 붉은 히비스커스로 장식했고, 이따금 아이들이 그녀가 존경하는 사람으로 보이는 저 이상하게 생긴 남자에 대해 물으면 사진을 떼서 보여주기도 했다.[98] 미드는 얼마 후부터는 자신의 이름을 사모아어로 발음한 '마켈리타'라고 서명하기 시작했다.[99] 그리고 '소식지'에 이렇게 적었다. "여기서 제일 행복한 순간은 사모아인 집 마루에서 원주민들과 함께 목욕하거나 바다를 바라보거나 늙은 추장에게 미사여구를 넣어 장황하게 말할 때다."[100]

하지만 더운 여름이 끝나 갈 즈음(뉴욕의 겨울이 시작될 무렵) 미드는 시간이 무의미하게 흘러가버린 것 같아 걱정스러웠다. 연구자료로서 가치 있는 자료는 거의 수집하지 못한 데다, 국립연구위원회의 장학금이나 아버지가 맷소니아호와 소노마호의 항해를 위해 큰돈을 지원해준 데 마땅한 값어치를 하지 못한 것 같았다. 이전의 삶도 방해가 됐다. 사피어는 미드에게 이 황당한 여행을 멈추고 당장 자기 곁으로 돌아오라고 애원하는 편지와 모욕하는 편지를 번갈아 보내며 편지 고문을 이어갔다. 미드는 편지를 다 태워버리고 싶었지만, 아직 태우지 않기로 했다. 혹시라도 사피어의 편지가 미드 자신이 끔찍한 실수를 저질렀다는 증거, 그러니까 지구 반대편으로 떠나온 것이 애초에 무모한 짓이었다는 위대한 학자의 확인이 담긴 문서일지 몰라서였다.[101]

사피어는 베네딕트와도 편지를 주고받으며 미드가 돌아오면 전문가의 도움을 받을 수 있도록 함께 노력하자고 재촉했다. 시설 입원도 필요할 수 있다고 말했다. "진심입니다, 친애하는 루스, 마거릿이 건강이 안 좋고 몸이 아픈 건 정신이 아픈 데 비하면 아무것도 아닙니다. 마거릿의 가장 교활한 적은 그녀의 열정과 세상을 향한 지칠 줄 모르는 호기심이에요. … 마거릿처럼 여린 여자는 그런 일을 해낼 권리가 없어요."[102]

12월 중순, 생일 하루 전에 미드도 베네딕트에게 편지를 보냈지만 편지의 주제는 사피어가 아니었다. 어떤 통찰을 얻은 느낌에 대해, 몇 달 만에 처음으로 진정한 목적 의식이 생긴 일에 대해 보고하는 편지였다. 미드는 야자수 사이 어딘가에 엄청난 아이디어가 숨어 있을지 모른다고 생각하기 시작했다.

미드는 인류학 개론 수업을 열심히 들은 학생이라면 원시 사회와 현대 사회의 중요한 차이는 형식에 있다는 사실을 알 거라고 말했다. 현대 문명은 사실적 증거를 토대 삼아 세상을 실용적으로 바라본다는 점에서 유동적이고 적응력이 뛰어나다. 원시 부족들은 규칙과 의례를 믿었다. 이러한 공식적인 지침을 따름으로써 그들의 세계에서 균형을 유지했다. 그들은 비의 신을 소환하고, 정령을 불러내 적을 물리치고, 부적절한 사람과 결혼을 막고, 족장의 딸들과 사제들의 적절한 배우자를 정하기 위한 명확한 절차를 따랐다. 폴리네시아는 금기, 족장의 복잡한 가계도, 공동체의 안녕을 위해 '처녀를 바치는 의식', 족장을 대신해 나서는 '말하는 족장', 곧 대중 연설가를 갖춘 사회로서 교과서적인 사례였다.

하지만 미드는 사모아인들이 전혀 이런 식으로 행동하지 않는 것 같다고 전했다. 타우섬에 사는 미드의 이웃과 지인들은 이런 규칙을 잘 알지도 못했다. 미드는 12월 15일에 베네딕트에게 "선택 가능한 부분이 많은 것도 놀랍고, 보통 사람들이 어떤 행동이 필수인지 모르는 것도 놀라워요"라고 썼다.[103] "이론상 첫째 아기의 이름은 친할머니가 지어야 하지만, 열에 아홉은 누구나 이름을 지을 수 있다고 말할 거예요." 제약과 의례에 집착하기보다는 "일반적인 방임의 … 태도가 문화에 지나칠 정도로 깊이 새겨져 있어요." 그리고 이런 태도를 미국인이나 초창기 선교사들이 영향을 끼친 결과라고 단정하기는 어렵다고 보았다. 말하자면 보아스가 그의 연구에서 확인했고 미드도 논문에서 언급했던 문화적 확산의 사례로 단정할 수는 없었다. 그저 사람들은 일상생활에서 외부인이 생각하는 것보다 더 느슨하고 즉흥적이고 자연스럽게 의사결정을 내리는 듯했다.

미드는 얼마 후 이 모든 것을 직접 확인할 기회를 얻었다. 바로 다음 달에 태풍이 타우섬과 여러 섬을 휩쓸었다. "바이토기의 집들이 전부 파괴됐어요."[104] 태풍이 잠잠해진 후 투투일라섬에 사는 사모아인 친구이자 의자매인 파아모투가 편지를 보냈다. "집 스물여섯 채가 무너졌어요. … 그쪽은 사정이 어떤가요? 다 괜찮아요?" 미드는 홀트 가족과 함께 구운 닭 한 마리와 빵 한 덩어리를 챙겨서 콘크리트 저수조 속으로 들어가 웅크리고 있었다.[105] 다시 밖으로 나와보니 타우섬의 다른 집들도 대부분 파손됐지만 사람들은 거의 무사했다. 모두가 청소를 시작했다. 미드는 이런 상황 때문에 조사 계획을 망칠까 걱정했다. 사람들이 마을을 재건 하느라 정해진 잔치나 의식을 치르지 못하면 민족학 연구는 불가 능할 터였다.[106]

하지만 이내 상황을 다르게 보게 됐다. 뜻밖의 기회가 눈앞에 펼쳐졌다. 말리노프스키의 방식대로 사람들의 의식을 구경하거나 중요한 행사에 참여하는 것이 아니라, 오히려 그들이 가장 무방비 상태일 때 옆에서 함께 잔해를 치우고, 집을 다시 짓고, 망가진 돗 자리를 다시 짜고, 우는 아이들을 달래는 것이 사람들을 이해하는 진정한 방법이 아닐까? 미드의 연약함조차 신의 섭리로 보였다. 사람들은 어떻게든 미드를 보살펴주고 싶어 했다. 특히 바람이 불 거나 물이 불어나거나 고질적인 발목 부상으로 고생할 때는 더 돌 봐주려고 했다. 취약하고 의존적인 미드는 어린아이 같았다. 덕분 에 건강하고 당당한 사람이라면 결코 알 수 없었을 친밀감을 얻었 다. 미드는 이처럼 우연히 발견한 방법론을 '활동의 민족학'이라고 불렀다.[107]

미드는 서둘러 이 모든 것을 글로 적었다. 폭풍우가 지나간 후, 미드는 자신의 거처인 베란다로 모여든 아이들 중 주로 여자아이 들에게 그들의 삶에 대해 물었다. 아이마다 색인 카드를 만들어 그 아이가 성장에 대해 어떻게 생각하는지, 남자아이들하고는 어 떻게 지내는지, 남자아이들이 무례한 몸짓을 하거나 즉흥적으로 춤을 추면서 몸을 비비면 어떻게 하는지 물었다. 그리고 아이마다 생애사를 적어서 뉴욕에서 가져온 50센트짜리 기자 수첩을 채웠고, 자신만의 사모아어로 적기도 하고 즉석에서 구한 통역의 말을 받아적기도 했다. 이 방법은 미드가 배운 민족학은 아니었다. 악마나 금기, 물고기 잡는 법이나 바구니 짜는 법에 대해서는 거의 이야기를 나누지 않았다. 대신 미드는 독자적인 세계지만 이제껏 숨겨져 있던 세계로 들어갔다. 바로 소녀와 여자들의 내면의 삶 속으로, 욕망과 사랑을 암시하는 세계로 들어간 것이다.

미드는 이렇게 썼다. "아내는 대체로 남편에게 충실하다. 그러나 아내에게 충실한 남편은 거의 없다. 자위 행위는 어린아이부터 결혼한 남자에 이르기까지 남자들 사이에서는 보편적이다."[108] 소녀들도 다채로운 성적 쾌락을 알고, 구강성교는 성관계의 예비 단계로 잘 알려져 있었다. 미드가 만난 모든 아이는 성교 장면을 본 적이 있고 성교의 기본 기술을 알았다. 생리 중 성관계에 관한 금기도 따로 없었고, 미국의 심리학자들이 많이 논의하던 여성의 '불감증' 개념도 알려지지 않았으며, 남성의 발기 부전도 역시나 알려지지 않았다(노인이 젊은 사람보다 더 잘 지친다고 알려져 있기는 했다). 동성 간 성적 친밀감은 널리 알려지지는 않아도 실제로 존재했고, 남자아이가 바느질이나 빨래처럼 여자들이 하는 일을 부끄러워하지 않고 할 수 있었다. 처녀성을 공개적으로 빼앗는 의식(과거에 중요하게 여겨지던 풍습)은 사라졌지만, 미혼인 딸이 임신하면 가족은 공개적인 축하 행사 없이 몰래 결혼하도록 종용했다. 성적 자유에는 여전히 한계가 있었다.

몇 달이 순식간에 지나가는 사이 미드는 베네딕트에게 숨 가쁘게 편지를 보내고, 보아스에게 간간이 현장 보고서를 보냈다. 투투일라섬의 사모아 친구들과는 자주 편지를 주고받았고, 우편선이 올 때마다 가족에게 정기적으로 소식지를 보냈다. 미드는 시간이 너무 빨리 흘러가서 가치 있는 결과를 내지 못할까 봐 걱정했다. 아직 알아내야 할 것이 많았다. 풀잎 바구니의 너비, 이런저런 마을 행사의 명칭, 장례식에서 피우는 불의 개수, 어머니의 오빠를 부르는 친족 호칭은 아직 알아내지 못했다. 얼마 전부터는 편도선염으로 누워 지냈다.[109] 그러느라 현지 친구들과 우정을 더 이어 가지 못했다. 섬 건너편에 사는 소녀인 파푸아아가 편지를 보냈다. "저는 선생님을 잊은 적이 없어요. 저는 항상 선생님을 기억하고, 선생님이 제게 얼마나 다정하게 대해주셨는지 기억해요. 우리가 함께 보낸 그 많은 날 선생님이 제게 주신 사랑을 항상 기억할게요. 우리의 멋진 관계를 절대 잊지 말아주세요."[110] 미드는 베네딕트에게 자기는 진정으로 훌륭한 현장 연구자가 되지는 못할 거라고 편지를 보냈다.[111]

  5월에 미드는 카누를 타고 타우섬을 떠났다.[112] 사모아 남자 아홉 명이 뜨거운 태양 아래 파도를 헤치고 노래를 부르며 노를 저었다. 파고파고로 돌아와 세계 일주 항해의 첫 구간을 위해 배에 올랐다. 미드는 프랑스에서 크레스먼을 만나고 베네딕트와 함께 인류학 학회에 참석하기로 했다. 그러나 마음은 여전히 사모아에 있었다. 유럽으로 가는 길에 신문 헤드라인을 많이 장식했지만(혼자 멀리 남태평양에서 돌아온 여성 여행자!) 현장에서 보낸 시간이 그만큼 소득이 있었는지 의문이 들었다. 미드가 시드니에 도착했을 때 현지 신문은 이렇게 열광했다. "미국에서 가장 똑똑한 여성 중 한 명이자 민속학의 세계적인 권위자, 어제 소노마호를 타고 이곳에 도착한 마거릿 미드 박사보다 더 흥미로운 삶을 사는 사람도 없다."[113] 미드는 곧 증기선 치트랄호를 타고 실론(스리랑카의 옛 이름)과 수에즈 운하를 거쳐 서쪽으로 긴 여정을 시작했다.

프랑스에 도착하면 오래 떨어져 지낸 남편과 연인을 모두 만나게 돼 상황이 충분히 복잡해질 것이었다. 그런데 상황은 예상보다 더 복잡해졌다. 긴 낮시간을 갑판에서 보내고, 저녁에는 뱃멀미에 시달리거나 다른 관광객들과 따분한 저녁 식사를 하던 중 배에서 누군가를 만난 것이다. 리오 포천(Reo Fortune)이라는 묘한 이름의 키 크고 건장한 뉴질랜드 남자였다. 미드는 마르세유에 도착하면 이렇게 복잡한 상황을 어떻게 정리할지 알아내야 했다.

8장

/

우생학에 빠진 미국

우생학기록보관소가 만든 도표에는 우생학적 천재 26가지 유형과 "사회적으로 부적합한 사람"의 10가지 범주(인구의 10퍼센트를 차지하는 것으로 알려졌다)가 분명하게 표시되어 있었다. 부적합한 사람에는 술주정뱅이부터 장님과 귀머거리처럼 감각 기관에 결함이 있는 사람들까지 포함됐다.

"여행 잘하고 계신가요?" 그해 여름 파아모투가 미드에게 편지를 보냈다.[1] "건강은 나아졌나요? 긴 항해로 몸이 약해지진 않았나요?" 아닌 게 아니라 미드는 긴 항해를 하는 동안 깊은 우울증에 빠지고 뱃멀미에 시달리고 팔에 신경염이 재발해 고생했다. 그때 쓴 글에 눈은 결막염으로 충혈되고 백선이 코를 덮었으며[2] 대체로 "복잡한 존재의 갖가지 실타래를 다시 떠안는 것이 불공평하게" 느껴진다고 토로하기도 했다.[3] 먼 타지에서 몇 달을 고생하며 채워 넣은 보물과 같은 현장 노트를 바다에 빠트릴까 봐 노심초사했다.[4] 또 에드워드 사피어의 비난처럼 자신이 자기중심적인 사람일까 봐 걱정했다.[5] 어쩌면 자신은 정착에 관해서는 선천적으로 소질이 없는 사람이라는 생각도 들었다.

리오 포천, 시와 급진적 정치에 대해 말하고 싶은 열의에 들뜬 채 갑판에 나타난 그는 미드의 이런 온갖 자책의 짐을 덜어줄 기적 같은 존재가 될 수도 있었다.[6] 마오리어로 '말씀'이라는 뜻을 지닌 그의 이름은 뉴질랜드 성공회 선교사이던 아버지가 지어준 선물 같은 이름이었다. 그의 정신은 한 번에 여러 방향으로 뻗어나갔는데, 미드에게는 그 에너지가 자석처럼 느껴졌다. 만약 누군가 목사의 아내 자리에서 벗어나 세계를 돌아다니는 탐험가로 살기 위해 인생의 다음 단계를 함께할 사람을 구하는 광고를 낸다면, 포천은 그 조건에 완벽하게 부합하는 인물이었다.[7] 성미가 불같고 공상에 잘 빠지고 이 철학 개념에서 저 개념으로 쉽게 넘어가는 그는 챙이 넓고 헐렁한 모자를 쓰고 사파리 재킷을 걸친 윌리엄 블레이크였다. 미드는 유럽에 도착하기까지 7주 동안 사랑에 빠졌다.[8] 그녀의 표현대로 "온 힘을 다해" 거부해봤지만 곧 몇 년 만에 느껴보는 온화한 만족감에 빠져들었다.[9]

그러나 항해의 끝에서 미드가 두려워한 대로 악몽이 펼쳐졌다.[10] 크레스먼은 치트랄호가 프랑스 남부에 정박할 때 마중을 나왔지만, 미드가 포천과 작별 인사를 나누는 동안 부두에서 기다려야 했다. 미드는 점심 식사 자리에서 남편에게 새로 빠져든 사랑을 고백했다. 그래도 부부는 계획대로 보르도를 거쳐 파리까지 여행을 이어 갔다. 하지만 파리에서 포천이 다시 호텔 로비에 나타났다. 크레스먼은 그에게 침착하게 자기를 소개한 후 미드가 위층에서 기다리고 있다고 조심스럽게 일러주었다. 크레스먼은 펠로십을 밟던 영국으로 돌아가기로 결심했고, 미드와 포천은 푸아티에로 여행을 이어 갔다. 그들은 푸아티에에서 베네딕트를 만났고, 베네딕트는 새로 얽힌 관계의 실타래에 관해 들었다. 이후 미드는 피렌체와 시에나를 거쳐 로마로 향했고 로마에서 다시 베네딕트를 만났는데, 이때 베네딕트가 질투심으로 "녹아내렸다"고 미드는 회상했다.

미드는 베네딕트에게 여전히 그녀를 사랑한다고 안심시켰다. 그러고는 자신의 연애는 한 번에 여러 사람을 만나 각기 다른 방식으로 "시범적 애정"을 나눌 수 있다는 자신의 이론을 또 한 번 시험해보는 것일 뿐이라고 말했다.[11] 베네딕트도 점차 누그러지며 그 말을 받아들였다. 비록 미드와의 재회는 예상과 달랐지만, 미드가 행복해하는 모습을 보니 기뻤다.[12] 여름이 끝날 무렵 두 사람은 같은 배를 타고 미국으로 돌아갔고, 포천과의 관계에 대한 고민은 당분간 미뤄 두었다.[13] "어떻게 해야 할지 말해줘요!"[14] 미드는 크레스먼과 헤어지기 전에 그에게 소리쳤다. 크레스먼이 미드의 눈물을 본 유일한 순간이었다.

다시 뉴욕으로 돌아오자 시간을 빼앗는 일이 많았다. 우선 새로운 일자리가 미드를 기다리고 있었다. 보아스가 자연사박물관의 아프리카와 말레이시아, 남태평양을 담당하는 부학예사 자리에 미드를 추천했다. 대학 강사 자리는 들어올 것 같지 않았다. 박사 학위를 받고 거의 일 년 가까이 현지 조사를 하며 경력을 쌓았는데도 어떤 칼리지나 대학에서도 강의 제안이 들어오지 않았다. 학예사라는 직업은 임시방편이지만 미드의 연구를 새로운 방향으로 이끌어 가는 데 도움이 될 것 같았다. 미드는 베네딕트에게 "섹스에 영원히 집착하는 것보다 더 매력적인" 일이라고 말했다.[15]

1926년 9월 초, 미드는 30년 전에 보아스가 그랬던 것처럼 웨스트 77번가 장밋빛 외관의 미국자연사박물관 앞에 도착했다. 일반 전시관을 지나 5층으로 올라가 인류학 소장품의 핵심인 나무와 판유리 진열관이 늘어선 복도를 지났다. 뉴욕에서 가장 긴 이 복도는 도심의 한 블록 전체를 차지하는 공간이었는데, 바구니와 의례용 가면, 구슬 장신구, 전투용 곤봉, 직물, 도자기 인형, 인간과 유인원의 유골(허벅지뼈과 발허리뼈, 정강이뼈, 종아리뼈)이 이동식 트레이에 보관돼 있었다.

복도의 서쪽 끝에서 모퉁이를 돌아 가파른 주철 계단으로 갑갑한 다락으로 올라가는 사이 온도도 올라가는 느낌이었다. 다락은 한 층의 공간이라기보다는 이중 통로였다. 두 개의 좁은 통로에는 철제문들이 있었는데, 박물관의 대규모 저장고 역할을 하는, 높이가 상당한 지하 묘지와 같은 곳이었다. 통로 옆의 작은 방들에는 파이프가 연결돼 있었다. 각 방에는 외부에서 문을 완전히 밀폐할 수 있도록 무거운 장비가 달려 있었다. 정기적으로 방으로 주입되는 유독 가스로부터 사람들을 보호하기 위한 장치였다. 이 가스는 귀중한 유물을 파괴하는 해충들에게 내리는 사형 선고였다.

지붕을 떠받치는 철제 기둥 아래에 있는 이 공간은 박물관보다는 감옥처럼 보였다. 하지만 이 박물관의 유일한 여성 부학예사는 계단을 몇 개 더 올라가 마침내 작은 방의 문을 열었고, 내리닫이 창문 너머로 붉은 슬레이트 지붕과 콜럼버스가 내려다보였다. 아래층에서 옮겨 온 철제 캐비닛 몇 개와 책장 하나, 덮개 달린 낡은 책상이 전부인 이 방에서 계획대로 이삼 년은 너끈히 연구할 수 있을 것 같았다. 하지만 뜻하지 않게도 이 비좁은 공간에서 반세기 넘도록 일하게 된다.[16] 훗날 미드는 이곳이 가스실들 사이에서 집처럼 편하고 안정감이 드는 둥지 같았다고 말했다.

학예사 업무는 넘쳐났다. 미드는 소장품 목록을 작성하고 전단지를 제작하고 공공 전시회를 기획했다. 그해 가을부터는 사모아에서 지내며 얻은 결과를 정리하기 시작했다. 미드는 한 연구자에게 자신의 연구가 "특정한 심리적 문제", "낯선 문화권에 사는 사춘기 소녀의 심리적 문제"를 다룬다는 생각이 든다고 말했다.[17] 그리고 이 연구는 폴리네시아 연구자들에게 큰 관심을 끌지 못했다. '민족지학' 연구를 위해 특정 문화나 사람들을 상세히 묘사할 의도는 전혀 없었기 때문이다(그즈음 이전 세대의 인류학자들이 민족학ethnology이라고 부르던 것을 민족지학ethnography이라고 부르기

8장 우생학에 빠진 미국 235

시작했다). 마누아 군도의 문화를 제대로 다루려면 다음 책을 기다려야 했다. 미드는 자신의 책이 이론가와 심리학자를 위한 책이라고 말했다. 12월에는 원고가 거의 완성됐다고 밝혔다.[18] 이 책의 주요 목표는 "민족학 방법론 선전"과 "인간의 관심"을 결합하는 데 있었다.[19]

1927년 초에 미드는 보아스에게 원고를 보여줬다. 얼마 후 보아스는 점심을 함께 먹으며 논문에 관해 의논하자고 제안했다. 미드는 보아스가 어떤 반응을 보일지 걱정했다. 어쨌든 자신의 연구는 문화 확산을 분석하는 연구에서 벗어나 있었다. 사실 미드는 비숍 박물관을 위해 유물을 수집하는 작업 외에는, 보아스의 제자들이 다른 현장에서 수행하는 기술적(記述的) 민족지학 연구에는 거의 시간을 쓰지 못했다. 그리고 물론 폴리네시아인의 문신처럼 미드의 논문을 관통하는 주제인 성(sex)에 대해 파파 프란츠와 대화하는 시간을 피할 길이 없었다.

테이블 앞에 마주 앉자 보아스는 늘 그랬듯이 근엄하면서도 애정 어린 표정으로 목청을 가다듬었다. 그는 약간 거친 억양의 영어로 딱 한마디를 했다. 연애 감정과 육체적 열정이 제대로 구분되지 않았으니 원고를 다듬으면서 그 부분을 바로잡으라는 조언이었다. 그리고 두 사람은 식사를 이어 갔다. 미드는 백발이 성성한 스승이 성에 대해 스스럼없이 말하는 것을 들으며 재미있으면서도 약간 당황스러웠다. "파파 프란츠가 그런 말을 했어요!"[20] 미드가 나중에 한 동료에게 말했다. 게다가 보아스가 서문도 써주기로 해서 기뻤다.

《사모아의 청소년》은 이듬해 가을에 이 책의 잠재력을 눈여겨본

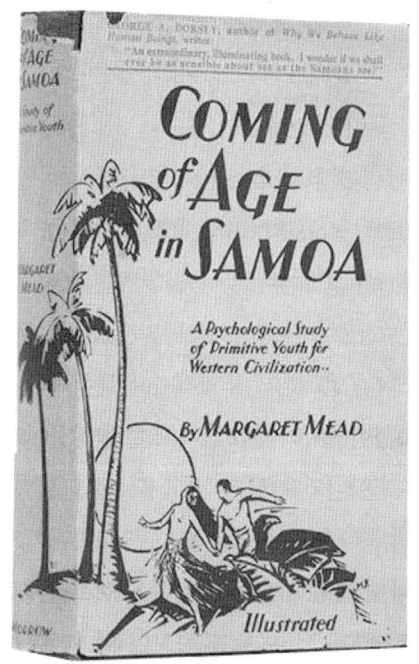

마거릿 미드의 첫 번째 저서 《사모아의 청소년》.

신생 출판사 '윌리엄 모로'의 출간 목록에 올랐다. 제목은 미드와 출판사가 서로 타협해서 정했다. 미드는 '사모아의 사춘기 소녀'라는 학술적인 제목을 원했지만, 출판사는 좀 더 눈길을 끄는 제목을 원했다.[21] 표지 디자인은 확실히 시선을 끌기 위한 선택이었다. 상반신을 드러낸 소녀와 소년이 손을 맞잡고 덤불에서 뛰어나와 아치형 야자수 아래에서 열대의 달빛을 받는 그림이었다. 사모아 여성들은 반라에 풀잎 치마만 입고 돌아다니지 않았고, 은밀한 연애가 바너드의 기숙사보다 사모아에서 더 흔한 것도 아니었다. 그러나 출판사는 태평양에 대한 관심이 급증하고 있는 상황을 이용하면서 동시에 성과 청소년기, 원시적 자유를 책의 핵심 주제로 강조하는 것을 목표로 삼았다.

1926년에 미국 전역에서 무성 영화 〈모아나〉가 상영됐다. 이 영화는 사모아(미국령 동사모아가 아니라 영국령 서사모아였지만)의 일상과 사냥, 낚시, 과일 채집, 구애 장면을 보여주었다. 이 영화의 감독인 로버트 J. 플래허티는 이전에 북극 배경의 유사한 영화인 〈북극의 나누크〉를 내놓으며 훗날 다큐멘터리라 불리는 장르를 개척한 인물이었다. 이 영화는 원시 사회의 실제 삶을 보여준다는 의도로 제작됐지만, 주로 현지인들이 의례를 치르는 장면이나 전통 복장을 한 모습을 보여주었다. 플래허티의 영화는 완벽한 영화적 기량으로 관객들에게 멀리 떨어져서 체험하는 모험 관광을 제공했고, 〈북극의 나누크〉와 〈모아나〉 두 영화 모두에서 여성들의 가슴을 은근히 드러냈다.

　윌리엄 모로 출판사는 이렇듯 야만 사회의 내부를 엿보고 싶어 하는 대중의 관심에 편승하려 했다. 또 미드의 사모아 현지 경험과 미국을 향한 도발적 관점을 잘 버무리면 책 판매에 유리할 거라고 기대했다. 출판사는 부제로 "서구 문명을 위한 원시 사회 청소년의 심리 연구"를 제안하면서 미드에게 이런 논조를 명확히 전달하기 위해 미국인을 위한 연구에서 더 심오한 의미를 끌어내는 장을 추가하도록 압박했다.[22] 그러나 홍보 팸플릿에는 상반신을 노출한 여성이 또다시 등장했다.[23]

　《사모아의 청소년》은 원래 미드가 잘 아는 타우섬의 세 마을이라는 구체적인 사회를 다루려 했다. 하지만 머리말에서는 더 일반적인 목표를 제시했다. 미드는 우선 아기는 문화가 없는 채로 세상에 나온다고 썼다. 아기는 선한 행동이든, 아름다움과 추함을 이루는 요소든, 올바른 사람이 되는 법이든 아무것도 모른 채 태어난다. 그리고 일생 동안 주변 사람들로부터 이런 것을 배운다.

이 과정을 교육이라고 하는데, 많은 사회에서 앞에 칠판이 있고 책상이 줄지어 놓인 장소에서 공식적으로 교육을 제공한다.

하지만 실제로 교육은 아이들이 부모나 보호자와 친밀하게 소통하는 과정부터 거칠게 넘어지고 부딪히는 놀이에 이르기까지 모든 순간에 이루어진다. 아기는 사회적 삶을 통해 성장한다기보다 '성장하는 법'을 배운다. 사모아를 연구하는 목적은, 지구 반대편의 아주 다른 환경과 기후와 문화 속에서 사는 사람들이 아이들을 성인으로 키우기 위해 고안해낸 계획을 알아보는 데 있었다.

이어서 미드는 사모아에서는 생일이 별로 중요하지 않은데 어느 정도는 출산 과정이 비밀에 싸이지 않기 때문이라고 설명한다. 출산은 공개적으로 일어나거나 적어도 사적으로는 일어나지 않는데, 사방이 뚫린 개방형 공동 주택의 특성상 사적인 삶이 불가능하기 때문이다. 아이들은 태어나는 순간부터 올바른 행동 규범을 익힌다. 햇빛을 피하고, 실이 엉키지 않게 베를 짜고, 마른 코코넛 근처에 가지 않고, 불을 피하고, 연장자와 얘기할 때는 앉아서 하고, 의례용 '아바 그릇'은 건드리지 않도록 배운다. 손위 형제자매, 특히 언니나 누나는 어린 동생들을 키우는 일차적 책임을 떠맡는다. 여자아이들이 무거운 짐을 나르고 가족을 위해 다른 육체 노동을 할 수 있을 만큼 나이가 들면, 동생을 돌보는 의무에서 풀려나 울고 삐치고 애원하거나 오줌을 싸는 꼬마 폭군과의 갑갑한 관계에서 벗어날 수 있다. 그리고 결혼을 잠시 미룰 수 있다면, 청소년기 소녀는 동생들을 돌보는 고된 노동과 남편을 얻는 데 따르는 엄격한 사회적 역할 사이에서 잠시 이상적인 세계에 머무른다.

소녀는 또한 자신의 사회적 힘에 대한 감각을 새롭게 발견한다. 미드는 여느 폴리네시아 사회와 달리, 사모아 여성은 해로운 존재로 여겨지는 경우가 거의 없다고 썼다. 물론 생리 중이면 '아바' 의식을 부정 타게 만들 수 있으므로 낚시 도구나 카누를 만져서는 안 된다. 또 추장들이 모이는 장소는 피해야 한다. 그러나 이런 금기도 개인마다 지키는 정도가 달라 보였다. 사실 미드는 사모아인들이 능력이나 개인적 욕구 면에서 남녀 사이에 선천적인 차이가 있다고 생각하는지 평가하기가 어렵다고 판단했다. "사회적으로 여성에게 기회가 주어진 영역에서는 여성들이 남성들 못지않은 능력을 발휘하며 자리를 차지한다."[24] 사모아에서는 여성들이 주로 남성에게 할당된 일을 성공적으로 수행할 수 있는 세상을 굳이 상상할 필요가 없었다. 사모아 마을에서 여자아이들은 어머니와 이모나 고모가 사람들 앞에 나서서 발언하고 대규모 집회에서 자신의 의견을 밝히는 모습을 보며 자란다.

사모아 여자들은 성에 대해 뉴욕 여자들만큼, 어쩌면 더 많이 알았다. "우리 문화에서 일부일처제나 배타성, 질투, 정조 개념과 불가분의 관계인 낭만적 사랑이 사모아에서는 보이지 않는다"라고 미드는 단언한다.[25] 사모아에도 일부일처제가 존재하지만, 특히 남자들에게 일부일처제는 "깨지기 쉬운" 것이었다. 그렇다고 불륜이 결혼 제도를 심각하게 위협하지는 않았다. 결혼은 배타적 성생활을 지켜주는 제도라기보다는 (재산이나 사회적 지위, 서로 보완해주는 기술이나 재능 면에서) 서로 잘 맞는 짝을 찾는다는 개념이었다. 미드에 따르면 사모아 사람들은 미국인과 반대로 행동에는 확실히 거리낌이 없지만 감정이나 동기는 잘 드러내지 않았다.[26] 미국 여자는 "네, 그 사람을 사랑하지만 어디까지 갔는지는 절대 말하지 못하죠"라고 말할 것이다. 사모아 여자는 "네, 물론 그 사람하고 살았지만 내가 그를 사랑하는지 미워하는지는 절대 말하지 못하죠"라고 말할 것이다.

그러면 사모아에서 청소년기는 어떤 의미일까? 사모아 아이들은 서양에서는 청소년기에 거치는 고통스러운 과정의 일부로 여겨지는 삶의 측면들을 일찍부터 잘 알았다. 아이들은 몸의 다양한 기능을 잘 알았다. 연인들의 은밀한 행위를 훔쳐보려고 덤불 속을 뒤지기도 하고, 남자아이들이 집단으로 모여서 자위행위를 할 정도로 자위가 흔했다. 동성 간 만남은 자연스럽게 받아들였지만, 결혼할 나이가 되면 그런 만남에서 벗어날 것으로 기대됐다. 이런 행동 중 어느 것도 잘못으로 여겨지지 않았다. 다만 시기가 부적절하거나 너무 쉽게 빠져들면 썩 보기 좋지 않다는 정도였다. 따라서 청소년기는 스트레스나 위기의 시기가 아니라 자유와 가능성의 시기였다. "여자아이에게는 가능한 한 많은 연인을 최대한 오래 사귀다가 자기 마을에서 친척들이 사는 근처로 시집을 가서 아이를 많이 낳는 것, 이것이 한결같이 만족스러운 야망이었다."[27]

미드는 사모아 사회에서 모두가 이렇게 사는 것은 아니라고 조심스럽게 강조했다. 말썽을 일으키거나 평판이 나쁘거나 이웃에게 나쁜 종자로 여겨지는 소녀들도 있었다. 그러나 미드가 '원주민 이론'이라고 부르는 것, 곧 현지인들이 자기네 사회를 인식하는 방식은 미국인과 확연한 차이를 보였다. 미드는 미국인들이 이상화된 성 경험을 중심으로 삼아 성생활을 하는 것 같다고 지적했다. 미국인들은 성관계를 위해 사전에 정교한 구애 활동을 벌여야 하고 낭만적 사랑을 공개적으로 표현해야 하며, 청소년기를 지난 남자와 여자는 국가에서 승인한 공식적 의례인 결혼식을 치러야 한다. 하지만 사모아인들은 관점이 달랐다. 타우섬의 '원주민 이론'의 핵심에는 애초에 이런 모델이 존재하지 않았다. 따라서 인간관계의 나머지 모든 측면도 전혀 다르게 구조화되었다. 미국에서 순결한 약혼과 꿈같은 신혼여행을 이야기하듯, 사모아에서는 적절한 나이와 사회적 지위, 성적 기술, 육체적 쾌락에 대해 일상적으로 이야기했다.

"사모아에 비추어 본 우리의 교육 문제"라는 제목의 장은 가장 많은 분량으로 불어났다. 미드는 사모아에서는 미국과 달리 청소년이 정확히 누구를 말하는지 파악하기 어려웠다고 썼다. 반항심이나 불안감, 불만, 부모가 정한 질식할 것 같은 구속에서 벗어나려는 열망을 기준으로 삼아서는 알 수 없었다. 적어도 성인이 되기 위한 제2의 탄생의 단계로 여겨지는 청소년 문화도 없었고 청소년 비행도 만연하지 않았다. 미드는 미국인에게는 자녀를 온전한 인격체로 키우기 위한 로드 맵이 있다는 데서 원인을 찾았다. 미국의 청소년들은 부모가 중요하게 여기는 가치, 행동, 신념, 습관을 거부하는 방식으로 자유를 경험했다. 성인이 되는 것은 청교도적이고 개인주의적이며 고상한 체하는 세계에서 정한 규칙에 저항하며 용감하게 싸우는 과정이었다. 젊은이들에게 담배를 피울지 말지, 결혼을 할지 말지, 자유분방한 여성이 될지 말지, 게으름뱅이가 될지 회사원이 될지를 비롯해 갖가지 상호 배타적인 갈래 중 한 번에 하나씩 선택하도록 강요하는 사회에서 사회적 긴장이 발생하는 것은 당연했다. 미드는 "스트레스는 우리 문명에 있지, 아이들이 겪는 신체적 변화에 있지 않다"라고 지적했다.[28]

물론 해결책은 미국인을 사모아인으로 만드는 것이 아니라, 자신의 논리와 상식이 사회적 세계를 이루는 여러 가능한 방식 중 한 가지일 뿐이고 각각의 방식은 사람들의 삶에서 실제로 나타나는 결과로 이해하는 데 있었다.

다른 민족들의 해법이 좋아 보이든 아니든, 우리의 해법을 대하는 태도는 다른 민족들이 같은 문제를 어떻게 해결해 왔는지 고려하면서 훨씬 넓어지고 깊어질 것이다. 우리의 방식이 인간에게 필연적이거나 신이 정한 올바른 길이 아니라 길고 격동적인 역사의 결실이라고 인식한다면, 우리의 모든 제도를 다른 문명의 역사와 비교해 검토하고 그 균형을 저울질해보고 우리의 부족한 면을 두려움 없이 볼 수 있을 것이다.[29]

《사모아의 청소년》은 허세와 과장, 허술한 논증, 이따금 미사여구가 등장하는 책이었는데, 당시 다른 모든 인류학 연구도 거의 비슷했다.[30] 미드는 남태평양의 한 섬에 있는 작은 마을 세 곳에 사는 소녀 50명이라는 소규모 표본을 통해 거창한 결론을 도출했다. 사실 사모아 사람들은 미드의 방법론에 가끔 당황하기도 했다. 타우섬의 한 추장은 "당신이 얘기를 나눈 피티우타 사람들은 다들 바보예요. 그래서 내가 이런 말을 하는 거예요. 당신이 내 말을 신문사에 보내거나 글로 써서 전 세계에 알리고 피티우타 사람들과 마누아 전체가 읽게 하면 나는 기쁠 거예요. 그 사람들이 읽을 수나 있다면요."[31] 그러나 인류학 연보에는 보아스가 북서부 해안에서 한 것처럼 남자 추장이나 샤먼이 들려준 민담을 받아 적거나 즉석에서 구한 남자 안내자의 도움에 의존하는 방식으로 연구를 한 남자 인류학자들이 넘쳐났다.

미드는 새로운 것을 시도했다. 사모아는 미드가 속한 사회를 비춰주는 거울이었다. 모든 것이 평화롭게 잘 굴러가는 자유로운 사랑의 전초 기지를 발견한 것이 중요한 게 아니었다. 미드는 사모아에도 바람난 남편, 불행한 관계, 오래 가지 못한 결혼이 있음을 알았다. 당시 사람들도 미드가 낙원을 찾아 떠난 것이 아니라는 사실을 알았다. 필라델피아의 한 신문에서는 미드가 "큰 비난을 받는 자유분방한 신여성이 현대에 새로 나타난 현상이 아니라 태초부터 모든 문명에 존재했다는 사실을 증명하려 했다"고 평했다.32) 미드의 핵심 주장은 사모아에서 자신과 대화한 사람들은 청소년기를 미국인들처럼 보지 않는다는 점이었다. 그러니까 사모아인에게 청소년기는 불안에 휩싸여 성인이 되어 가는 고유한 과도기가 아니었다. 그리고 미드는 청소년기 소녀들의 생활과 두려움, 열정, 고민을 이해하기 위한 최선의 방법은 실제로 그들과 대화를 나누는 것이라고 이해했다. 청소년의 위기에 관한 진정한 전문가는 바로 그 시기를 겪는 소녀들 자신이기 때문이었다.

미드의 책은 클래런스 대로(Clarence Darrow)부터 브로니슬라브 말리노프스키에 이르기까지 저명한 학자와 유명 인사들의 찬사와 함께 "기술적 인류학에서 압도적으로 훌륭한 최고의 책"이라는 평가를 받으며 출간됐다.33) 주요 신문과 잡지에 곧바로 평론이 실렸다. 유일하게 신랄한 평가는 주로 보아스 학파의 일부 남성들에게서 나왔다. 앨프리드 크로버는 에둘러 찬사를 보냈다. 그는 미드에게 이런 편지를 썼다. "누군가는 당신이 책에서 자료를 충분히 제시하지 않아 직접 확인해볼 수 없다고 불평할 테지만, 나는 그런 말에 관심이 없습니다. 사실 자료가 거의 없거나 온전히 인쇄되지 않았어도 당신의 진단이 옳다는 확신이 드니까요."34) 여전히 옛 애인에게 미련을 버리지 못한 사피어는 베네딕트에게 이 책의 모든 것이 "혼란스럽고 저급하다"면서 저자로서 가치가 없고 창피하기까지 하다고 말했다.35) 그러고는 책은 빌려서 봤고 돈을 주고 사지 않았다고 강조했다.

《사모아의 청소년》은 출간 후 몇 달 만에 3천 부 이상 팔렸고(학술서 기준으로는 놀라운 판매량이었다) 앞으로 더 판매될 것으로 기대됐다.[36] 하지만 책이 서점에 진열될 즈음 미드는 이 모든 일에 대해 생각할 시간이 거의 없었다. 당시 미드는 뉴욕에서 멀리 떨어져 있었다. 자연사박물관에서 휴가를 얻어 또 한 번의 현지 조사를 위해 남태평양으로 돌아가는 길이었다. 미드는 이제 동료들에게 '부인(Mrs.)'이 아니라 '양(Miss)'이나 '박사(Dr.)'로 불러 달라고 알렸다.[37]

"필라델피아 여자, 식인종 지역 체류 계획" 미드의 고향 신문에서 《사모아의 청소년》이 서점에 깔릴 즈음 내보낸 기사다.[38] 미드는 치트랄호에서 만난 뒤로 정기적으로 연락을 주고받던 리오 포천과 새로운 탐험을 계획했다.[39] 포천은 뉴질랜드대학 대학원에서 연구하고 있었다. 그의 관심사는 멜라네시아, 특히 뉴기니 연안의 섬들에 있었다.

멜라네시아는 사모아에서 약 4천8백 킬로미터 떨어져 있었다. 둘이 함께 멜라네시아로 간다면 미드로서는 이전 연구의 후속 연구로 투투일라섬이나 타우섬을 다시 방문할 가능성이 사라지는 셈이었다. 그래도 미드는 포천에게 "나는 당신의 경력을 먼저 생각해요."라고 말했다.[40] 크레스먼과의 관계는 《사모아의 청소년》이 출간되기 몇 달 전에 이미 해결됐다. 멕시코에서 이혼 판결을 받았는데, 이것은 뉴욕주에서 합법으로 인정받으면서도 신속하고 신중하게 이혼하기 위한 방법이었다.

미드보다 한 살 어린 리오 포천은 뉴질랜드의 수도 웰링턴에서 대학을 나왔다. 케임브리지대학 인류학과에서 박사 학위에 약간

못 미치는 과정을 수료했는데, 일 년 동안 이 과정을 밟으면서 말리노프스키도 만나고 멜라네시아를 연구하는 다른 주요 연구자들과도 공동으로 연구했다. 포천의 지도 교수 중 한 명인 앨프리드 래드클리프브라운(Alfred Radcliffe-Brown)은 나중에 사회인류학(social anthropology)이라고 불리는 분야에서 중요한 연구자로 떠올랐다. 사회인류학은 다양한 친족 제도의 활용부터 의례가 집단의 가치관을 강화하는 방식에 이르기까지 세계 각지의 안정적인 사회적 관습을 이해하려고 시도하는 분야다. 보아스와 제자들이 주로 '문화'에 관심을 둔 데 비해, 영국 인류학자들은 주로 제도와 기능에 주목했다. 어떤 사회는 자녀 양육을 아버지가 아니라 외삼촌에게 맡겼다. 또 어떤 사회는 사촌 간 결혼을 강조했는데, 한 가계도의 다른 가지에서 나온 남녀가 결합해 씨족 관계를 영속하기 위한 관습이었다. 어떤 사회에는 샤먼의 무아지경처럼 재능 있는 수행자가 다른 세계로 넘어가 보이지 않는 힘을 조종하는 종교 제도가 있었다. 또 어떤 사회에는 사제나 주술사처럼 다른 세계의 힘을 현세로 소환하는 수행자가 있었다. 이 모든 제도는 서로 달랐지만 예측 가능한 사회적 관계를 낳았고, 연구자들은 바로 이런 관계를 정의하고 전체적으로 조망하고자 했다. 케임브리지와 옥스퍼드, 런던정경대학의 인류학자들은 어느 사회에나 나타나는 사회적 연결망을 그 사회가 가족, 권력, 질서 같은 기본 개념을 구현하는 방식의 직접적 산물로 보았다.

하지만 실제로 영국과 미국의 연구자들은 대서양을 사이에 두고 생각을 나누며 같은 기법으로 같은 주제를 연구하면서 과학으로 인정받은 지 고작 몇십 년 된 학문 분야를 정의하기 위해 대대적인 탐색을 이어 갔다. 포천은 이런 학계에서 현장 경험은 있어도 연구 학위는 없는 신예 학자였다. 하지만 그는 미드와 열정을 공유하면서도 케임브리지에서 수학한 경험을 토대로 삼아 복잡한 사회 문제에 접근하는 색다른 방법론을 제시함으로써 미드가 이전에 어떤 남자에게서도 찾을 수 없었던 지적 파트너십을 제공했다. 두 사람은 함께 뉴기니 북쪽 애드미럴티 제도의 새로운 현장에 정착했다. 여기서 포천은 멜라네시아 사회에 관한 연구를 이어 갈 수 있었고, 미드는 새로운 문화적 환경에서 청소년을 연구할 수 있었다. 이를테면 영국과 미국의 학계에서 나온 인류학적 방법론을 활용하는 앤티퍼디즈* – 양키 팀이었다.

미드는 다른 누군가와 함께하는 첫 탐사를 준비하면서 남태평양에서 포천을 만날 계획을 세웠다. 하지만 다시 베네딕트를 두고 떠나야 했다. 미드는 서해안으로 가는 길에 편지를 쓰면서 자신과 베네딕트의 관계는 남자들과의 관계와는 별개라고 썼다. 연애라는 것은 별개의 수레바퀴로 굴러갈 수 있다고도 썼다.[41] 그래도 베네딕트가 그중에 가장 중요한 존재이고 "성벽으로 둘러싸인 아름다운 궁전"이며 "끊어낼 수 없는 뿌리, 헤어날 수 없는 동성애적 갈증"이라고 적었다.[42] 다음 달인 1928년 10월에 미드와 포천은 뉴질랜드 오클랜드의 등기소에서 다시 만나 부부가 됐다. 미드는 베네딕트에게 전보를 보내 이 소식을 전했다.[43] 뉴욕으로 복귀, 박물관의 새로운 일자리, 크레스먼과 결혼 파탄, 학자 경력에서 다음 단계에 대한 걱정까지, 미드에게는 한바탕 폭풍 같은 시기가 지나고 갑자기 평온한 시간이 찾아온 것 같았다.[44] 미드는 뉴욕을 떠난 지 6주 만에 마침내 포천과 함께 마누스 군도의 '페레'라는

---

* 앤티퍼디즈(antipodes)는 영국과 대척점에 있다는 의미로 오스트레일리아와 뉴질랜드를 가리키는 표현이다.

큰 마을에 도착했다.[45)]

미드는 베네딕트에게 보내는 편지에 페레가 "완벽한 시골 분위기의 베네치아"라고 썼다.[46)] 그곳 사람들은 산호초로 둘러싸인 잔잔한 석호에 말뚝을 박고 그 위에 야자수로 초가집을 짓고 살았다. 남자들은 머리를 길러 상투를 틀었고, 여자들은 머리를 자르고 죽은 친척의 유골로 만든 장신구를 목과 팔에 걸었다.[47)] 아이들은 태어나 얼마 후부터 얕은 바다 위에서 헤엄치는 법을 배워 유아기에도 "독립적인 작은 물쥐처럼" 멀리까지 헤엄쳐 갔다.[48)] 한 집에서 다른 집으로 가려면 일단 자기 집 밖으로 나와 바다에 빠질 위험을 무릅쓰고 허술한 사다리를 타고 내려와 배를 타야 했다. 이런 위험을 감수하지 않고서는 애초에 사회생활이 불가능했다. 미드는 직접 경험을 통해 알았다. 몇 년 전 택시 사고 후 여전히 말썽인 발목이 다시 부러졌다. 12시간 동안 카누를 타고 마누스의 중심지인 로렌가우까지 갔지만, 숙련된 의사보다 이 지역의 접골사가 더 잘 고쳐줄 거라는 말을 들었다.[49)] 그 뒤로 몇 주 동안 미드는 집에서 만든 목발에 의지해 해변을 걸어 다녔다. 수영은 아직 배우지 못했다.

미드와 포천은 현지 언어를 연구하고 페레의 여러 집과 그들의 복잡한 친족 관계를 지도로 그렸다. 두 사람은 각자 독립적으로 글을 썼다. 포천은 이전에 남쪽 도부섬에서 수행한 현장 연구 보고서를 다듬었고, 미드는 마을 아이들 수십 명을 대상으로 하여 새로운 연구를 수행할 수 있기를 기대하면서 자료를 수집했다. 미드는 새로운 조사 기법으로 아이들에게 연필과 종이를 나눠주고 그리고 싶은 대로 그리게 했는데, 많은 아이가 그런 물건을 처음 보았다. 이내 쌓인 그림 3만 5천 장이 열대의 더위와 습기에 오그

마누스섬 페레 마을에서 현지 조사 중인 마거릿 미드와 리오 포천.

라들이었다.[50]

알고 보니 마누스는 사모아보다 미드의 관심사에 훨씬 더 적합한 곳이었다. 마누스가 외딴 군도여서는 아니었다. 미드는 아이들이 놀고 싸우고, 석호로 과감하게 뛰어들고, 자신들이 본 세상을 그림과 직접 만든 상징으로 기록하는 모습을 열심히 관찰하면서 교육자와 사회 개혁가들이 수십 년 전부터 고심한 문제에 집중했다. 어떤 행동 특질이 타고나는 것이고, 어떤 행동 특질이 우리가 처한 환경의 산물일까?

정신적 특성의 선천성과 유전 문제는 미드가 보아스 학파에서 활동하던 시기에 사회과학을 지배한 근본적인 문제 중 하나였다. 미드는 컬럼비아대학에서 석사 논문으로 지능 검사가 문화적 지식을 지능으로 착각할 수 있는지를 다루었다. 미드는 뉴저지주 해먼턴(미드의 어머니가 논문을 완성하지 못한 곳)에 사는 이탈리아계 학생과 다른 미국 학생의 표본을 연구한 결과, 지능 점수에 피검자의 영어 실력이 반영될 수 있다는 점을 발견했다. 가령 소네트의 운율 체계가 어떤지, 루벤스가 누구인지(당시 지능 검사에서 흔히 나오던 질문 유형이다) 아는 것은 그 사람이 문제를 해결하거나 명확히 추론하는 능력과는 거의 관련이 없다고 주장했다. 단어 맞추기나 논리적 추론에 관한 문제도 우선 질문의 내용을 명확히 이해하는 능력에 달려 있었다. 심리학자들은 이런 검사가 인간의 보편적 정신을 모형화한다고 믿었지만, 사실은 피검자의 언어 능력과 유창한 언어 구사가 가져다주는 특별한 지식을 측정하는 일종의 인류학 연구인 셈이었다. 적어도 피검자의 정신 능력을 측정한 것은 아니었다. 미드는 연구에 사용한 지능 검사(오티스 그룹 지능 척도)를 개발한 기관에 평소처럼 자신만만하게 편지를 보내 지능 검사 설계상의 문제로 보이는 부분을 지적했다. 그 기관은 석사 과정 학생인 미드에게 무시하는 투의 답장을 보내 상황을 정리했다.[51]

보아스도 오래전부터 영리함이 혈통을 따른다는 주장에 의심을 품었다. 그는 미드와 포천이 멜라네시아로 떠날 무렵 나온 새 저서 《인류학과 현대 생활》에서 "과학적 인류학의 근본 목표" 중 하나는 "어떤 행동 특질이 유기체적으로 결정되는 인류의 공통 특성인지(만약 그런 게 있다면), 혹은 우리가 속한 문화에서 기인하는지를 알아내는 것"이라고 적었다.[52] 여기서 "만약 그런 게 있다면"

은 중요한 방백이었다. 보아스도 알았듯이 당시 다수의 과학적 의견은 정반대 방향으로, 그러니까 개인은 물론이고 집단의 거의 '모든' 행동이 유전된다는 이론을 확인해주는 방향으로 향했다. 우리의 행동 성향은 (도덕적이든 무절제하든, 이성적으로 미리 생각하고 행동하든 본능적 감정에 이끌려 행동하든) 인간 유기체의 가장 깊은 곳에 자리 잡고 있다고 알려져 있었다. 그리고 우리의 자식들은 우리도 모르게 물려준 성향을 지니고 세상에 나온다고 믿었다.

1905년에 영국의 생물학자 윌리엄 베이트슨(William Bateson)은 생명체가 부모에게서 자손에게로 가장 뿌리 깊은 특질을 물려주는 방식을 설명하기 위해 '유전학(genetics)'이라는 새로운 용어를 만들었다. 몇 년 후 다른 연구자들이 가계 안에서 예측 가능한 규칙에 따라 흐르는 정보의 양자(quantum)를 가리키는 '유전자(gene)'라는 용어도 만들었다. 홍채가 파란색인지 갈색인지, 귓불이 머리 옆으로 늘어졌는지 붙었는지, 혀를 말 수 있는지 등의 변이는 멘델 유전 양상을 따르는 듯 보였다. 멘델 유전은 이런 현상을 처음 제시한 19세기 식물학자 그레고어 요한 멘델(Gregor Johann Mendel)의 이름을 딴 용어다. 정신 능력부터 지도자의 자질에 이르기까지, 그 밖의 특성도 부모에게서 자식으로 이어지는 경로를 따라 유전된다는 사실을 의심할 이유는 거의 없어 보였다.

물론 유전자를 본 사람은 없었지만, 이는 원자나 중력을 본 사람이 없는 것과 마찬가지였다. 과학은 관찰된 현실을 설명해주는 이론을 정립한 다음, 그 이론이 거짓이라는 증거가 나올 때까지 그 이론을 고수하는 방식으로 발전했다. 당대 최신 과학 발전에 정통한 사람이라면 번식은 유기체의 숙명이라는 사실에 익숙했다. 구체적 사례가 필요하다면 미국 대중에게 '데버라 칼리카크'라는 이름으로 알려진 에마 울버튼이라는 젊은 여성의 사연에서 찾을 수 있었다.

울버튼은 '뉴저지 정신 지체아 교육 및 보호 시설'에서 지냈다. 1897년에 이 시설에 들어왔을 때 울버튼은 아름답고 큰 눈망울을 가진 여덟 살 난 쾌활한 소녀였다. 하지만 성인으로 자라면서 능력이 정체된 듯했다. 걸음걸이가 특이하고 뻣뻣했다. 작은 트럼펫처럼 생긴 금관 악기 코넷도 불고 목공소에서 망치로 가구를 조립할 수는 있어도 추론을 하거나 복잡한 과제를 수행하는 능력은 어린아이 수준에 머물렀다. 이 시설의 연구 책임자이던 헨리 고더드(Henry H. Goddard)에 따르면 울버튼은 (고더드가 만든 용어로) '고등한 우둔(a high-grade moron)'에 속했다.* 고더드는 울버튼의 사례를 연구할수록 이런 상태의 원인을 가계도에서 찾을 수 있다고 생각했다.

고더드는 울버튼의 혈통을 재구성하면서 울버튼이 미국 독립혁명 당시 활약한 어느 혁명군 장교의 후손이고, 이 장교에게서 혈통이 두 갈래로 갈라진 사실을 알아냈다. 장교가 법적 배우자와 자식을 낳았을 뿐 아니라, 정신적으로 문제가 있다고 알려진 술집 종업원과도 불륜으로 자식을 낳았던 것이다. 고더드는 놀라운 사실을 발견했다. 그 장교의 합법적 후손은 뉴잉글랜드의 저명한 가문의 존경할 만한 인물들이었다. 그리고 불륜으로 태어난 사생아의 후손은 대다수가 뒤처지고 가난하고 비행을 저지른 사람들이

---

* 미국의 유전심리학자였던 헨리 고더드는 1910년에 그리스어 모로스(moros, 어리석은)에서 착안해 '우둔(moron)'이라는 용어를 만들었다. 이 용어는 8~12세의 지능, 지능 검사로 51~70점을 받는 사람들을 가리키는 말이 되었다. 지능 검사에서 26~50점을 받은 사람은 '저능(imbecile)', 0~25점을 받는 사람은 '백치(idiot)'로 분류되었다.

었다. 이를테면 알코올 중독자나 범죄자, 사회적으로 소외된 사람들, 에마 울버튼처럼 천진하고 아둔한 사람들이었다.

이 사례는 고더드가 상상할 수 있는 가장 자연스러운 실험에 가까웠다. 고더드는 울버튼과 울버튼의 조상이 정신적 재능의 기원을 알아보는 데 적합한, 임상 실험처럼 구조화된 시범 사례임을 알아차렸다. 이 실험에서는 '처치', 곧 장교의 불륜을 제외한 나머지 모든 매개 변수가 일정하게 유지됐다. 고더드는 이 사례를 1912년에 《칼리카크 가족》으로 출간했다. 고더드는 보아스의 모교인 클라크대학에서 박사 학위를 받았고, 그의 책에는 그랜빌 스탠리 홀이 학생들에게 주입하려 한 과학 원리의 모든 주요 특징, 곧 세심한 관찰, 실험적 연구 설계, 실제 자료의 면밀한 분석이 담겨 있었다. '칼리카크'라는 성은 고더드가 '좋은'과 '나쁜'을 의미하는 그리스어 단어*에서 따온 가명으로, 한 남자의 후손들 안에서 정상적인 종자와 손상된 종자가 나란히 이어지는 형상을 표현한 것이었다. 고더드의 논리에 따르면 제멋대로인 술집 종업원 하나만 없었더라면 뉴저지주는 수많은 표준 이하의 인간을 감옥에 가두고 감시하는 데 드는 비용을 절감할 수 있었을 터였다. 에마(책에서는 데버라라고 불렀다)의 운명은 세상에 나오기 한참 전에 이미 결정되었다. "외모도 예쁘장하고 밝고 매력적이지만, 데버라를 연구할수록 이런 겉모습이 헛된 희망이라는 것을 알 수 있다."[53]

당시 인기 서적 서가 전체에 유사한 방법론으로 쓰인 책이 진열됐다. 뉴욕 북부의 타락한 주민들을 다룬 《주크 가》(1877), 애팔래치아의 떠돌이 도둑들을 다룬 《이스마엘 부족》(1888), 매춘부와 사

---

* 그리스어로 '좋은'이라는 뜻의 καλός(kalos)와 '나쁜'이라는 뜻의 κακός(kakos)에서 가져왔다.

기꾼 일족을 다룬 《냄 가족》(1912)이 대표적이다. 이런 책들이 제안하는 내용을 의미하는 새로운 용어인 '열생학(劣生學, dysgenics 혹은 cacogenics)'은 인류의 유전적 품질 개량을 위한 선별 번식을 연구하는 분야인 우생학까지 모두 아우르는 용어였다. 하지만 《칼리카크 가족》은 달랐다. 이 책은 극단적으로 비극적인 이야기를 연민 어린 시선으로 보여주면서 아직 결정되지 않은 어린 소녀의 운명을 소개했다. 구체적인 연구 결과는 지능에 관한 당시의 최신 과학적 추론에도 들어맞았다. 고더드가 연구를 시작하기 몇 년 전에 프랑스의 심리학자 알프레드 비네(Alfred Binet)가 정신 능력을 측정하는 '지능 지수'(IQ, intelligence quotient)를 산출하는 검사를 개발했다. 고더드는 이 숫자가 어떻게 여러 세대에 걸쳐 어둠의 논리를 작동시키는지 보여주었다. 이어서 다른 연구자들이 우둔, 백치, 정신병자로 분류된 사람들의 생애사를 철저히 조사하고 국가 차원에서 이들을 교육하거나 일반인와 격리하기 위해 시행할 수 있는 다양한 정책을 모색했다. 그리고 이들은 인류학자들이 인종을 판별하기 위해 두지수를 도입한 것과 같은 방식으로 비네의 지능 검사를 이용했다. 어떤 개념이 측정 가능하다면 관찰할 수 있고, 관찰할 수 있다면 머리카락의 꼬임이나 눈썹의 기울기처럼 사람마다 예측 가능한 방식으로 전수되는 특질이 있다고 추정한 것이다.

고더드의 책은 증쇄를 거듭했다. 여기에는 해맑은 눈빛에 행복해 보이는 에마/데버라의 사진뿐 아니라 이마가 낮고 턱이 처진 대가족의 사진도 포함됐다. (나중에 이 사진들은 칼리카크 가족을 유난히 잔인해 보이게끔 보정됐다는 지적을 받았다.[54]) 이 책은 에마/데버라 같은 사람들을 인도적으로 대해줄 때, 말하자면 시설에 수용하고 실용적 기술을 가르치고 특히 그들이 열등한 형질을 자손에게 물려주지 못하게 방지할 때, 우리가 무엇을 얻을 수 있는지에 관한 증거를 제시하는 듯했다.

고더드가 책을 낸 시점은 절묘했다. 고더드가 연구하던 때는 마침 미국 역사상 어느 때보다 정책 결정과 인구 연구가 밀접히 연결된 시기였다. 1910년 워싱턴카네기연구소의 자선가들은 인구, 능력, 번식에 관한 새로운 연구를 추진하기 위해 특수 연구소를 설립했다. 뉴욕 콜드스프링하버에 위치한 이 연구소는 유전이 어떻게 작동하는지에 관한 방대한 자료를 수집하는 작업에 착수했다. 동물의 평범한 특질(예를 들어 닭의 깃털 색깔)부터 교육자나 범죄학자가 특히 관심을 보일 만한 신체 능력이나 정신적 결핍과 같은 특질에 이르기까지 방대한 영역에 걸쳐 자료를 수집했다. 이 작업의 장기적인 목표는 가족 개선과 인종 발전을 위한 공교육 프로그램을 설계하는 데 있었다. '우생학기록보관소(Eugenics Record Office)'라는 이름의 이 연구소는 풍부한 자금과 다수의 실무 연구진을 갖추고 최신 통계 기법을 사용해 정부가 주도하는 과학 연구가 결함 있는 사람들의 재생산을 줄이고 가장 우수한 인종의 생물학적 자원을 개선하며, 더 건강하고 생산적인 미국 사회를 건설할 수 있음을 보여주려 했다.

어쨌든 자연은 거짓말을 하지 않는다는 취지였다. 하버드 출신의 동물학자이자 이 연구소의 소장인 찰스 B. 대븐포트(Charles B. Davenport)는 여러 편의 보고서 중 하나에서 "결혼 선택을 제한하는 법이 제정된 이유는 한편으로는 무력감이나 무지로 인해 고통을 겪게 될 배우자의 권리를 보호하고, 다른 한편으로는 신체적·정신적 장애아, 곧 '잘 태어날 권리'를 박탈당한 아이들을 출산할 결혼을 애초에 법적으로 제한하기 위해서"라고 밝혔다.[55] 대븐포트는 궁극적 인권은 앞 세대의 결함에 얽매이지 않고 잠재력이 충만한 상태로 세상에 나와 정상인으로 살아갈 권리라고 믿었다. 주의회도 동의했다. 20세기의 첫 20년 동안 나쁜 부모가 다음 세대의 나쁜 자녀를 낳는 것을 막기 위해 고안된 강제 불임 시술 법안이 미국 전역을 휩쓸었다.[56] 1907년에 인디애나주, 1909년에 캘리포니아주와 코네티컷주, 1911년과 1912년에 네바다주와 아이오와주, 뉴저지주, 뉴욕주, 1913년에 캔자스주와 미시간주, 노스다코타주, 오리건주까지.

고더드와 대븐포트의 견해는 미국과 전 세계 과학계와 정치계의 엘리트들에게 광범위하게 공유됐다. 보아스의 옛 직장인 자연사박물관 주최로 전 세계 우생학자들이 한데 모여 자료와 정책에 관한 아이디어를 나누는 자리가 마련되었다. 이 주제에 관한 대규모 국제 회의가 두 차례 이 박물관에서 열렸다. 발명가 알렉산더 그레이엄 벨(Alexander Graham Bell)이 연설하고 미국 국무부에서 초대장을 배포했다.[57] 1921년에 열린 제2회 국제우생학회의를 위해 박물관의 두 개 층에는 인종 간 교배의 악영향, 이질적인 인종의 이민에 따른 끔찍한 결과, 강제 불임 수술의 긍정적 효과, 교사, 학생, 프리랜서 연구자들의 아마추어 연구로 이루어진 전시가 열렸다. 그야말로 범죄, 광기, 빈곤, 국가 쇠퇴의 원인을 근절하기 위한 방대한 과학 박람회였다. 우생학기록보관소가 만든 도표에는 우생학적 천재 26가지 유형과 "사회적으로 부적합한 사람"의 10가지 범주(인구의 10퍼센트를 차지하는 것으로 알려졌다)가 분명하게 표시되어 있었다.[58] 부적합한 사람에는 술주정뱅이부터 장님과 귀머거리처럼 감각 기관에 결함이 있는 사람들까지 포함됐다.

미드와 포천이 뉴기니로 출발하기 일 년 전인 1927년에 우생학이 실질적으로 적용되며 미국 사법 체계에 중대한 영향을 끼쳤다. 미국 대법원은 판례로 남은 '벅 대 벨(Buck vs. Bell)' 사건에서 헌법에 따라 강제 불임 수술을 시행한 측을 지지하는 판결을 내렸다. 대법원은 버지니아 주정부가 정신 장애가 있는 것으로 추정되는 캐리 벅이라는 젊은 여성에게 불임 시술을 시행한 것은 후손에게 정신적 결함이 전달될 위험을 막기 위한, 전적으로 정당한 조치라고 판결했다. 당시 대법관 올리버 웬들 홈스 주니어(Oliver Wendell Holmes, Jr.)는 다수의견에서 이렇게 밝혔다. "범죄자가 된 타락한 자손을 처형하거나 무능한 자손을 굶겨 죽이는 대신 사회가 먼저 나서서 명백히 부적합한 사람들이 대를 잇는 것을 막을 수 있다면 그것이 세상에 더 바람직한 조치다. 강제 예방 접종의 원칙은 나팔관 절제까지 포함할 만큼 광범위하다. 바보는 세 세대로 충분하다."[59]

그런데 캐리 벅은 현대의 기준으로 지적 장애나 학습 장애가 없었을 수 있다고 밝혀졌다. 열일곱 살에 임신했지만(버지니아주에서 불임 수술을 명령한 직접적인 원인), 성폭행과 가족의 학대에 따른 임신이었지, 정신박약아들 사이에 흔히 일어난다고 알려진 '성적 방종'에 따른 임신이 아니었다.* 그런데도 캐리 벅 판결 이후 각 주에서 기존에 수백 건이던 불임 수술이 수천 건으로 치솟았다. 1930년대 초에는 미국 48개 주 가운데 28개 주에서 당국이 우둔, 저능,

---

* 캐리 벅은 어렸을 때 부모가 이혼한 뒤 입양되었는데, 입양된 집의 친척에게 강간을 당해 임신하게 되었다. 양부모는 집안 체면을 위해 캐리를 정신박약자로 몰아 수용 시설로 보냈고 가정법원에서도 캐리를 정신박약자로 판단했다. 캐리 벅은 당시 버지니아주의 '단종법'에 따라 나팔관 절제 수술을 강제로 받았다.

정신병자로 간주하는 사람들에 대한 '우생학적 불임 수술'을 허용하는 법률이 제정됐다.[60] 유죄 판결을 받은 범죄자에 대한 처벌로 거세나 난관 결찰술을 시행하는 조치에 추가된 법이었다. 1941년까지 당시 법률 용어로 '생식 능력 제거(asexualization)'는 3만 8천 건 이상 이루어졌고, 그중에 3분의 2 가까이가 여성에게 시행됐다.[61] 1960년대에는 그 수가 거의 두 배로 증가했고, 이후로도 이 관행은 계속됐다.[62]

유전학자는 과학계 변방에 있던 사람들이 아니었다. 그들은 기득권층이었고, 풍부한 자원과 통계 자료나 실험 결과로 무장하고 법과 교육, 대중문화에 막대한 영향력을 행사했다. 1926년에 설립된 미국우생학협회(American Eugenics Society)는 우생학기록보관소를 비롯한 기관들의 연구를 더 많은 대중에게 알리는 주요 통로가 됐다. 이 협회는 교회와 여성 사교 클럽, 학교, 주 박람회에 청결한 생활과 더 청결한 성생활에 대한 메시지를 전달했다. 이 협회가 주최한 '더 적합한 가족(Fitter Families)' 대회에서는 역사학자와 의사와 치과의사가 심사위원이 되어 어머니와 아버지, 자녀의 우생학적 적합성을 평가했다. 이 협회의 한 관계자는 이렇게 밝혔다. "가축 품종 심사관들이 품종 전시관에서 홀스타인 종과 저지 종, 헤리퍼드 종을 검사하는 동안 우리는 존스 가족, 스미스 가족, 존슨 가족을 검사한다."[63]

과학과 역사가 같은 결론에 도달한 듯 보였다. 윌리엄 Z. 리플리나 매디슨 그랜트 같은 인종 이론가들이 역사에서 외부인의 무분별한 유입으로 무너진 문명에 관한 기록을 찾아냈듯이, 우생학자들은 미국 사회를 파멸로 이끌 신체와 정신의 내적 결함을 밝

조지아주 사바나에서 열린 '더 적합한 가족' 대회 참가자들. 우생학적 적합성을 평가해 가장 우수한 가족에게 상을 주었다.

혀냈다. 그들의 주장이 호소력을 발휘한 이유는, 그들이 반동적이어서가 아니라(그랜트와 고더드, 대븐포트 모두 '반동적'이라는 말을 듣는다면 충격을 받을 것이다) 오히려 그들이 진지하고 헌신적으로 진보적이었기 때문이다. 결국 그들의 연구는 개혁가들이 파악한 대부분의 사회 병폐에 대한 진단과 치료법을 제공했다. 점잖은 앵글로색슨족으로 이루어진 미국의 토대는 무계획적 번식과 국경 개방으로 서서히 타락하고 있었다. 가족 계획 옹호자, 의사, 이민 반대자를 비롯한 다수가 이내 공통의 관심사가 있다는 것을 알았다. 말하자면 미국 사회를 정화하고, 주인 종족의 쇠퇴를 막고, 미국산아제한연맹(훗날 미국가족계획연맹)의 창립자 마거릿 생어(Margaret Sanger)의 표현대로 '기형아 번식'을 막는 것이었다.[64] 영국의 가족 계획 옹호자인 마리 스토프스(Marie Stopes)가 개발한 자궁경부 캡은 '프로레이스(Pro-Race)'라는 제품명으로 출시되어

피임 기구로 크게 인기를 끌었다.[65] 사람들이 성적 충동을 조절하지 못한다고 해도 잘못된 출산은 막을 수 있다는 의도였다. 가장 친밀한 순간에도 미국의 커플은 더 나은 버전의 자신들을 생산하기 위한 의무를 이행했다.

'벅' 판결이 나오고 일 년 후, 보아스는 우생학적 부적합자를 줄이기 위한 미국의 광기 어린 프로젝트를 비판했다. 저서 《인류학과 현대 생활》에서 그 말이 인종을 의미하든, 우생학적으로 건강한 사람이나 일탈자와 같은 사회 범주를 의미하든 '유형(type)'은 추상적 개념에 지나지 않는다고 썼다. 보아스는 사회과학의 목표가 인류의 원자 단위를 찾는 것이어서는 안 된다고 주장했다. 모든 인간이 속하는 것으로 추정되는 불변의 범주를 찾으려 해서는 안 된다는 뜻이었다. 오히려 우리는 두 가지 사실을 동시에 머릿속에 담아야 한다. 첫째, 우리는 모두 저마다의 재능과 고난을 안고 사는 개인이라는 점, 둘째, 우리는 우리가 자란 현실에 대한 감각에 필사적으로 매달리는 사회적 존재라는 점이다. 보아스는 직설적 어조와 특유의 다소 난해하고 학문적 표현이 섞인 독특한 문체로 이렇게 썼다. "우리는 개인을 고립된 단위로 취급해서는 안 된다. 개인은 그가 속한 사회적 환경 안에서 연구되어야 한다. 중요한 것은, 일반화된 사회적 자료와 개인적 삶의 양식이나 표현 사이에서 기능적 관계를 발견할 수 있는지, 다시 말해서 사회적 삶을 지배하는 일반적으로 유효한 법칙이 존재하는지를 묻는 것이다."[66]

존 웨슬리 파월 이후 인류학의 목표 중 하나는 야만에서 문명으로 나아가는 인간 사회의 자연적 진화에 대한 일반론을 뒷받침해줄 충분한 자료를 수집하는 것이었다. 반면에 보아스는 연구자로서 평생 이 선형적 사회 진화라는 개념을 매장하는 데 목표를 두었다. 하지만 칼리카크 가족과 '벽 대 벨' 사건의 여파로 이 개념이 어느 때보다 기승을 부렸다. 많은 생물학자, 사회과학자, 공공정책 지지자 들이 개인의 삶의 형태를 결정하는 보편 법칙을 밝혀내려는 충동에(에마 울버튼이나 캐리 벅의 경우에서 열성 번식의 결과를 찾은 것처럼) 강박적으로 사로잡힌 듯 보였다. 그래서 보아스가 "인류학의 거의 모든 문제는 우리의 가장 내밀한 삶까지 영향을 끼친다"라고 일갈한 것이다.[67] 우리가 저 멀리 존재하는 사람들을 연구한다고 생각할 때, 우리는 실제로 바로 여기 있는 사람들, 우리와 우리의 이웃을 연구하고, 정상과 당연함과 표준에 대한 우리의 감각을 연구하는 것이다.

보아스는 "우리는 다양한 형태를 이전 경험에 따라 분류한다"라고 썼다.[68] 모든 사회는 범주를 구분하도록 스스로 훈련한다. 누구를 사랑하고 누구를 미워할지, 딸의 결혼 상대로 역겨운 대상이 누구인지와 같은 문제는 사실 매력이나 혐오에 관한 보편적 규칙을 따르지 않는다. 그보다는 문화의 도가니 안에서 끓어오른 관념들에 영향을 받는다. 자신의 편협함을 정당화하기 위해 가짜 과학을 동원하는 것은 오직 한 문화권, 즉 선진 서구 문화의 뿌리 깊은 특징일 뿐이다.[69] 세계의 대부분을 정복한 북유럽인과 그들의 디아스포라들은 자신들의 이미지로 세상을 재편할 방법을 찾았다. 그들은 세계를 상상의 인종과 아종, 저능아와 천재, 원시인과 문명인으로 채웠다. 그런 다음 자신들의 지적 책략을 신이 창조한 발할라(북유럽의 오딘 신이 사는 곳)만큼이나 심오하고 증명이 가능할 정도로 자연스럽고 확고부동한 진리라고 선언했다.

보아스는 바로 이 지점에서 "생물학적 우생학자와 인간 사회 연구자의 방식이 분리되어야 한다"라고 말했다.[70] 범죄자들이 때때로 '가족 단위로' 모여 산다는 것을 보여주기는 쉬웠다. 그러나 고더드가 칼리카크 가족을 통해 드러내려 한 것처럼, 범죄나 일탈의 본질적 특징이 '가족의' 산물이라는 주장은 엄청난 비약이었다. 특히 사회마다 범죄 행위를 구성하는 요소에 대한 기본 정의부터 달랐다. 예를 들어 범죄학자들은 탈세자나 부도덕한 사업가, 부패한 정치인을 비롯해 부유한 범죄자나 지위가 높은 악당에게는 거의 관심을 두지 않았다. 범죄학자들이 내놓은 선천적 범죄 이론은 전적으로 가난한 사람들, 이를테면 소매치기나 공공장소의 술주정뱅이, 거리의 매춘부를 근거로 한 것이었다. 따라서 애초에 '범죄'의 정의가 문화적으로 결정되었다는 뜻이다.

보아스는 우생학자들이 입증한 것이라곤 오직 "인간의 마음이 주변 문화에서 표현되는 이런 생각들을 얼마나 쉽게 절대적 가치로 믿는지"일 뿐이라고 결론지었다.[71] 영국이 조지 워싱턴을 체포했다면, 현대의 우생학자들은 워싱턴을 그토록 반항적인 인간으로 만든 유전적 결함에 대한 이론을 개발했을 것이다.[72] 인간 발달에는 일반적인 양상이 있을 수 있지만, 그런 양상이 어떤 가족이 항상 표준 이하의 인간을 낳을 가능성이 있는지 알려주지는 않는다.

고더드와 대븐포트 같은 연구자들은 자신들이 인간 유기체와 인간 사회 연구의 가교 역할을 하는 의사와 심리학자의 결합체라고 믿었다. 그들은 가족의 혈통을 들여다봄으로써 인간 정신의 작용을 이해하려 했다. 인류학도 그와 비슷한 시도를 하면서 하나의 학문으로서 번성했다. 보아스가 컬럼비아대학에 합류했을 때 인류학자와 심리학자는 같은 학부에 속해 있었다. 사피어, 베네딕트, 미드를 비롯한 보아스의 제자들은 일반적으로 친족 제도나 원주민 언어 연구에 더해 심리학 교수들의 세미나에도 참가했다. 미국 대학에서 심리학은 학문 분야로서 인류학보다 먼저 발전했지만, 두 학문 모두 인간 발달의 본질적 양상을 알아내는 데 관심이 있었다. 심리학은 개인에게 관심이 많고, 인류학은 민족 전체에 관심이 많았다.

보아스는 클라크대학 시절부터 심리학자들과 공동으로 연구했다. 스탠리 홀 총장은 하버드대학에서 철학자 윌리엄 제임스(William James)에게 배웠다. 제임스의 저서 《심리학의 원리》(1890)는 정서와 이성, 의지에 관한 연구를 체계화하려는 실험 과학의 토대를 마련했다. 스탠리 홀은 프로이트와 융 같은 유럽 정신분석학자들을 미국에 소개하는 데 중요한 역할을 하기도 했다. 스탠리 홀이 주최한 학술회의의 단체 사진에서 당대 선구적인 심리학자들 사이에 선 젊은 보아스를 볼 수 있다. 그는 냉소적이면서도 만족스러운 미소를 지으며 제임스와 프로이트, 융과 같은 줄에 서 있었다.

그러나 보아스는 명확한 자료를 근거로 제시하지 않는 이론가들과는 거리를 두려고 했다. 당대 저명한 지식인들 대다수와 활발하게 교류하며 서신을 주고받았지만, 그중에 프로이트와 융은 분명히 없었다. 하지만 보아스도 정신분석에 대한 관심이 급격히 커지는 분위기를 피할 수는 없었다. 프로이트는 정신분석이 인류학 연구에 어떻게 도움이 될지 직접 명확한 입장을 내놓았다. 1918년에 영어로 처음 번역된 《토템과 터부》에서 신경증과 강박관념이라는 렌즈로 원시 사회를 해석하자고 제안한 것이다. 프로이트는 원시 부족이 현대 사회의 신경증과 동일한 행동을 보이는 듯하다고 추측했다. 어쨌든 금기(터부)란 가상의 오염 물질로 더럽혀지는 것을 피하려는 강박적 욕망이 아닌가? 스위스의 장 피아제(Jean Piaget)나 프랑스의 뤼시앵 레비브륄(Lucien Lévy-Bruhl) 같은 심리학자들도 비슷한 접근 방식을 취했다. 인류학자들은 세계 곳곳의 기이한 사람들(천둥 신을 믿고 삽바를 두르고 사는 멀리 떨어진 마을의 사람들)을 이해하려 했지만, 심리학자들은 거리의 일탈자들을 진단하려 했다. 그러나 두 가지 프로젝트는 사실상 같은 것의 다른 버전이었다.

프로이트는 실험주의자가 아니었다. 보아스의 제자 앨프리드 크로버가 《토템과 터부》을 다룬 평론에서 지적했듯이, 프로이트는 가설로 피라미드를 쌓으면서 실제로 검증한 적이 없었다.[73] 미드 역시 포천과 함께 남태평양으로 떠나기 전에 프로이트의 책을 읽었다.[74] 미드는 이 책이 강렬한 자극을 준다면서도 한 가지 측면을 거슬려 했다. 프로이트가 아동, 신경증 환자, 야만인을 한 가지 유형의 변종으로 이해할 수 있다고 제안한 부분이었다. 그들은 모두 성인기 이전이고, 생물학적으로나 역사적으로 혹은 환경에 의해 발달이 지체된 사람들이었다(문자 그대로 정해진 발달 과정에서 느리게 발달한다는 의미에서). 프로이트에 따르면, 개인과 문화 전체가 마치 연착된 열차가 다음 역을 향해 달려가기를 기다리는 것처럼 어떤 지점에 발이 묶여 있을 수 있었다. 다만 다른 점이 있다면 아이들은 결국 성장한다. 그리고 신경증 환자와 야만인에게는 각각 정신분석가의 소파와 문명화된 교육의 혜택 같은 개입이 필요했다.

미드는 마누스섬에서 이 문제를 연구하겠다고 제안했고, 연구비를 지원한 기관 중 한 곳인 뉴욕 사회과학연구위원회에서 자신의 연구를 발표했다. 섬 주민들은 나무의 정령과 악마, 조상의 혼령과 대지의 풍경을 공유했다. 그들은 이웃의 질투 어린 소망을 담은 화신들에게 시달렸는데, 화신들은 고기잡이를 방해하거나 거센 파도를 석호로 밀어보내기도 했다. 그들은 사모아보다 더 많은 사회적 금기, 특히 성과 결혼과 재산에 관한 금기 속에 살았다. 규칙을 어긴 사람은 가혹한 시련에 처했다.

대부분의 규칙은 유년기에서 결혼 적령기로 빠르게 전환되는 것과 관련이 있었다. 이 시기의 젊은이들은 극도의 수치심과 질투심을 안고 불안하고 낙담한 상태로 떨어지는 듯했다. "그들은 걸핏하면 싸우고 비협조적이고 공격적이며 공동체의 일을 전혀 수행하지 못하고, 중앙 권위를 가진 어떤 종류의 사회도 발전시키지 못한다."[75] 미드가 1929년 봄에 현지에서 쓴 글이다. "돼지들조차 새끼를 낳지 않고 살다가 죽는데, 그 이유는 아무도 이웃 돼지들에게 씨를 뿌려줄 수퇘지를 키우려 하지 않기 때문이다." 마누스섬 페레 마을의 성인들의 복잡한 행동 규범은 눈에 보이지 않는 파멸로 가득 찬 세상과 협상하기 위한 일종의 삶의 지침서였다. 그런데 규범을 따를수록 극심한 불행과 이웃 간의 불화를 부추기는 것처럼 보였다.

하지만 미드는 페레의 아이들과 긴 시간을 보내면서 아이들이 그린 그림을 보고, 아이들을 무릎에 앉히고 이야기를 나누면서 아이들은 부모나 나이 든 친척들의 행동을 제약하는 복잡한 규칙이나 믿음을 전혀 모른다는 사실을 발견했다. 아이들은 어른들을 둘러싼 영혼에 대해 전혀 모르거나 무관심했다. 미드는 "아이들의 어둠은 온갖 혼령의 이름과 얼굴, 키까지 아는 어른들의 어둠보다

한산했다"라고 썼다.[76] 아이들은 보통의 성인처럼 행동하는 데 반해, 오히려 성인들은 프로이트의 말처럼 어린아이나 신경증 환자 같은 행동을 보였다. 따라서 원시 부족민이 어린아이 같지 않은 이유는, 바로 '그들의' 아이들이 원시인 같지 않았기 때문이다.

아이들이 세상을 이해하는 과정에서 마술적 사고 단계를 거치지 않는 듯 보인다면, 그 사회 전체가 이 단계를 거친다고 주장하기 어려웠다. 미드는 인간 정신에 무한한 잠재력이 있다는 사실을 깨달았다. 사회 전체가 그 잠재력을 선별해 어떤 것이 바람직하고 어떤 것이 바람직하지 않은지 판단해야 했다. 아이들은 아직 그들이 태어난 사회의 범주나 강박 관념, 사회적 규칙에 얽매이지 않은 인간이다. 마누스섬에서는 뉴욕이라면 미친 사람으로 분류될 사람들, 가령 물고기가 잘 잡히지 않는 것은 원혼이 붙어서라고 믿는 사람들이 석호에 기둥을 세우고 그 위에 올린 집에서 멀쩡히 살아갔다. 이 섬에서도 미드는 사모아에서 보았던 깊은 진실을 발견했다. 어른들도 자신들의 말과 달리 실생활에서는 올바른 행동 규범을 잘 따르지 않는다는 것이다. 1929년 초에 미드는 "이 문화의 주요 특징 중 하나는 실천에서 융통성이 많다는 점이다"라고 보고했다.[77]

인류학 문헌에서는 대체로 원시 사회 사람들을 문명 사회 사람들의 더 어리고 순진한 버전으로 여겼다. 원시 사회 사람들은 어린아이 같은 존재이고, 그들이 믿는 신과 악마는 서구에서 아이가 학교에 들어가면 산타클로스를 믿지 않는 것처럼 현대의 교육이 제거해야 할, 환상적이고 단순한 정신의 산물 정도로 보았다. 하지만 미드는 이런 관점을 뒷받침할 증거를 거의 발견하지 못했다. 미드는 뉴욕 사회과학연구위원회에 보내는 보고서에 "오히려 모든 인간 문화가 다소 엄격한 선택의 과정을 거쳐서 만들어진다는 사실에 답이 있다고 생각한다"라고 적었다.[78]

인간의 타고난 재능 중 어느 한 면을 강조하고 다른 면을 버려야만 하나의 문화가 형태를 갖출 수 있다. … 이렇게 버려진 잠재력은 아직 그 문화에서 교육받지 않은 아이들과 문화보다는 타고난 재능에 더 많이 의존하는 시인이나 예술가 같은 사람, 재능은 없어도 심리적으로 문화에 순응하지 못하는 신경증 환자 같은 사람들에게서 가장 선명하게 표출될 것이다. … 인간 정신의 이런 잠재력이 우리 사회에서 역동적으로 나타나는 것처럼, 다른 사회에서는 더 정서적이고 덜 규율적인 사고가 역동적으로 나타날 수 있다. 발달의 차원에서 어느 한쪽이 더 유치한 것이 아니며, 오히려 두 가지 모두 유년기에 나타나고 불완전하게 성숙하며 얼마 안 가서 문화에 영향을 받아 왜곡된다.

마누스섬 사람들은 단지 성인기를 정의하면서 미드가 속한 문화에서는 유년기와 연결된 사고방식(어두운 상상에 대한 집착)을 강조하기로 선택했을 뿐이다. 마누스섬 아이들은 결혼할 나이가 되기 전까지는 근심 걱정 없이 살다가 복잡하고도 때로는 고통스러운 전환을 거쳐 성인의 행동을 배워야 했다.

"모든 사회적 관계에는 짧은 카누 여행이 필요하다."[79] 미드는 현장 노트에 이렇게 썼다. 물 위에 집을 짓고 사는 마누스섬 사람들에게는 이 말이 진리였다. 이보다 더 나은 비유는 없었고, 미드의 연구에 영향을 끼치는 일반적 원칙을 설명하기에도 충분했다. 다른 장소와 그곳의 사람들을 진실로 이해하려면 우선 내 집문을 나서서 다른 사람의 집에 이르기까지 힘겹게 노를 저어 가야 했다. 미드는 인류학이 과학이면서 동시에 번역 행위라고 보았다. 다른 사회를 이해하기 위해 내가 속한 사회의 완벽하지 않은 언어를 사용해야 한다는 의미였다.

보아스가 수십 년 전에 소리맹을 연구한 것처럼, 미드는 우리가 가장 가까이 있는 지적 도구, 곧 우리가 살아가는 시간과 장소에서 의미 있는 정신의 상자를 이용해 이국의 삶의 방식을 해석해야 한다는 사실을 발견했다. 미드는 훗날 모든 문화는 "인간의 본성으로 무엇을 할 수 있는지 알아보는 실험"이라고 썼다.[80] 이런 실험을 이해하려면 고더드가 칼리카크 가족에게 했듯이 흰 실험복을 입은 과학자로 접근해서는 안 된다. 그보다는 직접 카누를 타고 낯선 환경에 뛰어들어 그곳의 관습이 그곳 사람들에게(심지어 개 이빨을 화폐로 사용하고 아버지의 유골을 팔에 걸고 다녀서 신경증적이거나 미개해 보일 수도 있는 사람들에게) 어떤 의미인지 이해하려고 노력해야 한다. 불쌍한 캐리 벅이 당한 일처럼 과학이라는 이름으로 누군가에게 불임 수술을 시키려 한다면, 제대로 해야 한다.

1929년 9월에 미드와 포천은 뉴욕으로 돌아와 미드의 은행 계좌에 5천 달러가 들어왔다는 기쁜 소식을 들었다.[81] 《사모아의 청소년》이 베스트셀러가 된 것이다. 윌리엄 모로 출판사는 마누스섬의 새로운 탐험에 관한 후속작에 선불금으로 5백 달러를 제안했다.[82] 이 책은 이듬해에 "뉴기니에서의 성장"이라는 제목으로 리오 포천에게 헌정되어 출간됐다. 이 책이 계기가 되어 미드는 성에 대한 솔직한 담론과 서구 문명의 명백한 우월성을 인정하지 않으려는 태도를 지닌, 거침없고 스캔들을 몰고 다니는 대중 과학자로서 입지를 굳혔다. 이렇게 미드는 하룻밤 새 지구에서 가장 외딴곳에서 벌어지는 일과 고향에서 벌어지는 일의 연관성을 이해하는 분야에서 미국 최고의 전문가로 부상한 것처럼 보였다.

미드는 좋은 글을 빠르게 써내며(본인 말로는 하루에 2,500단어씩) 교육과 자녀 양육, 청소년기, 그 밖의 주제에 대한 의견을 담은 짧은 에세이를 잡지에 기고하느라 여념이 없었다.[83] 응원하는 독자와 분노하는 독자로부터 편지가 쏟아져 들어왔다. 어떤 팬은 "선생님 책은 제가 읽은 책 중 성경 다음으로 흥미로운 책입니다"라고 써 보냈다.[84] 또 어떤 팬은 "제가 오랫동안 산 많은 책 중 1달러 이상의 가치가 있는 유일한 책입니다"라고 써 보냈다.[85] 여자아이들을 위한 모험 소설을 쓰는 작가들은 미드를 모범으로 삼고 세계를 여행하는 대담한 탐험가, 오지에 발을 디딘 최초의 '백인 여성'이라고 찬사를 보냈다. 물론 과장된 표현이지만 미드도 크게 마다하지 않았다. 그리고 에이전트를 고용해 강연 기회를 마련해 지구 반대편의 소식을 전하기도 했다.[86] 그러나 〈새터데이 이브닝 포스트〉는 미국 교육의 결함을 지적하는 미드의 날카로운 에세이를 거절했다. 미드는 이 에세이에서 내면의 우주가 아니라 우리 주변의 세계가 유년기부터 성인기에 이르는 뒤틀린 경로를 형성한다고 주장했다. 이 잡지의 편집자는 이렇게 답장을 보냈다. "우리는 우리가 지지하는 거의 모든 것에 이런 전면적 타격을 가할 수 없습니다."[87]

크레스먼은 재혼해 오리건주로 이사한 후 고고학자로서 새로운 연구 인생을 시작했다. 사피어는 미드가 남태평양으로 떠난 사이 만난 여자와 재혼해 다시 아버지가 됐고, 예일대에서 새로운 자리를 맡을 예정이었다. 포천은 여전히 박사 학위 연구를 위해 다른 멜라네시아인인 도부섬 주민들(도부족)을 연구했다. 하지만 미드는 유명해졌다. 서른 살도 채 되지 않은 미드는 보아스가 30년 전에 시카고만국박람회에서 '인류학'이라는 단어를 대중에게 소개한 이래로 가장 많은 일을 해냈다. 포천은 훗날 어느 천재와 잘못 엮이는 바람에 도부섬에 관한 연구가 "내가 혼자 쓰는 마지막 책"이 될 거라고 불평했다.[88] 미드는 포천과 이룬 가정을 "다소 격동적이지만 안정적이었다"라고 회상했다. 그러나 이제 상황은 나빠질 것이다.[89]

9장

"나는 바너드칼리지의 신성한 검은 소였다"

허스턴은 《노새와 인간》에서 어린 시절부터 알던 남동부의 늪지대에는 연구할 만한 명백한 '그곳(there)'이 존재한다는 사실을 유려한 산문과 활기찬 이야기로 보여주려 했다. 그것은 아프리카의 잔재도 아니고 제거해야 할 사회적 병폐도 아니며 교정이 필요한 백인의 타락한 버전이 아니라, 활기차고 혼란스럽고 찬란하게 살아 있는 무언가이다.

미드와 포천이 마누스섬에서 돌아올 무렵, 미국에서 인류학을 가르치거나 자연사 박물관을 운영하는 사람이라면 누구나 자신의 지적 아버지로 둘 중 한 사람을 꼽았다. 하버드의 프레더릭 워드 퍼트넘과 컬럼비아의 프란츠 보아스였다. 퍼트넘은 미국 최고의 소장품을 보유한 박물관 중 하나인 피보디고고학민족학박물관(Peabody Museum of Archaeology and Ethnology)의 관장이었다. 그는 아메리카 원주민 유적지 연구를 장려하고 새로운 연구 팀들에게 철저한 현지 조사 방법과 보존에 대해 교육했는데, 시카고 만국박람회에서 보아스와 함께 한 일과 상당히 유사했다. 하지만 1915년에 퍼트넘이 사망하면서 존 웨슬리 파월과 오티스 터프턴 메이슨, 그 밖에도 보아스와 얽힌 학자들 세대가 막을 내렸다.

하버드와 컬럼비아는 대학원생과 연구비를 두고 계속 경쟁했지만, 수치로만 보면 보아스가 우세했다.[1] 보아스는 대학원 조교들이 주요 대학에서 자리를 잡을 수 있도록 막후에서 열심히 조력했다. 이제 그의 제자들(그리고 그 제자들의 제자들)이 미국 전역의 인류학과와 박물관, 연구 기관에서 한 자리씩 차지했다. 그들은 보아스의 비전에 따라 학과를 다져 나갔고, 체질인류학자와 민족지학자, 언어학자, 고고학자 들이 함께 공통 문제를 연구하기 시작했다.

 보아스의 프로그램은 여러모로 그와 닮은 연구자들을 배출했는데, 다들 반항적이고 고집이 세며 인류학이 공공 과학이 되어야 한다고 절감했다. 그리고 연구자는 실험실이나 전시관을 벗어나 세상에 뛰어들어야 한다고 믿었다. 이민 제한, 인종 분리, 우생학이 명백히 승리를 거두고 있던 시대에, 컬럼비아대학에서 인류를 연구하는 신생 학과에 들어갔다는 것은 단지 연구비를 따내거나 교수직을 얻는 것 이상의 의미가 있었다. 해마다 보아스의 제자들은 베네딕트가 미드를 선발했듯이 신흥 종교의 신도와 비슷한 열정에 부푼 새로운 인류학자들을 모집했다.

 글래디스 라이카드는 바너드칼리지에서 개론 수업을 맡아 열성적인 학부생들을 가르쳤다. 자유학교의 멜빌 허스코비츠는 바너드칼리지로 옮겨 체질인류학의 일부 강의를 맡아 학생들이 직접 측정하고 자료를 수집하도록 지도했다. 베네딕트는 보아스의 후배 교수이자 실질적 부관으로 일하며 후배들의 연구를 계속 감독했다. 사실 보아스의 주요 개념을 접하면 그 무게를 느끼지 않을 수 없다. 그들은 세상을 뒤집는 통찰력, 공동의 대의명분, (특히 많은 젊은 여성은) 올바른 행동에 대한 사회적 통념을 깨는 새로운 방식에 빠져들었다. 한 학부생은 "나는 라이카드 박사와 베네딕트 박사, 그리고 왕 중의 왕 보아스 박사의 말씀을 소중히 새겼다. 우리는 모두 그를 파파라고 불렀다."라고 회상했다.[2]

 이 학생은 사실 서른네 살이었지만 나이를 열 살 줄여서 말했다. 스스로 인정한 것처럼 점잖은 무리에 섞이기에는 목소리가 너무 컸고, "일어나 싸우는" 성격인 데다 본인 말로 덩치 큰 엄마 돼지에게 걸음마를 배워서인지 쿵쿵 울리며 어슬렁어슬렁 걷는 편이었다.[3] 이 학생은 바너드칼리지의 수업 장면을 찍은 사진에서 프레임 중앙에 있기는 하지만 나뭇가지에 반쯤 가려져 있었는데, 이 대학의 유일한 흑인 학생으로서 스스로 "크림색 바다에 휩쓸리고 떠밀리는 검은 바위"라고 표현했다.[4] 이 학생은 플로리다에서 넘어와 이런저런 일자리를 전전했다. 길버트 앤 설리번 순회 공연단에서 의상 담당으로 일하다가 손톱 관리사로 일하기도 하면서 야간 학교에 다녔다. 인류학에 가장 가까이 다가간 시기는 워싱턴 D.C.에서 존 웨슬리 파월이 오래전에 설립한 사교 클럽인 코스모스 클럽에서 잠시 종업원으로 일하던 때였다.[5] 이 클럽의 역사를 설명하는 공식적인 내용에 따르면 "예산을 빠듯하게 굴리면서 가부장적 애정을 퍼주는" 분위기에서 다른 흑인 종업원들과 함께 일했다.[6] 외국 탐험에서 막 돌아온 사람들이 모인 그 클럽에서 일하던 이 학생에게서 가장 눈에 띄는 특징은 어머니의 친구가 지어준 '조라'라는 이름이었다. 어디에서 유래한 이름인지는 몰랐지만, 터키산 담배 이름이라는 의심이 있었다.[7]

조라 닐 허스턴은 1891년 1월에 앨라배마에서 태어났지만(명확히 밝혀진 적은 없다) 플로리다주 올랜도 북부의 이튼빌에서 성장했다.[8] 마을 주변에 하늘빛 호수가 점점이 패어 있는 풍경이 마치 내해 위로 마른 땅이 거미줄처럼 펼쳐진 것 같았다. 수염틸란드시아가 나무에 늘어져 있었고, 물수리와 터키콘도르가 잔물결처럼 펼쳐진 둔덕 위로 맴돌았다. 싱크홀 속으로 소 한 마리가 통째로 삼켜질 수도 있고, 구멍이 숭숭 뚫린 석회암에 생긴 자연 배수관으로 호수 하나가 빨려 들어가 사라질 수도 있는 지형이었다. 열대성 폭풍우가 지나가든 마차가 지나가든 거친 모래가 섞인 잿

20세기 전반 미국의 흑인 문화 부흥기 '할렘 르네상스'의 주역이었던 작가이자 인류학자 조라 닐 허스턴.

빛 표토가 일어나 사람들의 나들이옷에 달라붙거나 창틀을 비집고 들어왔다. 마치 플로리다 사람들이 불에 타 사라진 고대 문명 위에 터를 잡았다가 이제 그 대가를 치르는 것 같았다.

   이튼빌은 허스턴이 "순수 흑인 도시"라고 표현한 것처럼 미국에 처음 건설된 아프리카계 미국인들의 도시였다.[9] 길 건너편에 더 그럴듯한 주택이 늘어선 백인 거주 지역인 메이틀랜드는 흑인 출입이 금지된 것은 아니지만 예의를 벗어나지 않을 만큼 충분히 떨어져 있었다. 허스턴은 짐 크로 시대의 흑인 여성치고는 이튼빌의 제법 괜찮은 집안에서 태어났다. 허스턴은 두 세대 차이로 노예 신세를 면했다.[10] 실제로 친가와 외가 조부모 모두 조지아와 앨라배마에서 노예로 살았다. 아버지 존 허스턴은 침례교 목사이자 시장으로서, 또 한 명의 이튼빌 유지인 조 클라크의 가게 앞쪽 포치를 비공식 시청 삼아 회의를 주관하곤 했다. 마을 사람들은 삐걱대는 포치에서 농담을 주고받고, 거짓말을 하고, 남녀가 수작을 부리고, 모두가 찰진 모욕을 주고받으며 서로 한 수 위로 올라서려 했다.

허스턴의 어머니 루시는 교육, 책, 야망에 진심인 사람으로 균형을 잡아주었다. 어머니는 여덟 자녀에게 태양을 향해 뛰어오르라고, 그러면 적어도 땅에서 벗어날 수 있다고 격려해주었다.[11] 하지만 허스턴이 겨우 열세 살일 때 어머니가 세상을 떠나면서 상황이 달라졌다. 아버지는 곧바로 한참 어린 여자와 재혼했고, 허스턴은 플로리다 북부 해안의 소나무가 우거진 잭슨빌의 학교로 보내졌다. 익숙한 세계, 그리고 아버지와 단절은 어린 허스턴에게 결정적인 충격으로 남았다.

플로리다에서 지리적으로 북쪽으로 올라가는 것은 문화적으로는 남쪽으로 내려간다는 의미였다. 훗날 허스턴은 잭슨빌에서 자신이 "유색 인종 소녀"라는 사실을 처음 깨달았다고 말했다.[12] 그 지역의 현실은 허스턴에게 이 사실을 납득시키려고 설계된 것만 같았다. 공식 표지판은 노아의 방주처럼 사람들을 백인과 흑인으로 갈라 표현했다. 마치 붉은백로와 황갈색 가슴의 찌르레기를 구분하는 것 같았다. 흑인이 감히 건방지게 말대꾸를 한다 싶은 순간 백인의 얼굴에 반응이 스쳤다. 허스턴은 내슈빌에서 잭슨빌로,

다시 북쪽의 볼티모어로 여러 가정을 전전하다가 혼자 세상으로 나갈 나이가 되어 독립할 수 있었다.

아버지가 멤피스에서 차를 몰고 가다가 기차와 충돌해 갑자기 세상을 떠났을 때, 허스턴은 장례식에도 참석하지 않고 자신의 미래를 계획했다.[13] 그리고 장차 '대이주(Great Migration)'라고 불리게 될 사회 현상의 일부가 되었다.[14] 말하자면 남부에서 북부로 올라가 일자리도 구하고 전체주의적 지방 정부의 규제에서 벗어나려는 아프리카계 미국인들의 흐름에 합류한 것이다. 당시에는 주 경계를 넘으려 한다는 이유만으로 북부행 기차를 멈춰 세우고 사람들을 구치소에 가두는 지방 정부들이 있었다. 허스턴은 미국의 명문 통합 교육 기관인 하워드대학에서 공부할 수 있다는 매력에 이끌려 마침내 워싱턴에 도착했다.

그러나 잭슨빌과 워싱턴은 기대만큼 극명하게 다르지 않았다. 얼마 후 우드로 윌슨 대통령은 세계 정세의 기본 원칙으로 자유와 자결권을 선언했지만, 정작 미국에서 윌슨 행정부는 연방 정부 인력에 짐 크로 법을 적용하자고 처음으로 주장했다. 그 결과 아프리카계 미국인들이 임명직에서 해임되거나 흑인 전용 부서에 배정됐다. 내셔널 몰에 늘어선 연방 정부 건물들에는 '유색 인종' 화장실이 등장했다.[15] 아프리카계 미국인은 워싱턴 인구의 4분의 1 이상이었는데, 미국 의회(U.S. Congress)는 (선출된 시의회나 시장이 아니라 임명직 위원회를 통해 이 도시를 통치하면서) 식당과 호텔, 묘지, 그 밖의 공공시설에서 법과 관습에 따른 인종 차별을 유지했다. 흑인과 백인이 자주 섞이는 유일한 공간이 노면 전차였는데, 여기서도 누가 우위에 있는지 명백했다. 1908년에 앨라배마주 하원의원 제임스 토머스 '코튼 톰' 헤플린이 어떤 흑인이 전차에서 욕설을 했다는 이유로 총으로 쏴 죽였다. 헤플린은 이 사건으로 투옥되지 않았고, 허스턴이 처음 이 도시에 왔을 때도 여전히 의사당에서 입법 활동을 하고 있었다.[16] 몇 년 후에는 링컨기념관 헌정식을 주관하는 위원회가 흑인 참석자들을 무대에서 가장 멀리 떨어진 구역에 앉혔다.[17] 얼마 후 KKK단(Ku Klux Klan)은 그 어느 때보다 그들 조직의 목표에 우호적인 이 도시로 본부를 옮겼다.

1919년 여름에 허스턴이 대학 입학을 준비할 무렵, 제복 차림의 군인과 선원들이 중심이 된 무장한 백인 2천여 명이 백인 여성의 우산을 훔치려 했다는 이유로 흑인 남성 둘을 찾아내겠다며 흑인들이 사는 동네를 들쑤시고 다녔다. 사흘 밤 동안 이어진 폭력 사태로 여섯 명이 사망하고 수많은 사람들이 부상당했으며, 연방군이 거리를 순찰하면서 수백 명(대다수가 흑인 남성)을 체포해 시 구치소에 가두었다.[18] 그해 가을 수업이 재개되면서 허스턴은 하워드대학이 여러모로 오아시스 같은 공간이라는 것을 알았다. 학생들이 '마당'이라고 부르는, 졸참나무가 자라는 잔디밭으로 둘러싸인 붉은 벽돌 건물에는 W. E. B. 듀보이스가 "재능 있는 10퍼센트"라고 일컬은 인재들이 넘쳐났다. 흑인의 잠재력을 자신의 삶을 통해 직접 증명할 남녀 학생들이었다. 허스턴은 처음으로 삶의 변두리가 아닌 중심부로 들어와 있다고 느꼈다. 그리고 얼마 후 영문학과 흑인 학과장 로렌조 다우 터너(Lorenzo Dow Turner)와 미국 최초의 흑인 출신 로즈 장학생인 철학자 앨런 로크(Alain Locke) 같은 하워드대학의 저명한 교수들 모임에 들어갔다. "내 발밑에 사다리가 있는 느낌이 들었다"라고 허스턴은 회상했다.[19]

허스턴은 하워드대학에 다니면서 단편 소설과 에세이, 시를 발표했다. 처음에는 대학 교내 출판물에, 나중에는 문학적 재능이 뛰어난 흑인 인재를 배출하는 잡지인 〈오퍼튜니티〉에 작품이 실렸다. 그러나 우수한 학생은 아니었다. 이수하지 못한 수업도 있었다. 학위 취득 과정을 중단했다가 재개했다가 다시 중단했다. 등록금 고지서가 쌓여 갔다. 그리고 얼마 후에는 빈털터리가 됐다. 허스턴은 문학 작품으로 어느 정도 주목을 받았으니, 적절한 사람들을 소개받으면 작가로 성공할 수 있을 거라고 기대했다. 미드도 느꼈던 것처럼 허스턴에게도 뉴욕은 매력적인 도시였다. 하워드 대학 졸업 앨범에는 "조라의 가장 큰 야망은 그리니치빌리지에 정착해 소설과 시를 쓰면서 어디에도 얽매이지 않는 보헤미안으로 사는 것"이라고 적혀 있다.[20] "나의 마음속에는 모든 기쁨을 위한 공간이 있다." 허스턴이 졸업 앨범에 넣을 인생의 좌우명으로 선택한 이 구절은 지나치게 감상적이지만 딱히 틀린 말은 아니었다. 1925년 1월 첫째 주, 허스턴은 수중에 1달러 50센트를 가지고 가방 하나에 짐을 싸서 북쪽으로 출발했다.[21]

허스턴은 작가와 출판인, 부유한 백인 자선가의 세계로 쉽게 스며들었다. 주로 여성이었던 자선가들은 뉴욕의 신진 흑인 예술가들에게 절실하던 후원자 네트워크 '니그로태리언스'(Negrotarians, 허스턴이 이들에게 붙인 이름이다)를 형성했다. 그해 여름, 허스턴은 〈오퍼튜니티〉에서 주최한 문학 경연에서 2등에 올랐다. 시상식 만찬에서 바너드칼리지 설립을 후원한 애니 네이선 마이어를 만났는데, 마이어는 허스턴에게 다음 학년도에 장학생으로 바너드에 입학하도록 주선하겠다고 제안했다. 그리고 1등 수상자 중 한 명인 중서부 출신 남자를 소개받았는데, 그는 허스턴보다 열

살 어리지만 이미 시인으로 명성을 떨치던 랭스턴 휴스(Langston Hughes)였다. 허스턴은 휴스를 본 순간 하워드대학에서 처음 접한 세계, 아이디어와 실험이 소용돌이치고, 종이 위로 뜨겁게 쏟아져 나오는 단어들의 세계에서 드디어 여행의 동반자를 만났다고 생각했다. 더욱이 하워드대학에서 중간 정도 성적을 받고 학사 과정도 마치지 못한 허스턴으로서는 바너드칼리지 입학과 동시에 진지한 작가가 될 가능성을 찾은 것까지 모든 것이 뜻밖의 횡재였다. 허스턴은 그해 가을에 입학하기로 결심했다.

　허스턴은 마이어와 바너드칼리지의 버지니아 길더슬리브 총장(제1차 세계대전 중 노골적으로 반전 의사를 밝힌 보아스를 브로드웨이 건너편의 이 대학으로 불러들여 피난처를 제공한 인물)의 축복을 받으며 곧바로 누구나 아는 유명 인물이 됐다. 젊은 여자들이 앞다투어 점심 식사를 제안했다. 허스턴은 자신이 사람들에게 진보적 감수성을 벼리는 숫돌 같은 존재라는 것을 알았고, 백인 후원자가 그녀의 발전에 관심을 보일 때마다 같은 역할을 되풀이했다. 훗날 허스턴은 "나는 바너드의 신성한 검은 소가 됐다"라고 썼다.[22] 벌써 허스턴만의 고유한 이미지가 만들어졌다. 내성적이면서도 눈에 띄는 존재이자 거침없는 언변을 자랑하는 사람, 시끄럽고 야단스럽고 명민한 자기회의론자, 그리고 맨해튼에 도착하고 얼마 후 시인 카운티 컬런(Countee Cullen)에게 보낸 편지에 썼듯이 "눈은 사팔뜨기 같고 두 발은 한 쌍이 아닌 듯한" 모습을 한 사람이었다.[23]

　허스턴의 발걸음은 점점 더 새로운 방향으로, 모닝사이드하이츠(바너드칼리지와 컬럼비아대학이 위치한 구역)에서 멀리 떨어진 곳으로 향하고 있었다. 1925년 말에 하워드대학의 교수 앨런 로크가

1927년 터스키기 연구소에서 제시 레드먼 포셋, 랭스턴 휴스, 조라 닐 허스턴(왼쪽부터). 세 사람 모두 할렘 르네상스를 대표하는 작가들이었다.

휴스를 비롯한 젊은 작가들의 작품과 함께 허스턴의 소설 한 편을 골라 "뉴 니그로(New Negro)"라는 제목으로 편집 중인 책에 실었다. 이 책은 '할렘 르네상스(Harlem Renaissance)'라고 불리게 될 시대의 개막을 알리는 신호탄이 되었다. 노골적인 착취의 시대이자 백인 후원자의 시대, 예술적 대담함과 강렬한 불안이 공존한 시대, 흑인성(blackness)이 남들에 의해 정의되어 온 나라에서 흑인다움을 새롭게 정의하는 대대적인 실험이 벌어진 시대였다.

허스턴은 할렘이라는 동네뿐 아니라 할렘의 생활 양식에도 푹

빠졌다. 주로 131번가에 살았지만 자주 이사 다녔고, 새로운 문화 운동을 주도하는 소규모 문예지와 토요일 저녁에 열리는 작가와 예술가들의 모임에 빠져들었다. 그 모임에는 컬런, 허스턴의 실질적 파트너였던 휴스, 배우 겸 가수 폴 로브슨(Paul Robeson), 아나 본템프(Arna Bontemps), 도러시 웨스트(Dorothy West), 월리스 서먼(Wallace Thurman) 같은 작가들, 미국 최초의 흑인 백만장자의 상속녀이자 언론인인 아렐리아 워커(A'Lelia Walker), 백인 작가이자 사진가인 칼 반 베흐텐(Carl van Vechten) 등이 있었다. 베흐텐의 인물 사진은 미국 문화사에서 어느 때보다 '니그로(Negro)'가 유행하던 그 짧고 격동적인 시대를 기록한 셀룰로이드 필름 기념물이 됐다. 휴스는 허스턴을 그 시절에 "확실히 가장 재미있는" 인물로 기억하고 "포복절도하게 만드는 일화, 유머러스한 이야기, 희비극적인 이야기가 넘쳐나고, … 학문에서든 다른 영역에서든 모든 가식을 경멸했다"라고 회상했다.[24]

허스턴은 모든 사람과 아는 듯했다. 몇 년 전에 마거릿 미드와 '애시 캔 캐츠'가 꿈에 그리던 삶이었다. 허스턴은 진정한 작가였고, 사람들에게 그 점을 명확히 각인시켰다. 바너드칼리지의 오찬에 친구를 부르기도 하고 때로는 자신의 후원자이자 베스트셀러 소설가인 패니 허스트를 데려오기도 했다.(요즘으로 말하자면 대학 신입생이 조앤 K. 롤링과 함께 자연스럽게 식당에 들어서는 모양새였다.) 허스턴은 패니 허스트에게 보낸 편지에 이렇게 썼다. "제게 꼭 필요한 순간에 교수와 학생 모두에게 그런 장면을 보여줬어요."[25] 논문과 시험에서는 어려움을 겪었지만 허스턴의 글은 이미 주요 흑인 정기 간행물에 실리고 있었다. 맨해튼 센트럴파크 북쪽에서 열리는 주요 파티에서 거의 언제나 허스턴을 볼 수 있었다.

영국산 팰맬 담배를 피우며 화사한 스카프를 두르고 구슬 목걸이를 짤랑거리며 파티장에 들어서는 허스턴의 모습은 누구나 고개를 돌려 쳐다보지 않을 수 없었다.[26]

하지만 바너드의 강의실과 할렘의 집세 마련 파티*를 오가는 삶은 껍질을 벗어버리는 것, 혹은 다른 껍질 속으로 들어가는 것과 같았다. 두 세계에는 모두 나름의 제약이 있었다. 앨런 로크나 듀보이스처럼 나이 든 흑인 지식인들에게 아프리카계 미국인 문학을 꽃피우는 일은 단지 예술의 문제만이 아니었다. 흑인의 잠재력에 대한 대대적인 재평가, 말하자면 아프리카계 미국인이 그들 자신의 처지뿐 아니라 인류 보편의 문제를 다루는 훌륭한 작품을 창조할 수 있다는 증거를 남기기 위한 싸움의 최전선에 선다는 의미였다. 듀보이스는 1926년에 "나는 선전에 이용되지 않는 예술에는 조금도 관심이 없다"라고 적었다.[27] 예술이 흑인들에게 진정한 해방구가 되려면 흑인의 목소리가 마침내 들리는 데서 그치는 것이 아니라, 흑인 작가들이 보편적 주제에 대해 공통된 주장을 하는 지식인으로 인정받아야 했다. 인종은 예술로 가는 통로였고 예술은 인종의 굴레에서 벗어나는 탈출구였다. 신분 상승과 발전, 세련됨, 품위. 이것들은 모두 흑인이 백인 문화 기득권층 앞에서 자신을 증명하고 세련되고 대담하며 도시적이고 현대적인 흑인성을 확립하는 열쇠였다.[28] 그리고 이 특징들은 모두 로크의 《뉴 니그로》에 실린 작품에서 새로운 것을 의미하는 요소였다.

---

* 20세기 초 할렘에서 시작된 사교 행사. 도시 근교에 사는 세입자가 집세를 벌기 위해 여는 파티였는데, 주최자가 음악가나 밴드를 고용하고 손님들에게는 입장료와 음료 비용을 받았다. 먹고 마시고 함께 춤을 추며 일상에서 겪는 인종 차별의 고통을 잠시나마 잊는 할렘의 문화로 자리 잡았다.

그러나 허스턴은 이런 분위기에 회의적이었다. 허스턴은 흑인의 경험을 있는 그대로 정확히 묘사하기보다 예술적으로 가치 있는 방식으로 표현해야 한다는 주장이 불만스러웠다. 허스턴은 모음을 굴리는 발음에 특유의 우렁찬 목소리로, 익살과 농담과 열광적 기도와 가난한 사람들의 음식, 그들만의 특별함이 깃든 문법과 어휘로 흑인의 경험을 표현해야 한다고 믿었다. 휴스와 젊은 작가들은 허스턴의 이런 견해에 어느 정도는 공감했지만, 때로는 허스턴의 스타일이 거슬리고 공격적이기까지 하다고 느꼈다. 그들은 허스턴이 도가 지나치다고 보았다. 휴스는 나중에 이렇게 말했다. "그녀의 백인 친구들에게 그녀는 의심할 여지 없이 완벽한 '깜둥이(darkie)'였다. 좋은 의미로 부르는 표현이었다. 그러니까 순진하고 어린애 같고 다정하고 유머러스하고 피부색이 아주 짙은 니그로였다."[29] 흑인을 위해 말한다고 항상 '흑인처럼' 말해야 하는 것은 아니라는 뜻이었다.

허스턴은 뉴욕에 도착한 지 몇 달 만에 할렘 르네상스의 가장 중요한 내부 비평가로 떠올랐다. 허스턴은 자신이 (흑인이면서도 책임자가 될 수 있는 동네인) 이튼빌 사람이라는 데 대단한 자신감을 품고 자랐다. 그런 사람이 보기에 할렘은 진보적인 척하지만 그런 곳이 아니었다. 뉴욕에 처음 온 사람은 135번가의 지하철역에서 내리면 경찰부터 정육업자, 학교 교사까지 모든 직업이 유색인종으로 채워진 세상을 마주하게 된다. 그러나 할렘의 예술가들은 이런 현실을 특이한 상황이라고 떠벌리는 것 같았다. 허스턴은 나중에 이렇게 썼다. "여기서는 흑인이라면 '인종 문제'에 대해 글을 써야 했다. 나는 이 주제에 완전히 질렸고, 지금도 마찬가지다. 내 관심은 피부색과 무관하게 남자나 여자가 왜 그렇게 행동하는지에 있다. 내가 만난 인간들은 같은 자극에 거의 똑같이 반응하는 것 같다. 물론 표현법은 다르지만 … 본질적으로 다르지 않다."[30] 이것은 허스턴이 바너드칼리지에서 점차 습득한 정신의 틀이었고, 어릴 때부터 자신에 대해 생각한 것을 좀 더 멋지게 표현한 것이었다. 한마디로 허스턴은 "인간을 함부로 분류하는 신들에 대해 의문을 품는 어린아이"로 태어났다.[31]

허스턴은 영어를 전공했지만, 지도 교수가 전공의 폭을 넓혀보라고 제안하자 글래디스 라이카드의 강의를 신청했다. 허스턴의 말에 따르면 라이카드가 허스턴의 보고서를 보아스에게 보여주었다고 한다.[32] 허스턴은 보아스의 현장 연구원과 강사들로 이루어진 작은 모임의 열정적 분위기에 휩쓸리지 않을 수 없었을 것이다. 허스턴은 작가 지망생으로 뉴욕에 왔지만, 바너드칼리지에서 불과 몇 달 만에 자신을 사회과학자, 곧 차세대 파슨스나 베네딕트로 여기게 되었다. 허스턴도 당시 사모아로 현지 조사를 떠난 다른 유망한 학생에 대해 들었을 것이다. 그리고 이 모든 것을 주재하는 사람은, 플로리다에서는 보지 못한, 위엄이 넘치면서도 따뜻한 아버지 같은 인물인 보아스였다. "물론 조라는 내 딸이에요."[33] 보아스가 학과 사교 모임에서 이렇게 말했다고 허스턴은 기억했지만, 아마 허스턴 특유의 과장이 섞였을 것이다. "다만 실수로 낳은 딸 중 하나지요, 그게 다예요."

바너드칼리지에 입학한 첫해 봄에 허스턴은 이미 이 모임의 일원이라고 느꼈다. 친구와 지인들에게 보내는 편지에서는 보아스를 '파파 프란츠'가 아닌 '킹(king)'이라고 불렀다.[34] "인체측정학 수업을 듣고 있습니다. … 보아스 교수님께서 제게 이 분야를 시작해보라고 추천해주셨습니다."[35] 허스턴이 마이어에게 보낸 편지다. 허스턴은 멜빌 허스코비츠의 인체측정학 수업을 수강했는데, 이 수업은 여전히 인류학 분야의 필수 과목이었다. 얼마 후 허스턴은 할렘의 아파트에서 나와 캘리퍼스를 들고 길모퉁이에 서서 지나가는 사람들을 붙잡고 신체 치수를 측정해도 되는지 물었다. 허스코비츠는 삼두근 안쪽 부위의 색조를 기록해 피부색의 단계적 차이를 평가하라고 지시했는데, 그런 요청을 하자 사람들은 예상대로 방향을 틀어 다른 쪽으로 갔다.36) 휴스는 "레녹스 애비뉴에서 할렘의 평범한 주민을 붙잡고 요상하게 생긴 인류학 도구로 머리 치수를 측정하고도 그런 행동으로 욕먹지 않을 사람은 거의 없었다"라고 회고하면서 "누구든 머리가 흥미로워 보이면 멈춰 세우고 치수를 재던 조라를 빼고는"이라고 덧붙였다.37)

허스턴이 학위 과정을 거치는 동안 보아스가 플로리다로 현장 탐사를 가보라고 주선해주었다. 할렘에서 친구들을 즐겁게 해주던 온갖 이야기(민담과 농담, 재담, 반쯤 사실인 거짓말)를 체계적으로 수집하는 작업을 해보라는 것이었다. 허스턴은 이런 요청을 받고 보아스가 장학금을 알아보고 경비를 마련해준다는 데 자부심을 느꼈다.38) 1927년 2월에 허스턴은 남부로 떠났다.39) 이번에는 진정한 인류학 견습생으로서 훗날 그녀의 표현대로 "목적을 지니고 꼬치꼬치 캐물으러" 떠난 길이었다.40) 조 클라크의 가게 앞 포치에서 대팻밥처럼 떨어지는 이야기를 쓸어 담는 일을 하라고 돈을 대준 사람은 처음이었고, 믿기지 않을 정도로 가슴이 벅찼다. 허스턴은 친숙하면서도 마법처럼 기이한 그곳으로 향했다.

바너드와 할렘 사람들은 허스턴의 이야기와 예리한 비판을 통해 이튼빌을 알았지만, 사실 이미 많은 사람이 플로리다에서 허스턴이 조사할 이 지역을 접한 적이 있었다. 관심이 있는 사람이라면 누구나 허스턴이 어릴 때 살던 집에서 30킬로미터 정도 떨어진 오코이라는 소도시에 관한 기사를 접했을 터였다.

1920년 11월 2일 선거일에 모스 노먼이라는 주민이 대통령 선거에서 한 표를 행사하기 위해 오코이의 투표소에 갔다.[41] 오하이오주 출신의 두 사람(워런 G. 하딩 상원의원과 제임스 M. 콕스 주지사)이 경쟁하고 있었고, 모든 주에서 여성에게 투표권이 주어진 최초의 대선이었다. 대대적인 유권자 등록 운동에서는 여성을 투표장으로 불러낼 뿐 아니라 아프리카계 미국인의 참여도를 높이는 데 목표를 두었다. 플로리다주에서는 노먼 같은 사람은 거절당하기 쉬웠다. 실제로 플로리다주 전역에서 백인 선거 관리 위원들이 흑인의 유권자 등록 자격을 박탈하기 위해 모의했다. 유권자 탄압*에 흔히 쓰이는 방법이었다. 노먼은 항의하다가 백인들에게 쫓겨났다.

흑인들이 폭동을 일으킨다는 소문이 퍼졌다. 인근 마을에서 백인 지원군이 도착했다. 노먼은 줄라이 페리라는 사람 집으로 피신했지만, 이내 불어난 폭도들이 페리의 집에 들이닥쳤다. 총격이 오간 후 백인 폭도들이 골목마다 돌아다니며 집들을 약탈하고 교회에 불을 질렀다. 페리는 차에서 끌려 나와 살해당했고 폭도들은 그의 시신을 고속도로 전봇대에 높이 매달았다. 노먼은 가까스로 도망쳐 나왔지만 뒤처진 사람들은 덤불 숲으로 쫓겨 총에 맞았다.

살해당하지 않은 흑인 가족들은 구타당하거나 불태워지거나 강

---

* 유권자 탄압(voter suppression)은 '투표 억제'라고도 불린다. 개인이나 특정 집단 구성원들이 투표하지 못하게 막거나 방해함으로써 선거 결과에 영향을 주는 전략이다.

제로 추방당했다. 시신의 신원을 확인하거나 적절히 장례를 치러 줄 사람도 거의 없었다. 정확한 사망자 수는 알 수 없었지만 아마도 수십 명에 달했을 것이다. 어느 목격자는 이렇게 기록했다. "백인 아이들이 떠나는 흑인들 주위에 서서 비웃었다. 이 아이들은 흑인들이 산 채로 불태워지는 것을 대단한 장난쯤으로 생각했다."[42] 살아남은 5백여 명이 마을에서 몇 킬로미터 떨어진 고속도로 위를 터덜터덜 걷는 모습이 목격되었다. 그들은 마치 선전포고도 없이 터진 전쟁의 피난민 같았다. 〈뉴욕 타임스〉는 이 소식을 1면 기사로 내보냈다.

오코이 사건은 미국 역사상 가장 잔인하고 무자비한 흑인 집단 학살 중 하나로 기록됐다. 이 사건은 새로운 대학살의 물결을 일으켰는데 신문들은 이에 대해 일상적으로 '폭동'이라는 잘못된 표현을 썼다. 인근의 올랜도와 윈터가든에서 벌어진 백인들의 살인적인 순찰 행위, 1921년에 오클라호마주 털사에서 벌어진 흑인 거주지 습격, 1923년에 플로리다주 로즈우드 마을의 인종 청소, 4년 후 아칸소주 리틀록에서 일어난 흑인 업체 파괴까지, 인종 폭력이 끝없이 이어졌다. 여기에 린치와 무수한 일회성 구타와 모욕까지 더하면 노예제 폐지 이후 조직적 반(反)흑인 폭력이 가장 큰 폭으로 증가한 시기였다.

허스턴은 10년에 걸쳐 오코이 사건에 관한 글을 썼고, 미발표된 이 에세이는 사후에 발견됐다. 사실 허스턴은 1927년에 다시 만난 그 세계에 대해 잘 알고 있었다.[43] 혼자서 민족지학 자료를 수집하겠다는 막연한 계획만 세우고 떠난 길이었다. 애니 네이션 마이어에게 알렸듯이 오전에는 글을 쓰고 오후에는 인류학을 연구한다는 정도만 계획했다. 남부로 이동하면서 자신의 안전과 진행 상황에 대해 꾸준히 지인들에게 보고했다. 허스턴이 떠나 있던 시간 동안 플로리다는 흑인에게 조금도 더 친절해지지 않았다. "지구상에서 가장 거칠고 사랑스럽지 않은 얼굴"을 가진 가난한 백인들이 "공격적이고 편협하게" 쳐다보는 시선이 느껴졌지만, 별다른 문제를 보고하지는 않았다.[44] 한 지인에게 보내는 편지에는 플로리다 시골의 백인 주민들을 지칭하는 흔한 표현인 '크래커(cracker)'라는 말을 써서 "지금 꽃은 화려하고 크래커들은 조금도 신경 쓰이지 않는다"라고 썼다.[45]

허스턴이 플로리다를 떠나 있던 사이 50만 명에 가까운 새로운 주민이 이곳으로 이주했다.[46] 대서양과 멕시코만 연안에는 북부에서 내려온 주로 백인인 이주민들로 북적였다. 시카고에서는 동쪽으로 가고, 보스턴과 뉴욕, 필라델피아에서는 남쪽으로 내려오는 철도(당시 유명한 바이올린 곡을 따서 '오렌지 블러섬 스페셜'이라고 불렸다)를 타고 밀려든 사람들이었다. 그런데도 짐 크로 시대의 권위주의가 공적 삶에서 흑인과 백인의 경계를 명확히 갈랐다. 20세기 중반까지도 인종이 섞인 학교는 단 한 곳도 없었다. 투표세와 이른바 백인 예비 선거(정당을 사적 단체로 간주해 아프리카계 미국인을 배제하고 투표일보다 한참 전에 남부의 민주당 예비 선거의 당선을 결정하는 제도)가 결합해, 흑인은 투표권조차 행사할 수 없었다.[47] 심지어 플로리다주에서는 해변에서도 흑백이 엄격히 분리됐다.

1920년대 남부의 다른 주들과 달리 플로리다는 흑인과 백인의 인구 비율이 거의 비슷했다. 그래서 백인 사회에는 자신들의 자리가 위협받는다고 생각하는 분위기가 생겼고, 정치·사회적으로 우위에 있던 백인들이 자신들을 피해자로 보기 시작했다. 백인들은 불균형이라고 여긴 상황을 바로잡기 위해 폭력을 선호하는 경우가 많았다. 1890년에서 1930년 사이에 플로리다에서는 아프리카계 미국인을 겨냥한 공개적 린치가 다른 어떤 주에서보다 많이 일어났다.[48] 미시시피주와 조지아주의 두 배, 앨라배마주의 세 배에 이르렀다. 그런데도 1930년대 중반까지 플로리다주에서 린치 혐의로 유죄 판결을 받은 백인은 단 한 명도 없었다.[49] 오코이 학살 사례처럼 처벌받지 않은 폭도들의 폭력은 KKK단 같은 테러 집단에 용기를 불어넣어준 듯했다. KKK단의 신입 단원이 급증했다.

플로리다에서 해안선을 따라 규모가 커지던 마을과 휴양지 너머의 지역은 어둠의 심연이었다. 울창한 삼림과 덤불의 대초원이 펼쳐지고 인구 밀도가 희박한 땅에서 백인 보안관과 시장이 소영웅처럼 관할 구역을 통치했다. 원시림에서 목재를 벌목하고, 끝없이 펼쳐진 소나무 숲에서 송유(松油, 테레빈유)를 끓이고, 화학 공정과 인공 비료에 쓸 천연 인산염을 채굴하고, 무성하게 자라는 오렌지 나무를 키우는 등 이 지역의 주요 산업에는 막대한 노동력이 필요했다. 그리고 플로리다 주민들은 교도소에 인력이 넘쳐난다는 사실을 오래전부터 알고 있었다.

재소자들이 지역 개발업자와 산업 지도자들에게 일상적으로 '임대'되어, 신종 노예제라 할 만큼 노동력을 착취당했다. 플로리다주는 1923년에 죄수 임대 제도를 폐지했지만, 기업을 위한 수감 시설 민영화는 계속됐다. 사슬에 묶인 죄수들이 재활을 구실로 시골 도로로 파견됐다. 소작농들도 지대를 내지 못하면 플로리다 주법에서 따라 민사 범죄가 아닌 형사 범죄로 수감돼 민간 노역 수용소에서 빚을 갚아야 했다. 아프리카계 미국인 남자가 압도적 다수인, 공급이 보장된 이 값싼 노동력이 없었다면 플로리다주의 주요 산업은 거의 돌아가지 못할 정도였다. 1960년에도 플로리다

의 어떤 농부는 "예전에 우리는 각자 노예를 소유"했지만, 이제는 "그냥 빌린다"라고 말했다.[50]

허스턴은 플로리다 내륙의 험악하고 모기떼가 들끓는 환경에 대해 잘 알았다. 그녀가 향한 곳은 바로 이런 지역이었다. 목표는 플로리다주 북부와 중부 카운티의 흑인 사회에서 민담, 속담, 이야기, 그 밖의 민족지학 자료를 체계적으로 수집하는 것이었다. 흑인 문화에 공헌하는 재단에서 경비를 지원받았지만, 보아스의 제안과 후원으로 시작된 여행이었다. 그래서 여행에 필요한 중고차를 살 때 추천인으로 보아스의 이름을 올렸는데, 보아스는 나중에 잭슨빌의 한 대출업체에서 갑자기 연락을 받고 깜짝 놀랐다. 그때 보아스는 "돈이 왜 필요한지 편지로 먼저 내게 알렸어야지"라고 허스턴에게 편지를 보냈고, 이 일은 앞으로 수년 동안 두 사람이 주고받은 편지에 흐르는 분노의 시작이었다.[51] 하지만 허스턴이 보아스에게 다시 편지를 보내 자동차가 없으면 연구를 위한 최적의 현장까지 가는 것이 불가능하다고 알리면서 모두 명확히 해명됐다.[52]

1927년 3월에 허스턴은 시골길을 따라 남쪽으로 울퉁불퉁한 풍경 속으로 더 내려갔다. 허스턴이 '도도한 수지'라고 이름 지은 내시 쿠페 자동차가 잿빛 연기를 내뿜으며 달렸다.[53] 잭슨빌에서 출발해 흙탕물 같은 세인트존스강 상류의 펄랫카에 이르렀고, 이어서 오코이 난민이 다수 피신한 샌퍼드, 중앙 호수 지구 가장자리의 멀버리, 노동 수용소 수감자들이 울창한 덤불 속에서 땀을 흘려 일하는 러프먼, 그리고 존 허스턴의 딸이 이제 성공해 돌아온 고향 마을 이튼빌에 도착했다.

이 지역의 풍경은 쏘이거나 찔리거나 물리거나 긁히도록 설계된 것만 같았다. 뾰족뾰족한 야자수 사이로 햇살이 내리비쳤다. 거대한 사이프러스 나무가 늪지대의 진흙탕에서 문어 다리 같은 뿌리를 드러내고 우뚝 서 있었다. 포인시아나 나무가 불타는 덤불처럼 피어났고, 각다귀와 모기떼가 바람 한 점 없는 공기 중에 멈춰서 떠 있었다. 공중화장실은 여느 모텔이나 식당처럼 백인만 이용할 수 있었다. 그래서 허스턴은 당시 여느 아프리카계 미국인 여행자처럼 하루의 여정이 끝나면 잠자리와 식사를 제공해줄 가능성이 있는 유일한 장소인 흑인 지역으로 곧장 향했다. 만일을 위해 크롬 도금 권총도 가지고 다녔다.[54]

허스턴이 현실에서 인류학자로서 일하는 방법을 터득하기까지는 시간이 좀 걸렸다. "실례지만 민담이나 민요를 아시나요?"[55] 허스턴은 "신중하게 억양을 넣어 바너드 연구자" 말투로 물었다. 사모아의 미드처럼 허스턴도 바너드칼리지의 인장이 찍힌 편지지를 가져가 현장에서 소식을 전했다. 조 클라크의 가게 앞에서 이야기를 들으며 자랐지만, 그것은 가족과 친구 들과 함께 살던 곳, 그녀가 잘 아는 공동체 안에서 있었던 일이었다. 이번에는 달랐다. 털털거리는 차를 타고 마을로 들어가 생판 모르는 사람들이 모여 있는 곳에 가서 그들이 아는 이야기를 다 들려 달라고 부탁할 수는 없었다. 그곳 사람들을 이해하고, 선의를 보여주고, 신뢰를 얻으려면 시간이 걸렸다.

허스턴은 오코이 사건에서 기적적으로 살아남아 6킬로미터 넘게 기어가 어느 흑인 가족의 집에 피신한 한 피해자와 인터뷰를 했고 그 내용을 토대로 린치에 관한 소설을 쓸지 고민했다.[56] 하지만 도로시 웨스트에게 보낸 편지에서 "보헤미아를 영영 잃어버린" 느낌이 든다고 털어놓았다.[57] 그리고 현지 조사에서 자신의 소명을 찾은 것 같다고 말했다.

얼마 후 허스턴은 플로리다의 민속 생활에 관한 구체적인 연구가 되기를 기대하며 보아스에게 원고 초안을 보냈다. 그리고 자료를 더 수집할 기회가 주어진다면 멕시코만 전역으로 연구 범위를 넓힐 수 있다고도 전했다. 연필로 기록한 자료는 더 많다면서 조만간 타이핑해서 보낼 수 있기를 바란다고 알렸다.[58] 허스턴은 인류학을 구조(救助)의 기술로 훈련받았고, 이제 그것이 무슨 의미인지 알았다. 사람들이 허스턴에게 가장 먼저 하는 말은 대개 '오래된 일'은 다 잊어버렸다는 말이었다. 충분히 대화를 나누면서 잘 유도하면 사람들이 마음을 열 수도 있었다. 그래도 모든 것이 빠르게 사라지고 있었다. 허스턴은 보아스에게 그들의 '흑인성'이 "백인 문화와 밀접히 접촉하며 사라지고 있다"고 보고했다.[59] 그녀는 모든 말을 받아 적기 위해 'the'를 'de'로 적거나 'that'을 'dat'으로 적으며 발음 나는 대로 표기했다. 하워드대학의 옛 교수들이 봤다면 노여워했을 법한 방법이었다.[60]

허스턴은 점차 자신의 직감에 과학의 윤기를 더했다. 구세대 흑인 지식인들이 허스턴 같은 사람들을 바라보며 항상 거슬려하던 부분을 보완하려 한 것이다. 모든 이야기와 발을 구르며 추는 춤, 포치에서 나누는 농담, 도끼를 휘두르며 부르는 노동요가 이곳 사람들만의 규칙, 의례, 일상을 이루는 활동으로서, 가령 사모아의 문신이나 콰키우틀족의 나무 조각 옆에 나란히 놓일 수 있다면 어떨까? 온전히 형성됐지만 아직 인정받지 못한, 인간으로 살아가는 한 방법이 플로리다 북부와 중부의 울창한 소나무 숲과 호숫가에 숨어 있을 것만 같았다. 보아스나 베네딕트가 수업에서 말했듯이 아직 분류되지 않은 무언가였다. 백인들이 흑인처럼 검게 얼굴을 꾸며서 조롱하고, 흑인 '인종 지도자'들은 언급하지 않으려 하는 흑인의 삶의 방식이야말로 보아스의 제자들이 말하던 문화, 미학적 감성과 도덕적 질서를 갖춘 고유한 문화로 보였다.

그 후 몇 달 동안 허스턴은 플로리다에서 지내다가 여름이 되어 뉴욕으로 떠날 준비를 했다.[61] 여정의 일부는 남부에 처음 와보는 랭스턴 휴스와 함께 '도도한 수지'를 타고 다니기로 했다. 사실 처음 이곳으로 떠나왔을 때 시카고대학의 의대생 허버트 신(Herbert Sheen)을 만나 급히 결혼한 터였다. 하지만 남편과는 거의 같이 지내지 못했다. 허스턴은 이듬해 봄에 휴스에게 다 끝낼 생각이라면서 남편이 "내 발목을 잡고 방해하려 해서"라고 말했지만, 이혼 신고를 한 것은 그로부터 몇 년 뒤였다.[62]

허스턴은 뉴욕을 떠나 있던 시간에 비해 보여줄 것이 거의 없었다. 결국에는 앨라배마주 모빌에서 수집한 것으로 추정되는 노예 이야기를 써서 〈흑인 역사 저널(Journal of Negro History)〉에 실었다. 이 글은 오래된 문헌에서 표절한 것으로 밝혀졌지만, 당시 학계의 논문 검토자들 눈에는 걸리지 않았다.[63] 그리고 수집한 다른 자료로 무엇을 할지 보아스와 상의했지만, 보아스와의 만남은 결국 눈물 바람으로 끝났다.[64] 보아스는 좀 더 체계적으로 접근하라면서 특히 속담과 신화, 음악 형식이 유럽인 농장주로부터 아프리카 노예들에게 전승되는 과정에 주목하라고 제안했지만 허스턴은 이 조언을 따르지 않았다.[65] 보아스는 허스턴의 현장 노트와 인터뷰 자료에는 아직 알려지지 않은 새로운 내용이 거의 없다고 지적했다. 현장에서 보낸 6개월을 구제하려면 다시 돌아가 더 많이 조사하는 수밖에 없었다.

허스턴은 뉴욕에 잠시 머문 후 다시 남부로 향했다. 이번에는 스스로 '대모'라고 불러 달라던 샬럿 오스굿 메이슨이라는 후원자의 도움을 받았다. 메이슨이 사는 맨해튼 파크 애비뉴의 방 열두 개짜리 아파트에는 골동품과 본차이나, 아프리카 예술품이 가득하고, 탁자 위에는 할렘 르네상스의 최신 출판물들이 펼쳐져 있었다.[66] 고인이 된 남편과 메이슨은 저명한 의사였으며, 내세 같은 비현실적 세계를 자신들의 소명으로 삼았다. 그들은 텔레파시와 최면, 심령술, 원시주의(전근대적 과거로 회귀하는 방법으로 현대의 병폐를 치유할 수 있다는 생각)를 탐구하기 위한 살롱을 만들었다.

당시 여느 백인 자선가처럼 메이슨은 흑인 지식인들이 인류의 가장 오래되고 진정한 관습과 믿음에 접근할 수 있는 특별한 능력을 지녔다고 믿었다. 메이슨은 일찍부터 앨런 로크를 후원하면서 로크를 통해 할렘의 다양한 작가와 예술가 들을 후원했는데, 그 대가로 강한 충성심, 나아가 순종까지 요구했다. 메이슨은 허스턴을 월급 200달러에 정식 직원으로 고용하기로 했다. 이 계약으로 허스턴은 전에 없던 경제적 안정을 얻었지만 새로운 의무에 얽매였다. 현장에서 계속 자료를 수집하며 그동안 소홀했던 문학 창작도 이어 갈 수 있었지만, 허스턴이 수집한 자료는 고스란히 메이슨의 소유가 됐다.

보아스는 허스턴에게 진짜 민족지 논문을 쓰라고 독촉했지만, 몇 주가 지나고 몇 달이 지나도록 학술 작업이라고는 그저 수북이 쌓인 기록과 책을 쓰기 위한 아이디어뿐이었고, 그마저도 메이슨이 민속 생활을 기록하라고 카메라를 준 이후로는 촬영한 필름만 쌓여 갈 뿐이었다. 카메라로 기록하는 작업은 미드나 베네딕트가 사모아나 남서부에서 해보지 못한 작업이었다. 허스턴은 이동하는 사이 집에 불이 나거나 홍수가 나서 자료를 모두 잃게 될까 봐 노심초사했다. 1928년과 1929년에는 이튼빌과 메이틀랜드로 돌아와 테레빈유 작업장과 벌목장에서 조사를 했고, 이후 앨라배마에 잠시 들렀다가 뉴올리언스에서 가을과 겨울을 보냈으며, 플로리다에서 한 번 더 추운 계절을 보낸 후 다시 바하마로 짧은 여행을 떠났다. 허스턴의 작업은 사라져 가는 문화를 포착하는 것이 아니라, '지금 여기'에 있는 냉혹하고 앙상한 존재 방식을 이해하는 것이었다. 허스턴은 휴스에게 보내는 답장에서 대모에게는 알리지 말라면서 "흑인의 민속은 아직 만들어지는 중"이라고 적었다.[67]

허스턴은 1930년 봄이 돼서야 뉴욕으로 온전히 돌아왔고, 3년간 쉴 새 없이 매달린 현지 조사에서 마침내 가치 있는 결실을 얻기 위해 최선을 다하겠다고 보아스에게 약속했다. 여행 가방은 100명 이상의 현지인들에게 얻은 기록과 이야기, 단편 소설과 인물 스케치가 가득 들어 있었다.[68] 그 사람들 중에는 인산염 광산의 광부와 가정부, 노동자, 소년과 소녀, 바하마의 농장주, 상점 주인, 과거 노예, 제재소 노동자, 주부, 철도 노동자, 식당 주인, 세탁소 주인, 설교자, 밀주업자, 그리고 "시간이 날 때는 이발사"로 일하는 "부랑자이자 잡역부"인 터스키기 졸업생도 있었다. 하지만 허스턴의 보고서는 대체로 실망스러웠다. 그해 여름 보아스에게 보낸 편지에서 허스턴은 이렇게 썼다. "드디어 한숨을 돌리게 됐습니다. 어떤 형태로든 자료를 얻는 것이 무척 힘들었습니다."[69]

보아스는 인종학자와 우생학자들을 공개적으로 비난했지만 그 자신도 멀리 떨어진 민족을 실험 대상으로 보고 가까운 민족은 병리학의 대상으로 보는 경향이 있었다. 1906년에 그는 애틀랜타대학의 한 강연에서 흑인도 스스로 백인이라고 부르는 사람들만큼 유능하지만 단지 타고난 재능을 온전히 실현하지 못했을 뿐이라고 말했다. 그러면서 아프리카 사람들은 유럽 식민지 개척자들이 들어오기 한참 전부터 철을 제련하고, 청동기를 주조하고, 복잡한 법 제도를 만들고, 정복군을 지휘했다고 말했다.[70] 그러나 보아스는 아프리카인들이 아메리카 대륙으로 강제로 이주당한 이후의 모습에서는 별다른 가치를 발견하지 못했다. 5년 후 보아스는 《원시인의 정신》에 이렇게 썼다. "방탕함, 꿈도 야망도 없는 게으름, 주도성 부족이 이 인종의 본성이라는 증거는 아무것도 없다. 모든 증거가 이런 특성이 유전적 특질이라기보다 사회적 조건의 결과임을 가리킨다."[71] 다만 이런 특성이 실제로 아프리카계 미국인을 설명하는 것인지 아닌지 의심하지 않았다는 점에서 보아스 자신의 한계와 시대 상황이 드러난다.

보아스는 흑인의 열등함이 본질적이거나 타고난 것이 아니라고 해도 흑인 문화에 대해서는 백인 문화의 타락한 형태라고밖에 볼 수 없다고 생각했다. 보아스의 제자 중에도 나이 많은 일부 연구자들은 여기서 더 나아가 인종과 역사에 대해 매디슨 그랜트가 명백한 상식이라고 주장한 입장을 답습하기까지 했다. 앨프리드 크로버는 1923년에 출간한 인기 교재 《인류학》에서 이렇게 결론을 내렸다. "물론 문화적 성취를 보고 인종의 능력을 주장하는 것은 공정하지 않다. … 그러나 흑인들이 자신들과 상당히 가까운 지중해 문명의 전체 또는 핵심을 끝내 수용하지 못한 점이나 문화적 생산성에서 유난히 중심에서 밀려난 점을 보면 그들의 문화적 잠재력이 열등하다고 말하는 것이 크게 무리한 주장은 아닐 것이다."[72] 크로버의 강의를 수강한 버클리대학의 백인 학생들과 크로버의 교재를 채택한 미국 대다수 대학의 비백인 학생들에게 인류학 수업은 인종적 위계를 당연히 여기게 만드는 결과를 낳았다. 이제 문화적 열등성이 매디슨 그랜트 세대의 생물학적 열등성을 대체한 셈이었다.

얄궂게도 이런 관점이 발전한 시기는 할렘 르네상스의 놀라운 성취가 일어난 시기와 정확히 일치했다. 하지만 흑인 지식인들조차 인종 평등과 흑인 전통 문화의 후진성을 동시에 믿는 것이 충분히 가능했다. 부커 T. 워싱턴은 1881년에 직접 설립한 터스키기 연구소에서 흑인 청년들에게 농업과 공예를 주요 과목으로 가르치도록 권장했다. 수 세기에 걸쳐 노예로 살다 보니 처음부터 개조돼야 할 인간들이 양산되었고, 그들은 (단계적으로 그리고 언젠가) 가치 있는 존재로 발전할 때까지 미국의 인종 위계에서 제 자리를 지켜야 했다. 반대로 W. E. B. 듀보이스는 기다릴 필요가 없다고 주장했다. 흑인 남성과 여성은 이미 미국 사회의 다른 어떤 계층 못지않게 창의적이고 재능 있고 야심 찬 사람들이고, 심지어 그들의 타고난 약점을 끊임없이 일깨워주는 정치와 경제 제도에서도 그렇다는 것이었다. 하지만 워싱턴과 듀보이스 모두 어쨌든 흑인은 완벽해질 수 있는 존재라는 데 방점을 찍었다. 흑인의 몸과 정신은 아직은 불완전한 현재에서 벗어나야 한다는 뜻이었다. 족쇄와 채찍을 벗어던지듯이 과거의 존재와 행동을 떨쳐내야 했다. 백인 미국인에게는 문화가 있지만 흑인 미국인에게는 조건이 있다고 대부분의 사람들이 믿는 듯했다.

현실에서 백인 대중이 흑인의 삶을 의식하게 된 것은 인류학의 사촌 격인 민속학을 통해서였다. 자칭 민속학자는 1840년대에 영국의 작가이자 골동품 수집가인 윌리엄 톰스가 '민속학(folklore)'이라는 용어를 처음 만들 때부터 존재했지만, 민속학의 주요 주제는 그보다 수십 년 전에 이미 정의됐다. 민속이란 어떤 사회에서 무작위로 선택된 누구나 알 것으로 추정되는 속담과 옛이야기, 민담, 민요를 통틀어 일컫는 용어였다. 이런 이야기와 우화가 흥미로운 이유는 한 민족의 정신적·지적 기반을 이룬다고 여겨졌기 때문이다. 물론 누구나 이야기를 말할 수는 있지만, 다수의 사람이 같은 이야기를 반복해서 말한다면 그 이야기의 줄거리와 등장인물, 핵심 주제에서 그 문화 집단의 독특한 재능을 엿볼 수 있다. 그러니 조금만 주의를 기울인다면 평범한 사람들의 말 속에서 '민속'을 발견할 수 있을 터였다.

19세기 전반 독일에서 야코프 그림과 빌헬름 그림 형제가 이 분야를 개척했다. 그림 형제는 고향인 헤센 대공국 인근 시골 마을을 돌아다니며 이야기를 수집해 편찬했다. 1812년 첫 번째 작품집인 《아이들과 가정의 이야기》를 출간하면서 구전되는 이야기를 보존할 뿐 아니라 민족의 진정한 의미를 정의하는 데까지 나아갔다. 아직 독일이라는 국가가 존재하지 않던 시대에(독일은 반세기 이상 지나서야 생긴다) 독일인이 된다는 것은 〈헨젤과 그레텔〉부터 〈신데렐라〉에 이르기까지 그림 형제의 이야기를 어느 정도는 아는 사람이라는 뜻이었다. 독일인이 누구를 가리키는지 아직 모르는 사람에게는 그림 형제의 책이 알려주었다. 이 책은 집단으로서 '우리(독일인)'에 대한 지식을 쌓기 위한 정석 입문서였다.

민속학자들은 사람들이 전하는 이야기에는 그들 자신에 관한 이야기가 담겨 있다고 믿었다. 존 웨슬리 파월의 스미스소니언 연구자들은 대평원의 노래와 전설과 의례를 엮었다. 프란츠 보아스와 엘시 클루스 파슨스는 태평양 북서부 지역과 미국 남서부의 사막 탐험에서 비슷한 연구를 진행했다. 1920년대 중반에 루스 베네딕트는 민속학 분야 최고의 학술지로 1888년에 창간되어 거의 반세기에 걸쳐 발간된 〈아메리카 민속학 저널〉의 편집자로 오래 활동했다. 보아스는 이 저널에 이렇게 썼다. "민담과 신화의 유형과 분포가 우리 연구의 주제가 돼야 한다. 민담과 신화의 역사를 재구성하면 그와 관련된 심리적 과정을 밝히는 데 도움이 되는 자료를 얻을 수 있을 것이다."[73]

민속학자들은 특히 연구 결과를 근거로 삼아, 자신들이 살아가는 사회의 관습을 지극히 이성적이고 계몽적이라고 확신하는 유럽인과 미국인의 자기 개념을 무너뜨리는 재주가 뛰어났다. 베네딕트는 이에 대해 "민속학은 현대 도시의 교육받은 집단이 보이는 합리주의적 태도를 종종 인간 본성과 동일시하는 것이 사실 최근에 나타난 불안정한 관점임을 그 어떤 자료보다 생생히 보여준다"라고 말했다.[74] 하지만 아프리카계 미국인에 관한 자료를 수집할 때 그들의 민속은 열등하다는 이미지로 얼룩져 있었다. 고된 노동을 피하고 권위를 비웃으며 어떻게든 이득을 보려고 하고 시설에 누워서 지혜를 찾으려 하는, 단순하고 어린아이 같은 사람들이 만들어낸 결과물이라고 본 것이다. 19세기 후반부터 백인 아이들은 여러 세대에 걸쳐 그림 형제의 동화에 대한 미국식 대답이 될 만한 이야기 모음집에서 바로 이런 태도를 배웠다. 신데렐라를 아는 사람이라면 누구나 교활하고 어슬렁어슬렁 다니는 지극히 미국적인 토끼와 그 친구들의 모험에 대해서도 알았다.

브러(Brer, brother의 흑인 방언) 래빗, 브러 폭스, 브러 베어, 그리고 화자인 친절한 노인 엉클 리머스는 조지아주 출신의 백인 저널리스트 조엘 챈들러 해리스(Joel Chandler Harris)가 창조한 인물들이다. 해리스의 이야기 모음집인 《엉클 리머스: 노래와 격언》은

1880년에 출판됐다. 해리스는 조지아의 한 농장에서 견습 인쇄공으로 일하면서 흑인 노예들에게서 이야기의 재료를 수집했다. 이후 〈애틀랜타 컨스티튜션〉의 기자가 되었을 때 소유자와 피소유자 간의 조화로운 관계가 유지되던 (남북전쟁 전) 옛 남부의 모습을 떠올렸다. 《엉클 리머스》의 중심 인물은 흑인도 동물도 아닌 어린 백인 소년이었는데, 초판본에는 소년이 허리를 숙인 리머스 앞에 공손히 앉아 있는 모습이 섬세한 수채화로 그려져 있었다.

이 이야기책은 아프리카계 미국인에 관한 내용으로 알려졌고, 일부 이야기는 아프리카에서 온 것이었다. 그러나 이 이야기의 청중은 말 그대로 책 안에 있었다. 말하자면 단순하고 속임수가 난무하고 재기발랄하고 창의성이 가득한 흑인 세계를 들여다보는 백인이었다. 수많은 백인 아이들이 매일 밤 잠자리에 들 때 부모들이 입술을 이리저리 비틀며 해리스가 옮긴 사투리 말투를 흉내 내 읽어주는 이야기를 들었다. 그중 한 이야기는 이렇게 시작했다. "어느 날 다릴 둘러앉아 농담을 던지고 얘기를 나누는디, 브러 래빗이 벌떡 일어나 '매미 배미 빅 머니' 할무이가 즈그 증조할부지한테 이 동네에 대따 크구 대단한 금광이 있다고 일러줬다고 말했어요. 그러고 그게 브러 베어네 집 근처에 있다고 해도 전혀 놀랍지 않다고도 말했어요." 백인 아이들은 이런 이야기를 들으며 덤으로 흑인의 본질적 타자성에 대해 손쉽게 배울 수 있었다. 〈헨젤과 그레텔〉을 들려주면서 할리우드식 독일어로 'ja'와 'und'를 추임새로 넣는 격이었다.

엉클 리머스 이야기 외에도 19세기에 흑인 민속 이야기로 보이는 이야기 모음집이 여러 권 나왔는데, 대부분 촌스러운 말장난과 과장된 표현과 옛 남부의 추억을 담은 우스꽝스러우면서도 향수를 불러일으키는 내용이었다. 반면에 학계에서는 흑인 사회를 이해하기 위해 아프리카로 눈을 돌리는 경향이 있었다. 가까이 있는 저급해 보이는 문화를 연구하기보다 먼 지역의 풍부하고 정통성 있는 문화와 연결하려는 것이었다. 허스턴의 옛 교수였던 하워드대학의 로렌조 다우 터너는 서아프리카와 미국의 조지아주와 사우스캐롤라이나주 해안가에서 크리올어*를 사용하는 걸러(Gullah) 공동체** 사이의 언어적 연관성을 최초로 기록한 학자 중 한 명이었다. 한편 허스턴의 첫 번째 탐험을 지원한 재단을 총괄하던 역사가 카터 G. 우드슨(Carter G. Woodson)은 신대륙의 노래와 민간 신앙을 사하라 사막 이남 아프리카 민족들의 오래된 노래와 민간 신앙과 연결하려고 시도했다. "필자는 흑인을 인간으로 간주한다."[75] 우드슨이 대양 횡단의 역사에 관해 방대한 각주가 달린 연구서 《아프리카 배경 개요(The African Background Outlined)》(1936)를 시작하면서 밝힌 내용이다. 흑인을 유럽인 못지않게 인정받을 만한 역사와 업적과 영향력이 있는 사람들로 간주한다는 의미였다. 아프리카인들도 역사에서 "자유롭게 전진할 수 있던 시기에는 전진하고, 남들은 겪지 않은 장애물에 가로막힌 시기에는 뒤처진다"는 것으로 드러났다.

보아스의 제자이자 1930년에 허스턴에게 인체 측정 조사를 하라고 지시했던 멜빌 허스코비츠는 1930년에 발표한 획기적인 논문에서 "신대륙의 흑인" 문제라는 새로운 연구 영역을 위해 필수

---

* 서로 의사소통이 되지 않는 사람들 사이에서 자연스럽게 만들어진 언어인 피진(pidgin)이 그 사용자들의 자손들에 의해 한 사회의 모어가 된 언어를 말한다.
** 사우스캐롤라이나주, 조지아주 해안가에 터전을 잡은 서아프리카 출신 흑인들의 정착촌. 서아프리카 출신 흑인 노예들이 사용하던 크리올어인 걸러어를 사용하며 독자적인 문화를 발전시켰다.

적인 질문들을 제시했다. 그러나 그가 정의한 주요 질문은 여전히 법의병리학에 가까웠다. 아프리카의 문화와 역사는 오늘날 아프리카계 미국인들이 왜 그토록 꾸준히 문제를 일으키는지 의문을 풀 단서를 제공한다는 점에서 가치가 있었다. 그는 대표 저서 《미국의 인류학자》에서 이렇게 덧붙였다. "왜 흑인들은 노예제를 그토록 안이하게 묵인했을까?" 그리고 이렇게 물었다. "흑인의 기질에서 필수적인 무언가가 원인일까, 아니면 아메리카 문명에서 흑인에게 친숙한 유일한 문화적 사실이 노예제 문화였기 때문일까?"[76]

흑인과 접촉한 사람이라면 누구나 알아챌 만한, 흑인의 강력한 가족 연대는 어떤 의미일까? … 왜 미국에서 흑인들은 자녀를 기관에 맡기는 데 그토록 반감이 클까? 빈곤선에 근접한 가족도 집 없는 아이를 낯선 사람에게 맡기지 않고 자기네가 맡아 키우는 이유는 무엇일까? 미국과 아이티, 기아나, 서인도 제도의 흑인 학생들에게 익숙한 종교적 히스테리 현상과 아프리카에서 나타나는 유사한 현상 사이에는 어떤 연관성이 있을까? 또 오늘날 서구 흑인의 민속은 백인의 문화에 의해 어느 정도까지 변형됐을까? 아프리카 민속에 관한 자료를 더 많이 알아보기 전에는 이 질문들에 제대로 답할 수 없다.

허스코비츠는 동료에게 보낸 편지에서 이런 질문을 촉발한 사람이 예전에 연구 조교로 일하던 '조라 허스턴'이라고 넌지시 알렸다. 허스턴의 말투와 걸음걸이, 노래하는 방식은 모두 '전형적인 흑인' 여성이 대양 저편 아프리카 원주민을 반영하는 개별 행동을 어떻게 구현하는지 보여주는 훌륭한 사례였다.[77] 다시 말해서 아프리카를 들여다보면 종교나 음악 같은 요소의 지속성(거대한 사회적·경제적 격변이 일어나도 변화에 저항하는 방법)을 파악할 수 있을 뿐 아니라 현재 미국 흑인들을 그토록 특이하게 만들거나 말썽을 일으키게 만드는 행동의 근원까지 파악할 수 있다는 의미였다.

대다수 진보적 사상가들도 위와 같은 견해에 동의했을 것이다. '흑인 문제'는 변화할 수 있는 문화적 문제이지 변화가 불가능한 생물학적 문제가 아니라는 것이다. 이보다 더 급진적인 견해는 상상하기 어려웠다. 말하자면 아프리카계 미국인이 단지 침묵하는 과거의 메아리 같은 존재가 아니라 연구할 가치가 있는 일관된 민속 문화를 창조한 사람들이라는 뜻이었다. 백인이 지배하는 인문과학계에서 계몽적인 인류학자들 사이에서는 사모아와 애드미럴티섬 사람들의 행동과 신념이 치료해야 할 사회적 질병이 아니라 이해해야 할 수수께끼라는 관점이 지배적이었다. 그런데 미국 남부, 심지어 뉴욕 센트럴파크 북쪽에서도 같은 방식으로 접근한다는 것은 거의 상상하지 못할 일이었다.

허스턴은 "심장은 무릎 아래로 떨어지고, 무릎은 어느 외로운 골짜기에 떨군 채" 뉴욕으로 돌아왔다.[78] 수집한 자료를 이해하고 무작위로 펼쳐진 일화가 아닌 무언가로 바꾸기 위해 안간힘을 써야 했다. 허스턴이 보기에 수집은 사실상 속기였다. 인류학은 그 이상이어야 했다.

허스턴은 보아스뿐 아니라 후원자에게도 실망을 안겨줄까 봐 걱정했다. 보아스는 허스턴이 현지 조사를 체계화하기를 원했고, 나아가 이야기가 어떻게 이곳에서 저곳으로 전해졌는지, 혹은 민속의 상징이 시간이 흐르는 사이 아프리카 대륙에서 아메리카 대륙으로 넘어오며 어떻게 변했는지에 대해 폭넓게 이론화하기를 원했다. 반면에 후원자 메이슨은 순수하고 원시적인 예술을 원했고, 막연하게 민속학자 지망생으로서 자신의 연구에 자료로 사용하려 했다.

허스턴은 보아스와 계속 편지를 주고받으며 간단한 기록과 학술적 글에 대해 주기적으로 소식을 전했다. 그러나 메이슨과는 점점 사이가 나빠졌다. 게다가 주식 시장이 폭락하면서 메이슨은 전처럼 넉넉하게 후원하지 못하다가 서서히 후원을 끊었다. 허스턴은 구겐하임 장학금에 지원하고(거절당함), 부유한 뉴욕 시민을 위한 닭고기 요리 케이터링 사업도 제안하고(시작하지 않음), 시사 풍자 뮤지컬을 제작하면서(간신히 비용만 충당) 다시 한 번 혼자 일어설 방법을 모색했다.[79] 랭스턴 휴스와 함께 할렘 르네상스에서 가장 역동적인 공동 작업을 이끌어냈지만, 두 사람의 관계는 플로리다의 민속을 소재로 한 연극을 제작하려다 실패한 후 결국 흐지부지됐다. 그러나 허스턴은 메이슨과 결별하면서 자유로이 소설을 쓰고 민족학적 사실을 계속 추적할 수 있었다. "저는 파크 애비뉴의 용에게서 벗어났지만, 여전히 살아 있어요!" 허스턴이 베네딕트에게 보낸 편지에 적은 말이다. "저는 다시 제 길을 찾았습니다."[80]

허스턴은 플로리다에서 남부 설교자의 딸로 태어나 고생하며 살아온 자신의 경험을 토대로 삼아 소설의 대략적인 줄거리를 구상했다. 원고를 쓰고 고친 후 우편 요금 1.83달러를 빌려 필라델피아의 버트럼 리핀콧 출판사에 원고를 보냈다. 얼마 후 소설이 출간 예정작으로 선정됐다는 전보가 왔는데, 바로 그날 퇴거 통지도 받았다.[81] 그래도 출판사에서 날아온 소식은 후텁지근한 멕시코만 연안에 갑자기 퍼붓는 소나기처럼, 혹은 허스턴이 훗날 묘사하듯 첫 음모를 발견한 순간보다 더 짜릿했다.[82] 이렇게 1934년에 《요나의 박 넝쿨》이 출간됐다. 이 소설은 훌륭한 '흑인 소설'로 좋은 평가를 받았고, 더불어 허스턴은 휴스와 웨스트, 그 외에 흑인 작가 집단에서 새롭게 떠오르는 작가로 찬사를 받았다.

버트럼 리핀콧 출판사에서 선지급한 인세는 6년 전에 첫 저서를 출간한 미드가 받은 인세의 절반도 되지 않았다. 집세를 내기에도 턱없이 부족했고, 작가로만 살아가는 것은 더 어려워졌다. 허스턴은 책 계약과 일회성 청탁 원고 사이를 오가며 생계를 유지할 일을 따로 찾아야 했다. 그러다 1935년 1월에 컬럼비아대학 박사 학위 과정에 등록했다. 이전에는 고압적인 메이슨에 의해 막혔던 길이었다. 메이슨은 박사 과정은 시간과 에너지 낭비라고 주장했다. 이제 보아스가 허스턴의 지도 교수가 되어주었다. 흑인 예술가와 학자를 지원하는 줄리어스 로즌월드 기금은 '흑인의 특별한 문화적 재능' 부문에서 허스턴의 연구를 지원하기 위한 장학금을 약속했다.[83] 허스턴은 보아스에게 말했다. "언젠가는 가르치고 싶고, 철저한 훈련을 받고 싶습니다."[84]

그해 말에 허스턴은 뉴욕, 뉴올리언스, 이튼빌과 그 사이 여러 곳을 오가며 가지고 다녔던 수많은 노트와 필기록과 이야기들을 어느 정도 정리하는 데 성공했다. 허스턴의 말에 따르면 "옥수수빵과 겨자잎"에서 "부드러운 천으로 문장을 문지르는 일"로 옮겨갔다.[85] 그리고 의견을 내주고 편집에 관해 제안해준 베네딕트에게 "원고를 잘 고쳐줘서 고맙고 또 고맙습니다"라고 편지를 보냈다.[86] 리핀콧 출판사는 이 원고를 그해 가을에 "노새와 인간(Mules

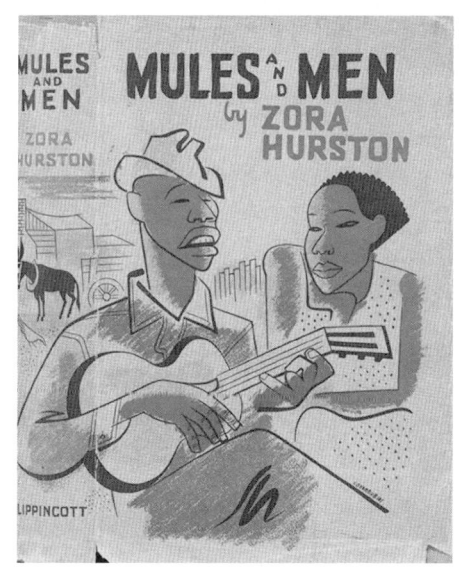

조라 닐 허스턴의 첫 번째 저서 《노새와 인간》. 허스턴의 친구인 멕시코 화가 미겔 코바루비아스가 표지 그림과 삽화를 그렸다.

and Men)"이라는 제목으로 출판했다. 허스턴의 친구인 멕시코 화가 미겔 코바루비아스(Miguel Covarrubias)가 이 작품을 위해 선술집에 모인 사람들이나 두 손을 들고 고뇌에 찬 채 예배를 올리는 사람들의 실루엣을 담은 삽화를 그려주었다. 허스턴이 "저는 떨림으로 가득합니다"라면서 간곡히 서문을 부탁하자, 보아스는 미드의 《사모아의 청소년》에 써준 것처럼 이 책에도 서문을 써주기로 했다.[87] 그는 허스턴의 책이 "흑인의 진정한 내적 삶"을 이해하려는 최초의 시도라고 칭찬했다.[88]

민속학자들은 일찍이 자신들이 공동체의 숨겨진 본질을 파고든다고 믿었지만, 허스턴이 보기에 그들이 발견한 것은 대수롭지 않은 유희와 지어낸 이야기일 뿐이었다. 과학으로 위장한 보푸라기 떼기에 불과했다. 《노새와 인간》은 허스턴 자신이 그랬던 것처럼 독자들도 관찰자가 아닌 참여자로서 남부 흑인 마을과 노동 수용소 안으로 깊숙이 들어가게 해주려는 최초의 진지한 시도였다. 1927년부터 허스턴은 보아스, 미드, 베네딕트가 각자의 현장에서 보낸 시간보다 더 긴 시간을 멕시코만 연안에서 보냈다. 허스턴은 지역 문화의 태피스트리 전체를 공동체의 천재적 작업으로, 외부인도 이해할 수 있을 뿐 아니라 감상할 수 있는 작업물로 제시하고 싶은 사람의 관점에서 글을 썼다. 그 태피스트리에는 현지의 이야기와 방언, 모욕과 재치 있는 농담이 가득 차 있었다.

허스턴이 '고향 마을'로 돌아간 것은 '학위와 쉐보레 자동차'를 자랑하기 위해서가 아니었다. 그보다는 애초에 고향을 떠나 북부로 향하기 이전의 삶에서 그녀에게 너무 가까이 있었던 삶의 방식, 곧 "처음 세상에 무턱대고 내던져진" 이후 줄곧 헤엄쳐 온 바로 그 문화를 이해하고 싶어서였다.[89] 훗날 허스턴은 민속을 "인간의 삶을 끓여서 나온 즙"이라고 표현했고, 페이지마다 이렇게 끓이는 과정에 동참했다.[90] 허스턴은 문법적 거리를 없애고 일인칭 시점으로, 사람들을 만나고 함께 이야기를 나누고 심지어 칼싸움을 가까스로 피하고 마을을 빠져나올 때 차 뒤에서 먼지가 피어오르는 장면까지 묘사했다.

미드도 허스턴과 비슷하게 접근했지만 주로 이인칭 시점으로 글을 썼다. 독자에게 사모아 마을이나 마누스섬의 오두막에 처음 도착하면 '당신이' 무엇을 보게 되는지 말하는 식이었다. 또한 미드는 장차 민족지학적 현재(ethnographic present)*라고 불리게 될 방식으로 글을 썼다. 사모아와 애드미럴티 주민들은 미드가 그들

---

* 인류학자 레나토 로살도(Renato Rosaldo)에 따르면 '~한다', '~이다'라는 현재 시제를 사용하고 "마치 그것이 한 집단 안에서 모두에게 같은 방법으로 항상 반복되고 있는 것처럼 기술"하는 방법을 가리킨다.

을 관찰한 순간, 그러니까 그들이 헤엄치고, 먹고, 말하고, 깨닫는 모습을 관찰하는 그 순간에 문법적으로 얼어붙은 상태였다. 이들이 미국인과 관련이 있는 이유는 미국인이 자신의 경직된 사회를 측정하는 데 변함없는 척도가 될 수 있기 때문이었다.

그러나 허스턴은 이튼빌과 러프먼에 대해, 그곳의 벌목꾼과 테레빈유를 끓이는 사람, 밀주업자, 싸구려 여인숙이나 술집에 모인 사람들에 대해 과거 시제로 '도망쳤다, 고함쳤다, 떨어졌다, 잘랐다'라고 썼다. 허스턴은 직접 목격하고 들은 이야기를 창의적으로 해석한 기록을 독자들에게 제공하며 현지의 정보원들을 시간과 공간 안에 배치했다. 허스턴은 직접 수행했던 방식 그대로 자신의 과학을 전달했다. 말하자면 관찰자인 자신도 참여하는 대화의 형식이었다. 그리고 자료를 작성하면서 독자가 단순히 자료에서 정보를 얻는 것만이 아니라 자료를 이해하기를 원했다. 그러면서 보아스의 가장 심오한 메시지 중 하나를 영구히 전시했다. 바로 인류학자들이 문화에 관한 현장 기록을 정리하느라 여념이 없는 동안에도 문화는 계속 변화한다는 점이다.

《노새와 인간》은 각각 민담과 후두(hoodoo)*라는 민속 신앙을 다루는 두 부분으로 구성된 일종의 모음집이었다. 허스턴의 글은 낭만적 구애와 인종의 기원, 동물들의 감춰진 삶, 침례교와 감리교 사이의 끝없는 갈등 같은 타자의 이야기를 소개하는 데 그치지 않았다. 실제로 이 작품은 독자를 파리가 윙윙거리고 술잔이 돌아가는 땀내 나는 방으로 곧장 데려간다. 연대기나 주제별로 배치된 이야기가 아니라 시적 심상에 따라 배치된 이야기가 웅장하게 펼

---

* 서아프리카에서 미국으로 노예로 잡혀 온 흑인들이 아프리카의 영적 관습과 토착 종교를 기독교 신앙과 혼합해서 만든 일종의 영적 운동이자 신앙.

쳐졌다. 한 이야기의 단어 하나가 전혀 다른 주제의 새로운 이야기를 암시하기도 하고, 한 이야기꾼이 상대가 멈춘 대목에서 이야기를 이어 가기도 했다. "아, 딸을 둔 다른 남자를 알아요"라고 말하거나 "나도 편지에 대해 알아요"라고 말하면서 다른 이야기로 넘어가는 식이었다.

허스턴은 민속학이 한 사회의 숨은 본질을 드러내는 연구가 아니라 실제로 그 사회에 존재하는 사람들이 오랜 시간 대화하고 싸우고 화해하는 기나긴 과정에서 반복적으로 상호 작용하는 방식에 관한 연구라는 사실을 깨달았다. 이야기는 사람들에 의해 구술되고, 그 사람들은 그 장소 안에 함께 머문다. "사람들은 그저 뭔가를 이리저리 옮기기만 하면서 뭔가를 만드는 줄 안다"라고 허스턴은 썼다.[91] 전설과 설화, 민담의 본질은 시간 속에 멈춰 있는 것이 아니라 스토리텔링을 공동체적 행위로 전달하는 데 있었다. 말하자면 모호하고 유연한 논리, 남들이 세상을 보는 관점의 한 조각을 가져와 은근히 내 것으로 만드는 재능, 한마디로 재즈의 즉흥 연주와 같았지만, 당시에는 아무도 그렇게 부르지 않았다.

"허스턴 양은 이 나라의 누구보다도 흑인의 민속 생활을 잘 안다고 해도 지나치지 않을 겁니다."[92] 옛 스승 허스코비츠는 《노새와 인간》이 출간된 후 허스턴에게 보낸 편지에 이렇게 썼다. 그러나 허스코비츠는 자신의 학문적 관심사를 기준 삼아 허스턴의 책을 읽었을 뿐이다. 《노새와 인간》을 관통하는 주제는 점차 늘어나는 허스턴의 다른 작품과 마찬가지로, 단지 흑인에 관해 이야기하거나 향후 연구를 위해 흑인 문화를 방부 처리하는 데 있지 않았다. 그보다는 열등함이 타고난 것이든 여러 세대에 걸친 노예 생활로 인해 문화적으로 타락한 결과든, 인간성을 잃었다고 여겨지는 사람들에게서 기본적인 인간성을 확인하는 거대한 프로젝트였다.

허스턴은 모든 흑인을 대변하겠다고 나서지도 않았고, 심오하고 본질적인 '흑인성'을 포착했다고 주장하지도 않았다. 하지만 허스턴은 조 클라크의 가게 앞에 모인 사람 중 아무도 자기가 조악한 영어를 구사한다고 생각하지 않는다는 사실을 알고 있었다. 그리고 그들 중에 아무도 자신이 위대한 아프리카의 어스름한 황혼 속에 있다고 생각하지 않았다. 허스턴은《노새와 인간》에서 어린 시절부터 알던 남동부의 늪지대에는 연구할 만한 명백한 '그곳(there)'이 존재한다는 사실을 유려한 산문과 활기찬 이야기로 보여주려 했다. 그것은 아프리카의 잔재도 아니고 제거해야 할 사회적 병폐도 아니며 교정이 필요한 백인의 타락한 버전이 아니라, 활기차고 혼란스럽고 찬란하게 살아 있는 무언가이다.

10장

최초의 원주민 인류학자

언젠가 그녀는 "나는 중간 지대에 서 있다. 그래서 양쪽을 모두 잘 안다."라고 썼다. 그녀는 고향인 대평원에서 안페투 와슈테 윈, 곧 '아름다운 날의 여인'을 비롯해 여러 이름으로 불렸다. 맨해튼에서는 엘라 캐러 델로리아로 불렸다.

허스턴이 멕시코만에서 자신의 길을 찾아가고 미드와 포천이 마누스섬을 넘어 새로운 연구를 계획할 즈음, 보아스는 뉴욕에 갇혀 있다시피 했다. 이제 그는 인류학계의 거목이자 인종, 유전, 문화, 국제 문제, 그 밖에 신문 기자나 박물관 관장이나 일반 시민들이 궁금해하는 거의 모든 사안에 대해 의견을 요청받는 권위자였다. 보아스는 이런 지위에 따르는 책임으로 인해 무명의 젊은 학자 시절에 하던 현지 조사를 다시는 하지 못했다.

해마다 2,500통 이상의 편지가 보아스의 책상을 거쳐갔다.[1] 그가 머무는 뉴욕과 그의 제자와 동료, 현지 조사 연구원들이 머무는 지역을 오가는 편지만이 아니라, 편집자와 기자, 시민 지도자, 외국의 고위 인사들에게 보내는 수락과 거절의 편지도 있었다. 대학원생 중에서 뽑은 비서들은 편지를 분류하고, 타이핑하고, 우편물을 발송하고, 정리하느라 바빴다. 비누, 칫솔 등을 생산하는 프록터앤드갬블(P&G) 홍보부에서는 보아스에게 "다양한 민족의 손에 나타나는 실용적·미학적 차이"에 관한 비교 연구를 해줄 수 있는지 문의했다.[2] 브루클린칼리지의 한 학생은 자기네 교수의 말처럼 "흑인 인종은 백인 인종에 비해 훨씬 열등하고, 흑인의 뇌 크기가 보통의 백인보다 작다"는 것이 사실이냐고 물었다.[3] 보아스는 바로 이튿날 "그 교수가 말한 것은 터무니없는 소리입니다"라고 답장을 보냈다.[4] 〈더 선〉의 스포츠면 편집자는 이런 질문을 보내왔다. "흑인이 백인보다 더 빨리 성숙해서 더 뛰어난 권투 선수가 되는 걸까요?"[5] 보아스는 그런 증거는 없다고 사실대로 답장을 쓰면서 분노에 찬 한숨을 내쉬었다.[6]

컬럼비아대학에서 보아스의 생활은 세미나와 개별 지도, 학술회의를 위한 기획과 편집 회의, 행정 문제, 인간관계의 승강이로 점철됐다. 인류학과는 다른 학과에 비해 규모가 작았는데, 이것은 그만큼 보아스가 인류학과를 지키기 위해 많은 시간을 투자해야 한다는 뜻이었다. 그는 "멀쩡했던 사람도 관리직에 오르면 타락하는 것 같다"고 토로한 적도 있다.[7] 불안정한 연구비 지원과 학계 관료들 사이의 내분이라는 이중의 불안 요인 때문에 보아스는 악몽으로 밤잠을 설쳐야 했다. 한번은 미드에게 자신이 꾼 꿈을 하나 말해주었다. 어느 날 새 커튼 봉을 설치하려고 벽에 못을 박았는데, 사실 그가 걸려고 했던 건 꿈틀거리는 쥐들이 잔뜩 든 자루였고 쥐들이 서로의 등을 물어뜯고 있었다는 것이다.[8]

보아스의 나이와 건강을 생각하면 인류학과의 업무 속도는 더 놀라웠다. 미드와 허스턴이 첫 책을 출간했을 때 보아스는 이미 70대였다. 그는 거듭 재발하는 복통과 심장 질환에 시달렸고 넘치는 약속을 조율하느라 피로가 누적된 상태였다. 베네딕트는 1932년 봄에 친구에게 이렇게 편지를 보냈다. "교수님이 여전히 쇠약하고 구부정해 보인다"면서 "그분을 직접 보면 충격을 받을 것"이라고 썼다.[9] 제자들이 가장 중요한 프로젝트를 시작하던 시기에 보아스의 개인 삶에는 비극이 이어졌다. 딸 거트루드가 1924년에 소아마비로 사망했다. 이듬해에는 아들 하인리히가 운전 중에 기관차에 깔려 사망했다. 수십 년 전 시카고에서 아기 헤드위그가 사망한 이후 보아스는 자녀의 절반 이상을 먼저 떠나보냈다.

그리고 아내 마리가 있었다. 보아스의 제자들은 마리를 '마마 프란츠'라고 불렀다. 마리는 그랜트우드의 자택에서 파티를 열어 제대로 챙겨 먹지 못하는 대학원생들에게 오트밀 쿠키를 나눠주며 훌륭한 안주인 역할을 해냈다.[10] 1929년 12월 비가 내리고 안개가 자욱한 크리스마스 직전의 어느 날, 마리는 맨해튼으로 장을 보러 나갔다. 집으로 돌아오는 길에 혼잡한 도로를 건너던 중 차 한 대가 마리에게 곧장 달려들었다. 비켜서는 것이 불가능했다. 시카고의 학술 회의에 가 있던 보아스는 서둘러 동부로 돌아왔고, 에드워드 사피어가 동행했다. 집에 도착한 보아스는 거실에 놓인 마리의 관을 보았다. 보아스는 밤새 응접실 피아노 앞에 앉아 가족이 많고 온전했던 시절에 그랬듯이 베토벤을 연주했다.[11]

인류학과는 그즈음 더 넓은 공간으로 이전해 셔머혼관 4층에 있는 다른 자연과학부와 합쳤다. 학생들은 수업을 들으러 오면서 〈욥기〉에 나오는 "땅에게 말하라 네게 가르치리라(12:8)"라는 영감을 주는 구절 아래로 지나다녔다. 대다수 학생이 이 말을 따르고 있었다. 수업 시간에 인류학과 전용 실험실에서 바구니나 화살통, 사람의 유골을 다루기도 했지만 그들의 진정한 연구 대상(주니족과 사모아, 뉴기니, 멕시코만 연안의 사람들)은 세미나실에서 멀리 떨어져 있어 기차나 증기선을 타고 가야 만날 수 있었다.

그러다 얼마 전부터 인류학과 복도에 변화가 생겼다. 현장이 현지 조사자들에게로 점점 더 다가오고 있었다. 현장의 연구 대상들이 직접 찾아온 것이다. 원주민 정보원들이 한 학기 동안 객원 연구원으로 뉴욕에 와서 언어 수업을 해주거나 오래된 어휘 목록이나 원주민의 민담을 꼼꼼히 살펴봐주었다. 북서부 해안의 한 마을을 미시간호 기슭에 옮겨놓은 듯한 시카고만국박람회 이후, 인류학자와 원주민이 이렇게 밀접하게 연결된 적은 없었다. 하지만 보아스는 이런 상황을 이미 오래전에 경험한 적 있었다. 그리고 그 일로 인해 오랫동안 괴로운 기억에 시달려 왔다. 그것은 인간에 대한 과학을 구축하는 과정에서 치러야 하는 무서운 대가를 알려주는 기억이었다. 그는 그때 일이 언제나 돌멩이처럼 가슴에 무겁게 매달려 있다고 말했다.[12]

미드나 허스턴이 뉴욕에 오기 20여 년 전인 1898년 2월의 어느 날, 젊은 프란츠 보아스는 미국자연사박물관 안뜰에서 한 무리의 남자들과 모여 있었다. 그들은 한 명씩 돌멩이를 주워 수의(壽衣) 위에 엄숙하게 올려놓았다. 9번가의 고가 전철이 덜커덕거리며 지나가는 사이 보아스는 결핵으로 사망한 '키숙'이라는 이름의 그린란드 이누이트를 위한 조사를 낭독하기 위해 연단에 올랐다. 키숙의 일곱 살 난 아들 미닉이 앞으로 나와 무덤의 북쪽 흙바닥에 마지막 작별의 표식을 남겼다.[13]

키숙과 미닉은 보아스가 브리티시컬럼비아로 여름 탐사를 떠난 사이 이 박물관에 머물게 된 그린란드인 여섯 명 중 두 사람이었다. 유명한 북극 탐험가인 로버트 피어리(Robert Peary) 제독이 데려온 사람들이었다. 보아스가 피어리에게 박물관 소장품 정리를 도와줄 이누이트 한 명을 구해 달라고 요청한 터였다. 그런데 피어리가 여러 명을 데리고 돌아온 것이다. 그들은 전문 정보원으로서 박물관에서 돌아가며 상주하는 원주민 집단에 합류했다. 원주민 일부는 보아스가 2년 전에 이 박물관에서 일하기 시작했을 때도 이미 박물관에 살고 있었다. 한 명은 나중에 코니아일랜드에서 열리는 소규모 공연에서 일자리를 구했다. 나머지는 병에 걸렸고, 키숙처럼 박물관의 보호를 받으며 살다가 시내의 벨뷰 병원에서 사망했다.[14]

그런데 장례식 날 어린 미닉만 모르던 사실이 있었다. 장례 의식은 가짜였다. 사실 매장할 시신이 남아 있지 않았다. 키숙의 유해는 이미 벨뷰의 의대생들에게 해부됐다. 뇌를 떼어내 무게를 측정한 후 포름알데히드에 넣어 보존했고, 피부를 벗겼으며, 뼈는 박물관 건물 관리인이 햇빛에 표백했다. 그리고 유골은 다시 조립돼 '에스키모'라는 표식을 달고 박물관의 인류학 소장품으로 보관됐다. 키숙의 뇌에 관한 분석 보고서는 나중에 학술지 〈미국의 인류학자〉에 실렸고, "에스키모의 뇌에 관한 추후 연구"가 "매우 권장된다"는 결론을 제시했다.[15]

몇 년 후, 10대가 된 미닉이 아버지의 시신을 되찾으려 하면서 뉴욕 언론에 스캔들이 보도되었다. 박물관에 얽힌 괴담과 불쌍한 처지에 놓인 고아 소년(이때는 이미 영어를 쓰는 기독교도가 되어 있었다)의 사연이 선정적인 문구로 헤드라인을 장식했다. 보아스는 당시 자신이 한 역할에 대해 방어적인 태도를 보였다. 그는 장례식이 아버지를 잃고 슬퍼하는 아이를 위로하는 자리였다고 주장했다. 그러다 1918년에 대유행하던 독감으로 미닉이 사망하면서 비난 여론도 수그러들었다. 이 사건은 누구의 경력에도 거의 영향을 주지 않았다. 당시 그 이누이트 남자들은 보아스의 대학원생 제자였던 앨프리드 크로버와 긴밀히 협력했지만, 크로버에게도 이들의 처지를 바꿔줄 힘이 없었다.[16] 키숙의 시신을 해부하고 뇌를 분석하는 작업은 훗날 미국 체질인류학의 주축이 되는 체코 출

미국자연사박물관에서 소장품 정리 등을 위해 고용한 이누이트들. 맨 오른쪽 남성이 키슉이고 바로 옆이 그의 어린 아들 미닉이다. 사진은 1897년에 찍은 것이다.

신의 인체측정학자 알레시 흐르들리치카에게 맡겨졌다. 보아스는 가짜 장례식과 키슉과 미닉의 죽음을 그 후로도 오래 기억했지만 대중의 분노는 금방 식었다. 그로부터 몇 년 전에 우스터 공립학교의 학생들을 대상으로 인체 측정 연구를 수행했을 때 일어난 반발과는 사뭇 달랐다. 1993년이 돼서야 피어리 제독과 함께 도착한 여섯 명의 이누이트 중 네 명의 유해(키슉, 누크타크, 아탕가나, 아비아크)가 그린란드로 돌아가 안장됐다.[17]

보아스의 이론은 그의 실제 연구 방식보다 진보적일 때가 많았다. 민족학은 (사냥 같은) 유혈 스포츠처럼 주로 젊고 모험심이 강한 남성 연구자들의 영역이었고, 이들의 주된 목표는 자료를 수집하는 데 있었다. 정보원들은 주로 그들의 문화와 사회에 관한 이야기를 들려주는 데 가치가 있었다. 그들은 잘 훈련된 과학자들이 탐구 정신으로 분석하고 분류할 증거의 원천이었고, 연구를 수행하는 과학자들은 거의 다 유럽계였다. 보아스의 연구에서도 현실의 사람들을 실제로 그들 자신을 넘어선 어떤 전형으로 만드는 것이 중요했다. 배핀섬의 시그나와 베티, 태평양 북서부의 조지 헌트를 비롯해 수많은 사람들이 자신의 가족사를 들려주고 신성한 비밀을 밝히면서 자신들의 사회적 세계와 꼬치꼬치 캐묻기 좋아하고 지나치게 자신만만한 외국인의 세계 사이에서 가교가 되어주었다.

그러나 결국 연구자들이 이런 조력자들에게 끼친 영향은 불편하거나 당혹스럽거나 때로는 위험하기까지 했다. 키숙의 장례식을 연출하고 일 년 후, 보아스는 북서부 해안의 해결사인 헌트에게서 또 다른 스캔들이 터질 수 있다는 우려 섞인 편지를 받았다. 보아스가 콰키우틀족의 주요 비밀 단체의 입단 의식인 '식인종 춤'에 관한 정보를 오용해 스미스소니언박물관을 위해 직접 속옷만 입고 포즈를 취했다는 소문이 콰키우틀족의 추장 헤마사카의 귀에 들어갔다는 소식이었다.

> 누군가가 선생님이 한 연설에 관해 추장님에게 전했습니다. 선생님이 세계를 돌아다니면서 콰키우틀족을 빼고 온 세상이 최선의 방향으로 변화하는 것을 보았고 콰키우틀족은 사람을 먹는다고 연설했다는 겁니다. 저는 축제에 불려 나갔는데, 추장님이 사람들 앞에서 이런 얘기를 전한 후, 다들 제게 선생님이나 제가 다시는 어떤 춤도 보지 못하기를 바란다고 말했습니다. … 이제 제게 남은 건 선생님밖에 없습니다. 제가 바라는 거라고는 제 삶을 구해 달라는 것뿐입니다.[18]

헌트는 박물관과 민족학자들을 위해 정보와 유물을 수집하면서 생계를 유지하던 사람이었다. 고향에서 그의 입지는 이웃과 좋은 관계를 유지하는 데 달려 있었는데, 이제 그 관계가 위태로워진 것이다. 보아스는 당장 답장을 보내 자신은 식인 풍습에 대해 연설한 적이 없다고 밝혔다. 설령 인육을 먹는 행위가 실제로 존재한다고 해도, 콰키우틀족 안에서도 철저히 비밀로 지켜지는 일이었다. 그래도 어쨌든 보아스는 일반 대중과 학계 독자들에게 식인종 춤을 보여주었다. 보아스는 헌트에게 자신이 경비를 댈 테니 콰키우틀족의 모든 추장을 한자리에 모아 잔치를 열고 그가 콰키우틀족을 매우 존중한다는 뜻을 전해 달라고 부탁했다. 계획대로 잔치가 열렸고, 헌트는 4월에 보아스에게 다시 편지를 보내 선의가 잘 전달됐다고 알렸다. 상처받은 마음이 회복된 것이다. 그러면서 헌트는 자신이 최근에 어린 딸을 잃어 훌륭한 과학자의 연구를 지원하는 데 차질을 빚게 된 것이 유일하게 아쉬운 점이라고 밝혔다.[19]

콰키우틀족 마을을 비롯해 여러 인류학 현지 조사지에서 시작해 코니아일랜드와 그 너머로 이어지는 기나긴 착취의 연속선이 있었다. 어떤 사람들은 전시품으로 여겨졌다. 비만인 사람, 흥미로운 장애가 있는 사람, 다모증 환자, 키가 아주 큰 사람과 아주 작은 사람, 나아가 미국의 백인들이 여전히 과거 인류의 잔재로 여기던 부족 사회의 사람들까지 포함되었다. 박물관에서든 서커스에서든 유물과 인간을 구분하지 못했다. 보아스도 시카고만국박람회에서 헌트를 비롯해 여러 사람의 도움으로 관람객을 위해 공연할 소규모 남녀 공동체를 콰키우틀족 전통 가옥에 채워 넣었다. 몇 년 뒤인 1897년에는 약 2만 명의 군중이 키슉, 미닉과 다른 그린란드 사람들을 태운 피어리 제독의 호프호가 항구에 들어오는 장면을 보기 위해 브루클린 부두로 몰려나왔다.[20] 그리고 얼마 후 자연사박물관에서는 오타 벵가라는 콩고의 피그미족 남성을 잠시 전시했는데, 그는 나중에 브롱크스 동물원에서 유인원들과 함께 관람객에게 공개됐다.[21]

이 모든 것이 특이한 사건이 아니었다. "완전한 야생인 남부의 야나족이 박물관에 들어왔습니다."[22] 1911년 가을에 앨프리드 크로버가 에드워드 사피어에게 흥분한 어조로 전보를 보냈다. 당시 캘리포니아대학 교수이던 크로버가 어느 날 쇠약한 원주민 남자가 거의 알몸으로 도축장 근처 동물 우리에 나타났다는 소식을 전한 것이다. 그 남자는 당장 대학의 인류학자들에게 넘겨졌고, 인류학자들은 그가 캘리포니아 부족 집단의 마지막 부족인 야히족 사람이라고 확인했다. 크로버는 그를 야히족 언어로 '남자'를 뜻하는 '이시'라고 부르고 그를 돌보는 일을 맡았다.[23] 크로버는 이시가 시내에서 돌아다니지 못하게 엄격히 통제하고 샌프란시스코의 버클리대학 박물관 전시실을 개조해 장기간 머무를 거처를 만들었다. 이시가 아직 박물관에 살던 1916년에 사망하자 그의 뇌는 키슉의 뇌처럼 추가 연구를 위해 적출됐다. 이시의 뇌는 결국 스미스소니언박물관에 기증돼 한 세기 가까이 그곳에 보관됐다.[24]

사실 야히족은 사라진 부족이 아니었다. 야히족의 몰락은 안개에 가려진 과거의 유물이 아니라 현대사의 산물이었다. 야히족은 그들의 땅에서 처음에는 멕시코인들에게 쫓겨나고 그다음에는 백인 정착민들에게 쫓겨났다. 그들은 19세기 중반 수십 년 동안 추방되거나 납치되거나 굶주리거나 학살당한 캘리포니아 원주민 12만 명 중 일부였다.[25] 살아남은 원주민들은 부랑자로 떠돌며 남의 집

마지막 야히족 '이시'와 그를 담당한 인류학자 앨프리드 크로버.

에서 통조림이나 생필품을 몰래 가져가거나 이시처럼 도살장 근처에서 고기 조각을 구해 먹으며 살았다. 그들은 선사 시대의 잔재가 아니라 냉혹한 현재가 만든 난민에 가까웠다. 이시가 크로버의 삶에 들어왔을 때 그는 야히족이 2세기 동안 겪은 정복과 적응, 이주의 뚜렷한 유산인 에스파냐어가 섞인 원주민 언어를 구사했다.[26] 이시 덕분에 아메리카 원주민 언어와 문화를 연구할 수 있게 되었고, 이는 이후 크로버의 경력에 결정적 영향을 끼쳤다. 나아가 야히족 언어인 야나어의 문법을 연구한 에드워드 사피어의 경력에도 어느 정도 영향을 끼쳤다. 사피어는 이시가 마치 석기 시대에서 샌프란시스코의 엠바카데로 거리로 곧장 걸어 나온 것처럼 연출하려고 전통 공예품을 배치해서 사진을 촬영하기도 했다. 이시를 가장 친한 친구로 생각했던 캘리포니아 인류학자 토머스 워터먼(Thomas Waterman)은 "사피어가 이시를 너무 세게 몰아붙이도록 방관했으니 내가 이시를 죽인 셈이다"라고 회상했다.[27]

정보원에게 힘든 일을 시키고도 거의 또는 전혀 보상하지 않거나 정보원의 가족이나 친척들도 무급으로 연구에 참여시키는 것이 당시 인류학자들의 연구 관행이었다. "친애하는 친구여, 여름에 여기로 내려와 다시 만날 수 있다면 참 기쁠 거예요. … 시어머니께 아는 이야기는 다 기억해보시라고 얘기해놓을게요."[28] 남서부에서 베네딕트의 정보원이던 이그나시타 수이나가 보낸 편지다. 맨해튼으로 돌아온 허스코비츠는 인체 측정 연구를 위해 모집한 '쿤(coon)'*에 대해 아무렇지 않게 이야기했는데, 사실 그는 이들의 인체 측정 덕에 아프리카인과 아프리카계 미국인 연구의 아버지로 불릴 수 있었다.[29] 미드 역시 남태평양에서 맺은 끈끈한 관계에 의존했지만, 이런 관계는 현장을 떠나는 순간 사라졌다. 미드가 떠난 지 2년 후, 사모아 연구의 중요한 조력자였던 파아모투가 편지에 이렇게 썼다. "그런데 하나만요, 지금 어디 계세요? 우리는 선생님에게서 편지 한 통 못 받았어요. 왜 편지를 보내지 않으시나요? 편지를 보내주시면 좋겠어요. 우리는 선생님을 정말 사랑하고 아직도 기억해요."[30]

이들의 운명은 청산되지 않은 채무, 답이 오지 않은 편지, 인류학자가 떠나면서 사라진 우정 같은 사소한 비극부터 섬뜩한 현실에 이르기까지 다양했다. 미드는 박물관에서 학예사로 일하기 시작하면서 매일 출근길에 유골이 묻힌 묘지 앞을 지나갔다. 연구실의 서랍과 유리병에는 가족과 이웃의 힘이 부족해 박물관의 전시

* 너구리(racoon)에서 유래한 것으로 추정되는 아프리카계 미국인을 낮춰 부르는 말.

품으로 남은 사람들의 뼈가 들어 있었다.

  미국자연사박물관은 워싱턴의 스미스소니언박물관처럼 창립 이래 왕성한 수집 프로그램을 유지했다. 알고 보면 과학의 진보라는 명분을 내세워 조직적으로 도굴하고 몰래 시체를 해부하는 프로그램이었다. 인종 과학의 가설들로 인해 이런 수집 활동이 원동력을 얻었다. 자연사박물관에는 이누이트 350명, 미국 남서부 인디언 250명, 볼리비아와 페루의 원주민 600명, 멕시코인 350명 이상의 두개골을 비롯해 인간의 두개골이 1천 개 이상 보관돼 있었다.[31] 항상 비유럽과 이국적 측면을 강조하고 유골들을 깔끔하게 구분된 인종 범주 안에 넣어 배치하는 데 주력했는데, 인류 분화의 가정을 입증하기에 바람직한 방식이었다. 한 보고서에 따르면 "피그미인 2명, 호주인 3명, 일본인 2명, 뉴질랜드인 1명"의 두개골이 수집품에서 발견됐지만 앵글로색슨족이나 튜턴족의 두개골은 발견되지 않았다.[32]

  원주민은 인류학 연구의 대상이 아니라 그 자체로 존재할 이유가 있었다. 그러나 인류학자들이 초원과 바다를 건너 원주민을 연구하기 시작하면서부터 이름도 없고 땅에 묻히지도 못한 사람들의 침묵의 행렬이 이어졌다. 그들의 언어와 물건과 신체는 인류에 관한 과학을 뒷받침하는 증거가 됐다. 당연하게도 이 점은 인류학의 가장 큰 실패였다. 그러나 이것은 이제 와 돌이켜 보면서 깨달은 사실일 뿐이며, 보아스와 제자들이 당시 과학적 인종주의의 어리석음을 간파한 것과 상당히 유사하다. 다만 당시에는 도덕적 차원의 문제였을 뿐, 현장 연구자들이 신경 쓰는 경우는 드물었다.

  연구자들이 우려했던 것은, 현지 정보원에게 지나치게 의존한다는 윤리적 문제(사모아인을 연구하면서 어떻게 사모아인과 대화하지 않을 수 있는가?)가 아니라 현지 정보원이 진실을 말한다고 믿을 수 있느냐라는 개념적 문제였다. "(주술이나 후두를) 행하는 사람들이 처음에는 그런 거 없다고 잡아떼고 '뿌리' 따위에 돈을 쓰는 사람들을 무지하다고 비웃습니다." 허스턴이 플로리다에서 보아스에게 보고한 내용이다. "더 발전한 듯 보이는 흑인에게 무식하고 미신에 빠진 바보로 보여서 비웃음거리가 되고 싶지 않아 숨기려는 거죠."[33]

북서부 해안에서 연구한 보아스, 푸에블로족을 연구한 베네딕트, 태평양을 찾아간 미드와 포천도 비슷한 걱정을 했다. 현지 사람들이 해주는 말이 단지 그들 개인의 의견이나 공상, 심하게는 노골적인 거짓말이 아니라는 것을 어떻게 알 수 있을까? 얼마 안 되는 사람들 말만 믿는다면 한 문화 전체를 이해한다고 말할 수 있을까? 인류학자들은 이 문제를 해결해 나가면서, 특히 한 집단에 과도하게 빚을 졌다. 바로 거의 한 세기 동안 미주리강의 연방 보호 구역으로 밀려난 오마하 원주민 공동체다.

북부 대평원의 여러 부족 집단과 마찬가지로, 오마하족도 비교적 뒤늦게 이 지역으로 이주했다. 17세기의 어느 시점에 동부 삼림 지대에서 오하이오강과 워배시강으로 서서히 이주했는데, 아마 이로쿼이족과 충돌해서였을 것이다. 시간이 흐르는 사이 이웃 부족들과 분리됐다가 합쳐졌고, 다수가 공통의 수(Sioux) 어족에서 파생된 언어를 사용했다. 18세기 초 프랑스의 지도 제작자들과 모피 사냥꾼들이 미주리강 상류에서 오마하족을 발견했다. 오마하족은 일찍이 반(半)유목 말 문화를 발전시켰는데, 이것은 평원 부족의 생활 양식과 경제를 특징짓는 것이었다.

오마하족은 지리적으로 평원 부족 중 가장 동쪽에 살았던 탓에 서부로 이동하던 상인과 탐험가들이 맨 처음 만나는 원주민이었다. 이는 곧 평원 부족 중에서 부족의 사냥터가 줄어드는 현실을 가장 먼저 마주한 부족이었다는 뜻이다. 해마다 그들이 사는 땅으로 소와 마차가 다니는 길이 새로 닦였다. 미국 정부와 맺은 수많은 조약에도 불구하고(착취와 몰수로부터 보호한다는 명목으로 맺은 조약이었다) 오마하족은 1850년대에 보호 구역으로 옮겨졌다. 이때부터 미국 백인들은 오마하라는 이름에서 원주민 사회가 아니라 네브래스카주의 주도(州都) 오마하를 더 많이 떠올리게 됐다. 네브래스카는 1867년에 연방에 편입되었으며 오마하족 보호 구역의 대부분이 이 지역에 속했다.

보호 구역은 의사, 교사, 선교사, 그리고 19세기 후반에는 존 웨슬리 파월의 민족학국에 도움을 주려던 아마추어 연구자들을 끌어들였다. 그중 한 사람이 제임스 오언 도시(James Owen Dorsey)였다. 볼티모어 출신의 성공회 신부인 도시는 1870년대 초에 오마하족과 근처의 퐁카족 사이에서 거주하며 일했다. 그는 특히 오마하족의 복잡한 친족 관계에 매료됐다. 많은 아메리카 원주민 사회와 마찬가지로, 오마하족은 두 개의 가계 혈통, 곧 민족학자들이 '반족(半族, moiety)'이라고 일컫는 형태로 나뉘어 있었다. 사회적 관습에 따라 한 반족 안에서 결혼은 금지됐고, 이 기준선 안팎으로 가능한 관계의 유형이 정해졌다. 유럽의 왕족이 어느 사촌과의 결혼은 적절하고 어느 사촌과의 결혼은 부적절한지 논쟁했듯이, 오마하족에게는 끝없이 복잡한 친족 관계를 풀어 가는 놀라운 능력이 있었다. 이 체계에 따라 허용되는 관계와 금지되는 관계가 정해졌다.

도시는 19세기 초의 루이스 헨리 모건처럼 학자로서 정식으로 훈련받지 않은 원주민 애호가로 경력을 쌓았다. 그는 아메리카 원주민이 이스라엘의 잃어버린 부족 중 하나라고 믿었다. 그래서 원주민 언어에 히브리어의 흔적이 남아 있을지 모른다고 생각했다. 그러나 원주민과 함께 생활하면서 그런 믿음이 틀렸다는 것을 깨달았다. 도시는 단어 목록, 종교 의식에 대한 증언, 이주와 전쟁에 대한 구술사를 구체적으로 수집해 당시로선 상상할 수 있는 가장 섬세하고 자세하며 역사에 중점을 둔 연구를 완성했다. 그리고 파월의 민족학국에서 이 책을 출판하기로 했다는 소식에 매우 기뻐했다. 도시의 책은 1885년에 "오마하 사회학"이라는 간단명료한 제목으로 나왔다.

도시의 연구는 아직 걸음마 단계인 학문 분야에서 고전의 지위에 올랐다. 미국에서 인류학을 공부하는 학생이라면 누구나 이 책을 읽어야 했다. 그사이 초창기 세대의 민족학자들은 오마하족을 부족들의 작은 만신전(말리노프스키의 트로브리안드족도 이 신전에 오른다)에 올렸고 일부 이론의 증거로 자주 인용했다. 보아스는 오마하족의 친족 관계에 관해 강의했다. 베네딕트는 세미나에서 오마하족을 참조했다. 미드나 포천도 마누스섬에서 돌아와 잠깐 오마하족 연구를 시도했지만, 네브래스카 보호 구역의 먼지 날리는 도로 사정과 지독한 빈곤은 그다지 매력적이지 않았다. 미드는 베네딕트에게 이렇게 편지를 보냈다. "이런 게 아메리카의 현지 조사라면 다들 특권이 아닌 고행이라고 생각하는 것도 당연해요. 여긴 그냥 아무것도 없어요. 이건 문화도 아니고, 문화의 잔재도 아니에요."[34]

에드워드 사피어도 학생 시절에 도시의 《오마하 사회학》을 탐독했다고 밝혔다. 이 책을 펼치면 마치 컬럼비아대학 도서관 앞에서 급행열차를 탄 기분이 든다고 했다. 춤꾼들은 육체적 인내의 한계까지 자신을 밀어붙였다. 거대한 버펄로 떼가 말 탄 창기병 앞에서 전속력으로 달렸다. 가문의 가계도가 땋은 머리나 소용돌이처럼 믿기 어려울 정도로 얽히고설켰다. 민담은 얽히고 꼬이다가 다시 원점으로 돌아가거나, 끝난 줄 알았던 자리에서 새로 시작되었다. 적절한 단어나 의식의 올바른 순서를 안다면 마법을 쓸 수 있었다.

하지만 사피어는 도시의 방식에서 한 가지 거슬리는 특징을 지적하지 않을 수 없었다. 도시가 오마하족에 관해 자신만만하고 권위 있는 태도로 어떤 내용을 보고하고는 다시 정반대 내용을 보고한다는 점이다. 예를 들어 도시는 가장 중요한 구절 중 하나에서는 오마하족과 수족의 언어를 쓰는 다른 부족들의 버펄로 춤에 대해 장황하게 설명했다. 이 춤은 들소와 초자연적으로 연결되어 있다고 여겨지던 버펄로회에 속한 사람들이 수행한 신성한 의식이었다. 특히 가뭄으로 옥수수밭이 메말라 갈 때 비를 부르기 위한 의식이라고 했다.

그러다 도시는 괄호 안에 이렇게 덧붙였다. "(하지만 두 까마귀는 부정한다.)"[35] 오마하의 추장이자 도시의 정보원인 '두 까마귀(Two Crows)'는 《오마하 사회학》 곳곳에서 잔소리꾼이자 민족지학이라는 풍선에서 바람을 빼는 역할로 등장했다. 어떤 이름을 '말린 버펄로 해골'로 번역할지 '말린 독수리 가죽'으로 번역할지, 천둥족이 독립된 부족인지 아니면 사자 씨족의 한 분파인지, 아니면 둘 다 같은 반족의 일부인지 판단한 다음에 두 까마귀가 문장 끝에 나타나 앞에서 내린 결론을 일축하는 식이었다.

도시의 연구에 '부정한다'라는 뜻의 여러 표현이 스무 번이나 나오고 '의심된다'는 표현은 여섯 번 나오며, 그 밖에도 어떤 상황을 명확히 정리하려는 시도에 대해 두 까마귀와 다른 정보원들이 의혹을 제기했음을 보여주는 단어나 구문이 수없이 등장한다. 사피어는 이런 대목을 읽으며 깜짝 놀랐다고 회고했다. 다른 현지 조사 보고서와 인류학 현지 조사 고전들을 꼼꼼히 살펴보면 "인류학적 일반화를 끌어낸 증거가 사실인지에 관한 난감한 질문"이 "일종의 신사협정에 의해 정중히 보류"된 듯 보였기 때문이다.[36] 하지만 도시의 연구는 완전히 새로웠다. 도시는 자신이 수집한 사실을 보고하면서 부정과 모순을 나란히 배치했다. 사피어는 학생이었는데도 도시의 방식을 알아보았다. 다른 누군가의 문화를 정확히 이해하는 것이 얼마나 어려운 일인지 통찰한 어느 관찰자의 진실한 자기 의심의 증거를 알아본 것이다.

사피어는 나중에 이렇게 말했다. "이제 우리는 도시가 시대를 앞서간 연구자라는 사실을 안다."[37] 사회과학은 물리학이나 수학과 다르다. 두 까마귀가 8 더하기 8이 16이라는 사실을 아무리 격렬히 부정한다 해도 사실은 바뀌지 않는다. 하지만 '사회적' 세계에 관해서는 두 까마귀나 그와 같은 사람들이 하는 말에 얽매일 수밖에 없다. 이런 춤이나 저런 씨뿌리기 의식, 이런 사냥 토템이나 저런 치유 주문에 관해서는 실제로 누군가와 대화해보지 않고서는 알아낼 수 없다. 그리고 그런 대화를 나눌 때는 사건의 진상에 대한 반대 의견에 열려 있어야 한다. 사피어는 이어서 사회적 세계는 '의견의 합의' 이외에는 아무것도 아니라고 말했다. 그러고도 여전히 문제가 남았다. 버펄로 춤이 언제 처음 생겼는지, 어떤 방족이 어떤 씨족을 흡수했는지에 대해 대다수가 같은 의견을 보여도 두 까마귀가 나타나 그건 사실이 아니라고 부정할 수도 있었다.

인류학은 과학을 자처하며 올바른 연구를 위해 노력했다. 단순히 다수결로 진실을 정하고 넘어가는 식으로는 충분하지 않았다. 그래서 사피어는 우선 사람을 단순한 자료 생성자가 아니라 사람으로 생각하는 것이 가장 중요하다고 믿었다. 아마 초창기 연구에서 이시에게 도움을 받으며 얻은 교훈일 것이다. 정보원에게 충분히 집중하면 '두 까마귀는 부정한다'는 표현이 정말로 무슨 뜻인지 파악할 수 있을 것이다. 아마도 두 까마귀는 폭풍우가 치는 날 열린 버팔로 춤에 참석해봤기에, 가뭄을 해갈하기 위한 의식이라는 주장에 반박했을 수도 있다. 아니면 오랫동안 다른 족장과 불화를 겪고 있어서 상대를 무능하고 무지해 보이게 깎아내려야 했을 수도 있다. 아니면 그저 질문을 잘못 이해했거나 우리가 그의 대답을 잘못 이해했을 수도 있다.

사피어는 사물을 자세히 들여다볼수록 두 까마귀가 "일부는 사실이고, 일부는 개인적인 것"이라는 특수한 종류의 진실을 가지고 있다는 것을 알 수 있다고 썼다.[38] 우리가 어떤 자료를 수집할 때 그와 관련된 사실에 대해 '사람들이' 어떻게 생각하는지 대화를 나눠보면 자연히 자료의 내용도 달라질 수밖에 없다. 사실 미드와 허스턴은 현장에서 이미 이런 점을 깨달았고, 사피어는 자주 그랬듯 이에 대해 우아한 이론적 설명을 제공한 것이다.

따라서 객관적 문화로 추정되는 것에서 시작해 개별적 변이의 문제로 넘어가는 식으로 논증하기보다는, 반대 방향으로 진행해야 하는 분석도 있다. 우리는 문화에 대해 아무것도 모른다는 태도를 가지면서도 서로 어울려 사는 데 익숙한 사람들이 일상적 관계에서 실제로 어떻게 생각하고 행동하는지 분석하는 데 최대한 관심을 두어야 한다.[39]

사피어는 사실 낡은 관에 새 못을 박은 셈이었다. 거의 반세기 전에 보아스가 존 웨슬리 파월, 오티스 터프턴 메이슨과 공개 논쟁을 벌이며 비슷한 논리를 펼쳤다. 문화는 저 밖에 존재하는 것, 문화를 실천하는 사람들과 동떨어져 그들 머리 위에 떠 있는 것이 아니다. 사피어가 다른 맥락에서 언급했듯이 문화는 '초유기체'가 아니다.[40] 따라서 어떤 사회에 대한 단일한 정의를 찾겠다는 생각은 버려야 한다. 대신 우리는 이방인으로서 사회 현실을 가장 정확히 고찰할 방법은 전문가(그곳에서 '살아가는' 사람)가 어떻게 생각하는지 보고하는 정도라는 사실을 솔직히 인정해야 한다. 사피어에게 문화란 내부인과 외부인 양쪽(두 까마귀와 사파리 모자를 쓴 인류학자) 모두가 한 집단의 사람들이 어떻게 행동하고, 생각하고, 말하고, 느끼는지에 대한 근사치라고 주장한 내용을 이론적으로 추상화한 것이다.

사피어가 말했듯이, 일정 수의 인간이 서로 익숙하게 어울려 산다면 사슴 가죽을 걸치든 야회복을 입든 상관없이 누구나 그런 문화 집단을 이룰 수 있다. 가령 공장도 하나의 문화가 될 수 있다. 중산층이 사는 동네도 하나의 문화가 될 수 있다. 감리교 교회 집단과 초가집 마을에도 모두 그 나름의 의식, 강박 관념, 공통된 이해, (결정적으로) 무엇이 올바른 행동인지에 대한 내부의 의견 차이가 존재한다. 이들의 사회적 삶을 이해하는 데 어떤 거대 이론이나 여름 한철의 현지 조사가 필요하지는 않다. 우리에게 필요한 것은 우리가 최선을 다해 이해하려는 세계에서 살아가는 실제 인간들과 거듭해서 정중히 대화를 나누는 것이다.

사피어는 자신과 같은 인류학자들을 위해 글을 썼다. 일반 대중에게는 오마하족 문화를 이루는 요소에 대해 논쟁이 있다는 사실이 놀랍게 느껴졌을 것이다. 대다수 백인 미국인들은 인디언을 한 번도 만난 적이 없으면서 '인디언'을 안다고 믿었다. 그들은 단일한 유형의 원시 종족이 여러 이름의 부족들로 나뉘고 그들은 뉴잉글랜드에서 태평양에 이르는 옛 공동체의 특징인 '전설'과 '설화'를 거의 공통으로 지니고 있다고 거의 확신했다. 미국인이라면 기본적으로 인디언에 관해 안다고 어느 정도 확신했다.

공화국 초기부터 상인과 시민 지도자로 구성된 우애 조합의 비밀 의식에서는 도끼와 머리 장식, 원주민 용어(지도자는 '사쳄 sachem', 회비는 '왐폄wampum')를 사용했다. 모건이 이로쿼이족을 부흥시키려다 실패한 때와 상당히 유사한 방식이었다. 인디언 전쟁으로 인한 역마차 여행의 위험성, 말을 탄 인디언 전사들의 야만성, 치리카후아 아파치족의 추장 코치스부터 오글랄라 라코타족의 전사 '붉은 구름'까지 영웅적인 무법자의 무자비함이 미국인들에게 즉각 보도됐다.

그러다 1890년경에 주요 무력 분쟁이 서서히 마무리된 후, 아메리카 원주민은 백인들이 자신의 인종적 미래를 상상하는 방식에서 중심에 놓이게 되었다. 매디슨 그랜트와 동료들이 앵글로색슨 인종의 쇠락을 경고하던 당시, 원주민은 앵글로색슨을 구원해줄 중산층 가치관의 본보기로 여겨지기 시작했다. 백인들이 보기에 원주민은 금욕주의와 근면함을 갖추고 자신의 목적(남자아이는 용기와 모험, 여자아이는 공예와 가사)을 알았다.[41] 이제 원주민은 미 국의 서부 개척을 방해하는 야만인이 아니라, 현명하고 고귀한 자 연의 청지기로서 고대 그리스처럼 현재에도 교훈을 줄 정도의 미 덕을 보유한 사라진 문명으로 기술됐다. 백인 미국인들은 사라진 이질적 세계를 어떻게든 현재에 깊이 뿌리내리게 하고 자신들에 게 친근한 무언가로 상상할 수 있었다. 이를테면 시카고만국박람 회의 미드웨이 유원지에서 선보인 전쟁 춤과 공예품점, 박물관 전 시와 황량한 서부 여행 프로그램, 사진 작가이자 아마추어 민족학 자인 에드워드 커티스(Edward Curtis)의 대표 저서로 1907년에 처 음 출간된 《북미 인디언》을 가득 채운 매력적인 초상화가 있었다.

원주민을 쓸모 있는 본보기로 본 또 다른 저명한 학자로 클라크 대학의 총장 그랜빌 스탠리 홀이 있었다. 그는 원주민이 백인 아 이들이 험난한 사춘기를 헤쳐 나가는 데 도움을 주는 특별한 역할 을 할 수 있다고 보았다. 홀은 주요 연구서인 《청소년기》(1904)에 서 한 개인이 나이를 먹는 과정은 인류가 야만에서 문명으로 발전 하는 과정을 간략히 되풀이하는 것이라고 설명했다. 미드가 자신 의 사모아 연구에서 공격한 기존 이론 중 하나였다. 하지만 홀의 연구에는 또 다른 요소가 있었다. 홀은 개인의 발달이 인종의 진 보와 깊이 연관되어 있다고 보았다. 유아기부터 성인기에 이르기 까지 인간도 어두운 피부색의 원시인과 밝은 피부색의 문명인을 구분하는 것과 동일한 생리적 단계를 거친다는 것이다. 예를 들어 아이들이 상처에 앉은 딱지를 뜯으려 하는 경향은 야만 인종이 이 를 잡고 싶어 하는 욕구로 거슬러 올라간다. 마찬가지로 성인은 으르렁거리는 동물을 만나면 맞서 싸우는 데 반해 아이들은 원시 조상처럼 가까이에서 숨을 곳을 찾는다.[42] 홀은 "야만인은 대부분의 측면에서 어린아이거나 성적 성숙도를 고려한다고 해도 성인의 몸을 한 청소년에 가깝다"고 설명했다. "야만인들이 선진 문명에 의해 훼손되지 않으면 … 가장 고결하고, 단순하고, 솔직하고, 애정이 넘치고, 평화롭고, 호기심이 많고, 천진난만하고, 놀랍도록 종교적이고, 건강하며, 거의 모든 신체 기능 면에서 우리보다 우월하다."[43]

각 발달 단계에서 나타나는 자연스러운 충동은 온전히 발현되게 해주어야 한다. 우리 자신의 원시인, 즉 남자아이와 여자아이에게 원시인처럼 행동할 여지를 주어야 한다. 그렇게 해주지 않으면 자연스러운 발달 과정이 방해받을 수 있다. 남자아이는 숲에서 자유롭게 뛰어놀고 소리를 지르게 해줘야 한다. 여자아이들은 모성 본능을 기르도록 장려해야 한다. 양쪽 모두 도시 생활의 제약에서 벗어나 이런 목적을 추구할 기회를 얻어야 한다.[44] 홀은 "정확하고 빠르게 던지는 힘은 과거에 생존에 필수적인 요소였고, 이렇게 던지지 못하는 사람은 도태됐다"면서 "예를 들어 야구는 오래전부터 생존에 필요한 활동을 대표하므로 인종적으로 친숙한 스포츠"라고 말했다.[45]

홀은 오래전 루이스 헨리 모건이 주장한 야만, 미개, 문명의 위계가 어느 정도 옳다고 보았다. 홀의 요지는 모건의 문명 발전 도식이 한 개인과 한 종족 전체, 특히 백인 미국인에게도 똑같이 적용될 수 있다는 것이었다. 아이들은 여러 줄기에서 나온 결실일 가능성이 크므로(영국, 프랑스, 독일, 네덜란드 등) 무지몽매에서 통찰로 나아가는 과정에서 "불안정한 … 민족적 관습과 전통과 신념"에 희생될 위험이 있다.[46] 가죽 공을 때리고 원형 천막을 치고 토템 기둥을 세우는 놀이는 아이들이 건강하게 자라는 데 필수적인 활동일 뿐 아니라, 활력이 넘치고 야심 차지만 세련되지는 않은 인종을 발전시키는 데도 필수적인 활동이다.

다시 말해서 신체적 접합성과 인종적 적합성은 같은 개념의 다른 형태였다. 홀 같은 이론가들은 아메리카 원주민이 두 가지를 모두 성취할 수 있는 길을 제시한다고 보았다. 그가 보기에 백인 미국인들은 자기네 마을의 원시인(즉 그들의 자녀)을 다루기 위해 한때 그들의 문 앞에서 번성했던 야만인의 문화를 교육하는 것보다 더 좋은 방법이 없었다. 얼마 후 이런 접근을 기본 개념으로 삼은 운동이 일어났다. 1910년에 창설된 미국 보이스카우트와 캠프파이어소녀단은 모의 인디언 의식을 행사의 주요 의식으로 도입했다. 백인 아이들은 여름 캠프에서 '인디언 공예'(구슬 공예, 가죽 공예, 드림캐처와 신의 눈* 만들기)를 배웠고, 캠프마다 원주민 공동체를 연상시키는 이름이 붙었다. 예를 들어 뉴햄프셔의 알곤킨 캠프와 테쿰세 캠프, 버몬트의 이로쿼이 캠프, 메인의 카타딘 캠프와 위그왐 캠프, 매사추세츠의 왐파노아그 캠프가 있었다.

이런 캠프에 열정적인 사람들은 원주민 생활이 유소년과 청소년에게 유익하다는 사실이 과학적으로 입증됐다고 주장했다. "마거릿 미드를 비롯해 프란츠 보아스의 제자들은 … 청소년을 대하는 방법과 변화하는 도덕적 기준 면에서 우리가 직면한 문제를 이해하는 데 도움을 주었다."[47] 1935년에 나온 여름방학을 위한 학부모 지침으로 유명한 포터 사전트(Porter Sargent)의 《여름 캠프 안내서》에는 다음과 같은 언급이 있었다. "(원시 부족들은) 복식이

---

* 아메리카 원주민이 사용한 전통 부적. '오호 데 디오스(ojo de dios)'라고도 부르며 수호신과 같은 역할을 한다. 다양한 색상의 실로 짠 직물을 십자 모양의 막대기에 매달아 만든다.

나 집, 농사에 관해서는 아무것도 모르지만 정교한 관습과 전통, 의식을 수행하며 미덕에서는 모자람이 없다." 캠프에 참가한 아이들이 자라서 대학에 진학할 때는 상상 속 원주민도 함께 데려갔다. 1920년대에는 인종 분리 대학부터 백인 전용 전문가 클럽에 이르기까지 미국 전역에서 점점 더 많은 스포츠팀이 브레이브스(Braves, 용감한 자들)나 인디언스(Indians, 인디언들), 워리어스(Warriors, 전사들), 치프스(Chiefs, 추장들)라는 식의 이름을 붙였다. 백인 청년들은 팀의 전사 정신을 강조하기 위해 사슴 가죽과 깃털로 장식한 유니폼을 입었다. 1926년에 일리노이대학에는 '일리니웨크 추장'이라는 이름이 처음 등장했다. '빌 오렌지 대추장'이라는 이름은 1931년에 뉴욕주 중부의 도시 시라큐스에 있는 경기장에서 처음으로 등장했다. 보스턴 '브레이브스'는 1932년에 풋볼을 시작했고, 5년 후 연고지를 옮겨 워싱턴 '레드스킨스'가 됐다(이로써 미국의 수도는 풋볼 팀과 인종화된 토템을 모두 얻었다). 서부를 정복한 지 불과 수십 년 만에 이제 미국 백인들에게는 자기네 선조들이 말살하려고 안간힘을 썼던 바로 그 사람들처럼 변장하기 위해 시간과 에너지를 쏟는 행동이 지극히 정상으로 여겨졌다.

보아스 학파에는 이 모든 일들이 자신과 이제 막 싹트기 시작한 자신의 직업에 특히 골치 아픈 현상이라고 생각한 사람이 있었다.

모닝사이드하이츠에서 동그란 얼굴에 길게 기른 검은 머리, 양 옆으로 처진 눈매를 가진 그녀를 만나면 다들 얼핏 깊은 사색에 잠겨 있고 기대에 차 있으면서도 딱히 어느 한 범주로 넣을 수 없는 사람이라는 인상을 받았다. 언젠가 그녀는 "나는 중간 지대에 서 있다. 그래서 양쪽을 모두 잘 안다."라고 썼다.[48] 그녀는 고향인 대평원에서 안페투 와슈테 윈(Anpétu Wašté Win), 곧 '아름다운 날의 여인'을 비롯해 여러 이름으로 불렸다. 맨해튼에서는 엘라 캐러 델로리아로 불렸다.

수많은 방문객이나 정보원, 수집가들이 드나드는 대학 인류학과에서 델로리아는 객관적 관찰자인 동시에 연구 대상인 몇 안 되는 사람 중 하나였다. 조라 닐 허스턴이 요람에서부터 익숙한 문화를 연구한다는 것이 어떤 의미인지 고민했다면, 델로리아는 지구상에서 사라질 위기에 처한 문화를 구하기 위해 최선을 다했다. 델로리아는 누구보다 특정 사회, 특히 한 해 한 해 지날수록 점점 더 역사 속으로 사라져 가는 듯 보이는 사회의 진실을 파악하는 것이 얼마나 어려운지 잘 알았다.

델로리아는 보아스가 클라크대학에서 인체측정학 실험실을 설립한 해인 1889년 1월 31일에 태어났다.[49] 그때든 혹은 그가 시카고만국박람회를 위해 자료를 수집할 때든 델로리아를 알았다면, 원주민을 특정 아메리카 인종 유형의 표본이나 영구적인 단일 문화의 대표로 분류하는 것이 얼마나 어려운지를 보여주는 좋은 사례로 삼았을지 모른다. 델로리아의 출생지는 사우스다코타주 남동부의 얀크턴 원주민 보호 구역이지만, 성장한 곳은 미국에서 가장 큰 보호 구역 중 하나이자 수족의 하위 부족인 훈크파파 라코타, 시하사파 라코타, 양크턴아이 다코타의 고향인 스탠딩록이었다.

델로리아의 어머니는 주로 유럽계 혈통이었다. 아버지 필립 델로리아는 주로 다코타 혈통이었다. 아버지는 부족의 복잡한 위계에서 세습 추장이었지만 말년에는 성공회 신부로 지역에서 유명했다. "아버지는 유럽 문명이 가져온 환경에 적응하지 못하는 한, 한 종족으로서 운이 다한다는 사실을 아셨다."[50] 그는 자신의 딸

최초의 아메리카 원주민 인류학자 엘라 캐러 델로리아. 프란츠 보아스가 진행하던 원주민 언어 연구에 결정적인 도움을 주었다.

이 영어와 다코타어의 세 가지 방언을 모두 말할 줄 알아야 한다고 고집했는데, 교회의 교리문답도 양쪽 언어로 모두 배우게 할 정도였다.

델로리아는 세상이 넓다고 생각했다. 학창 시절에 쓴 어떤 글에서 "어떤 나라에서는 사람들이 매우 이상한 방식으로 살아가고, 그 사람들도 상당히 기묘하다"라고 썼다.[51] 그리고 언젠가 네덜란드에 가보기를 꿈꾸었다. 하지만 부모님은 딸을 수폴스의 성공회 기숙학교에 보냈다. 델로리아는 고대사에서 A 플러스 학점을 받고 수학에서는 중간 정도인 C 학점을 받았지만 영어와 키케로, '그리스도의 생애'에서는 B 학점이라는 괜찮은 성적을 받았다.[52] 그러나 '그리스도의 생애' 수업에서 B 학점은 성공회 신부의 딸로서는 다소 실망스러울 수 있었다.

졸업 후에는 평원 출신 원주민에게는 드물기는 해도 전례가 없지는 않은 기회를 얻어, 오벌린칼리지에 들어갔다. 그보다 한 세대 앞서 오마하족 출신의 프랜시스 라 플레시(Francis La Flesche)가 미국민족학국 연구자들과 긴밀히 협력하고 조지워싱턴대학에서 학위를 받았으며 제임스 오언 도시의 전통을 따라 오마하족 사회에 관한 연구를 발표했다. 다른 사람들도 비슷한 경로를 따랐다. 델로리아도 오마하족 추장의 아들인 라 플레시처럼 보호 구역에서 유명 인사이자 세례 교인의 딸로서 지역의 엘리트 집단에 안착했다. 그녀에게는 기회가 찾아오곤 했다. 그리고 (중서부 대학 도시의 사회적 제약 속에서 몸부림친 야심 찬 성공회 교도였던) 미드처럼 델로리아도 이내 뉴욕으로 눈을 돌렸다.

컬럼비아대학의 티처스칼리지는 초등학교와 중등학교 교사를 양성하는 기관이었다. 이 학교의 시작은 (훗날 행정 문제에서 보아스의 숙적이 되는) 거만한 니컬러스 머리 버틀러가 초대 총장으로 있던 1880년대로 거슬러 올라간다. 이 학교의 사명은 도시 빈민층 아이들을 가르칠 교사를 양성하는 것이었다. 델로리아는 오벌린에서 시작한 학위 과정을 마무리하기 위해 1912년에 이 학교에 입학했다. 그리고 티처스칼리지의 사명을 외딴 파견 지역, 가령 인디언 보호 구역과 원주민을 대상으로 하는 지역 학교에서 실현하기 위해 앞장선 얼마 안 되는 활동가 중 한 명이 됐다. 티처스칼리지는 당시의 표현을 빌리자면 학생들을 통해 문명화된 원주민을 양성해 그들이 다시 각자의 종족에 기여하게 하고 가난과 이교 신앙에서 벗어나도록 도와주려 했다.

뉴욕에서 델로리아는 지리적으로는 대평원에서 분리됐지만 역사적으로는 그렇지 못했다. 서부 개척 시대의 종말은 아직 최근의 기억이었다. 델로리아의 아버지는 원주민 보호 구역 당국과 리틀빅혼 전투에서 조지 암스트롱 커스터 장군의 패배를 예언한 수족의 전설적인 추장 '웅크린 황소' 사이에서 중재를 시도한 사람 중 한 명이었다.[53] 델로리아가 두 번째 생일을 맞기 직전에 보호 구역의 경찰이 '웅크린 황소'를 살해했다. 같은 달인 1890년 12월에 백인 기병대가 사우스다코타주의 운디드니크리크에서 라코타 수족을 무장 해제시키려다 남성과 여성, 어린아이까지 2백 명 이상을 살해했다. 이 사건은 인디언 민간인을 대량 학살한 19세기 마지막 사건이었다. 델로리아는 원주민에 대한 미국인의 관점이 불과 얼마 전에 있었던 폭력적인 정복 경험만이 아니라, 여기에 더해서 가령 삼류 소설, 시가 담배 매장 앞의 광고용 원주민 동상, 버펄로 빌의 와일드 웨스트 공연(미국 역사를 방대하고 웅장하게 그리다가 1913년에 결국 파산했다) 등으로 인해 새롭게 재구성된 기억에 의해 형성된 시대를 살았다.

델로리아는 티처스칼리지에서 학업에 전념하던 중 뜻밖의 부름을 받았다. 보아스 교수가 그녀를 만나고 싶어 한 것이다. 델로리아는 곧 브로드웨이를 따라 짧은 거리를 걸어 컬럼비아대학 본관으로 갔다. 보아스는 티처스칼리지에 수족 여학생이 입학했다는 소식을 들어 알고 있었고 이제 그 학생을 만나 당시 진행 중이던 여러 연구에 도움이 될지 알아보고 싶었다. 보아스는 델로리아에게 다코타 문법에 대해 퀴즈를 내고는 그녀가 그 언어를 제대로 안다고 확인한 후 그녀를 고용했다. 델로리아는 일 주일에 세 번씩 다코타족 관련 수업을 도왔고, 마지막 학년의 남은 기간 동안 그 일을 했다. 훗날 델로리아는 보아스가 마련해준 급여를 생애 첫 급여로 기억했다.[54]

졸업 후 델로리아는 뉴욕을 떠나 예전에 다니던 수폴스의 학교로 돌아가 교사로 일하면서, 티처스칼리지 졸업생으로서 마땅히 해야 할 사명을 다했다. 나중에는 캔자스주 로런스에 있는 해스컬 연구소로 자리를 옮겼다. 해스컬은 연방에서 운영하는 원주민 부족 출신 아동 기숙학교 네트워크의 일부였는데, 혹독한 환경에서 아이들을 의무적으로 재교육하여 동화를 장려하는 국가 제도의 최첨단 기관이었다. 아이들은 교복을 입고 군사 훈련을 받으며 이 연구소의 본관인 히아와타홀이라는 석조 건물 앞에 자주 대열을 맞춰 서 있었다.

델로리아는 여학생 체육 수업을 감독했다. 때때로 수업에서는 미국의 여름 캠프에서 체험하는 상상 속 원주민과 실제로 캔자스 초원에 여전히 살고 있는 원주민이 완벽히 결합된 모습을 볼 수 있었다. 그중 한 수업에서는 원주민 복장(네브래스카주 클린턴에 있는 '라이언 큐리오 서플라이'에서 제공한 사슴 가죽으로 만든 옷이었다)을 한 아이들이 '인디언의 진보'를 선보이는 야외극을 공연했다. 오랜 방랑 생활을 거친 후 정착해 교육받은 기독교도 미국인으로서 시민권을 획득하는 모습을 그린 공연이었다. 델로리아가 쓴 대본은 이런 식이었다.

동지들이여, 우리는 우리 종족이
오랜 세월 지나온 길을 함께 걸었고,
교회와 학교와 국가가 베풀어준 은사가
어떻게 새날을 열어주었는지 함께 보았습니다.[55]

컬럼비아 학위를 제대로 활용하지 못한 일이었을 수도 있지만, 해스컬연구소와의 만남은 결국 델로리아에게 행운을 가져다주었다. 1927년 봄에 보아스는 서부 해안으로 가던 길에 로런스에서 거의 우연히 델로리아를 만났다. 그는 10년도 더 전에 델로리아에게 도움을 받은 일을 기억했고, 시간만 맞으면 다시 그녀를 고용하고 싶다고 말했다. 보아스는 엘시 클루스 파슨스에게 이렇게 말했다. "그 학생은 항상 남달리 똑똑해 보였어요. 그런데 완전히 잊고 있었네요."[56] 그해 말에 델로리아는 교사직을 그만두고 뉴욕으로 돌아와 한동안 중단했던 일을 다시 시작하기로 했다. 뉴욕에 도착한 1928년 2월은 마침 미드가 《사모아의 청소년》을 마무리하던 때이자 허스턴이 남부로 첫 자료 수집 탐험을 떠날 때였다.[57]

보아스는 델로리아에게 맡길 일이 많았다. 우선 19세기 언어학자와 평원 여행자들의 연구를 검토하는 일을 맡겼다. 미국민족학국의 연례 보고서와 미국자연사박물관의 각종 출판물에는 어휘와 의례와 신념 체계에 관한 세부 정보가 가득했다. 그러나 원주민이 직접 확인한 정보는 거의 없었고, 새로운 학술지와 일치하지 않는 정보가 제대로 수정되지도 않았다. 보아스는 델로리아가 놀라운 기회를 줄 수 있음을 알아차렸다. 그는 델로리아에게 제임스 R. 워커(James R. Walker)의 초기 연구를 검토하라고 지시했다. 워커는 원주민 보호 구역의 의사이자 제임스 오언 도시 같은 활동가들의 전통을 잇는 마지막 위대한 아마추어 수집가였다.

워커는 남북전쟁 중 북부 연합군에서 복무했고 이후 노스웨스턴대학에서 의학 학위를 받았다. 1896년에는 미국에서 두 번째로 큰 보호 구역인 사우스다코타 초원의 파인리지에서 정부 기관 소속 의사로 활동했다. 이후 18년간 결핵 환자를 치료하고 위생을 개선하는 데 힘썼으며, 현지의 치유사들과 협력하는 법을 터득해 오글랄라 라코타를 중심으로 하여 당국이 관할하는 구역에 거주하는 주민 7천 명 이상을 치료했다. 1902년에 보아스의 자연사박물관 시절 동료인 인류학자 클라크 위슬러가 파인리지에 방문했을 때 우연한 만남이 이루어졌고 이 일이 계기가 되어 워커는 아마추어 인류학자가 됐다. 오마하족을 연구한 도시처럼 워커는 오글랄라족의 언어와 신앙에 관한 정보원이 되었고 박물관을 위한 인체 측정 자료를 수집하기 위해 수족 남성, 여성, 아이들의 신체를 측정하는 일을 부수적으로 진행했다. 1917년에 자연사박물관에서는 여러 평원 부족의 주요 의식 중 하나를 철저히 해부한 워커의 《테턴 다코타족 오글랄라 분파의 여러 의식과 태양 춤》을 출판했다. 워커는 현지의 여러 정보원(작은 상처, 아메리카 말, 나쁜 상처, 작은 황소, 없는 살, 종을 울리는 방패, 타이온, 검)에게 공들여 감사를 표했는데, 다들 직접 의식에 참여해보고 설명해준 정보원들이었다.[58] 하지만 이 모든 것은 현지 사정에 정통한 사람의 확인과 재확인, 갱신이 필요했다.

델로리아는 보아스에게 연구비를 지원받아 원주민의 땅으로 떠났다. 허스턴이 멕시코만 일대에서 민담을 찾아 돌아다니는 사이, 델로리아는 평원으로 돌아가 여름을 보내며 사람들과 대화하고 글을 쓰고 자료를 수집했다. 학기 중에는 다시 뉴욕으로 돌아와 자료를 정리하고 교차 참조하고 확인했다. 1929년에는 그동안 작성한 기록들을 정리해 학술 논문을 써서 당시 루스 베네딕트가 편집장으로 있던 〈아메리카 민속학 저널〉에 보냈다. 논문은 그해 가을에 게재됐는데[59] 워커의 주장 대부분에 의문을 제기하는 내용이었다.

델로리아는 적어도 수족의 의식, 그중에서도 오글랄라 라코타 버전의 태양 춤에 대해 하나의 명확한 형태를 규정하기 어렵다고 지적했다. 몇몇 부족의 청년들은 생가죽 끈으로 가슴과 등의 살갗을 뚫어 기둥에 매달리는 고통스러운 시련을 견디며 신성한 환상을 얻으려 했다. 그러나 (워커의 결론과 달리) 이런 의식이 언제, 누구에 의해, 어떻게 행해졌는지 간단히 결론짓기는 거의 불가능했다. 델로리아는 워커가 대다수 외부인이 그렇듯 현지인들이 말해준 것을 확인하는 데 어려움을 겪었으리라고 짐작했다. 워커는 소수의 정보원에게만 의존했는데, 그들이 부족의 추장이나 유명 인사라고 해도 편협하거나 편향된 시각을 지닐 수 있었다.

델로리아는 보아스의 요청에 따라 워커의 자료를 몇 번이고 재검토했다. 그때마다 백인 미국인들이 수족에 대해 떠올리는 관념의 근간을 이루는 워커의 연구에 의심이 커졌다. 델로리아가 보기에 워커가 이야기를 지어낸 것 같았다. 적어도 워커는 그녀가 만난 누구도 들어본 적이 없는 이야기를 마치 사실처럼 보고했다. 일부 이야기는 성경의 주제를 윤색한 듯 보여서 기독교 선교사들에게 영향을 받은 것이 분명했다. 그 밖의 요소들은 워커가 자료를 수집한 과거에는 정말로 그렇게 믿어졌거나 그렇게 행해졌을지 몰라도 이제는 흔적조차 찾을 수 없는 것들이었다. 델로리아는 워커의 일부 기록이 작성된 당시에는 사실이었더라도 수족 사회가 변화한 것으로 보인다고 지적했다. 수족은 호박 속에 보존된, 현실을 벗어난 문화가 아니라 살아 있는 사람들이라고 델로리아는 강조했다.

보아스는 격분했다. 그는 델로리아에게 편지를 보내 워커가 그냥 지어냈을 리 없다고 주장했다. 워커의 생각 너머에 분명 뭔가가 있었을 거라고 했다. 조금 더 열심히 검토해보면 워커가 분류한 세부 사항의 흔적이 수족 보호 구역 어딘가에 아직 남아 있을 거라고도 했다. 그러자 델로리아는 모든 것에 신중하게 접근해야 한다면서, 워커처럼 예고도 없이 사람들을 불쑥 찾아가 그들이 아는 이야기를 다 들려 달라고 요구할 수는 없다고 답장을 보냈다. 그래 봐야 얻는 거라고는 똑같이 대표성도 없고 일시적인 정보일 가능성이 크다고 덧붙였다. 세상은 오마하족의 '두 까마귀'처럼 이것을 부정하고 저것을 주장하는 사람들로 넘쳐난다. 한 공동체의 수많은 사람이 실제로 무엇을 믿거나 생각하는지, 그리고 다른 한편으로 공동체를 대변한다고 자처하는 누군가가 지어낸 아무 근거도 없는 이야기인지 판별하는 데는 많은 시간과 현지 지식이 필요했다.

"정보원을 만날 때마다 소고기나 음식을 가져가는 것이 얼마나 중요한지 모릅니다."[60] 델로리아가 어느 여름에 보아스에게 편지를 보냈다. "그러지 않으면 저는 당장 다코타에서 외부인으로 분류될 겁니다." 선물을 만드는 방법, 올바른 선물을 만드는 방법, 사람들과 제대로 식사하는 방법, 다양한 친족을 올바른 호칭으로 부르는 방법(삼촌, 형이나 남동생, 언니나 여동생, 이모, 고모, 사촌을 비롯해 수족 언어에 존재하는 다양한 친족 호칭과 그 변형어)을 정확히 알아야 했다. 그래야 다음에 다시 찾아가 오래전 의식에 관한 이야기나 정보를 얻을 수 있었다. 델로리아는 다음과 같이 덧붙였다. 하지만 "인디언인 제가 백인처럼 접근한다면 당장 저와 제 부족민 사이에 장벽이 생길 겁니다."[61] 델로리아는 이 말을 증명하려는 듯 고슴도치의 고운 털로 옷을 장식하는 데 쓰이는 최고급 힘줄의 원료로 알려진 사향쥐 꼬리를 한 꾸러미 가져왔다. 그리고 베네딕트에게 보낸 설명서에 힘줄을 뽑아내려면 사향쥐 꼬리 끝을 이빨 사이에 끼우고 잡아당기기만 하면 된다고 알려주었다.[62]

델로리아는 맨해튼보다 서부 평원에 더 자주 머물렀지만, 인류학과에서 유명한 인물이었다. 그녀는 보아스에게 현지 조사 지침을 구했고, 그의 유능한 보좌관인 베네딕트에게는 편집을 위한 단서와 조언을 자주 구했다. 1930~1931년 겨울에는 미드와도 친분을 쌓았다.[63] 마침 미드와 포천이 오마하족 사회에서 연구를 마치고 돌아온 때였다. 허스턴과는 다른 컬럼비아 교수진이 후원하는 공동 프로젝트에 참여했지만 직접 만난 적은 없었을 것이다.[64]

델로리아는 대학원 과정에 정식으로 등록하지 않았고 연구실이나 인류학과 복도에서 보아스와 베네딕트에게 받는 짧은 수업으로는 배우는 데 한계가 있었다. 하지만 보아스의 교수 방식을 생각하면 이런 교육도 정식 대학원생을 위한 교육과 크게 다르지는 않았을 것이다. 델로리아는 뉴욕에 머물 때 강연에 참석하거나 연구를 정리하는 방법에 대해 보아스식 조언을 받아 적었다. 한번은 이렇게 적었다. "먼저 편견이 사라지지 않으면 아무것도 얻을 수 없다." 그리고 이렇게도 적었다. "문화는 많아도 인간은 하나다. 보아스."[65]

스탠딩록으로 돌아가지 않는 기간에 델로리아는 주소지를 여러 번 옮겼다. 맨해튼과 뉴저지의 작은 아파트, 아이오와주의 단기 임대 주택, 사우스다코타 어딘가의 친구 집, 그리고 때로는 차에서도 지냈다. 한번은 자기가 가진 재산이 여섯 개밖에 되지 않는다고 적었는데, 단어 수집가에게 필수 장비인 타자기도 없었다.[66] 컬럼비아 인류학과의 다른 많은 여성들처럼 델로리아도 사실상 떠돌이 사회과학자로서 학문적 지위도 없었고 보아스나 베네딕트가 맡기는 단편적 작업 외에는 어떤 연구 지원도 받지 못하는 처지였다. 그러나 청구서는 갚아야 했다. 그래서 생활비를 마련하기 위해 해스컬연구소에서 일했을 때처럼 전국을 돌아다니며 원주민 음악과 춤을 공연하는 대규모 야외극의 대본을 쓰고 연출하기도 했다. 유료 관광객을 위한 공연도 있었고 여름 캠프에 참가한 백인 아이들을 위한 공연도 있었는데 이 경우에 아이들이 원주민을 가장해 진짜 원주민에게 가르침을 받는 식이었다.[67] 그러다 마침내 어느 때보다 안정적인 상황을 약속하는 새로운 프로젝트를 만났다.

보아스는 20년 넘게 아메리카 원주민 언어를 종합적으로 정리하는 프로젝트에 집중했다. 미국민족학국에 원주민 언어 안내서 제작을 지원해 달라고 제안하면서 시작된 연구였다. 첫 번째 안내서는 1911년에 출간되었는데 그해에 보아스의 사상이 본격적으로 피어났고 보아스 자신은 대중 과학자로 부상했다. 두 번째 안내서는 1922년에 나왔다. 이 책에는 오리건주 남서부의 타켈마족 언어를 연구한 에드워드 사피어와 태평양 북서부의 쿠스족, 시베리아의 추크치족 언어를 연구한 학자들과 함께 여러 학자가 참여했다. 이 책은 북미 원주민과 유라시아 원주민의 언어적 연관성을 입증하며 아메리카 대륙의 초기 거주민은 베링해협을 건너온 사람들이라는 이론에 힘을 실어주었다. 세 번째 안내서가 준비될 무렵인 1933년에는 이 안내서 시리즈 출간이 끝이 보이지 않아서인지 민족학국의 관심이 시들해졌다. 그래서 보아스는 뉴욕의 작은 출판사를 찾아가 아이다호의 쾨르달렌족을 연구한 글래디스 라이카드의 논문과 20세기 초 보아스 학파 연구의 구심점으로서 주니족을 연구한 루스 번젤의 논문을 비롯해 보아스 학파의 나머지 연구 중 일부를 출판했다.

보아스의 야심 찬 프로젝트에 필요한 자금은 주로 뉴욕 카네기 재단에서 후원하는 '아메리카 원주민 언어 연구 위원회'에서 나왔다. 이 위원회는 1927년에 설립된 이후 총 8만 달러의 빠듯한 예산으로 원주민 자료를 수집하는 연구자들의 기차 요금과 숙박비, 보수까지 충당하기 위해 한 번에 몇천 달러씩 나누어 지급하는 방식으로 운영됐다.[68] 수혜자의 면면을 보면, 교수직을 얻거나 대학에서 달리 임용된 적 없는 시간제 조교와 현장 연구원, 아마추어 언어학자, 헌신적인 애호가로 이루어져 있어 마치 이 분야 종사자 전체의 그림자 역사를 읽는 것 같다. 델로리아도 그중 한 명이었다. 보아스는 델로리아가 수족의 자료를 조사하는 동안 연구 기금의 일부를 현지 조사 경비와 생활비로 책정해주기로 약속했다. 그러나 델로리아가 받은 돈으로는 종종 월세도 제대로 낼 수 없어(아주 소액씩 지급되는 데다 가끔 수표가 잘못된 주소로 가서 지연되기도 했다) 차에서 밤을 보내야 할 때도 있었다.

전체 프로젝트는 당황스러울 정도로 복잡했다. 보아스는 미국 전역과 전 세계의 현장 연구자와 학계 전문가 들을 관리했다. 그들 모두가 언어의 마지막 파편이 사라지기 전에 원어민을 찾아내 어휘 목록을 만들고 복잡한 문법 구조를 파악하기 위해 서둘러야 했다. 인류학자들은 대개 그림 형제와 같은 집단으로서, 이야기와 말하는 방식을 기록해 언어가 부모에게서 자식에게로 전승되어 살아남는 전통적 방식에만 의존하지 않을 수 있게 했다. 많은 경우에 인류학자들은 문자가 없거나 다수의 방언이 존재하는 언어의 표준 양식을 처음부터 만들어내야 했다. 《아메리카 인디언 언어 안내서》 시리즈 중 하나를 펼치면 마법 같은 일이 일어날 수 있었다. 한 번도 들어본 적 없지만 그 자체의 논리와 규칙, 아름다움, 세상을 보는 관점을 완벽하게 갖춘 언어 형식을 마주하게 된다. 이전에는 이국적 원주민 혹은 더 심하게는 변경의 야만인으로 여겨지던 사람들의 암호화된 비밀 속으로 들어가는 길이 열린 것이다.

이렇게 멀리까지 퍼져 나간 팀 안에서도 델로리아는 남달랐다. 베네딕트는 훗날 이렇게 적었다. "보아스 교수는 오랫동안 아메리카 인디언을 연구했지만 델로리아만큼 뛰어난 여성은 다시는 찾아내지 못했다."[69] 델로리아는 다코타족 언어를 원어민처럼 쓸 수 있었고 방언까지 구사했지만, 보아스나 베네딕트가 제공하는 비공식 수업 외에는 정식으로 언어학 교육을 받지 못했다. 하지만 델로리아의 타고난 재능과 현지 조사 방법에 대한 즉각적 이해도는 정규 박사 과정을 밟은 다른 많은 학생보다 더 전문적이었을 거라고 베네딕트는 말했다. "이 주제에 대한 델로리아의 지식은 독보적입니다."[70] 보아스도 수년 동안 써준 여러 추천서 중 하나에서 이렇게 솔직하게 썼다.

마거릿 미드는 아메리카 원주민 공동체인 오마하족에서 "때늦은 민족학"을 연구하는 데 몰두했다.[71] 미드가 보기에 오마하족에서 관심을 둘 만한 요소는 이미 오래전에 사라졌고, 빈곤과 백인의 침략으로 사장된 듯했다. 하지만 델로리아는 그게 사실이 아니라는 걸 알았다. 결국 미드는 허울뿐인 골판지 여행 가방이나 들고 돌아다니는 유령이 아니고 무엇이겠는가? 현지 조사 경험이 풍부한 미드조차도 델로리아가 "안락의자 인류학"이라고 일컬은 연구 방법에서 자유롭지 않았다.[72] 오래된 문명의 꺼져 가는 불씨를 찾으려는 노력을 멈추고 그 대신 현실에서 주변에 있는 사람들의 '지금 여기' 살아 있는 문화를 알아보는 것이 더 나은 방법이었다. 역사에 박제된 사람들이 아니라 델로리아 자신처럼 현재에서 감정을 느끼고 살아가는 사람들을 알아보아야 했다. 현재에서 만화경처럼 다채로운 풍경을 발견할 수 있다면 굳이 과거에 향수를 느낄 필요가 없다. 다만 현재가 놀랍거나 답답하거나 심지어 실망스러울 수는 있다.

그래서 델로리아는 언어를 이해하는 것이 매우 중요하다고 믿었다. 언어도 끊임없이 변화한다. 언어는 나무의 나이테나 도시 한복판의 고고학 발굴지와 같은 지나간 시간의 기록으로서가 아니라, 변화의 기록보관소, 곧 과거 세계와 현재 세계가 끝없이 창조적으로 융합하는 과정으로서 중요했다. 아메리카 원주민 언어는 재치와 말재간, 병치, 의도적 실수, 말장난, 농담을 중시했는데, 다른 언어들에서도 허용되는 수준이었다. 핵심은 모든 것을 듣기 시작하는 것이었고, 여전히 평원에 흩어진 채 살아 있는 언어를 과거의 무서운 잔재가 아니라 현실에 존재하는 대상으로 여기는 것이었다. 원주민에 관해 제대로 쓰려면 과거 시제를 쓰지 말아야 했다.

델로리아는 스탠딩록을 비롯해 여러 곳에서 연이어 현지 조사를 다니며 모든 것을 기록하려 했다. 델로리아의 목표는 방대한 기록과 인터뷰를 통해 실제로 다코타에 사는 가족과 이웃이 말하는 방식을 설명해줄 무언가를 정리하는 데 있었다. 그러면서 이전에 워커와 보호 구역의 다른 연구자들이 사어(死語)로 간주하던 태도에서 벗어나야 했다. 델로리아가 편지와 원고로 보아스와 교류하며 다코타의 언어에 대해 나눈 대화에는 상당히 기술적인 내용이 담겨 있었다. 다코타족 언어의 풍부한 지시사를 어떻게 제대로 설명할 수 있을까? 한 단어로 시간과 장소, 화자의 관점까지 표현하는 다코타족의 놀라운 능력은 또 어떤가? 신체에서 우리가 쉽게 통제할 수 있는 부위(눈이나 발, 그리고 다코타족이 믿기로는 정신까지)와 엄지손가락이나 턱처럼 통제하기 어렵다고 여겨지는 부위를 구분하는 소유형 단어는 어떻게 번역할 수 있을까? 다코타족은 문장 하나하나, 음소 하나하나에 의미를 부여하며 의미의 우주 전체를 지도로 그리려 했다. 그리고 수족 언어의 일반적 특징인 남성의 말투와 여성의 말투를 다루었고, 인정이나 반감, 무관심을 드러내는 다양한 방법, 복잡한 구조에 담긴 심오한 의미를 다루었다. 가령 다코타족은 "언니가 빵이 아니라 돌을 줬어요"라고 말하며 "언니가 그렇게 한 것은 매우 나쁜 짓이고, 이제 우리 관계는 망가졌어요"라는 속뜻을 간결하게 표현했다. 그리고 복잡한 사회적 관계도 하나의 문법 형태로 압축해 표현할 수 있었다.

하나의 언어를 설명한다는 것은 한 공동체가 어떻게 경험을 이해하는지 살펴보고, 그것을 다시 우리가 이해할 수 있고 전달할 수 있는 단위로 분석하는 작업이다. 이 모든 일에서 델로리아는 동시에 두 영역에 걸쳐 있었다. 베네딕트는 연구 보고서에 이렇게 적었다. "델로리아의 (다코타족에서 보낸) 어린 시절, 부족 내 특권적 지위, 타고난 언어 구사 능력 덕분에, 이 중요한 집단에 대한 정통한 설명이 가능했다."⁷³⁾ 한편 델로리아는 생계를 유지하기가 무척 힘들었던 듯하다. 1938년 말에 보아스에게 호텔의 낡은 편지지에 이렇게 써 보냈다. "이제껏 계획한 모든 일이 무산되고 일거리가 없어서 오늘 저는 무척 슬픕니다."⁷⁴⁾ 파파 프란츠의 연구를 도운 지 10년이 지났을 즈음이었다. 델로리아가 언어 연구에 쏟는 노력은 몇 년째 이어졌다. "저는 교육을 너무 많이 받았다는 이유로 연방 정부에서도 일할 수 없어요!"⁷⁵⁾

이듬해 여름에 보아스는 델로리아가 기뻐할 소식을 전했다. "(우리 연구 결과가) 국립과학원에서 출판될 예정이라니 자네도 기쁠 걸세."⁷⁶⁾ 그러면서 자연과학 분야에서 미국 최고의 기관인 국립과학원에서 곧 교정본을 보낼 테고, 원고가 정확한지 확인하는 단계에서 델로리아의 도움이 필요할 거라고 알렸다. 최종 결과물은 1941년에 "다코타 문법(Dakota Grammar)"이라는 제목으로 출간됐다. 기술(記述) 언어학 분야의 다른 지적 여정과 마찬가지로, 이 책 역시 만만찮게 학술적인 내용이라 마음을 단단히 먹어야 접근할 수 있었다. 하지만 수학자들이 복합방정식을 우아하거나 독창적이라고 표현하듯이, 기술 문법은 공동의 예술 작품이 될 수 있었다. 그리고 이 책은 한때 북부 평원 전체에 퍼져 있던 문명, 델로리아에 따르면 원주민 보호 구역과 그 너머에서 여전히 스스로 변화하면서 존재하던 문명 속으로 들어가는 길이었다. 보아스는 서문에서 델로리아의 완벽한 언어 구사력, 미세한 표현의 차이와 뉘앙스를 감지하는 놀라운 감각, 방대한 어휘력, 특히 다코타족 언어의 '정서적 어조'에 대한 타고난 재능이 연구에 매우 중요한 역할을 했다고 언급했다.⁷⁷⁾

사라진 아버지의 유골을 찾던 미닉이나 말 그대로 박물관의 전시품으로 죽은 이시, 심지어 괄호 안에 보존된 두 까마귀보다도, 델로리아의 노고는 그 자체로 보아스의 기본 이론을 입증하는 것이었다. 말하자면 유골로 전시되고 대중 원시주의로 변질된 문화에 속한 사람도 어쨌든 온전한 인간이라는 사실을 입증한 것이다. 이를 통해 인종적 적합성과 문화의 선형적 진화에 대한 강박에 감춰진 미국의 더 깊은 속내를 엿볼 수 있었다. 리틀 빅혼 전투가 끝난 후 수족의 추장이 무슨 말을 했는지 알고 싶거나, 아들의 시신이 '운디드니'에서 집으로 돌아왔을 때 어머니들의 비통한 통곡을 이해하고 싶다면, 다시 말해 학교의 교실과 여름 캠프에서 가르치는 미국 역사의 이면을 들여다보고 싶다면, 보아스와 델로리아가 그 길을 안내해줄 것이다.

기점은 바로 표제지에 있었다. 보아스는 미드의 《사모아의 청소년》과 허스턴의 《노새와 인간》을 비롯해 제자들의 첫 번째 저서에 서문을 써주곤 했다. 하지만 델로리아에게는 흔치 않은 기회를 주었다. 델로리아는 책이 출판된 이듬해에 보아스에게 편지를 보냈다. "사람들이 우리의 문법에 대해 묻습니다. 교수님의 공저자가 되어 무척 영광입니다."[78] 사실 보아스의 경력에서 아주 드물게, 처음으로 저자 이름 옆에 공저자의 이름을 올렸던 것이다.

11장

광기에 휩싸인 세 인류학자

진정한 해방은 여성들을 더 남성답게 만들거나 남성들이 여성스러워지도록 허용하는 것이 아니다. 그보다는 인간의 잠재력을 사회의 규격화된 역할에서 해방시키고, 각 개인을 다양한 창조적 방식으로 표현되는 잠재력을 타고난 존재로 봐주는 것이다.

1930년대에 집필과 자문, 편집, 기금 모금 같은 업무에 시달리던 보아스는 교수 방식에 변화를 주기로 했다. 마리 생전에 집에서 이따금 열었던 대학원 조교와 객원 연구원 모임이 이제 정기 세미나로 자리 잡았다. 1930년대 내내 보아스는 화요일 저녁마다 제자와 동료를 초대해 최신 연구 결과를 두고 토론하는 자리를 마련했다. 보아스 부부의 박공지붕 집이 있던 오래된 숲은 조지 워싱턴 다리가 새로 개통되면서 맨해튼과 연결된 교외 지역으로 변모하고 있었다. 베네딕트도 매주 박사 과정 학생 두 명과 함께 차를 타고 뉴저지의 이 집으로 향했다.

다들 보고할 내용이 많았다. 베네딕트는 인류학과 회의와 논문 지도를 하면서 주니족 현지 조사를 다시 정리하고 〈아메리카 민속학 저널〉에 게재할 논문을 편집했다. 최신 호에서는 뉴올리언스와 멕시코만 연안의 민속 종교를 연구한 허스턴의 100쪽 분량의 논문이 지면 대부분을 차지했다. 미드와 포천은 오마하족에 관한 논문을 쓰고 있었다. 버클리대학의 앨프리드 크로버도 안식년을 맞아 이 세미나에 참석했다. 그는 버클리에서 캘리포니아 원주민 부족에 관한 미국 최고의 권위자가 됐다.

런던에 있던 브로니슬라브 말리노프스키도 가끔 보아스의 집을 방문했는데, 보아스가 교수직에서 물러나면 그 자리를 차지하려고 노렸을 수도 있었다. 베네딕트는 미드에게 말리노프스키를 두고 이렇게 험담하기도 했다. "그 사람은 공작처럼 허영심 많고 술집 잡담처럼 저속해."[1] 말리노프스키는 학과 모임에서 외골수처럼 결연한 태도로 돌아다녔다. 그래서 사피어는 한때 그를 "호전적인 낭만주의자"라고 부르기도 했다.[2] 한번은 그가 허스턴의 스타킹에 돈을 찔러 넣으며 은밀히 불륜을 제안한 적도 있다고 했다.[3] 미드는 말리노프스키가 방에 들어설 때마다 자신을 무시하는 듯한 느낌을 받았다. 그런데 그는 전에 편지로 미드의 사모아 연구를 칭찬한 적도 있었기에, 미드는 아마도 사피어가 중간에서 이간질해서 태평양에 관한 위대한 학자인 말리노프스키가 자신에게 등을 돌리게 했을 거라고 확신했다.[4]

사피어는 오래된 상처를 들쑤시는 데 능숙했다. 그는 《사모아의 청소년》을 읽고 베네딕트에게 보낸 편지에서 미드를 "악취 나는 우화로 납작해진 역겨운 여자"라고 부르면서 "내가 현대 미국 문화에서 혐오하는 모든 것의 표상"이라고 적어 보냈다.[5] 얼마 후에는 질투가 인간의 보편적 감정이라는 사실을 이해하지 못하는 '자유로운 여자들'을 얄팍하게 공격했다. 그는 〈미국 정신의학 저널〉에 다음과 같이 썼다. "섹스에서 짜낸 사랑은 부자연스러운 형태로 나타나 자신에게 복수한다." "동성애가 '자연스러운 현상'이라며 추종하는 무리는 자신의 문제를 합리화해야 하는 사람들 외에는 아무도 속이지 못한다."[6]

미드는 사피어의 공격에 친절하게 답했다. 관련 주제를 다룬 한 논문에서 경험상 질투는 재능이 부족한 나이 든 남자들 사이에서 자주 나타난다고 썼다.[7]

모욕과 배신, 은밀한 유혹과 끓어오르는 적개심, 굳건한 우정과 치열한 경쟁심은 다코타의 동사와 뉴기니의 가면만큼이나 그랜트 우드 세미나의 저녁 시간을 장식했다. 하지만 성에 대해 토론하든 성공에 대해 토론하든 그 밖에 다른 사회적 삶에 대해 토론하든, 보아스는 항상 제자들에게 거창한 도식을 세우거나 큰 결론을 내리고 싶은 욕망에 맞서라고 가르쳤다. 그는 자신이 "인류학 최대의 난제"라고 일컬은 문제에 대해 오래전부터 명확히 알고 있었다.[8] 인류 문화에는 보편적 법칙이 존재하는가? 만약 존재한다면 그 법칙은 어떻게 발견할 수 있는가? 리오 포천의 교수였던 앨프리드 래드클리프브라운은 보아스에게 수십 년에 걸쳐 탐험하고 수집하고 책도 냈으니 일반 이론을 적어도 한 가지라도 내놓으라고 압박했다. 보아스가 위험을 무릅쓰고 내놓은 것은 단 한 문장이었다. "사람들은 자신이 가지고 있지 않은 것은 사용하지 않는다."[9]

그의 생각을 단순하고도 심오하게 요약한 문장이었다. 한 사회의 생각, 개념, 체계, 정신적 범주를 전혀 다른 사회에 적용한다면 물론 중요한 통찰을 얻을 수도 있다. 타우족의 출생률과 사망률, 다코타 말에서 연구개를 내려 비강음을 내는 방법, 이튼빌 이야기가 사실에서 환상으로 방향을 트는 순간은 모두 외부인이 헤아리거나 알아챌 수 있다. 그러나 이런 시선이 아무 문제도 없는 진실이라고 착각해서는 안 된다. 어떤 대상을 분석하려면 실제로 그것을 사용하는 사람들이 이해할 수 있는 지적 도구로 접근해야 한다. 어떤 사회의 구성원이 '사촌'이나 '불륜', '편두통'이라는 현상을 인식하지 못한다면 그 사회에 이런 현상이 존재한다고 말하는 것은 무의미하다.

보아스는 인류학이 대화의 과학이어야 한다고 믿었다. 우리가 사물을 보는 방식과 다른 사람이 보는 방식 사이에 대화가 일어나야 한다는 뜻이었다. 이 대화는 특정 역사와 고유한 경험, 특정 공동체('바로 여기')와 그 공동체가 세상에서 자신의 위치를 이해하는 중요한 방식이었다. 인류학자가 된다는 것은 자신의 경험을 비판적으로 정제하는 데 전념한다는 의미였다. 그래서 일부러 가장 낯설고 멀리 떨어진 곳에 자신을 던져 넣는 것이다. 먼저 정보를 수집하고, 그다음에 정리해야 한다. 인류학자는 자신의 문화에 얽매인 도식으로부터 너무 성급하게 도약해 인간 본성에 대해 설교하려는 태도를 본능적으로 경계해야 한다. 보아스는 인종 이론가들과 우생학자들이 인류의 모든 진실을 알아냈다고 선언하면서 어떤 끔찍한 결과를 초래했는지 이미 목격했다.

그러나 보아스의 제자 중에서도 일부 앞 세대 연구자들은 일반화를 경계하는 스승의 태도에 불만을 품었다. 로위, 크로버, 사피어는 각자의 방식대로 이론이 과학을 주도하거나 적어도 궁극적인 목표가 되기를 원했다. 사피어는 보아스의 《인류학과 현대 생활》에 대해 냉정한 평가를 내놓았다. "보아스 박사는 오래전에 이미 무의식중에 결정했을 것이다. 과학의 성당은 미래만을 위한 곳이라고. … 그리고 이 성당에서는 주춧돌이나 미완성된 벽, 때로는 고립된 출입문만이 주님께 봉사한다."[10] 사피어는 이런 측면을 유감스러워했다. 이야기, 전설, 친족 관계도, 원주민의 어휘를 아무리 많이 축적해도 전체를 아우르는 결론을 내리는 데 쓰이지 않는다면 무슨 소용이겠냐는 뜻이었다. 인류학이 대중 과학이 된 이후로 "마거릿 미드의 사모아의 성년식처럼 싸고 지루한" 학문이 될 위기에 처했다고도 말했다.[11]

일반 법칙 탐구는 루이스 헨리 모건과 존 웨슬리 파월에게 활력을 불어넣었다. 이들은 모든 문화가 거치는 공통 경로라는 개념을 지지했다. 이것은 그랜빌 스탠리 홀처럼 인간 정신의 가장 깊은 곳을 파헤치는 데 목표를 둔 심리학자들의 핵심 가정이었다. 그리고 보아스가 화요일 세미나를 시작하던 시기에 인류학의 형제 격으로서 한창 발전하던 사회학의 핵심 가정이기도 했다. 사회학이 앞서가는 서구의 복잡한 사회를 이해하려는 학문이라면 인류학은 다른 곳의 더 단순한 사회에 초점을 맞춘 학문이었다.

그즈음 미국에서는 어느 이름 모를 마을(실제로는 인디애나주의 먼시라는 지역)의 전형적 삶을 다룬 연구서 《미들타운》(1929)이 사회학 연구에 활기를 불어넣었다. 이 책의 저자 로버트 린드(Robert Lynd)와 헬렌 린드(Helen Lynd)는 이렇게 밝혔다. "사람들이 미개한 민족의 관습을 이루는 기이하게 유형화된 행동 양식에 대해 공정한 논의를 시도할 수 있지만, 우리 사회를 현장으로 삼아 우리의 삶을 같은 시각으로 바라보면 불쾌함을 느낄 것이다. 하지만 우리가 '야만' 부족을 바라보는 정도의 객관성과 관점으로 우리 자신을 들여다보는 것만큼 큰 통찰을 주는 것도 없다."[12]

린드 부부는 통계표와 잘 구축된 이야기를 통해 주민들의 일, 가정생활, 교육, 종교, 여가의 성격을 조사했다. 그리고 소도시 삶에 대한 민족지만이 아니라 그와 관련된 일반론도 내놓았다. 두 사람은 문화적 습관이 물질적 조건보다 늦게 변화하는 것 같다고 추정했다. 예를 들어 미들타운에서는 집 밖에서 일하는 여성을 이해하는 것보다 집 안에 욕실을 만드는 것이 받아들이기 더 쉬웠다. 그러나 린드 부부는 현지 조사에서 여러 가지 중요한 사실을 빠트렸다. 미들타운에는 흑인도 많았지만, 이들의 책에는 흑인이라는 단어가 세 쪽에만 등장했다. 그래도 통계와 세심한 인터뷰,

역사 연구를 통해 사피어를 비롯한 학자들이 인류학에서 찾으려 한 바로 그런 종류의 혁신적 일반론을 도출할 수 있음을 보여주었다.

미드조차 더 야심 차고 포괄적인 과학을 향한 갈망을 느꼈다. 미드는 어떤 이론적 발전도 자신의 공으로 돌릴 수 없었고, 사람들이 주요 업적으로 인정해줄 만한 발견을 하지도 못했다. 1932년 12월 초에 미드는 베네딕트에게 이렇게 불평했다. "좋은 연구 성과를 내놓을 수 있을지 점점 더 냉소적이 되네요."[13] 미드는 도스토옙스키를 읽으며 자신의 경력에 점점 더 자신감을 잃어 갔다. 보조 학예사로 받는 급여는 2,400달러도 안 되는 수준이었다.[14] 베네딕트는 학자로서 어엿한 직업이 있었고, 전년도에 컬럼비아 대학에서 조교수로 승진해 3,600달러 정도를 받았다.[15] 물론 이것도 남성 객원 연구자에 한참 못 미치는 보수였다. (심지어 베네딕트는 컬럼비아에서 교수 식당을 이용할 수 없었는데 남성 교수 전용이었기 때문이다.[16]) 미드는 자신이 그저 인류학으로 대중의 관심을 끄는 존재에 불과하거나, 한때 불평한 것처럼 "'여성 과학자'라는 흉한 동물로 남을"까 봐 걱정했다.[17] "박물관에서는 최저 보수를 받는 자리에 있고, 다른 데서는 일자리 제안 한 번 받은 적도 없고, 제 분야의 모든 학술지에서 혹평이나 저주까지 받고 칭찬은 그저 모호하게 받는 처지라면 그리 대단하게 인정받는다고 생각하지 않아요."[18] 자신의 견해를 고수하려면 학문적 명성이 필요한데 이제껏 그런 면이 매우 부족했다.

최악의 경우 미드는 관습에 도전할 방법이나 배우며 평생을 흘려보낼 수도 있었다. 인류학은 흥미진진할 수 있지만 매우 위험할 수 있고 또 그런 위험을 감수할 가치가 없을 수도 있었다. 보아스의 새로운 제자인 헨리에타 슈머러(Henrietta Schmerler)의 사례만 봐도 그랬다. 슈머러는 사모아인을 연구한 마거릿 미드처럼 아파치족의 미드가 되겠다는 꿈을 안고 1931년 여름에 애리조나로 떠나 미국 남서부 원주민의 사춘기 의식에 관한 연구에 착수했다. 1931년 7월에는 보아스에게 이렇게 편지를 보냈다. "여긴 정말 아름다운 땅이에요. 첫 현지 조사라면 누구나 예상하듯이 몹시 낙담하기도 했지만 저는 제 일을 엄청나게 즐기고 있습니다."[19] 같은 달에 슈머러는 아파치족 청년에게 살해당해 시신으로 발견됐다. 남의 뒷마당에 들어가 그들의 비밀을 캐내는 일은 결코 호락호락하지 않았다. 게다가 자신의 경계심을 늦추면서 그렇게 하기는 더더욱 어려웠다. 현지 조사를 하려면 용감함과 연약함을 동시에 지녀야 했다.

그해 크리스마스에 미드는 세계에서 가장 외딴곳에서 자신의 야망과 씨름했다. 리오 포천과 뉴기니로 돌아가 이번에는 본토의 질척거리는 강변 항구로 갔다. 여기서 미드는 곧 사상가이자 작가로서 자신의 가장 위대한 업적이 될 것이라 믿은 연구에 몰두한다. 사회과학 분야에서 가장 심오한 통찰에 견줄 만한 진정한 이론적 돌파구를 마련하려는 것이었다. 이 연구는 또한 미드를 광기 직전까지 몰고 간다.

미드와 포천은 현장으로 돌아가고 싶어 했다. 포천은 결국 컬럼비아대학에 편입해 대학원 과정을 마치고 도부족 사회 조직에 관한 논문을 제출했다. 미드는 대중을 위한 책 두 권과 진지한 민족지학 책을 냈지만, 그중 어느 것도 인류학 이론의 주류 문제를 담지 못했다고 생각했다. 1931년 봄에 두 사람은 세픽강 사람들을 장기간 연구하기로 계획을 세우고 멜라네시아로 돌아갔다. 뉴기니섬에서 가장 긴 진흙투성이 세픽강은 섬 중앙의 고원지대에서 동쪽의 비스마르크해까지 굽이쳐 흐른다. 세픽이라는 독일식 지명은 1880년대에 세픽강 하류를 처음 지도로 그린 유럽 탐험가들의 유산이었다. 제1차 세계대전이 끝나고 뉴기니섬의 동쪽 절반은 오스트레일리아의 지배를 받았고, 서쪽은 기존 식민 지배국인 네덜란드령으로 남았다. 이런 제국주의 유산으로 인해 뉴기니는 인류학 연구, 특히 영국과 오스트레일리아와 뉴질랜드의 연구자들에게 중요한 지역이었다. 미국의 아메리카 원주민 부족 연구와 마찬가지로, 각국은 가장 손쉽게 다가갈 수 있는 야만인으로 추정되는 부족들을 대상으로 삼아 인간 본성에 관한 이론을 정립하려 했다.

미드와 포천은 선교사와 상인의 영향이 적어 아직 타락하지 않은, 최대한 외친 지역을 찾아보았다. 미드에 따르면 얼마 후 그들 두 사람 사이는 "고양이처럼 평온해졌다".[20] 세픽강에서 북쪽으로 올라간 고원 지대에서 두 사람은 자기들이 '아라페시'라고 부른 부족 안에 정착했다. 아라페시족은 외부인과 거의 접촉하지 않았다. (사실 '아라페시'는 미드가 현지어로 '인간'이라는 의미를 지닌 단어에서 딴 이름이다.[21]) 미드는 선선한 새벽에 일어나 침대에 누운 채로 모기장 밖에서 들리는 나직한 새소리를 한참 들었다. 아침 식사로 차 한잔을 마시고 하루를 시작했다. 미드는 몇 시간 동안 사람들을 만나 대화하고, 언어를 배우고, 메모한 내용을 타이핑하고, 의식을 참관하러 가거나 갓난아기를 보러 갔다가 해가 지면 인류학자로서 일과를 마무리했다. 베네딕트에게 보낸 편지에서 밤에도 계속 일할 수 있지만 손전등을 챙겨 오지 않아 그럴 수

없었다고 썼다.[22]

포천은 아라페시족 남자들을 따라 사냥을 다녔고, 미드는 아라페시족 여자와 아이들과 함께 남아 참마 밭에서 일했다. 미드는 이렇게 썼다. "인류학자에게 유일하게 논리적인 곳은 오직 현장뿐이라는 확신이 어느 때보다 굳어졌어요. 인류학자의 인생에서 첫 10년, 아니 15년은 (대부분 시간을) 현장에서 보내야 한다고 생각해요. 지식의 총량을 늘리고 때맞춰 포착하는 일에 더해서, 판단력을 기르고 탄탄한 이론의 토대를 다지는 데는 현장이 가장 완벽한 답이에요."[23] 미드는 베네딕트를 그리워하며 오두막집에 베네딕트의 사진을 걸어놓았다. 동네 아이들은 그렇게 큰 사진을 벽에 걸어놓을 만큼 중요한 사람일 거라고 짐작했다.

미드는 아라페시족을 알면 알수록 이들이 "성 문제를 해결했다"고 확신하게 되었다.[24] 미드가 아는 한 이곳에는 간통이라는 개념이 거의 없었다. 미드가 혼외 관계에 대해 물으니 다들 어리둥절해하는 표정이었다. 무슨 말을 하는지, 왜 그런 주제에 관심이 있는지 이해하지 못하는 듯했다. 미드는 이 사회의 거의 모든 사람과 이야기를 나누면서 아내가 남편을 떠났다거나 남편이 다른 기혼 여성과 관계를 시작하려 한 사례를 수없이 들었다. 그런데 아라페시족이 이 문제에 보이는 태도는 전적으로 실용적인 듯했다. 미드는 베네딕트에게 보낸 편지에 이렇게 썼다. "아내가 남편을 떠나 친오빠에게 간 일이 있었는데, 그 남편은 아내의 오빠에게 화를 냈어요. 아내와 결혼하면서 그 오빠에게 많은 반지와 돼지를 지불했거든요. 오빠는 자신의 권리를 보호해야 해서, 옛날 같았으면 그 남편과 싸웠을 수도 있고요."[25] 하지만 아라페시족 사회에서는 그런 죄를 설명하거나 정죄할 종교나 심오한 도덕성

뉴기니섬에서 진행한 현지 조사에서 아라페시족과 함께 있는 마거릿 미드.

이나 어떤 자연권 이론도 거론되지 않았다.

　미드와 포천은 고지대에서 8개월간 지낸 후 세픽강 하류의 다른 현장은 어떤지 알아보기로 했다. 그들은 아라페시족의 땅에서 문두구모르라는 저지대 부족의 땅으로 이동했다. 미드는 나중에 이곳을 혐오스러운 곳이었다고 회상했다. 문두구모르족은 성관계를 할 때도 늘 깨물고 할퀴는 행위를 하는 듯했다. 또 남의 참마를 망치려고 서로의 참마 밭에서 거칠게 성관계를 맺기도 했다.[26] 문두구모르족 사회에는 식인 풍습도 있다고 알려졌는데, 주로 근처 늪지대 사람들을 잡아먹는 것으로 알려졌다. "네, 저도 사람 고기를 먹어본 적이 있어요." 어떤 아이가 미드에게 말했다. "칼렌가마족 사람을 아주 조금 맛봤어요. 너무 조금이라 무슨 맛인지도 몰랐어요."[27]

아라페시족이 자유와 개방성이 넘치는 듯했다면, 문두구모르족은 정교한 금기 체계에 얽매여 의무적인 살았다. 아이들이 맨 처음 배우는 말은 '하지 마'라는 표현이었다. 식인종 사이에서도 삶은 지루할 수 있었다. 미드는 이곳에서 인류학자로서 관심을 둘 만한 의식이나 예술이나 신화를 거의 발견하지 못했다. 게다가 맨살이 조금이라도 드러나면 모기떼가 달라붙었다. 모기를 쫓으려고 빗자루를 들고 다녀도 소용이 없었다.[28] 미드와 포천은 이런 환경에서 옥수수와 악어 알로 끼니를 때우며 석 달을 버티다 봐야 할 건 다 봤다고 판단하고 다시 세픽강 상류로 올라가기로 계획했다.[29]

두 사람에게는 생명줄 같은 존재가 있었다. 포천의 오랜 지인인 그레고리 베이트슨(Gregory Bateson)은 이 지역을 잘 알았다. 케임브리지대학 출신 인류학자로서 시드니대학에서 가끔 강사로 일했던 베이트슨은 때마침 세픽강에서 현지 조사를 하던 중이었고, 미드와 포천이 새로운 현장을 물색하는 데 도움을 주겠다고 나섰다. 세 사람은 세픽강이 굽이쳐 돌아가는 내륙 깊숙한 곳의 암분티라는 마을에서 그해 크리스마스를 함께 보내기로 했다. 미드와 포천은 우편물과 물자를 운반하는 소형 증기선을 타고 짐과 현지 조사 노트를 싣고 출발했다.

암분티로 가는 길에 베이트슨의 현지 조사 캠프에 들러 그를 태우기로 했다. "지쳐 보이네요."[30] 처음 만났을 때 베이트슨이 미드에게 의자를 내주며 이렇게 말을 건넸다. 미드는 이 순간을 그에게 끌린 첫 순간으로 기억했다. 포천과 함께 현지 조사를 떠난 일 년 동안 두 사람은 기복을 겪었지만, 이제 관계가 그럭저럭 풀려 가던 참이었다. 그런데 새로운 감정이 마치 하늘에서 뚝 떨어진 듯 찾아온 것이다.

크리스마스 직후에 미드는 베네딕트에게 최근의 변화를 알리기 위해 책상 앞에 앉았다. "할 말이 많아요. 물론 그레고리 베이트슨 얘기예요."31)

베네딕트도 베이트슨의 명성을 익히 알았다. 당시 베이트슨만큼 빛나는 혈통을 자랑하는 인류학자는 없었다. 케임브리지대학의 생물학자인 아버지 윌리엄 베이트슨은 '유전학(genetics)'이라는 용어를 처음 만든 사람이었다. 어머니 캐럴라인 비어트리스 더럼은 집안에서는 '딕 이모'라고 불린 뛰어난 모험가이자 발칸반도 여행 작가인 언니 이디스 더럼을 비롯해 저명한 지식인 집안 출신이었다. 그레고리라는 이름도 유전 형질 연구의 선구자인 오스트리아의 수도사 그레고어 멘델의 이름을 따서 세례명으로 받은 이름이었고, 아버지 윌리엄은 멘델의 획기적인 업적을 과학계에 더 널리 소개하는 데 도움을 주었다. 그레고리 베이트슨은 영국의 엘리트 양성소인 차터하우스에서 학창 시절을 보내며 식물학과 곤충 채집에 열정을 보였다. 방학이면 아버지와 함께 배낭과 잠자리채를 챙겨 새로운 표본을 찾아 프랑스 알프스산맥을 넘었다.32) 두 형이 비극적으로 세상을 떠나자(한 명은 제1차 세계대전에서 전사했고, 다른 한 명은 런던의 피커딜리서커스 광장에서 극적인 방법으로 자살했다) 베이트슨은 집안의 막대한 유산을 물려받을 유일한 상속자가 됐다.33)

미드와 포천보다 약간 어린 베이트슨은 헝클어진 머리와 낡은 옷을 입고 다녔고, 현지 조사를 하지 않을 때도 그런 스타일을 유지했다. 그는 몸집이 크고 건장한 체격이었지만 그렇다고 볼품없이 비대해 보이지는 않았다. 그는 첫 만남부터 잠시도 쉬지 않고 말을 이어 갔다. 미드와 포천이 베이트슨의 조사 지역에 도착하자마자 베이트슨은 미드의 《뉴기니에서의 성장》을 꺼내 들고 여성의 생리의 구체적인 요점에 관해 도전적으로 물었다.[34)] 미드는 그에게 매료됐다.

미드는 베이트슨에게는 "취약한 아름다움"의 매력적인 분위기가 짙게 배어 있고, 그래서 그의 몸집에 비해 더 큰 감동을 준다고 베네딕트에게 보내는 편지에 썼다.[35)] 베이트슨은 키가 195센티미터 정도나 돼서 대화를 하려면 몸을 숙여야 했고, 그래서 마치 그가 미드를 감싸 안는 것처럼 보였다. 미드는 포천이 베이트슨에게 전혀 위협을 느끼지 않는 것 같다면서 "화약고 같은 상황"이 펼쳐지지 않고 모든 일이 순조롭게 풀리기만 바란다고 덧붙였다.[36)] 어쨌든 세 사람 다 성인이었고, 사실 미드와 포천은 어떻게 해야 이 모든 일이 단순하고 합리적인 방식으로 해결될 수 있을지 알고 싶으면 강 아래의 아라페시족을 참고하면 됐다. 두 사람은 불과 얼마 전까지 사랑이라는 복잡한 문제에 흥분하지 않으면서 사회를 구축한 듯 보이는 부족과 함께 몇 달을 보낸 터였다. 미드는 다음과 같이 썼다. "저는 성관계가 모든 것을 망칠 필요는 없다는 사실을 한번에 배운 것 같아요."[37)]

세 인류학자는 크리스마스 휴가철에 암부티에서 열린 외국인 파티의 정신없는 틈바구니에 휩쓸렸다.[38)] 외딴 지역으로 파견된 외국인들이 진과 위스키에 취해 어지럽고 전투적인 분위기에서 가시 돋친 말을 주고받고 주먹을 휘두르다가 사과하고 잠잠해지기를 반복했다. 포천은 크리스마스 이튿날 밤에 엉망으로 취했다.

미드는 결혼 후 그렇게 심하게 취한 남편을 처음 보았다. 미드 역시 칵테일 네 잔을 마시고 침대에 쓰러져 잠들었다. 다음 날에도 포천은 술을 더 마셨고 어눌하게 말했다. 미드와 베이트슨은 강 상류로 올라가는 것이 모두에게 좋겠다고 판단했다.

그들은 모두 작은 배에 짐을 싣고 강 상류로 올라가 현지 조사 후보지로 향했다. 그 마을까지 가는 데 6시간이나 걸렸다. 견딜 수 없을 정도로 더웠고, 배가 천천히 이동하면서 일어나는 작은 바람만이 그나마 위안이 되었다. 포천이 술에 취해 잠든 사이 그가 가져온 휴대용 전축에서 흘러나오는 음악이 덜컹거리는 배의 엔진 소리와 경쟁했다. 포천은 잠깐씩 깨서 미드와 베이트슨이 얘기하거나 담배를 나눠 피우는 모습을 보고는 분노에 휩싸였다.

일행은 도착하자마자 이웃 마을이 이 마을을 공격해 올 거라는 소식을 들었다. 세 사람은 걱정 속에 밤을 지새웠다. 장전된 웨블리 리볼버가 유일한 방어 수단이었지만, 미드와 베이트슨은 이 총이 불안정한 상태인 포천을 자극할까 봐 더 두려워했다. 하지만 우려하던 폭력 사태는 일어나지 않았고, 세 사람은 다시 곧바로 강을 따라 내려갔다. 훗날 미드와 베이트슨은 암분티로 되돌아가던 그때의 여정을 모든 일이 시작된 순간, 말하자면 미드와 포천의 결혼 생활이 서서히 무너지고 미드와 베이트슨의 새로운 관계가 싹튼 순간으로 기억했다.

"당신을 미치게 사랑해요."[39] 암분티로 돌아왔을 때 베란다에서 한 사람이 말했다. "알아요." 다른 한 사람이 답했다.

물론 이 관계가 진전하는 데는 복잡한 문제가 얽혀 있었다. 그러나 미래가 어떻게 될지는 알 수 없었고, 미래가 도래하기 전까지 할 일도 많았다. 1월 초에 베이트슨이 미드와 포천을 다음 현지 조사 장소로 안내할 만큼 상황이 잘 무마됐다. 세 사람은 홍수철이면 세픽강과 이어진 호숫가에 모여 사는 참불리족을 찾아냈다. 참불리족은 저지대 습지에 살았는데, 그들의 거주지 주변으로 토탄과 키가 큰 풀로 이루어진 섬이 떠다녔고 이런 섬들의 형태는 하루에도 수시로 바뀌었다. 토탄이 섞인 호수는 광택 나는 에나멜처럼 반짝였고, 화사한 수련이 수놓아져 있었으며, 가끔 왜가리가 늪지에 무릎까지 파묻힌 채 서 있었다.

인구가 500명도 되지 않는 참불리족은 토란 밭을 가꾸고 쪽배를 타고 호수에서 물고기를 잡았다. 그들은 초승달 모양의 지붕을 얹은 대규모 의식용 건물을 지었고, 그곳에서 조각된 가면과 화식조 깃털과 조개껍질로 만든 머리 장식을 쓰고 복잡한 의식을 치렀다.[40] 참불리족은 편안하고 풍요로운 세상에 사는 듯 보였고, 미드는 문두구모르족 사이에서 몇 달을 보낸 터라 이곳에서 마침내 안도감을 느꼈다. 미드는 이곳에 도착한 직후에 베네딕트에게 편지를 보냈다. "산에도 오르고 햇볕도 쬐니 여기서는 드디어 만족감이 들어요. 이곳 나름의 개성도 있고, 십수 년 만에 처음으로 땅에 발을 디딘 느낌이 들어요."[41] 이제 배워야 할 언어가 하나 더 늘었고, 목록에 추가할 친족 체계가 하나 더 생겼으며, 오며 가며 아무 때나 연꽃 씨를 몇 줌씩 먹을 수도 있었다.

베이트슨이 자신의 캠프로 돌아간 뒤에도 미드는 그와 정기적으로 연락을 주고받았다. 직사각형 조각으로 자른 타자 용지에 메모를 적어 인편으로 강 상류에 전달했다. 미드에게 베이트슨은 환상 속 수호자이자 영혼의 안내자로 보였다. 그는 미드가 인류학자로서 그 어느 때보다 더 행복할 수 있는 곳으로 안내해주었다. 암분티에서 터진 개인적 문제만 해결된다면 더없이 행복했을 것이다. 미드는 참불리족 마을에서 베이트슨에게 이렇게 편지를 보냈다. "사실 우리는 즐겁지 않아도 현지 조사를 해 나가는 법을 배웠어요. 그런데 당신이 우리가 배운 이런 안 좋은 교훈을 잊게 해주었습니다."[42] 포천은 집집마다 찾아다니며 참불리족 사람들과 안면을 트면서 친족 관계를 착각해 사소한 문제를 일으키지 않도록 자기 팔뚝에 족보를 그려 넣었다.[43] 참불리족의 언어도 역시나 복잡했는데, 문법상의 성별이 "엄청나게 많다"고 미드가 베이트슨에게 전했다.[44] 미드는 점점 더 이 호숫가를 뭔가 대단하고 놀라운 일을 시도할 만한 곳으로 여기게 됐다.[45] 미드의 표현대로 자연에서 문화를 떼어내는 일을 할 수 있는 곳이었다. 미드는 전에는 상상도 하지 못했을 만큼 선명한 시각으로 인간을 보기 시작했다.

하지만 포천은 상태가 점점 나빠졌다. 두 사람은 모기장 하나만 친 작은 집에서 살았기에 도망갈 데가 없었다. 다툼이 가라앉을 때까지 잠가 둘 화장실 문조차 없었다. 베이트슨이 가끔 찾아오곤 했는데, 그때마다 비좁은 방 안에 긴장감이 더 높아졌고, 포천은 미드와 자신의 관계가 의심의 여지 없이 변하고 있다는 것을 느낄 수 있었다.

얼마 후 미드는 말라리아에 걸려 열과 복통에 시달렸다. 아픈 와중에 안개가 낀 듯 희미한 정신 상태로 지내다가 술에 취해 인사불성인 포천이 아이에게 소리를 지르거나 현지 남자와 싸울 때만 반짝하고 정신을 차렸다. 미드는 베네딕트에게 보내는 편지에 이렇게 적었다. "포천과 저는 잠자리에 들면서 싸우고, 한밤에도 싸우고, 아침에 눈 뜨자마자 싸워요."[46] 미드는 이 상황이 결혼 생활의 끝일 뿐 아니라 자신에 대해 새롭게 생각할 계기라고 느꼈다. 미드는 지난 일 년간 이곳에서 연구하면서 성인이 되고 처음으로 배타적인 남녀 관계를 유지해봤고, 자신은 이쪽에 재능이 없다는 것을 깨달았다. 그사이 영혼의 일부가 무감각해져 갔다. 미드는 다양한 사람들과 다양한 방식으로 열린 사랑을 나누는 게 자신에게 잘 맞다고 판단했다. 몇 년 전에 미드가 크레스먼에게 요구한 것처럼 포천이 미드 곁에 남고 싶다면 그 자신이 적응해야 할 것이다.

미드는 베네딕트에게 이렇게 써 보냈다. "저는 이미 일부일처제를 절대적 의미에서 꽤 공정하게 시험해보았고, 그것이 부족하다고 느꼈어요. 그러니 이제 그 사람도 '저의 문화'를 시도해보는 것이 공정하다고 생각해요. 그가 자신의 기질에 폭력을 가하지 않고도 시도해볼 수 있다면요."[47]

미드와 베이트슨은 그들 사이에 무슨 일이 일어나는지 이해하려고 애썼다. 딱히 비난할 사람을 찾기 어려운데 어떻게 이렇게 끔찍한 감정이 드는지 이해할 수 없어서였다. 미드는 개인은 고유한 성격을 타고나고 그 성격이 사회적으로 특정한 방식으로 표현된다고 보았다. 그리고 이러한 성향은 대담함이나 느슨함, 적극성이나 소극성, 자만이나 겸손 같은 특성으로 이루어진다고 보았다. 어떤 사회에서나 성별 개념은 이런 기질 중 일부를 표준화하고, 그런 기질을 묶어 원래부터 적절하고 자연스러운 것으로 인식하게 만드는 경향이 있었다. 그러나 미드, 포천, 베이트슨이 연구한 모든 사회에는 이런 기준에 어긋나는 기질을 지닌 사람들이 있었다.

미드와 베이트슨은 밤늦도록 등유 등불 아래서 이야기를 나누며 자기 두 사람이야말로 자신들이 속한 문화에서 일탈한 존재라는 사실을 깨달았다. 여성이지만 자기 주장이 강하고 모험심이 강한 사람, 당당한 체격을 지닌 남성이지만 사람들과 잘 어울리지 못하고 호감을 주지 못하는 사람이었다. 그에 비해 포천은 남성성을 체화한 사람이었다. 거칠고 냉정하고 복수심이 강하고 스스로 합리적이라고 여기지만 일이 뜻대로 풀리지 않으면 분노와 짜증을 분출하는 사람이었다. 그가 나고 자란 문화에서 포천은 올바른 사람이었다. 하지만 여기 세픽강에서 그는 이상한 사람이었다.

3월 말에 미드는 베네딕트에게 편지를 보내 몇 달 전보다 삶을 더 긍정적이고 들뜬 마음으로 보게 됐다고 알렸다. 그 이유는 자신의 가장 큰 공헌으로 꼽히게 될 "엄청난 발견"을 했기 때문이라고 덧붙였다.[48] 미드와 베이트슨은 진에 취하고 말라리아에 걸려서 몽롱한 상태에서 한 개인이 자신이 속한 문화와 어떤 관계를 맺는지 설명할 수 있는 도식을 휘갈겨 그렸다. 이 도식은 두 사람이 그들 자신(과 세상)을 이해하기 위한 틀이었고, 그들이 그 호숫가 마을에서 겪은 감정의 소용돌이와 상처받은 마음, 섹스, 열정적인 대화를 선명하게 이해하기 위한 틀이었다. 두 사람은 그 틀을 '스퀘어(square, 구역)'라고 불렀다.

두 사람은 사람들이 본래 네 가지 기본 유형, 즉 '기질'로 나뉜다고 추론했다. '북부인'은 규칙을 중시하고 감정을 통제하는 경향이 있다. '남부인'은 열정적이고 실험적이다. '터크(Turk)'는 신비롭고 관조적이다. '페이(Fey)'는 개방적이고 창의적이다. 두 사람은 자신들의 삶과 친구, 가족의 성격을 살펴보면서 모든 것이 맞아떨어지는 것을 발견했다. 그들이 아는 모든 사람이 네 개의 구역 중 하나로 쏙 들어갔다. 포천은 강인하고 지배욕이 강하니 당연히 북부인이고, 보아스와 베네딕트는 대담하고 철저하니 북부인일 가능성이 크며, 사피어는 언제나 우주의 비밀을 찾으려 하니 터크이고, 애시 캔 캐츠와 레오나르도 다빈치를 비롯한 사람들은 페이였다. 그러자 이제 친구와 연인, 옛 연인, 스승, 부모, 유명하고 이해하기 힘든 사람들까지 모두 뿌리 깊고 이해할 수 있는 진정한 본질이 드러났다.

미드는 훗날 이렇게 회상했다. "우리는 우리 자신과 서로를 한 개인으로서 분석하는 작업과 우리가 이해하고 연구하려는 문화를 분석하는 작업 사이를 오갔다."[49] 미드가 포천과 결혼 생활을 잘 풀어 나가지 못한 이유는 크레스먼 때처럼 기질이 맞지 않아서였다. 반면에 미드와 베이트슨은 마치 손과 장갑처럼 잘 맞았다. 두 사람의 타고난 기질은 서로 충돌하기보다는 서로를 잘 보완했다. 베네딕트를 향한 미드의 끝없는 사랑, 미드가 한 사람이든 한 성별이든 어느 한 관계에 정착하지 못하는 것은 이제 그녀의 내적 문제라기보다는 그녀의 기질과 그녀가 태어난 사회 사이의 단순한 불일치로 보였다.

모기장 밖으로 나가기만 하면 이 모든 것이 현실에서 작동하는 것을 확인할 수 있었다. 미드와 포천, 그리고 지금은 베이트슨까지 세 사람은 몇 달 동안 전혀 다른 방식으로 살아가는 사람들 속에서 지냈다. 아라페시족 언어에는 남성과 여성뿐 아니라 다양한 성 범주가 존재했고, 아라페시족은 서구 사회만큼 정상적 성적 행위와 비정상적 성적 행위를 명확히 구분하지 않았다. 문두구모르족은 사회 전체가 의심과 질투에 사로잡히면 어떻게 될 수 있는지 보여주었다. 참불리족은 여자들이 농사를 짓고 남자들이 예술품을 만들었다. 검은 호수 위로 떠오르는 아침 해처럼 미드와 베이트슨의 눈앞에 세상이 새롭고 선명한 빛으로 펼쳐지는 것 같았다.

두 사람은 그들 자신 그리고 자신들이 살아가는 사회에 대한 이론을 도출했고, 이 이론은 낡은 사고방식을 뒤집는 동시에 그들이 처한 곤경에 대한 새롭고 자유로운 설명을 제공했다. 미드는 베네딕트에게 이렇게 편지를 보냈다. "이것이 제가 작년에 한 연구의 핵심이에요. 인류학 연구와 전기 읽기의 결합이죠."[50]

'스퀘어'의 언어는 이제 미드와 베이트슨이 떨어져 지낼 때 주고받은 편지를 관통하는 언어가 됐다. 처음에는 포천도 이 작업에 동참했다. 그는 루서 크레스먼에게 보내는 편지에, 이제 전에 사모아에서 돌아오는 길에 미드와 사랑에 빠질 수밖에 없었던 이유를 알아내서 모든 것이 선명해졌다고 말했다.[51] 심지어 그들은 포천과 베이트슨도 서로 사랑했을지 모른다고 추측했다.[52] 미드를 향한 두 남자의 집착으로 굴절된 사랑이었다.

하지만 포천은 곧 의심을 품기 시작했다. 미드와 베이트슨이 가장 깊은 비밀을 나누는 모습을 직접 본 것이다. 두 사람이 새로운 이론에 대해 장시간 논쟁을 벌이는 동안 포천에게는 실질적인 현지 조사가 맡겨졌다. 포천도 처음에는 스퀘어 이론에 흥분했지만 이내 전보다 더 소외감을 느끼게 되었다. 그는 미드에게 우정을 나누는 사이든 부부 사이든 두 사람만의 내밀한 이야기를 다른 사람과 공유하는 것은 최악의 배신이라고 경고했다. 미드는 베이트슨에게 포천이 리볼버를 어디에 두었는지 알려주었고 베이트슨은 그걸 몰래 숨겼다.[53] 포천은 '스퀘어'가 과학을 가장한 욕정이라고 판단했다. 다시 말해 자신을 제거하는 것 외에는 다른 목적이 없는 조잡하고 우스꽝스러운 꼬리표 붙이기 연습이자, 불안정한 삼중주가 고통스러운 과정을 거쳐 둘만의 화음을 내는 과정이었다.

1933년 봄이 되자 작은 집은 긴장감이 감도는 상태를 벗어나 더는 견딜 수 없는 지경에 이르렀다. '스퀘어'는 숭배 대상이 됐고, 미드는 각 기질을 특징짓는 예술과 의식, 심지어 요리까지 발명했다. 미드가 참불리족 가정을 방문한 동안 포천과 베이트슨은 체스를 두며 시간을 보냈는데, 구역이 나뉘는 체스판의 형태가 미드와 베이트슨이 설계한 정신세계를 상기시켰다. 그러다 또 한 번 싸움이 벌어졌고 포천이 미드를 밀쳐서 쓰러뜨렸다. 그때 미드는 임신 중이었다. 미드는 예전에 의사에게서 임신하기 어려울 거라는 말을 들은 적이 있었다. 훗날 미드는 그날의 사건으로 유산했다고 말했다. 그리고 포천이 그 일을 베이트슨 탓으로 돌렸다고도 회상했다. 포천이 "그레고리가 우리 아기를 먹어치웠어"라고 정신 나간 소리를 했다는 것이다.[54]

말라리아로 인한 환각, 물어뜯는 모기떼, 탁탁거리는 타자기 소리, 느리게 돌아가는 전축 소리, 어두운 숲과 시커먼 호수, 무시무시한 가면이 걸린 부족의 음습한 오두막, 발견의 황홀감, 항상 외딴 곳에 있는 느낌, 지독한 외로움. 세 인류학자는 고함을 지르고 떠났다가 다시 모여 서늘한 평화를 반복하며 광기의 소용돌이에 빠져들었고, 이 모든 것은 그들이 새로운 과학을 대표한다고 믿었던 새로운 비전의 탐구로 이어졌다. 미드는 베네딕트에게 이렇게 썼다. "우리 모두의 마음속에 종교가 가득했어요. 모든 것이 선명해 보였어요."[55]

이런 상황이 지속될 수는 없었다.

포천은 고열에 시달렸다. 미드는 전갈에 쏘인 후 회복 중이라 거의 아무것도 할 수 없었다. 베이트슨조차 계속 연구하는 것이

뉴기니에서 현지 조사를 마치고 시드니에 도착한 마거릿 미드 일행. 사진 맨 오른쪽이 리오 포천이고 다른 남성이 그레고리 베이트슨이다.

불가능했다. 여름의 막바지에 이를 즈음 그들은 현장에서 벗어나 안정되고 익숙한 환경에서 상황을 정리해야 할 때라고 판단했다. 스퀘어 이론과 미드와 포천의 결혼 생활, 베이트슨과 미드의 미래를 비롯해 여러 문제를 해결해야 했다.

그들은 돛단배를 타고 강을 따라 내려가며 돛의 힘만으로 천천히 이동했다. 해안에 도착해 증기선으로 옮겨 타고 오스트레일리아로 향했다. 미드는 나중에 이때의 항해가 "끔찍했다"고 썼다.[56] 포천은 선상에서 옛 여자 친구를 만났는데, 항구에 도착하면 당분간 그녀와 함께 있기로 결정했다. 미드는 포천의 이 새로운 관심사 덕에 자기는 베이트슨과 단둘이 지낼 수 있기를 기대했다. 어느 신문사의 사진 기자가 시드니에 도착한 세 사람의 모습을 포착했는데, 사진 속에서 세 사람 모두 옅은 미소를 띠고 있다. 미드는 인생의 두 남자 사이에 서 있었는데, 모두 열대의 천을 벗고 두꺼운 모직으로 만든 옷으로 갈아입어 예전으로 돌아간 모습이었다. 하지만 사진이 찍힌 직후 베이트슨의 옛 여자 친구가 부두에서 다가와 그의 팔을 잡았고, 미드는 베이트슨과 포천이 각자 다른 여성과 부두를 빠져나가는 모습을 불편하게 지켜보았다.

하지만 세 사람은 곧 다시 만났다. 모두 같은 건물에 거처를 구했기 때문이다. 한 층에는 미드와 포천이 살기로 했고, 옆집에 포천의 전 여자 친구가 살았으며, 아래층에는 베이트슨이 살았다. 미드는 베이트슨이 주로 친구들과 어울려 식당에 있는 걸 보았다. 미드와 포천의 다툼은 계속됐다. 한번은 싸우던 중 미드가 포천에게 사모아어로 소리를 질렀다. 그러자 포천이 미드를 세게 때렸다. 아마 얼굴을 때렸을 것이다.[57] 포천은 나중에 미드가 "손을 들지 않을 수 없게 했다"고 말했지만, 그렇게 행동한 것 자체는 미안해했다.[58] 얼마 후인 8월 말에 미드는 포천을 위해 숙소에서 점심 파티를 준비했다. 포천은 새 정장을 차려입고 꽃과 세리주, 치즈를 샀다. 한 시간 정도는 모든 것이 정상으로 돌아간 것 같았다. 그러나 미드는 식사를 마치고는 그냥 걸어나가 곧장 부두로 가서 하와이행 증기선을 타고 뉴욕으로 향했다.[59]

미드는 태평양 어딘가에서 베네딕트에게 편지를 썼다. "오, 루스, 당신에게 돌아가서 정말 기뻐요, 정말 좋아요." "누군가를 이렇게 확실히 사랑한다는 건 정말 멋진 일이에요."[60] 시드니에 남은 베이트슨과 포천은 체스를 더 많이 두면서 그들이 만들어낸 그 모든 공포를 최대한 차분히 다스리려 했고, 결국 둘 다 영국으로 돌아갔다. 베이트슨은 나중에 친구에게 이렇게 말했다. "뉴기니에는 악마가 있다고들 하지. 어쩌면 그 악마가 그런 광기어린 분위기를 만드는 데 역할을 했을지도 모르지."[61]

미드는 돌아오는 배에서 식사 시간에 따분한 대화를 나누는 것 외에는 누구와도 말하지 않고 혼자 갑판 위를 거닐었다. 가끔 영화를 보기는 했지만 주로 머릿속으로 온갖 생각을 되짚어보며 시간을 보냈다.[62] 포천과 베이트슨, 학자로서 앞으로의 전망, 파탄이 난 결혼 생활, 거의 모두에게 비밀로 유지한 새로운 관계까지. 뉴욕에 도착하자 미드는 자신을 이해해줄 한 사람인 베네딕트에게 모든 것을 설명하려고 했지만, 이 모든 것을 설명하기 위해 떠올릴 수 있는 유일한 언어는 '스퀘어'뿐이었다.[63] 북부인과 남부인 간 '대각선 결혼'의 불가능성, 각자의 구역 집단 내에서 연결되는 '근친상간'의 자연스러운 행복, 자신의 기질을 근본적으로 거스르는 결혼을 유지하려는 비뚤어진 노력에 관해 이야기했다. 베네딕트는 이게 다 무슨 소린가 하고 당황했다. 미드의 건강이 걱정됐고, 혹시라도 이런 이야기를 글로 써서 발표할 경우 학문적 명성에 금이 갈까 봐 우려했다. 베네딕트는 이렇게 말했다. "네가 남편을 연이어 바꿨다는 이유로 학자로서도 욕을 먹을까 봐, 그게 내 유일한 걱정이야."[64]

미드는 앞서 사모아에서 돌아온 다음 해에 자신을 "지옥에서 온 사람"이라고 표현한 적이 있다.[65] 크레스먼과의 결혼 생활은 무너졌고 포천을 향한 열망으로 괴로워하던 때였다. 하지만 이제 다시 똑같은 처지에 놓였고, 이번에는 포천이 버림받았다. 미드와 포천은 며칠에 한 번씩 세픽강에서 보낸 격정의 시간에 대해 강렬한 감정을 담은 편지를 서로 주고받았다. 편지는 몇 주가 지나서야 도착하고, 다시 몇 주가 지나서야 날카로운 말이 담긴 답장이 날아왔다. 가끔은 각기 다른 날에 다른 감정으로 쓴 편지가 한꺼번에 도착해, 수신자는 괴로움과 분노에 휩싸인 채 편지를 읽기도 했다.

두 사람은 결혼이 파국에 이를 때 흔히 그렇듯 마치 법의학자처럼 자신들의 결혼 생활을 강박적으로 분석하며 고통과 흥분과 배신감을 다시 경험했다. 미드는 차분히 설득하면서도 단호하게 편지를 써 나갔다. 포천은 분노에 휩싸여 만년필 펜촉으로 종이를 긁어 가며 휘갈겨 쓰다가 다시 자신의 감정을 의식의 흐름에 따라 설명했다. 그는 미늘 달린 화살을 쓰는 뉴기니 전사처럼 목표를 정확하게 맞출 수 있었는데 때로는 그 화살에 사회 이론이나 심리학의 최신 연구 결과를 덧붙이기도 했다.

더는 기질 이론 따위를 만들어 당신이 선호하는 것에 동그라미를 치려고 하지 마. 지금 당장 누구랑 자고 싶은지 그냥 솔직히 표현해. 그런 걸로 무용담이나 영웅담을 짜내지 마. 당신이 Y랑 섹스하고 싶다는 이유로 X의 인격을 망가뜨리지 마. 그러지 않고 Y를 얻을 수 없다면, 그 사람 없이 지내. 지금은 나도 딱히 당신이랑 자고 싶지 않아. 당신은 정신의 휴식이 필요해. 당신은 사랑을 위해 그런 도구들에 너무 집착해.[66]

포천은 지구 반대편에서 미드의 이론이 그저 그녀의 나쁜 행동에 대한 합리화에 지나지 않는다고 악담을 퍼부었다. 이어서 그는 자신이 현지 조사를 하며 쓴 기록을 태워버렸다. 포천은 이후로도 학자로 살면서 이렇게 몇 번 분노나 냉담함에 휩싸여 기록을 불태우곤 했다.[67]

미드는 맨해튼 거리를 걷다가 행인들 속에서 키 큰 남자를 볼 때마다 가슴이 뛰었다. 베이트슨이 주니족 민담의 영웅처럼 자신을 구하려고 땅으로 내려오지는 않을까 상상했다.[68] 베이트슨은 미드에게 그간의 모든 일을 되돌아보고 '탈피'의 과정으로 생각하겠다고 말했다.[69] 그가 어릴 때 아버지와 여행하며 알게 된 단어 '탈피'는 뱀이 새로운 것을 위해 낡은 껍질을 벗는 과정을 가리켰다.

미드가 포천과 함께 멜라네시아로 첫 번째 탐사를 떠났을 때부터 미드와 베네딕트는 자신들의 관계에 대해 합의에 이르렀다. 두 사람은 서로를 향한 영원한 사랑을 고백했다. 이 사랑은 어떤 결혼이나 선상 로맨스에도 흔들리지 않는 감정이었다. 둘 사이에 육체적 친밀감이 일어날 수도 있지만, 이는 상황에 맡겼다.[70] 베네딕트와 스탠리의 결혼 생활은 사실상 끝났다. 두 사람은 오래전부터 따로 살면서 각자 다른 사람을 만났고, 1930년에 공식적으로 헤어졌다.[71]

미드가 뉴기니에 머무는 동안 베네딕트는 미드에게 북극성 같은 존재였다. 통찰과 시련, 현장 소식, 포천과 함께하는 미래에 대해 느끼는 혼란, 그리고 갑자기 등장한 베이트슨의 경이로운 모습에 관해 이야기를 나누는 상대였다. 그러면 베네딕트는 인류학과의 소문, 신문 기사가 담긴 편지와 버지니아 울프, 도스토옙스키의 책 몇 권을 함께 보내주었다. 또 자신이 작업 중인 원고의 일부를 동봉해 미드와 포천, 베이트슨이 읽어주기를 바랐다.[72]

세픽강의 삼인조가 스퀘어 안에서 더듬거리며 길을 찾는 사이, 베네딕트는 거대 이론에 기여하기 위해 연구에 몰두했다. 미드와 베이트슨이 그들 자신의 열정과 불만에 대한 내밀한 자료를 정리하려고 노력한 것만큼, 베네딕트는 친구와 동료들이 오랜 기간 수집한 방대한 민족지학 자료를 이해하려 했다. 다만 미드나 베이트슨이 주장하는 것처럼 사람들을 분류하거나 새로 만든 범주에 넣으려 하지 않았다. 그보다는 온건하게 '패턴(pattern)'이라는 용어를 사용했다.

베네딕트는 1920년대 후반부터는 현장에 나가지 않았지만, 보아스의 자택에서 매주 화요일에 열리는 세미나에 참여해 대화를 나누는 사람들에게 오랫동안 친구이자 든든한 조언자이자 끊임없이 고민을 들어주는 사람이 되어주었다. 베네딕트는 도부족 주술사들과 함께한 포천의 모험, 푸에블로족 사이에서 진행된 루스 번젤의 연구, 사모아인들과 말뚝 위에 집을 짓고 사는 페레 사람들을 만난 미드의 여행, 심지어 오래전 태평양 북서부의 진흙밭 해안가 도로에서 기록한 보아스의 노트까지 살펴보았다. "인류학은 사회의 창조물인 인간을 연구하는 학문이다."[73] 베네딕트가 원고의 서두에서 단언한 문장이다. 이어서 베네딕트는 수백 쪽에 걸쳐 이와 같은 통찰이 왜 중요한지 설명했다.

베네딕트는 우리가 세상을 보는 관점이 보편적이지 않다는 전제 없이는 인간 사회를 제대로 분석할 수 없다고 말했다. 우리 사회를 비롯해 모든 사회는 저마다의 방식을 '정도(正道)'라고 여긴다. 즉 우리 자신의 행동을 보편적 행동이라고 부르고, 우리에게 자연스러운 방식을 인간의 본성이라고 부르는 경향이 있다. 그러나 사실 모든 사회는 무한히 다양한 행동들로 이루어진 '거대한 호

(弧)'에서 한 조각에 지나지 않는다.[74] 한 사회가 어떤 조각을 선택해 발달시킬지는 지리나 환경, 기본적인 인간 욕구에서 제공받는 '단서'에서부터 이웃 사회에서 다소 무작위로 빌려오는 것까지 많은 우연한 요인에 따라 달라진다. 다만 이런 선택이 상당히 오래 지속될 수 있기에 인류학자는 주어진 맥락 안에서 이런 선택에 관해 연구할 수 있다. 말하자면 인류학자는 어느 한 사회에서 아기가 어떻게 태어나는지, 남자아이가 어떻게 성인이 되는지, 여자아이가 어떻게 빨리 잘 결혼하는지 따위를 기록한다. 그렇다고 이런 선택이 고정된 것은 아니다. 모든 사회는 변한다.

그와 동시에 베네딕트는 문화가 특질들의 무작위적 조합은 아니라고 강조했다. "오른쪽 눈은 피지에서, 왼쪽 눈은 유럽에서, 한쪽 다리는 티에라델푸에고에서, 한쪽 다리는 타히티에서 가져와서" 기계적으로 조합한 "프랑켄슈타인의 괴물"이 아니라는 것이다.[75] 문화는 그 사회에 속한 사람들에게 자연스럽게 이해된다. 문화에는 일관성과 통일성이 있어서 그 사회의 사람들이 어릴 때부터 성인이 되기까지 거쳐야 할 길을 제시한다. 한 사회에서 잘 적응해 살아가는 사람이라면 그 사회의 본질적인 삶의 패턴, 곧 기본적인 '문화 구조' 혹은 베네딕트가 독일 심리학에서 빌려 온 개념인 '게슈탈트(Gestalt)'를 이해하는 셈이다. 게슈탈트란 어떤 대상을 고유하게 만들어주는 특성의 총합이며, 그 대상의 전체성을 의미한다. 그리고 베네딕트는 독일 철학자인 니체에게서 그리스 신화에서 유래한 두 용어를 가져왔다. '아폴론적' 사회는 질서와 규칙, 공동체, 통제, 경계를 강조하는 문화 구조를 갖추고 있고 '디오니소스적' 사회는 파괴와 자유, 개인주의, 표현, 무한성을 강조한다.

또한 베네딕트는 복잡다단한 인간 사회를 "프로크루스테스의 침대에 억지로 맞추는 것처럼 몇 개의 표어로 규정하려는" 태도는 불합리하다고 경고했다.[76] 그 대신 광범위한 패턴에 주목하면 한 사회를 나머지 사회와 구별해주고 그 사회만의 고유한 의미를 지니게 해주는 요인을 발견할 수 있다. 말하자면 그 사회에서 사회적 삶과 관습, 의식을 보는 방식, 삶의 목표와 과정을 정의하는 방식을 파악할 수 있다는 뜻이다. 베네딕트는 원고의 여러 장에 걸쳐 이런 관점이 푸에블로족, 도부족, 북서부 해안 부족에 어떻게 적용되는지 예를 들어 보여주었다(푸에블로족은 아폴론적 사회에 해당했고, 나머지 둘은 디오니소스적 사회에 해당했다).

베네딕트의 진정한 통찰은 이 원고의 마지막 부분에 나온다. 베네딕트의 연구는 사실 주니족이나 콰키우틀족에 국한된 것이 아니었다. 그보다는 삶에 대한 인류학적 관점이 무엇을 의미하는지 보여주는 중요한 사례였다. 사회과학자들은 문화 분석이 지리적 틀 안에서 이루어지는 것으로 간주하는 경향이 있었다. '여기'의 이 문화나 '저기'의 저 문화를 연구할 수 있다는 것이다. 그리고 이런 단위는 대개 부족, 민족, 마을, 인종 집단으로 분류됐다. 인류학자들은 이런 단위를 '문화 영역'(하나의 광범위한 문화가 적용되는 영역)이라고 불렀고, 박물관에서도 이런 영역에 따라 전시물을 배치했다. 오래전 보아스가 스미스소니언박물관과 벌인 논쟁에서 주장한 것처럼, 태평양 부족의 전시관이나 대평원 부족민이 트래보이스(Travois)*를 끌고 가는 모습을 보여주는 유리 전시관을 따로 마련하자는 것이다.

---

* 장대 두 개를 틀에 매어 개나 말이 끌게 하는 아메리카 원주민의 운반 도구.

하지만 베네딕트는 이런 관점이 세상을 보는 유일한 방법은 아니라고 말했다. 일부 문화적 패턴은 지리에 따라 구분될 수 있다. 외부 세계와 접촉이 거의 없는 숲속의 고립된 마을은 고유한 문화 영역으로 분류될 수 있다. 하지만 에드워드 사피어가 제안하듯이 포드 자동차 공장이나 그리니치빌리지에도 그 자체로 잘 통합된 행동 양식과 도덕적 질서에 대한 감각, 옷차림과 말투의 옳고 그름에 대한 합의, 일반적으로 통용되는 복잡한 절차와 규율이 존재할 수 있다. 외부 관찰자는 베네딕트가 말한 "문화를 의식하는" 사람이 되는 것이 중요하다. 말하자면 차이에 대한 본능적 반응(목구멍에 걸리는 느낌, 다른 사회의 어리석음에 대한 분노, 심지어 내면 깊은 곳에서 올라오는 혐오감까지)은 사실 각자 고유한 패턴이 있는 두 세계의 충돌에서 비롯된다는 사실을 온전히 알아차리는 것이 중요하다. 한 사회가 기본적이고 당연하며 정상이라고 여기는 제도, 습관, 행동 방식에서 필연적인 것은 없다. 모두 (로터리클럽의 오찬과 공식 만찬조차도) "인간의 잠재적 목적과 동기로 이루어진 거대한 호(弧)"에서 선택된 한 조각일 뿐이다.[77]

베네딕트는 이중 어느 것 때문에라도 누구도 절망에 빠질 필요가 없다고 결론지었다. 오히려 이런 관점을 통해 인류에 대한 깊은 희망과 우리 자신을 이해할 수 있는 능력을 얻을 수 있다고 주장했다. 그리고 베네딕트는 이 원고에서만이 아니라, 어찌 보면 평생에 걸쳐 아래의 마지막 단락을 쓰기 위해 노력했다. 책 한 권 분량의 원고에서 처음으로 보아스 학파의 핵심 이론을 명확히 설명하면서 베네딕트는 이렇게 썼다. "문화의 상대성을 인정하는 것은 그 나름의 가치가 있고, 그 가치가 반드시 절대주의 철학과 일치해야 할 필요는 없다."[78]

문화적 상대성은 관습적 견해에 도전하고 기존 견해에 익숙한 사람들에게 극도의 불편함을 야기한다. 문화적 상대성을 비관적으로 보게 되는 이유는 이 관점에 본질적으로 어려운 내용이 있어서가 아니라 기존의 제도에 혼란을 일으켜서다. 새로운 견해가 관습적 신념으로 받아들여지는 순간, 그것은 좋은 삶에 대한 또 하나의 믿음직한 보루가 될 것이다. 그럴 때 우리는 인류가 존재의 원재료에서 만들어낸, 공존하면서도 유효한 삶의 패턴을 희망의 근거이자 관용의 새로운 토대로 받아들이면서 더 현실적인 사회적 신념에 다다를 것이다.

베네딕트는 몇 문장으로 문화적 상대성을 간결하게 진술했을 뿐 아니라 사회과학이 어떻게 그 자체로 삶의 설계도가 될 수 있는지 이전의 누구보다도 명확히 정의했다. 남서부 탐험과 다른 인류학자들의 현장 연구, 미드, 포천, 사피어, 여러 친구가 보낸 길고도 은밀한 편지, 자신이 머무는 곳마다 느꼈던 불안감까지 모두 한데 녹여 넣었다. 그리고 마침내 분석적으로 날카로우면서도 심오하게 도덕적인 하나의 코드로 증류해냈다.

"루스가 책을 마무리했는데 그렇게 훌륭하진 않아요."[79] 미드는 초고를 읽고 베이트슨에게 이렇게 편지를 보냈다. 미드는 더 큰 야망, 더 많은 이론, 더 많은 발전, 말하자면 보아스 학파의 남자 동료들이 오래전부터 요구해 왔고 미드 자신이 스퀘어 가설로 이루려 노력했던 것을 갈망했다. 하지만 1934년에 휴스턴 미플린 출판사에서 나온 베네딕트의 저서 《문화의 패턴》은 그들 모두의 저서보다 더 오래 영향을 끼친다. 인류학의 거대 이론을 담은 책으로 가장 많이 인용되고 가장 많이 교재로 쓰였을 뿐 아니라, 당시 앨프리드 크로버의 말처럼 "인류학적 태도에 대한 선전"이기도 했다.[80] 〈뉴욕 타임스〉의 평론가는 베네딕트가 이 책을 통해 "문화적 상대성의 교리"를 일반 대중에게 소개했다고 평하면서 전국 단위 일간지에서 최초로 '문화적 상대성'이라는 표현을 사용했다.[81] 베네딕트는 그 교리의 핵심이 사회 전체뿐만 아니라 개인에게도 적용되는 기본 윤리라고 믿었다. 베네딕트가 어린 시절부터 제정신이 아닌 어머니의 비명과 여성 교수라는 2등 신분, 미드를 향한 이름 붙일 수 없는 사랑을 경험하며 어떤 식으로든 말하고자 분투해 온 것은 바로 '결함 있는 인간이란 없다'는 것이었다.

"재미있네요. 세픽강에서 내가 극도로 비정상적인 상태에서 그런 생각을 하고 수많은 잘못된 유추와 불가능한 개념을 쌓았다는 걸 기꺼이 인정해요."[82] 베네딕트가 《문화의 패턴》을 출판하려고 준비하던 때 미드가 베이트슨에게 보낸 편지의 내용이다. 미드는 그 모든 일이 일종의 종교처럼 느껴졌고, 여전히 그때 무슨 일이 일어났는지 이해하려고 애쓰고 있었다. "물론 그건 일종의 광기였어요. 정신이 무너져 멀리 딴 세계로 가지 않고서는 일 주일 이상 지속할 수 없는 수준의 생각과 감정이었어요. 그래도 완전히 정신을 잃지는 않고 약간의 두뇌와 지적 배경이 있다면 새로운 생각을 해낼 수 있는 수준의 광기였던 것 같아요."[83] 미드는 자신과 포천, 베이트슨 세 사람이 모두 서로를 사랑했고, 집착과 육체적 열정과 지적 광기로 이루어진 기묘한 삼각관계를 어떤 합리적인 틀에 끼워 넣으려고 안간힘을 쓴 것이 도움이 되었다고 말했다.

현지 조사로 세계가 파괴됐다. 결혼이 실패로 끝났고, 오랜 관계가 깨졌다. 청춘의 야망은 고리타분해 보였다. 인류학을 제대로

하려면 익숙한 모든 것에서 멀어져야 했다. 자신에게 상식으로 통하던 것을 버리고 다른 장소로 가서 그곳의 지식을 습득하기 위해 노력해야 했다. 인류학은 이처럼 그 자체로 지적 현기증을 일으킬 수 있었다. 그리고 그 대가로 얻는 것은 자기가 속한 사회에서 특별함을 걷어내고 그 사회를 인류가 사회적 세계를 구성하는 여러 방식 중 하나로 보는 자유롭고 독창적인 관점이었다. 나아가 평소 자기가 속한 문화에서 늘 정상에서 벗어났다고 느낀다면(베네딕트가 저서에서 언급한 '비정상'이나 '일탈자', 성적 '도착'이나 '혼합형'처럼) 스스로 왜 그렇게 힘들게 살았는지 이해하기 위한 새로운 도구를 얻을 수 있었다.

미드와 베네딕트에게 이런 통찰은 10년 넘게 이어 온 둘의 관계를 이해하는 데도 도움이 됐다. 육체적일 때도 있고 아닐 때도 있었지만, 두 사람은 늘 그렇게 영원히 함께 묶였다. 미드는 세픽강에서 베네딕트에게 이렇게 편지를 보냈다. "당신이 '동성애'와 '이성애'로 분류한 감정의 종류는 사실 '좋아하거나 이해되는 기질들에 맞추어진 성(sex)'과 '낯설고 거리감을 느끼는 관계에 맞추어진 성'입니다. 저는 보통의 성적 자질을 지닌 사람은 누구나 (기질적 상황에 따라) 다채로운 '동성애적' 성 표현과 구체적인 절정을 표현할 능력이 있다고 믿어요. 다른 표현을 선호하는 남자들을 '여성적'이라고 부르거나 어떤 구체적인 욕망을 느끼는 여자들을 '남성적'이라고 부르는 것, 혹은 두 경우를 '혼합 유형'이라고 부르는 것은 모두 몹시 혼란스러워요."[84] 모든 것이 어느 정도 가능성이 있는데, 태어난 환경과 규칙에 따라 특정한 방향으로 흘러간다는 의미였다. 미드는 자신의 열망과 욕망에서 이런 측면을 보았고, 현지 조사에 갈 때마다 다른 사람들에게서도 이런 측면을 목격했다.

그러나 이 방법의 대가는 일종의 의도적 광기였다. 현실 감각이 특정한 시간과 장소에서 형성된다면, 스스로 자유를 찾는 유일한 길은 자신의 정신에서 벗어나는 것이다. 말하자면 현실적이고 진실하며 명백하다고 알고 있던 정신적 틀 밖으로 나가는 것이다. 베이트슨은 포천에게 세픽강 시절을 회상하며 이렇게 말했다. "그때 우리는 모두 우리를 인도해줄 문화적 표지도 없이 발견의 항해를 떠난 거였어. 이런 식의 탐험에는 무거운 대가가 따르기 마련이고 우리 모두는 거의 지옥을 경험했지."[85] 하지만 충분히 잘 다스릴 수만 있다면 그 광기는 새로운 아이디어를 낳을 수 있고, 나아가 새로운 종류의 사람들, 곧 낯선 존재 방식을 수용하는 기술을 익힌 사람들을 탄생시킬 수 있었다. "전에는 난 아무것도 아닌 어린아이였어. 이제는 어느 정도 어른이 되고 인류학자가 됐어. … 내가 치른 대가가 그만한 가치가 있는지는 모르겠지만. 새로운 지식은 문화(낡은 지식)에서 벗어나야 얻을 수 있고 많은 사람이 그렇게 하지만 아무것도 얻지 못하지."[86]

스퀘어 이론은 어떻게 됐을까? 미드와 베이트슨은 미드가 시드니를 떠난 뒤에도 과거 두 사람이 뉴기니에서 몇 달 동안 주고받았던 것과 같은 편지지로 격정적인 대화를 계속 이어 갔다. 그들은 스퀘어 이론에 대한 전반적인 설명을 타이핑하고 네 가지 주요 유형을 보여주는 복잡한 다이어그램을 그렸다. 하지만 뚜렷한 성과는 없었다. 베네딕트는 이 이론이 관찰 가능한 자료에 근거를 두고 있지 않다고 지적했다. 포천은 이 모든 것이 당혹스럽고 기껏해야 아마추어 과학일 뿐이며 심하게 말하면 그냥 환상일 뿐이라고 주장했다. 포천은 미드에게 이렇게 편지를 보냈다. "당신은 그 이론이 당신의 목적에 도움이 되니까 흥분한 나머지 사실이라고 믿어버린 거야. 보아스 교수님께는 보고하지 않았기를 바랄 뿐이야."[87] 미드는 보아스에게 알리지 않았다.

하지만 뉴기니에서 돌아오고 몇 달이 지나지 않아 미드는 세픽강의 혼돈 속에서 떠오른 생각에 대해 베이트슨에게 편지를 보냈다.[88] 만약 핵심 문제가 한 개인이 어느 구역으로 들어가는지가 아니라 사회마다 개인의 구체적인 기질을 표준화하는 방식이라면 어떨까? 이것은 베네딕트가 《문화의 패턴》에서 다룬 문제를 거울처럼 비추는 관점이었다. 베네딕트는 한 사회가 취할 수 있는 지배적 형태를 알아내고 싶어 했다. 미드는 그런 형태가 개인의 삶을 어떻게 구조화하는지 알고 싶었고, 그 핵심에 아직 다듬어지지 않은 스퀘어 이론이 있었다.

미드는 이 모든 문제가 여성과 남성의 경우에서 가장 쉽게 드러난다고 보았다. 뉴기니에서 그들은 여장한 남성, 사회적으로 (서구 백인의 관점에서) 남성의 역할을 맡은 여성, 그리고 그 중간에 존재하는 모든 것을 기록했다. 그러나 미드는 이런 식으로 설명하는 것이 개념의 구속복처럼 느껴졌다. 미드는 자신이 속한 사회에서 알던 남성과 여성이라는 이분법적 범주만으로 완전히 다른 사회적 세계를 설명하려 했다. 미드의 사회, 곧 "우리의 현대 문화"는 개인의 핵심 기질을 담는 그릇으로 성을 선택했다.[89] 생물학적 남성과 여성은 이 문화에 속하는 모두가 유창하게 설명할 수 있는 필수적 특성을 지닌다고 여겨졌다. 대담함, 공격성, 지배력은 남성의 자질로 분류됐고 온화함, 모성애, 창의성은 여성의 자질로 분류됐다. 하지만 같은 사회에서 귀가 큰 사람이나 눈이 녹색인 사람을 타고난 성격 특질과 연결하지는 않는다. 가령 누군가가 귀가 튀어나온 사람이 선천적으로 의지가 약하다고 말한다면 어리석다고 여겨질 것이다. 미드는 자신이 속한 문화는 남성인지 여성인지가 현실을 분류하는 기본적이고 이분법적이며 매우 의미 있는 방식으로 진화했을 뿐이라고 말했다. 유별난 귀나 녹색 눈은 중요한 요인이 아니었다.

하지만 한 사회를 설정하는 전혀 다른 방식도 상상할 수 있다. 스퀘어 이론은 미드가 말라리아에 걸려 정신이 혼미한 때 내놓은 한 가지 시도였을 뿐이다. 아라페시족, 문두구모르족, 참불리족은 다른 문화의 사례였다. 이제 미드는 이 모든 사례를 하나의 포괄적인 통찰로 묶을 방법을 찾았다.

미드의 새 책 《세 부족 사회의 성과 기질》은 베네딕트의 《문화의 패턴》이 나오고 일 년 뒤인 1935년에 출간됐다. 이 책은 보아스에게 헌정됐고, '감사의 말'에서는 포천을 호의적으로 언급했다. 포천과 미드는 아직 부부 사이였고, 가까운 지인들 외에는 모두 두 사람이 행복한 결혼 생활을 유지하는 것으로 보았다. 윌리엄 모로 출판사는 더 많은 독자를 위해 책을 새로운 모습으로 다시 내놓았다. 미드는 책을 포천에게 보냈다. 그는 책이 "훌륭하다"고 답장을 보냈다.[90]

《세 부족 사회의 성과 기질》은 미드가 현장 연구와 거시적 사회이론을 결합한 가장 진지한 결과물이었다. 보아스가 제자들에게 인종에 대해 가르친 방식과 성과 젠더에 대한 미드 자신의 생각을 연결하려는 시도이기도 했다.[91] 미드는 서구 사회가 성적 차이에 과도하게 집중한다고 지적했다. 서구 사회에서는 남성과 여성이 태어날 때부터 단지 생물학적 차이에 따라 상당히 다르게 행동할 거라고 기대한다. 따라서 "구애하고 결혼하고 부모가 되기까지의 모든 드라마가, 선천적으로 타고난 어느 한쪽 성별에 적합하다고 여겨지는 행동 유형에 따라 펼쳐진다".[92] 나아가 속어, 농담, 시, 외설, 심지어 의학까지도 성과 사회적 행동이 한 묶음이라는 신념에 따라 구축된다. 정해진 유형에 맞지 않는 사람들, 가령 무력한 남자나 남자 같은 여자로 불리는 사람들은 세상의 자연스러운 이치를 거스르는 것처럼 보인다.

서구 사회는 남성과 여성의 차이를 자연스러운 것, 신이 부여한 것, 자명한 것으로 여겼다. 모든 사회가 생물학적 남성과 여성에게 특정한 사회적 역할을 부여했다. 그러나 미드는 이렇게 사회적 역할을 생물학과 결부하는 방식은 인간 문화의 보편적 특성이 아니라고 보았다. 평균적으로 생물학적 남성이 어느 한 방향으로 행동하는 경향이 있고 생물학적 여성은 다른 방향으로 행동하는 경향이 있음을 입증한다고 해도, 보아스가 오래전에 인종에 대해 제기한 두 가지 문제가 여전히 남는다. 첫째, 각 범주 안의 차이가 범주와 범주 사이의 차이보다 클 수 있다. 모든 남성과 모든 여성을 가르는 큰 격차는 존재하지 않는다. 둘째, 사회적 요인들의 산물인 행동과 타고나는 것으로 추정되는 행동을 간단히 구분할 방법이 없다. 미드는 유일하게 보편적인 사실은 성 역할과 개인적 성향(혹은 미드의 표현으로는 기질)이 서로 독립적인 점이라고 보았다. 사회마다 이 둘을 연결하는 선을 어떻게 긋는가에서 차이가 난다. 말하자면 각 사회가 남성성과 여성성에 부여하는 구체적인 기질은 제각기 다르다. 사회가 성별에 부여한 자질이 무엇인지 이해하기도 전에 성별 사이의 커다란 차이를 말할 수는 없다. 사실 사회가 남성과 여성에게 고유한 자질을 부여하는 데 크게 신경을 쓰는지 아닌지부터 확인해야 한다. 미드는 성별에 따른 자질을 정하는 데 크게 공들이지 않는 사회 세 곳을 당장이라도 말할 수 있었다.

　이어서 미드는 아라페시족과 문두구모르족을 사례로 들었다. 두 사회 모두 남성과 여성에게 각기 다른 역할을 부여했다. 문두구모르족은 고기잡이가 여성에게 적합한 일이라고 보는 반면, 아라페시족은 채색하는 일을 남성의 전담 영역으로 여겼다. 그러나 두 사회 모두 이런 역할이 남녀의 타고난 기질의 차이와 관련된다고 여기지는 않았다. 아라페시족은 여성이 무거운 짐을 더 잘 옮긴다고 말할 것이다. 다만 여성들의 머리가 더 단단하고 강하다고 생각하기 때문이지, 여성들이 본래 봉사하는 일에 더 적합하다고 생각해서는 아니었다. 아이를 키우는 일은 남성과 여성이 협력해야 하는 일로 여겨지지만, 이것은 남녀 모두 '모성애'를 타고났다고 믿어서가 아니었다. 오히려 아라페시족은 영아 살해를 자행했다. 그보다는 아라페시족이 출산을 남성과 여성의 여러 성행위의 결과라고 생각하기 때문이었다. 아이는 임신 기간에 부부의 성관계를 통해 만들어지고 그들에게서 '양분'을 얻는다. 따라서 출산 후에도 부모가 함께 아이를 키우는 것이 당연하다고 여긴 것이다.

　아라페시족에게 이상적 인간은 어떤 사람인지 물어보면, 서양의 어휘를 빌리자면, 온화하고 자상하고 공동체의 선을 지향하는 사람이라고 말할 것이다. 그러나 문두구모르족 사회는 정반대로 공격적이고 물욕이 강하고 의심을 잘하는 것을 이상적 인간의 자질로 꼽는 듯했다. 미드에 따르면 문두구모르족 사회는 경쟁과 불신이 심한 사회였고, 길고도 복잡한 혈통 집단으로 갈라져 각 집단 안에서 재산을 공동으로 소유하고 침략자로 보이는 여러 집단으로부터 재산을 지키고 방어하려 했다. 공동체를 하나로 묶는 유일한 방법은 이웃 부족을 사냥하는 습격밖에 없는 듯했다. 다만 두 사회 모두 사회에서 선호하는 이상적 특질은 여성과 남성에게 고루 분산된 것으로 여겼다.

다음으로 참불리족이 있었다. 이 부족 사회에서는 남성들이 섬세하게 그림을 그리고, 나무 가면을 조각하고, 춤을 추는 예술가(그들은 '싱싱'이라고 불렸다)의 역할을 맡고 여성들은 고기잡이를 나가고 음식을 준비하는 일을 맡았다. 하지만 참불리족도 이런 역할을 남성과 여성의 타고난 잠재력의 차이로 구분하지 않았다. 실제로 그들은 성 정체성을 뒤집는 축제를 정기적으로 열었고, 대규모 가면무도회를 열어 남성은 여성으로 분장하고 여성은 성교 장면을 흉내 냈다.

이 모든 사회적 역할은 어디에서 왔을까? 미드가 연구의 마지막 부분에서 던진 질문이다. 서구 사회는 오랜 시간에 걸쳐 특정 기질을 생물학적 성에 따른 사회적 역할과 연결하는 방법을 터득했다. 여성들에게는 양육하는 어머니의 역할이 주로 맡겨졌기에 여성은 본래 다정하고 세심하며 아이들을 보살피는 데 집중한다고 믿는 쪽이 편리했다. 남성들에게는 정치에 나서고 전쟁을 일으키는 역할이 주로 맡겨졌기에 역시나 편리하게도 남성은 생물학적으로 분별력과 용기를 지녔다고 믿었다. 그러나 이렇게 성별과 기질이 일치하는 것을 사회를 조직하는 유일한 방법이라고 믿는다면 결과를 원인으로 착각하는 것이다. 미드에 따르면 성 역할은 먼저 길고도 복잡한 문화적 차용, 타협, 변화, 우연의 결과로 발생했다. 그리고 나중에 이런 역할에 맞춰 "성-기질(sex-temperament)의 표준화"가 일어난 것이다.

미드는 자기가 속한 사회에 던져야 할 질문은 인간의 잠재력이 성기와 함께 미리 포장돼 나오는 것이 아니라는 생각에 얼마나 마음을 열 수 있는가라고 보았다. 당시 사회과학의 용법에 따라 미드는 '성별(gender)'을 언어적 의미 이외에 다른 용도로는 사용하지 않았다. 미드가 뉴기니에서 연구한 모든 언어에는 여러 성별이 존재했다. 남성과 여성과 중성으로 분류되는 명사만이 아니라 식물과 새와 악어 알에도 적용되는 열두 가지 이상의 문법적 범주가 있었다. 하지만 미드는《세 부족 사회의 성과 기질》에서 생물학적 범주로서 성(생식기나 여러 부차적인 성적 특징)과 사회적 범주로서 성을 명확하게 구분하려 했다. 먼저 생물학적 성('섹슈얼리티')은 적어도 일부를 제외한 모두에게 해당하는 생물학적 사실이라고 생각할 수 있다. 그다음으로 오늘날 간단히 '젠더'로 불리는 사회적 범주의 성은 구체적인 시간과 장소의 산물로서, 그 사회가 남성과 여성에게 부여하는 사회적 지위나 사람들에게 주어지는 일련의 역할과 행동, 매력, 잠재력을 의미하고 생물학적 성과는 거의 무관하다.

　이런 생각은 오래전에 보아스가 관찰 가능한 신체적 차이와 인종이라는 사회적 범주의 차이에 관해 제기한 이론의 재현이었다. 미드가 내린 결론은 베네딕트에게 보낸 편지에서 "전기 읽기"라고 표현한 작업, 곧 사회과학 이론을 자기 분석의 비판적 도구로 삼은 연습의 결과였다. 이런 연습 과정에서 세픽강의 광적인 이론이 나왔고, 뉴욕에 돌아와서는《세 부족 사회의 성과 기질》로 발전하는 학술적 글이 나왔다. 마침내 미드는 자신의 혼란스럽고 부적합한 운명을 이해할 길을 찾았다. 게다가 바너드 시절부터 알고 지냈던 여성들과 남성들, 즉 베네딕트와 포천 그리고 최근에 가장 자유롭게 사랑을 나눈 베이트슨에 이르기까지 그동안 만난 모든 이들의 비극과 열정에 대해 말할 방법을 알게 되었다.

문화는 교활한 재단사다. 편의에 맞게 옷을 재단해놓고 개인을 그 옷에 끼워 맞추려 한다. 베네딕트는 특정 사회의 문화적 패턴에 관심이 있었다. 미드는 사회가 어떻게 개인의 기질을 제약하고 형성하는지에 관심이 있었다. 진정한 해방은 여성들을 더 남성답게 만들거나 남성들이 여성스러워지도록 허용하는 것이 아니다. 그보다는 인간의 잠재력을 사회의 규격화된 역할에서 해방시키고, 각 개인을 다양한 창조적 방식으로 표현되는 잠재력을 타고난 존재로 봐주는 것이다. 문화는 충분히 많은 사람이 기존의 옷이 더는 맞지 않는다는 것을 깨닫기 시작하면서 변화하기 시작한다.

서구 사회는 개인을 더 뿌리 깊고 선천적인 '유형'으로 분류하는 데 집착했다. 성별은 또 하나의 인종이나 두상으로서 개인의 잠재력에 울타리를 쳐서 그것을 축소하는 방식에 불과하다. 미드는 《세 부족 사회의 성과 기질》에서 다음과 같은 결론을 내렸다. "문명은 성이나 인종이나 가계를 통해 상속된 지위 같은 범주에서만 단서를 얻기보다, 즉 이처럼 단순한 노선을 따라 특정한 성격을 발전시키기보다 다양하고 다채롭게 타고난 기질을 인정하고 단련하고 그런 기질을 위한 자리를 만들어 갈 수도 있다."[93] 이렇게 하지 않으면 (나중에 돌이켜볼 때) 기본적으로 불평등이나 억압이 나타나기 때문이다. 그것은 끔찍한 낭비, 곧 재능과 에너지와 적성의 막대한 낭비이다. 비극적으로 열등한 삶을 살도록 강요받는 사람들 안에 이런 잠재력이 봉인되기 때문이다.

12장

산 자와 죽은 자, 그리고 좀비

아이티의 종교 의식에는 나약함과 순수함, 가장 사악한 것과 가장 고귀한 것, 이 모든 것이 통합되고 의미가 있어서 이튼빌의 침례교 기도회보다 더 기괴하거나 비현실적이지도 않고 덜 황홀하지도 않았다.

마거릿 미드의 《세 부족 사회의 성과 기질》은 조라 닐 허스턴의 《노새와 인간》과 같은 해(1935년)에 출판됐다. 미드의 책은 성과 능력에 대한 대담한 진술로 홍보됐다. 허스턴의 책은 흑인 작가가 쓴 흑인 문화, 혹은 〈뉴리퍼블릭〉에 실린 평론의 표현처럼 "플로리다의 작은 마을과 오지에 사는 순박한 흑인의 삶"에 대한 소개로 여겨졌다.[1] 사모아나 뉴기니를 다룬 미드의 책은 인간 사회의 보편적 특징에 대한 해설서로 환영받았지만, 아프리카계 미국인들을 다룬 허스턴의 책은 그저 진기한 이야기 정도로 취급됐다.

그래도 허스턴은 작가이자 지식인으로서 최고의 전성기를 누렸다. 주요 신문에 저서 두 권에 대한 평론이 실렸고 박사 학위를 받으려고 애쓰고 있었다. 베스트셀러 작가이자 허스턴의 오랜 친구인 패니 허스트는 《노새와 인간》이 출간됐을 때 허스턴에게 서명한 사진을 부탁했다.[2] 허스턴은 이번에는 남부에서 앨런 로맥스라는 어린 대학생과 함께 자료를 더 많이 수집했다. 허스턴과 로맥스는 녹음기를 들고 다니며 의회도서관에서 의뢰받은 이야기, 노동요, 영가, 블루스 자료를 수집했는데, 이는 허스턴 자신의 연구를 위한 음향 자료였다. 《노새와 인간》이 출간된 이듬해인 1936년에 허스턴은 드디어 구겐하임 펠로십을 수상했다.[3] 앞 차례에서 미드가 받지 못한 셈이었다. 허스틴은 지원서에 전공 분야를 '문예학'이라고 적었다.[4] 허스턴이 가장 하고 싶어 한 작업을 적절히 표현한 말이었다. 창의적으로 글을 쓰는 동시에 민속학을 통해 사람들이 곤경 속에서 어떻게 의미 있는 삶을 만들어 가는지를 이해하는 작업이었다.

미드와 포천과 베이트슨이 학자로서 다음 단계를 모색하던 즈음, 허스턴은 구겐하임 장학금 2천 달러(허스턴이 평생 어느 한 시기에 소유한 돈보다 많은 돈)를 가지고 다른 현장으로 떠났다. 구겐하임재단에서 "서인도제도 흑인들의 마술적 관습에 관한 연구"로 발표한 것을 수행할 계획이었다.[5] 나중에 허스턴은 이 연구를 두고 "형식적 호기심"에 불과했다고 말했다.[6] 사실 편견은 인간 사회 내부의 비밀 저장고에 접근하기만 하면 녹아내린다. "잠시만 쪼그리고 앉아 있으면 놀라운 일이 펼쳐진다."[7] 그해 봄, 허스턴은 배에서 내려 자메이카 킹스턴의 부두에 섰다.

킹스턴은 허스턴이 일 년간 이어질 것으로 본 독학의 첫 거점이었다. 컬럼비아대학 인류학과는 사피어, 베네딕트, 델로리아처럼 아메리카 원주민 문화에 초점을 맞춘 연구자들을 위한 학과 같았다. 다른 쪽에 관심이 있는 연구자에게는 더 어려운 과정이었다. "파파 프란츠는 인디언에 대해서는 잘 알지만, 흑인에 주목하는 제 연구에는 별다른 도움을 주지 못하셨어요."[8] 허스턴은 노스웨스턴대학 교수였던 멜빌 허스코비츠에게 이렇게 불만을 토로했다.

보아스와 미드의 초창기 탐사 여행처럼 허스턴도 현지에 도착하자마자 원주민에게 가르침을 받으러 온 새로운 외국인 연구자로서 지역 언론의 헤드라인을 장식했다. 허스턴은 승마 바지와 승마 부츠를 신고 킹스턴을 돌아다니며 당당한 연구자의 이미지를 심었다.[9)] 자기 재창조의 예술에 능숙한 사람에게도 자메이카는 누구든 뭐든지 바라는 대로 될 수 있는 곳 같았다. 허스턴의 표현으로는 "수탉이 알을 낳는 땅"이었다.[10)]

"다른 곳에서는 날 때부터 백인이거나 흑인이지만, 자메이카에서는 흑인으로 태어났어도 백인이라고 선언할 수 있다."[11)] 피부색이 충분히 분홍색으로 보이거나 붉은 기가 어느 정도 돌기만 해도 자신의 의지에 따라 상황을 바꿀 수 있었다. 이 범주에 속하는 자메이카 사람이라면 누구나 영어 발음부터 오후 4시에 차를 마시는 습관까지 흉내 내며 영국인처럼 살 수 있는 것 같았다. 허스턴은 미국에서도 패싱(passing) 현상, 곧 한 개인이 동시에 두 가지 인종 범주에 속하는 능력에 대해 잘 알았다. 한 개인이 자신과 가족만 아는 사적인 인종과 사회적으로 선택한 공적인 인종으로 살아가는 것이다. 허스턴은 패싱이 거의 늘 한 방향, 곧 사회적 권력이 있는 쪽으로 향한다는 점을 깨달았다. 자메이카 사람들은 백인 식민지 지배자로부터 계승한 인종 위계를 재생산하는 듯했고, 의도적으로 백인의 베일을 쓰고 흑인 혈통을 가렸다. 그들은 그들이 속한 사회 안에서 그런 터무니없는 일이 가능하다고 스스로 설득할 수 있었다. 허스턴은 글을 쓰면서 애써 피해 온 주제인 인종에 대해 새로운 사실을 많이 배울 거라고는 예상하지 못했다. 하지만 자메이카에 와보니 모든 것이 훨씬 선명해졌다. 여기서 허스턴은 문화가 단순한 규칙이나 의례의 집합이 아니라는 사실을 깨달았다. 문화는 교도소장이 떠난 뒤에도 죄수들이 스스로 옭아매고 끌고 다니는 사슬과도 같았다.

얼마 후 허스턴은 킹스턴을 벗어나 진구늘과 차를 몰고 블루마운틴을 넘어 자메이카섬 북쪽 해안과 세인트 메리 교구로 가서 흥미로운 것이 있는지 찾아보았다. 바다가 하늘처럼 푸르렀다. 해안선의 바위와 풀은 태초의 모습을 간직한 듯했다. 어느 마을에서 한창 혼례를 치르고 있었다. 허스턴은 어느새 음악과 춤, 신부 입장, 케이크와 염소 고기를 곁들인 카레 접시가 흔들리며 손에서 손으로 전해지는 한복판에 들어가 있었다.

더 서쪽에 있는 세인트 엘리자베스 교구에서 섬 원주민과 섞여 살던 탈출 노예의 후손인 마룬족 마을에도 머물렀다. 허스턴은 며칠씩 산비탈을 오르내려야 하는 멧돼지 사냥을 따라나서서 승마 부츠를 신은 채로 열심히 산을 탔다. 사냥개들이 날카로운 송곳니를 지닌 멧돼지가 가까워지면 으르렁거렸다.[12] 그러다 섬 반대편의 세인트 토머스 교구로 돌아와 망자의 영혼을 달래기 위해 아흐레 동안 이어지는 장례식에 참석하기도 했다. 장례식에서는 시신이 다시 살아나 마을 사람들에게 해를 끼치지 못하도록 시신을 관 안쪽에 못으로 단단히 고정했다.[13] 마룬족 사람들에게 죽음은 끝이 아니라 상태의 변화였다. 중요한 것은 사람 안에 있는 어둠의 물질(더피duppy)이 변화의 과정에서 날아가지 못하게 막는 것이었다. 아흐레 밤 동안의 장례식은 시신을 무덤 속에 고이 가둬놓는 의식이었는데, 잘못해서 더피가 시신에서 빠져나와 부족민들 사이로 떠다니면 그 다음에는 더피의 사악한 욕망을 달래줄 방법을 찾아야 했다.

이런 모든 신념과 관행에서 아프리카의 잔상을 보는 것은 어렵지 않았다. 허스턴은 여러 연구자의 관련 연구에 정통했다. 10년 전에 카리브해의 종교에 관한 연구를 발표한 엘시 클루스 파슨스,

미국 학계의 인종 차별로 인해 주로 흑인을 위한 학술지나 출판사를 통해 연구를 발표한 카터 G. 우드슨과 제임스 웰던 존슨(James Weldon Johnson), 그리고 물론 서아프리카 사회와 신세계(아메리카 대륙) 사이의 종교적·언어적·민속적 유대 관계를 연구한 멜빌 허스코비츠도 있었다. 허스코비츠의 강의는 노스웨스턴대학에서 이미 역사적으로 백인 대학에서 아프리카 연구를 다룬 첫 프로그램으로 자리를 잡았다.

허스턴은 뉴올리언스 시절부터 아메리카 대륙의 흑인 문화에서 아프리카의 뿌리를 직접 보았다. 그러나 자메이카에서는 시골에서 영국의 영향에서 벗어나는 것이 불가능해 보였다. 인종 개념부터 일상의 예절까지, 자메이카는 마치 영국을 개조한 섬처럼 보였다. 허스턴도 이내 이곳에서 제국의 외피를 들추는 것이 어렵다는 것을 알았다. 아프리카 서북부에 있던 다호메이 왕국(오늘날에는 '베냉'으로 불린다)이나 오스트레일리아의 골드코스트에서 지구 반대편으로 인신매매로 끌려와 숲을 벌목하고 사탕수수를 재배해야 했던 사람들이 그사이 무엇을 잃고 무엇을 얻었는지 정확히 보고 싶다면 꼭 가봐야 할 곳이 있었다. 9월 말에 허스턴은 짐을 싸서 아이티의 수도 포르토프랭스로 향하는 배에 올랐다.

노예 출신의 인권 운동가이자 아이티 주재 미국 공사를 지낸 프레더릭 더글러스(Frederick Douglass)는 아이티의 역사를 돌아보는 것은 군중 속에서 부상자를 쫓는 것과 같다고 말했다.[14] 1791년 히스파니올라섬* 서쪽에 있는 프랑스령 생도맹그의 노예들이 노예주(主)와 식민 지배자에 맞서 무장 혁명을 일으켰다. 이 봉기로 1804년에 아이티 공화국으로 독립했지만, 승리의 대가는 막대한 국가 부채와 국제 사회에서의 고립이었다. 유럽 강대국들은 아이티 독립 정부에 해방 노예의 비용을 프랑스에 보상하라고 요구했다. 이후 비교적 안정된 개혁의 시기와 쿠데타와 암살, 농민 반란, 잔혹한 진압의 시기를 번갈아 거치다가, 1915년에 결국 미국이 군사 개입해 아이티의 국영 은행을 장악한 미국의 투자자들을 지원했다. 허스턴이 아이티에 도착한 1936년 가을은 미국 점령군이 새로 선출된 아이티 대통령에게 권력을 이양하고 아이티에서 철수한 지 불과 2년밖에 되지 않은 때였다.

"장례식이 대문 앞에서 장례식을 만났다."[15] 허스턴은 훗날 아이티의 현대사를 이렇게 표현했다. 그러나 과거는 이미 아이티의 엘리트층이 제2의 독립이라고 일컬은 시대에 자리를 내주었다. 아이티 국민 300만 명은 권력을 되찾았다. 정부와 군대, 경찰, 교육 기관의 요직에 있던 미국인들이 아이티인으로 대체됐다. 아이티의 상류층은 저녁마다 포르토프랭스의 거리에서 현관 지붕을 기둥으로 받친 근사한 건물과 쌍둥이 종탑이 있는 대성당, 독립 광장, 푸른 언덕을 배경으로 한 하얀 콘크리트 외관이 돋보이는 보자르 양식의 왕궁 앞을 지났다.

허스턴은 포르토프랭스 외곽에 자리를 잡았다. 크리올어에 능통하려고 노력하면서 내륙 지방을 더 방문할 계획을 세웠다. 허스턴은 아이티가 사실상 두 나라라고 말했다.[16] 하나는 포르토프랭스의 세련된 중심지이자 프랑스 건축 양식과 밝은 피부색 고객들

---

* 카리브해에서 두 번째로 큰 섬. 콜럼버스가 신대륙을 찾아 항해하던 중 발견하여 15세기부터 에스파냐의 식민지가 되었다. 17세기 말부터는 프랑스가 섬의 서쪽을 차지하고 서아프리카 출신 흑인 노예를 동원해 사탕수수, 커피 등을 재배하는 대규모 플랜테이션을 구축했다.

이 찾는 샹 드 마르스였고, 다른 하나는 피부색이 어두운 사람들이 시립 공동묘지 근처 판자촌에 모여 사는 가난한 동네 볼로세였다. 이곳을 알려면 우선 프랑스풍 건물의 주랑 현관에서 벗어나야 했다. 12월에 허스턴은 집게 모양의 아이티 서부 해안 안쪽에 있는 건조하고 인구가 적은 고나브섬으로 들어갔다. 바다에서 바라본 섬은 기대 누운 여인의 형상이었다. 허스턴에게 조용한 마을의 삶과 잔잔한 바다, 염소 고기 조림을 곁들인 소박한 식사는 극성을 부리는 모기떼에도 불구하고 "세상 어디에서도 경험하지 못한 평화"를 안겨주었다.[17]

1월 초에 허스턴은 다시 본섬의 아카이예로 돌아가 아이티에서 남은 기간을 보낼 몇 군데 거점 중 하나로 삼았다. 허스턴을 초대해준 디외 도네즈 생 레제(Dieu Donnez St. Léger)라는 이름의 남자는 건물 여러 채와 대저택이 있는 복합 단지에 살았다. 그는 농장 전체를 다스리며 그에 따른 보상을 거두었다.[8] 그 보상은 그가 공들여 꾸민 주변 환경에서 드러났다. 녹색, 흰색, 파란색, 주황색의 화사한 줄무늬로 칠한 아치형 출입구, 복합 단지를 둘러친 녹색과 붉은색의 담장, 흙먼지를 일으키며 분주히 뛰어다니는 일꾼과 하인과 아이들이 보였다. 디외 도네즈에게 그런 힘을 준 것은 농장에서 생산된 부가 아니었다. 허스턴은 아이티 사회를 비밀의 전력망 같은 무언가가 휘감고 있다고 보았다. 그것은 아이티의 토착 에너지원이자 외부인이 가장 이해하지 못하는 아이티 문화의 한 측면, 곧 아이티인들이 '부두(vodou)'라고 부르는 관행과 신념이었다.

허스턴이 카리브해로 떠나고 얼마 후, 멜빌 허스코비츠는 아이티의 시골 지역에 관한 연구를 "어느 아이티 계곡의 삶"(1937)이라는 제목으로 출판했다. 허스코비츠가 아내 프랜시스와 공동으로 진행한 이 연구서는 아이티 마을 사람들의 종교 생활을 자세히 다루었다. 허스코비츠는 "'부두' 혹은 (다른 철자로) '보둔(vodun)'은 아이티 농민의 종교 생활을 지배하는 아프리카 신앙과 의례의 복합체"라고 설명했다.[19]

부두에 따르면 신은 우주의 지배자이지만 세상에는 신을 믿는 사람들의 육신을 조종할 수 있는 성인 혹은 정령인 로아(loa)도 함께 산다. 로아는 사람이 말에 올라타듯 사람에게 올라탈 수 있었다. '운강(houngan)'이나 '망보(mambo)'라 불리는 사제들은 특별히 로아와 접속해 로아의 방식을 이해했으며, 이렇게 얻은 지식을 토대로 삼아 치유와 예언, 그 밖에 놀라운 일을 해낼 수 있었다. 신전을 뜻하는 옹포르(hounfort)는 제물과 희생, 신성한 북 연주를 통해 보이는 세계와 보이지 않는 세계를 연결하는 의식이 거행되는 공간이었다.

허스코비츠는 마을이나 지역마다 관습이 다르다면서, 어떤 신앙이나 의례를 확실히 알았다고 생각하는 순간 아이티인(크리올판 '두 까마귀')이 나타나 정신이 똑바로 박힌 사람이라면 그따위 황당한 소리를 믿을 리 없다고 주장할 거라고 적었다. 그러나 허스코비츠는 이런 반응이 특별하지 않다고 보았다. 기독교인이나 유대인, 무슬림, 불교도에게 그들의 신앙에 관해 물어보라. 올바른 신앙, 올바른 의례, 올바른 윤리, 올바른 삶의 방식, 효과적인 기도, 심지어 신이 몇이나 되는지에 관해 제각각 다른 의견을 듣게 될 것이다. 예를 들어 가톨릭 신자들은 오직 한 분의 신만 믿는다고 말하지만, 사실 인류학자의 눈에 가톨릭은 여러 신을 믿는 듯 보인다. 삼위일체, 성모 마리아, 수많은 성인이 마치 거대한 다신교의 시장통처럼 북적대고, 저마다 고유한 마법의 힘과 함께 특정한 천상의 지위를 지니고 있다.

허스코비츠는 부두교 신자들이 행하는 것으로 알려진 일들(뱀 숭배나 식인 풍습)은 전적으로 외부인의 상상이라고 지적했다. 대다수가 미국인인 외부인들은 아이티인이 일상적으로 "심리적 공포의 세계"에서 산다고 여기는 듯했다.[20] 허스코비츠는 이런 시각을 바로잡고 싶어 했다. 그의 책은 그때까지 출판된 관련 서적 중 아이티 마을의 생활을 가장 정교하고 섬세하게 그리면서 인류애와 합리성을 불어넣은 연구서였고, 루스 베네딕트는 이 책을 아이티에 관한 최고의 저작이라고 평했다.[21]

《어느 아이티 계곡의 삶》의 더 중요한 목표는 언어, 마법, 사회 조직에서 허스코비츠가 "오염되지 않은 아프리카주의"라고 일컬은 것을 목록화하는 것이었다.[22] 그는 어떤 면에서 보아스와 통했다. 사회에는 역사가 있고, 그 역사가 현재 우리가 보는 사회의 관행과 습관을 설명해준다고 본 것이다. 아이티의 경우에 그 역사는 독립 시대에서 거슬러 올라가 수 세기에 걸친 노예 생활, 나아가 바다 건너 사하라 사막 이남 아프리카에서 여전히 살아 숨쉬는 삶의 방식까지 이어져 있었다. 허스코비츠는 나중에 아이티를 남아메리카 북동부 해안 지역에서 기아나에 이어 두 번째로 "신세계 흑인" 문화의 아프리카 기원을 연구할 수 있는 현장으로 꼽았다.[23]

허스코비츠는 어떤 단어나 구절, 신, 북 치는 방식의 기원이 (단순히 시대를 초월한 원시주의가 아니라) 다호메이나 세네갈인지, 나이지리아나 앙골라인지 식별할 수 있다는 점을 특별히 강조할 필요가 있다고 보았다. 이것은 백인 녹자 대다수가 흑인 사회를 생각하는 방식과 상반되기 때문이다. "오늘날 아이티 흑인 농민의 삶이 가혹하거나 불안정하다면, 흔히 하듯 흑인들의 타고난 인종적 성향에서 원인을 찾기보다는 그 원인이 그들의 주인들이 정한 본보기에서 얼마나 기인하는지 묻는 것이 적절해 보인다."[24]

몇 년 후 허스코비츠는 저서 《흑인의 과거에 관한 잘못된 믿음》(1941)에서 이 주장을 더 강하게 밀어붙였다. 이 책의 제목에는 이중 부정의 의미가 암시되어 있었다. 그는 흑인에게 과거가 있었다는 믿음을 공격한 게 아니라, 오히려 그 반대로 노예주와 백인 역사가 모두가 단언한, 흑인에게 과거가 없었다는 믿음을 공격한 것이다. 사실 흑인들이 노예제로 인해 만들어진 깊은 협곡을 가로질러 재구성할 수 있을 만큼 유구한 문화적 혈통의 일부라는 주장은 그리 독창적이지 않았다. 허스코비츠는 별도의 학술지와 출판사를 통해 흑인 독자를 위한 글을 발표하기는 했지만 비슷한 주장을 펼친 W. E. B. 듀보이스나 카터 G. 우드슨 같은 사상가들에게 큰 빚을 졌다. 그럼에도 불구하고 허스코비츠는 당대의 거의 모든 백인 작가보다는 한참 앞서 나갔다. 흑인들에게도 기억할 가치가 있는 역사가 존재하고, 그 유산이 현재에도 계승될 수 있다고 주장한 것이다. 허스코비츠는 남부의 백인들이 노래하고, 요리하고, 이야기하고, 예배하는 방식에도 아프리카를 떠올리게 하는 면이 있다고 지적했다. 어쨌든 백인 개신교 야외 집회에서도 세게 쿵쾅거리는 피아노 반주와 감정이 복받친 신자들이 톱밥 깔린 길을 따라 제단까지 걸어가는 모습은 어느 정도 아프리카에 뿌리를 둔 영적 빙의의 한 형태가 아니었을까?[25]

그러나 당대의 많은 백인 연구자와 마찬가지로 허스코비츠도 아이티를 들여다보기보다는 아이티를 통해 무언가를 보고자 했다. 과학이 아이티인을 끈질긴 전통의 전형적 사례로 보라고 요구한다면, 인종 차별적 접근에 비해서는 진보적이라고는 해도 사실 아이티인을 사람으로 보기는 어려웠다. 《어느 아이티 계곡의 삶》은 허스코비츠가 아이티 문화의 '아말감'이라고 표현한, 아프리카의 뿌리와 프랑스에서 차용한 것이 혼재된 상태를 추적했다. 하지만 이 책에서 허스코비츠는 자신이 현장에서 매일 마주친 사람들의 삶을 규정한 거대한 변화, 곧 미국의 군사 점령에 대해서는 거의 침묵했다. 허스코비츠는 허스턴이 머물렀던 아카이에 해안에서 멀지 않은 지역인 미르발레에서 현지 조사를 진행했는데 그곳에 대해 "이 계곡에 사는 사람들의 내면에 관해 말하자면 미국의 점령이 눈에 띄는 영향 없이 지나간 것 같다"고 적었다.[26]

하지만 허스코비츠의 주변 곳곳에 눈에 보이는 징후가 널려 있었다. 그중 하나를 그가 직접 보고하기도 했다. 미르발레의 마을 광장에는 아이티 독립의 상징이자 마을 사람들이 모여서 공공 행사를 치르는 장소의 상징인 야자수 한 그루가 있었다. 어느 미국 해병대원이 이 나무의 부드러운 줄기에 다음과 같은 낙서를 새겼다.

L. 말로

1920년 8월 13일

고주망태가 된

미 해병대원[27]

미국의 존재는 아이티 사회 전체에 깊이 침투했다. 미국 점령군은 사이비 종교와 그 종교의 야만성에 대한 이야기에 사로잡혔다. 아이티로 파견된 해병들은 아이티행 배에서 주문을 외우고 적을 독살하는 전통 주술에 대해 교육받았다. 여러 세대에 걸쳐 행해진 아이티의 의례는 급진화로 가는 과정으로 의심받아 미군의 철저한 조사를 받았다. 특히 아이티 청년들은 지하 사제의 유혹에 취약하다고 여겨졌다. 미국 당국은 부두교 의식을 공식적으로 금지하고 옹포르를 급습했다.[28] 전통 북은 압수당해 파괴되었다. 옹간들은 체포되거나 숨어 지내야 했다.

미군 병력의 대다수를 이루던 해병대는 아이티를 통치하는 동시에 아이티의 반란군, 곧 내륙 고지대의 전사들인 '카코(caco)'와 싸워야 했다. 어느 미국인은 "카코의 대장들은 모두 부두교 사제여서 반란군을 결집할 수 있었을 것이다. 반란군은 종교적 양심의 가책으로 통합되지 않았다면 목적을 잃었을 것"이라고 썼다.[29] 게릴라를 소탕하는 임무를 맡은 하급 장교와 사병 들은 각지의 당국에서 막강한 권력을 휘두를 수 있었다. 그리고 이들의 지나친 권한은 인종적 편견과 결합해 특히 외딴 지역에서 기괴한 폭력으로 이어졌다. 강제 노동, 강간, 민간인 살해가 광범위하게 보고됐다. 그들은 히스테리적 종교의 노예가 된 무지하고 잔인한 현지인들을 상대하다가 어쩔 수 없이 벌어진 일이라고 설명했다. 무지한 농민들이 카코와 부정부패 정치인들과 결탁한 사제들에게 조종당하고 마법과 흑마술이 난무하는 사회에서 대체 뭘 할 수 있겠느냐는 뜻이었다.

미국의 아이티 침공은 20세기 들어 외국 점령군이 현지의 문화에 뿌리를 둔 종교 사상을 주적으로 삼고 이를 근절하기 위한 폭력을 정당화한 최초의 사례였다. 미국 해병대원들과 그들을 취재한 기자들이 미국으로 돌아가 아이티의 생활에 대해 전하는 이야기는 미국인들에게 아이티의 이국적인 모습과 함께 자연의 야만성에 대한 확신을 심어주었다. 《고나브의 백인 왕》(1931)과 《검은 바그다드》(1933)를 비롯한 당시 병사들의 회고록은 문명을 남쪽으로 전파하기 위한 미국의 노력을 기록했다. 저널리스트 윌리엄 시브룩(William Seabrook)의 베스트셀러 여행서 《마법의 섬》(1929)은 '부두교'의 마법을 가장 강렬하게 묘사한 자료가 됐다.[30] 무아지경에 빠지는 아이티의 의식은 이전 시대로의 회귀이자, 인간의 감정이 원초적이고 신들이 가까이 있던 원시 시대 종교 관습의 잔재였다. "아이티의 부두교는 심오하고 생생히 살아 있는 종교다. 과거 기독교가 그랬듯이 … 기적과 신비로운 환상이 일상적이고 … 순진함, 야만성, 괴기스러움, 초자연적 미신, 때로는 사기꾼 주술사의 의도적 속임수가 만연하던 시대의 기독교처럼 생생히 살아 있다."[31]

허스턴은 현지 조사를 준비하며 《마법의 섬》을 읽었지만, 사실 이전에 쓴 저서에서 이미 남부의 특정 흑인 사회에서 인기 있는 종교인 '후두' 또는 '부두'를 언급할 정도로 이 종교에 대해 잘 알고 있었다.[32] 뉴올리언스에서는 여러 수행자를 통해 비밀 의식에 입문한 적도 있었다. 심지어 한여름 더위에 자기 몸 주위로 머리맡부터 발끝까지 촛불을 켜고 며칠씩 알몸으로 맨바닥에 누워 있기도 했다. 그리고 이 연구 결과를 베네딕트의 〈미국 민속학 저널〉에 발표했다.

허스턴은 아이티에서 현지의 친구와 동료 들을 통해 부두교 사제들과 쉽게 교류했다. 아카이예에서 디외 도네즈와 맺은 인연으로 이 베일에 가려진 사회로 들어갈 수 있었다. 아이티에서 가장 유명한 옹간과 망보를 만나 심야 의식에서 모든 신을 불러내는 광경을 목격했다. 예수와 성자들이 담발라 오에도나 에르줄리 프리다 같은 생소한 신적 존재들(로아)과 나란히 서 있는 신성한 비밀 집회였다. 그리고 로아가 올라탄 사람들이 울부짖으며 몸부림치는 장면도 보았다. 허스턴은 현실의 또 다른 차원을 이해해야 할 것 같았다. 아이티의 종교 의식에는 나약함과 순수함, 가장 사악한 것과 가장 고귀한 것, 이 모든 것이 통합되고 의미가 있어서 이튼빌의 침례교 기도회보다 더 기괴하거나 비현실적이지도 않고 덜 황홀하지도 않았다. 허스턴은 신앙을 버리기는 했지만 한때 기독교도이자 목사의 딸로서 다른 세계와 접속하는 힘을 잘 알았다.

그리고 허스턴은 종교에서 범주가 중요하다는 사실을 새롭게 깨달아 갔다. 말하자면 성스러운 것과 불경한 것, 천상의 것과 지상의 것, 기적인 것과 평범한 것의 범주가 중요했다. 맨해튼에는 산 자와 죽은 자라는 두 가지 범주만 존재했다. 하지만 아이티에는 이도 저도 아니고 동시에 두 가지 모두일 수도 있는 세 번째 범주가 추가됐다. 이 개념은 시브룩이 미국의 독자들에게 이미 소개했다. 시브룩의 《마법의 섬》은 아이티인들이 좀비(zonbi)라고 부르고 시브룩은 좀비(zombie)라고 표기한 상태를 의미하는 영어 철자를 표준화한 최초의 책이었다.

시브룩은 아이티의 풍경에 출몰하는 특별한 존재에 대해 "영혼 없는 시체, 죽었지만 무덤에서 끄집어내 마법을 걸어 기계적인 생명을 부여한 존재"라고 적었다.[33] 미국 점령군은 아이티를 순찰하며 좀비에 대한 소문을 들었다. 아이티의 황량한 언덕과 외딴 마을에 걸어 다니는 시체들의 군대가 있는 것 같았다. 그들은 아마도 카코가 일으킨 반란에 어떤 식으로든 책임이 있을 것이다. 마을 주민들은 한밤중에 예상치 못한 급습으로 미 해병대원들을 공포에 떨게 한 존재가 바로 좀비들일 거라고 암시했다.

몇 년 후인 1932년에 미국인들은 동네 영화관 스크린에서 좀비를 볼 수 있었다. 〈화이트 좀비〉라는 이 영화에서는 헝가리 출신 배우 벨라 루고시가 연기한 부두교 사제가 아이티에서 휴가를 보내던 미국인 약혼녀에게 악령의 힘을 불어넣었다. 아이티의 악마들은 누구든 감염시킬 수 있었고(영화 제목에서 알 수 있듯이 백인 여성까지도) 해독제는 바로 스크린에서 볼 수 있었다. 사제의 부두교 주술은 그가 흑인 하수인들과 함께 절벽에서 떨어져 죽어야만 풀렸다. 시브룩의 여행기에서 영감을 얻은 〈화이트 좀비〉는 공포 영화이면서 멀리서 작성된 일종의 민족지였다. 〈북극의 나누크〉와 〈모아나〉가 각각 북극과 사모아를 그렸다면, 〈화이트 좀비〉는 약간 선정적인 방식으로 아이티를 다룬 순수한 허구의 작품이었다. 이국적인 영역에 멈춘 채로 미국의 대중이 접근하기 쉽게 만든 순수한 허구였다.

허스턴은 아이티에서 좀비 이야기가 "이 나라에 찬 기류처럼 스며들었다"고 회상했다.[34] 포르토프랭스에서 아카이예에 이르기까지 가는 곳마다 좀비 전설을 들었다. 사람들은 좀비에 대해 말할 때면 약간 목소리를 낮추기는 했지만 날씨 얘기를 하거나 곧 있을 결혼식 얘기를 하듯이 말했다. 허스턴이 만난 모든 사람이 좀비를 본 적이 있거나 좀비를 본 누군가를 알았다. 그러나 모두 말뿐이었다. 어떤 말도 조만간 허스턴이 그 존재와 직접 마주할 상황에 대비하게 해주지는 못했다.

아이티에 머물던 어느 날 허스턴은 한 병원을 방문했다. 병원

담장 옆 마당에서 저녁 식사를 받는 여성을 발견했다. 주변을 경계하듯이 웅크린 여성은 음식에는 거의 손도 대지 않았다. 그 여성은 허스턴이 다가오는 것을 보고 옆에 있던 관목에서 나뭇가지를 뽑아 땅을 쓸기 시작했다. 마치 누가 때리기라도 할 거라 예상한 듯 겁먹은 표정을 짓더니 경계하며 천으로 머리를 가렸다. 의사가 천을 벗겼지만 여성은 거북이가 등껍질 속으로 숨듯 두 팔을 들어 머리를 감쌌다.[35]

허스턴이 알아낸 여성의 이름은 펠리시아 펠릭스멘토(Felicia Felix-Mentor)였다. 펠릭스멘토는 아이티의 북쪽 도시 고나이브와 카프아이시앵 사이에 있는 에네리라는 마을에서 나고 자랐으며, 남편과 작은 식료품점을 운영했다. 이 여성에 대해 알게 된 놀라운 사실은 그녀가 의료 기록상 1907년에 사망했다는 것이었다. 허스턴은 펠릭스멘토의 사진을 몇 장 찍었는데, 그중에 적어도 한 장이 나중에 출판됐다. 이 사진은 아이티인들이 좀비라고 여기는 존재를 찍은 최초의 사진으로 알려졌다.

펠릭스멘토에게 무슨 일이 있었던 걸까? 그녀의 장례식은 29년 전에 치러졌다. 가족들은 슬픔 속에 장례식을 마치고 재빨리 각자의 삶으로 돌아갔다. 남편은 새 아내를 들였다. 아들은 성인이 됐다. 허스턴이 병원을 방문하기 전 가을에 경찰들이 시골길에서 벌거벗은 여인을 발견했다. 그 여인은 농장에 나타나 아버지에게 물려받은 예전에 자신의 소유였던 땅을 가리켰다. 농장의 일꾼들이 그녀를 쫓아내려 했지만, 농장 주인이 와서는 소스라치게 놀라며 그 여인이 자기 동생이라고 밝혔다. 그리고 그녀의 남편을 불렀고, 남편은 그 여인이 죽은 아내라고 확인해주었다. 하지만 이전의 삶으로 돌아갈 수는 없었다. 펠릭스멘토가 떠나 있던 사이 그녀를 비롯한 모두가 다른 사람이 되었기 때문이다. 오빠는 원래 여동생과 나눠 가졌어야 할 재산을 모두 차지하고 부유한 농부로 살았다. 남편은 미군 점령 후 정부의 하급 관리로 들어가 새로 가정을 꾸렸다. 따라서 그 여인은 허스턴과 마주친 병원의 담장 안에 유폐될 수밖에 없었다.

　의사들은 허스턴에게 펠릭스멘토가 독극물 중독의 희생자일 가능성이 크다고 말했다. 흑마술을 행하는 주술사인 '보코르(bocor)'가 주술사들 사이에 전해 내려오는 비법으로 제조한, 죽음을 가장하는 약물을 펠릭시멘토에게 주었을 수 있다는 것이다. 보코르가 나중에 펠릭스멘토를 다시 살려낼 수는 있었지만 이미 뇌가 손상되어 과거 그녀의 껍데기만 남은 존재, 시브룩의 표현을 빌리자면 "기계적으로 생명을 모방한" 존재가 됐을 것이다. 펠릭스멘토는 몇 년 동안 시골에서 떠돌아다녔을 수도 있고, 어쩌면 원래 살던 동네에서 거의 잊힌 존재로 눈에 띄지 않게 살았을 수도 있다. 허스턴은 그런 상태에 대해 잘 알았기에 펠릭스멘토와의 만남을 자세히 묘사할 수 있었다. 사실 허스턴은 어린 시절에 어머니의 죽음을 믿지 못한 채 살았다. 반면에 아버지는 삶과 죽음 두 세계의 경계선을 명확히 긋는 사람이었다. 아버지는 능숙하게 옛 가족을 새 가족으로 바꾸었다.

　허스턴은 그 독의 제조법을 추적해 좀비 현상의 비밀을 파헤치려 했다. 어쩌면 펠릭스멘토의 과거로 더 깊이 파고 들어가 잃어버린 29년을 재구성하거나, 그녀가 어떻게 살아 있는 시체들 사이에 끼게 됐는지 자세히 설명할 수 있을 거라고 생각했다. 하지만 그해 여름 갑자기 복통으로 쓰러지면서 단념해야 했다.[36)] 어쩌면 비밀스러운 지식에 지나치게 가까이 다가가고 있었던 듯하다. 허스턴이 숨겨신 신실에 가까이 다가살까 봐 우려하던 보코르가 그녀를 중독시킨 것은 아니었을까? 허스턴은 충분히 알아냈다고 판단했다. "모든 진실은, 좀비에 관한 진실은 무엇인가?" 그녀는 나중에 이렇게 썼다. "나도 잘 모르지만, 병원 안에서 펠리시아 펠릭스멘토의 유물, 그 여자의 찌꺼기를 본 것은 안다."37)

허스턴은 좀비를 이해하는 열쇠는 비밀의 묘약을 찾거나 다른 민족의 신화를 폭로하는 데 있지 않다는 결론에 이르렀다. 열쇠는 실제로 좀비를 믿는 데 있었다. 펠릭스멘토는 좀비로 '알려진' 사람이 아니었다. 할리우드 영화에 등장하는 좀비처럼 가상의 인물이 아니었다. 그녀는 진짜 좀비였다. 그 사실을 이해할 수 있다면, 아이티(나아가 가장 중요한 아이티의 영성)를 아이티 내부에서 바라보는 데 큰 걸음을 내디딘 셈이었다. 기본적으로 좀비는 원주민 범주의 실제 본보기였다. 좀비는 현실을 구분하는 하나의 방식으로서, 아이티의 시골 사람들이 어떻게 세상을 살아가는지에 대해 많은 것을 말해주었다. 뉴욕에서는 죽음을 모든 것이 끝나는 최종 상태로 생각했고, 현실은 현재와 무(無)의 두 가지로만 이루어졌다. 하지만 아이티 사람들은 딱히 지금 살고 있는 여기도 아니고 완전히 죽음의 세계로 넘어간 것도 아닌 상태, 삶과 죽음 사이의 중간 지대에 열려 있는 사회에 살았다.

허스코비츠가 그랬듯이 세상을 이런 식으로 보는 관점의 기원을 서아프리카에서 찾을 수도 있었다. 그러나 이런 관점을 자신의 문화에서 강제로 쫓겨나 신대륙에 정착해야 했던 사람들이 희미하게 기억하는 관습으로 본다면 역사를 현재로 착각하는 것이었다. 이는 기독교가 팔레스타인에 뿌리를 두고 있다고 말하는 격이었다. 종교를 제대로 이해하려면 과거나 미래가 아니라 현재를 봐야 했다. 부두교는 다른 모든 형태의 신앙과 마찬가지로 현재에 관한 종교이고 사회적 권력을 이해하는 방식이자 이 고장난 세계를 이해하는 방식이었다. 아이티에서는 정부가 새로 들어섰다가 무너지기를 거듭했다. 강대국들이 침략했다가 떠났다. 폭력은 산속에서 튀어나오기도 하고 카코나 미 해병대 복장을 하고 어둠 속에서 마을에 침입하기도 했다. 한 여인이 (오빠와 남편에게는 편리하게도) 사라졌다가 다시 나타나 말썽을 일으켰고, 그러다 정신병원에 갇혀 움츠러들어 정신을 완전히 놓고 말을 잃고 더는 그녀 자신이 아닌 빈껍데기로 살아 있으면서도 죽은 채로 지냈다. 종교가 살아남는 이유는 사람들이 조상의 신앙을 사랑해서가 아니라 세상을 살아가는 데 도움이 되기 때문이었다.

허스턴은 루스 베네딕트의 세미나에서 마법은 본질적으로 일어나기를 원하는 사건의 패턴을 설정하는 관습이라고 배웠다.[38] 아들을 강하게 키우고 싶으면 힘을 상징하는 이름을 지어준다. 적을 죽이고 싶다면 죽은 뱀의 목구멍에 적의 옷 조각을 집어넣는다. 마술적 사고는 인간의 보편적 사고에 가깝고, 현대 사회에도 존재한다. 도박과 주식 시장, 심지어 사유 재산 개념(자신의 자아 감각을 무생물로까지 확장할 수 있다는 믿음, 또 그것을 상실하면 깊은 불쾌감과 불안을 느끼게 된다는 믿음)은 모두 어느 정도 마술적 신념 체계를 따른다. 마법은 눈에 보이는 세계를 통제하기 위해 보이지 않는 무언가를 소환하는 방법이다. 다만 사회마다 자연계와 초자연계를 연결하는 방식이 다를 뿐이고, 그 방식은 역사와 지리적 조건에 따라 달라진다.

허스턴은 아이티에서 스승들이 이해하려 한 바로 그 측면을 볼 수 있었다. 허스턴은 뉴올리언스와 당시 머물던 아카이예에서 이니 많은 것을 경험했지만 이런 측면을 이해하기 위해 흑마술을 따로 배우지 않아도 됐다. 어디에도 연결되지 않는 힘, 갑작스러운 기적, 우연한 비극의 세계에 눈을 뜨기만 하면 됐다. 훗날 허스턴은 "지그재그로 내리치는 번개처럼 세상에 권력을 휘두르고 뒤이어 요란한 천둥 소리까지 내는" 사람들은 그런 일에 대해 생각할 필요가 없다고 썼다.[39] 하지만 먼지 속을 걷는 사람들은 달랐다. 당신의 사회가 바다를 지배하고 사람들을 당신 앞에 고개를 숙이게 만들 수 있다면, 당신이 믿는 신들도 그럴 수 있을 것이다. 당신이 운명의 변덕에 휘둘려 한 곳에서 쫓겨나 멍한 채로 다른 곳에 떨어지고 어떤 알 수 없는 이유로 이리저리 내던져진다면, 당신이 믿는 신들도 똑같이 그럴 것이다. 더 어두운 페르소나와 더 밝은 페르소나가 지배권을 놓고 싸우고 때로는 희생과 회유를 요구하며 변덕을 부릴 것이다.

허스턴은 아이티에서 현장 노트에 이렇게 적었다. "신들은 항상 그들을 만든 인간들처럼 행동한다."[40] 활기찬 영혼은 무식쟁이는 하지 못할 말을 할 수 있었다. 로아가 올라탄 사람은 현장의 상관이나 햇빛 가리개 모자를 쓴 미국인에게 저주를 걸 수 있었다. 보이지 않는 힘에 빙의돼 일종의 죽음으로 도피하는 것은, 특히 다른 방법으로는 진실을 말하기 어려운 곳에서는 참으로 강렬하게 살아 있는 방법일 수 있었다. 이것이 펠리시아 펠릭스멘토의 진실이었다. 버려지고, 무시당하고, 병원에 갇히고, 잊히고, 사람들에게 사실상 죽임을 당한 그녀의 처지는 허스턴이 아는 다른 많은 사람들, 플로리다의 노동 수용소부터 백인 전용 대학에 이르기까지 많은 곳에서 만난 수많은 흑인의 처지와 꼭 닮아 있었다. 다만 아이티에서는 이런 상태를 가리키는 용어를 만들어냈을 뿐이다.

허스턴이 강력한 마법이 작동하는 감각을 느끼고 싶다고 해서 좀비에게 의지할 필요는 없었다. 아이티에 도착하고 처음 몇 주 만에 그 힘이 벌써 그녀를 찾아왔던 것이다. 허스턴은 자기 안에 "꽉 막혀 있던" 무언가가 이제 거대한 영혼의 물결로 터져 나왔다고 말했다.[41] 허스턴은 내면에 갇혀 있던 열정을 쏟아내 소설을 써냈다. 현실과 기억 사이에 유예된 옛사랑의 잔상, 온전히 현실도 아니고 온전히 기억 속에 머무는 것도 아닌 중간 지대에서 살아가면서 시도하는 그녀만의 사적인 실험이 모두 이 소설에 녹아 있었다.

펠릭스멘토를 만나고 얼마 후 허스턴은 구겐하임재단에 보내는 편지에 조만간 카리브해에서 책 두 권을 들고 돌아가겠다고 알렸다. "하나는 인류학을 위한 책이고, 다른 하나는 '제가' 쓰고 싶은 대로 쓴 책입니다."[42] 그 두 번째 책은 마침내 허스턴을 불멸에 가까운 존재로 만들어주게 된다.

허스턴은 아이티에서 허스코비츠보다 네 배 이상 머물렀다.[43] 중간에 잠깐씩 뉴욕에 다녀오긴 했지만, 또다시 구겐하임 펠로십을 받은 덕분에 다시 아이티로 돌아와 연구를 마무리할 수 있었다. 이번에는 일 년 가까이 걸린 카리브해 현지 조사로 뚜렷한 성과를 냈다. 1937년 늦여름, 버트럼 리핀콧 출판사는 허스턴이 뉴욕으로 돌아오기를 원했다. 허스턴은 아이티에 좀 더 머물며 부두 의식에 한 번 더 참석하고는 마지못해 북쪽을 향해 떠났다.

맨해튼에 도착한 허스턴은 문학 모임과 축하 편지, 신문 평론, 《미국 명사 인명록》 등재 같은 일에 휩쓸려 정신없이 지냈다. 오래전 마거릿 미드는 바너드칼리지의 여학생들과 함께 그들의 우상인 에드나 세인트 빈센트 밀레이의 집 앞에 꽃을 놓은 적이 있었다.[44] 이제 그 밀레이가 허스턴에게 찬사를 담은 전보를 보냈다.[45] 그해 9월에 허스턴이 아이티에서 자기 안에서 쏟아낸 소설에 바치는 찬사였다. 허스턴은 이 소설의 제목을 "그들의 눈은 신을 보고 있었다(Their Eyes Were Watching God)"라고 붙였다.

허스턴의 카리브해 여행은 스스로 정한 유배 생활이었다. 그로부터 몇 달 전에 허스턴은 컬럼비아대학의 잘생긴 대학원생 퍼시벌 맥과이어 펀터(Percival McGuire Punter)와 사랑에 빠졌는데, 두 사람이 처음 만났을 때는 허스턴이 아직 허버트 신과 결혼한 상태였다.[46] 펀터는 허스턴보다 스물한 살 어렸는데, 다른 사람들에게 그랬던 것처럼 허스턴은 펜터에게도 교묘히 나이를 숨겼을 것이다. 두 사람 사이에 뜨거운 불꽃이 튀었다. 그들은 미술과 음악, 연극, 문학에 대해 이야기했다. 그리고 격정적으로 타올랐다. 허스턴은 맨해튼 7번가에서 펀터가 어떤 여성을 쳐다보다가 눈이 마주치자 당장 그에게 분노를 터트렸다. 허스턴은 나중에 이렇게 고백했다. "그냥 사랑에 빠진 게 아니었다. 낙하산을 타고 뛰어내린 거였다."[47]

두 사람은 멀리 떨어진 채로 관계를 이어 갔는데, 허스턴이 뉴욕으로 돌아와 그의 품에 안기곤 했다. 두 사람은 접시를 던지고 때로는 서로 뺨을 때리다가 열정적으로 용서하고 화해하면서 폭풍우 같은 행복한 시간에 정착했다. 펀터는 허스턴에게 결혼해 달라고 했지만, 허스턴은 불가능하다고 생각했다. 나이차, 일에 대한 열정, 그리고 그녀 스스로 될 수 없는 걸 아는 펀터의 아내상이 모두 걸림돌이었다. 그때 마침 구겐하임 펠로십을 수상하는 기회가 찾아왔고, 허스턴은 펀터를 남기고 카리브해로 떠난 것이다.

포르토프랭스에 도착하자마자 단어들이 종이 위로 쏟아졌다. 그렇게 펀터를 향한 사랑뿐 아니라 그 밖의 많은 것에 대한 자전적 소설이 탄생했다. 허스턴은 이 모든 것이 한 여성의 이야기, 자기를 이해하기 위한 탐색, 그리고 진정한 동반자를 찾는 어려움에 관한 이야기로 "방부 처리"됐다고 말했다. 이 소설의 첫 문장은 "멀리 떠 있는 배들에는 모든 이의 소망이 실려 있다"로 시작했는데, 이는 미국 문학사상 가장 유명한 첫 문장이 됐다. 그리고 허스턴은 주인공 제이니 크로퍼드에 대해 쓰면서 인간의 가장 오래된 갈망은 자기 표출이라고 표현했다. 제이니는 허스턴이 처음 이튼빌을 떠났을 때처럼 자신의 정체성을 서서히 깨달아 간다. 할머니에 의해 부유한 지주에게 시집을 가지만 농사일과 집안일에 시달리면서 마음속으로는 더 많은 무언가를 갈망한다.

제이니는 곧 자신을 제대로 대해주는 조 스타크스라는 남자와 함께 이튼빌로 떠난다. 그곳의 상점 앞 포치에서 이런저런 이야기를 들으며 악명 높은 지역 유지의 아내로서 명성을 누린다. 하지만 조는 옹졸한 폭군이 되어 제이니에게 얌전하게 굴라고 강요하며 사람들 앞에서 망신을 주기도 한다. 그러던 중 남편이 죽자 제이니는 돈 많은 과부가 되어 중년의 나이에 전보다 더 세속적으로 살게 된다. 얼마 안 가 젊고 활달한 도박꾼 티 케이크(아마도 펀터의 낭만적인 버전)의 사랑을 받으며 늘 그녀를 피해 가는 것 같았던 동반자 관계를 이어 간다. 그러나 두 사람의 관계는 오래가지 못한다. 광견병 개에 물린 티 케이크가 조증 환자처럼 날뛰며 제이니의 목숨을 위협했고, 살기 위해 티 케이크를 총으로 쏴 죽인 제이니는 무죄 판결을 받은 후 삶을 되돌아보며 일종의 만족감을 느낀다. 순수한 여인은 어느새 노련한 여인이 되어 있다.

이 소설은 허스턴이 남쪽에서 수행한 연구를 요약한 내용인데 포르토프랭스와 킹스턴 지역에 대한 이해가 녹아 있다. 허스턴의 일부 초기 작품처럼 작중 인물들의 대화는 방언으로 표현되었다. 허스턴은 인류학자의 필수 방법을 제이니 크로퍼드의 입에 넣었다. 제이니는 이렇게 말한다. "잘 알려져 있다시피, 어떤 곳에 대해 알고 싶으면 직접 거기 가야 해."[48] 허스턴은 자신의 자동차 '도도한 수지'에 과학의 언어를 잔뜩 싣고 남부로 떠난 순간부터 스스로 헤쳐 나갔다. 저명한 옹간들이 거행하는 의식을 쫓아다니며 재능을 갈고닦았다. 보아스 학파의 어느 누구도 허스턴만큼 자신이 이해하려는 사람들의 생생한 삶 속으로 그렇게 깊이 들어갔다고 자신할 수 없었다.

《그들의 눈은 신을 보고 있었다》, 이 책 한 권에는 많은 것이 담겼다. 이 책은 성장 소설이자 여성들과 그들이 사랑하는 남성들의 내면 세계에 대한 고찰이자 멕시코만 연안에 대한 문학적 민족지였다. 한편으로는 지리의 재해석이기도 했다. 허스턴에게 남부는 사실상 카리브해에서 북쪽으로 확장된 지역이었고, 이곳의 인종적 편견과 일상적 인종 차별은 짐 크로 법의 영향이라기보다는 식민주의의 잔재로 보였다. 허스턴이 남부의 삶을 묘사할 때 신화와 종교는 아이티의 부두교 드럼 서클*만큼이나 강력한 힘을 발휘한다. 자메이카에서는 피부색만큼이나 인종적 소속의 미세한 차이에 집착한다. 제이니와 티 케이크가 가까스로 피한 허리케인이 휩쓸고 지나간 자리에서 희생자들은 각기 다른 무덤에 묻힌다. 백인 감독관들은 흑인 일꾼들에게 시신의 머리카락 색깔과 질감을

---

* drum circle. 부두교 의식에서 원형을 이루어 드럼을 연주하고 춤을 추는 무리.

보고 올바른 부류와 잘못된 부류를 분류해야 한다고 고집한다. 시체마저 인종을 따지는 현실, 이런 체제는 뿌리를 뽑기는커녕 대체 어디서부터 설명을 시작해야 할지조차 알기 어렵다고 허스턴은 말한다. 이런 현실도 존재하는데, 좀비 정도는 진부해 보일 뿐이다.

"소설가들은 대부분의 과학자보다 인간을 더 잘 알아요."[49] 미드는 《그들의 눈은 신을 보고 있었다》가 출간되기 몇 년 전에 베이트슨에게 보낸 편지에 이렇게 썼다. 작가들은 자신의 목적에 맞게 언어를 자유롭게 주조할 수 있고, 전문 용어 뒤에 숨을 수 없다. 작가들은 온갖 표현의 가능성에 마음을 연 채로 사람들의 말과 생각, 경험에 남다르게 접근할 수 있다.

그러나 미드가 허스턴의 소설이 출판되었을 때 그 소설을 읽었다는 증거는 없다. 인종이라는 벽으로 인해 허스턴은 보아스 학파의 다른 연구자들과 동떨어져 있었다. 보아스의 제자들이 인간 사회는 인종에 따라 근본적으로 나뉜다는 주장을 열심히 부정하던 시기였는데도 말이다. 1935년 여름에 미드는 펜실베이니아의 인종 간 학회에서 강연하다가 살면서 가장 부끄러운 일을 겪었다. 미드는 자신의 뉴기니 연구를 설명하면서 현지의 아기들을 "피캐니니(pickaninny)*"라 부르고는 피진 영어에서는 허용되는 표현이라고 주장했다. 그러다 순간 청중석에 있던 아프리카계 미국인들의 눈빛이 날카로워지는 것을 느꼈다. 미드는 무심코 한 실수에 울 듯이 당황하며 청중에게 바로 사과하고 강연을 이어 갔다. 하

---

* 주로 미국 남부에서 흑인 어린아이를 가리키는 모욕적 표현.

지만 미드가 이 일에서 얻은 교훈은 자신의 무감각이나 무심코 튀어나온 편견이 아니었다. 흑인 아기와 백인 아기를 구별하기 위해 특별한 단어가 필요하다고 느끼는 것은 물론 인종 차별이었다. 그러나 미드가 깨달은 것은 그보다는 강연자가 진심으로 뉘우치면 청중의 마음을 돌릴 수 있다는 사실이었다.[50]

허스턴은 1930년대에는 미드와 접촉할 일이 거의 없었다. 당시에 두 사람은 각자 지구 반대편에서 오랜 기간 현지 조사에 몰두했다. 또 허스턴은 뉴욕에 돌아와서도 인류학과 주변을 돌아다니기보다는 출판사와 오랜 후원자를 찾아다녀야 했다. 사실 허스턴은 박사 과정을 시작하자마자 학위를 포기했다.[51] 금전적 지원이 생각보다 넉넉하지 않은 데다, 특히 스스로 과학보다는 예술에, 아니 수년간 해 온 과학적 수집을 표현할 방법으로 예술에 관심이 더 많다는 사실을 깨달았다. 허스턴은 아이티에서 돌아왔다가 다시 추가로 탐험을 하기 위해 미국 남부로 내려가 민속 자료를 수집하고 개신교의 한 교파인 오순절 신자들 사이로 들어가 카리스마 넘치는 예배에 관해 기록했다. 학자 경력을 더 쌓을 생각은 없었지만 계속 민족지학자로서 연구를 이어 갔다. 책을 써서 번 돈으로 보상 없는 학술 연구를 위한 비용을 충당했다.

미드는 허스턴처럼 작가로 살게 될 거라고 상상한 적이 있었다. 젊은 시절의 미드는 사회과학이 아니라 시가 자신의 소명이라고 확신했다. 하지만 세픽강에서 돌아온 후 뭔가를 잃어버린 느낌을 받았다. 박물관에서 학예사 자리를 구했지만 이도 저도 아닌 채로 갇힌 느낌이 들었다. 베네딕트와의 관계는 여전히 따뜻하고 우호적이었지만 미드가 해외로 떠난 사이 베네딕트도 다른 열정, 다른 관계로 옮겨 갔다. 그리고 포천의 결혼은 종결을 향해 나아갔다.

1935년 여름에 미드는 뉴욕의 멕시코 영사관에 이혼 서류를 제출했다.[52] 첫 이혼 때와 같은 경로였다. 베이트슨과는 계속 편지를 주고받았다.[53] 그들은 나중에 뉴기니 시절처럼 타이핑 용지를 오려서 편지지로 쓰다가 일반 편지지로 넘어간 1935년 4월의 특별한 순간을 훗날 회상하기도 했다. 하지만 이 새로운 관계를 제대로 이어 가려면 재치와 계획이 필요했다. 두 사람은 몰래 만나거나 다른 약속으로 만남이 설명될 수 있을 때만 만났다. 이를테면 아일랜드에서 휴가를 보내다가 우연히 재회하거나 베이트슨이 컬럼비아대학으로 초빙 강연을 하러 오면 대화를 나누는 식이었다.

특히 《세 부족 사회의 성과 기질》로 대중의 주목을 받고 있던 미드는 추문이 될 만한 일을 만들지 않으려고 조심했다.[54] 현지 조사에서 돌아온 뒤로 포천과 같이 살지 않았는데도 사람들은 두 사람이 잘 지낸다고 믿었다. 어쨌든 미드로서는 책 판매가 중요했다. 인세가 이혼의 법적 절차에 들어가는 비용을 대는 데 도움이 될 터였다.[55] 파파 프란츠에게는 물론 이런 상황을 알리지 않다가[56] 그해 말에야 알렸다.[57] 프란츠에게는 포천이 자신을 거부했다고 말했다. 진실은 정반대에 가까웠지만.

미드와 베이트슨은 몇 달간 편지를 주고받으며 그해 가을 포천과 미드의 이혼이 확정되면 새 현지 조사 장소에서 만나 최대한 조용히 결혼할 계획을 세웠다. 두 사람은 이번에 발리에서 함께 정신 질환과 현지 종교에 관해 연구하고 문화와 기질에 대한 더 폭넓은 작업을 할 예정이다. 두 사람은 자신들이 우연히 재회해서 사랑에 빠졌다고 가족, 친구, 동료 들에게 말하기 위해 정교하게 계획을 세웠다. 세픽강에서의 광기는 베네딕트를 제외한 모두에게 안전하게 감춰졌다. 베이트슨은 1935년 크리스마스 직전에 마치 스크루볼 코미디 각본이라도 짜듯이 미드에게 편지를 보냈다. "여하튼 나는 한두 달 정도 우리가 현지에서 함께 연구하면서 서로 질투하고 서로의 방법을 반박하는 척 연기를 하면서 세상을 속이는 게 좋겠다고 생각해요. 그런 식으로 조만간 둘이 결혼하겠구나 하고 짐작하게 하는 거죠. 그러면 우리의 결혼은 폭탄 선언이 아니라 존중받을 만한 일이 될 거예요. 한 달 정도 사람들이 우리를 보헤미안 같은 자들로 보게 놔 두죠. 그러다 우리가 결혼하면 다들 우리를 다시 존중해줄 거예요."[58]

미드는 이제 베이트슨의 편지에서 마거릿이 아니라 "나의 애벌레"가 됐다. 이듬해 봄에 두 사람이 발리에 도착할 때 미드는 이미 "그레고리 베이트슨 부인"이 돼 있었다. 싱가포르에서 결혼식을 올렸고, 베이트슨이 얼마 후 어머니에게 편지를 보내 미국인이자 우아한 안주인, 인류학자, 유전적으로 무신론자, 선택적 영국인인 며느리가 생겼다는 사실을 알렸다. 베이트슨은 미드의 외모가 "여자 찰스 다윈의 얼굴" 같다고 적었는데, 미드에게는 칭찬이 아니었을지 몰라도 그의 어머니는 이런 비유를 칭찬으로 들었을 것이다.[59]

미드와 베이트슨은 함께 순조롭게 연구해 나갔다. 두 사람은 심리학과 인류학의 교차점에서 새로운 문제들을 다루었다. 주로 정신 건강의 문화적 결정 요인에 관한 문제였는데, 한동안 두 사람 모두 흥미를 느낀 주제였다. 또 두 사람은 종교적 신념과 관행, 특히 발리의 황홀경 현상에 관심이 많았고, 눈에 보이는 모든 것을 기록하기로 했다. 그들은 구술 녹음기, 타자기, 카메라를 비롯해 온갖 장비를 가지고 다니며 허스턴이 미국 남부에서 시도한 방식대로 처음부터 끝까지 필름에 기록하기로 했다. 이후 몇 달 동안 사진을 약 2만 5천 장이나 찍었다.[60] 미드는 이 관계를 "완벽한 지적·정서적 협력 관계"로 기억했다.[61] 존경하면서도 사랑하는 사람과 육체적으로도 편안한 생활이었다.

이때가 미드의 인생에서 가장 오래 현지 조사를 한 시기였다. 발리에서 2년을 보낸 후 이어서 1938년까지 다시 6개월간 세픽강으로 돌아가 이아트물족이라는 새로운 뉴기니 부족을 연구했다. 이번에는 참불리족에 대한 현지 조사를 중단시킨 지독한 사랑의 삼각관계에서 벗어나 있었다. 그래도 현지 조사에 집중하기 어려웠던 이유는 라디오에서 유럽에 전운이 감돈다는 소식이 들려 와서였다. 오스트리아가 히틀러의 제3제국에 합병됐다. 9월에 중국 배 한 척이 세픽강을 거슬러 올라와, 나치 독일이 체코슬로바키아 영토의 일부를 합병하는 협정을 유럽 열강이 중재했다는 소식을 전했다.[62] 미드는 이렇게 적었다. "위기는 늘 우리가 소식을 듣기 전에 지나간다. 그래서 전쟁을 충분히 오래 늦출 수만 있다면 높은 자리의 몇 사람이 잘 죽어주는 행운이 찾아올 수도 있다는 희망을 다시 품게 된다."[63]

낙원에도 외부 세계가 침입하기 마련이었다. 미드와 베이트슨은 현지 조사에 더 파고들었다. 모기장 안에 작은 집필실을 만들어 조그만 2인용 책상을 놓고 현장 기록을 타이핑했다. 이따금 이아트물족 사람들이 모기장 밖에 모여서 마치 동물원에서 관람객들이 하이에나를 구경하듯이 두 사람을 구경했다. 미드가 친구의 편지에 답장을 보냈다. "이처럼 사랑스러운 삶을 살다 보니 역겨운 돼지가 된 것 같아." "하루에 한 시간 이상은 그냥 꿀꿀거리며 지낼 만큼 만족스럽거든."[64] 유일한 문제는 미드가 아기를 가져야겠다고 결심한 것인데, 포천과의 결혼 생활에서는 거부한 일이었다. 그러나 시기가 좋지 않았다. "사실이 그렇잖아. 열대 지방이 번식하기에 좋은 곳은 아니지."[65]

1938년 가을, 미드와 베이트슨이 이아트물족 연구에 몰두해 있을 때 허스턴은 자메이카와 아이티에서 수행한 현장 연구를 책으로 출간했다. 이 책의 제목인 "내 말에게 전하라(Tell My Horse)"는 부두교 의식에서 어떤 사람이 로아에게 빙의될 때 쓰는 문구였다. 이 책에는 세계 최초로 촬영된 좀비인 펠리시아 펠릭스멘토의 사진이 실렸는데도 큰 성공을 거두지는 못했다. 허스턴은 펠리시아의 이름을 밝혔고 그녀의 상태를 공포의 말로 포장하지 않았다. 이 책은 이전에 허스턴이 남부를 다룬 저서로 회고록과 민족지가 결합된 책보다 허술했다. 이 책에 대한 평론은 엇갈렸지만 나쁘지는 않았다. 영국판은 "부두교의 신들(Voodoo Gods)"이라는 제목을 달아 판매 부수를 올리고 첫 주에 선인세 500달러를 돌파해 허스턴에게 약간의 수입원이 되었다.[66]

허스턴은 이후 몇 년 동안 이리저리 옮겨 다니다 친구들 앞에 예고도 없이 불쑥 나타나 그동안 연락이 끊겨 미안하다고 말했다. 뉴욕에 돌아갔다가, 다시 남쪽으로 내려가 자료를 더 수집했다가, 잠시 대학에서 강사로 일하기도 했고, 6주간 지속된 혼란스러운 결혼 생활을 하기도 했다.[67] 구겐하임재단에서 두 차례에 걸쳐 받은 장학금은 다 썼고, 실직 상태인 저널리스트와 소설가를 지원하는 대공황 시대 프로그램인 '연방 작가 프로젝트'에 지원하기도 했다. 당시 대다수 연방 프로그램과 마찬가지로 이 프로젝트는 정규직(모두 백인)과 특별 '흑인 부서'로 나뉘어 운영됐다. 허스턴은 여기서 플로리다 가이드북과 자매 책자인 《플로리다의 흑인》을 집필하는 작업을 맡았다. 그래서 민속학자들로 이루어진 팀과 함께 대형 오디오 녹음기를 들고, 예전에 알던 인산염 광산과 테레빈유 작업장을 다시 찾아가 블루스곡, 노동요, 농담을 채록했다. 카리브해로 떠나기 전에 앨런 로맥스와 함께 한 작업과 상당히 유사했다.

미드나 베네딕트처럼 허스턴에게도 일종의 안티팬이 있었다. 모두 남자들로 이루어진 소수의 평론가 집단이었는데, 이들은 허스턴이 책을 출간할 때마다 미온적이거나 부정적인 평론을 썼다. 랭스턴 휴스의 뒤를 이어 미국 사회의 인종 문제를 다루는 젊은 작가로 떠오른 리처드 라이트(Richard Wright)와 랠프 엘리슨(Ralph Ellison)은 허스턴이 남부의 민속을 기껏해야 기이한 것으로, 심지어 부끄러운 문화로 그렸다고 비판했다. 허스턴의 옛 스승인 앨런 로크도 부정론자 무리에 합류했다. 로크는 〈오퍼튜니티〉에 기고한 글에서 《그들의 눈은 신을 보고 있었다》는 "민속 소설"에 지나지 않고 지역색이 과도하게 짙어서 주요 인물들을 설득력 있게 그리지 못하고 인종 관계에 대한 믿을 만한 설명을 제시하지 못했다고 지적했다.[68]

로크의 평론은 허스턴에게 유독 깊은 상처를 주었다. 로크는 10여 년 전 허스턴을 워싱턴에서 뉴욕으로 보내준 스승이었기 때문이다. 허스턴은 제임스 웰던 존슨에게 "시기를 한몸에 받는 데 지쳤다"면서 미드나 베네딕트와 비슷한 불만을 토로했다.[69] 세 사람은 모두 책을 내고 미국의 주요 학술지와 신문에서 (호평 이상의) 평가를 받았다. 그러나 이들의 인생에 개입된 남성들 다수는 여전히 이들 세 여성을 정식 구성원으로 인정하지 않으려 했다. 허스턴은 친구들에게 분노와 경멸을 담은 편지를 보내 받은 만큼 되갚

1939년에 노스캐롤라이나센트럴대학에서 강사로 일하던 시기의 허스턴(중앙).

아주었다. 라이트를 비롯해 남성 작가들의 작품을 평론할 기회가 생기면 고스란히 받아쳤다. 그리고 얼마 후 랭스턴 휴스와 그랬던 것처럼 로크와도 공식적으로 결별했다.

그렇다고 허스턴이 고립된 것은 아니었다. 1930년대에는 정기적으로 인세가 들어왔다. 초기작인 《요나의 박 넝쿨》과 《그들의 눈은 신을 보고 있었다》의 인세, 민족지학 연구서인 《노새와 인간》과 《내 말에게 전하라》의 수익금, 그리고 1939년에는 성경의 모세 이야기를 차용해 모세를 이튼빌 사람으로 설정한 소설 《모세, 산의 사람》의 선급금이 들어왔다. 《모세, 산의 사람》이 출간되자 랠프 엘리슨은 이 책이 '흑인 소설'을 발전시키는 데 전혀 도움이 되지 않는다고 평했다.[70] 이것이 허스턴이 적어도 자신의 동료 소설가들에게서 주로 받는 평가의 기준이었다. 흑인 작가로서 그녀는 흑인 소설을 위해 무엇을 해냈는가? 허스턴은 인류학에서 자신을 인종을 대표하는 사람이 아니라 현지 조사자이자 동료 연구자로 봐주는 전문가 공동체를 발견했다.

1940년 봄에 허스턴은 미드와 미드가 발리에서 만난 인류학자 제인 벨로(Jane Belo)와 함께 남부 교회에서 나타나는 황홀경을 연구하기로 했다. 그리고 얼마 후 사우스캐롤라이나와 조지아의 해안가 저지대로 향했다. 허스턴은 벨로와 함께 노래를 녹음하고 이른바 '신성화된 교회(Sanctified church)'*에서 심벌즈와 탬버린이 울리고 열광적인 찬송이 울려 퍼지는 예배 현장을 카메라에 담았다. 일부 장면에는 허스턴이 콩가식 북을 다리 사이에 끼고 두드리고, 마라카스 연주에 맞춰 춤을 추고, 성자들 사이에서 하느님을 찬양하고, 옛 개신교 신자로서 개종자들 사이에 섞여 있는 모습이 담겨 있다.

허스턴이 타자기로 다시 정리해서 미드에게 보낸 현장 기록은 허스턴 자신이 카리브해에서 진행한 연구를 모범으로 삼은 것이었다. 곧 직접 현지 공동체로 들어가 실제로 참여해보고 모든 것을 내부에서 보려고 노력한 내용이 담겨 있었다. 허스턴과 벨로는 사우스캐롤라이나의 도시 뷰퍼트에 자리를 잡았다. 팔메토 나무에서 매미가 요란히 울어댔고, 작은 '성결' 교회의 예배 소리가 후텁지근한 공기를 갈랐다. 예배 중에는 즉흥적 예언이 나왔고 신도

---

* 테네시주 내슈빌에 본부를 둔 성결교회 연합체. 교회의 구성원은 대부분 아프리카계 미국인이었다.

들은 천사가 하느님께 영광을 돌리도록 잠시 인간에게 선물한 언어인 방언을 터트리며 황홀경에 빠졌다. 모두 한꺼번에 기도하며 저마다 목소리를 높여 불협화음으로 합창했고, 중간에 찬송가나 찬양이 터져 나왔다. "기도 형식은 빽빽한 잎사귀 사이로 이따금 엿보이는 큰 나뭇가지 같았다."[71]

하지만 미드는 허스턴의 현장 메모에서 특별한 인상을 받지 못했다. 그리고 허스턴에게 직접 본 장면을 묘사하는 데 그치지 말고 더 체계적으로 자료를 수집하라고 재촉했다. 무아지경에 빠진 듯한 사람들의 특징이 무엇인가? 혹시 그런 행동을 보이는 이유가 돈이 없어서라거나 연애가 잘못돼서는 아닌가? 미드는 "흥미로운 이야깃거리는 되겠군요"라고 무미건조하게 평했다.[72] 당시 미드에게는 선명히 보이지 않았지만, 사실 허스턴은 오래전 파파 프란츠에게 배운 것을 자기만의 시적인 방식으로 재현하고 있었다. 종교의 본질, 곧 감춰진 뿌리 체계 속으로 사라져 가는 문화의 몸통을 포착했어야 한다고 생각할 수도 있다. 종교의 성격을 정확히 파악하고, 그 본질을 정의하며, 핵심 가치를 해부했어야 한다고 생각할 수도 있다. 그러나 허스턴은 어차피 시야가 나뭇잎에 가려지므로 이런 식의 접근은 불완전할 수밖에 없다고 주장했다. 현실적으로 먼저 주목해야 할 대상은 나뭇잎일지 몰랐다. 말하자면 비밀스러운 의례, 좀비를 수용한 정신병원, 발을 쿵쿵 구르며 신께 바치는 찬양과 형언할 수 없는 환희를 표현하는 리듬, 혼령이 가득 메운 후텁지근한 밤에 주목해야 한다는 것이다. 과학자로서 야심 차고 인간으로서 겸손하게 연구하기 위한 보아스의 규범을 허스턴은 자기 나름의 언어로 실천하고 있었다. 보편 법칙을 찾으려는 시도를 중단하고 눈을 크게 뜨고 눈앞에서 노래하고 기도하는 사람들을 바라본 것이다.

허스턴이 사우스캐롤라이나에 머물 때인 1940년에 할렘 르네상스에 관한 공식 역사서 격인 원고가 출판사로 향하고 있었다. 바로 랭스턴 휴스의 《큰 바다》라는 회고록이었다. 이 책에서 휴스는 허스턴을 별 영향력이 없는 조연이자 상대하기 까다로운 사람, 화려하게 파티나 즐기는 사람이지, 사상가도 민족지학자도 아니고 과학자는 더더욱 아니라고 소개했다. "여자들은 재미난 피조물이다!"[73] 이 말은 휴스가 허스턴과 과거에 벌인 언쟁을 일축하듯이 내린 결론이다. 같은 해 봄에 나온 리처드 라이트의 소설 《미국의 아들》은 흑인 문학에서 새로운 장을 열었다.[74] 이 작품은 과거 흑인 지식인들의 업적을 퇴색시키고 흑인 남성들의 곤경(그들의 사회적 한계와 좌절, 백인 남성이 만든 현실의 제도가 전 세계에 초래한 결과)을 흑인의 예술과 사회 논평에서 최전선에 놓았다. 할렘 르네상스와 그 시대를 빛낸 흑인 여성들은 이미 역사 속으로 사라져 가고 있었다.

리핀콧 출판사는 허스턴에게 휴스에 대한 응답으로 그녀의 어린 시절, 보아스와 그의 영향력 있는 제자들, 할렘의 빛바랜 영광에 관한 견해를 담아 자서전을 써보라고 제안했다. 그러면 허스턴에게도 자신의 예술과 학문을 모두 돌아볼 기회가 될 거라고 했다. 어떤 신앙을 직접 느껴보지 못한 사람이라면 그 신앙을 믿는 사람이 어떤 사람인지 알 수 있을까? 어떤 공동체에 대해 적어도 잠시만이라도, 저 너머의 세계에 대한 그 구성원들의 인식을 진지하게 받아들이지 않는다면, 과연 그 공동체의 정신세계를 이해할 수 있을까? 허스턴은 박사 학위 과정을 마무리하지 못해서 이런 질문으로 학자로서 경력을 쌓겠다는 생각을 포기했다. 그런데도 미드나 베네딕트, 어쩌면 보아스보다도 이런 질문을 삶으로 만드는 것이 무엇을 의미하는지 더 잘 알았다. 그것은 미드가 세픽강에서 잠시나마 시도한 방법이었다. 즉 경계를 풀고, 무언가에 온전히 자신을 내맡기고, 실험실 과학을 향한 집착을 잠시 보류하고 다른 사고방식으로 완전히 빠져드는 방법이었다. 허스턴은 당시 쓰던 원고에서 자신의 편견을 걷어내고 사람들을 진실하게 보려면 "이기심 없이 사랑"하고 "지옥의 뜨거운 집게로 증오를 애무해야" 한다고 썼다.[75]

허스턴은 회고록의 제목을 "길 위의 먼지 자국(Dust Tracks and a Road)"이라고 정했다. 하지만 1942년에 나온 이 책은 편집자가 원문을 알아보기 힘들 정도로 난도질한 상태였다. 유럽 제국주의에 대한 심오한 비판이 지나치게 논쟁적이라고 우려한 탓이었다. 그리고 세계 각지의 민족 해방을 지지하는 미국인과 국내에서 인종 차별을 지지하는 미국 정부에 대해 그 모순을 지적하는 것이 시기적으로 부적절하게 느껴졌다. 미국은 이제 전쟁 중이었고, 허스턴은 사람들이 각자에게 자연스러운 방식으로 살아가는 것이 그 어느 때보다 어렵다는 것을 깨달았다. 잘려나간 한 장(章)의 제목은 "세상을 있는 그대로 보기"였다.[76]

13장

인종주의의 쌍생아, 독일과 미국

"인류학자는 경험을 통해 아무리 기이해 보여도 그 행동을 이해하는 데 방해가 되지 않는다는 사실을 입증하는 탄탄한 증거를 확보했다. 인류학자는 다른 사회과학자보다 차이를 짐이 아니라 자산으로 이용할 줄 안다."

1936년에 보아스가 공식적으로 교수직에서 은퇴할 때 베네딕트는 그의 역할을 넘겨받을 준비가 되어 있었다. 동문들이 대부분의 다른 주요 대학 교수진에 포진해 있는, 미국에서 가장 높은 평가를 받는 컬럼비아대학 인류학과를 이끌 적임자로 베네딕트만 한 인물이 없었다. 베네딕트는 보아스의 지도를 받으며 처음에는 강의 조교로 일했고, 이어서 교수로 경력을 쌓았다. "내년에 내가 학과장을 대행하게 됐어."[1] 베네딕트가 당시 여러 자리를 옮겨 다니다 중국 광저우에서 교수직에 정착한 리오 포천에게 들뜬 마음으로 편지를 보냈다.

하지만 장애물이 하나 있다고 썼다. "컬럼비아에서 공식적인 자리를 얻는 데 내가 여자인 게 큰 걸림돌이 돼."[2] 컬럼비아대학 당국은 결국 새 학과장을 결정했고, 그 자리는 외부 학자인 랠프 린턴에게 돌아갔다. 20년쯤 전에 컬럼비아 박사 과정을 자퇴하고 하버드로 옮겨 간 바로 그 린턴이었다. 이보다 더 확실히 변화를 예고하는 조짐은 없었다.

린턴은 확실히 새 직책에 적격자였다. 바로 앞서 일하던 위스콘신대학에서 빠르게 교수 직급을 올렸고 마다가스카르부터 마르키즈 제도*까지 원주민 사회의 권위자로 인정받았다. 위스콘신에서는 좋은 인류학 교육이 무엇인지에 대한 전형을 정립했는데, 바로 학생들이 자신의 문화적 집착이 보편적이라는 확신에서 벗어나게 이끌어주는 방법이었다. 린턴의 개론서인 《인간 연구》(1936)는 곧 대학 서점에서 대량 판매된다.

하지만 린턴은 늘 보아스 학파를 경계했다. 그는 보아스의 제자들(특히 여성들)은 진정한 과학자라기보다 골동품 같은 이야기 수집가를 따라다니며 대중적으로 널리 알려졌을 뿐이라고 생각했다. 린턴이 당시 컬럼비아대학 총장이던 니컬러스 머리 버틀러의 추천을 받은 것도 바로 평소의 이런 견해 때문이었을 것이다. 버틀러는 오래전부터 인류학과 교수진을 부적응자나 반대자, 애국심이 부족한 사람, 심지어는 간혹 볼셰비키의 안식처로 여겼다. 이제 쇄신할 때가 되었다고 생각한 것이다. 드디어 인류학과에서 종파 지도자 같은 보아스의 지배력을 해체할 수 있게 된 것이다.

린턴이 부임한 후 대학원생들은 '그의 편'과 '그녀의 편'으로 갈려, 일부는 린턴의 편에 서고 일부는 베네딕트 편에 섰다.[3] 보아스는 아직 연구실(임대한 연구실)을 유지할 수 있었지만[4] 모든 경비를 상세히 적어 내역서를 제출해야 했다.[5] 연구 자금은 주로 베네딕트가 개인적으로 모금한 기부금으로 충당해야 했다.[6] "이제는 내가 쓸모 있던 시대가 끝났다는 생각에 적응해야겠지요."[7] 보아스가 오랜 후원자인 엘시 클루스 파슨스에게 말했다.

사실 보아스는 자신의 경력에서 가장 큰 전투를 시작하려던 참이었다. 보아스가 자신을 받아준 국가인 미국에서 지난 수십 년간 열심히 해체하려고 애써 온 온갖 황당한 이념이 이제 옛 조국인

---

* 남태평양의 프랑스령 폴리네시아에 있는 열 개의 군도로 이루어진 화산섬 무리.

독일에서 국가 정책으로 굳어진 것이다. 그의 직계 가족은 미국으로 건너와 안전하게 살거나 부모인 마이어와 조피처럼 이미 세상을 떠났지만, 보아스는 이내 충격적인 현실과 마주해야 했다. 흑인과 원주민, 여자를 사랑하는 여자, 그리고 훨씬 더 많은 유대인에게 둘러싸여 살아가는 혐오스러운 독일계 이민자이자 유대인인 자신과 지인들이 만약 독일에 있었다면 1순위로 수용소에 끌려가거나 사형을 당했을 거라는 현실이었다.

그러나 1884년에 처음 방문한 이래로 그에게 많은 것을 베풀어 준 미국에도 독일 못지않은 무서운 진실이 있다는 것을 보아스는 알고 있었다. 유대인이자 이민자이자 반체제 지식인인 그의 운명을 결정했을 (나치즘) 이데올로기는 사실 미국의 인장이 선명히 찍힌 사이비 과학의 토대 위에 서 있었다.

보아스는 오래전부터 거의 매년 여름에 유럽을 방문했고, 유럽에서 벌어지는 사건들을 점점 더 슬픈 마음으로 지켜봤다. 독일에서는 나치 폭력배들이 국가 기관에 침투했고, 거리의 싸움꾼과 가짜 지식인들이 하룻밤 사이에 정치 엘리트로 부상했다. 1933년 봄에 보아스는 당시 바이마르공화국 대통령이던 파울 폰 힌덴부르크(Paul von Hindenburg)에게 아돌프 히틀러의 일당 독재를 막아달라고 간청하는 공개서한을 띄웠다.[8] 그는 급히 나치의 광신주의와 나쁜 과학을 비판하는 "아리아인과 비아리아인"이라는 제목의 에세이를 썼고, 이 글은 독일어로 번역돼 반나치 지하 조직에서 널리 읽혔다. 보아스는 모든 신문 인터뷰와 학회 연설에서 히틀러와 나치 정책을 비난했다. 나치가 완전히 권력을 장악하자 즉각 반발이 일어났다. 킬대학 당국은 보아스의 박사 학위를 취소했다. 보아스의 저서는 독일의 도서관에서 뽑혀 나와 마르크스와 프로이트, 다른 유대인 사상가들의 책 위에 얹혀 불태워졌다.[9]

곧 독일의 동료들이 객원 교수직이나 그 외의 탈출구를 얻을 수 있는지 문의하는 편지가 인류학과로 쏟아져 들어왔다. 보아스는 이따금 미드의 박물관 연구실에 예고 없이 찾아가 미드나 다른 연구자에게, 미드의 표현대로 "그분의 쫓겨난 유대인들"을 도울 길이 있는지 알아보았다.[10] 보아스는 곧 베네딕트와 미국 전역의 다른 대학 교수진과 함께 '민주주의와 지적 자유를 위한 위원회'를 조직했다. 이 위원회의 목표는 인종 차별에 맞서고 표현의 자유를 수호하며 이탈리아와 다른 국가에서 나치즘과 그 모방자들에 의해 학계에서 쫓겨난 학자들에게 피난처를 마련해주는 일이었다.

보아스는 전국 방송인 WNYC 라디오의 시리즈 프로그램에 나가 과학의 언어가 양날의 칼이 될 수 있다고 경고했다. 과학은 공통의 인류애를 고취하는 데 쓰이기도 하지만 인간의 본질적 차이에 관한 위험한 주장을 입증하는 데도 쓰일 수 있다. "유럽 여러 국가에서 지적 자유가 편협함과 정치적 억압에 의해 무너졌습니다."[11] 보아스가 마이크를 통해 갈라진 목소리로 독일식 'r' 발음과 어눌한 말투로 말했다. 하지만 지적 자유는 미국 내에서도 그가 "우리의 학교를 민주주의의 요새로 만들자"라고 이름 붙인 캠페인을 통해 애써 수호해야 했다.[12] 보아스의 이름은 특수한 이익 단체와 민주주의 증진 단체, 난민 지원 위원회의 레터헤드에 올라갔다. 그는 친구와 동료의 네트워크를 총동원해 외국에서 박해를 피해 도망친 사람들을 도울 뿐 아니라, 국내에서도 자유주의의 가치를 수호하기 위해 무슨 일에든 나서려 했다. 사적 형벌, 정부가 교수들을 선동죄로 몰아서 내쫓는 행태, 학교에서 '부도덕한' 출판물을 제거하는 정책에 반대하는 성명서가 보아스의 개인 서신과 함께 미국 전역의 우편함에 도착했다. 그리고 동료 연구자들에게 전달된 이 우편물에는 서명에 참여하고 주변의 동료들에게도 전달해 달라고 요청이 담겨 있었다.

보아스가 보기에 편협성의 물결은 히틀러의 독일에만 국한되지 않았다. 당시 올바르게 사고하는 여느 미국인도 나치의 상징만 달지 않았을 뿐이지, 나치가 지지하는 많은 기본 사상을 자연스럽고 입증된 진실로 받아들였다. 사실 독일인들은 1930년대에 인종에 집착하는 국가를 만든 것이 아니라 그런 국가를 따라잡는 데 몰두했다. 당시 미국에서는 과거 남부 연맹에 속했던 지역만이 아니라 대부분 지역의 학교와 관공서, 극장, 수영장, 공동묘지, 대중교통 시설에서 인종 분리 정책을 시행했다. 인종 간 결혼이 금지되거나 혼혈 부부는 범죄자 취급을 당했다. 강제 불임 수술을 우생학적 개선을 위한 도구나 수감자에 대한 처벌로 사용했다. 그리고 남성의 동성애 행위는 모든 지역에서 불법이었다.

캘리포니아의 애너하임부터 오하이오의 데이턴에 이르기까지 지방 정부의 사실상 파트너인 KKK단과 같은 준군사 단체는 시가 행진, 방화, 살인을 통해 소수자 공동체를 위협했다. 미국의 국내 감시 기관인 FBI는 국가에 충성을 다하지 않을 가능성이 있어 보이는 학자, 예술가, 작가, 언론인, 특히 그들이 흑인이나 유대인일 경우에는 더더욱 철저히 감시했다. 미국의 이민법은 노골적으로 나치가 아리아인이라고 가리키는 사람들의 인구 비율을 늘리기 위해 고안됐다. 1930년대에 뉴욕의 매디슨 스퀘어 가든을 지나가는 사람이면 누구나 갈색 셔츠를 입은 수천 명이 경기장에 몰려들어 한때 그곳에 걸려 있던 3층 높이의 거대한 조지 워싱턴 초상

1930년대 미국에 불어닥친 파시즘 열풍을 보여주는 사진. 1939년 뉴욕 매디슨 스퀘어 가든에서 나치의 스와스티카 깃발을 앞세운 청년들이 지나가자 많은 미국인들이 나치식 경례로 화답하고 있다.

화 아래서 "백퍼센트 미국주의"라는 구호를 외치는 장면을 여러 번 보았을 것이다. 일부 미국인은 약어 MIAFA("나의 관심사는 미국을 위한다My interests are for America의 약어)를 사용하며 KKK단을 비롯한 자칭 애국 단체가 내세우는 가치에 지지를 표했다.[13] 1940년대 초만 해도 미국의 학교에서는 학생들이 독일인들처럼 국기를 향해 팔을 뻗어서 경례를 올리며 하루를 시작했다. ('벨러미 경례'라 불린 이 경례법은 '충성의 맹세'를 지은 프랜시스 J. 벨러미가 권장한 경례법이다.)

나치 법률가와 정책 입안자들은 당시 주요 강대국이 실행한 가장 광범위한 인종 인식과 참정권 박탈 시스템인 미국의 전국적 인종주의를 자세히 조사했다. 아돌프 히틀러도 《나의 투쟁》에서 미국의 제도를 칭송했다. 히틀러는 인종 우월성을 위한 국가의 노력, 원주민 말살 정책, 외국 이민자들이 미국을 훼손하는 상황을

13장 인종주의의 쌍생아, 독일과 미국 441

차단하려는 시도, 인종 간 결혼 제한으로 아리아인 정착민이 북미의 주인이 될 것이라고 말했다. "그는 혈통이 더럽혀지지 않는 한 주인으로 남을 것이다."[14] 히틀러는 이 문구가 나오는 매디슨 그랜트의 저서 《위대한 인종의 종말》의 번역본을 쨍한 노란색의 아마포로 제본해 개인 서재에 보관했다. (이 책은 전쟁에서 살아남아 현재 미국 의회도서관의 희귀 도서 컬렉션에 소장되어 있다.)

독일의 전문가들은 수년 동안 그랜트와 그의 후계자들의 인종 이론을 연구하고 우생학기록보관소의 보고서를 검토했으며 미국자연사박물관이 주최한 우생학 학회에도 참석했다. 나치의 정책에 영향을 끼친 저술을 남긴 법률 이론가 하인리히 크리거(Heinrich Krieger)는 아칸소대학에서 교환 학생으로 공부하며 미국의 인종법에 관한 전문 지식을 쌓았다.[15] 독일의 대학들은 미국자연사박물관의 관장이자 오래전부터 보아스를 비판한 헨리 페어필드 오즈번을 비롯해 미국을 대표하는 우생학자들에게 명예 학위를 수여했다.[16] 나치는 학술지와 신문에서 미국이 재산 요건과 인두세, 문맹 검사, 선거 당일의 폭력, 선거구 조작을 비롯해 정치 제도에 영향을 끼치기 위해 시도한 수많은 방법을 총정리했다. 어느 독일인 학자는 1934년에 나온 《국가사회주의 법과 입법에 관한 소책자》에서 이렇게 보고했다. "미국 남부의 대다수 주에서 백인 아이와 유색 인종 아이는 법적으로 각기 다른 학교에 다닌다. 대다수 미국인은 출생 증명서와 결혼 증명서, 사망 증명서에도 인종을 기재해야 한다. 미국의 많은 주에서는 심지어 기차역 대합실과 객차, 침대칸, 버스, 증기선, 심지어 구치소와 교도소에서도 흑인과 백인을 분리하도록 법으로 규정하고 있다."[17] 이 관찰자들이 보기에 모든 미국인은 인종에 따라 태어나고, 인종에 따라 자녀를 학교에 보내고, 인종에 따라 사망하며, 인구조사국부터 지역 학교에 이르기까지 연방·주·지방 기관에서 철저히 감독을 받았다. 미국의 대학들이 '지역 연구' 과정을 신설해 학생들이 외국에 대한 전문성을 키우도록 교육하기 한참 전부터, 독일인들은 이미 미국이 어떻게 인종 차별주의를 그토록 올바르게 활용했는지 이해하기 위해 열심히 노력했다.

1935년에 나치 정부가 독일의 인종 법안인 이른바 '뉘른베르크법'을 통과시켰는데, 이 새로운 법은 나치 관료들이 오래전부터 '미국 모형'이라고 부르며 면밀히 연구해 온 결과를 토대로 만든 법이었다.[18] 물론 차이는 공포의 대상이 아프리카계 미국인에서 유대인으로 바뀌었다는 것이다. 유대인 인종은 부모에게서 자식에게로 내려오는 생물학적이고 유전적인 요인으로 정의되었다. 가령 조부모 네 명 중 세 명 이상이 유대인이면 순혈 유대인이고, 한두 명이 유대인이면 미슐링(Mischling) 곧 혼혈인이고, 조부모 중에 유대인이 없으면 순혈 아리아인이었다. (나치 이론가들은 추적 가능한 아프리카 혈통이 조금이라도 섞이면 흑인으로 분류하는 미국식 '한 방울 법칙' 인종 기준을 유대인에게 적용하면 지나치게 급진적일 거라고 우려했다.) 이렇게 선을 넘는 결혼이나 성관계는 불법으로 공표됐다. 시민권도 이제 '독일 혈통(Deutschblütiger)'이거나 그들의 북유럽 사촌들만의 특권으로 재구성됐다. 상습 범죄자, 정신 질환자, 장애인, 동성애자는 독일의 의학 연구자들이 '살 가치가 없는 생명(Lebensunwertes Leben)'으로 명명한 부적격자로서 구금이나 불임 수술을 의무화한 추가 법률의 적용 대상이 됐다. 나치당의 총통 대리인 루돌프 헤스(Rudolph Hess)가 말했다고 전해지듯 "국가사회주의는 결국 응용 생물학"이었다.[19] 미국 우생학 운동의 시발점이 된 헨리 고더드의 1912년 연구서 《칼리카크 가족》의 독일어 번역본은 나치 학술지에서 독일의 정신박약자를 근절하는 새로운 법률을 정당화하는 선구적인 연구서로 찬사를 받았다.[20]

미드는 뉘른베르크법이 시행되기 전에 베이트슨에게 보낸 편지에서 독일의 어느 인류학자가 유대인에게는 확실하고 역겨운 체취가 있다는 연구를 최근에 발표했다는 소식을 전했다. 미드는 "이것은 미국에서 인종적 편견을 지켜주는 방어벽 중 하나"라면서 백인 미국인들이 흑인을 향해 유사한 주장을 펼쳤던 사실을 지적했다.[21] 차이로 보이는 특징을 혐오감과 연결하는 논리는 "일단 인종 편견이 생기면 자동으로 작동하는 듯" 보였다. 미국에서는 인구조사국이 오래전부터 독일어 '미슐링'에 해당하는 영어 표현인 '물라토(mulatto)'와 '쿼드룬(quadroon)'을 흑인의 피가 2분의 1 섞인 사람이나 4분의 1 섞인 사람을 가리키는 용어로 사용해 왔다. 이들 용어는 미국의 인구 조사에서 간간이 등장하다가 1930년 인구 조사에서 백인 정부 관리들이 아프리카계 미국인을 '흑인 혈통'을 지닌 모든 사람을 아우르는 하나의 범주에 넣으며 사라졌다.

몇 년 후 보아스는 파리에서 열린 학회에서 이 개념이 미국과 독일에서 어떤 형태로 나타나는지 직접 목격했다. 1937년에 그는 미국우생학회를 대표해 나온 발표자가 과학자와 공공 정책 전문가들이 모인 자리에서 그의 고국인 미국에서 이루어진 발전 상황을 소개하는 광경을 지켜보았다. "미국은 가장 우수한 시민의 출산율을 높이는 데 유리한 사회적 조건을 먼저 발견하고 효과적으로 활용한 행운의 국가가 될 것입니다."[22] 발표자는 미국우생학회 창립자 중 한 명인 프레더릭 오즈번(Frederick Osborn)이었다. 오즈번에 이어서 독일인들이 나와서 유사한 주장을 펼치면서 배아의 선전적 결함을 발견하는 기술부터 특정 인종의 정신 질환에 대한 취약성에 이르기까지 다양한 주제를 발표했다.

보아스는 논문을 발표하는 시간에 자신이 들은 거의 모든 발표 내용을 간단히 비판하며 결론을 내렸다. "정신적·사회적 활동을 포함한 신체의 해부학적 형태와 기능을 고려하더라도 생활 습관과 문화 활동이 인종적 혈통에 따라 결정된다는 주장은 입증되지 않았습니다."[23] 그리고 보아스는 어떤 성향이 긍정적이든 부정적이든 특정 '인종'에 내재해 있다는 생각은 "잘 봐줘야 시적이고 사실상 위험한 허구일 뿐"이라고 지적했다.[24] 민족국가의 기본 정의가 오직 한 유형의 공동체의, 공동체에 의한, 공동체를 위한 장소를 의미한다면 이미 잘못된 방향으로 한 발짝 내디딘 셈이다. 자신이 속한 집단이나 삶의 방식이 역사와 국가적 운명에 의해 현실의 장소에 묶인다는 생각에 사로잡히면, 어떤 자유선거를 치르더라도 결과는 달라지지 않는다. 그 결과 모든 사회가 하나의 민족, 하나의 국가, 심지어 한 명의 지도자로 축소된 세상, 곧 각자의 국가적 의지를 표현하고 벽에 둘러싸이고 서로를 의심하는 세상이 만들어졌다.

파리에서 열린 이 학회는 보아스가 참석한 마지막 주요 학회 중 하나였다. 1939년 9월 전쟁이 발발했을 때는 보아스가 공식적으로 은퇴한 지 3년이 지난 뒤였다. 그는 몰라보게 야위고 볼이 움푹 꺼지고 머리카락이 어지러이 삐죽삐죽 자란 모습이었다. 보아스는 이미 일 년 넘게 심장이 뛰고 숨이 가빠지는 극도로 쇠약한 상태였다고 베네딕트에게 말했다.[25] 하지만 글과 대중 강연에서는 여전히 열정적이고 저항적인 모습을 보여주었다. 그는 미국의 지도자들이 독일의 인종 차별을 혐오스러운 이념으로 쉽게 인식했다면 그것은 주로 배제당하고 추방당하고 투옥된 사람들이 그들 자신과 상당히 닮았기 때문이라고 생각했다. 그런 순간에는 자기 자신을 문제의 일부로 보는 것이 특히 중요했다. 자신의 행동이 남들에게서 본 끔찍함을 어떻게 반영하는지 인식해야 했다. 보아스는 일간지 〈볼티모어 선〉에 미국 학교의 교과 과정과 지리 교과서를 들여다보면 나치가 독일 학생들에게 가르치는 내용과 유사한 인종 이론을 발견할 것이라고 썼다.[26] 양쪽 체제 모두에서 나쁜 과학이 편견을 뒷받침했다. 다만 나치가 유대인에게 부여한 역할을 미국에서는 아프리카계 미국인에게 부여했을 뿐이다.

보아스는 난공불락의 도덕적 지위는 자료에 근거한 입장에서만 나온다고 믿었다. 20년 동안 독일의 과학자들은 다른 어떤 국가보다 노벨상을 많이 받았다. 그런데 이제 독일의 과학자들은 제1차 세계대전이 끝나고 미국의 과학자들과 마찬가지로 관찰보다 이론을 중시했다. 일부 민족 집단이 선천적으로 열등하다는 주장, 곧 덜 똑똑하고 덜 아름다우며 세상을 바꿀 업적을 세울 능력이 떨어진다는 주장을 뒷받침하는 증거는 없었다. 그런데도 당신이 주장하는 과학이 그런 집단이 있다고 말한다면, 그 집단을 분리하거나 억압하거나 심지어 파괴하는 것을 막을 방법은 무엇일까?

보아스는 인간 공동체가 정신적 범주(허스턴이 말한 죽은 사람과 산 사람과 좀비)를 만든다는 발견은 중요한 통찰이라고 보았다. 하지만 우리가 다양한 방식으로 이런 범주를 만든다는 점에서, 어떤 사회의 범주, 심지어 우리 자신의 범주도 유일하게 유용하다고 생각해서는 안 된다. 인간을 뚜렷한 계층으로 나누는 것은 자연법칙이 아니라 우리 자신의 상상의 산물이다. 게다가 이런 구분은 위험하다. 자연의 위계에 대한 신념은 보아스가 《원시인의 정신》에서 말한 '연민 어린 미소'의 형태로든 당시 독일에서 부상한 위압적이고 정화된 국가의 형태로든 지배에 대한 신념을 내포하기 때문이다. 가장 강력한 체계는 인류가 분열되지 않은 하나의 전체라는 명백한 진실에 근거한다.

보아스는 문화 상대주의와 민주주의 대의 정부를 동시에 믿는 것이 완벽하게 가능하다고 보았다. 과학은 우리가 도덕적 행동을 어떻게 규정하든 그 도덕 기준에 맞게 대해야 할 사람들의 범위를 점차 넓혀야 한다고 말하고, 자유민주주의는 적어도 자국의 국경까지라도 그 범위를 확장하기 위한 최선의 길이었다. 다음 단계는 범위를 지구 전체로 넓힐 방법을 찾는 것이었다. 보아스는 미국이 이 문제에 대해 특별히 전문성을 지니고 있다고 생각하지 않았다. 그는 제1차 세계대전과 이후의 반(反)이민 정책처럼 전쟁이나 공포의 시기에 미국의 열린 문이 얼마나 빨리 닫힐 수 있는지 보았다. 국가가 충성심에 높은 가치를 두고 자국이 하늘이 내린 순수한 사회라는 신념을 부추길 때는 국가나 국가가 아니라 원칙에 충성하는 것이 더더욱 중요했다. 결국 뉘른베르크법의 첫 번째 조항에서는 '만(卍)자'를 독일 국가뿐 아니라 독일성 그 자체의 상징이라고 선언했다. 콰키우틀족과 사모아족에게도 토템이 있지만, 아무도 이런 상징을 국가 제도와 결부시키고 과학으로 위장하고, 감히 토템에 도전하는 사람들을 투옥하거나 살해하지는 않았다. 그런데 현대 세계에서 가장 위대한 문명 중 하나가 그런 시스템을 관리한 것이다.

유럽의 갈등이 격화되는 동안(가을에 벌어진 독일의 폴란드 침공, 평화를 기다리는 긴 봄, 프랑스와 저지대 국가들*에 대한 기습 공격) 보아스도 그렇고 그 누구도 독일의 민족주의 열정에서 흘러나올 공포를 예견하지 못했다. 그런데 미래를 예측하기 어려웠다면 이미 너무나도 많은 일이 벌어졌기 때문일 것이다. 인종 분리를 향한 열광, 이민자를 불온한 잠재적 범죄자로 취급하는 사회 분위기, 비위생적이고 열등한 존재를 제거하려는 시도, 근거가 허술한 과학을 사회 진보에 적용하려는 시도, 그리고 이와 같은 현상의 나치 버전은 사실 미국과 다른 선진국에서 이미 확립된 신념과 관행의 연장이었다. 독일의 난민들 사이에는 공동체의 순수성과 국가가 공인한 민족 분리에 대한 집착을 가리키는 단어가 있었다. '라센반(Rassenwahn)', 곧 '인종 광기'다. 보아스는 이 단어가 대서양 양쪽에 똑같이 적용된다고 보았다. 그는 컬럼비아대학에서 한 마지막 연설에서 이렇게 말했다. "저는 오늘날 인종에 대해 퍼져 나가는 황당한 이야기들을 정화하기 위해 노력할 것입니다. 여기서도 사람들이 미쳐 가고 있습니다."27)

보아스가 떠돌이 과학자와 난민 학자 들을 맞이하는 사이, 미드와 베네딕트의 삶도 큰 변화를 맞았다. 베네딕트와 10년 가까이 별거했지만 법적으로는 아직 남편이던 스탠리가 1936년 말에 심장마비로 사망했다.28) 사피어도 그로부터 3년이 채 지나지 않은 1939년 초에 지병인 심장병으로 세상을 떠났다. 베네딕트는 〈미국의 인류학자〉에 공식 부고를 썼다. 사피어를 "명석하고" "도전적인" 인물이라고 표현했는데, 베네딕트 자신과 미드와 사피어만 아는 개인사에 관한 많은 의미를 담은 일종의 암호였다.29) 나중에 미드는 사피어의 진짜 사망 원인이 "자신을 갉아먹는 원한"이었을

---

* 북해 연안의 벨기에, 네덜란드, 룩셈부르크를 가리킨다.

서라고 추측했다.[30]

미드와 사피어의 관계는 부분적으로 가족과 경력 문제로 인해 나빠졌다. 미드는 사피어가 요구하는 아내와 엄마의 역할을 해줄 생각이 없었다. 게다가 사모아에서 돌아오고 얼마 후 병원에서 아이를 가질 수 없다는 말도 들은 터였다.[31] 하지만 공교로운 타이밍을 무시하기 어려웠다. 미드와 베이트슨이 발리에서 마지막 몇 달 동안 아기를 가지려고 노력한 것이다. 유산 기록이 달력에 덤덤히 표시됐다.[32] "집에서 적당히 일하고 건설적으로 게으름도 피우면서 비타민 E를 먹어야겠어요."[33] 미드는 또 한 번 유산을 겪은 후 시어머니에게 이렇게 말했다. 그러다 뉴욕에 돌아와 박물관의 다락방 연구실에 안착해 지내던 중 다시 임신한 걸 알았다. 1939년 9월 2일 미드는 일기장에 "영국이 전쟁을 선포했다"고 적었고, 나흘 뒤에는 "처음으로 아기가 움직이는 걸 보았다"라고 적었다.[34] 그해 12월에 미드는 벤저민 스폭이라는 젊은 소아과 의사에게 진찰을 받으며 산달을 맞았다. 부부는 딸에게 메리 캐서린이라는 이름을 지어주었다. 미드의 표현에 따르면 딸은 도도하고 유쾌하며 도전적인 아이였고, "안기는 걸 썩 좋아하지 않았다".[35]

가족이 생기고 전쟁이 발발하면서 전처럼 현지 조사를 떠나는 것이 불가능해졌다. 하지만 몇 달 사이 미드와 베이트슨, 베네딕트는 모두 멀고 위험한 곳에 가지 않고도 연구를 이어 갈 방법을 고민하기 시작했다. 베네딕트는 자신이 속한 사회와 그 사회의 결함, 특히 인종 차별을 받아들이는 행태에 대해 더 많이 생각했다. 그리고 1940년에 출간한 간결하고 이해하기 쉬운 저서 《인종: 과학과 정치》에서 이렇게 한탄했다. "오늘날 '과학'이라는 구호를 외치면 뭐든 팔린다. 립스틱을 팔듯이 간단히 박해도 판다."[36] 그런데 다른 현대 사회는 어떨까? 인류학자라면 미술과 신문, 영화, 소설에서 당연하게 여겨지는 개념을 관찰함으로써 바깥에서 이런 문화의 코드를 드러내고, 베이트슨의 표현대로 문화에 '균열'을 낼 수 있을까?

베이트슨은 전쟁이 터지기 직전에 근대 이전의 환경에서 그러한 시도를 했다. 그는 저서 《네이븐(Naven)》(1936)에서 어떤 종족(뉴기니의 이아트물족)이 주로 행하는 의례(이 책 제목인 '네이븐')를 분석해 그 종족의 자기 이해에 관한 설명을 구축했다. 베이트슨은 의상과 춤으로 계급과 성별의 역할을 뒤집는 카니발에 세픽강 중류 이아트물족 사회의 복잡성이 모두 담겨 있다고 보았다. 한 사회가 무엇을 만들고 무엇을 행했는지를 인류학적으로 살펴보면 그 사회에 속한 개인이 어떻게 생각하는지 알아내는 데 중요한 열쇠가 된다. 당시 많은 인류학자와 사회학자와 심리학자는 이미 사회과학에서 훗날 '문화와 성격'이라고 부르는 주제를 연구하고 있었다. 그들은 정신 분석과 장기간의 현지 조사, 실험 심리학, 표준화된 검사를 통해 특정 사회와 그 구성원들이 현실을 이해하는 방식을 알아낼 수 있을 거라고 생각했다. 개인의 행동을 통해 사회 전체의 지배적 특성에 대한 결론에 이르거나 사회에서 출발해 개인의 습관과 성향에 관한 결론에 이를 수도 있었다.

전쟁이 격화하는 사이 전장과 본국 모두를 이해할 필요성이 커지면서 문화를 '균열시키는' 작업이 다시 시급해졌다. 보아스는 항상 좋은 학문은 상아탑 너머로 나가야 하지만, 정권의 이해관계에 얽매이지 않아야 한다고 주장했다. 이제 보아스의 지적 후손들은 부담이 더 커졌다. 이제 적은 주변국들보다 자기네가 선천적으로 더 강인하고 우월하다고 믿는 강대국(독일과 일본, 그리고 그들의 동맹국)이었기 때문이다. 독일 시민들이 (지도자들이 주입하는 인종 차별주의와 민족주의 신화와는 별개로) 실제로 어떻게 생각하고 행동하는지 파악할 수 있다면, 미국이 올바른 방향을 겨냥하도록 선전과 군사 전략에 영향을 미칠 수 있었다. 국내에서도 같은 방식이 통할 수 있었다. 주된 사회 분열이나 불만의 원인은 무엇인가? 미국이 외국에서 비용을 많이 들이며 치르는 전쟁을 국민이 지지할 가능성이 있을까? 세계적인 무질서의 시기에 민주주의와 진실이 안보와 양립할 수 있을까?

베이트슨과 미드는 곧 행동에 나섰다. 두 사람은 프랭클린 루스벨트 대통령의 자문단인 '국민 사기 진작 위원회(Committee for National Morale)'에 합류했는데, 이 단체는 여론 조사 전문가 조지 갤럽(George Gallup)과 심리학자 에리히 프롬(Erich Fromm)을 비롯한 주요 연구자들을 주축으로 하여 사회과학을 통해 나치의 잘못된 정보에 맞서는 데 전념했다. 미드의 박물관 연구실은 (나중에 협회로 바뀌는) '문화 간 관계 위원회(Council on Intercultural Relations)'의 새 본부가 됐다. 미드는 이 위원회를 설립해 연구 보조금을 관리하고, 불어나는 논문과 현장 노트를 정리하고, 연구 조교들을 관리하고, 아직 학계에서 정규직을 얻지 못한 베이트슨에게 명함을 만들어주었다. 미드는 베네딕트의 인맥을 통해 미국의 식량 가용성과 유통을 연구하는 국가연구위원회 산하 식습관 위원회에서 유급 일자리를 구할 수 있었다. 한 사회가 소비하는 것만큼 그 사회의 자기 감각과 더 밀접히 연관된 요인이 있을까? 미드는 박물관에 다시 휴직을 신청하고 워싱턴으로 가서 임시직으로 일해야 했지만, 수년간 연구한 많은 아이디어를 현실에 적용할 기회였다. 미드는 이미 이 주제를 "응용 인류학"이라고 불렀다.

그리고 1941년 12월 7일에 공식 임명 소식을 들었다.[37]

　미드가 워싱턴에 도착해보니 이미 사회과학자들로 북적거렸다. 인류학자를 자처하는 사람 중 절반 정도가(그들 다수는 사피어, 로위, 크로버, 그리고 물론 보아스에게 수학했다) 정부 기관에서 정식 직원으로 근무하고 있었다.[38] 그들의 문화 지식과 언어 능력은 행정부의 거의 모든 기관에서 유용하게 활용됐다. 외국 지형에 친숙했기에 지도 제작자와 지리학자 조직에 들어가 모든 전장의 지도와 관련 지침서를 제작하느라 바빴다. 이듬해 여름에 미드는 미국 사회를 파헤치기 위한 가벼운 시도로 《만일에 대비하라(And Keep Your Powder Dry)》라는 책을 출간했다. 미드는 미국인의 삶은 성공과 운동, 폭력에 대한 빠른 반응, 미덕과 죄에 대한 특별한 집착, 과거보다 현재의 긴박함, 다른 문화의 가치에 대한 양가 감정을 강조한다고 결론지었다. 이 책은 불티나게 팔렸고, 미드는 잡지 기사에 새로운 물결을 일으켰으며, 당대의 뛰어난 여성 명단에도 올랐다.[39]

　미드의 일상은 이제 식습관위원회 회의와 사무실 방문, 미국인의 영양 습관에 대한 보고서 작성, 뉴욕과 워싱턴을 오가는 정기적 여행으로 이루어졌다. 두 지역의 집(베이트슨이 유모와 가족의 친구들에게 도움을 받아 딸 메리 캐서린을 돌보던 그리니치빌리지의 타운하우스와 워싱턴의 듀폰서클 근처의 집)은 공동 거주와 문화 균열을 위한 거대한 실험의 장이 됐다. 유명한 사회과학자들이 집을 방문했다. 베이트슨의 십 대인 대녀 둘이 전쟁을 피해 영국에서 건너왔다. 미드는 유년기의 신뢰 개념에 관한 다큐멘터리를 기획했고, 딸 메리 캐서린이 센트럴파크에서 언덕을 뛰어 내려오는 모습을 담았다. 사모아에서 돌아온 이후 자연스러운 가족 구성에 관한 그녀의 이상에 가장 가까운 모습이었을 것이다. 다면적이고 지리적으로 유동적이며 때로는 아이들이 집안을 뛰어다니고 민족지학 사진이나 색인 카드가 놓여 있는 책상을 뒤엎을 위험이 있는 가족 구성 말이다. 미드는 이것을 "전시(戰時)를 위해 조직된 공동 가정"이라고 불렀다.[40]

미국이 제2차 세계대전에 참전할 즈음 80대 중반이던 보아스는 건강이 악화되었다. 이사회에서 활동하거나 가치 있는 대의를 위해 대표를 맡아 달라는 요청을 거절해야 했다. 온갖 주제에 관한 편지가 끊임없이 쏟아져 들어왔고, 그는 힘닿는 데까지 답장했다. 오하이오주 신시내티에 사는 일곱 살 된 리언 J. 피시라는 아이는 다음과 같이 편지를 보냈다. "저는 성경에서 아담이 최초의 인간이라고 말한다는 걸 방금 알았어요. 그런데 아담이 백인이라면 오늘날 유색 인종과 황색 인종, 갈색 인종이 어떻게 나올 수 있었는지 상상이 안 가요."[41] 보아스는 지친 기색으로 답장을 썼다. "레온에게, 성경의 이야기를 실제 역사로 생각할 필요는 없단다."[42]

1942년 초반 몇 달 사이 결국 자신이 태어난 나라에서 과학적 인종주의가 완전히 승리하는 현실을 볼 만큼 보아스는 오래 살았다. 그리고 이런저런 형태의 파시스트 정부가 유럽 대륙의 대부분을 지배하는 현실도 보았다. 나치의 학살 부대가 소련 점령지의 산골짜기에서 유대인 수십만 명을 총살했다. 그보다 훨씬 많은 사람이 점령지인 폴란드의 베우제츠, 트레블링카, 아우슈비츠-비르케나우 같은 수용소에 설립된 특수 목적의 새로운 시설인 가스실에서 학살당했다. 그해 12월에 연합국은 마침내 공동 성명을 발표해 독일이 "현재 히틀러가 수차례 밝힌 대로 유럽에서 유대인을

절멸하겠다는 의도를 반복해서 실행하고 있다"고 인정했다.[43]

며칠 후인 12월 21일 월요일에 보아스는 컬럼비아대학 교수 모임에서 십여 명의 교수들과 만났다. 프랑스 최고의 인류학 박물관인 옴므박물관의 설립자 폴 리베(Paul Rivet)를 위해 마련된 오찬 모임이었다. 독일군이 파리를 점령하면서 자리에서 쫓겨난 리베는 보아스가 도와주려 애쓴 난민 학자 중 한 명이었다.

보아스는 돌아가는 상황을 따라잡고 싶었다. 최근에는 독일의 과학자들이 인종 간 절대적인 신체 차이에 관한 이론을 뒷받침하는 실제 자료를 찾는 일이 얼마나 어려운지 인정하고 있다는 기사를 접했다. 좋은 소식이었다. "인종주의는 엄청난 오류이자 노골적인 거짓이라는 주장을 계속해서 말해야 합니다."[44] 보아스가 리베에게 말했다.

바로 다음 순간에 보아스가 살짝 일어서려다가 다시 의자에 주저앉았고, 말없이 낮게 그르렁거리는 소리를 냈다.

참석자들이 접시와 잔을 뒤엎으며 급히 보아스에게 달려갔다. 그 자리에 있던 젊은 프랑스인 참석자 클로드 레비스트로스(Claude Lévi-Strauss)는 나중에 보아스의 숨소리가 점점 얕아지는 동안 그의 옆을 지켰다고 말했다.[45] 이 장면은 훗날 프랑스 최고의 인류학자이자 대중 지식인이 될 레비스트로스에게 성화가 전달되는 신비로운 순간처럼 묘사됐다. 그러나 레비스트로스는 당시 보아스를 잘 알지 못했다.[46] 어쨌든 사람들이 보아스의 넥타이를 풀고 프랑스어와 영어로 소리를 지르거나 구급차를 부르러 달려가는 사이 현장이 무척 혼란스러웠을 것이다. 그리고 몇 분 뒤 보아스의 심장이 멈췄다.

보아스의 사망 소식은 전화와 전보를 통해 전 세계로 전해졌다.

만년의 프란츠 보아스

신문마다 부고 기사가 크게 실렸고, 대체로 보아스가 지구상에서 그를 가장 필요로 하는 순간에 세상을 떠났다고 애석해했다. 베네딕트는 〈더 네이션〉에 기고한 글에서 "그분은 세상이 서로의 차이를 안전하게 보장해야 한다고 믿었다"고 썼다.[47] 컬럼비아대학 인류학과로 애도 편지가 쏟아졌고, 대다수가 보아스의 학문적 유족인 베네딕트 앞으로 전해졌다. 그 밖에도 미완성 원고와 연이어 진행 중이던 연구 프로젝트, 전 세계의 여러 단체에서 계획하는 추모식에 대해 문의하는 편지가 쌓였지만 일일이 답할 수 없었다. 볼티모어의 한 조선소에서는 전쟁에 투입하기 위해 건조 중이던 새 화물선 리버티호를 '프란츠 보아스호'로 명명하기로 했다고 알렸다. 베네딕트는 "그분이 기뻐하셨을 것"이라고 답장을 보냈다.[48]

컬럼비아대학에서 보아스의 죽음은 예민하게 느껴졌다. 그의 존재가 베네딕트와 대학원생들에게 제공한 보호막이 이제 사라졌다. 부교수이던 베네딕트는 1937년에 그 자리에 올랐지만, 여전히

13장 인종주의의 쌍생아, 독일과 미국 455

다른 종신 교수보다 급여가 적었다.[49] 린턴이 인류학과의 실질적 학과장이었다. 그는 베네딕트를 싫어했고, 베네딕트도 마찬가지였다. 인류학계의 모든 경쟁 구도가 컬럼비아대학 인류학과의 복도에서 펼쳐졌다. 하버드 대 컬럼비아, 교수 자리를 차지한 남성들 대 연구 조교 역할을 한 여성들(혹은 그 자리마저도 얻지 못한 여성들), 자신만만한 대식가처럼 문화에 대해 떠들고 거창한 이론을 토해내는 인류학자 대 현장에서 신중하게 자료를 수집하는 인류학자의 대립 구도였다. 린턴의 지지자들은 그를 최소한 "예민한" 사람으로 기억했다.[50] 베네딕트는 린턴을 "돼지"라고 불렀다.[51] 린턴은 베네딕트가 공산주의자일 것이고, 그녀 밑에서 공부하는 박사 과정 학생들을 도와주려고 연구비를 오용했을 거라고 주장했다.[52]

더 많은 대중 사이에서 베네딕트는 특히 인종 문제에 관해서 피뢰침 같은 존재가 되어 갔다. 인류학과의 젊은 강사인 진 웰트피시(Gene Weltfish)와 함께 1943년에 출간한 짧은 소책자 《인종》에 관련 주제에 관한 초기의 글들을 압축해 담았다. 이 소책자는 흔한 오해를 전면적으로 공격했다. 베네딕트와 웰트피시는 이렇게 썼다. "어떤 사람들은 우리와 두상이나 눈동자 색, 머리카락 질감, 피부색이 다른 사람의 피를 우리 혈관에 주입하면 그 사람의 신체적·정신적 특성이 우리 것이 될 수 있다고 주장한다. 현대 과학은 이 주장이 순전히 미신임을 밝혔다."[53]

이 책자는 뜻밖에도 엄청난 반응을 불러왔다. 인류학과 우편함에 혐오가 담긴 편지가 쏟아져 들어왔다. 팜비치에 사는 한 독자는 다음과 같이 편지를 보냈다. "흑인은 유대인과는 동등할지 몰라도 백인과는 다릅니다. 그들은 로마 시대부터 항상 노예였습니다. 뉴욕의 유대인들이 사회적 평등을 원해서 이런 터무니없는 보고서를 내도록 당신들에게 돈을 댔겠지요."[54] 미 육군은 베네딕트의 이 책자를 반나치 사기 진작용으로 이용하려던 계획을 접었다. 미국위문협회(USO)는 이 책자를 체제 전복적이고 선동적이라고 판단했다. 켄터키주의 한 하원의원은 이 책자의 메시지가 유대인에게는 좋을지 몰라도 흑인과 백인 미국인 사이에 인종에 따른 지적 차이가 없다는 주장은 "공산주의 선전"이라고 주장했다.[55] FBI는 컬럼비아대학 인류학과로 요원들을 파견했다.[56]

대중적 논란은 책 판매를 촉진했다. 교회와 시민 단체는 결국 《인종》 75만 부를 주문했고, 당시 가장 널리 배포된 자료 중 하나가 됐다.[57] 그래도 독설을 담은 편지가 계속 날아들었다. 미시시피에 사는 한 시민은 다음과 같이 편지를 보냈다. "당신들은 여기 이 아래 지방에서 가장 검은 종자들보다 나을 것이 없고 악취도 훨씬 더 심할 것 같군요. 이렇게 중요한 시기에 이따위 혼란을 불러일으키다니요. 그럴 새에 전쟁에 온 힘을 썼어야죠."[58]

베네딕트는 다른 이유로 위 편지에 담긴 권유에 동의했다. 1943년 가을에 워싱턴에 있던 미드에게 합류하기 위해 남쪽으로 가는 기차에 오른 것이다.[59]

분주한 수도 워싱턴에서 할 일을 찾는 것은 어렵지 않았다. 베네딕트는 곧바로 설립된 지 일 년쯤 된 전쟁정보국(Office of War Information, OWI)이라는 정부 기관에 합류했다. 이 기관의 임무는 국내에서 전쟁의 진행 상황에 대한 진실한 정보를 제공하는 일이었다. 언론인들과 소통하는 일뿐 아니라 적국의 생활상부터 국내 전선의 사기 진작에 이르기까지 모든 것에 관한 영화, 라디오,

인쇄물 캠페인을 자체 제작하기도 했다. 전쟁정보국의 해외 지부는 독일, 이탈리아, 일본의 잘못된 정보에 대응하고 외국 여론을 연합군에 유리한 쪽으로 바꾸는 데 주력했다. 당시의 고전적 흑백 뉴스의 상당수는 전투의 혼란을 전하는 뉴스든 군인들이 싸워야 할 이유를 상기시키는 뉴스든, 모두 전쟁정보국에 고용된 작가와 방송인, 감독, 사회과학자 들이 제작했다.

　다른 부서의 분석가들은 베네딕트의 동료들에게 똑같이 적용될 수 있는 "탁상 부서"라는 꼬리표를 달고 있었다.[60] 이 부서에서는 언론인들이 종신 교수나 광고 회사 임원들과 함께 일했다. 다국어를 구사하는 요원들은 자료를 서둘러 번역했다. 라디오 기술자들은 외국 방송을 모니터링했다. 수많은 보고서와 녹취록, 행동 권고안이 전략가, 외교관, 최전선 지휘관 들에게 전달됐다. 전쟁정보국의 책임자인 예일대학 심리학 교수 레너드 둡(Leonard Doob)은 당시의 분석 작업이 "빠르고 유창한 사람"이 이기는 게임이었다고 기억했다.[61] 베네딕트의 역할은 타국 사회에 관한 연구를 종합해, 한 번도 가본 적 없고 언어도 모르는 지역의 주요 특징을 인류학자의 감각으로 파악하는 일이었다. 말하자면 베이트슨과 미드가 일찍부터 고민한, 원거리 문화 분석의 궁극적인 형태였다. 전쟁정보국 요원에게 새로운 임무가 주어지면 조수들로 구성된 팀이 바로 흩어져서 찾을 수 있는 모든 자료를 수집했다. 특정 국가의 외국인을 인터뷰하고, 최근에 그 나라에 다녀온 사람들을 만나고, 번역된 문학 작품을 읽고, 스미스소니언박물관에 소장된 모든 유물을 찾아냈다. 폭격하고 해방시키고 순찰할 지역을 얼마나 이해하느냐에 목숨이 달려 있었다.

　1944년 6월에 베네딕트의 상관은 베네딕트의 주요 임무를 일본에 대한 상세 분석으로 전환했다. 전쟁은 결정적으로 새로운 국면을 맞았다. 연합군은 독일에 전력을 집중했다. 서쪽에서는 노르망디 상륙 작전을, 동쪽에서는 소련이 바그라티온 작전을 펼치며 공격을 가했다. 태평양에서는 미국의 장거리 폭격기가 2년 만에 처음으로 일본 본토를 공습했다. 연합군의 항공모함부대가 뉴기니에서 괌까지 진출했다. 베네딕트가 주로 미드의 현지 조사에 관한 편지로 접했던 남태평양 지역이 이제는 전장이나 전진 기지가 됐다.

베네딕트는 수집할 수 있는 모든 정보를 모았다. 다른 동료들도 일본의 역사에 관한 비망록을 작성했다. 시카고대학에서 박사학위를 받은 인류학자이자 전쟁정보국 분석가인 존 엠브리(John Embree)는 전쟁이 발발하자 일본인의 마을 생활에 관한 중요한 서적인 《스에무라》를 출간했다. 세상일에 밝고 사람을 끄는 매력을 지닌 영국의 인류학자이자 미드와도 절친했던 제프리 고러(Geoffrey Gorer)는 일본 문화에 대한 정신분석학 자료를 제공했는데, 그중 일부는 추측에 근거해 있어서 베네딕트의 취향과 맞지 않았다. 그 외에도 영화, 소설, 연극, 라디오 방송 대본, 여행 안내서, 역사서, 선교사의 기억, 회고록, 하이쿠와 수수께끼, 선불교에 관한 기록을 비롯해 일본 사회를 조망할 수 있는 온갖 자료가 있었다.[62]

이 임무는 베네딕트가 이전에 시도한 어떤 작업보다 복잡했는데, 그 원인은 주로 일본과 일본인에 대한 미국의 이해를 둘러싼 철벽같은 억측 때문이었다. 전쟁부부터 전쟁정보국에 이르기까지 미국 정부의 표준적 견해는 태평양 분쟁이 유럽 전장의 분쟁과는 본질적으로 다르다는 것이었다. 독일은 정상적이고 문명화된 사회이지만 사악한 이념과 야만적 독재자에게 점령당한 상태로 보았다. 평범한 독일인들은 팽창과 정복에 혈안이 된 정치 지도자들에게 속거나 지배당한 선량한 피해자였다. 반면 일본과 벌인 전쟁은 인종적 우위를 점하기 위한 투쟁으로 보았다. 저명한 저널리스트 어니 파일(Ernie Pyle)은 태평양으로 파견된 후 이렇게 보고했다. "유럽에서 우리의 적은 끔찍하고 치명적이어도 적어도 인간이라고 느꼈다. 하지만 여기서 나는 곧 (미군 병사의 눈에) 일본인은 인간 이하의 혐오스러운 존재, 마치 사람들이 바퀴벌레나 쥐에게 느끼는 감정과 같다는 것을 알게 됐다."[63] 유럽의 전쟁에서 영토가 중요했다면 태평양 전쟁에서는 혈통이 중요했다.

미국의 영화, 포스터, 소설, 신문에서는 일본인을 교활하고 간교한 아시아인, 태생적으로 신뢰할 수 없고 친족 집단에 광신도처럼 충실한 사람들로 묘사하는 것이 일반적이었다. 진주만 공습 직후 잡지 〈라이프〉는 '일본인과 중국인을 구별하는 방법'이라는 제목의 안내서를 출판했다.[64] 키와 코 모양, 눈매, 피부색 등 도쿄의 방해 공작원과 베이징의 사업가를 구별하기 위한 신체적 단서를 구체적으로 묘사하는 조작된 사진을 실었다. 태평양 함대 사령관 윌리엄 할시 주니어 제독은 공개 성명에서 적을 "원숭이 인간"과 "노랑이들"이라고 자주 언급했다. 그는 한 기자 회견에서 "일본인은 암컷 원숭이와 중국에서 추방된 악질적 범죄자가 교미해 낳은 종자"라고 말하기도 했다.[65] 이는 〈라이프〉에서 제공한 일본인 구별법에 혼동을 주는 말이었다.

베네딕트와 전쟁정보국의 사회과학자들이 보기에 이런 견해는 명백히 틀린 내용일 뿐만이 아니라 오히려 역효과를 냈다. 미국 관료들의 인종 차별적 발언은 일본 언론에서 공포를 조장하고 결전의 의지를 고취하는 방식으로 보도됐다. 전쟁정보국 분석가들은 일본의 사기도 다른 어떤 적국의 사기 못지않게 변화시킬 수 있고, 일본이 끝까지 싸우거나 일반 국민이 집권 정부에 대한 변함없는 충성심에 눈이 멀었다고 단정할 이유가 없다고 보았다. 전쟁정보국 분석가들은 결국 전쟁이 끝나고 연합군의 대대적인 일본 상륙 혹은 장기 점령에 대비한 방책을 모색하기 시작했다. 미국이 일본 천황(미국인의 눈에는 비타협적인 전쟁 목표와 문화적으로 뿌리 깊은 군국주의의 상징)의 특징을 어떻게 해석하든, 일본인들이 천황을 보는 관점과는 차이가 있었다.[66] 전쟁을 잘 끝내려면 미국의 정책 입안자들과 일반 대중에게 그들이 심각하게 오해하는 일본에 대해 제대로 알려야 했다.

인류학에도 군사 지휘에 필요한 많은 기술이 요구됐다. 가령 완벽한 조직력과 대담성, 육안으로 볼 수 있는 것보다 더 많은 것을 직관하는 능력이 필요했다. 전장의 구석구석을 살펴보고(이쪽에 있는 연대 삼각기, 저쪽 너머 제방에서 한 줄로 나란히 들썩이는 모자들, 평온과 혼란) 그 모든 것을 평면 위에서 상상할 수 있어야 했다. 3차원이 2차원으로 축소되고, 고유 명사는 기호가 됐다. 어지러운 현실은 간결하게 추상화되어 세계 어디에서나 통용되는 용어와 약어를 통해 시간, 장소, 상황에 관한 이해하기 쉬운 설명으로 정리됐다. 복잡한 친족 체계를 흐름도로 그리면서 남자는 삼각형, 여자는 동그라미, 자식을 낳은 부부는 등호로 나타낼 수 있었다. 이론적으로 문화 전체를 핵심 성향과 강박 관념, 기질의 집합으로 정리할 수 있었다. 이 모든 것은 여기 사람들의 행동이 저기 사람들의 행동과 어떻게 다른지, 곧 무섭거나 미개하거나 비논리적인 것이 아니라 그저 다르다는 사실을 간략히 설명하는 방법이었다.

베네딕트는 이전에도 이 모든 작업을 해보았다. 사실 같은 접근법으로 《문화의 패턴》에서 핵심 통찰에 도달했다. 그런데도 회색 책상과 철제 서류 캐비닛이 늘어선 전쟁정보국 사무실에서 베네딕트는 버거운 임무를 맡았다. 그나마 일본어에 능통한 노련한 전문가들에게 둘러싸여 있었는데, 그중 일부는 전쟁 전에 일본에 관한 중요한 연구를 발표하기도 한 사람들이었다. 그리고 그녀는 수많은 보고서와 공문서를 검토하는 과정에서 비밀 병기를 손에 넣었다. 바로 적을 파악하는 데 필수적인 협력자가 되어줄 사람이었다. 그 사람은 적어도 미국 정부에 따르면 적이었다.

그로부터 2년 전인 1942년에 로스앤젤레스 북동쪽의 한 정류장에 수백 가구의 사람들이 빽빽이 들어찬 버스에서 내렸다. 그들은 옷가지와 조리 도구를 꺼내고 모기지 서류와 은행 명세서가 든 보따리를 신중히 챙겼다. 멀리 어스름에 눈 덮인 샌게이브리얼 산맥이 솟아 있었다. 계곡 아래에는 밝은 녹색과 노란색으로 칠해진 아르데코 양식으로 빙 둘러선 관람석을 갖춘 원형 경마장이 있었다. 지붕 없는 쪽 관람석 맨 위로는 기관총 두 자루가 튀어나와 있었다.[67]

버스에서 내린 사람들은 샌타애니타 표지판을 보지 못했더라도 여기가 어디인지 알았을 것이다. 신문마다 이곳 사진이 실렸기 때문이다. 불과 얼마 전만 해도 '시비스킷'이라는 이름의 부상당한 키 큰 경주마가 경마장 트랙에서 결승선을 향해 질주해 막대한 상금을 따내며 약자에 대한 미국인의 믿음을 확인해준 곳이었다. 그러나 이제 일본계 미국인 수천 명이 철조망 장벽을 지나 무장 군인들이 감시하는 망루 앞을 지나서 간이침대가 놓인 마구간으로 이끌려 갔다.

2월 19일에 루스벨트 대통령이 행정 명령 9066호를 발령했다. 미국 영토에서 구역을 지정해 국가 안보를 위해 누구든 추방할 수 있는 권한을 미군에 부여하는 내용이었다. 다음 달에 서부 해안의 군 지휘관들은 당시의 언어로 일본 시민과 일본인 조상을 둔 미국인을 "의무적으로 대피시키라"고 명령했다. 목적지는 동쪽으로 멀리 떨어진 특수 목적의 수용소 단지였고, 샌타애니타 같은 장소는 중간 집결지였다.

"현재 우리가 참전한 전쟁에서 인종적 친밀감은 이주했다고 해서 단절되지 않습니다."[68] 추방 책임자인 존 디윗 중위가 헨리 스팀슨 전쟁부 장관에게 보고한 내용이다. "일본인은 적국의 인종이고, 미국 영토에서 태어나 미국 시민권이 있는 수많은 일본인 2, 3세대가 '미국화'됐다고 해도 인종적 혈통은 희석되지 않았습니다." 미국의 가장 저명한 일부 인사도 이 주장에 동의했다. "시애틀이 폭격당할 때 하늘을 올려다보면 워싱턴대학 스웨터를 입고 폭탄 테러에 가담한 청년들을 볼 수도 있습니다!"[69] 저널리스트 에드워드 머로(Edward Murrow)가 어느 연설에서 한 말이다. 캘리포니아주 법무장관이자 나중에 주지사를 거쳐 대법관까지 되는 얼 워런(Earl Warren)은 의회 증언에서 다음과 같이 말했다. "우리가 잘못된 안보 의식에 빠져 있다고 생각합니다. 심판의 날이 반드시 올 겁니다."[70]

이렇게 추방된 일본계 가족들을 수용할 수감 시설을 감독하기 위해 전쟁재배치국(War Relocation Authority, WRA)이 신설됐다. 인구조사국에서는 인종별 인구 조사 양식에 일본인이라고 신고한 사람들의 주소를 전쟁재배치국에 제공했다.[71] 공식 집계에 따르면 10월 말까지 애리조나, 콜로라도, 와이오밍, 아이다호, 유타, 아

1942년 6월, 캘리포니아주 샌타애니타 "재배치 센터"에 수용되어 있던 일본계 미국인 학생들이 졸업 장을 받기 전에 '충성의 맹세'(미국판 국기에 대한 경례)를 하고 있다.

칸소, 캘리포니아의 들판이나 관목지를 깎아 임시로 설치된 수용소나 영구 수용소 열 곳에 배치된 인원은 117,116명이었다.[72] 전원 백인으로만 구성된 기관인 전쟁재배치국은 수용 제도를 어떻게 설명할지 명확히 규정했다. 기밀 지침에는 "작업 구역을 '억류 수용소'나 '강제 수용소'가 아니라 '재배치 센터' 또는 '재배치 프로젝트'라 부르라"고 명시돼 있었다.[73] "'수용소'라는 용어도 억류와 군의 면밀한 감시를 암시하므로 사용하지 말아야 한다." 샌타애니타의 수용 인원은 장기 수용 시설로 이송되기 전까지 거의 19,000명으로 급속히 증가했다. 1942년 봄부터 가을까지 시비스킷의 낡은 마구간과 새로 지은 막사에서 194명의 아이들이 새로 태어났다.[74]

로버트 세이도 하시마(Robert Seido Hashima)는 20대 초반에 샌타애니타에 들어왔다. 그는 로스앤젤레스 남서부의 도시 호손에서 태어났지만, 1932년에 부모와 함께 조상이 살던 일본 남부 히로시마현의 마을로 돌아갔다. 하시마는 일본에서 고등학교를 졸업하고 교사 양성 교육기관에서 일하기 시작했다. 1940년 초에 캘리포니아로 돌아와 전문 대학에 들어갔고, 학비를 마련하기 위해 시간제로 현장 인부와 호텔 직원으로 일했다.

그러다 루스벨트 대통령의 행정 명령에 따라 하시마도 강제 대피 대상이 됐다.[75] 그는 23146이라는 번호를 받았고, 군의관에게 신체 검사를 받고 면도기나 다른 금지품을 모두 압수당한 채 수용소의 침대를 배정받았다.[76] 전쟁이 어떻게 전개될지 몰랐기에 하시마와 같은 사람들을 무기한으로 감금하는 것 외에 다른 장기 계획은 없었다. 1942년 5월 말 하시마는 샌타애니타에서 애리조나 서부의 영구 수용소인 포스턴으로 이송됐다.

포스턴은 애리조나 사막 한가운데 광활한 지대에 있었다. 철조망으로 둘러싸여 있었지만 탈출할 가능성이 희박해 망루조차 세우지 않았다. 여느 수용소에서 볼 수 있는 나무와 방수포로 지어진 막사가 아니라 흙집이었다. 관개 농경지가 배급 통조림을 보완했다. 그해 11월에는 비인도적 처우에 항의하는 파업이 일어나 수용소 생활이 중단됐고, 수감자들은 노동을 거부하고 수용소 막사 앞에 모였다. 현지 신문들은 "일본인 폭동"이 수용소를 뒤덮었다고 보도했다. 다음 달에 캘리포니아 중부의 만자나르에서 파업이 일어나자 군이 시위대를 향해 발포해 두 명이 사망했다.

포스턴의 상황은 평화롭게 해결됐지만, 긴장이 고조되자 관리들은 자신들이 감독하는 대상에 대해 얼마나 무지했는지 깨달았다. 그해 말까지 수용소 열 곳에 폭동을 예방하고 공장과 학교, 레크리에이션 센터의 원활한 운영을 보장하기 위한 전략을 수립하는 데 도움을 줄 상설 '공동체 분석가'가 한 명씩 배치됐다.[77] 홍보 자료와 정부 보고서에는 수박 먹기 대회, 거친 무명천으로 만든 작업복을 입은 청소년, 수용소 오케스트라, 버스와 기차로 질서 정연하게 이동하는 사진이 실렸다. 어느 보고서에서는 이렇게 요약했다. "중간 집결지에서 재배치 센터로 이동하는 난민의 편의를 위해 세심한 주의를 기울였다. 기차마다 백인 의사 한 명과 간호사 두 명이 탑승했다."[78] 그러나 현장에 배치된 사회과학자들의 보고서는 충격과 불신과 슬픔으로 점철됐다. 어느 사회과학자는 다음과 같이 보고했다. "일본인 혈통이라는 이유로 사람들을 대대적으로 추방했고 … 수많은 난민이 미국 민주주의에 대한 환멸, 나아가 비통함까지 느꼈다. 무장 경비, 철조망 울타리, 탐조등, 정부 요원의 방문은 모두 강제 수용소에 있는 느낌을 주었다."[79]

포스턴은 얼마 후 전쟁재배치국이 시행한 사회과학 프로그램의 중심지가 됐다. 정신과 의사이자 해군 예비역 장교인 알렉산더 레이턴(Alexander Leighton)은 석사 학위 이상을 받은 비일본계 젊은 인류학자와 사회학자 들을 모았다. 그들은 누구도 머물고 싶어 하지 않는, 점점 확장하는 수용 시설을 적절히 통치할 방법을 자문하는 일을 맡았다. 레이턴은 수감자들을 모집해 설문 조사를 실시하고, 현장 기록을 작성하고, 문화적 규범부터 구내 식당 음식에 이르기까지 모든 측면에 대한 전문가의 조언을 제공했다.

수용소의 인종 위계에서 이민 1세대인 '잇세이(一世)'는 1924년 인종 제한 이민법에 따라 시민권을 취득할 자격이 없는 최하층이었다. '니세이(二世)'는 일본 혈통의 미국 시민권자였고, 이들의 자녀는 일본계 미국인 3세인 '산세이(三世)'였다. 이런 분류는 더 나은 주택과 의료 서비스를 받을 기회, 심지어 군 경찰이나 수용소 지휘관으로부터 더 나은 처우를 받을 기회까지 규정할 수 있었다. 하시마는 미국에서 태어나 일본에서 교육을 받은 최고 계층 '키베이(歸米)'에 속했다. 1942년의 혼란 속에서 사람들이 기차 칸에 짐을 가득 싣고, 사업을 접고, 집이나 아파트를 대신 돌봐줄 백인 이웃을 필사적으로 찾아다닐 때 이 꼬리표는 상당히 중요할 수 있었다.

레이턴은 포스턴에 배치된 사회과학자인 존 엠브리를 통해 하시마를 알았고, 당장 그가 수용소 담장 너머에서 중요한 역할을 해줄 수 있다고 판단했다. 하시마는 일본과 미국 양쪽을 속속들이 알았기에 문화 통역사로서 적임자였다. 얼마 후 수용소 당국은 하시마에게 석방되어 특별 임무를 수행할 거라고 통보했다. 그는 곧 워싱턴으로 가서 전쟁정보국의 직원으로 일했다. 그리고 여기서 하시마가 나중에 표현한 것처럼 "날씬하고 아름다운 은발 여인"을 만났다.[80]

두 사람은 베네딕트가 하시마의 자리로 찾아가 하이쿠를 번역해 달라고 부탁하면서 처음 만났다.[81] 이후 몇 달 동안 하시마는 베네딕트의 조언자가 됐다. 베네딕트는 엠브리와 다른 전문가들의 연구에 의존했고, 전쟁정보국 직원들이 작성해준 메모를 읽었다. 하지만 하시마는 달랐다. 베네딕트는 하시마와 주고받은 대화나 편지에서 그를 '밥'이라고 부르며 일본의 다도(茶道)에서 일본군의 일기장, 학교의 괴롭힘(이지메) 문화, 인기 있는 영화에 이르기까지 일본의 모든 것에 관한 개인 교사로서 그에게 의지했다. 베네딕트는 보고서를 작성할 때 일본어 용어나 문구가 필요하면 한자를 직접 써 넣었는데, 모두 하시마가 도와준 것이었다.[82]

1945년 봄과 초여름에 베네딕트는 짧은 연구 기록과 비망록을 작성했고, 이를 모아 '일본인의 행동 패턴'에 관한 60쪽 분량의 기밀문서를 작성했다. 제목은 10여 년 전에 출간한 책 제목과 일치했다. 그러던 중 히로시마와 나가사키에 원자 폭탄이 투하되었다는 소식이 전해졌다. 베네딕트는 자신의 연구 결과를 단지 정부 기관을 넘어서 더 많은 사람에게 알릴 방법을 고민했다. 미국은 이제 그 어느 때보다 앞으로 점령할 적국에 대한 해설서가 필요했다. 베네딕트는 승전국이 되는 데는 더 좋은 길과 더 나쁜 길이 있고, 미국의 행정가들(그리고 일반 국민)은 절제의 미덕을 알아야 한다고 생각했다. 한 사회가 군사적으로 패배했다고 해서 처음부터 완전히 다른 사회로 개조될 수는 없었다.

1945년 8월 15일 일본 천황이 종전 결정을 발표한 날, 베네딕트는 뉴욕 노리치의 가족 농장으로 돌아갔다. 당장 하시마에게 편지를 보내, 천황이 라디오로 종전 결정을 발표할 거라는 소식을 듣고 울었다고 썼다. "어떤 서구 국가도 전쟁에 패배한 후 이토록 품위와 미덕을 보여준 예가 없고, 역사는 일본이 전쟁을 종결한 방식을 높이 평가할 거라고 일본인들에게 전할 방법을 알고 싶어요."[83] 그리고 여름 휴가를 마치고 돌아와 "그 말을 하는 데 당신의 도움이 필요해요"라고 편지를 보냈다.

그 후 몇 달 동안 베네딕트는 이전에 책을 낸 출판사와 함께 책 한 권 분량의 연구서를 출간하기 위해 여러 제목을 고민했다. 이미 전쟁정보국에 보고서를 제출하면서 자료를 정리한 터였다. 이제는 이 자료를 포장할 방법이 필요했다. "우리와 일본인"과 "일본인의 성격"이라는 제목이 편집자의 펜 끝에서 나왔고[84] "에나멜 권총"이라는 제목까지 나왔다.[85] 결국 시적이면서도 도발적인 제목인 "국화와 칼"로 결정됐다. 베네딕트는 미드에게 "당황스러운" 제목이라고 털어놓았지만, '일본 문화의 패턴'이라는 좀 더 차분한 부제가 마케팅에 사용될 거라는 점에서 위안을 찾았다.[86]

1946년 가을에 이 책이 출판되자 베네딕트는 하시마에게 한 부 보내주었다. 그는 표지를 열고 감사의 글에 자신의 이름이 맨 처음에 언급된 것을 보았다. 그즈음 하시마는 워싱턴을 떠나 도쿄로 이주한 뒤였다. 하지만 그는 이 책의 거의 모든 페이지에 어떤 식으로든 존재했다.

"일본은 미국이 총력을 기울여 싸운 적 중 가장 낯선 적이었다."[87] 베네딕트는 이렇게 본문을 시작했다. 태평양 전쟁에서는 보급로와 상륙 지점 확보만이 아니라 미국인과 적국 국민 사이의 관념적 거리도 중요한 문제였다. 사회들 간의 모든 상호작용은 이국적 개념을 받아들여 일상의 것으로 수용하는 번역 행위다. "인류학자는 경험을 통해 아무리 기이해 보여도 그 행동을 이해하는 데 방해가 되지 않는다는 사실을 입증하는 탄탄한 증거를 확보했다. 인류학자는 다른 사회과학자보다 차이를 짐이 아니라 자산으로 이용할 줄 안다."[88] 시작은 베네딕트가 본문에서 거듭 언급하는 단어인 "당황스러움"을 받아들이는 것이었다. 방향 감각 상실은 상식에 대한 자신의 느낌과 다른 사람의 느낌을 연결하는 필수적인 다리였다.

베네딕트는 일본의 모든 것을 이해하게 해주는 단 하나의 열쇠는 없다고 보았다. 모든 사회와 마찬가지로 일본도 모순적이고 복잡하며, 양립할 수 없어 보이는 가치와 행동이 공존하는 사회다. 이것이 책의 제목을 "국화와 칼"로 정한 주요 이유였다. 아름다움과 창의적인 표현에서 섬세하고 세련된 생각을 지닌 사회가 군국주의, 명예, 복종을 중시할 수도 있었다. 그러나 모순은 차치하고 "인간 사회는 삶을 위한 설계를 스스로 고안해야 한다"고 베네딕트는 말한다.[89] 문화는 우리의 행동뿐 아니라 대가족과 오랜 이웃, 나아가 우리와 비슷하다고 생각하는 사람들의 행동을 해석하는 반복된 방식에 지나지 않는다. 문화는 임의의 신념과 관행, 의식, 가정, 말하는 법이 "서로 맞춰지는" 방식이다.[90]

베네딕트는 "일본에서 당연하게 여겨지고 기대되는 습관"을 조사하는 데 목표를 두었다.[91] 그중 가장 중요한 주제는 일본인에게 전쟁이 무엇을 의미하는지였다. 일본의 정치, 군사 지도자들은 유럽과 북미 사람들에 의해 촉발된 심각한 무정부 상태로 인해 전 세계가 고통받는다고 인식했다. 그래서 국제 질서를 회복해야 하고 일본이 아시아 국가들 사이에서 주도적 역할을 해야 한다고 믿었다. 미국인들도 이런 신념에 어느 정도는 익숙했다. 시어도어 루스벨트 이후 미국의 외교 정책을 주도한 인종 우월주의, 곧 더 강인하고 피부가 흰 인종이 더 약하고 피부가 어두운 인종에게 자신들의 의지를 강요하려는 시도를 일본식으로 번역한 표현에 지나지 않았기 때문이다. 그런데 일본에서는 이런 위계 감각이 집안 내에서도 나타났다. 개인마다 공동체나 집안에서 분명한 서열이 정해져 있었다. 인생의 성공은 대의 안에서 자신의 자리를 정확히 인식하고, 그 자리를 지키며, 주어진 역할을 제대로 해내는 것을 의미했다. "자신의 적절한 자리를 차지하는 것"은 사람과 사람, 사람과 국가, 일본과 외국의 관계에서 핵심 요소였다.[92]

위계적 관계는 또한 의무와 책임의 복잡한 체계, 곧 일본의 '은(恩)'이라는 개념으로 표현되는 부채 의식을 동반했다. 베네딕트가 보기에 '은'은 한 개인이 거의 모든 사회적 관계에서 짊어져야 하는 부담이었다. '은'은 채권자와 같은 사회적 윗사람에게 다해야 할 의무였다. '은'은 또한 배우자가 서로에게 지는 상호 헌신이었다. 그러나 '은'에는 항상 서로의 수치심이 따른다고 베네딕트는 지적했다. 절대로 완벽히 갚을 수 없는 부채이므로, 결국 모두가 부적절하게 대응하여 서로 불안한 상태에 놓인다. 위계와 명예, 수치심, 부채에 대한 부담까지 이 모든 특성은 베네딕트가 보기에 일본 사회를 '깨트리는' 데 필요한 비법이라기보다는 일본인이 되기 위한, 곧 일본 사회에서 편안하게 살아가기 위한 비법이었다.

죄책감을 중시하는 사회는 일반적으로 절대적 도덕성을 말한다. 이런 사회에서는 윤리적 삶을 개인이 선과 악의 양극단 사이에서 갈등하는 삶으로 간주한다. 이런 사회에는 범법과 불법, 죄, 고해와 같은 개념이 있다. 그들의 의식은 속죄를 지향한다. 그리고 이런 의식은 명백한 행동 규범을 위반한 행위를 지우려는 욕구에서 나온다. 반면에 수치심을 중시하는 사회는 세상을 다르게 이해한다. 나쁜 행동은 명백히 선을 넘은 행동이 아니라 부적절하거나 남 보기에 흉하거나 주어진 상황에 맞지 않는 행동이다. 죄책감과 달리 수치심은 해소하기 어렵다. 수치심은 어떤 고해로도, 어떤 속죄로도 덜어지지 않는다. 수치심은 항상 남들이 자신의 행동을 어떻게 보는지에서 나오는 감정이므로 항상 경계 태세로 만든다. 어떤 행동이 수치스럽고 어떤 행동이 수치스럽지 않은지 정확히 알 수 없다. 적합성과 적절성이라는 모호한 단서만 주어질 뿐이고, 일본의 경우 서로 겹치는 사람들의 범주에서 개인이 져야 할 의무라는 의미의 '은' 개념이 있을 뿐이다. 그러나 의무는 충돌할 수 있으므로(사무실에 늦게까지 남아 일할 것인가, 어머니의 병문안을 갈 것인가), 베네딕트의 표현대로 고결한 행동은 항상 '딜레마'에 빠진다. 자신이 되고자 하는 사람이 되는 길은 깊은 헌신 사이에서 균형을 잡으며 사람들과 끝없이 전쟁을 벌여야 하는 영원한 탐구 과정이다.

베네딕트는 일본의 가장 중요한 정치 제도인 천황제의 핵심에 이런 '은' 사상이 깔려 있다고 보았다. 히로히토 천황이 USS 미주리호에서 무조건 항복 조약에 공식적으로 서명하기 2주 남짓 전인 8월 15일에 직접 종전을 선언한 것은 역사상 유례가 없는 일이었다. 이때가 결정적인 순간인 이유는 천황이 일본인 정체성의 살아 있는 화신이라서가 아니었다. 일본 국민이 천황을 신으로 떠받들어서도 아니었다. 베네딕트는 이런 식의 접근은 일본의 정신이 아니라 서양의 신성(神性) 개념에서 나온 것이라고 보았다. 사실 천황은 사회 전반에 걸쳐 지극히 현실적인 위계의 정점에 있었다. 천황은 집안 내 관계부터 일본 국민이 국가 전통을 스스로 정의하는 방식에 이르기까지, 균형과 미덕의 본질을 상징하는 존재였다.

사실 이런 관점은 베네딕트가 처음 생각해낸 것이 아니었다. 전쟁정보국의 모든 일본인 조수들은 천황이 얼마나 존경을 받는 존재인지 알았다. 베네딕트는 몇 년 전에도 천황이 일본 사회에서 차지하는 지위에 주목한 연구를 비롯해 몇 가지 연구 비망록에서 같은 주장을 펼쳤다. 더글러스 맥아더(Douglas MacArthur) 장군이 이끄는 미국 점령군은 이미 천황을 강제 퇴위시키지 않고 그대로 남겨 두는 획기적인 조치를 취했다. 이런 결정은 아마도 맥아더 자신의 생각, 특히 미국식 민주주의로 변모할 일본 사회에서 천황이 크게 걸림돌이 되지는 않을 거라는 판단에서 나왔을 것이다.[93] 하지만 베네딕트는 왜 이 모든 상황이 타당한지, 즉 외세의 잔인한 공격을 받은 미국이 승리하고도 왜 절제해야 하는지, 왜 현지의 관습을 존중하고 미국의 야심을 제약해야 하는지에 대한 논거를 제시했다. 《국화와 칼》은 이런 의미에서 일본에 대한 안내서라기보다는 미국 독자를 위한 입문서였다. 그리고 일종의 해독제였다. 진주만 공습이 발생하기 한참 전부터 미국 문화에 심어졌고, 전쟁과 함께 미국 정부가 '인종'(보아스라면 이 단어를 비판적으로 언급했을 것이다)을 이유로 들어 일본인들을 강제로 억류하면서 더욱 강화된 개념, 즉 일본인은 근본적으로 이해할 수 없고 혐오스러운 존재라는 개념에 맞서는 방법이었다.

베네딕트는 《국화와 칼》의 첫 페이지에서 이 책이 일본계 미국인에 대한 당국의 배신에 큰 빚을 졌다고 인정했다. 그리고 절제된 표현으로 이렇게 이어 갔다. "일본에서 태어나거나 교육을 받고 전쟁 기간에 미국에 살던 일본인들이 가장 힘든 처지에 놓였다. 그들은 많은 미국인에게 불신의 대상이 됐다."[94] 그런 일본인들이 자신들에 대해 하고 싶었던 말을 진지하게 받아들이고 그 내용을 담은 책을 쓰게 되어 특별한 기쁨을 느꼈다고 밝혔다.

베네딕트는 약 300쪽에 걸쳐 타자성을 차이로 전환하는 보아스적 접근법을 보여주었다. 전쟁이 끝나고 일 년밖에 지나지 않은 시점에 그 자체로 계시와도 같은 개념이었다. '이달의 책 모임'은 회원들에게 "이 책을 읽는 모든 독자는 일본을 새롭게 보게 될 것"이라고 전했다.[95] 그리고 철조망 안에서 인생의 일부를 저당 잡힌 독자들에게 이 책은 작은 정의였다. 어느 일본계 미국인 여성은 베네딕트에게 편지로 "안개가 걷히는 것 같다"는 소감을 전했다.[96]

그 후 몇 년에 걸쳐 《국화와 칼》은 가장 널리 읽힌 인류학 서적이라는 명성을 얻었다. 5년 만에 여덟 번째 판이 나왔다. 1948년에는 일본어 번역본이 나왔다. 수백만 부가 팔렸다.[97] 일본 학자들은 일부 주장에는 동의하지 않았다. 그들은 베네딕트의 설명과 일반화에 허술한 부분이 있다고 지적했다. 게다가 일본 문화에 대한 평가도 간혹 일본 중산층이나 군 엘리트의 이상화된 초상처럼 보일 수 있었는데, 사실 하시마를 비롯한 일본인 정보원들이 가장 잘 아는 사람들이 이런 집단이었기 때문이다. 그러나 일본 사회가 자국의 역사와 가치를 진지하게 재평가하는 시기에 이 책은 구원의 선물이었다. 적국에 관한 진실을 알기 위해 고군분투한 어느 미국인의 고찰이기 때문이었다.

   베네딕트의 연구는 두 사회가 투명한 유리를 통해 서로를 똑바로 바라보려 한 노력의 가능성과 한계를 보여주는 기념비적 성과였다. 하지만 이 기념비에는 중요한 역설이 감춰져 있었다. 적국을 더 잘 대해주라고 촉구하는 이 책이 알고 보면 미국이 적대하는 인종이라는 이유로 감금한 사람들에게 큰 빚을 졌다는 점이다. 물론 베네딕트가 일본을 직접 방문해 현지에서 연구의 결과를 확인할 수 있었다면 더 좋았을 것이다. 실제로 그러려고 시도해보았다. 전쟁 직후 베네딕트는 맥아더 장군의 점령군에 합류해 현지인, 외국인과 함께 일본의 정부와 사회를 변화시키는 작업에 참여하고 싶다는 의지를 표명했다. 하지만 상부에서 거절했다. 이유는 단순했다. 당국의 윗사람들이 마흔다섯 살 넘은 여자의 전출을 승인하지 않았기 때문이다.[98]

   "내가 왜 어렸을 때 성전환을 하지 않았을까?"[99] 베네딕트는 미드에게 이렇게 말했다.

14장

문화 상대주의의 승리

"가장 중요한 사실은 우리는 우리가 연마한 렌즈로 남들의 삶을 보고, 남들은 그들만의 렌즈로 우리의 삶을 본다고 우리가 처음으로 주장했다는 점이다."

"고위급 관료들의 분노를 산 선생님의 책을 흥미롭게 읽으며 미소를 지었습니다."[1) 허스턴은 1945년 여름에 베네딕트에게 보내는 편지에서, 큰 논란을 일으킨 책 《인종》을 두고 이렇게 말했다. "어떤 이들은 사실을 무척이나 어렵게 받아들이죠." 제2차 세계대전은 국가, 경제, 정치 체제 간 국제 경쟁이었지만, 불편한 진실은 그 전쟁이 지적인 형제들 간의 갈등이기도 했다는 점이다. 보아스가 제자들에게 가르친 대로 일본의 국수주의, 나치의 인종적 광기, 미국의 우생학으로 대표되는 세계관은 모두 한 뿌리에서 나왔다. 모두 강력한 근대적 허구의 산물이었다. 인류 사회 발전의 고속도로가 곧장 우리에게 통한다는 허구 말이다. 미국의 적국 중 어느 한 국가도 미국적 가치관에 반대하지 않았다. 아돌프 히틀러조차 자유와 정의, 번영에 반대한다고 말한 적이 없다. 오히려 그들은 미국이야말로 자신들이 성취하려 한 가치의 더 바람직하고 더 진보한 형태라고 믿었다. 진정한 자유는 인종적으로 열등한 사람들을 정복한다는 의미였다. 진정한 정의란 가장 적합한 개인과 국가가 세계 무대에서 정당한 자리를 차지하게 해준다는 의미였다. 진정한 진보란 정화하고 분리하여 유능하고 발전한 사람들을 앞으로 내세우는 한편 원시적이고 후진적인 사람들은 쓸어버린다는 의미였다.

  미국이 적을 쳐부순다고 해서 미국 사회도 일조한 적의 사상 체계까지 완전히 무너뜨릴 수 있는 것은 아니었다. 따라서 미래를 낙관하기란 쉽지 않았다. 허스턴은 우울한 어조로 "세상에서 도살장 냄새가 난다"고 말했다.[2)] 허스턴은 백인 독자를 위한 잡지 〈리더스 다이제스트〉의 흑인판인 〈니그로 다이제스트〉에 루스벨트 대통령은 미국을 "민주주의의 무기고"라고 정의했지만 사실 "민주주의의 무덤"이라는 뜻일 수 있다고 썼다.[3)] "내가 민주주의에 열광하면서도 이 개념에 열변을 토하지 못하는 단 하나의 이유는 국가의 법전에 수많은 짐 크로 법이 존재해서"라고도 말했다. 이 전쟁은 사실 미국의 최남동부 지역*부터 영국이 지배하는 인도까지 한 유형의 폭정을 물리치고 다른 유형의 폭정을 보존하기 위한 것이 아니었을까? 허스턴은 자서전에서 발췌한 한 구절에서 "나는 조국을 위해 싸우겠지만 조국을 위해 거짓말을 하지는 않겠다"고 선언했다.[4)]

  허스턴은 플로리다주 데이토나 해변에서 선상 가옥을 옮겨 다니며 살면서 가끔 주지사 부인이 운영하는 프로그램에서 휴가 나온 흑인 장병들을 대상으로 강연을 했다.[5)] 이런 관점에서 보면(불과 얼마 전에야 린치 사건을 일으킨 백인 피고인에게 유죄 판결을 내리기 시작한 주에서 따로 분리된 흑인 군인들을 대상으로 강연하는 관점에서 보면) 이 전쟁은 미드나 베네딕트가 개입했던 전쟁과는 매우 달랐다. 허스턴이 보기에 국내 전선에서 상징적 사건은 1943년 경찰과 연방군이 민간인 30명 이상(대다수가 흑인)을 살해한 디트로이

---

* 특히 조지아주, 앨라배마주, 미시시피주, 루이지애나주, 사우스캐롤라이나주를 가리킨다.

트 학살이었다.6) 이 사건은 보아스 학파의 다른 연구자들에게는 그저 소란이나 기회로만 여겨지며 거의 눈에 띄지 않게 지나간 듯했다. 로버트 로위는 이듬해 미국인류학회에서 "'소수 민족'은 우리의 정치적 통일체에 혼란을 주는 연구 대상"이라면서 "그들은 보람 있고 아직 제대로 활용되지 않은 연구 분야를 제공한다"라고 언급했다.7)

미드에게 전쟁 종결은 뉴욕에 정착해 연구를 이어 갈 기회였다. 그리고 곧 오래전부터 베네딕트와 약속한 대로 굳건한 관계에 정착했다. 베이트슨은 전시에 오랫동안 떠나 있었고, 곧 전략첩보국에 배치돼 실론(스리랑카)과 버마(미얀마)로 파견되었다. 이 기관은 얼마 후 중앙정보국(CIA)으로 개편됐다. 거리가 멀어진 데다 그동안 베이트슨이 다른 여성 사이에서 방황하면서 미드와의 결혼 생활은 큰 타격을 입었다.8) 전쟁이 끝나고 이듬해에 베이트슨은 집을 나갔고, 두 사람은 1950년에 이혼했다.9) 훗날 미드는 이렇게 농담했다. "결혼은 뉴욕 지하철 같다. 기차를 타봐야 잘못 탔는지 알 수 있으니."10)

미드는 민족지학의 관점에서 베이트슨과 자신의 관계를 정리했다. 기억나는 대화를 현장 기록으로 작성하면서 세픽강에서 느꼈던 강렬하고 짜릿한 감정이 어쩌다 사라졌는지 알아내려 했다.11) 베네딕트는 다시 조언자이자 경청자의 역할로 돌아갔다. 하지만 《국화와 칼》의 성공에 힘입어 베네딕트의 명성은 처음으로 보아스 학파의 다른 모든 구성원보다 높아졌다. 랠프 린턴은 1946년에 컬럼비아대학에서 예일대학으로 옮겼다. 그가 떠난 후 베네딕트는 드디어 정교수로 승진해 컬럼비아대학 사회과학부에서 정교수 직함을 단 최초의 여성이 됐다. 미국인류학회는 베네딕트를 회장으로 선출했다. 베네딕트의 일본 연구에서 개요를 잡은 연구 유형을 지원하기 위한 연구 보조금이 들어왔다. 학술 대회와 강연 초청이 이어졌고 프랑스, 네덜란드, 벨기에, 그리고 아직 철의 장막 너머로 완전히 들어가지 않은 체코슬로바키아를 방문하는 힘든 여행도 다녀왔다. 체코슬로바키아에서는 해방과 평등을 주장하면서도 급속히 권위주의로 변질되고 있는 이질적인 사회 체제를 가까이에서 보았다.

베네딕트는 명성의 정점에 올랐다. 널리 읽히는 작가이자 인기 강연자이자 학계 동료들의 지도자이자 미국 전역에서 대중적으로 가장 인정받는 사회과학자가 됐다. 《문화의 패턴》과 《국화와 칼》은 대학생과 외교관, 의식 있는 시민의 필독서가 됐다. 이제 베네딕트의 머리는 밝은 백발로 빛났다. 두 눈은 사반세기 전 미드가 느꼈던 대로 신비롭고 매혹적이었다.

하지만 1948년에 유럽 방문을 마치고 미국으로 돌아온 베네딕트는 창백하고 몹시 지쳐 보였다. 며칠 후 그녀는 심장마비를 일으켜 급히 병원으로 이송됐다. 미드는 밤낮으로 베네딕트 곁을 지켰다. 오랜 친구들이 병상을 둘러싸고 당장 해야 할 일과 미래의 계획에 대해 조용히 의견을 나누었다. 베네딕트는 9월 17일에 사망했다. 이날은 베네딕트 아버지의 생일이었다. 언젠가 베네딕트는 아버지를 일찍 잃어 자신의 인생이 결정됐다고 말한 적이 있었다. 베네딕트는 거의 마지막 순간까지 인류학을 연구했다. 친구들이 그녀의 가방을 뒤져보니 은행 영수증과 스크랩한 종이 같은 평범하고 자잘한 일상용품뿐 아니라 오스트리아 사람들과 노르웨이 사람들이 어떻게 다른지에 대한 생각을 기록한 수첩도 나왔다.[12]

마치 유족인 것처럼 미드에게 조문 편지가 들어왔다.[13] 미드는 여러 면에서 베네딕트에게 중요한 존재였다. 베네딕트의 여동생 마저리 프리먼은 미드에게 이렇게 편지를 보냈다. "인류학(그리고 보아스 박사님)의 발견은 우리 언니에게 구원이었어요. 그리고 그곳에 당신이 있었죠, 마거릿. 언니가 삶에서 가장 큰 만족감을 느낀 일은 당신의 지성을 자극하고, 언니로서는 나아갈 수 없는 분야로 당신이 횃불을 들고 가는 것을 지켜보는 특권이었어요."[14] 미드는 마음속으로 얼마나 큰 슬픔에 사로잡혔든 현실에서 주어진 일을 해 나갔다. 조직의 업무와 장례 절차를 위해 마음을 추스르고 유가족을 위로하고 지인들과 함께 애도하며 가능한 한 많은 사람에게 부고를 알렸다. 찾을 수 있는 사람들에게는 전보를 보내고, 찾기 어려운 사람들에게는 긴 편지를 보내고, 행방을 알 수 없는 옛 동료들에게는 아무것도 하지 못했다.

　미드는 델로리아에게 곧 있을 장례식을 알리는 전보를 보냈다. 하지만 사우스다코타에 있던 델로리아는 먼 여행을 할 여건이 되지 않았다.[15] 델로리아는 《다코타 문법》을 출판한 이후 그동안 하던 일을 계속 이어 갈 책임감을 느낀다고 말했다. 스탠딩록 보호구역에서 학교를 운영하던 아버지를 돕는 일이었다. 미드는 마침내 책상 앞에 앉아 제 나름의 방식으로 공개적 애도를 위한 작업에 몰두했고(베네딕트의 학술적 글과 회고록과 시를 엮은 책에 "일하는 인류학자An Anthropologist at Work"라는 제목을 붙였다) 델로리아에게도 한 부 보냈다. "저를 인류학자라고 불러줘서 고맙습니다."[16] 델로리아가 이렇게 답장을 보냈다. 델로리아는 미드가 베네딕트의 학문적·문학적 생애의 결실을 읽고 싶어 할 사람 명단에 자신을 넣어준 사실만으로도 기뻐했다. 이는 두 사람이 주고받은 마지막 편지였다. 델로리아는 연구와 글쓰기를 이어 갔지만 1971년 사망할 때까지 거의 발표하지 않았다. 그녀의 마지막 우편 주소는 어느 모텔이었다.

미드가 허스턴에게도 베네딕트의 장례식을 알리기 위해 연락을 취했는지는 기록에 남아 있지 않다. 1940년대 후반에 허스턴은 컬럼비아와 할렘의 옛 지인들과 거의 연락이 끊긴 상태였다. 허스턴은 여러 해 동안 현지 조사를 하기 위해 돌아갈 계획을 세웠으며, 1944년에 오랜 연구 파트너인 제인 벨로에게 이렇게 말했다. "우리 둘이서 함께 마거릿 미드 박사의 '사모아(SAMOA)'를 W.C.T.U.(여성 기독교 금주 동맹) 보고서로 보이게 만들 만한 성과를 낼 수 있어요."[17] 하지만 허스턴에게 삶은 마치 플로리다의 진창처럼 가라앉고 또 가라앉아 발끝이 영영 단단한 땅에 닿지 않을 것처럼 느껴졌다. 베네딕트가 사망한 해에 허스턴은 이웃 소년 세 명을 성추행했다는 거짓 혐의로 체포됐다.[18] 결국 무혐의로 풀려났지만 다시 돌아오는 길을 찾기는 어려웠다. 허스턴은 또다시 우울증에 빠져 자살을 계획했다.[19]

그로부터 수십 년이 지나서야 미드의 책상에 허스턴의 실종에 대한 단서가 놓였다. 그 단서는 놀랍게도 〈미즈〉라는 잡지에 실린 기사였다. 1975년에 젊은 시인이자 소설가인 앨리스 워커(Alice Walker)가 허스턴이 사라져 간 기나긴 여정을 따라간 과정을 기록한 글이었다. 이 기사는 허스턴의 초기 작품을 살펴보고 독자들에게 오래전 할렘의 집세 마련 파티와 흑인 문화가 유행하던 시절을 떠올리게 했다. 그리고 흑인의 경험에서 나온 목소리를 오롯이 전달한 공을 세운 랠프 엘리슨과 제임스 볼드윈(James Baldwin) 같은 남성들 옆에 허스턴을 나란히 올렸다. 워커가 표현한 대로 허스턴은 "미국에서 가장 중요한, 읽히지 않은 작가 중 한 명"이었

다.[20]

위커의 기사를 통해 미드는 허스턴이 단편소설과 신문 칼럼, 에세이를 꾸준히 썼고 기획 단계까지 갔지만 끝내 마무리하지 못한 연구 프로젝트를 들고 출판사의 문을 수없이 두드린 사실을 알았다. 허스턴의 소설과 민속학 서적은 절판된 지 오래였다. 허스턴은 출판사에서 받은 약간의 선인세로 생계를 겨우 이어 가며 온갖 직업을 전전했다. 도서관에서 서가를 정리하거나 담임 교사로서 말썽꾸러기 학생들을 상대하거나 남의 집을 청소하거나 자신의 집에서 쫓겨났고, 뇌졸중으로 쓰러진 뒤로는 잡초가 제멋대로 자란 늪지로 둘러싸인 허름한 콘크리트 블록 건물로 들어갔다.[21] 카운티에서 운영하는 빈민 주택인 이 건물은 플로리다의 작은 해안가 마을에서 내륙 쪽에 있는 곳이었고 당연하게도 인종에 따라 분리돼 있었다. 미드가 잡지에서 허스턴에 관한 기사를 읽었을 때는 허스턴이 죽은 지 15년이 지난 뒤였다. 사망 진단서에는 이름의 철자가 잘못 기재돼 있었다.[22]

미드는 이 기사를 파일에 보관했다.[23] 오래된 세미나실에서 오랜 세월이 지난 후 발굴한 유물과 같았다. 동료 연구자들 사이에 대화가 이어졌고, 한바탕 편지가 오갔으며, 거의 잊힌 이름을 다시 기억했고, 허스턴의 현지 조사 자료와 영상을 찾으려는 노력이 이어졌는데 그중 일부는 미국 각지의 캐비닛과 박물관 소장품 속에 파묻혀 있었다. 허스턴의 원고와 개인 문서는 세월이 흐르는 사이 거의 분실됐다. 열성적인 건물 관리인이 허스턴이 사망하면서 남긴 물건을 일부 불태웠는데, 지나가던 보안관이 정원 호스를 끌어와 급히 불을 끄고 보존할 수 있는 물건을 보관했다.[24] "흥미로운 사람들이 죽은 뒤에 어떻게 되는지 보면 참 안타깝지 않나요?"²⁵⁾ 미국의 걸출한 민속 기록 수집가이자 허스턴의 현지 조사 파트너였던 앨런 로맥스가 말했다. "불쌍한 조라."

허스턴이 훗날 어떤 명성을 얻을지 아무도 예상하지 못했을 것이다. 워커의 글은 폭넓은 독자층에 허스턴을 다시 알렸다. 그리고 거의 숭배 수준의 추종자를 거느린 위대한 미국 작가의 반열에 오르는 부활이 시작됐다. 워커는 허스턴이 묻힌 묘지를 찾아내는 데 성공했다. 플로리다주 포트피어스의 외딴 공동묘지였지만, 시간이 흐른 데다 부실한 기록 관리로 실제로 허스턴이 묻힌 무덤은 찾지 못했다. 그래도 워커는 비석을 사서 대략적인 위치를 정하고 비석을 세웠다. 오늘날 그 자리에는 시든 꽃과 술병 혹은 랭스턴 휴스와 앨런 로크를 비롯한 할렘 르네상스의 작가들을 압도하는 명성을 얻은 한 작가에게 보내는 사적인 편지가 흩어져 있다. 워커는 매우 특별한 영예도 준비했다. 보아스 학파의 모든 핵심 구성원 중 유일하게 허스턴의 묘지에만 '인류학자'라는 단어가 새겨진 비석을 세운 것이다.

미드는 한때 뉴기니 마을의 친족 관계도를 그렸듯이 개인적·학문적으로 알게 된 모든 지인과 자신의 관계도를 그려보려 했다.²⁶⁾ 사소한 영향을 주고받은 사이는 가는 선, 중요한 영향을 주고받은 사이는 굵은 선, 연인 사이는 두 줄로 표시했다. 루서 크레스먼, 에드워드 사피어, 리오 포천, 그레고리 베이트슨에게 각각 두 줄이 그어졌고, 마지막에 포천과 베이트슨은 서로 두 줄로 연결됐다. 연필 자국은 보아스로 이어지고 애시 캔 캐츠, 컬럼비아 대학 인류학과의 다른 구성원들을 거쳐 민족지학에서 원과 삼각형으로 표시하는 익명의 여성과 남성에게로 이어졌다. 이 모든 관계도에서 벗어나 베네딕트는 은하계 중심의 쌍둥이 태양처럼 (선으로 연결할 필요가 없는 독자적인 점으로) 우뚝 박혀 있었다.

미드는 이 관계도의 인물 대다수보다 오래 살았다. 미국자연사박물관 꼭대기의 연구실은 현장 노트와 꼬리표가 붙은 유물, 손편지와 타이핑한 등사판 복사물, 강의 노트와 사진, 수천 쪽에 달하는 서류와 물건으로 가득 차 있었고, 심지어 리오 포천의 오래된 웨블리 리볼버(오래전 세픽강에서 미드와 베이트슨이 숨긴 총)까지 있었다.[27] 평일에는 미드가 중년들이 좋아하는 패션인 독특한 펠트 망토를 걸치고 보란 듯이 복도를 걸어 다니는 모습이 자주 눈에 띄었다. 그리고 파고파고 해변에서 처음 발목을 다쳤을 때부터 줄곧 약해진 발목을 지탱하기 위해 사용하던 길고 뾰족한 지팡이를 짚고 있었다.

미드는 공식적으로는 겸임 교수나 객원 교수 자격으로 학생들을 가르쳤을 뿐 인류학과 종신 교수로 재직한 적이 없다. 그래도 보아스의 핵심 개념은 미드를 통해 살아남아 파파 프란츠가 상상한 것보다 훨씬 폭넓은 독자층에 가 닿을 수 있었다. 사모아와 뉴기니에 관한 미드의 초기 저서는 각각 17판을 거쳐 20개 언어로 번역됐다.[28] 미드는 해마다 학술서와 학술지 논문, 편찬 서적에 실리는 에세이, 백과사전 항목, 수많은 논평, 인류학 연구 결과를 실용적인 방법론으로 바꾸는 〈캠프파이어 걸(Camp Fire Girl)〉, 〈굿하우스키핑(Good Housekeeping)〉, 〈레드북(Redbook)〉 같은 잡지에 짧은 글을 썼다. 신문과 학회 주최 측에서 육아와 성, 결혼, 인종, 냉전, 그리고 사실상 대중의 관심사로 떠오르는 거의 모든 주제에 대해 미드에게 의견을 물었다. J. 에드거 후버 FBI 국장 시대에 작성된 대중 지식인들에 대한 수많은 기록 중 하나인 미드의

FBI 파일은 미드의 동태와 우정이 상세히 담긴 1천 쪽에 달하는 지루한 보고서였다.[29] 보아스의 경우처럼 일면식도 없는 사람들이 미드에게 조언이나 전문가 의견을 구하는 편지를 보냈다. "미드 박사님께"로 시작하는 1958년에 브롱크스에서 온 편지는 이렇게 이어졌다.

인류학 분야의 저명한 권위자이시니 박사님께 상담하고 싶었습니다.
제 문제는 사실적 소재가 있어서 책을 쓰고 싶은 '갈망'이 크다는 겁니다. 그런데 재능이 받쳐주지 않으니 막막합니다.
저의 이런 태도가 정상인가요? 그러니까 아프리카와 아메리카 인디언과 앵글로색슨족의 유산에 깊이 새겨진 좌절감인가요?[30]

미드가 일 주일 뒤 보낸 답장은 그야말로 행동하는 사회과학이었다.

세계의 어느 곳에 살든 책에 담고 싶은 사실적 소재가 아무리 많아도 글을 쓰는 재능이 부족하다고 느끼는 것은 지극히 정상이라고 생각합니다. 이 점이 선생님의 흥미로운 민족적 유산과 관련이 있다고 생각하지 마십시오.[31]

미드는 인류학의 얼굴이 되었고, 다른 유명 학자들이 오랜 세월 동안 어떻게든 미드를 주류에서 벗어난 학자로 취급했는데도 불구하고, 헌신적인 학자의 전형이 되었다. 미드는 〈뉴요커〉에 실린 장문의 기사에서 "전 세계가 내 분야"라고 말했다.[32] 이 기사는 미드가 사람들에게 '자신을 알라'고 가르치기 위해 사용한 문구에서 제목을 따왔다. "모든 것이 인류학이다."

이 시대는 기존 사고방식을 뒤집는 새로운 사회과학이 넘쳐났다. 보아스의 세계관에서 나온 방법론과 정서가 거의 모든 분야로 확장되었다. 제2차 세계대전 직후 뉴욕 카네기재단은 스웨덴의 경제학자 군나르 뮈르달(Gunnar Myrdal)에게 미국의 인종 문제에 관한 포괄적 연구를 의뢰했다. 뮈르달은 인류학의 예리함으로 이야기와 통계를 수집해 인종에 따른 차이와 불평등을 영속하도록 설계된 미국의 제도가 현실의 사람들에게 끼치는 영향을 드러냈다. 뮈르달의 연구는 기념비적 저서 《미국의 딜레마》에 담겼고, 이후 인종 차별을 종식시킨 대법원의 '브라운 대 교육 위원회' 판결*에 영향을 끼쳤다. 앨프리드 킨제이(Alfred Kinsey)는 교외 주택가의 침실에서 벌어지는 다채로운 성적 관행을 목록화했다. 윌리엄 H. 마스터스(William H. Masters)와 버지니아 E. 존슨(Virginia E. Johnson)은 인간의 성적 반응에 관한 실험실 연구로 동성 사이의 끌림을 비정상이 아니라 이해해야 할 성적 형태의 특징으로 규정했다. 그들의 연구는 1980년대 후반에 정신의학자들이 진단 가능한 질병 목록에서 동성애를 삭제하는 결과를 낳았다.

보아스가 인문학을 넘어 당대 거의 모든 전문가와 교류했듯이,

---

* 1954년에 미국 연방대법원이 내린 판결이며, 피부색에 따라 학생들의 교육을 분리하거나 차별하는 것은 헌법에 어긋난다는 내용을 담고 있다. 1951년 캔자스주 토피카에 살던 올리버 브라운의 딸은 집에서 가장 가까운 학교에 다니지 못하고 대신 더 멀리 있는 흑인 전용 학교로 버스를 타고 다녀야 했다. 브라운 가족과 비슷한 상황에 처한 다른 가족들이 토피카 교육 위원회의 인종 차별 정책이 위헌이라고 주장하며 연방법원에 소송을 제기했고 패소하자, 다시 대법원에 항소하여 3년 후 승소했다.

미드도 착상이 풍부한 사람들의 네트워크에서 중심에 있었다. 자주 편지를 교류하는 관계를 정리한 명단이 100쪽을 넘겼다. 미드의 주소록은 당대 최고의 사회학자, 철학자, 정치학자, 심리학자, 정치 지도자의 명단이었다. 미드는 받아 적을 명언을 많이 남겨서 대학 강단과 TV 토크쇼의 고정 출연자가 됐다. 시민권 운동과 성 혁명, 정신 질환의 다양한 정의에 관해 끊임없이 논평할 정도로 타고난 전도사였고, 자신의 사회의 문화적 맹목에 경각심을 지니라고 촉구했다.

그러나 급변하는 시대에는 미드조차 보수적으로 보일 수 있었다. 성공회교도로서 청렴함과 벅스카운티의 진보주의는 더 급진적인 개혁가들의 주장에서 점점 더 멀어졌다. 1963년에 베티 프리던(Betty Friedan)은 저서 《여성의 신비》의 한 장의 제목을 미드의 이름으로 지었다. 프리던은 미드가 여성성에 대해 구시대적 관념을 드러내며 여성과 남성의 생물학적 차이를 지나치게 과장했다고 비난했다. 프리던은 미드가 "그저 여성으로 살아가고 유방이 커지고 생리혈이 흐르고 아기가 부푼 젖을 빨기만 하면 저절로 깨닫게 되는 여성성의 신비한 기적을 미화해 그 자신이 지닌 여성에 대한 비전을 스스로 깎아내렸다"고 비판했다.[33] 미드의 연구를 풍자하는 표현이었지만, 미드는 이런 비판에 일일이 해명하지 않았다. 다만 미드는 자신의 초기 연구에서 진정으로 혁명적인 것이 무엇인지 젊은 세대의 페미니스트들이 잊은 것 같다고 우려했다.[34] 미드가 싸우며 지켜 온 가치는 어머니, 보호자, 인류학자, 시민 등 원하는 사회적 역할을 선택할 수 있는 힘을 지닌 존재인 여성이 인간으로서 온전히 자신을 인식하는 것이었다.

미드는 세계를 무대로 살아가며 사모아와 마누스를 다시 방문했고, 강연을 매진시켰고, 가장 성공한 여성 명단에 이름을 올렸으며, 황당한 사건들에 기름을 부어 논란을 일으켰다. 시간이 지나는 사이 미드는 과도하게 주목을 받았다. 보아스는 미드에게 사실을 정확히 파악하기 전에는 말을 아끼라고 가르쳤지만, 미드는 공개석상에서 의도적으로 무지해 보이려 하기도 하고 짜증과 분노를 표출하기도 했다. 〈뉴요커〉에서는 미드가 권위적인 분위기를 풍긴다면서 "오랜 세월 학생과 인류학자, 그 밖의 사람들에게 도움이 될 만한 것을 조언하면서" 생겨난 태도라고 지적했다.[35] 미드는 당대의 중요한 사안에 대해 자주 의견을 말해서, 사람들은 어떻게 아는지 모르면서도 미드를 알았다. 미드의 딸 메리 캐서린 베이트슨은 "'반쪽짜리 유명인'인 어머니를 둔 삶은 힘들었다. … 사람들이 내가 누군지 알 줄 알지만 모르는 경우가 많았기 때문"이라고 불평하기도 했다.[36]

1976년 12월에 미드의 일흔다섯 번째 생일을 맞아 〈뉴욕 타임스〉는 미드에 관한 특집 기사를 전면에 실었다. 그로부터 2년이 채 지나지 않은 1978년 봄에 미드는 췌장암 진단을 받았고, 그해 11월에 사망했다. 이후 수십 년간 미국에서는 미드의 초상화가 담긴 우표를 발행했고, 백악관은 미드에게 대통령 훈장을 수여해 "다양한 문화의 양상이 인류의 근원적 통일성을 나타낸다"는 사실을 보여주기 위해 투쟁한 공로를 사후에 인정해주었다. 미드의 망토와 지팡이는 미국자연사박물관의 태평양 문화 전시관 근처에 영구 전시됐다. 지금도 관람객들은 '마거릿 미드 관(Margaret Mead Hall)'이라고 적힌 표지판 아래로 입장한다.

1987년에 철학자 앨런 블룸(Allan Bloom)은 미국 사회와 잘못

미국자연사박물관의 미드 연구실. 미드는 온갖 유물과 편지, 사진 등 자료로 가득찬 이 공간이 집처럼 편안했다고 말했다.

된 길에 들어선 대학들의 위태로운 현실에 대한 논문을 발표했다. 책으로 출판된 《미국 정신의 종말》은 미국 문화에 대한 보수적 비평가들 사이에서 곧바로 베스트셀러이자 고전이 됐다. 이 책은 당장 미국뿐 아니라 영국과 그 너머까지 다문화주의와 정체성 정치로 불리는 가치관에 삼켜질 위기로부터 서구의 미덕을 구하자는 국제 운동의 필독서로 자리 잡았다. 문화 상대주의는 블룸이 정조준하는 과녁의 한복판에 있었다. 블룸은 이 책의 첫 문장에서 "대학에 들어오는 거의 모든 학생이 진리는 상대적이라고 믿거나 그렇게 믿는다고 답한다"고 지적했다.[37] 이어서 젊은이들을 이처럼 도덕 관념 없는 덤불 속으로 이끈 인물들의 이름을 열거했다.

마거릿 미드 같은 성적 모험가들과 미국이 지나치게 편협하다고 생각한 사람들은 우리가 다른 문화를 이해하고 존중하는 법을 배워야 할 뿐 아니라 그런 문화에서 이익을 얻을 수 있다고 설파했다. 우리는 그들의 가르침에 따라 긴장을 풀고 우리의 금기가 단순히 사회적 제약에 불과하다는 생각에서 벗어났다. 우리는 온갖 문화가 모인 시장에 가서 청교도적 죄책감으로 억압된 성향을 강화해줄 문화를 발견할 수 있었다. 이런 개방성의 스승들은 모두 독립선언서와 헌법에는 관심이 없거나 무척 적대적이었다.[38]

블룸은 자신의 책이 서양 사상 전체를 다루었다고 주장하면서도 책에서 다룰 만한 여성은 거의 찾아내지 못했다. 마거릿 미드와 루스 베네딕트를 잠깐 언급하기는 했지만 제인 오스틴과 한나 아렌트, 오노 요코, 에리카 종, 마를레네 디트리히와 함께 문제의 일부로 보았을 뿐이다. 블룸은 서구의 지적 세계관에 근본적 변형이 일어났다고 보았다. 전통을 외면하고 미국의 민주주의 실험이 특별하지 않다는 잘못된 생각을 받아들이는 쪽으로 변형되었다는 것이다. 그리고 근대 교육이 "세계 공동체를 건설하고 그 구성원을 양성하는 것, 곧 편견 없는 인간으로 길러내는 것"을 비밀스러운 목표로 삼았다고 주장했다.[39] 나아가 도덕과 역사, 사회 현실의 상대성이 새로운 정통성으로 굳어지면서 청년들이 무엇이 선하고 진실하며 의미 있는 삶인지 스스로 발견하는 능력을 잃었다고 주장했다.

미드와 베네딕트와 보아스가 살아 있었다면 마침내 그들이 승리했다는 소식에 놀랐을 것이다. 그들은 평생 투쟁하며 살아왔다. 그들은 같은 철학적 주장을 몇 번이고 반복하는 데 익숙했다. 해마다 구태의연하게 확실성을 퍼트리는 사람들과의 싸움에서 또 하나의 새로운 전선이 생기는 것처럼 보였는데, 이 전선은 차이를 두려워할 것이 없다는 생각을 시험해볼 수 있는 것이었다. 그들은 살아 있는 동안 우리가 오늘날 도덕적으로 거대한 악이라고 인식하는 것들, 즉 과학적 인종주의, 여성의 예속, 대량 학살을 가져온 파시즘, 동성애자를 고의적으로 정신 이상자로 취급하는 시대와 직면했다. 보아스는 유럽 문명과 '서구'의 우월성을 찬양하는 사람들이 짐 크로 법을 고안하고, 캐리 벅에게 불임 수술을 시키고, 수많은 유대인을 열차에 태워 수용소로 보낸 사실을 잘 알았다. 그는 아마 블룸의 선언문에도 끄떡하지 않았을 것이다.

"우리는 가장 먼저 온갖 문제에 관한 주장을 펼쳤다."[40] 저명한 이론가이자 현장 연구자인 클리퍼드 기어츠(Clifford Geertz)는 이렇게 썼다. 보아스와 베네딕트의 다음 세대 인류학자인 그는 문화적 상대성을 인류학의 기본 철학으로 정립하는 데 일조했다. "세상은 신앙심이 깊은 사람과 미신을 믿는 사람으로 나뉘지 않는다. 밀림 속에 조각품이 있고 사막에 그림이 있으며, … 이성의 규범은 그리스에 고착되지 않았고, 도덕성의 진화는 영국에서 완성되지 않았다. 가장 중요한 사실은 우리는 우리가 연마한 렌즈로 남들의 삶을 보고, 남들은 그들만의 렌즈로 우리의 삶을 본다고 우리가 처음으로 주장했다는 점이다."

이런 개념으로 인해 많은 사람이 하늘이 무너지는 느낌을 받았다는(그리고 여전히 그렇게 느낀다는) 사실은 그리 놀랍지 않다. 보아스 학파의 거의 모든 구성원은 고지식하고, 반문명적이며, 애국심이 없고, 부도덕한 사람들이라고 자주 비난받았다. 보아스는 미국의 위대함을 부정하는 괴짜였다. 미드는 성이 꼭 사적이거나 당혹스럽고 막연하게 잘못된 것이 아니라고 주장한 방종한 여성이었다. 베네딕트는 성깔 있는 여성이었다. 델로리아와 허스턴은 더 설명할 것도 없이 '인디언'과 '니그로'였다. 하지만 그들의 목표는 들쑤시고 도전하는 데 있었다. 자신을 극복하는 일은 어려울 수밖에 없다. 대신 우리는 그 대가로 세상에 대해, 인간에 대해, 의미 있고 번창하는 삶을 살아갈 여러 방법에 대해 더 현명해졌다.

보아스의 연구에서 일부 결과는 더 나은 연구와 더 나은 자료의 몫으로 남았다. 이제는 아무도 미드나 베네딕트와 같은 방식으로 인류학을 연구하지 않는다. 오늘날 학자들은 보아스 학파가 그들 자신에게 허용한 약간의 일반화조차 회의적으로 바라본다. 현장 연구자들은 나방의 날개를 현미경 슬라이드에 고정하듯 간단히 설명하고 분석할 수 있는 대상으로서 '문화'라는 개념 자체에 의문을 던진다. ("두 까마귀가 부정한다.") 하지만 1880년대부터 1940년대까지 이 사상가들은 인류의 지식을 특정 방향, 이를테면 모든 역사가 필연적으로 우리에게로 통한다는 신념을 포기하는 방향으로 이끌었다.

인간 공동체에 관한 연구는 계속된다. 유전학은 인간 집단에 대해 무엇을 말할 수 있고 무엇을 말할 수 없는지 보여준다. 후생 유전학*은 환경 조건이 여러 세대에 걸쳐 유전자 수준에서 끼치는 영향을 보여준다. 누구나 특정한 조상의 후손이지만, 이런 조상은 적어도 우리가 오랫동안 이해한 바에 따르면 인종이나 민족이라는 개념으로 축소되지 않는다. 우리가 조상을 스코틀랜드인이나 이탈리아인, 한국인으로 간단히 특정하는 것은(반면에 바빌로니아

---

* DNA 서열의 변화 없이도 유전자 발현의 패턴이나 활성이 변화하고, 이것이 다음 세대로 유전되는 현상을 연구하는 학문. '후성 유전학'이라고도 불린다.

인이나 스키타이족, 악숨족으로 부르지는 않는 것은) 역사의 산물이지 유전자 코드의 산물이 아니다. 또 지능을 정의하는 방식도 생물학적 과정이 아니라 사회적 과정의 결과다. 적절한 성 역할, 성적 행동, 비정상적 정신 같은 것은 인간이 반복하는 상호 작용(곧 사회)에서 나오지 인간의 내면에서 나오는 것이 아니다. 그런데도 여전히 우리가 사회에서 기인한 편견을 우리의 집단적 상상력을 넘어서 더 심오한 곳에서 찾으려는 욕구에 사로잡히는 걸로 봐서는, 보아스 학파의 개념이 여전히 얼마나 유효한지 알 수 있다.

옳고 그름을 구분하는 것은 철학의 문제이지만 현실에 근거한다. 우리가 명백하거나 선천적인 것, 터무니없거나 부조리한 것에 대한 사전 개념에 의존하기 때문이다. 우리의 도덕 관념을 확장하려면 우선 우리가 상상할 수 있는 영역을 넓혀야 한다. 그러려면 보아스와 그의 제자들이 그랬듯, 용기를 내고 불편을 감수하면서 동토의 섬이나 열대 우림 야영지나 마을 건너편을 비롯해 우리와 다른 사람들을 만날 수 있는 곳으로 찾아가야 한다. 문화 상대주의는 인간 사회에 관한 이론이면서도 삶의 사용 설명서이기도 하다. 문화 상대주의는 우리의 도덕적 감성을 살리기 위한 것이지 없애기 위한 것이 아니다. 우리가 아는 모든 곳에는 죽일 수 있는 사람과 죽일 수 없는 사람, 정직하게 대해야 할 사람과 거짓으로 대해도 되는 사람, 성관계가 금지된 사람과 성관계가 권장되는 사람이 있다. 보아스는 보편적 도덕률이 존재할 수는 있지만, (우리 사회를 비롯해) 어떤 사회도 도덕률에 어떤 내용을 담을지 통제할 수는 없다고 가르쳤다. 한 문화는 대개 그 문화에서 허용되는 식생활, 가족 구조, 종교, 미학, 정치 제도가 진실로 합리적이라고 확신한다. 따라서 우리가 도덕적으로 진보할 수 있다면 그것은 바로 그런 습관을 깨는 능력, 인류 전체를 폭넓게 바라보는 능력, 다시 말해 우리가 무엇을 윤리적 행위라고 믿든 그 행위의 혜택을 받을 인간의 범위를 넓히는 능력에 달려 있다.

"도덕 관념은 진화하지 않는다."[41] 1928년에 보아스는 이렇게 간결하게 썼다. 다만 누가 온전한 인간으로 여겨지는지, 목적이 있고 존엄한 인간으로 여겨지는지가 달라질 뿐이다. 이것이 바로 보아스와 그의 제자들이 세상과 공유하고 싶어 했던 과학적 발견이자 윤리적 성향이다. 올바른 행동에 관한 규칙에 관심을 줄이고 (이걸 먹어라, 저걸 만지지 마라, 저 남자와 결혼해라, 저 여자에게 말 걸지 마라) 그런 규칙이 적용된다고 여기는 인간의 범위에 더 집중하라는 뜻이다. 우리 스스로 특별하다고 부추기는 생각에서 벗어나는 데 힘써야 한다. 우리 사회에서 가장 좋은 행동이라고 여겨지는 것이 무엇인지 파악한 다음 우리가 베풀 선의의 대상에서 벗어나는 사람들, 지구 반대편이나 길 건너편에 살고 있을 그 누군가에게 그 선의를 베풀어야 한다. 그 사람들의 신념과 관행이 아무리 불쾌해 보여도 그렇게 해야 한다.

돌이켜보면 인종 과학, 우생학, 식민주의, 과도한 민족주의가 얼마나 잘못된 현상이었는지, 그리고 여전히 현대성으로 위장한 채 우리 주위에 존재한다는 사실을 쉽게 알 수 있다. 이보다 어려운 일은 보아스와 그의 제자들이 바로잡으려 한 오류를 자기 안에서 발견하는 것이다.(헌신적인 세계주의자에게도 쉽지 않은 일이다.) 허스턴은 자서전에서 삭제된 구절에서 "나는 보고 들었다"라고 썼다. "나는 다른 이들의 방식을 판단하는 자리에 앉았고, 소리 없는 밤의 고요 속에서 나 자신을 판단했다."[42] 가장 끈질긴 편견은 익숙한 편견, 가까운 곳에 숨어 있는 편견이므로 세상을 있는 그대로 보려면 어느 정도 거리를 두고 조감도처럼 위에서 내려다보는 관점이 필요하다. 우리 사회는 문화적 구분이 없고 세계적이라고 주장하더라도 그 문화의 한계를 깨닫는 것, 다른 이의 신을 거부하면서도 기도의 힘을 느끼는 것, 당혹스러운 정치 성향의 내적 논리를 이해하는 것, 현실에 대한 어떤 견해가 우리에겐 지극히 자연스러워 보이더라도 다른 이들에겐 걱정과 우울, 불안과 분노를 일으킨다는 사실을 알아채는 것. 이것은 모두 우리가 평생 배워야 할 기술이다. 이런 기술을 충분히 연마하면 간헐적으로 다른 세계가 관습의 안개 사이로 어렴풋이 나타나 우리를 변화시키고, 우리를 끌어내리고, 우리를 파괴할 테지만 그럼으로써 우리는 인류의 복잡성을 이해하게 될 것이다. 우리가 진실이라 믿은 익숙한 편견이 해체될 때 느껴지는 당황스럽고 무서운 해방감은 덤이다.

| 감사의 말 |

이 책은 인류학자인 아내 마거릿 팩슨과 나눈 대화에서 나왔습니다. 마거릿은 사회 이론과 현지 조사 방법론과 그밖에도 여러 분야에 관한 일종의 개인 세미나로 저를 이끌었습니다. 마거릿이 없었다면 이 책을 쓸 생각도 하지 못했을 테고, 애초에 쓸 수도 없었을 것입니다. 저는 이제 보아스와 그의 제자들처럼 가장 가까운 관계에서 얼마나 중요한 아이디어가 솟아날 수 있는지 조금이나마 알 것 같습니다. 고마워요, 내 사랑.

지난 5년 동안 제 삶에 또 한 명의 마거릿을 들였습니다. 보아스 학파가 알려진 이유는 사실 마거릿 미드가 이 학파에 관한 왕성한 수집가였기 때문입니다. 의회도서관의 마거릿 미드 기록실에는 각종 자료와 설명이 50만 건이나 소장돼 있습니다. 걸근 사유서부터 전남편의 보험 증서, 현장 노트와 보고서, 친구나 연인, 동료와 주고받은 편지까지 온갖 자료가 남아 있습니다. 이런 경이로운 일을 해준 미드의 조수들과 가족, 특히 매리 캐서린 베이트슨과 의회도서관의 여러 전문가에게 감사의 말을 전합니다.

그 밖에 여러 기관의 기록 보관 담당자와 사서 들에게도 감사를 전합니다. 인디애나대학의 아메리카인디언연구소, 미국자연사박물관에서 특히 미드의 옛 연구실과 미로 같은 다락방을 안내해준 크리스틴 메이블, 레베카 모건, 그레고리 램, 다이애나 로즌솔, 미국 철학협회에서 보아스의 논문을 담당한 베이어드 밀러, 컬럼비아대학의 희귀 도서 및 원고 도서관, 서섹스주 브라이튼의 기록 보관소, 하버드대학의 피보디박물관, 프랜시스 A. 카운트웨이 의학 도서관, 휴튼 도서관, 토저 도서관, 해스컬인디언네이션스대학의 도서관 및 기록 보관소의 다코타 R. 해스볼드, 바사칼리지 톰슨 기념 도서관의 기록 보관소 및 특별 소장 부서의 딘 M. 로저스, 조지타운대학 로잉거 도서관의 부스 가족 특별 소장품 센터와 도서관 상호 대출 서비스, 스미스소니언연구소 국립인류학자료실의 케이틀린 헤인즈와 캐서린 크로, 의회도서관의 희귀 도서 및 특별 소장품 열람실과 주 열람실의 담당자 여러분께 감사합니다.

집단 전기는 개별 전기가 없다면 존재할 수 없습니다. 여러 전기 작가의 꼼꼼한 조사와 해석에 감사드립니다. 제가 강조한 부분과 결론이 그분들의 의견과 다를 수 있지만, 그분들의 연구가 없었다면 이 책을 완성하지 못했을 것입니다. 로이스 배너, 밸러리 보이드, 마거릿 캐프리, 더글러스 콜, 마리아 유지니아 코테라, 레그나 다넬, 로버트 헤먼웨이, 제인 하워드, 칼라 캐플런, 힐러리 랩슬리, 허버트 S. 루이스, 데이비드 립셋, 루드거 뮐러-빌레, 버지니아 헤이어 영, 로즈메리 레비 줌월트, 그리고 인류학의 선구적 역사가인 조지 W. 스타킹 주니어, 리 D. 베이커, 데이비드 H. 프라이스에게 감사드립니다. 줌월트 교수는 직접 보아스의 전기를 집필하던 중 시간을 내서 원고를 끝까지 읽어주었고, 그러는 사이 제가 여기저기 갈라진 틈새에 빠지지 않도록 이끌어주었습니다.

조지타운대학의 동료 인류학자인 앤드루 빅퍼드와 마저리 맨델스탐 발저는 제 아이디어와 원고를 다듬는 데 도움을 주었습니다. 이

밖에도 단서와 통찰과 유용한 조언을 제공하고 소중한 시간을 내주신 분이 많습니다. 크리스티 앤더슨, 레이먼드 아스놀트, 톰 밴초프, 캐서린 벤튼코언, 워런 코언, 다시 쿠토, 데즐리 디컨, 필립 J. 델로리아, 로이스 개스턴, 존 리빗, 게리 모미노, 테리 핀카드, 찰스 와이스, 수피안 제무호프에게 감사드립니다. '이스트-웨스트 컨셉'의 크리스티나 사무가 사모아어 번역을 맡았습니다. 보아스라면 '우리의 작은 모임'이라고 불렀을 사람들(수년간 제 연구 조교였던 분들)에게도 특별한 감사를 전합니다. 여러 도움이 없었다면 이 책은 진행되지 못했을 겁니다. 에이브러햄 프라이펠드, 레이철 그린, 이룸 하이더, 래비 커매니, 앤드루 슈나이더, 앤드루 서레이코에게 감사합니다.

제 모교인 조지타운대학에서 특히 에드먼드 A. 월시 외교 학교와 조지타운칼리지, 그리고 조엘 헬만, 체스터 길리스, 크리스토퍼 셀렌자 학장의 지원에 감사합니다. 이 책 작업의 일부는 국립인문학기금(기금 번호 FZ-250287-16)의 지원으로 진행됐습니다. 그러나 이 책에 담긴 모든 견해나 결과, 결론, 권유가 반드시 국립인문학기금의 입장을 반영하지는 않습니다.

이 책을 계약하도록 힘써준 에이전트 윌 리핀콧은 제가 인류학 이론에 관한 책을 쓰고 싶다고 말했을 때 도망치지 않았습니다. 그는 구상 단계부터 논쟁으로 발전시키는 과정에서 저를 열심히 격려하고 조언을 주었습니다. 또 아이디어에서 출발해 서가에 꽂히기까지 기나긴 여정에서 여러 일을 처리해준 '매시 앤 맥퀼킨'의 롭 맥퀼킨과 마리아 매시에게도 감사드립니다. 롭은 처음으로 원고 전체를 읽어주었는데, 이처럼 창의적이고 공감력이 뛰어난 편집자의 안목이 없었다면 과연 어떤 결과물이 나왔을지 상상이 가지 않습니다. 더블데이의 마술사라 할 수 있는 크리스 푸오폴로와 함께 작업한 것은 이루 말할 수 없는 행운이었고, 그의 조언으로 훨씬 더 나은 책이 될 수 있었습니다. 또 이 책이 독자들에게 다가가도록 이끌어준 빌 토머스와 함께 일할 수 있어서 다행이었습니다. 재닛 빌, 마리아 캐렐라, 케이틀린 프리델라, 마이클 골드스미스, 로레인 하이랜드, 리사 클라인홀츠, 다이앤 맥키어넌, 대니얼 메이어, 존 피츠, 캐럴린 윌리엄스, 마이클 J. 원저는 친절하면서도 때로 다그쳐주고 적절한 조치를 취하는 데 뛰어난 전문성을 발휘했습니다. '보들리 헤드'의 윌 해먼드는 런던에서 제안을 받았을 때 제일 먼저 적극적으로 나서주었습니다.

정직한 글쓰기란, 현재는 무용하거나 잘못된 의미라고 해도 원래 말하거나 기록할 때 쓰인 방식대로 표현하려고 노력한다는 의미입니다. 이 책에서는 오늘날 전통 사회 또는 전근대 사회라고 일컫는 개념을 설명하기 위해 간혹 '원시적(primitive)'이라는 표현을 사용하는데, 이는 보아스와 그의 동시대 학자들이 일반적으로 사용한 용어이기 때문입니다. 그들 또한 이 단어를 이전 세대가 사용한 의미와 약간은 다른 의미로 사용했습니다. 그 밖에 다른 단어와 구문(예를 들어 원주민native, 흑인Negro, 인디언Indian, 정신박약자feebleminded)도 맥락에 따라 등장합니다. 또 이 책의 주요 인물들이 원주민에 관해 말할 때와 제가 그들의 생각을 복화술처럼 표현할 때 집단의 이름을 채택했습니다. 일부 사례에서는 이런 이름이 해당 공동체의 구성원이 그들 자신을 부르는 이름이 아닙니다. 예를 들어 파푸아뉴기니의 비왓(문두구모르)과 참브리(참불리), 브리티시컬럼비아의 콰콰카와코(콰키우틀)가 있습니다. 이 단어와 저 단어, 지금과 그때 사이의 거리가 역사입니다.

| 주석 |

약어 목록

AAW   An Anthropologist at Work (마거릿 미드의 《일하는 인류학자》)
APS   American Philosophical Society (미국철학협회)
BRC   Boas-Rukeyser Collection, APS (보아스-루카이저 컬렉션, 미국철학협회)
CU   Columbia University Rare Book and Manuscript Library (컬럼비아대학 희귀본 도서관)
ECD   Ella Cara Deloria (엘라 캐러 델로리아)
ECD Archive   Ella Cara Deloria Archive (엘라 캐러 델로리아 자료 보관소)
ECP   Elsie Clews Parson (엘시 클루 파슨스)
ECP Papers   Elsie Clews Parsons Papers, APS (엘시 클루 파슨스 문서, 미국철학협회)
EFB   The Ethnography of Franz Boas (로널드 로너의 《프란츠 보아스의 인류학》)
ES   Edward Sapir (에드워드 사피어)
FB   Franz Boas (프란츠 보아스)
FB Papers (digitized)   Franz Boas Papers, APS Digital Library (프란츠 보아스 문서, 미국철학협회 디지털 도서관)
FB Papers (microfilm)   Franz Boas Papers, Library of Congress copy (프란츠 보아스 문서, 의회도서관)
FB Prof. Papers   Franz Boas Professional Papers, APS (프란츠 보아스 전문가 문서, 미국철학협회)
FBAI   Müller-Wille, Franz Boas Among the Inuit of Baffin Island (루드거 뮐러-빌레의 《배핀섬의 이누이트와 프란츠 보아스》 영역본)
GB   Gregory Bateson (그레고리 베이트슨)
JH Papers   Jane Howard Papers, Columbia University (제인 하워드 문서, 컬럼비아대학)
LC   Luther Cressman (루서 크레스먼)
MM   Margaret Mead (마거릿 미드)
MM Papers   Margaret Mead Papers and South Pacific Fieldwork Archives, Library of Congress (마거릿 미드 문서와 남태평양 현지 조사 자료 보관소, 의회도서관)
NAA   National Anthropological Archives, Smithsonian Institution (국립 인류학 자료 보관소, 스미스소니언 재단)
PM   Peabody Museum, Harvard University (피보디박물관, 하버드대학)
RB   Ruth Benedict (루스 베네딕트)

RB Papers   Ruth Fulton Benedict Papers, Vassar College (루스 풀턴 베네딕트 문서, 배서칼리지)
RF   Reo Fortune (리오 포천)
ZNH   Zora Neale Hurston (조라 닐 허스턴)

1장 문화 상대주의는 어떻게 탄생했는가

1) MM, "News Bulletin IX," Dec. 11, 1925, MM Papers, Box N1, Folder 5.
2) FB(프란츠 보아스)가 MM(마거릿 미드)에게 보낸 편지, 1925년 11월 7일, MM Papers, Box N1, Folder 1.
3) MM, "News Bulletin IV," Aug. 31, 1925, MM Papers, Box N1, Folder 5.
4) MM(마거릿 미드)가 RB(루스 베네딕트)에게 보낸 편지, 1926년 3월 29일, MM Papers, Box S3, Folder 3.
5) MM가 RB에게 보낸 편지, 1926년 3월 29일, ibid.
6) MM가 RB에게 보낸 편지, 1925년 12월15일, MM Papers, Box S3, Folder 2.
7) FB가 MM에게 보낸 편지, 1926년 1월 25일, MM Papers, Box N1, Folder 1.
8) "Student of Man," New York Times, Dec. 23, 1942.
9) RB, "Younger Generation."
10) FB, "Foreword," in MM, Coming of Age in Samoa.

2장 북극으로 떠난 탐험가

1) FB 인터뷰 기록, RB Papers, Folder 115.2.
2) FB, "Curriculum Vitae," FB Prof. Papers, Box 13, File "Boas—Curriculum Vitae #2."
3) Hedwig Boas Lehmann, memoir, FB Prof. Papers, Box 20, File "Lehmann, Hedwig Boas—Reminiscences of Franz Boas."
4) Wulf, Invention of Nature, 333.
5) Clark, Iron Kingdom, 429.
6) Hedwig Lehmann, memoir, BRC, Box 1, File "Boas—Biographical—Reminiscences of relatives"; Helene Yampolsky, memoir, FB Prof. Papers, Box 3, File "Boas—Boas Family Life"; Cole, Franz Boas, 13.
7) Cole, Franz Boas, 16.
8) Lehmann memoir, BRC.
9) FB가 부모에게 보낸 편지, 1869년 2월 20일, FB Prof. Papers, Box 3, File "Boas—Corresp.—Early 1869."
10) FB, "Curriculum Vitae," FB Prof. Papers, Box 13, File "Boas—Curriculum Vitae #2."
11) Lehmann memoir, FB Prof. Papers.
12) FB, "Curriculum Vitae"; Lehmann memoir, BRC.
13) Cole, Franz Boas, 28.
14) Ibid., 37.
15) Lehmann memoir, BRC.
16) Cole, Franz Boas, 41.

17) Ibid., 61.
18) Cole and Müller-Wille, "Franz Boas' Expedition," 39-40.
19) Clyde Kluckhohn and Olaf Prufer, "Influences During the Formative Years," in Goldschmidt, *Anthropology of Boas*, 8.
20) Cole, *Franz Boas*, 52.
21) Ludger Müller-Wille, "Introduction: Germans and Inuit on Baffin Island in the 1880s," in *FBAI*, 6.
22) FB Prof. Papers, Box 2, File "Boas—Arctic Expedition—Outline of proposed trip, 1883"의 문서를 참조하라.
23) Müller-Wille, "Introduction," in *FBAI*, 9.
24) FB가 부모에게 보낸 편지, 1883년 1월 23일, *FBAI*, 36.
25) FB가 아브라함 야코비에게 보낸 편지, 1882년 11월 26일, *FBAI*, 33.
26) FB 일기, 1883년 6월 9일, *FBAI*, 42.
27) FB 일기, 1883년 6월 20일, *FBAI*, 45.
28) Ibid.
29) Cole, *Franz Boas*, 71.
30) FB가 누이들에게 보낸 편지, 1882년 5월 14일, *FBAI*, 33.
31) FB, 배핀섬 탐사를 위한 연구 계획. FB Prof. Papers, Box 2, File "Boas—Arctic Expedition—Outline of proposed trip, 1883."
32) Settle, *Laste Voyage*, n.p.
33) Ibid.
34) They were the first North American: Vaughan, Transatlantic Encounters, 1-10.
35) FB가 아브라함 야코비에게 쓴 편지, 1882년 11월 26일, *FBAI*, 35.
36) FB 일기, 1883년 6월 22일, *FBAI*, 46.
37) FB가 마리 크라코비처에게 보낸 편지, 1883년 6월 25일, *FBAI*, 48.
38) FB가 마리 크라코비처에게 보낸 편지, 1883년 8월 17일, *FBAI*, 65.
39) FB, 자녀들을 위해 쓴 회고록, BRC, 1권, 파일 "Boas—Arctic Expedition—Reminiscence written for his children, n.d., #1." 이후 모험담 형식으로 쓰여진 이 작품에는 보아스가 당시에 썼던 편지와 노트에서 발췌한 내용이 포함되었다.
40) FB, 자녀들을 위해 쓴 회고록, BRC.
41) FB 일기, 1883년 8월 28일, *FBAI*, 72-73.
42) 이중 적어도 하나의 표본이 금방이라도 부서질 듯하지만 여전히 녹색을 띤 채로 보아스의 문서 속에 남아 있다. FB Prof. Papers, Box 2, Files "Boas—Arctic Expedition—Plants, c. 1883"를 참조하라.
43) FB, "Year Among Eskimo."
44) Cole, *Franz Boas*, 72.
45) FB, 자녀들을 위해 쓴 회고록, BRC.
46) 보아스는 훗날 "Poetry and Music" 등 여러 논문에서 이 노래들을 공개했다.
47) FB Prof. Papers, Box 22에서 현장 노트를 참조하라.
48) Cole and Müller-Wille, "Franz Boas' Expedition," 52.

49) Cole, Franz Boas, 75; FB 일기, 1883년 10월 23일, FBAI, 126.
50) Cole, Franz Boas, 75.
51) FB가 마리 크라코비처에게 보낸 편지, 1883년 11월 18일, FBAI, 140.
52) FB가 부모와 자매들에게 보낸 편지, 1883년 10월 31일, FBAI, 130.
53) Cole, Franz Boas, 76; FB 일기, 1884년 1월 17-20일, FBAI, 168-69.
54) FB가 마리 크라코비처에게 보낸 편지, 1883년 12월 13일, FBAI, 151.
55) FB가 마리 크라코비처에게 보낸 편지, 1883년 12월 23일, FBAI, 159.
56) FB가 자녀들을 위해 쓴 회고록, BRC.
57) FB가 마리 크라코비처에게 보낸 편지, 1883년 12월 23일, FBAI, 159.
58) Ibid.
59) FB가 마리 크라코비처에게 보낸 편지, 1883년 12월 21일, FBAI, 157.
60) Cole and Müller-Wille, "Franz Boas' Expedition," 54.
61) Douglas Cole, "'The Value of a Person Lies in His Herzensbildung,'" in Stocking, Observers Observed, 16.
62) FB 일기, 23, 1883년 12월 23일, FBAI, 159.
63) Cole, Franz Boas, 77.
64) Ibid., 78.
65) Cole and Müller-Wille, "Franz Boas' Expedition," 42.
66) Kroeber et al., Franz Boas, 7; Ernst Boas, memoir, FB Prof. Papers, Box 17, File "Boas, Ernst—Reminiscences of his father."
67) Hinsley, Smithsonian and American Indian, 65-66.
68) Davis, Biographical Memoir, 14.
69) Powell, Exploration of Colorado River, 1.
70) Davis, Biographical Memoir, 56.
71) Cole, Franz Boas, 83-86.
72) Fifth Annual Report of the Bureau of Ethnology, 1883-84 (Washington, D.C.: U.S. Government Printing Office, 1887)를 참조하라.
73) Cole, Franz Boas, 83.
74) Ibid., 86.
75) Ibid., 85.
76) Ibid., 86.
77) Ibid., 88.

3장 "문명은 상대적이다"

1) 조피 보아스가 아브라함 야코비에게 보낸 편지, 1885년 4월 20일, FB Papers (microfilm), Reel 1.
2) Tylor, Anthropology, 2.
3) Tylor, Primitive Culture, 1:12.
4) Frazer, Golden Bough, 1:viii.
5) Ibid., 1:ix.

6) Deloria, *Playing Indian*, 77.
7) Ibid., 79.
8) Morgan, *League of Ho-de'-no-sau-nee*, 1:ix.
9) Darnell, *Along Came Boas*, 89.
10) 파월의 연설은 "From Barbarism to Civilization"(파월)을 참조했다. 1886년 봄에 한 연설이지만, 이 글은 2년 후에야 출판됐다.
11) Nadel, *Little Germany*, 19, 21.
12) Ibid., 1.
13) Cole, *Franz Boas*, 99.
14) Ibid., 99.
15) FB가 부모에게 보낸 편지, 1886년 8월 24일, 같은 책, 99.
16) FB, "Letter Diary to Parents (1886)," 12월 16일 일기, *EFB*, 76.
17) FB, "Boas' Introduction," in *EFB*, 5.
18) Ibid.
19) Ibid., 7.
20) FB, "Letter Diary to Parents (1886)," 10월 23일, *EFB*, 45.
21) Cole, Franz Boas, 102; and FB, "Letter Diary to Parents (1886)," in *EFB*, 여러 글.
22) 헌트의 중요한 역할에 대해서는 Isaiah Lorado Wilder, "Friends in This World: The Relationship of George Hunt and Franz Boas," in Darnell et al., *Boas as Public Intellectual*, 163-89를 참조하라.
23) FB, "Letter Diary to Parents (1886)," 11월 18일, *EFB*, 61.
24) Ibid., 11월 8일, *EFB*, 55.
25) Ibid., 11월 20일, *EFB*, 63.
26) Ibid., 11월 6일, *EFB*, 53.
27) Ibid., 11월 15일, *EFB*, 60.
28) Ibid., 12월 16일, *EFB*, 77.
29) Cole, Franz Boas, 104-5.
30) Boas, "Study of Geography," 137.
31) FB가 파월에게 보낸 편지, J. W. Powell, June 12, 1887, in Stocking, *Shaping of American Anthropology*, 60.
32) Ibid.
33) Ibid.
34) FB, "Occurrence of Similar Inventions," 485.
35) Ibid.
36) Mason, "Occurrence of Similar Inventions," 534.
37) Ibid., 534.
38) FB, "Letter Diary to Parents (1886)," 10월 31일, *EFB*, 50.
39) FB, "Museums of Ethnology" (첫 번째 1887년 논문), 589.
40) Powell, "Museums of Ethnology," 613.
41) FB, "Museums of Ethnology," 614.

42) Cole, *Franz Boas*, 129.
43) Ibid., 115.

4장 인종 이론에 맞서다

1) Ross, *G. Stanley Hall*, 196.
2) Cole, *Franz Boas*, 121, 138.
3) Ibid., 137; Hall, *Life and Confessions*, 291.
4) Cole, *Franz Boas*, 138.
5) Hall, *Life and Confessions*, 293.
6) Ibid., 296.
7) Cole, *Franz Boas*, 140에서 참조했다.
8) Kroeber et al., *Franz Boas*, 12.
9) Cole, *Franz Boas*, 145; Hall, *Life and Confessions*, 296.
10) Cole, *Franz Boas*, 154.
11) Worcester Superior Court, Worcester, Mass., Feb. 23, 1892, 귀화 서류는 www.ancestry.com에서 참조할 수 있다.
12) Chicago Tribune, May 31, 1890, Freed, *Anthropology Unmasked*, 1:121.
13) Ibid., 1:122.
14) *Worcester Daily Telegraph*, Mar. 5, 1891. Cole, *Franz Boas*, 142-43.
15) Ibid., 154.
16) *Plan and Classification: Department M* (Chicago: World's Columbian Exposition, 1892), leaflet in PM, Frederic Ward Putnam Papers, Box 4, Folder 43.
17) Cole, *Franz Boas*, 155.
18) Putnam Director Records, Box 9을 참조하라.
19) FB, "Report on the Section of Physical Anthropology," Putnam Director Records, Box 8, Folder 8.
20) Ibid.
21) Ibid.
22) FB, "On Alternating Sounds," 47-53.
23) Ibid., 51.
24) *World's Columbian Exposition Illustrated* (1893), Hinsley and Wilcox, *Coming of Age in Chicago*, 26의 Curtis M. Hinsley, "Anthropology as Education and Entertainment: Frederic Ward Putnam at the World's Fair".
25) 감사 보고서를 바탕으로 한 박람회 지출에 관한 자필 메모, Aug. 7, 1893, PM, Frederic Ward Putnam Papers, Box 4, Folder 39.
26) Hinsley, "Anthropology as Education and Entertainment," 27.
27) Holmes, "World's Fair Congress of Anthropology."
28) Cole, *Franz Boas*, 156.
29) 콰키우틀족 공연자들의 사진 설명, PM, World Columbia Exposition Photograph Collection, Box 1.

30) Cole, *Franz Boas*, 156.
31) Ibid., 158-59.
32) FB가 William J. McGee에게 보낸 편지, 1894년 2월 17일, NAA, Bureau of American Ethnology Records, Box 264, Folder "Boas 1889."
33) Hinsley and Holm, "Cannibal in National Museum," 306.
34) Cole, *Franz Boas*, 172.
35) Ibid., 185.
36) Freed, *Anthropology Unmasked*, 1:31.
37) Ibid., 1:41.
38) Ibid., 1:43.
39) Cole, *Franz Boas*, 213.
40) FB, "Some Recent Criticisms of Physical Anthropology," 105.
41) FB, "Limitations of Comparative Method," 908.
42) Ibid., 902.

5장 두개골 수집가들

1) Nott and Gliddon, *Types of Mankind*, 50.
2) Aleš Hrdlička, "Beauty Among the American Indians," in *Boas Anniversary Volume*, 38.
3) Harris, *Rise of Anthropological Theory*, 256.
4) Jefferson, *Notes on State of Virginia*, 155.
5) Gould, *Mismeasure of Man*, 77. 아가시와 동시대 학자들의 관계에 관해서는 Menand, *Metaphysical Club*, esp. chaps. 5-6; Painter, *History of White People*, 190-200를 참조하라.
6) Darwin, *Descent of Man*, 190.
7) Ibid., 192.
8) Anderson, *White Rage*, 17.
9) López, *White by Law*를 참조하라.
10) Nott and Gliddon, Types of Mankind, xxxii-iii.
11) Spiro, *Defending Master Race*, 61-67. 나는 사피로의 철저한 연구를 통해 그랜트가 미국의 인종 관념에 끼친 영향을 이해하는 데 도움을 받았다.
12) Ibid., 97.
13) Ripley, *Selected Bibliography*를 참조하라.
14) Stocking, *Race, Culture, and Evolution*, 52-53.
15) Ibid., 60.
16) Ibid., 61.
17) Spiro, *Defending Master Race*, 93.
18) Ripley, *Races of Europe*, 273.
19) Spiro, *Defending Master Race*, 143-45.
20) Grant, *Passing of Great Race*, 6.

21) Ibid., 8.
22) Ibid., 6.
23) Ibid., 11.
24) Ibid., 27.
25) Ibid., 27.
26) Ibid., 14.
27) Ibid., 31.
28) Ibid., 19.
29) Ibid., 18.
30) Ibid., 227-28.
31) Spiro, *Defending Master Race*, 168.
32) 통계치는 Singer, "Contemporary Immigrant Gateways"에서 참조했다.
33) Gustavo López and Jynnah Radford, "Statistical Portrait of the Foreign-born Population in the United States," Pew Research Center, May 3, 2017, www.pewhispanic.org/2017/05/03/facts-on-u-s-immigrants-current-data/.
34) Singer, "Contemporary Immigrant Gateways."
35) Grant, *Passing of Great Race*, 14-15.
36) FB가 Zelia Nuttall에게 보낸 편지, 1901년 5월 16일, FB Papers (microfilm), Reel 4.
37) FB가 Nicholas Murray Butler에게 보낸 편지, 1902년 11월 15일, ibid.
38) Helen Boas Yampolsky, memoir, FB Prof. Papers, Box 3, File "Boas—Boas Family Life"; Ernst Boas, memoir, FB Prof. Papers, Box 17, File "Boas, Ernst—Notes on a conversation with Franz Boas, 1940 or 1941."
39) FB가 Nicholas Murray Butler에게 보낸 편지, 1908년 11월 13일, FB Papers (microfilm), Reel 9.
40) FB가 Felix Adler에게 보낸 편지, 1908년 1월 6일, ibid.
41) FB가 앨프리드 크로버에게 보낸 편지, 1908년 1월 6일, ibid.
42) FB가 W. J. McGee에게 보낸 편지, 1901년 4월 20일, FB Papers (microfilm), Reel 4.
43) 인류학과의 교육에 관한 제목 없는 보고서, 날짜 미상(1908년경), FB Papers (microfilm), Reel 9.
44) FB가 부커 T. 워싱턴에게 보낸 편지, 1908년 11월 8일, ibid.
45) 딜링엄위원회에 관해서는 Zeidel, *Immigrants, Progressives*; Benton-Cohen, *Inventing Immigration Problem*를 참조하라.
46) Jeremiah W. Jenks가 FB에게 보낸 편지, 1908년 3월 11일, FB Papers (microfilm), Reel 9.
47) FB가 Jenks에게 보낸 편지, 1908년 3월 23일, ibid.
48) Jenks가 FB에게 보낸 편지, 1908년 11월 20일, ibid.
49) FB가 E. B. Meyrowitz에게 보낸 편지, 1908년 5월 25일, FB Papers (microfilm), Reel 12.
50) *Reports of Immigration Commission: Changes in Bodily Form*, 81-84.
51) FB가 F. W. Hodge에게 보낸 편지, 1910년 3월 14일, NAA, Bureau of American Ethnology Records, Box 138, Folder "Blumenthal, Walter Hart-Boas, Franz."
52) *Reports of Immigration Commission: Changes in Bodily Form*, 2.

53) Ibid., 5. 1912년부터 1920년대와 1930년대에 걸쳐 학자들은 보아스의 자료를 다시 분석하거나 자신들의 관찰을 추가했다. 일부는 부모와 자녀의 두개골 차이에 대한 보아스의 발견을 재확인하면서 주로 환경적 요인에서 기인한다고 보았다. 반면 다른 학자들은 측정값이나 보아스의 통계 분석에서 불일치를 발견했다. 2002년과 2003년에도 추가 연구가 진행됐다. 독립적인 두 연구 팀이 두개골 변이에 대해 각기 다른 결론에 도달했지만, 두 팀 모두 두개골의 가변성이라는 기본 사실은 확인했다. 한 연구 팀은 어느 정도 변이가 나타난다는 사실만으로도 과학적 인종주의자들의 핵심 주장이 사실상 거짓임이 입증된다고 지적했다. "보아스가 연구를 구상했을 당시, 체질인류학자들 사이의 지배적인 관점은 인류가 몇 가지 변하지 않는 인종이나 유형으로 이루어졌다는 것이었다. … 보아스의 이민자 연구가 중요한 이유는 이 가정을 경험적으로 다루었기 때문이다. 가장 중요한 결과는 두지수가 환경에 민감하다는 사실이었다. 두개골 형태가 절대적으로 변하지 않는다는 믿음이 지배적인 상황에서, 보아스가 한 세대 안에서 두지수의 변화 ─어떠한 변화든─ 를 입증한 것은 혁명적인 일이었다." Gravlee, Bernard, and Leonard, "Boas' Changes in Bodily Form," 331. 이제는 보아스 이전의 관점, 즉 인종을 고정적이고 유전적이며 해부학적으로 측정 가능한 분류로 보는 관점을 진지하게 받아들이는 과학자는 없다. 더 많은 논의는 Allen, "Franz Boas' Physical Anthropology", Gravlee, Bernard, and Leonard, "Heredity, Environment, and Cranial Form", Sparks and Jantz, "Changing Times, Changing Faces", Sparks와 Jantz의 "Reassessment", Teslow, *Constructing Race*를 참조하라.
54) FB, *Mind of Primitive Man*, 4.
55) Ibid., 17.
56) Ibid., 22.
57) Ibid., 33.
58) Ibid.
59) Ibid., 44.
60) Ibid., 94.
61) Ibid., 98.
62) Ibid., 226.
63) Ibid., 107.
64) Ibid., 208-9.

6장 "나의 최고의 제자들은 전부 여성이었다"
1) FB, *Handbook of American Indian Languages*, 1:14.
2) Weatherly, "First Universal Races Congress," 318.
3) FB, "Instability of Human Types," in Spiller, *Papers on Inter-Racial Problems*, 99.
4) *Reports of Immigration Commission: Dictionary of Races or Peoples*, 5:3.
5) Ibid., 1:13.
6) Jens Manuel Krogstad and Michael Keegan, "From Germany to Mexico: How America's Source of Immigrants Has Changed over a Century," Pew Research Center, October 7, 2015, http://www.pewresearch.org/fact-tank/2015/10/07/a-shift-from-germany-to-mexico-for-americas-immigrants/.

7) Luebke, *Bonds of Loyalty*, 146.
8) Ibid., 255-56.
9) Ibid., 252.
10) 이 사건은 'Meyer v. Nebraska'(1923)이다. 법원은 1919년 네브라스카 주법에서 영어 이외의 언어로 교육하는 것을 금지한 것이 수정헌법 제14조의 적법 절차 조항을 위반한다고 판결했다.
11) Adam Hochschild, "When Dissent Became Treason," *New York Review of Books*, Sept. 28, 2017, 82.
12) FB, "Warns of German Wrath," *New York Times*, Dec. 11, 1915.
13) FB, "Nationalism in Europe," 13-14.
14) FB, "Why German-Americans Blame America," *New York Times*, Jan. 8, 1916.
15) "Professor Boas Dissents," *New York Times*, Feb. 9, 1917.
16) McCaughey, *Stand, Columbia*, 248.
17) "Professor Boas' Views," *New York Times*, Feb. 13, 1917.
18) McCaughey, *Stand, Columbia*, 253.
19) FB가 Pliny Goddard에게 보낸 편지, 1915년 7월 15일, Elsie Clews Parsons Papers, Series I, Folder 1.
20) 이어지는 인용문은 FB, "Inventing"에서 참조했다.
21) W. H. Holmes et al. to J. Walter Fewkes, Dec. 24, 1919, NAA, Bureau of American Ethnology Records, Box 267, Folder "Boas, Franz—1919-1920."
22) Spiro, *Defending Master Race*, 318.
23) Freed, *Anthropology Unmasked*, 1:431.
24) FB가 Elsie Clews Parsons에게 보낸 편지, 1925년 11월 26일, Elsie Clews Parsons Papers, Series I, Folder 3.
25) 이 시기의 반이민 법제에 관한 개요는 Daniels, *Guarding Golden Door*, 49-58를 참조하라.
26) Spiro, *Defending Master Race*, 233.
27) Ibid., 166.
28) McCaughey, *Stand, Columbia*, 269.
29) Ibid., 270.
30) Ibid., 267.
31) Spiro, *Defending Master Race*, 357; Kühl, *Nazi Connection*, 85; Ryback, *Hitler's Private Library*, 109-10. 이 인용문의 진위는 논란이 됐는데, 그랜트 사후에 그의 가족이 그의 문서를 모두 파기했기 때문이다. 그러나 독일 사회학자 슈테판 퀼(Stefan Kühl)이 신뢰할 만한 출처를 찾아냈는데, 미국 우생학자인 리언 휘트니(Leon Whitney)의 미출간 회고록이다. 휘트니는 그랜트의 책상에서 실제 이 편지를 보았다고 기억했다. 그랜트의 저서는 독일에서 J. F. Lehmanns Verlag에서 출판되었다. 이 출판사는 나치의 인종 이론에 관한 가장 중요한 출판사로서 히틀러의 개인 도서관에 다수의 장서를 제공했다.
32) Hitler, *Mein Kampf*, 439.
33) Ibid., 688.

34) FB가 아들 에른스트 보아스에게 보낸 편지, 1917년 7월 24일, BRC, Box 3, File labeled "Box 79."
35) Helen Boas Yampolsky, memoir, FB Prof. Papers, Box 3, File "Boas—Boas Family Life."
36) FB가 ECP에게 보낸 편지, 1925년 6월 25일, Elsie Clews Parsons Papers, Series I, Folder 3.
37) FB가 에른스트 보아스에게 보낸 편지, 1915년 6월 14일, BRC, Box 3, File labeled "Box 79."
38) Yampolsky memoir, FB Prof. Papers.
39) FB anthropometry chart, NAA, Aleš Hrdlička Papers, Box 127, File "Anthropometry Data Sheets on Members of the NAS."
40) FB가 에른스트 보아스에게 보낸 편지, 1917년 11월 15일, BRC, Box 3, File labeled "Box 79."
41) FB가 에른스트 보아스에게 보낸 편지, 1917년 7월 29일, ibid.
42) FB가 에른스트 보아스에게 보낸 편지, 1917년 11월 15일, ibid.
43) Goldfrank, *Notes on Undirected Life*, 4; AAW, 344.
44) FB가 에른스트 보아스에게 보낸 편지, 1917년 7월 21일, BRC, Box 3, File labeled "Box 79."
45) FB가 에른스트 보아스에게 보낸 편지, 1917년 7월 29일, ibid.
46) Caffrey, *Ruth Benedict*, 100; Kroeber et al., *Franz Boas*, 15-16.
47) Yampolsky memoir, FB Prof. Papers.
48) Meyer, It's Been Fun, 9.
49) Ibid., 5. 바너드칼리지 설립 역사와 컬럼비아대학에서 여성의 역할에 관한 더 광범위한 역사는 Rosenberg, *Changing the Subject*를 참조하라.
50) Darnell, *Along Came Boas*, 294; Kroeber et al., *Franz Boas*, 14-15.
51) Darnell, *Along Came Boas*, 295.
52) LC, *Golden Journey*, 105-6.
53) Kroeber et al., *Franz Boas*, 14.
54) Kluckhohn, *Ralph Linton*, 238; Banner, *Intertwined Lives*, 379.
55) Young, *Ruth Benedict*, 42.
56) FB가 Nicholas Murray Butler에게 보낸 편지, 1908년 11월 13일, FB Papers (microfilm), Reel 9.
57) Goldfrank, *Notes on Undirected Life*, 36.
58) Deacon, *Elsie Clews Parsons*, 255.
59) RB, 일기, 1923년 5월 7일, *AAW*, 98.
60) Ibid.
61) Ibid, 99.
62) Caffrey, *Ruth Benedict*, 94.
63) Ibid., 81.
64) RB, 일기, 1920년 10월(날짜 미상), *AAW*, 143.
65) Caffrey, *Ruth Benedict*, 81.

66) Banner, *Intertwined Lives*, 138.
67) Parsons, *Fear and Conventionality*, xv.
68) Ibid., 216.
69) Parsons, *Social Freedom*, 8.
70) Caffrey, *Ruth Benedict*, 96.
71) Banner, *Intertwined Lives*, 148.
72) RB, 일기, 1917년 1월(날짜 미상), *AAW*, 140.
73) Benedict, "Vision in Plains Culture," 21.
74) Ibid.
75) Caffrey, *Ruth Benedict*, 102-3.
76) Frank R. Lillie가 엘시 클루스 파슨스에게 보낸 편지, 1924년 5월 23일, RB Papers, Folder 1.1.
77) Cushing, *My Adventures in Zuñi*, 14-15.
78) Caffrey, *Ruth Benedict*, 110.
79) Ibid., 109.
80) RB, "Anthropology and Abnormal," *AAW*, 263.
81) Ibid., 276.
82) Ibid., 275.

7장 마거릿 미드, 폴리네시아로 떠나다

1) MM, 회고록, 1914, MM Papers, Box A12, Folder 7.
2) MM 일기, 1911-1914, MM Papers, Box Q7, Folder 5.
3) Ibid.
4) Howard, *Margaret Mead*, 23.
5) Geoffrey Gorer, "Margaret Mead," typescript (1949), GG Papers, SxMs52/2/3/10/5.
6) LC, Jane Howard와의 인터뷰, 1979년 11월 3일, JH Papers, Box 38.
7) Howard, *Margaret Mead*, 22n.
8) Banner, *Intertwined Lives*, 75. 미드는 1912년 12월 말에 일어난 그 일을 두고 "내 인생에서 가장 행복한 날 중 하나"라고 기록했다. MM 일기, 1911-1914, MM Papers, Box Q7, Folder 5.
9) 미드는 이 혁명가의 이름을 'Catherine Bushovka'로 잘못 기억했다. MM, *Blackberry Winter*, 87.
10) Howard, *Margaret Mead*, 37.
11) MM, *Blackberry Winter*, 100.
12) Ibid., 98.
13) Ibid., 90.
14) MM, "Life History," 1935, MM Papers, Box S9, Folder 7.
15) MM, *Blackberry Winter*, 103.
16) MM, "Life History," 1935, MM Papers, Box S9, Folder 7.
17) John S. Wurtz가 MM에게 보낸 편지, 1921년 5월 14일과 John S. Wurtz가 MM에게 보낸

편지, 1921년 6월 14일, MM Papers, Box R9, Folder 8.
18) MM, "Life History," 1935, MM Papers, Box S9, Folder 7.
19) 멜빌 허스코비츠가 MM에게 보낸 편지, 1923년 6월 9일, MM Papers, Box C1, Folder 8.
20) MM가 Emily Fogg Mead에게 보낸 편지, 1922년 11월 19일, MM Papers, Box Q2, Folder 7; dance card for "Class of 1923" dance, Feb. 4, 1921, MM Papers, Q7, Folder 3.
21) MM, *Blackberry Winter*의 초고, MM Papers, Box I204, Folder 4.
22) MM 강의 노트, MM Papers, Box A15, Folder 2.
23) MM 바너드 성적 증명서, MM Papers, Box Q14, Folder 8.
24) MM가 Edward Mead에게 보낸 편지, 1923년 2월 6일, MM Papers, Box Q1, Folder 17.
25) MM가 Emily Fogg Mead에게 보낸 편지, 1923년 1월 31일, MM Papers, Box Q2, Folder 8; MM가 Edward Mead에게 보낸 편지, 1923년 2월 6일, MM Papers, Box Q1, Folder 17.
26) Banner, *Intertwined Lives*, 177.
27) "Two College Girls Suicides Same Day," *New York Times*, Feb. 8, 1923.
28) MM, "Life History," 1935, MM Papers, Box S9, Folder 7. MM, *Blackberry Winter*, 114-15도 참조하라.
29) MM가 Emily Fogg Mead에게 보낸 편지, 1923년 2월 11일, MM Papers, Box Q2, Folder 8.
30) RB가 MM에게 보낸 편지, 1923년 2월 8일, MM Papers, Box B1, Folder 5.
31) RB, 일기, 1923년 3월 7일, *AAW*, 67.
32) Banner, *Intertwined Lives*, 182.
33) MM, *Blackberry Winter*, 114.
34) RB가 MM에게 보낸 편지, 날짜 미상(1923년), MM Papers, Box T4, Folder "Benedict, Ruth, Miscellany, 1923, Undated."
35) MM가 RB에게 보낸 편지, 날짜 미상(1923년 3월), MM Papers, S3, Folder 1.
36) LC, *Golden Journey*, 91-92.
37) "Anthropometry" notes, 1924, MM Papers, Box A15, Folder 4.
38) FB, "Evolution or Diffusion?," 340.
39) Ibid., 341.
40) Banner, *Intertwined Lives*, 226-27.
41) MM, "Life History," 1935, MM Papers, Box S9, Folder 7.
42) MM, "Apprenticeship Under Boas," in Goldschmidt, *Anthropology of Boas*, 42.
43) MM, *Blackberry Winter*의 초고, MM Papers, Box I204, Folder 4.
44) Banner, *Intertwined Lives*, 227.
45) ES가 RB에게 보낸 편지, 1925년 9월 1일, MM Papers, Box S15, Folder 2.
46) Banner, *Intertwined Lives*, 227.
47) Ibid., LC, Jane Howard와의 인터뷰, 9월 25일(연도 미상), JH Papers, Box 38.
48) MM, Jean Houston과의 인터뷰, 1975, transcript, MM Papers, Box Q18, Folder 4, f. 426.
49) Sapir, *Language*, chap. 1을 참조하라.
50) Sapir, "Culture, Genuine and Spurious," 402.
51) Ibid.
52) Ibid., 410.

53) Ibid., 413.
54) ES가 RB에게 보낸 편지, 1925년 8월 8일, MM Papers, Box S15, Folder 2.
55) ES가 RB에게 보낸 편지, 1925년 8월 11일, ibid.
56) Mead, *Blackberry Winter*, 116; LC, *Golden Journey*, 127.
57) Howard, *Margaret Mead*, 63.
58) LC, Jane Howard와의 인터뷰, 날짜 미상, JH Papers, Box 38; LC, *Golden Journey*, 82, 88-91.
59) LC, *Golden Journey*, 117-18.
60) ES가 RB에게 보낸 편지, 1925년 7월 17일, MM Papers, Box T4, Folder "Benedict, Ruth. Correspondence. Sapir, Edward, 1922-1925."
61) ES가 RB에게 보낸 편지, 1925년 8월 11일, MM Papers, Box S15, Folder 2. Boas, 보아스는 미드의 사모아행을 일관되게 지지했다. 그는 사피어가 "정신의학에 관한 책을 너무 많이 읽었다"고 생각했다. FB가 RB에게 보낸 편지, RB Papers, Folder 114.1.
62) 사피어와 베네딕트의 양면적 관계에 대해서는 Darnell, *Edward Sapir*, 172-83를 참조하라.
63) ES가 RB에게 보낸 편지, 1925년 9월 1일, MM Papers, Box S15, Folder 2.
64) MM, Jean Houston과의 인터뷰, 1975, transcript, MM Papers, Box Q18, Folder 4, f. 427.
65) Code sheets, MM Papers, Box N4, Folder 4.
66) Banner, *Intertwined Lives*, 233.
67) RB가 MM에게 보낸 편지, 1925년 8월 24일, MM Papers, Box R7, Folder 13. 미드와 베네딕트가 정확히 언제, 그리고 어느 정도까지 육체적으로 가까워졌는지에 대해서는 추측이 무성했다. 로이스 W. 배너(Lois W. Banner)는 최근 연구에서 두 사람이 1924년 말에 "연인이 되었다"고 주장한다. Banner, *Intertwined Lives*, 225. 그러나 배너는 이 시점에 대한 명확한 증거를 제시하지 않는다. 두 사람의 서신을 기준으로 보면 1925년 여름일 가능성이 더 크다. 두 사람은 서부로 가는 기차 여행 중 분명히 관계의 새로운 국면으로 접어들었다. 미드에 따르면 그때까지의 접촉은 "환상적인 백일몽으로 때로는 자신에게조차 너무나 조심스럽게 감춰져 있었다." 그러나 8월 초에는 마침내 베네딕트가 "신경을 써준다"고 느꼈고, "이제는, 언제나" 그 감정을 느낄 수 있었다. 베네딕트는 기차 여행 중 미드를 품에 안았다고 언급했다. MM가 RB에게 보내는 편지, 1925년 8월 6일, MM Papers, Box S3, Folder 1; RB가 MM에게 보내는 편지, 1925년 8월 19일, MM Papers, Box R7, Folder 13.
68) MM가 RB에게 보낸 편지, 날짜 미상(1925년 8월 초), MM Papers, Box S3, Folder 1.
69) RB가 MM에게 보낸 편지, 1925년 8월 25일, MM Papers, Box R7, Folder 13.
70) MM가 RB에게 보낸 편지, 1925년 8월 6일, MM Papers, Box S3, Folder 1.
71) Ibid.
72) MM가 RB에게 보낸 편지, 1925년 8월 6일, MM Papers, Box S3, Folder 1.
73) MM가 RB에게 보낸 편지, 1925년 8월(날짜 미상 "바다에서 네 번째 날"), MM Papers, Box S3, Folder 1; LC, *Golden Journey*, 131-32.
74) RB가 MM에게 보낸 편지, 1925년 8월 4일, MM Papers, Box S4, Folder 6; MM to RB, Aug. 15, 1925, MM Papers, Box S3, Folder 1.
75) Code sheets, MM Papers, Box N4, Folder 4.
76) MM가 RB에게 보낸 편지, 1925년 8월 15일, MM Papers, Box S3, Folder 1.

77) Young, *Malinowski*, 292-93.
78) Douglas, *Science, Voyages*; Tcher-kézoff, "Long and Unfortunate Voyage"를 참조하라.
79) Chris Ballard, "'Oceanic Negroes': British Anthropology of Papuans, 1820-1869," in Douglas and Ballard, *Foreign Bodies*, 157-204.
80) Malinowski, *Argonauts of Western Pacific*, 18. 148 "get out from under [your] mosquito net": Ibid., 6.
81) MM가 RB에게 보낸 편지, 날짜 미상("1925년 8월") [Aug. 30, 1925], MM Papers, Box S3, Folder 1; MM, "News Bulletin IV," n.d. ("5th day at sea") [Aug. 1925], MM Papers, Box N1, Folder 5.
82) MM, "News Bulletin V," Sept. 2, 1925, MM Papers, Box N1, Folder 5.
83) Ibid.
84) MM, "News Bulletin V," Sept. 14, 1925, ibid.
85) MM, "News Bulletin VI," Sept. 27, 1925, ibid.
86) MM, "News Bulletin V," Sept. 14, 1925, ibid.
87) MM, "News Bulletin VII," Oct. 31, 1925, ibid.
88) MM, "News Bulletin VI," Sept. 27, 1925, entry for Oct. 3, ibid. 미드는 시간 기록에 일관성이 없었다. 때로는 한 날짜의 뉴스 공지를 명시하면서도 같은 문서에 이후 다른 날짜의 항목을 포함하기도 했다.
89) MM가 FB에게 보낸 편지, 1925년 10월 11일, MM Papers, Box N1, Folder 1.
90) MM, "News Bulletin V," Sept. 2, 1925, MM Papers, Box N1, Folder 5.
91) MM, "News Bulletin VI," Sept. 27, 1925, entry for Oct. 3, ibid.
92) MM, "News Bulletin V," n.d. ("Labor Day"), ibid.
93) MM가 FB에게 보낸 편지, 1925년 11월 3일, MM Papers, Box N1, Folder 1.
94) MM, "News Bulletin VI," Sept. 27, 1925, entry for Oct. 13, "News Bulletin VIII," Nov. 14, 1925, both in MM Papers, Box N1, Folder 5.
95) MM가 FB에게 보낸 편지, 1925년 10월 11일, MM Papers, Box N1, Folder 1.
96) MM, "News Bulletin VIII," Nov. 14, 1925, MM Papers, Box N1, Folder 5.
97) MM, "News Bulletin IX," Dec. 11, 1925, ibid.
98) MM, "News Bulletin XII," Feb. 9, 1926, ibid.
99) MM, "News Bulletin VIII," Nov. 14, 1925, ibid.
100) MM, "News Bulletin XI," Jan. 16, 1926, ibid.
101) MM가 RB에게 보낸 편지, 1926년 4월 3일, Box S3, Folder 3. 미드는 나중에 사모아를 떠나기 전에 해변에서 큰 모닥불을 피우고 사피어의 편지들을 모두 태웠다고 말했다. MM, Jean Houston과의 인터뷰, 1975, transcript, Box Q18, Folder 4, f. 429.
102) ES가 RB에게 보낸 편지, 1925년 9월 1일, MM Papers, Box S15, Folder 2.
103) MM가 RB에게 보낸 편지, 1925년 12월 15일, MM Papers, Box S3, Folder 2.
104) 파아모투가 MM에게 보낸 편지, 1926년 1월 5일, MM Papers, Box N1, Folder 4.
105) MM, "News Bulletin X," Jan. 10, 1926, entry for Jan. 12, MM Papers, Box N1, Folder 5.
106) MM가 FB에게 보낸 편지, 1926년 1월 5일, MM Papers, Box N1, Folder 1.
107) MM, "News Bulletin XI," Jan. 16, 1926, MM Papers, Box N1, Folder 5.

108) MM Papers, Box N2, Folders 1-2의 현장 노트를 참조하라.
109) MM, "News Bulletin XIV," Mar. 24, 1926, MM Papers, Box N1, Folder 5.
110) 파아푸아가 MM에게 보낸 편지, 1926년 4월 17일, MM Papers, Box N1, Folder 4.
111) MM가 RB에게 보낸 편지, 1926년 3월 28일, MM Papers, Box S3, Folder 3.
112) MM, "News Bulletin XIV," Mar. 24, 1926, MM Papers, Box N1, Folder 5.
113) 날짜 미상의 신문 기사 스크랩, MM Papers, Box Q2, Folder 8.

8장 우생학에 빠진 미국

1) 파아모투가 MM에게 보낸 편지, 1926년 7월 4일, MM Papers, Box N1, Folder 4.
2) MM가 Sallie Jones에게 보낸 편지, 1926년 12월 21일, MM Papers, Box I4, Folder 16.
3) MM가 RB에게 보낸 편지, 1926년 5월 27일, MM Papers, Box S3, Folder 4.
4) MM가 RB에게 보낸 편지, 1926년 7월 13일, MM Papers, Box N1, Folder 1.
5) MM가 RB에게 보낸 편지, 1926년 7월 15일, MM Papers, Box S3, Folder 4.
6) MM가 RB에게 보낸 편지, 1926년 5월 27일, ibid.
7) 리오 포천을 블레이크에 비교한 것은 그레고리 베이트슨이었다. 베이트슨은 이후 미드의 세 번째 남편이 된다. GB(그레고리 베이트슨) to "E. J.," Feb. 27, 1936, MM Papers, Box S1, Folder 8.
8) MM, Jean Houston과의 인터뷰, 1975, transcript, MM Papers, Box Q18, Folder 4, f. 438.
9) MM가 RB에게 보낸 편지, 1926년 7월 15일, MM Papers, Box S3, Folder 4.
10) 여기서 나는 미드의 도착과 관련된 복잡한 상황을 1957년 7월 9일에 미드가 작성한 기록을 참조해 설명했다. MM Papers, Box S11, Folder 1; LC, interviews by Jane Howard, Nov. 3, 1979, and Sept. 25 (no year), JH Papers, Box 38; Banner, Intertwined Lives, 245-47; and LC, Golden Journey, 175-81.
11) MM가 RB에게 보낸 편지, 1926년 7월 15일, MM Papers, Box S3, Folder 4.
12) RB가 MM에게 보낸 편지, 1926년 8월 2일, MM Papers, Box S5, Folder 1.
13) Banner, *Intertwined Lives*, 247.
14) LC, Jane Howard와의 인터뷰, 9월 25일(연도 미상), JH Papers, Box 38.
15) MM가 RB에게 보낸 편지, 1925년 7월 17일, MM Papers, Box S3, Folder 1.
16) MM, Blackberry Winter, 14-17.
17) MM가 Herbert E. Gregory에게 보낸 편지, 1926년 12월 20일, MM Papers, Box I4, Folder 16.
18) Ibid.
19) MM가 "Dr. Handy"에게 보낸 편지, 1926년 12월 21일, MM Papers, Box I4, Folder 16.
20) MM가 William Ogburn에게 보낸 편지, 1927년 4월 27일, MM Papers, Box Q11, Folder 20.
21) "The Adolescent Girl in Samoa," MM Papers, Box I2, Folder 2의 원본 타자 원고를 참조하라.
22) MM가 윌리엄 모로에게 보낸 편지, 1928년 1월 25일; MM가 윌리엄 모로에게 보낸 편지, 1928년 2월 11일; 윌리엄 모로가 MM에게 보낸 편지, 1928년 2월 20일, 모두 MM Papers, Box I2, Folder 1.

23) 윌리엄 모로 출판사의 홍보 팸플릿, MM Papers, Box I3, Folder 1.
24) MM, *Coming of Age in Samoa*, 60.
25) Ibid., 105.
26) Ibid., 126.
27) Ibid., 109.
28) Ibid., 162.
29) Ibid., 160.
30) 미드의 후반부 경력에서 그녀를 가장 집요하게 비판한 사람은 뉴질랜드의 인류학자 데릭 프리먼(Derek Freeman)이었다. 프리먼은 1960년대 중반부터 2001년 사망할 때까지 미드를 엉성한 과학자, 심지어 사기꾼이라고까지 생각하며 그녀를 끌어내리는 데 전념했다. 프리먼은 특히 미드의 사모아 연구에 관심이 많았는데, 이 연구가 토대가 되어 미드의 권위가 세워졌다고 봤기 때문만이 아니라 프리먼 자신도 사모아에서 현지 조사를 진행했기 때문이었다. 다만 프리먼은 주로 아메리칸사모아보다는 서사모아(현재는 그냥 사모아라고 불린다)에서 연구했다.
프리먼은 사모아 사회가 성적으로 자유롭고 여유로운 사회가 아니라 매우 억압적이고 강하게 규제되고 성폭력도 많았다고 주장했다. 그는 또한 미드가 젊은 여성 정보원에 의존해서 자료가 왜곡됐다고 주장했다. 그 젊은 여성들은 단지 성적 농담을 하고 허세를 부렸을 뿐인데, 미드가 순진하게 사실로 받아들였다는 것이다. 이런 주장에 대해서는 Freeman, *Margaret Mead and Samoa*와 *Fateful Hoaxing*을 참조하라.
프리먼은 자신이 미드에게 쏟은 비판만큼이나 혹독한 비판을 받았다. 일부 학자들은 프리먼이 미드를 비난하면서 지적한 것과 똑같은 잘못을 저질렀다고 비판했다. 증거를 선택적으로 사용하고 인터뷰 자료를 잘못 다루고 미드의 원래 주장들을 왜곡했다는 것이다. 미드는 사모아 사회 대해 여러 측면에서 과장을 했음이 거의 확실하다. 제한된 정보원들을 통해 전체 사회를 추론하려고 시도하던 여느 민족지학자와 마찬가지였다. 그러나 오늘날 미드의 노트를 분석하는 연구자라면 미드가 현장 연구자로서 경솔하거나 순진했다고 비난할 수 없다. 게다가 사모아의 소녀들과 미드 사이에 오간 이후의 편지들을 보면 체계적인 속임수나 거짓을 추정할 수 없다. 미드의 기록은 현재 의회도서관에서 전체 열람이 가능하므로 독자들이 직접 판단할 수 있다. 프리먼은 열람한 적이 없는 자료다. 프리먼이 미드에 관해 쓴 책은 이 문서들이 완전히 공개되기 전에 출판됐기 때문이다. 이 논란을 전면적으로 다룬 자료는 Shankman, *Trashing of Mead*를 참조하고, 프리먼을 다룬 자료는 Hempenstal, *Truth's Fool*을 참조하라.
31) S. T. Galeai Pulefano가 MM에게 보낸 편지, 1926년 5월 5일, MM Papers, Box N1, Folder 4.
32) Lutkehaus, *Margaret Mead*, 50.
33) 브로니슬라브 말리노프스키가 윌리엄 모로에게 보낸 편지, 1928년 8월 22일, MM Papers, Box S9, Folder 2.
34) 앨프리드 크로버가 MM에게 보낸 편지, 1929년 10월 11일, MM Papers, Box I2, Folder 1.
35) ES가 RB에게 보낸 편지, 1928년 9월 4일, MM Papers, Box S15, Folder 2.
36) 윌리엄 모로가 MM에게 보낸 편지, 1929년 1월 11일, MM Papers, Box I2, Folder 1.
37) MM이 Stella Jones에게 보낸 편지, 1928년 5월 24일, MM Papers, Box I4, Folder 16.

38) "Phila. Girl Plans Cannibal Sojourn," *Philadelphia Public Ledger*, Aug. 25, 1928.
39) RF가 MM에게 보낸 편지, 1928년 6월 26일, MM Papers, Box S1, Folder 15.
40) MM이 RF에게 보낸 편지, 1928년 8월 29일, MM Papers, Box R4, Folder 6.
41) MM이 RB에게 보낸 편지, 1928년 9월 3일, MM Papers, Box S3, Folder 4.
42) MM이 RB에게 보낸 편지, 1928년 9월 5일; MM이 RB에게 보낸 편지, 1928년 9월 4일, MM Papers, Box S3, Folder 4.
43) MM이 RB에게 보낸 전보, 1928년 10월 15일, MM Papers, Box S3, Folder 5.
44) MM이 RB에게 보낸 편지, 1928년 10월 13일, ibid.
45) Mead, *Blackberry Winter*, 169.
46) MM이 RB에게 보낸 편지, 1928년 11월 29일, MM Papers, Box S3, Folder 5.
47) MM, *Blackberry Winter*, 169.
48) MM이 FB에게 보낸 편지, 1928년 12월 22일, MM Papers, Box R7, Folder 16.
49) MM, *Blackberry Winter* 초고, MM Papers, Box I204, Folder 4; MM to RB, Apr. 8, 1929, MM Papers, Box S3, Folder 6.
50) MM, *Blackberry Winter*, 175.
51) MM Papers, Box I1, Folder 2를 참조하라. 미드는 이 작업의 결과를 자신의 초기 학술 논문 중 하나인 "Methodology of Racial Testing"으로 발표했다.
52) Boas, *Anthropology and Modern Life*, 206.
53) Goddard, *Kallikak Family*, 11-12.
54) Gould, *Mismeasure of Man*를 참조하라.
55) Davenport, *State Laws Limiting Marriage*, 7.
56) Kühl, *Nazi Connection*, 17.
57) Black, *War Against Weak*, 236-38, 298.
58) Laughlin, *Second International Exhibition of Eugenics*를 참조하라.
59) *Buck v. Bell* (1927), https://caselaw.findlaw.com/us-supreme-court/274/200.html.
60) Cohen, *Imbeciles*, 300.
61) Reilly, *Surgical Solution*, 97.
62) Kluchin, *Fit to Be Tied*, 17.
63) Lovett, *Conceiving the Future*, 144.
64) Sanger, *Pivot of Civilization*, 283.
65) 사실 마거릿 미드가 사용한 방법이었다. MM이 GB에게 보낸 편지, 1934년 12월 3일, MM Papers, Box R2, Folder 6.
66) FB, *Anthropology and Modern Life*, 15.
67) Ibid., 16.
68) Ibid., 23.
69) Ibid., 84.
70) Ibid., 108.
71) Ibid., 205.
72) Ibid., 124.
73) Kroeber, "Totem and Taboo," 51.

74) MM가 William Ogburn에게 보낸 편지, 1927년 4월 27일, MM Papers, Box Q7, Folder 20.
75) MM가 사회과학연구위원회(Social Science Research Council)에 보낸 편지, 1929년 4월 17일, MM Papers, Box I4, Folder 11.
76) MM가 사회과학연구위원회에 보낸 편지, 1929년 2월 12일, ibid.
77) Ibid.
78) MM가 사회과학연구위원회에 보낸 편지, 1929년 4월 17일에 보낸 편지, ibid.
79) MM가 Committee on Research Fellowships, Social Science Research Council에 보낸 편지, 1928년 11월 30일, MM Papers, Box I4, Folder 11.
80) MM, *Growing Up in New Guinea*, 6.
81) MM, *Blackberry Winter*의 초고, MM Papers, Box I204, Folder 4.
82) 윌리엄 모로가 MM에게 보낸 편지, 1930년 6월 4일, MM Papers, Box Q12, Folder 5.
83) MM가 RF에게 보낸 편지, 1934년 4월 30일, MM Papers, Box R4, Folder 10.
84) Henry Neil이 MM에게 보낸 편지, 1929년 1월 3일, MM Papers, Box I2, Folder 1.
85) R. F. Barton이 MM에게 보낸 편지, 1929년 7월 6일, ibid.
86) Harry Blake와의 접촉, 1930년 12월 8일, MM Papers, Box Q2, Folder 2.
87) Merritt Hulburb가 MM에게 보낸 편지, 1930년 12월 9일, MM Papers, Box I5, Folder 2.
88) MM, *Blackberry Winter*, 199.
89) Ibid., 185.

9장 "나는 바너드칼리지의 신성한 검은 소였다"

1) Darnell, *Along Came Boas*, 171-72에서 학생 표를 참조하라.
2) ZNH, *Dust Tracks*, 140.
3) Ibid., 13, 22.
4) ZNH, "How It Feels to Be Colored Me," *Folklore, Memoirs, and Other Writings*, 828.
5) Hemenway, *Zora Neale Hurston*, 17-19.
6) Washburn, *Cosmos Club*, 149.
7) ZNH, *Dust Tracks*, 21.
8) Hemenway, *Zora Neale Hurston*, 13; Kaplan, *Zora Neale Hurston*, 773.
9) ZNH, *Dust Tracks*, 1.
10) Boyd, *Wrapped in Rainbows*, 15.
11) ZNH, *Dust Tracks*, 13.
12) Ibid., 70.
13) Boyd, *Wrapped in Rainbows*, 78.
14) Anderson, *White Rage*, 52.
15) Asch and Musgrove, *Chocolate City*, 220.
16) Ibid., 209.
17) Ibid., 237.
18) Ibid., 232-34.
19) ZNH, *Dust Tracks*, 131.

20) *The Bison*(Howard University Yearbook, 1923), n.p.
21) Hemenway, *Zora Neale Hurston*, 9; ZNH, *Dust Tracks*, 138.
22) Hurston, *Dust Tracks*, 139.
23) ZNH가 카운티 컬런에게 보낸 편지, 1926년 3월 11일, Kaplan, *Zora Neale Hurston*, 83.
24) Hughes, *Big Sea*, 238-39.
25) ZNH가 패니 허스트에게 보낸 편지, 1926년 3월 16일, Kaplan, *Zora Neale Hurston*, 85.
26) Hemenway, *Zora Neale Hurston*, 60-61.
27) Du Bois, "Criteria of Negro Art," *Crisis*(October 1926), reprinted in Gates and Jarrett, *New Negro*, 259.
28) Stewart, *New Negro*, 511.
29) Hughes, *Big Sea*, 239.
30) ZNH, *Dust Tracks*, 171.
31) Ibid., 25.
32) Ibid., 140.
33) Ibid.
34) ZNH가 멜빌 허스코비치에게 보낸 편지, 1926년 7월 20일, Kaplan, *Zora Neale Hurston*, 87.
35) Hemenway, *Zora Neale Hurston*, 63; Hughes, *Big Sea*, 236.
36) Herskovits, *Anthropometry of American Negro*, 39.
37) Hughes, *Big Sea*, 239.
38) ZNH, *Dust Tracks*, 143.
39) "Chronology," Kaplan, *Zora Neale Hurston*, 775.
40) ZNH, *Dust Tracks*, 143.
41) 오코이 학살에 대한 설명은 Ortiz, *Emancipation Betrayed*, 220-24를 참조했다. 이 자료는 허스턴의 기록을 사용하면서도 다른 자료로 허스턴의 설명을 입증했다.
42) Ibid., 223.
43) ZNH가 애니 네이선 메이어에게 보낸 편지, 1927년 3월 7일, in Kaplan, *Zora Neale Hurston*, 91.
44) Ibid., 92.
45) ZNH가 Lawrence Jordan에게 보낸 편지, 1927년 3월 24일, ibid., 94. '크래커'는 원래 식민지 시대에 플로리다 북부와 중부의 숲과 초원에서 활동하던 백인 목동들을 가리키는 말이었다. 당시에는 인종적 모욕으로 여겨지지 않았다. 오늘날에도 (모욕이나 조롱의 의미 없이) 플로리다에서 19세기 또는 18세기까지 거슬러 올라가는 오래된 집안을 가리키는 데 쓰기도 한다.
46) Mormino, *Land of Sunshine*, 45.
47) Ibid., 7.
48) Miller, *Crime, Sexual Violence*, 16.
49) Ibid.
50) Sellers and Asbed, "Forced Labor in Florida Agriculture," 37.
51) FB가 ZNH에게 보낸 편지, 1927년 3월 24일, FB Papers (digitized).

52) ZNH가 FB에게 보낸 편지, 1927년 3월 29일, FB Papers (digitized).
53) ZNH가 칼 반 베흐텐에게 보낸 편지, 1927년 8월 26일, Kaplan, *Zora Neale Hurston*, 103.
54) Boyd, *Wrapped in Rainbows*, 145.
55) Hurston, *Dust Tracks*, 144.
56) ZNH가 애니 네이션 마이어에게 보낸 편지, Kaplan, *Zora Neale Hurston*, 100.
57) ZNH가 도러시 웨스트에게 보낸 편지, 1927년 3월 24일, 같은 책, 96.
58) ZNH가 FB에게 보낸 편지, 1927년 3월 29일, FB Papers (digitized).
59) Ibid.
60) ZNH가 Lawrence Jordan에게 보낸 편지, 1927년 5월 3일, in Kaplan, *Zora Neale Hurston*, 98-99.
61) ZNH가 칼 반 베흐텐에게 보낸 편지, 1927년 8월 26일, 같은 책, 105.
62) ZNH가 랭스턴 휴스에게 보낸 편지, 1928년 3월 8일, 같은 책, 114.
63) Hemenway, *Zora Neale Hurston*, 96-99; Boyd, *Wrapped in Rainbows*, 153-54.
64) ZNH, *Dust Tracks*, 144.
65) FB가 ZNH에게 보낸 편지, 1927년 5월 3일, FB Papers (digitized).
66) Kaplan, *Miss Anne in Harlem*, 197.
67) ZNH가 랭스턴 휴스에게 보낸 편지, 1928년 4월 12일, Kaplan, *Zora Neale Hurston*, 115-16.
68) ZNH 원고(MS 7532), NAA.
69) ZNH가 FB에게 보낸 편지, 1930년 6월 8일, FB Papers (digitized).
70) Baker, *From Savage to Negro*, 121.
71) Boas, *Mind of Primitive Man*, 271.
72) Kroeber, *Anthropology*, 505.
73) FB, "Mythology and Folk-Tales," 379.
74) RB, "Folklore," 288.
75) Woodson, *African Background Outlined*, v.
76) Herskovits, "Negro in New World," 153.
77) Gershenhorn, *Melville Herskovits*, 66, 69-70.
78) ZNH, *Dust Tracks*, 144.
79) Boyd, *Wrapped in Rainbows*, 226.
80) ZNH가 RB에게 보낸 편지, 1933년 12월 4일, Kaplan, *Zora Neale Hurston*, 284.
81) ZNH, *Dust Tracks*, 174-75.
82) Ibid., 175.
83) Edwin Rogers Embree가 ZNH에게 보낸 편지, 1934년 12월 19일, FB Papers (digitized).
84) ZNH가 FB에게 보낸 편지, 1935년 1월 4일, FB Papers (digitized).
85) ZNH, *Dust Tracks*, 213.
86) ZNH가 RB에게 보낸 편지, 날짜 미상(1932년 겨울-봄), Kaplan, *Zora Neale Hurston*, 248.
87) ZNH가 FB에게 보낸 편지, 1934년 8월 20일, FB Papers (digitized).
88) FB, "Preface" to ZNH, *Mules and Men*, xiii.

89) ZNH, *Mules and Men*, 1-2.
90) Boyd, *Wrapped in Rainbows*, 318-19.
91) ZNH, *Mules and Men*, 184.
92) Boyd, *Wrapped in Rainbows*, 285.

10장 최초의 원주민 인류학자

1) Jürgen Langenkämper, "Franz Boas' Correspondence with German Friends and Colleagues in the Early 1930s," Darnell et al., *Boas as Public Intellectual*, 279.
2) Edward L. Bernays가 FB에게 보낸 편지, 1930년 10월 8일, RB Papers, Folder 1.1.
3) Maurice Geller가 FB에게 보낸 편지, 1939년 3월 15일, FB Papers (microfilm), Reel 42.
4) FB가 Geller에게 보낸 편지, 1939년 3월 16일, ibid.
5) Wilbur Wood가 FB에게 보낸 편지, 1941년 3월 31일, FB Papers (microfilm), Reel 44.
6) FB가 Wood에게 보낸 편지, 1941년 4월 3일, ibid.
7) FB가 에른스트 보아스에게 보낸 편지, Apr. 12, 1919, BRC, Box 3, File labeled "Box 79."
8) FB, "The Dream of the Biting Mice," Feb. 27, 1928, MM Papers, Box A3, Folder 9. 이날 회의는 중요한 두 학술 기금인 국립연구위원회와 사회과학연구위원회로부터 연구 활동에 대한 협조를 끌어내기 위한 시도였다.
9) RB가 Marie Eichelberger에게 보낸 편지, 1932년 3월 23일, MM Papers, Box S15, Folder 1.
10) ZNH가 FB에게 보낸 편지, 1934년 10월 23일, FB Papers (digitized).
11) Helene Boas Yampolsky, memoir, FB Prof. Papers, Box 3, File "Boas—Boas Family Life."
12) FB가 부모에게 보내는 편지, 1897년 11월 1일, Cole, *Franz Boas*, 209.
13) Ibid.; Harper, *Minik*, 84-85.
14) Cole, *Franz Boas*, 209.
15) Hrdlička, "Eskimo Brain," 500.
16) Jacknis, "First Boasian," 522.
17) Harper, *Minik*, 229-32.
18) 조지 헌트가 FB에게 보낸 편지, 1899년 1월 10일, FB Papers (microfilm), Reel 4. 뜻을 명확히 보여주기 위해 헌트가 쓴 원래의 철자와 문법을 수정했다.
19) George Hunt가 FB에게 보낸 편지, 1899년 4월 24일, ibid.
20) Harper, *Minik*, 2.
21) Bradford and Blume, *Ota Benga*; Newkirk, *Spectacle*를 참조하라.
22) Victor Golla, "Ishi's Language," in Kroeber and Kroeber, *Ishi in Three Centuries*, 215.
23) Kroeber, *Ishi in Two Worlds*, 128.
24) 2000년에 이시의 뇌와 화장된 유해는 피트강 부족과 레딩 랜처리아 인디언에게 전달되어 비공개 매장지에 안치됐다. Sackman, *Wild Men*, 296-298쪽. Starn, *Ishi's Brain*도 참조하라.
25) Madley, *American Genocide*, 346.
26) Starn, *Ishi's Brain*, 77.
27) Kroeber, *Ishi in Two Worlds*, 23. 사피어와 이시에 관해서는 Darnell, *Edward Sapir*,

79-82를 참조하라
28) Ignacita Suina가 RB에게 보낸 편지, 1926년 2월 26일, RB Papers, Folder 35.5.
29) 멜빌 허스코비츠가 MM에게 보낸 편지, 1923년 8월 23일, MM Papers, Box C1, Folder 8.
30) 파아모투가 MM에게 보낸 편지, 1928년 10월 31일, MM Papers, Box S11, Folder 11.
31) Redman, *Bone Rooms*, 193.
32) Ibid.
33) ZNH, "The Florida Expedition," Committee on Native American Languages Collection, APS, File 46.
34) MM가 RB에게 보낸 편지, 1930년 7월 31일, MM Papers, Box S3, Folder 7.
35) Dorsey, *Omaha Sociology*, 347.
36) Sapir, "Why Cultural Anthropology Needs," 2.
37) Ibid., 3.
38) Ibid., 6.
39) Ibid.
40) Sapir, "Do We Need a 'Superorganic'?"
41) Deloria, Playing Indian, chaps. 4 and 5를 참조하라.
42) Bederman, *Manliness and Civilization*, 94.
43) Hall, *Adolescence*, 2: 650.
44) Paris, *Children's Nature*, 28-30. Van Slyck, *Manufactured Wilderness*, 169-213도 참조하라.
45) Hall, *Adolescence*, 1: 206.
46) Bederman, *Manliness and Civilization*, 105.
47) Sargent, *Handbook of Summer Camps*, 38.
48) Cotera, *Native Speakers*, 41.
49) 델로리아의 어린 시절에 대한 전기적 세부 내용은 델로리아가 미드를 위해 쓴 자신의 생애 기록에서 가져왔다. MM가 ECD에게 보낸 편지, 194년 1월 30일, MM Papers, Box 158, Folder 10.
50) ECD, "Indian Chief Helped to Build Kingdom," ECD Archive.
51) ECD, "The Study I Like Best; and Why" (Nov. 6, 1902), ibid.
52) Transcript, All Saints School (1906-1910), ECD, ibid.
53) Deloria, *Indians in Unexpected Places*, 23.
54) Cotera, *Native Speakers*, 237n13.
55) ECD, "Indian Progress: A Pageant," Nov. 11, 1927, ECD Archive.
56) FB가 ECP에게 보낸 편지, 1927년 6월 20일, ECP Papers (unnumbered box), Folder 3.
57) Cotera, *Native Speakers*, 46.
58) Walker, *Sun Dance*, 58-59.
59) Deloria, "Sun Dance of the Oglala Sioux."
60) ECD가 FB에게 보낸 편지, 1932년 7월 11일, FB Papers (digitized).
61) Ibid.
62) ECD가 RB에게 보낸 편지, 1935년 11월 23일(1925년으로 표기됨), RB Papers, Folder

28.3.
63) MM가 ECD에게 보낸 편지, 1942년 1월 30일, MM Papers, Box C5, Folder 13.
64) Cotera, *Native Speakers*, 47.
65) ECD, misc. notes, n.d., ECD Archive.
66) Susan Gardner, "Introduction," Deloria, Waterlily, vi.
67) ECD to MM, Jan. 28, 1942, MM Papers, Box C8, Folder 11.
68) Leeds-Hurwitz, *Rolling in Ditches*, 132.
69) RB가 Roland S. Morris에게 보낸 편지, 1943년 9월 27일, RB Papers, Folder 28.3.
70) FB to "Whom It May Concern," July 7, 1937, ECD Archive.
71) MM가 RB에게 보낸 편지, 1930년 9월 2일, MM Papers, Box S3, Folder 7.
72) ECD, misc. notes, n.d., ECD Archive.
73) RB, "Special Report to the Council for Research in the Social Sciences," n.d. [likely 1934], Department of Anthropology Records, CU, Box 1, Folder "Research—CRSS, Project 35, Acculturation, 1930-1938."
74) ECD가 FB에게 보낸 편지, "end of 1938," FB Papers (digitized).
75) Ibid.
76) FB가 ECD에게 보낸 편지, 1939년 7월 20일, ECD Archive.
77) FB와 ECD, *Dakota Grammar*, vii.
78) ECD가 FB에게 보낸 편지, 1941년 7월 15일, FB Papers (microfilm), Reel 44.

11장 광기에 휩싸인 세 인류학자
1) RB가 MM에게 보낸 편지, 1933년 4월 25일, MM Papers, Box S5, Folder 7.
2) ES가 RB에게 보낸 편지, 1926년 5월 11일, MM Papers, Box T4, Folder "Benedict, Ruth. Correspondence. Sapir Edward, 1922-1925"; MM, *Blackberry Winter*, 159.
3) MM, Jean Houston과의 인터뷰, 1975, transcript, MM Papers, Box Q18, Folder 4, f. 434.
4) Banner, *Intertwined Lives*, 281.
5) ES가 RB에게 보낸 편지, 1929년 4월 29일, MM Papers, Box S15, Folder 2.
6) ES, "Observations on Sex Problem," 529.
7) MM, "Jealousy: Primitive and Civilised," in Schmalhausen and Calverton, *Woman's Coming of Age*, 35-48; Banner, *Intertwined Lives*, 280-81.
8) FB, "Limitations of Comparative Method," 903.
9) MM가 RB에게 보낸 편지, 1931년 7월 4일, MM Papers, Box S3, Folder 8.
10) Sapir, "Franz Boas," 278.
11) Ibid, 279.
12) Lynd and Lynd, *Middletown*, 5.
13) MM가 RB에게 보낸 편지, 1932년 12월 2일, MM Papers, Box S4, Folder 1.
14) MM의 1933년 세무 신고 서류, MM Papers, Box Q24, Folder 12.
15) Department of Anthropology Records, CU, Box 2, Folder "Administrative—Budget, 1931-1954"; and pay scales in RB Papers, Folder 42.5
16) Banner, *Intertwined Lives*, 378.

17) MM가 RF에게 보낸 편지, 1928년 1월 6일, MM Papers, Box R4, Folder 6.
18) MM가 RB에게 보낸 편지, 1932년 12월 2일, MM Papers, Box S4, Folder 1.
19) 헨리에타 슈머러가 FB에게 보낸 편지, 1931년 7월 4일, Department of Anthropology Records, CU, Box 1, Folder "Research—Fieldwork Expenditures, Schmerler (Henrietta) murder, correspondence, 4 July 1931-18 January 1932."
20) MM가 RB에게 보낸 편지, 1932년 1월 16일, MM Papers, Box S3, Folder 8.
21) Mead, *Mountain Arapesh*, 1:11n1.
22) MM가 RB에게 보낸 편지, 1932년 1월 16일, MM Papers, Box S3, Folder 8.
23) MM가 RB에게 보낸 편지, 1932년 4월 23일, MM Papers, Box S3, Folder 9.
24) MM가 RB에게 보낸 편지, 1932년 4월 25일, ibid.
25) Ibid.
26) Mead, *Blackberry Winter*, 205-6.
27) MM 현장 노트, MM Papers, Box N101, Folder 1.
28) MM가 RB에게 보낸 편지, 1932년 10월 9일, MM Papers, Box S4, Folder 1.
29) MM가 RB에게 보낸 편지, 1932년 10월 11일, ibid.
30) MM, *Blackberry Winter*, 208.
31) MM가 RB에게 보낸 편지, "Day After Christmas 1932," Box S4, Folder 1.
32) GB가 Martin Bateson에게 보낸 편지, 1921년 9월 4일, MM Papers, Box Q1, Folder 2.
33) Lipset, *Gregory Bateson*, 70-92.
34) MM, *Blackberry Winter*, 217.
35) MM가 RB에게 보낸 편지, "Day After Christmas 1932," Box S4, Folder 1.
36) Ibid.
37) Ibid.
38) 암분터에서 벌어진 일, 강 상류로의 여정, 그리고 미드-포천-베이트슨 삼각관계의 기원에 대한 설명은 MM가 RB에게 보낸 편지(1932년 12월 30일)에서 참조했다. MM Papers, Box S4, Folder 1; Lipset, *Gregory Bateson*, 135-38; Howard, *Margaret Mead*, 154-66; Banner, *Intertwined Lives*, 324-39; MM, *Blackberry Winter*, 208-22.
39) MM가 GB에게 보낸 편지, 1934년 11월 3일, MM Papers, Box R2, Folder 7; Banner, *Intertwined Lives*, 324.
40) 참불리족에 관한 설명, Mead, *Sex and Temperament*, 221-28.
41) MM가 RB에게 보낸 편지, 1933년 1월 9일, MM Papers, Box S4, Folder 1.
42) MM가 GB에게 보낸 편지, 날짜 미상("금요일"), "Tsambuli," MM Papers, Box R1, Folder 6.
43) Ibid.
44) MM가 GB에게 보낸 편지, 날짜 미상 ("일요일 아침"), MM Papers, Box R1, Folder 6.
45) Ibid.
46) MM가 RB에게 보낸 편지, 1933년 2월 23일, MM Papers, Box S4, Folder 1.
47) MM가 RB에게 보낸 편지, 1933년 2월 14일, ibid.
48) MM가 RB에게 보낸 편지, 1933년 3월 29일, Box R7, Folder 13.
49) Mead, *Blackberry Winter*, 216.

50) MM가 RB에게 보낸 편지, 1933년 3월 29일, MM Papers, Box R7, Folder 13.
51) RF가 LC에게 보낸 편지, 1933년 4월 9일, MM Papers, Box R4, Folder 7.
52) MM가 RB에게 보낸 편지, 1933년 6월 16일, MM Papers, Box S4, Folder 1; MM to GB, June 12, 1934, MM Papers, Box R2, Folder 7.
53) RF가 MM에게 보낸 편지, 1933년 9월 12일, MM Papers, Box R4, Folder 7.
54) MM, Jean Houston과의 인터뷰, 1975, transcript, MM Papers, Box Q18, Folder 5, f. 441.
55) MM가 RB에게 보낸 편지, 1933년 6월 16일, MM Papers, Box S4, Folder 1.
56) Ibid.
57) MM가 RF에게 보낸 편지, 1933년 9월 10일, MM Papers, Box R4, Folder 7. 훗날 미드는 참불리족 마을에 있던 시기에 포천이 자기를 넘어뜨려 유산하게 했다고 말한다. MM, Jean Houston과의 인터뷰, 1975, transcript, Box Q18, Folder 5, f. 441.
58) RF가 MM에게 보낸 편지, 1934년 6월 25일, MM Papers, Box R4, Folder 11; RF to RB, n.d. ("end of October") [pencil mark: 1934], Box R5, Folder 2.
59) MM가 RB에게 보낸 편지, 1933년 8월 26일, MM Papers, Box S4, Folder 1.
60) Ibid.
61) GB가 "E. J."에게 보낸 편지, 1936년 2월 27일, Box S1, Folder 8.
62) MM가 GB에게 보낸 편지, 날짜 미상[연필 표시: 1933년 10월 2일], MM Papers, Box R1, Folder 6.
63) MM가 GB에게 보낸 편지, 날짜 미상[1933년 9월로 추정, 편지 후반부 날짜는 1933년 9월 28일], ibid.
64) RB가 MM에게 보낸 편지, 1933년 7월 19일, MM Papers, Box S5, Folder 7.
65) MM가 RF에게 보낸 편지, 1928년 8월 29일, MM Papers, Box R4, Folder 6.
66) RF가 MM에게 보낸 편지, 1934년 6월 25일, MM Papers, Box R4, Folder 11.
67) Ann McLean, "In the Footprints of Reo Fortune," in Hays, *Ethnographic Presents*, 37.
68) MM가 GB에게 보낸 편지, 1933년 11월 1일, MM Papers, Box R1, Folder 7.
69) GB가 MM에게 보낸 전보, 1933년 9월 3일, Box R1, Folder 6.
70) Banner, *Intertwined Lives*, 272-73.
71) Ibid., 315.
72) GB, Jane Howard와의 인터뷰, 날짜 미상, JH Papers, CU, Box 38.
73) RB, *Patterns of Culture*, 1.
74) Ibid, 24.
75) Ibid, 49.
76) Ibid, 228.
77) Ibid, 237.
78) Ibid, 278.
79) MM가 GB에게 보낸 편지, 1933년 10월 9일, MM Papers, R1, Folder 6.
80) Kroeber, "Review of 'Patterns of Culture'," 689.
81) "Review of 'Patterns of Culture'," *New York Times*, Oct. 21, 1934.
82) MM가 GB에게 보낸 편지, 1934년 6월 12일, MM Papers, Box R2, Folder 7.
83) Ibid.

84) MM가 RB에게 보낸 편지, 1933년 3월 29일, MM Papers, Box R7, Folder 13.
85) GB가 RF에게 보낸 편지, 1935년 1월 22일, MM Papers, Box R2, Folder 9.
86) Ibid.
87) RF가 MM에게 보낸 편지, ibid [연필 표시: 1933년], MM Papers, Box R4, Folder 8.
88) MM가 GB에게 보낸 편지, 1933년 12월 21일, MM Papers, Box R1, Folder 7.
89) Ibid.
90) RF가 MM에게 보낸 편지, 1935년 7월 19일, MM Papers, Box R5, Folder 5.
91) Banner, *Intertwined Lives*, 405.
92) MM, *Sex and Temperament*, xxxv.
93) Ibid, 298.

12장 산 자와 죽은 자, 그리고 좀비

1) Henry Lee Moon, "Big Old Lies," *New Republic*, Dec. 11, 1935, 142.
2) Boyd, *Wrapped in Rainbows*, 284.
3) MM가 GB에게 보낸 편지, 1934년 4월 18일, MM Papers, Box R2, Folder 5.
4) Boyd, *Wrapped in Rainbows*, 286.
5) Ibid.
6) Hurston, *Dust Tracks*, 143.
7) Boyd, *Wrapped in Rainbows*, 288.
8) ZNH가 멜빌 허스코비츠에게 보낸 편지, 1936년 4월 15일, Kaplan, *Zora Neale Hurston*, 372.
9) Boyd, *Wrapped in Rainbows*, 288.
10) ZNH, *Tell My Horse*, 6.
11) Ibid, 7.
12) Ibid, 31-37.
13) Ibid, 39-56.
14) 1893년 시카고만국박람회 아이티 전시장에서 한 연설, faculty.webster.edu/corbetre/haiti/history/1844-1915/douglass.htm.
15) ZNH, *Tell My Horse*, 71.
16) Ibid, 73.
17) Ibid, 135.
18) Ibid, 139.
19) Herskovits, *Life in Haitian Valley*, 139.
20) Ibid.
21) Gershenhorn, *Melville Herskovits*, 84.
22) Herskovits, *Life in Haitian Valley*, 268.
23) Herskovits, "Problem, Method and Theory in Afroamerican Studies," *Afroamerica* 1 (1945), reprinted in Herskovits, *New World Negro*, 53.
24) Herskovits, *Life in Haitian Valley*, 47.
25) Herskovits, "Some Next Steps in the Study of Negro Folklore," *Journal of American*

Folklore 56 (1943), reprinted in Herskovits, *New World Negro*, 174.
26) Herskovits, *Life in Haitian Valley*, 12.
27) Ibid, 13.
28) Renda, *Taking Haiti*, 213.
29) Dubois, *Haiti*, 272.
30) Ibid, chap. 6; Ramsey, *Spirits and Law*, chap. 3.
31) Seabrook, *Magic Island*, 12-13.
32) ZNH, *Tell My Horse*, 134.
33) Seabrook, *Magic Island*, 93.
34) ZNH, *Tell My Horse*, 179.
35) 펠릭스멘토와 만남에 대한 허스턴의 설명은 다음에서 가져왔다. ibid., 179-81, 195-97.
36) Boyd, *Wrapped in Rainbows*, 299-300.
37) ZNH, *Tell My Horse*, 179.
38) RB, "Magic," 39.
39) ZNH, *Dust Tracks*, 232.
40) ZNH, *Tell My Horse*, 219.
41) ZNH, *Dust Tracks*, 175.
42) ZNH가 Henry Allen Moe에게 보낸 편지, 1937년 8월 26일, Kaplan, *Zora Neale Hurston*, 404.
43) 멜빌 허스코비츠와 프랜시스 허스코비츠는 미라발레에서 3개월 조금 넘게 머물렀다. Herskovits, *Life in Haitian Valley*, 320.
44) Howard, *Margaret Mead*, 71.
45) Boyd, *Wrapped in Rainbows*, 300, 306.
46) Ibid., 271-74, 286-87.
47) ZNH, *Dust Tracks*, 205.
48) ZNH, *Their Eyes*, 192.
49) MM가 GB에게 보낸 편지, 1933년 9월 12일, MM Papers, Box R1, Folder 1.
50) MM가 GB에게 보낸 편지, 1935년 6월 21일, MM Papers, Box R2, Folder 9.
51) Boyd, *Wrapped in Rainbows*, 270.
52) MM가 GB에게 보낸 편지, 1935년 6월 7일, MM Papers, Box R2, Folder 9.
53) MM Papers, Box R2, Folder 8를 참조하라.
54) MM가 GB에게 보낸 편지, 1935년 5월 10일, MM Papers, Box R2, Folder 9.
55) MM가 GB에게 보낸 편지, 1934년 6월 27일, MM Papers, Box R2, Folder 7.
56) MM가 GB에게 보낸 편지, 1935년 9월 3일, MM Papers, Box R2, Folder 9.
57) MM가 GB에게 보낸 편지, 1935년 10월 17일, ibid.
58) GB가 MM에게 보낸 편지, 1935년 12월 14일, ibid.
59) Lipset, *Gregory Bateson*, 151.
60) MM, *Blackberry Winter*, 234.
61) Ibid., 224.
62) MM, *Blackberry Winter* 초고, Box I204, Folder 4.

63) MM이 Eleanor Pelham Kortheuer에게 보낸 편지, 1938년 5월 21일, MM Papers, Box Q12, Folder 9.
64) MM이 Eleanor Pelham Kortheuer에게 보낸 편지, 1936년 12월 16일, ibid.
65) MM이 Eleanor Pelham Kortheuer에게 보낸 편지, 1938년 5월 21일, ibid.
66) ZNH가 Edwin Osgood Grover에게 보낸 편지, 1939년 10월 12일, Kaplan, *Zora Neale Hurston*, 422.
67) Boyd, *Wrapped in Rainbows*, 326.
68) Stewart, *New Negro*, 748.
69) ZNH가 James Weldon Johnson에게 보낸 편지, 1938년 2월, Kaplan, *Zora Neale Hurston*, 413.
70) Boyd, *Wrapped in Rainbows*, 336.
71) ZNH, "Ritualistic Expression from the Lips of Communicants of the Seventh Day Church of God, Beaufort, South Carolina" (1940), MM Papers, Box C5, Folder 13.
72) MM이 ZNH에게 보낸 편지, 1940년 5월 29일, ibid.
73) Hughes, *Big Sea*, 332.
74) Boyd, *Wrapped in Rainbows*, 345-46.
75) ZNH, *Dust Tracks*, 231.
76) Boyd, *Wrapped in Rainbows*, 349.

13장 인종주의의 쌍생아, 독일과 미국

1) RB가 RF에게 보낸 편지, 1936년 6월 8일, MM Papers, Box R5, Folder 8.
2) Ibid.
3) Goldfrank, *Notes on Undirected Life*, 110. 베네딕트와 랠프 린턴의 관계와 보아스의 후계 문제에 대해 자세한 내용은 Young, *Ruth Benedict*, 47-51를 참조하라.
4) 랠프 린턴이 FB에게 보낸 편지, 1942년 2월 24일, FB Papers (microfilm), Reel 44.
5) FB가 ECP에게 보낸 편지, 1940년 1월 5일, ECP Papers, Box 1.
6) Department of Anthropology Records, CU, Box 2, Folder "Administrative—Executive Officers and Chairman, Benedict, Ruth—re. Franz Boas Support Fund, 1936-1938"를 참조하라.
7) FB가 ECP에게 보낸 편지, 1936년 9월 3일, ECP Papers, Box 1.
8) Herskovits, *Franz Boas*, 117.
9) "Dr. Boas on the Blacklist," *New York Times*, May 6, 1933.
10) MM이 GB에게 보낸 편지, 1933년 11월 14일, MM Papers, Box R1, Folder 7.
11) FB, "On Democracy and Freedom."
12) Ibid.
13) Gordon, *Second Coming of KKK*, 73.
14) Hitler, *Mein Kampf*, 286.
15) Whitman, *Hitler's American Model*, 114.
16) Kühl, *Nazi Connection*, 86.
17) Whitman, *Hitler's American Model*, 122.

18) Kühl, *Nazi Connection*, 37.
19) Ibid., 36.
20) Ibid., 41-42.
21) MM가 GB에게 보낸 편지, 1935년 6월 12일, MM Papers, Box R1, Folder 9.
22) Frederick Osborn, "The Application of Measures of Quality," in *Congrès international de la population*, 8:121-22.
23) FB, "Heredity and Environment," ibid., 8:91.
24) Ibid., 8: 92.
25) FB가 RB에게 보낸 편지, 1939년 12월 20일, RB Papers, Folder 114.4.
26) "Freedom of Mind in Schools Urged," *Baltimore Sun*, Aug. 22, 1939.
27) "The Race Question," *New York Times*, July 5, 1936.
28) Caffrey, *Ruth Benedict*, 286.
29) RB, "Edward Sapir," 465.
30) MM, Jean Houston과의 인터뷰, 1975, transcript, MM Papers, Box Q18, Folder 4, f. 429.
31) MM가 RB에게 보낸 편지, 1926년 8월 28일, MM Papers, Box S3, Folder 4.
32) MM 1939년 일정표, MM Papers, Box Q8, Folder 4.
33) MM가 Caroline Beatrice Bateson에게 보낸 편지, 1939년 3월 15일, MM Papers, Box R1, Folder 1.
34) MM의 1939년 일정표, MM Papers, Box Q8, Folder 4.
35) MM가 Caroline Beatrice Bateson에게 보낸 편지, 1940년 2월 27일, MM Papers, Box R1, Folder 1.
36) RB, *Race: Science and Politics*, 147.
37) Banner, *Intertwined Lives*, 416.
38) Mandler, *Return from Natives*, 65.
39) Ibid., 80-84.
40) MM, *Blackberry Winter*, 271.
41) 리언 J. 피시가 FB에게 보낸 편지, 1942년 2월 5일, FB Papers (microfilm), Reel 44.
42) FB가 피시에게 보낸 편지, 1942년 2월 19일, ibid.
43) "11 Allies Condemn Nazi War on Jews," *New York Times*, Dec. 18, 1942.
44) Rivet, "Franz Boas." 리베는 몇 년 후인 1958년에 약간 다른 설명을 내놓았지만(Rivet, "Tribute to Franz Boas"), 사건 직후인 1943년에 쓴 글이 더 정확한 기억일 것이다. 미드는 보아스가 사망 직전에 새로운 인종 이론을 발표하려고 했다는 더 극적인 주장을 내놓았다. 하지만 이 주장을 뒷받침할 증거도 없고, 이 주장을 확인해줄 수 있는 사람도 없다. 자세한 내용은 Goldfrank, *Notes on Undirected Life*, 121를 참조하라.
45) Loyer, *Lévi-Strauss*, 316.
46) 보아스가 아직 레비스트로스에 대해 들어보지 못했을 때인 1940년 가을에 누군가 레비스트로스를 위한 추천서를 문의했다. 두 사람은 1941년 여름에 루스 베네딕트의 소개로 처음 만났다. FB가 Alvin Johnson에게 보낸 편지, 1940년 10월 21일, FB Papers (microfilm), Reel 43; Claude Lévi-Strauss to FB, Aug. 26, 1941, FB Papers (microfilm), Reel 44.
47) RB, "Franz Boas," *Nation*, Jan. 2, 1943, 15.

48) RB가 J. M. Willis에게 보낸 편지, 1943년 9월 27일, RB Papers, Folder 114.10.00.
49) RB Papers, Folder 42.5의 급여표를 참조하라.
50) Kluckhohn, *Ralph Linton*, 244.
51) Banner, *Intertwined Lives*, 379.
52) Ibid.
53) RB and Weltfish, "The Races of Mankind," in RB, *Race: Science and Politics*, 174.
54) Fred Hastings가 RB에게 보낸 편지, 1944년 3월 4일, RB Papers, Folder 12.3.
55) Violet Edwards, "Note on 'The Races of Mankind'," in RB, *Race: Science and Politics*, 167-68; Mandler, *Return from Natives*, 77.
56) Price, *Threatening Anthropology*, 111.
57) Violet Edwards, "Note on 'The Races of Mankind'," in RB, *Race: Science and Politics*, 168; Mandler, *Return from Natives*, 77.
58) "A Citizen of Mississippi" to RB, Mar. 7, 1944, RB Papers, Folder 12.3.
59) MM, "The Years as Boas' Left Hand," in *AAW*, 252-53.
60) Mandler, *Return from Natives*, 66.
61) Doob, "Utilization of Social Scientists," 655.
62) 베네딕트의 개인 문서를 바탕으로 재구성된 출처 목록은 Kent, "Appendix"를 참조하라.
63) Dower, *War Without Mercy*, 78.
64) "How to Tell Japs from the Chinese," *Life*, Dec. 22, 1941, 81-82.
65) Dower, *War Without Mercy*, 85.
66) Mandler, *Return from Natives*, 163-69.
67) Hayashi, *Democratizing Enemy*, 92.
68) U.S. Department of War, *Final Report*, 34.
69) Daniels, *Prisoners Without Trial*, 38.
70) Ibid., 37.
71) Seltzer and Anderson, "After Pearl Harbor"; Steven A. Holmes, "Report Says Census Bureau Helped Relocate Japanese," *New York Times*, Mar. 17, 2000.
72) U.S. Department of War, *Final Report*, 362.
73) Suzuki, "Overlooked Aspects," 230-31n25.
74) "Santa Anita," *Densho Encyclopedia*, located at encyclopedia.densho.org/Santa_Anita_%28detention_facility%29/.
75) Hayashi, *Democratizing Enemy*, 57.
76) 하시마와 같은 억류자에 관한 문서는 ancestry.com("Final Accountability Rosters of Evacuees at Relocation Centers, 1942-1946: Colorado River, November 1945")뿐 아니라 미국 국립기록관리청의 전쟁재배치국 자료 보관소에도 보관되어 있다.
77) Starn, "Engineering Internment"를 참조하라.
78) U.S. Department of War, *Final Report*, 505.
79) Spicer, "Use of Social Scientists," 20.
80) Suzuki, "Ruth Benedict, Robert Hashima," 58.
81) Ibid.

82) Suzuki, "Overlooked Aspects," 219. 하시마의 역할에 대해서는 C. Douglas Lummis, "Ruth Benedict's Obituary for Japanese Culture," in Janiewski and Banner, *Reading Benedict/Reading Mead*, 126-40, 그리고 베네딕트의 하시마 인터뷰 노트, RB Papers, Folder 105.8를 참조하라.
83) Suzuki, "Overlooked Aspects," 225.
84) Nanko Fukui, "The Lady and the Chrysanthemum: Ruth Benedict and the Origins of 'The Chrysanthemum and the Sword'," in Janiewski and Banner, *Reading Benedict/Reading Mead*, 123.
85) RB가 MM에게 보낸 편지, 1946년 7월 25일, MM Papers, Box Q11, Folder 6.
86) Ibid.
87) RB, *Chrysanthemum and Sword*, 1.
88) Ibid., 10.
89) Ibid., 12.
90) Ibid., 13.
91) Ibid., 16.
92) Ibid., 43.
93) Mandler, *Return from Natives*, 168-69; Price, *Anthropological Intelligence*, 171-99.
94) RB, *Chrysanthemum and Sword*, vi.
95) Offprint from *Book of the Month Club News*, Dec. 1946, in RB Papers, Folder 50.2.
96) Caffrey, *Ruth Benedict*, 326.
97) Bennett and Nagai, "Japanese Critique," 404.
98) RB가 Donald V. McGranahan 대위에게 보낸 편지, 1945년 9월 12일, RB Papers, Folder 13.7; Mandler, *Return from Natives*, 169. 전쟁이 끝나고 1년 이상 지난 1946년 12월에 베네딕트는 맥아더 사령부로부터 2~3개월 동안의 일본 파견 임무를 제안받았다. 베네딕트의 답장은 개인 문서에서 발견되지 않았다. D. Donald Klous가 1946년 12월 26일에 RB에게 보낸 편지를 참조하라. RB Papers, Folder 13.10.
99) RB가 MM에게 보낸 편지, 1945년 9월 20일, MM Papers, Box Q11, Folder 6.

14장 문화 상대주의의 승리

1) ZNH가 RB에게 보낸 편지, 1945년 6월 19일, Kaplan, *Zora Neale Hurston*, 523.
2) Hemenway, *Zora Neale Hurston*, 301.
3) Hurston, "Crazy for This Democracy," 45-46.
4) Hurston, *Dust Tracks*, 261.
5) Hemenway, *Zora Neale Hurston*, 297.
6) Ibid.
7) Lowie, "American Contributions," 327.
8) Bateson, *With Daughter's Eye*, 49.
9) Banner, *Intertwined Lives*, 433; Lipset, *Gregory Bateson*, 175-76.
10) Michael Kernan, "Ringing the Tocsin," *New York Times*, Apr. 1, 1976.
11) MM Papers, Box R3, Folder 9의 주를 참조하라.

12) RB Papers, Folder 39.8을 참조하라.
13) Howard, *Margaret Mead*, 281.
14) 마저리 프리먼이 MM에게 보낸 편지, 1948년 9월 18일, RB Papers, Folder 117.2.
15) ECD가 MM에게 보낸 편지, 날짜 미상(1948년 말), MM Papers, Box I58, Folder 10.
16) ECD가 MM에게 보낸 편지, 1958년 12월 28일, MM Papers, Box C41, Folder 7.
17) ZNH가 제인 벨로에게 보낸 편지, 1944년 10월 1일, Kaplan, Zora Neale Hurston, 507.
18) Boyd, *Wrapped in Rainbows*, 387-90.
19) Ibid., 396-97.
20) Walker, "In Search of Hurston," 74.
21) Boyd, *Wrapped in Rainbows*, 426-31.
22) Hemenway, *Zora Neale Hurston*, 348.
23) MM Papers, Box K57, Folder 9를 참조하라.
24) Boyd, *Wrapped in Rainbows*, 436.
25) Alan Lomax가 Solon Kimball에게 보낸 편지, 1978년 2월 15일, MM Papers, Box K57, Folder 9.
26) MM chart of love affairs and influences, MM Papers, Box S11, Folder 1.
27) Bateson, *With Daughter's Eye*, 130.
28) Molloy, *Creating Usable Culture*, 14.
29) Price, *Threatening Anthropology*, 255.
30) Lenora De Lusia가 MM에게 보낸 편지, 1958년 2월 20일, MM Papers, Box C38, Folder 4.
31) MM가 De Lusia에게 보낸 편지, 1958년 2월 28일, ibid.
32) Sargeant, "It's All Anthropology," 32.
33) Friedan, *Feminine Mystique*, 122.
34) Howard, *Margaret Mead*, 363-64.
35) Sargeant, "It's All Anthropology," 31.
36) MM, *Blackberry Winter*, 289.
37) Bloom, *Closing of American Mind*, 25.
38) Ibid., 33.
39) Ibid., 36.
40) Clifford Geertz, "Anti-Anti-Relativism," Geertz, *Available Light*, 65.
41) Boas, *Anthropology and Modern Life*, 227.
42) ZNH, *Dust Tracks*, 264.

| 참고문헌 |

자료 보관소(기관, 개인)
American Indian Studies Research Institute, Indiana University
　Ella Deloria Archive (online)
American Philosophical Society
　American Council of Learned Societies Committee on Native American Languages
　Boas Family Papers
　Boas-Rukeyser Collection
　Elsie Clews Parsons Papers
　Franz Boas Field Notebooks and Anthropometric Data
　Franz Boas Papers
　Franz Boas Professional Papers
Barnard College Archives
　Alumnae Biographical Files
Columbia University, Rare Book and Manuscript Library
　Department of Anthropology Records
　Nicholas Murray Butler Papers
　Jane Howard Papers
Harvard Medical School, Center for the History of Medicine, Francis A. Countway Library of Medicine
　Walter B. Cannon Papers
Harvard University, Houghton Library
　Oswald Garrison Villard Papers
Harvard University, Peabody Museum
　Frederic Ward Putnam Papers
　Frederic Ward Putnam Peabody Museum Director Records
　Charles P. Bowditch Papers
　World Columbian Exposition Photograph Collection
Harvard University, Tozzer Library
　Cora Alice Du Bois Papers
The Keep, Brighton

참고문헌 533

Geoffrey Gorer Archive
Library of Congress
Franz Boas Papers (microfilm)
Margaret Mead Papers and South Pacific Ethnographic Archives
Smithsonian Institution, National Anthropological Archives
Anthropological Society of Washington Records
Bureau of American Ethnology Records
Esther Schiff Goldfrank Papers
Aleš Hrdlička Papers
Zora Neale Hurston Gulf Coast manuscript (MS 7532)
Ruth Schlossberg Landes Papers
Vassar College, Archives and Special Collections
Ruth Fulton Benedict Papers

출판물

Adams, William Y. *The Boasians: Founding Fathers and Mothers of American Anthropology*. Lanham, Md.: Hamilton Books, 2016.

Allen, John S. "Franz Boas' Physical Anthropology: The Critique of Racial Formalism Revisited." *Current Anthropology* 30, no. 1 (Feb. 1989): 79-84.

Anderson, Carol. *White Rage: The Unspoken Truth of Our Racial Divide*. New York: Bloomsbury, 2016.

Annual Reports of the Bureau of Ethnology to the Secretary of the Smithsonian Institution. 15 vols. Washington, D.C.: U.S. Government Printing Office, 1881-97.

Asch, Chris Myers, and George Derek Musgrove. *Chocolate City: A History of Race and Democracy in the Nation's Capital*. Chapel Hill: University of North Carolina Press, 2017.

Baker, Lee D. *Anthropology and the Racial Politics of Culture*. Durham, N.C.: Duke University Press, 2010.

―――. "The Cult of Franz Boas and His 'Conspiracy' to Destroy the White Race." *Proceedings of the American Philosophical Society* 154, no. 1 (Mar. 2010): 8-18.

―――. "Franz Boas Out of the Ivory Tower." *Anthropological Theory* 4, no. 1 (2004): 29-51.

―――. *From Savage to Negro: Anthropology and the Construction of Race, 1896-1954*. Berkeley: University of California Press, 1998.

Banner, Lois W. *Intertwined Lives: Margaret Mead, Ruth Benedict, and Their Circle*. New York: Vintage, 2003.

Barnes, R. H. *Two Crows Denies It: A History of Controversy in Omaha Sociology*. Lincoln: University of Nebraska Press, 1984.

Bateson, Gregory. *Naven*. 2nd ed. Stanford, Calif.: Stanford University Press, 1958.

Bateson, Mary Catherine. *With a Daughter's Eye: A Memoir of Margaret Mead and*

Gregory Bateson. New York: William Morrow, 1984.

Bederman, Gail. *Manliness and Civilization: A Cultural History of Gender and Race in the United States, 1880-1917*. Chicago: University of Chicago Press, 1995.

Benedict, Ruth. "Animism." In *Encyclopedia of the Social Sciences*, edited by Edwin R. A. Seligman, 2:65-67. New York: Macmillan, 193.

———. *The Chrysanthemum and the Sword: Patterns of Japanese Culture*. Boston: Houghton Mifflin, 2005 [1946].

———. "Edward Sapir." *American Anthropologist* 41, no. 3 (July-Sept. 1939): 455-77.

———. "Folklore." In *Encyclopedia of the Social Sciences*, edited by Edwin R. A. Seligman and Alvin Johnson, 6:288-93. New York: Macmillan, 1931.

———. "Franz Boas." *Nation* (Jan. 2, 1943): 15-16.

———. "The Future of Race Prejudice." *American Scholar* 15, no. 4 (Autumn 1946): 455-61.

———. "Human Nature Is Not a Trap." *Partisan Review* 10, no. 2 (Mar.-Apr. 1943): 159-64.

———. "Magic." In *Encyclopedia of the Social Sciences*, edited by Edwin R. A. Seligman, 10:39-44. New York: Macmillan, 1933.

———. *Patterns of Culture*. Boston: Houghton Mifflin, 2005 [1934].

———. *Race: Science and Politics*. Rev. ed. New York: Viking, 1959 [1940].

———. "Racism Is Vulnerable." *The English Journal* 35, no. 6 (June 1946): 299-303.

———. "Tales of the Cochiti Indians." *Bureau of American Ethnology Bulletin*, no. 98. Washington, D.C.: U.S. Government Printing Office, 1931.

———. "Transmitting Our Democratic Heritage in the Schools." *American Journal of Sociology* 48, no. 6 (May 1943): 722-27.

———. "Victory Over Discrimination and Hate: Differences vs. Superiorities." *Frontiers of Democracy* 9 (Dec. 15, 1942): 81-82.

———. "The Vision in Plains Culture." *American Anthropologist* 24, no. 1 (Jan.-Mar. 1922): 1-23.

———. "The Younger Generation with a Difference." *New Republic*, Nov. 28, 1928.

———. *Zuni Mythology*. 2 vols. New York: Columbia University Press, 1935. Bennett, John W., and Michio Nagai. "The Japanese Critique of the Methodology of Benedict's 'Chrysanthemum and the Sword.'" *American Anthropologist* 55, no. 3 (1953): 404-11.

Benton-Cohen, Katherine. *Inventing the Immigration Problem: The Dillingham Commission and Its Legacy*. Cambridge, Mass.: Harvard University Press, 2018.

Berkhofer, Robert F., Jr. *The White Man's Indian: Images of the American Indian from Columbus to the Present*. New York: Alfred A. Knopf, 1978.

Berman, Marshall. *All That Is Solid Melts into Air: The Experience of Modernity*. New York: Penguin, 1988.

Black, Edwin. *War Against the Weak: Eugenics and America's Campaign to Create a*

Master Race. New York: Four Walls Eight Windows, 2003.

Bloom, Allan. *The Closing of the American Mind*. New York: Simon and Schuster, 1987.

Boas Anniversary Volume: Anthropological Papers Written in Honor of Franz Boas. New York: G. E. Stechert and Co., 1906.

Boas, Franz. "The Aims of Anthropological Research." *Science* 76, no. 1,983 (Dec. 30, 1932): 605-13.

―――. "An Anthropologist's Credo." *Nation*, Aug. 27, 1938, 201-4.

―――. "Anthropology." *Science* 9, no. 212 (Jan. 20, 1899): 93-96.

―――. *Anthropology*. New York: Columbia University Press, 1908.

―――. *Anthropology and Modern Life*. New York: Dover, 1986 [1928].

―――. "Are the Jews a Race?" *World Tomorrow* 6 (January 1923): 5-6. Reprinted as "The Jews" in Franz Boas, *Race and Democratic Society*, 38-42. New York: J. J. Augustin, 1945.

―――. *Aryans and Non-Aryans*. New York: Information and Service Associates, n.d.

―――. *The Central Eskimo*, in *Sixth Annual Report of the Bureau of Ethnology to the Secretary of the Smithsonian Institution, 1884-1885* (Washington, D.C.: U.S. Government Printing Office, 1888): 399-670.

―――. "Changes in the Bodily Form of Descendants of Immigrants." *American Anthropologist* 14, no. 3 (July-Sept. 1912): 530-62.

―――. "The Coast Tribes of British Columbia." *Science* 9, no. 216 (Mar. 25, 1887): 288-89.

―――. "Cumberland Sound and its Eskimos." *Popular Science Monthly* (Apr. 26, 1885): 768-79.

―――. "The Eskimo of Baffin Land." *Transactions of the Anthropological Society of Washington* 3 (Dec. 2, 1884): 95-102.

―――. "Eskimo Tales and Songs." *Journal of American Folk-Lore* 7, no. 24 (Jan.-Mar. 1894): 45-50, and 10, no. 37 (Apr.-June 1897): 109-15.

―――. "An Eskimo Winter." In *American Indian Life by Several of Its Students*, edited by Elsie Clews Parsons, 363-80. New York: Viking Press, 1922.

―――. "Evolution or Diffusion?" *American Anthropologist* 26, no. 3 (July-Sept., 1924): 340-44.

―――, ed. *General Anthropology*. Boston: D.C. Heath & Co., 1938.

―――, ed. *Handbook of American Indian Languages*. Part 1. Washington, D.C.: U.S. Government Printing Office, 1911.

―――. "History and Science in Anthropology: A Reply." *American Anthropologist* 38, no. 1 (Jan.-Mar. 1936): 137-41.

―――. "The History of Anthropology." *Science* 20, no. 512 (Oct. 21, 1904): 513-24.

―――. "Human Faculty as Determined by Race." *Proceedings of the American Association for the Advancement of Science* 43 (Aug. 1894): 301-27.

―――. *Indian Myths & Legends from the North Pacific Coast of America: A Translation of Franz Boas' 1895 Edition of Indianische Sagen von der Nord-Pacifischen*

Kuste Amerikas. Vancouver: Talonbooks, 2006 [1895].

———. "Individual, Family, Population, and Race." *Proceedings of the American Philosophical Society* 87, no. 2 (Aug. 1943): 161-64.

———. "Introductory." *International Journal of American Linguistics* 1, no. 1 (July 1917): 1-8.

———. "Inventing a Great Race." *New Republic* (Jan. 13, 1917): 305-7.

———. "A Journey in Cumberland Sound and on the West Shore of Davis Strait in 1883 and 1884." *Journal of the American Geographical Society of New York* 16 (1884): 242-72.

———. "The Limitations of the Comparative Method of Anthropology." *Science* 4, no. 103 (Dec. 18, 1896): 901-8.

———. "The Method of Ethnology." *American Anthropologist* 22, no. 4 (Oct.-Dec. 1920): 311-21.

———. *The Mind of Primitive Man*. New York: Macmillan, 1922 [1911].

———. "Museums of Ethnology and Their Classification." *Science* 9, no. 228 (June 17, 1887): 587-89, and no. 229 (June 24, 1887): 614.

———. "Mythology and Folk-Tales of the North American Indians." *Journal of American Folklore* 27, no. 106 (Oct. 1915): 374-410.

———. "Nationalism in Europe." In *Germany and the Peace of Europe*, edited by Ferdinand Schevill, 3-15. Chicago: Germanistic Society of Chicago, 1915.

———. "Notes on the Ethnology of British Columbia." *Proceedings of the American Philosophical Society* 24 (July-Dec. 1887): 422-28.

———. "The Occurrence of Similar Inventions in Areas Widely Apart." *Science* 9, no. 224 (May 20, 1887): 485-86.

———. "On Alternating Sounds." *American Anthropologist* 2, no. 1 (Jan. 1889): 47-53.

———. "On Democracy and Freedom of Thought." WNYC broadcast, May 3, 1939, http://www.wnyc.org/story/leader-american-anthropology-launches-wnyc-series/.

———. "Poetry and Music of Some North American Tribes." *Science* 9, no. 220 (Apr. 22, 1887): 383-85.

———. "The Problem of the American Negro." *Yale Review* 10 (May 1921): 392-95. Reprinted as "The Negro in America" in Franz Boas, *Race and Democratic Society*, 70-81. New York: J. J. Augustin, 1945.

———. "The Problem of Race." In *The Making of Man: An Outline of Anthropology*, edited by V. F. Calverton, 113-41. New York: Random House, 1931.

———. "Psychological Problems in Anthropology." *American Journal of Psychology* 21, no. 3 (July 1910): 371-84.

———. "The Question of Racial Purity." *American Mercury* (Oct. 1924): 163-69.

———. *Race, Language, and Culture*. New York: Macmillan, 1940.

———. "The Race-War Myth." *Everybody's Magazine* 31 (July-Dec. 1914): 671-74.

———. "Remarks on the Theory of Anthropometry." *Publications of the American*

Statistical Association 3, no. 24 (Dec. 1893): 569-75.

———. *The Social Organization and the Secret Societies of the Kwakiutl Indians*. Washington, D.C.: Smithsonian Institution, 1897 [1895].

———. "Some Philological Aspects of Anthropological Research." *Science* 23, no. 591 (Apr. 27, 1906): 641-45.

———. "Some Recent Criticisms of Physical Anthropology." *American Anthropologist* 1, no. 1 (Jan. 1899): 98-106.

———. "The Study of Geography." *Science* 9, no. 210 (Feb. 11, 1887): 137-41.

———. "A Year Among the Eskimo." *Bulletin of the American Geographical Society* 19, no. 4 (1887): 383-402.

Boas, Franz, and Ella Deloria. *Dakota Grammar*. Memoirs of the National Academy of Sciences. Washington, D.C.: U.S. Government Printing Office, 1941.

———. "Notes on the Dakota, Teton Dialect." *International Journal of American Linguistics* 7, nos. 3-4 (Jan. 1933): 97-121.

Boas, Franz, and Elsie Clews Parsons. "Spanish Tales from Laguna and Zuni, N. Mex." *Journal of American Folklore* 33, no. 127 (Jan.-Mar. 1920): 47-72.

Boyd, Robert. *A Different Kind of Animal*. Princeton: Princeton University Press, 2017.

Boyd, Valerie. *Wrapped in Rainbows: The Life of Zora Neale Hurston*. New York: Scribner, 2003.

Bradford, Phillips Verner, and Harvey Blume. *Ota Benga: The Pygmy in the Zoo*. New York: St. Martin's Press, 1992.

Browman, David L. *Cultural Negotiations: The Role of Women in the Founding of Americanist Anthropology*. Lincoln: University of Nebraska Press, 2013.

———. "The Peabody Museum, Frederic W. Putnam, and the Rise of U.S. Anthropology, 1866-1903." *American Anthropologist* 104, no. 2 (Jun. 2002): 508-19.

Browman, David L., and Stephen Williams. *Anthropology at Harvard: A Biographical History, 1790-1940*. Cambridge, Mass.: Peabody Museum Press, 2013.

Bruinius, Harry. *Better for All the World: The Secret History of Forced Sterilization and America's Quest for Racial Purity*. New York: Alfred A. Knopf, 2006.

Buettner-Janusch, John. "Boas and Mason: Particularism Versus Generalization." *American Anthropologist* 59, no. 2 (Apr. 1957): 318-24.

Caffrey, Margaret M. *Ruth Benedict: Stranger in This Land*. Austin: University of Texas Press, 1989.

Caffrey, Margaret M., and Patricia A. Francis, eds. *To Cherish the Life of the World: Selected Letters of Margaret Mead*. New York: Basic Books, 2006.

Clark, Christopher. *Iron Kingdom: The Rise and Downfall of Prussia, 1600-1947*. Cambridge, Mass.: Belknap Press of Harvard University Press, 2006.

———. *The Politics of Conversion: Missionary Protestantism and the Jews in Prussia, 1728-1941*. Oxford: Clarendon Press, 1995.

Cohen, Adam. *Imbeciles: The Supreme Court, American Eugenics, and the Sterilization of*

Carrie Buck. New York: Penguin, 2016.

Cole, Douglas. *Franz Boas: The Early Years, 1858-1906*. Seattle: University of Washington Press, 1999.

Cole, Douglas, and Ludger Müller-Wille. "Franz Boas' Expedition to Baffin Island, 1883-1884." *Etudes/Inuit/Studies* 8, no. 1 (1984): 37-63.

Cole, Sally. *Ruth Landes: A Life in Anthropology*. Lincoln: University of Nebraska Press, 2003.

Congrès international de la population. 8 vols. Paris: Hermann et Cie., 1938.

Conklin, Alice L. *In the Museum of Man: Race, Anthropology, and Empire in France, 1850-1950*. Ithaca, N.Y.: Cornell University Press, 2013.

Cotera, María Eugenia. *Native Speakers: Ella Deloria, Zora Neale Hurston, Jovita Gonzalez, and the Poetics of Culture*. Austin: University of Texas Press, 2008.

Côté, James E. "Was *Coming of Age in Samoa* Based on a 'Fateful Hoaxing'? A Close Look at Freeman's Claim Based on the Mead-Boas Correspondence." *Current Anthropology* 41, no. 4 (2000): 617-20.

Cressman, Luther S. *A Golden Journey: Memoirs of an Archaeologist*. Salt Lake City: University of Utah Press, 1988. Cushing, Frank Hamilton. *My Adventures in Zuni*. Palo Alto: American West Publishing Company, 1970.

Dain, Bruce. *A Hideous Monster of the Mind: American Race Theory in the Early Republic*. Cambridge, Mass.: Harvard University Press, 2002.

Daniels, Roger. *Guarding the Golden Door: American Immigration Policy and Immigrants Since 1882*. New York: Hill and Wang, 2004.

―――. *Prisoners Without Trial: Japanese Americans in World War II*. New York: Hill and Wang, 1993.

Darnell, Regna. *And Along Came Boas: Continuity and Revolution in Americanist Anthropology*. Amsterdam: John Benjamins Publishing Co., 1998.

―――. *Edward Sapir: Linguist, Anthropologist, Humanist*. Lincoln: University of Nebraska Press, 1990.

―――. *Invisible Genealogies: A History of Americanist Anthropology*. Lincoln: University of Nebraska Press, 2001.

Darnell, Regna, and Frederic W. Gleach. *Anthropologists and Their Traditions Across National Borders*. Lincoln: University of Nebraska Press, 2014.

Darnell, Regna, Michelle Hamilton, Robert L. A. Hancock, and Joshua Smith, eds. *Franz Boas as Public Intellectual: Theory, Ethnography, Activism*. Franz Boas Papers, Vol. 1. Lincoln: University of Nebraska Press, 2015.

Darwin, Charles. *The Descent of Man*. New ed. Lovell, Coryell and Co., 1874 [1871].

Davenport, Charles B. *State Laws Limiting Marriage Selection Examined in the Light of Eugenics*. Cold Spring Harbor, N.Y.: Eugenics Record Office, 1913.

Davis, W. M. *Biographical Memoir of John Wesley Powell, 1834-1902*. Washington, D.C.: National Academy of Sciences, 1915.

Deacon, Desley. *Elsie Clews Parsons: Inventing Modern Life*. Chicago: University of Chicago Press, 1997.

Deloria, Ella Cara. *Dakota Texts*. New York: G. E. Stechert and Co., 1932.

―――. *Speaking of Indians*. New York: Friendship Press, 1944.

―――. "The Sun Dance of the Oglala Sioux." *Journal of American Folklore* 42 (Oct.-Dec., 1929): 354-413.

―――. *Waterlily*. New ed. Lincoln: University of Nebraska Press, 1988.

Deloria, Philip J. *Indians in Unexpected Places*. Lawrence: University Press of Kansas, 2004.

―――. *Playing Indian*. New Haven: Yale University Press, 1998.

―――. "Thinking About Self in a Family Way." *Journal of American History* 89, no. 1 (June 2002): 25-29.

Dobrin, Lise M., and Ira Bashkow. "'Arapesh Warfare:' Reo Fortune's Veiled Critique of Margaret Mead's *Sex and Temperament*." *American Anthropologist* 112, no. 3 (2010): 370-83.

―――. "'The Truth in Anthropology Does Not Travel First Class': Reo Fortune's Fateful Encounter with Margaret Mead." *Histories of Anthropology Annual* 6 (2010): 66-128.

Doerries, Reinhard R. "German Emigration to the United States: A Review Essay on Recent West German Publications." *Journal of American Ethnic History* 6, no. 1 (Fall 1986): 71-83.

Doob, Leonard W. "The Utilization of Social Scientists in the Overseas Branch of the Office of War Information." *American Political Science Review* 41, no. 4 (1947): 649-67.

Dorsey, James Owen. *Omaha Sociology*. Washington, D.C.: U.S. Government Printing Office, 1885.

Douglas, Bronwen. *Science, Voyages, and Encounters in Oceania, 1511-1850*. London: Palgrave Macmillan, 2014.

Douglas, Bronwen, and Chris Ballard, eds. *Foreign Bodies: Oceania and the Science of Race, 1750-1940*. Canberra: Australian National University Press, 2010.

Dower, John W. *Embracing Defeat: Japan in the Wake of World War II*. New York: W. W. Norton, 1999.

―――. *War Without Mercy: Race and Power in the Pacific War*. New York: Pantheon, 1986.

Dubois, Laurent. *Haiti: The Aftershocks of History*. New York: Metropolitan Books, 2012.

Embree, John F. *Suye Mura: A Japanese Village*. Chicago: University of Chicago Press, 1939.

Engels, Friedrich. *The Origin of the Family, Private Property, and the State*. New York: Pathfinder Press, 1972 [1884].

Federal Writers' Project. *WPA Guide to Florida*. New York: Pantheon Books, 1984 [1939].

Fortune, Reo. *Omaha Secret Societies*. New York: Columbia University Press, 1932.

―――. "The Social Organization of Dobu." Ph.D. dissertation, Columbia University, 1931.

―――. *Sorcerers of Dobu: The Social Anthropology of the Dobu Islanders of the Western Pacific*. New York: E. P. Dutton, 1932.

Frazer, J. G. *The Golden Bough: A Study in Comparative Religion*. 2 vols. London: Macmillan, 1890.

Freed, Stanley A. *Anthropology Unmasked: Museums, Science, and Politics in New York City*. 2 vols. Wilmington, Ohio: Orange Frazer Press, 2012.

Freeman, Derek. *The Fateful Hoaxing of Margaret Mead: A Historical Analysis of Her Samoan Research*. Boulder, Colo.: Westview Press, 1999.

―――. *Margaret Mead and Samoa: The Making and Unmaking of an Anthropological Myth*. Cambridge, Mass.: Harvard University Press, 1983.

Friedan, Betty. *The Feminine Mystique*. New York: W. W. Norton, 2013 [1963].

Gates, Henry Louis, Jr. *Stony the Road: Reconstruction, White Supremacy, and the Rise of Jim Crow*. New York: Penguin, 2019.

Gates, Henry Louis, Jr., and Gene Andrew Jarrett, eds. *The New Negro: Readings on Race, Representation, and African American Culture, 1892–1938*. Princeton: Princeton University Press, 2007.

Gay, Peter. *The Enlightenment: An Interpretation*. London: Weidenfeld and Nicolson, 1966.

Geertz, Clifford. *Available Light: Anthropological Reflections on Philosophical Topics*. Princeton: Princeton University Press, 2000.

―――. *Works and Lives: The Anthropologist as Author*. Stanford, Calif.: Stanford University Press, 1988.

Gershenhorn, Jerry. *Melville J. Herskovits and the Racial Politics of Knowledge*. Lincoln: University of Nebraska Press, 2004.

Gilkeson, John S. *Anthropologists and the Rediscovery of America, 1886–1965*. Cambridge, U.K.: Cambridge University Press, 2010.

Gildersleeve, Virginia Crocheron. *Many a Good Crusade*. New York: Macmillan, 1954.

Goddard, Henry Herbert. *The Kallikak Family: A Study in the Heredity of Feeble-Mindedness*. New York: Macmillan, 1912.

Goldfrank, Esther S. *Notes on an Undirected Life: As One Anthropologist Tells It*. Flushing, N.Y.: Queens College Press, 1978.

Goldschmidt, Walter, ed. *The Anthropology of Franz Boas: Essays on the Centennial of His Birth*. Washington, D.C.: American Anthropological Association, 1959.

Gordon, Linda. *The Second Coming of the KKK: The Ku Klux Klan of the 1920s and the American Political Tradition*. New York: Liveright, 2017.

Gould, Stephen Jay. *The Mismeasure of Man*. Rev. ed. New York: W. W. Norton, 1996.

Grant, Madison. *The Passing of the Great Race; or, The Racial Basis of European History*. New York: Charles Scribner's Sons, 1916.

Gravlee, Clarence C., H. Russell Bernard, and William R. Leonard. "Heredity, Environment, and Cranial Form: A Reanalysis of Boas' Immigrant Data." *American Anthropologist* 105, no. 1 (2003): 125-38.

———. "Boas' Changes in Bodily Form: The Immigrant Study, Cranial Plasticity, and Boas' Physical Anthropology." *American Anthropologist* 105, no. 2 (2003): 326-32.

Hall, G. Stanley. *Adolescence: Its Psychology and Its Relations to Physiology, Anthropology, Sociology, Sex, Crime, Religion, and Education*. 2 vols. New York: D. Appleton and Co., 1904.

———. *Life and Confessions of a Psychologist*. New York: Arno Press, 1977 [1923].

Hammond, Joyce D. "Telling a Tale: Margaret Mead's Photographic Portraits of Fa'amotu, a Samoan Tāupou." *Visual Anthropology* 16 (2003): 341-74.

Harper, Kenn. *Minik: The New York Eskimo*. Hanover, N.H.: Steerforth Press, 2017.

Harris, Marvin. *The Rise of Anthropological Theory: A History of Theories of Culture*. Updated ed. Walnut Creek, Calif.: AltaMira Press, 2001.

Hayashi, Brian Masaru. *Democratizing the Enemy: The Japanese American Internment*. Princeton: Princeton University Press, 2004.

Hays, Terrence E., ed. *Ethnographic Presents: Pioneering Anthropologists in the Papua New Guinea Highlands*. Berkeley: University of California Press, 1992.

Hemenway, Robert E. *Zora Neale Hurston: A Literary Biography*. Urbana: University of Illinois Press, 1977.

Hempenstall, Peter. *Truth's Fool: Derek Freeman and the War over Cultural Anthropology*. Madison: University of Wisconsin Press, 2017.

Herrnstein, Richard J., and Charles Murray. *The Bell Curve: Intelligence and Class Structure in American Life*. New York: Free Press, 1994.

Herskovits, Melville J. *The Anthropometry of the American Negro*. New York: Columbia University Press, 1930.

———. *Franz Boas: The Science of Man in the Making*. New York: Charles Scribner's Sons, 1953.

———. *Life in a Haitian Valley*. New York: Alfred A. Knopf, 1937.

———. *Man and His Works: The Science of Cultural Anthropology*. New York: Alfred A. Knopf, 1948.

———. *The Myth of the Negro Past*. Boston: Beacon Press, 1958 [1941].

———. "The Negro in the New World: The Statement of a Problem." *American Anthropologist* 32, no. 1 (1930): 145-55.

———. *The New World Negro*. Edited by Frances S. Herskovits. Bloomington: Indiana University Press, 1966.

Herskovits, Melville J., and Frances S. Herskovits. *Rebel Destiny: Among the Bush Negroes of Dutch Guiana*. New York: Whittlesey House, 1934.

Hermann, Elfriede, ed. *Changing Context, Shifting Meanings: Transformations of Cultural Traditions in Oceania*. Honolulu: University of Hawai'i Press, 2011.

Higham, John. *Strangers in the Land: Patterns of American Nativism, 1860-1925*. 2nd

ed. New York: Atheneum, 1975.
Hinsley, Curtis M. *The Smithsonian and the American Indian: Making a Moral Anthropology in Victorian America*. Washington, D.C.: Smithsonian Institution Press, 1981.
Hinsley, Curtis M., and Bill Holm. "A Cannibal in the National Museum: The Early Career of Franz Boas in America." *American Anthropologist* 78, no. 2 (June 1976): 306-16.
Hinsley, Curtis M., and David R. Wilcox, eds. *Coming of Age in Chicago: The 1893 World's Fair and the Coalescence of American Anthropology*. Lincoln: University of Nebraska Press, 2016.
Hitler, Adolf. *Mein Kampf*. Translated by Ralph Manheim. Boston: Houghton Mifflin, 1971.
Hobsbawm, E. J. *The Age of Revolution, 1789-1848*. Cleveland: World Publishing Co., 1962.
Holmes, W. H. "The World's Fair Congress of Anthropology." *American Anthropologist* 6, no. 4 (Oct. 1893): 423-24.
Howard, Jane. *Margaret Mead: A Life*. New York: Simon and Schuster, 1984.
Hrdlička, Aleš. "An Eskimo Brain." *American Anthropologist* 3, no. 3 (July-Sept. 1901): 454-500.
Hughes, Langston. *The Big Sea*. New York: Hill and Wang, 1993 [1940].
Huhndorf, Shair M. "Nanook and His Contemporaries: Imagining Eskimos in American Culture, 1897-1922." *Critical Inquiry* 27, no. 1 (2000): 122-48.
Hurston, Zora Neale. "Crazy for This Democracy." *Negro Digest* 4 (Dec. 1945): 45-48.
———. "Dance Songs and Tales from the Bahamas." *Journal of American Folklore* 43 (July-Sept. 1930): 294-312.
———. *Dust Tracks on a Road*. New York: Harper Perennial Modern Classics, 2006 [1942].
———. *Every Tongue Got to Confess: Negro Folk-Tales from the Gulf States*. New York: HarperCollins, 2001.
———. *Folklore, Memoirs, and Other Writings*. Edited by Cheryl A. Wall. New York: Library of America, 1995.
———. "Hoodoo in America." *Journal of American Folk-Lore* 44, no. 174 (Oct.-Dec. 1931): 317-417.
———. *Jonah's Gourd Vine*. New York: Harper Perennial Modern Classics, 2008 [1934].
———. *Moses, Man of the Mountain*. New York: Harper Perennial Modern Classics, 2009 [1939].
———. *Mules and Men*. New York: Harper Perennial Modern Classics, 2008 [1935].
———. "My Most Humiliating Jim Crow Experience." *Negro Digest* 2 (June 1944): 25-26.
———. "The 'Pet Negro' System." *American Mercury* 56 (Mar. 1943): 593-600.
———. *Seraph on the Sewanee*. New York: Harper Perennial Modern Classics, 2008 [1948].
———. *Tell My Horse: Voodoo and Life in Haiti and Jamaica*. New York: Harper Perennial Modern Classics, 2009 [1938].
———. *Their Eyes Were Watching God*. Harper Perennial Modern Classics, 2013 [1937].

Jacknis, Ira. "The First Boasian: Alfred Kroeber and Franz Boas, 1896-1905." *American Anthropologist* 104, no. 2 (June 2002): 520-32.

―――. "Margaret Mead and Gregory Bateson in Bali: Their Use of Photography and Film." *Cultural Anthropology* 3, no. 2 (May 1988): 160-77.

Janiewski, Dolores, and Lois W. Banner, eds. *Reading Benedict/Reading Mead: Feminism, Race, and Imperial Visions.* Baltimore: Johns Hopkins University Press, 2004.

Jefferson, Thomas. *Notes on the State of Virginia.* Richmond: J. W. Randolph, 1853 [1785].

Kaplan, Carla. *Miss Anne in Harlem: The White Women of the Black Renaissance.* New York: HarperCollins, 2013.

―――, ed. *Zora Neale Hurston: A Life in Letters.* New York: Doubleday, 2002.

Keller, Phyllis. *States of Belonging: German-American Intellectuals and the First World War.* Cambridge, Mass.: Harvard University Press, 1979.

Kendi, Ibram X. *Stamped from the Beginning: The Definitive History of Racist Ideas in America.* New York: Nation Books, 2016.

Kent, Pauline. "An Appendix to 'The Chrysanthemum and the Sword: A Bibliography'." *Japan Review* 6 (1995): 107-25.

―――. "Japanese Perceptions of 'The Chrysanthemum and the Sword'." *Dialectical Anthropology* 24, no. 2 (1999): 181-92.

―――. "Ruth Benedict's Original Wartime Study of the Japanese." *International Journal of Japanese Sociology* 3, no. 1 (1994): 81-97.

Kluchin, Rebecca M. *Fit to Be Tied: Sterilization and Reproductive Rights in America, 1950-1980.* New Brunswick: Rutgers University Press, 2009.

Kluckhohn, Clyde. *Ralph Linton, 1893-1953.* Washington, D.C.: National Academy of Sciences, 1958.

Kroeber, A. L. *Anthropology.* New York: Harcourt, Brace and Co., 1923.

―――. "Review of '*Patterns of Culture*'." *American Anthropologist* 37 (new ser.), no. 4, pt. 1 (Oct.-Dec. 1935): 689-90.

―――. "The Superorganic." *American Anthropologist* 19, no. 2 (Apr.-June 1917): 163-213.

―――. "Totem and Taboo: An Ethnologic Psychoanalysis." *American Anthropologist* 22, no. 1 (Jan.-Mar. 1920): 48-55.

Kroeber, A. L., Ruth Benedict, Murray B. Emeneau, Melville J. Herskovits, Gladys A. Reichard, and J. Alden Mason. *Franz Boas, 1858-1942.* Special issue of *American Anthropologist* 45, no. 3, pt. 2 (July-Sept. 1943).

Kroeber, A. L., and Clifton Kroeber, eds. *Ishi in Three Centuries.* Lincoln: University of Nebraska Press, 2003.

Kroeber, Theodora. *Ishi in Two Worlds.* Berkeley: University of California Press, 1961.

Kuechler, Manfred. "The NSDAP Vote in the Weimar Republic: An Assessment of the State-of-the-Art in View of Modern Electoral Research." *Historical Social Research/Historische Sozialforschung* 17, no. 1 (1992): 22-52.

Kühl, Stefan. *The Nazi Connection: Eugenics, American Racism, and German National*

Socialism. Oxford: Oxford University Press, 1994.
Kuklick, Henrika, ed. *A New History of Anthropology*. Oxford: Blackwell, 2008.
Laland, Kevin N. *Darwin's Unfinished Revolution*. Princeton: Princeton University Press, 2017.
Lapsley, Hilary. *Margaret Mead and Ruth Benedict: The Kinship of Women*. Amherst, Mass.: University of Massachusetts Press, 1999.
Laughlin, Harry H. *The Second International Exhibition of Eugenics*. Baltimore: Williams and Wilkins Co., 1923.
Lauriere, Christine. "Anthropology and Politics, the Beginnings: The Relations Between Franz Boas and Paul Rivet (1919-42)." *Histories of Anthropology Annual* 6 (2010): 225-52.
Leavitt, John. "The Shapes of Modernity: On the Philosophical Roots of Anthropological Doctrines." *Culture* 11, nos. 1-2 (1991): 29-42.
Leeds-Hurwitz, Wendy. *Rolling in Ditches with Shamans: Jaime de Angulo and the Professionalization of American Anthropology*. Lincoln: University of Nebraska Press, 2004.
Leighton, Alexander H. *The Governing of Men: General Principles and Recommendations Based on Experience at a Japanese Relocation Camp*. Princeton: Princeton University Press, 1945.
Leonard, Thomas C. *Illiberal Reformers: Race, Eugenics, and American Economics in the Progressive Era*. Princeton: Princeton University Press, 2016.
Lévi-Strauss, Claude. *Tristes Tropiques*. Translated by John and Doreen Weightman. New York: Penguin, 1992 [1955].
Lewis, Herbert S. "Boas, Darwin, Science, and Anthropology." *Current Anthropology* 42, no. 3 (June 2001): 381-406.
―――. "The Misrepresentation of Anthropology and Its Consequences." *American Anthropologist* 100, no. 3 (Sept. 1998): 716-31.
―――. "The Passion of Franz Boas." *American Anthropologist* 103, no. 2 (June 2001): 447-67.
Linton, Ralph. *The Study of Man: An Introduction*. New York: D. Appleton-Century Company, 1936.
Lipset, David. *Gregory Bateson: The Legacy of a Scientist*. Boston: Beacon Press, 1982.
―――. "Rereading 'Sex and Temperament': Margaret Mead's Sepik Triptych and Its Ethnographic Critics." *Anthropological Quarterly* 76, no. 4 (2003): 693-713.
Lombardo, Paul A. *Three Generations, No Imbeciles: Eugenics, the Supreme Court, and Buck v. Bell*. Baltimore: Johns Hopkins University Press, 2008.
Longerich, Peter. *Holocaust: The Nazi Persecution and Murder of the Jews*. Oxford: Oxford University Press, 2010.
Lovett, Laura L. *Conceiving the Future: Pronatalism, Reproduction, and the Family in the United States, 1890-1938*. Chapel Hill: University of North Carolina Press, 2007.

Lowie, Robert H. "American Contributions to Anthropology." *Science* 100, no. 2598 (Oct. 13, 1944): 321-27.

──. *Franz Boas, 1858-1942*. Washington, D.C.: National Academy of Sciences, 1947.

──. "Review of 'Coming of Age in Samoa'." *American Anthropologist* 31 (1929): 532-34.

Loyer, Emmanuelle. *Levi-Strauss*. Paris: Flammarion, 2015.

Luebke, Frederick C. *Bonds of Loyalty: German-Americans and World War I*. DeKalb: Northern Illinois University Press, 1974.

Lutkehaus, Nancy C. *Margaret Mead: The Making of an American Icon*. Princeton: Princeton University Press, 2008.

Lynd, Robert S., and Helen Merrell Lynd. *Middletown: A Study in Contemporary American Culture*. New York: Harcourt, Brace & Co., 1929.

Lyons, Andrew P., and Harriet D. Lyons. *Irregular Connections: A History of Anthropology and Sexuality*. Lincoln: University of Nebraska Press, 2004.

Madley, Benjamin. *An American Genocide: The United States and the California Indian Catastrophe, 1846-1873*. New Haven: Yale University Press, 2016.

Malinowski, Bronislaw. *Argonauts of the Western Pacific*. New York: Routledge, 2014 [1922].

Mandler, Peter. *Return from the Natives: How Margaret Mead Won the Second World War and Lost the Cold War*. New Haven: Yale University Press, 2013.

Martin, Susan F. *A Nation of Immigrants*. Cambridge: Cambridge University Press, 2011.

Mason, Otis T. "The Occurrence of Similar Inventions in Areas Widely Apart." *Science* 9, no. 226 (June 3, 1887): 534-35.

McCaughey, Robert A. *Stand, Columbia: A History of Columbia University in the City of New York, 1754-2004*. New York: Columbia University Press, 2003.

Mead, Margaret. *And Keep Your Powder Dry: An Anthropologist Looks at America*. New York: William Morrow, 1942.

──. *An Anthropologist at Work: Writings of Ruth Benedict*. Boston: Houghton Mifflin, 1959.

──. "An Anthropologist Looks at Our Marriage Laws." *Virginia Law Weekly Dicta* 2, no. 3 (Oct. 6, 1949): 1, 4.

──. "Are Children Savages?" *Mademoiselle*, July 1948, 33, 110-11.

──. *Blackberry Winter: My Earlier Years*. New York: Simon and Schuster, 1972.

──. "Broken Homes." *Nation* (Feb. 27, 1929): 253-55.

──. *The Changing Culture of an Indian Tribe*. New York: Columbia University Press, 1932.

──. *Coming of Age in Samoa: A Psychological Study of Primitive Youth for Western Civilization*. New York: Perennial Classics, 2001 [1928].

──. "An Ethnologist's Footnote to Totem and Taboo." *Psychoanalytic Review* 17, no. 3 (July 1930): 297-304.

――――. *Growing Up in New Guinea: A Comparative Study of Primitive Education*. New York: Perennial Classics, 2001 [1930].

――――. "Jealousy: Primitive and Civilised." In *Woman's Coming of Age*, edited by S. D. Schmalhausen and V. F. Calverton, 35-48. New York: Liveright, 1931.

――――. "A Lapse of Animism Among a Primitive People," *Psyche* 33 (July 1928): 72-77.

――――. *Letters from the Field, 1925-1975*. New York: Perennial, 2001 [1977].

――――. "Life as a Samoan Girl." in *All True! The Record of Actual Adventures That Have Happened to Ten Women of Today*. New York: Brewer, Warren, and Putnam, 1931.

――――. *Male and Female*. New York: Perennial, 2001 [1949].

――――. *The Maoris and Their Arts*. American Museum of Natural History Guide Leaflet Series, No. 71 (May 1928).

――――. "Melanesian Middlemen." *Natural History* 30, no. 3 (Mar.-Apr. 1930): 115-30.

――――. "The Methodology of Racial Testing: Its Significance for Sociology." *American Journal of Sociology* 31, no. 5 (Mar. 1926): 657-67.

――――. "More Comprehensive Field Methods." *American Anthropologist* 35, no. 1 (Jan.-Mar. 1933): 1-15.

――――. *The Mountain Arapesh*. 2 vols. New Brunswick: Transaction, 2002 [1938].

――――. "Must Marriage Be for Life?" *'47: The Magazine of the Year* 1, no. 9 (Nov. 1947): 28-31.

――――. "Review of *Patterns of Culture* by Ruth Benedict." *Nation*, Dec. 12, 1934, 686.

――――. *Sex and Temperament in Three Primitive Societies*. New York: Harper Perennial, 2001 [1935].

――――. "Social Change and Cultural Surrogates." *Journal of Educational Sociology* 14, no. 2 (Oct. 1940): 92-109.

――――. *Social Organization of Manua*. Honolulu: Bernice P. Bishop Museum, 1930.

――――, et al. "Culture and Personality." *American Journal of Sociology* 42, no. 1 (July 1936): 84-87.

Menand, Louis. *The Metaphysical Club: A Story of Ideas in America*. New York: Farrar, Straus and Giroux, 2001.

Meyer, Annie Nathan. *Barnard Beginnings*. Boston: Houghton Mifflin, 1935.

――――. *It's Been Fun: An Autobiography*. New York: Henry Schuman, 1951.

Meyerowitz, Joanne. "'How Common Culture Shapes the Separate Lives:' Sexuality, Race, and Mid-Twentieth-Century Social Constructionist Thought." *Journal of American History* 96, no. 4 (Mar. 2010): 1057-84.

Mikell, Gwendolyn. "When Horses Talk: Reflections on Zora Neale Hurston's Haitian Anthropology." *Phylon* 43, no. 3 (1982): 218-30.

Miller, Vivien M. L. *Crime, Sexual Violence, and Clemency: Florida's Pardon Board and Penal System in the Progressive Era*. Gainesville: University Press of Florida, 2000.

Millman, Chad. *The Detonators: The Secret Plot to Destroy America and an Epic Hunt for*

Justice. New York: Little, Brown, 2006.

Molloy, Maureen A. *On Creating a Usable Culture: Margaret Mead and the Emergence of American Cosmopolitanism*. Honolulu: University of Hawai'i Press, 2008.

Morgan, Lewis Henry. *Ancient Society; or, Researches in the Lines of Human Progress from Savagery Through Barbarism to Civilization*. Cleveland: World Publishing Co., 1963 [1877].

———. *League of the Ho-dé'-no-sau-nee or Iroquois*. 2 vols. New ed. New York: Burt Franklin, 1966 [1851].

Mormino, Gary R. *Land of Sunshine, State of Dreams: A Social History of Modern Florida*. Gainesville: University Press of Florida, 2005.

Morris, Aldon D. *The Scholar Denied: W. E. B. Du Bois and the Birth of Modern Sociology*. Berkeley: University of California Press, 2015.

Mukherjee, Siddhartha. *The Gene: An Intimate History*. New York: Scribner, 2016.

Müller-Wille, Ludger. *The Franz Boas Enigma: Inuit, Arctic, and Sciences*. Montreal: Baraka Books, 2014.

———, ed. *Franz Boas Among the Inuit of Baffin Island, 1883-1884: Journals and Letters*. Translated by William Barr. Toronto: University of Toronto Press, 1998.

Murray, Stephen O. *American Anthropology and Company: Historical Explorations*. Lincoln: University of Nebraska Press, 2013.

Nadel, Stanley. *Little Germany: Ethnicity, Religion, and Class in New York City, 1845-1880*. Urbana: University of Illinois Press, 1990.

Newkirk, Pamela. *Spectacle: The Astonishing Life of Ota Benga*. New York: Amistad, 2015.

Nott, Josiah Clark, and George R. Gliddon, eds. *Types of Mankind: Ethnological Researches Based Upon the Ancient Monuments, Paintings, Sculptures, and Crania of Races, and Upon Their Natural, Geographical, Philological, and Biblical History*. 4th ed. Philadelphia: Lippincott, Grambo, 1854.

Ortiz, Paul. *Emancipation Betrayed: The Hidden History of Black Organizing and White Violence in Florida from Reconstruction to the Bloody Election of 1920*. Berkeley: University of California Press, 2005.

Painter, Nell Irvin. *The History of White People*. New York: W. W. Norton, 2010.

Paris, Leslie. *Children's Nature: The Rise of the American Summer Camp*. New York: New York University Press, 2008.

Parsons, Elsie Clews. *Fear and Conventionality*. New York: G. P. Putnam's Sons, 1914.

———. *Social Freedom: A Study of the Conflicts Between Social Classifications and Personality*. New York: G. P. Putnam's Sons, 1915.

Paxson, Margaret. *Solovyovo: The Story of Memory in a Russian Village*. Bloomington: Indiana University Press, 2005.

Powell, John Wesley. *The Exploration of the Colorado River*. Garden City, NY: Anchor Books, 1961 [1875].

———. "From Barbarism to Civilization." *American Anthropologist* 1, no. 2 (Apr. 1888):

97–123.

———. "Museums of Ethnography and Their Classification." *Science* 9, no. 229 (June 24, 1887): 612–14.

Prahlad, Sw. Anand. "Africana Folklore: History and Challenges." *Journal of American Folklore* 118, no. 469 (2005): 253–70.

Price, David H. *Anthropological Intelligence: The Deployment and Neglect of American Anthropology in the Second World War*. Durham, N.C.: Duke University Press, 2008.

———. "Anthropologists as Spies." *Nation* (Nov. 2, 2000): Online.

———. *Cold War Anthropology: The CIA, the Pentagon, and the Growth of Dual Use Anthropology*. Durham, N.C.: Duke University Press, 2016.

———. *Threatening Anthropology: McCarthyism and the FBI's Surveillance of Activist Anthropologists*. Durham, N.C.: Duke University Press, 2004.

Ramsey, Kate. *The Spirits and the Law: Vodou and Power in Haiti*. Chicago: University of Chicago Press, 2011.

Rapport, Mike. *1848: Year of Revolution*. New York: Basic Books, 2008.

Redman, Samuel J. *Bone Rooms: From Scientific Racism to Human Prehistory in Museums*. Cambridge, Mass.: Harvard University Press, 2016.

Reilly, Philip R. *The Surgical Solution: A History of Involuntary Sterilization in the United States*. Baltimore: Johns Hopkins University Press, 1991.

Renda, Mary A. *Taking Haiti: Military Occupation and the Culture of U.S. Imperialism, 1915–1940*. Chapel Hill: University of North Carolina Press, 2001.

Reports of the Immigration Commission: Abstracts of Reports of the Immigration Commission, 2 vols. Washington, D.C.: U.S. Government Printing Office, 1911.

Reports of the Immigration Commission: Changes in Bodily Form of Descendants of Immigrants. Washington, D.C.: U.S. Government Printing Office, 1911.

Reports of the Immigration Commission: Dictionary of Races or Peoples. Washington, D.C.: U.S. Government Printing Office, 1911.

Ripley, William Z. *The Races of Europe: A Sociological Study*. New York: D. Appleton & Co., 1899.

———. *A Selected Bibliography of the Anthropology and Ethnology of Europe*. New York: D. Appleton & Co., 1899.

Rivet, Paul. "Franz Boas." *Renaissance* 1, no. 2 (1943): 313–14.

———. "Tribute to Franz Boas." *International Journal of American Linguistics* 24, no. 4 (1958): 251–52.

Rohner, Ronald P., ed. *The Ethnography of Franz Boas: Letters and Diaries of Franz Boas Written on the Northwest Coast from 1886 to 1931*. Chicago: University of Chicago Press, 1969.

Roscoe, Paul. "Margaret Mead, Reo Fortune, and Mountain Arapesh Warfare." *American Anthropologist* 105, no. 3 (Sept. 2003): 581–91.

Rosenberg, Rosalind. *Changing the Subject: How the Women of Columbia Shaped the Way We Think About Sex and Politics*. New York: Columbia University Press, 2004.

Rosenthal, Michael. *Nicholas Miraculous: The Amazing Career of the Redoubtable Dr. Nicholas Murray Butler*. New York: Columbia University Press, 2015.

Ross, Dorothy. *G. Stanley Hall: The Psychologist as Prophet*. Chicago: University of Chicago Press, 1972.

Ryback, Timothy W. *Hitler's Private Library: The Books That Shaped His Life*. New York: Alfred A. Knopf, 2008.

Sackman, Douglas Cazaux. *Wild Men: Ishi and Kroeber in the Wilderness of Modern America*. Oxford: Oxford University Press, 2010.

Sanger, Margaret. *The Pivot of Civilization*. New York: Brentano's, 1922.

Sapir, Edward. "Culture, Genuine and Spurious." *American Journal of Sociology* 29, no. 4 (Jan. 1924): 401–29.

——. *Culture, Language, and Personality: Selected Essays*. Edited by David G. Mandelbaum. Berkeley: University of California Press, 1949.

——. "Do We Need a 'Superorganic'?" *American Anthropologist* 19, no. 3 (July–Sept. 1917): 441–47.

——. "Franz Boas." *New Republic*, Jan. 23, 1929, 278–79.

——. *Language: An Introduction to the Study of Speech*. New York: Harcourt, Brace & Co., 1921.

——. "Observations on the Sex Problem in America." *American Journal of Psychiatry* 85, no. 3 (1928): 519–34.

——. *Time Perspective in Aboriginal American Culture: A Study in Method*. Canada Department of Mines, Geological Survey Memoir no. 90. Ottawa: Government Printing Bureau, 1916.

——. "Why Cultural Anthropology Needs the Psychiatrist." *Psychiatry* 64, no. 1 (2001) [1938]: 2–10.

Sargeant, Winthrop. "It's All Anthropology." *New Yorker*, Dec. 30, 1961.

Sargent, Porter. *A Handbook of Summer Camps*. 12th ed. Boston: Porter Sargent, 1935.

Schmalhausen, Samuel D., and V. F. Calverton, eds. *Woman's Coming of Age: A Symposium*. New York: Horace Liveright, 1931.

Schmerler, Gil. *Henrietta Schmerler and the Murder That Put Anthropology on Trial*. Eugene, Ore.: Scrivana Press, 2017.

Seabrook, W. B. *The Magic Island*. New York: Literary Guild of America, 1929.

Sellers, Sean, and Greg Asbed. "The History and Evolution of Forced Labor in Florida Agriculture." *Race/Ethnicity: Multidisciplinary Global Contexts* 5, no. 1 (Autumn 2011), 29–49.

Seltzer, William, and Margo Anderson. "After Pearl Harbor: The Proper Role of Population Data Systems in Time of War." Unpublished paper, 2000, https://margoanderson.org/govstat/newpaa.pdf.

Settle, Dionyse. *Last Voyage into the West and Northwest Regions*. New York: Da Capo Press, 1969 [1577].

Shankman, Paul. "The 'Fateful Hoaxing' of Margaret Mead." *Current Anthropology* 54, no. 1 (Feb. 2013): 51-70.

―――. *The Trashing of Margaret Mead: Anatomy of an Anthropological Controversy*. Madison: University of Wisconsin Press, 2009.

Simpson, George Eaton. *Melville J. Herskovits*. New York: Columbia University Press, 1973.

Sinclair, Upton. *The Goose-Step: A Study of American Education*. Pasadena, Calif.: Published by the author, 1923.

Singer, Audrey. "Contemporary Immigrant Gateways in Historical Perspective." *Daedalus* (Summer 2013): 76-91.

Smith, J. David. *Minds Made Feeble: The Myth and Legacy of the Kallikaks*. Rockville, Md.: Aspen Systems Corp., 1985.

Sparks, Corey S., and Richard L. Jantz. "A Reassessment of Human Cranial Plasticity: Boas Revisited." *Proceedings of the Natural Academy of Sciences* 99, no. 23 (Nov. 2002): 14636-39.

―――. "Changing Times, Changing Faces: Franz Boas' Immigrant Study in Modern Perspective." *American Anthropologist* 105, no. 2 (June 2003): 333-37.

Spicer, Edward H. "The Use of Social Scientists by the War Relocation Authority." *Applied Anthropology* 5, no. 2 (Spring 1946): 16-36.

Spiller, G., ed. *Papers on Inter-Racial Problems Communicated to the First Universal Races Congress*. London: P. S. King & Son, 1911.

Spindel, Carol. *Dancing at Halftime: Sports and the Controversy over American Indian Mascots*. New York: NYU Press, 2000.

Spiro, Jonathan Peter. *Defending the Master Race: Conservation, Eugenics, and the Legacy of Madison Grant*. Burlington: University of Vermont Press, 2009.

Starn, Orin. "Engineering Internment: Anthropologists and the War Relocation Authority." *American Ethnologist* 13, no. 4 (Nov. 1986): 700-720.

―――. *Ishi's Brain: In Search of America's Last "Wild" Indian*. New York: W. W. Norton, 2004.

Stern, Alexandra Minna. *Eugenic Nation: Faults and Frontiers of Better Breeding in America*. Berkeley: University of California Press, 2005.

Stern, Fritz. *Five Germanys I Have Known*. New York: Farrar, Straus and Giroux, 2006.

Steward, Julian H. *Alfred Kroeber*. New York: Columbia University Press, 1973.

Stewart, Jeffrey C. *The New Negro: The Life of Alain Locke*. Oxford, U.K.: Oxford University Press, 2018.

Stocking, George W., Jr., ed. *American Anthropology, 1921-1945*. Lincoln: University of Nebraska Press, 1976.

―――, ed. *Bones, Bodies, Behavior: Essays on Biological Anthropology*. Madison: University of Wisconsin Press, 1988.

―――. *The Ethnographer's Magic and Other Essays in the History of Anthropology*. Madison: University of Wisconsin Press, 1992.

―――, ed. *Functionalism Historicized: Essays on British Social Anthropology*. Madison: University of Wisconsin Press, 1984.

―――, ed. *Malinowski, Rivers, Benedict, and Others: Essays on Culture and Personality*. Madison: University of Wisconsin Press, 1986.

―――, ed. *Observers Observed: Essays on Ethnographic Fieldwork*. Madison: University of Wisconsin Press, 1983.

―――, ed. *Romantic Motives: Essays on Anthropological Sensibility*. Madison: University of Wisconsin Press, 1989.

―――, ed. *The Shaping of American Anthropology, 1883-1911: A Franz Boas Reader*. New York: Basic Books, 1974.

―――, ed. *Volksgeist as Method and Ethic: Essays on Boasian Ethnography and the German Anthropological Tradition*. Madison: University of Wisconsin Press, 1996.

Sussman, Robert Wald. *The Myth of Race: The Troubling Persistence of an Unscientific Idea*. Cambridge, Mass.: Harvard University Press, 2014.

Suzuki, Peter T. "Anthropologists in Wartime Camps for Japanese Americans: A Documentary Study." *Dialectical Anthropology* 6, no. 1 (1981): 23-60.

―――. "Overlooked Aspects of 'The Chrysanthemum and the Sword'." *Dialectical Anthropology* 24, no. 2 (1999): 217-32.

―――. "Ruth Benedict, Robert Hashima, and 'The Chrysanthemum and the Sword'." *Research: Contributions to Interdisciplinary Anthropology* 3 (1985): 55-69.

Taylor, C. J. "First International Polar Year, 1882-83." *Arctic* 34, no. 4 (Dec. 1981): 370-76.

Taylor, Yuval. *Zora and Langston: A Story of Friendship and Betrayal*. New York: W. W. Norton, 2019.

Tcherkézoff, Serge. "A Long and Unfortunate Voyage Towards the 'Invention' of the Melanesia/Polynesia Distinction, 1595-1832." *Journal of Pacific History* 38, no. 2 (Sept. 2003): 175-96.

Teslow, Tracy. *Constructing Race: The Science of Bodies and Cultures in American Anthropology*. Cambridge, U.K.: Cambridge University Press, 2014.

Thomas, Caroline. "Rediscovering Reo: Reflections on the Life and Anthropological Career of Reo Franklin Fortune." *Pacific Studies* 32, nos. 2-3 (June-Sept. 2009): 299-324.

Toulmin, Stephen. "The Evolution of Margaret Mead." *New York Review of Books*, Dec. 6, 1984.

Tozzer, Alfred M. *Biographical Memoir of Frederic Ward Putnam, 1839-1915*. Washington, D.C.: National Academy of Sciences, 1935.

Tylor, Edward Burnett. *Anthropology*. New York: D. Appleton & Co., 1920 [1881].

―――. *Primitive Culture: Researches into the Development of Mythology, Philosophy, Religion, Language, Art and Custom*. 3rd American ed. 2 vols. New York: H. Holt, 1883 [1871].

United States Department of War. *Final Report: Japanese Evacuation from the West Coast, 1942*. New York: Arno Press, 1978 [1943].

Valentine, Lisa Philips, and Regna Darnell, eds. *Theorizing the Americanist Tradition*. Toronto: University of Toronto Press, 1999.

Van Slyck, Abigail A. *A Manufactured Wilderness: Summer Camps and the Shaping of American Youth, 1890-1960*. Minneapolis: University of Minnesota Press, 2006.

Vaughan, Alden T. *Transatlantic Encounters: American Indians in Britain, 1500-1776*. Cambridge, U.K.: Cambridge University Press, 2006.

Vermeulen, Han F. *Before Boas: The Genesis of Ethnography and Ethnology in the German Enlightenment*. Lincoln: University of Nebraska Press, 2015.

Walker, Alice. "In Search of Zora Neale Hurston." *Ms. Magazine*, Mar. 1975, 74-89.

Walker, James R. *Lakota Belief and Ritual*. Edited by Raymond J. DeMallie and Elaine A. Jahner. Lincoln: University of Nebraska Press, 1980.

———. *Lakota Myth*. Edited by Elaine A. Jahner. New ed. Lincoln: University of Nebraska Press, 1983.

———. *Lakota Society*. Edited by Raymond J. DeMallie. Lincoln: University of Nebraska Press, 1982.

———. *The Sun Dance and Other Ceremonies of the Oglala Division of the Teton Dakota*. New York: American Museum of Natural History, 1917.

Washburn, Wilcomb E. *The Cosmos Club of Washington: A Centennial History, 1878-1978*. Washington, D.C.: Cosmos Club, 1978.

Weiss-Wendt, Anton, and Rory Yeomans, eds. *Racial Science in Hitler's New Europe, 1938-1945*. Lincoln: University of Nebraska Press, 2013.

Weitz, Eric D. *Weimar Germany: Promise and Tragedy*. New ed. Princeton: Princeton University Press, 2013.

Westbrook, Laurel, and Aliya Saperstein. "New Categories Are Not Enough: Rethinking the Measurement of Sex and Gender in Social Surveys." *Gender and Society* 29, no. 4 (2015): 534-60.

White, Leslie A. "The Ethnography and Ethnology of Franz Boas." *Bulletin of the Texas Memorial Museum* 6 (Apr. 1963): 1-76.

White, Marian Churchill. *A History of Barnard College*. New York: Columbia University Press, 1954.

White, Richard. *The Republic for Which It Stands: The United States During Reconstruction and the Gilded Age, 1865-1896*. Oxford, U.K.: Oxford University Press, 2017.

Whitman, James Q. *Hitler's American Model: The United States and the Making of Nazi Race Law*. Princeton: Princeton University Press, 2017.

Winkler, Allan M. *The Politics of Propaganda: The Office of War Information, 1942-1945*. New Haven: Yale University Press, 1978.

Woodbury, Richard B., and Nathalie F. S. Woodbury. "The Rise and Fall of the Bureau of American Ethnology." *Journal of the Southwest* 41, no. 3 (Autumn 1999): 283-96.

Woodson, Carter G. *The African Background Outlined*. Washington, D.C.: Association for the Study of Negro Life and History, 1936.

Wulf, Andrea. *The Invention of Nature: Alexander von Humboldt's New World*. New York: Knopf, 2015.

Young, Michael W. *Malinowski: Odyssey of an Anthropologist, 1884-1920*. New Haven: Yale University Press, 2004.

Young, Virginia Heyer. *Ruth Benedict: Beyond Relativity, Beyond Pattern*. Lincoln: University of Nebraska Press, 2005.

Yudell, Michael, et al. "Taking Race Out of Human Genetics." *Science* 351, no. 6273 (Feb. 5, 2016): 564-65.

Zeidel, Robert F. *Immigrants, Progressives, and Exclusion Politics: The Dillingham Commission, 1900-1927*. DeKalb: Northern Illinois University Press, 2004.

Zumwalt, Rosemary Lévy. *Wealth and Rebellion: Elsie Clews Parsons, Anthropologist and Folklorist*. Urbana: University of Illinois Press, 1992.

Zumwalt, Rosemary Lévy, and William Shedrick Willis. *Franz Boas and W. E. B. Du Bois at Atlanta University, 1906*. Philadelphia: American Philosophical Society, 2008.

| 찾아보기 |

인명

ㄱ~ㄷ
갤럽, 조지 451
고더드, 헨리 252~256, 259, 262, 268, 444
고러, 제프리 459
고비노, 아르튀르 드 128, 132
골든와이저, 알렉산더 141, 178
골턴, 프랜시스 99, 100, 134, 140
그랜트, 매디슨 129~140, 143, 145, 163~166, 168, 169, 172, 202, 258, 259, 297, 298, 333, 442
기어츠, 클리퍼드 491
길더슬리브, 버지니아 173, 280
노트, 조시아 125, 128, 132
다윈, 찰스 70, 73, 99, 125, 126, 425
대븐포트, 찰스 B. 255, 256, 259, 262
더글러스, 프레더릭 402
델로리아, 엘라 캐러 23, 338~354, 399, 480, 492
도시, 제임스 오언 327~330, 340, 343, 344
둠, 레너드 458
뒤르빌, 뒤몽 215
듀보이스, W. E. B. 156, 157, 278, 283, 298, 407
딜링엄, 윌리엄 P. 143

ㄹ
라 플레시, 프랜시스 340
라딘, 폴 141
라이카드, 글래디스 179, 273, 285, 349
래드클리프브라운, 앨프리드 246, 358
레비브륄, 뤼시앵 264
레비스트로스, 클로드 454
레이턴, 알렉산더 466, 467
레치우스, 안데르스 100
로위, 로버트 141, 178, 359, 478
로지, 헨리 캐벗 143
로크, 앨런 278, 280, 283, 295, 428, 429, 483
루스벨트, 시어도어 11, 114, 130, 134
리베, 폴 454
리플리, 윌리엄 Z. 132~134, 136, 140
린네, 칼 121, 125
린턴, 랠프 174, 436, 437, 456, 478

ㅁ
마르크스, 카를 70, 439
마스터스, 윌리엄 H. 486
마이어, 애니 네이선 172, 173, 279, 280, 285
말리노프스키, 브로니슬라브 214~218, 221, 227, 244, 328, 356, 357
메이슨, 샬럿 오스굿 295, 305, 306
메이슨, 오티스 터프턴 83~86, 98, 107, 110, 272, 332
멘델, 그레고어 요한 251, 367
모건, 루이스 헨리 67~70, 73, 74, 83, 88, 99, 215, 328, 333, 335, 359
모턴, 새뮤얼 125, 126, 128
뮈르달, 군나르 486

ㅂ
바너드, 프레더릭 173
바스티안, 아돌프 75
바이케, 빌헬름 41, 44, 45, 48, 49, 52, 53, 60, 171
버틀러, 니콜러스 머리 140, 141, 162, 170, 171, 173, 340, 437
벅, 캐리 257, 261, 268, 491
번젤, 루스 182, 349
베네딕트, 스탠리 176, 184, 185, 195, 381, 448

베르티용, 알퐁스 101
베이트슨, 그레고리 366~382, 386~390, 395,
399, 424~427, 444, 449~452, 458, 479,
483, 484
베이트슨, 메리 캐서린 449, 452, 488
베이트슨, 윌리엄 251, 367
벨, 알렉산더 그레이엄 256, 257
벨로, 제인 430, 481
보아스, 마리 크라코비처 50~54, 61, 75, 76,
81, 87, 89, 95~97, 103, 112, 114, 141, 316,
356
보아스, 마이어 32, 40, 41, 54, 61, 438
보아스, 에른스트 97, 169~171
보아스, 조피 32, 54, 61, 64, 438
볼드윈, 제임스 481
브로카, 폴 100
브린턴, 대니얼 123
블루멘바흐, 요한 121, 122, 124, 126, 129, 157
블룸, 앨런 488~491
비네, 알프레드 254
비스마르크, 오토 폰 31

ㅅ
사피어, 에드워드 141, 199, 201~212, 224,
225, 232, 244, 263, 269, 316, 322~324,
328~333, 348, 357, 359, 361, 374, 385, 386,
399, 448, 449, 452, 483
생 레제, 디외 도네즈 404, 410
생어, 마거릿 259
슈머러, 헨리에타 362
스미스슨, 제임스 56
스토더드, 로스럽 137, 138, 174
스토프스, 마리 259
스펜서, 허버트 73
시브룩, 윌리엄 410~412, 414

ㅇ
아가시, 루이 97, 125, 126, 128, 132
아리스토텔레스 64
암몬, 오토 132
야코비, 아브라함 44, 61, 75, 77, 115
엠브리, 존 459, 467
엥겔스, 프리드리히 70
오즈번, 프레더릭 444

오즈번, 헨리 페어필드 165, 166, 442
우드슨, 카터 G. 302, 402, 407
울버튼, 에마 252, 253, 261
워싱턴, 부커 T. 142, 298
워커, 앨리스 481~483
워커, 제임스 R. 343~346, 352
위터먼, 토머스 324
윌컷, 찰스 165
웰트피시, 진 456
윌슨, 우드로 159, 162, 163, 165, 277
융, 카를 263

ㅈ~ㅊ
제섭, 모리스 K. 112, 114, 116, 165
제임스, 윌리엄 263
제퍼슨, 토머스 124
존슨, 버지니아 E. 486
존슨, 제임스 웰던 402, 428
챈들러 해리스, 조엘 300
체임벌린, A. F. 96

ㅋ~ㅌ
칸트, 이마누엘 36, 37, 39, 126
캐럴, 루이스 82
커티스, 에드워드 334
컬런, 카운티 280, 282
코넬, 에즈라 94
쿠싱, 프랭크 해밀턴 182
쿡, 제임스 213
크로버, 앨프리드 141, 178, 180, 244, 264,
297, 318, 322, 323, 356, 359, 387, 452
크리거, 하인리히 442
클라크, 조너스 길먼 94, 96
킨제이, 앨프리드 486
타일러, 에드워드 버넷 64, 65
터너, 로렌조 다우 278, 302
톰스, 윌리엄 298

ㅍ
파머, A. 미첼 165
파슨스, 엘시 클루스 176~178, 181~183,
285, 299, 343, 401, 437
파아모투 226, 232
파월, 존 웨슬리 57~60, 65~67, 70~74,

556 문화의 수수께끼를 풀다

82~84, 88, 98, 99, 107, 110, 115, 116, 122, 260, 272, 274, 299, 327, 332, 359
파일, 어니 460
퍼시, 리로이 143, 157
퍼트넘, 프레더릭 워드 97, 98, 102~105, 109, 112, 114, 125, 272
펀터, 퍼시벌 맥과이어 419, 420
포천, 리오 230, 232~234, 245~250, 257, 264, 268, 270, 272, 314, 326, 328, 347, 356, 358, 362~382, 386~391, 395, 399, 423, 424, 426, 483, 484
프레이저, 제임스 G. 65, 66
프로이트, 지크문트 23, 263, 264, 266
프롬, 에리히 451
프리던, 베티 487
피르호, 루돌프 75
피아제, 장 264
피어리, 로버트 317, 319, 322
피츠제럴드, F. 스콧 138

ㅎ
하시마, 로버트 세이도 464~469, 474
허스코비츠, 멜빌 179, 273, 286, 302, 303, 310, 324, 399, 402, 404~408, 415, 418
허스트, 패니 282, 398
헤르더, 요한 고트프리트 37, 205
헤스, 루돌프 443
호지스, 너새니얼 D. C. 81
호프먼, 프레더릭 L. 132
홀, 그랜빌 스탠리 92~96, 103, 200, 253, 263, 334~336, 360
홈스 주니어, 올리버 웬들 257
훔볼트, 알렉산더 폰 31, 37, 52
휴스, 랭스턴 280~284, 286, 294, 296, 306, 428, 429, 432, 483
흐르들리치카, 알레시 123, 319
히틀러, 아돌프 23, 169, 426, 438, 440~442, 453, 476
힌덴부르크, 파울 폰 438

용어

1848년 혁명 31, 44, 75, 159
KKK단 278, 290, 440, 441,

ㄱ~ㄴ
《가족, 사유 재산, 국가의 기원》(엥겔스) 70
게슈탈트 383
《고대 사회》(모건) 69, 70
과학적 인종주의 128, 325, 453, 491
국수주의 14, 476
《국화와 칼》(베네딕트) 468, 469, 472, 473, 478, 479
귀납적 방법 86
《그들의 눈은 신을 보고 있었다》(허스턴) 419, 421, 422, 428
《길 위의 먼지 자국》(허스턴) 433
나바호족 60, 179, 181
《나의 투쟁》(히틀러) 169, 441
나치즘 438, 439
《내 말에게 전하라》(허스턴) 427, 429
《네이븐》(베이트슨) 450

《노새와 인간》(허스턴) 307, 309~311, 354, 398, 429
노예제 127, 288, 290, 303, 407
뉘른베르크법 443, 444, 447
《뉴 니그로》(로크) 281, 283
《뉴기니에서의 성장》(미드) 368

ㄷ~ㄹ
《다코타 문법》(보아스, 델로리아) 353, 480
다코타족 342, 344, 350, 352, 353
(흑인) 대이주 277
도부족 270, 362, 382, 384
독일 계몽주의 36
동성애 16, 184, 247, 357, 388, 440, 486
《두려움과 관습》(파슨스) 177
두지수 100, 101, 116, 134, 195, 254
딜링엄위원회 145, 147, 156~159, 167

ㅁ
《마법의 섬》(시브룩) 410, 411

찾아보기 557

《만일에 대비하라》(미드) 452
멜라네시아 214, 215, 245, 246, 247, 250, 363, 381
《모세, 산의 사람》(허스턴) 429
〈모아나〉 238, 412
문두구모르족 365, 366, 370, 374, 391, 393,
문화 상대주의(문화적 상대성) 20, 386, 387, 447, 489, 491, 493
《문화의 패턴》(베네딕트) 386, 387, 390, 462, 479
문화인류학자 20
물라토 15, 106, 444
《미국 정신의 종말》(블룸) 489
미국민족학국 71, 142, 145, 165, 340, 343, 348
미국산아제한연맹 259
미국우생학회 256, 444
《미국의 딜레마》(뮈르달) 486
《미국의 아들》(라이트) 432
〈미국의 인류학자〉 98, 115, 116, 118, 448
《미국의 인류학자》(허스코비치) 303
미국인류학회 116, 165, 478
미국자연사박물관 16, 112, 113, 115, 147, 165, 234, 317, 319, 325, 343, 442, 484, 488,
《미들타운》(린드) 360,
미슐링 443, 444
민속학 23, 229, 298, 300, 310, 399
민족지학 235, 236, 288, 291, 382, 492, 453, 478, 483
민족학 65, 73, 81~85, 87, 97, 102, 103, 104, 128, 140, 141, 199, 206, 214, 217, 227, 228, 319,
민족학국 59, 60, 66, 67, 70, 74, 89, 98, 116, 164, 165, 182, 327, 328

ㅂ
반유대주의 32
벅 대 벨 사건 257, 261
베르슈 183, 184
베스트팔렌 평화조약 30
벨라 쿨라(누할크족) 77, 79, 85
부두(교) 404, 405, 406, 409, 410, 412, 416, 418, 421, 427
〈북극의 나누크〉 238, 412

《북미 인디언》(커티스) 334

ㅅ
《사모아의 청소년》(미드) 236, 237, 238, 243, 245, 268, 307, 343, 354, 357
〈사이언스〉 81, 82~88, 93, 117
사회인류학 246
《새로운 이슬람 세계》(스토더드) 138
《서부의 콜로라도강과 그 지류 탐험》(파월) 58
《서태평양의 항해자들》(말리노프스키) 217, 218
《세 부족 사회의 성과 기질》(미드) 391, 395, 396, 398, 424
소리맹 107, 108, 268
스미스소니언박물관 82, 105, 112, 113, 123, 320, 322, 325, 384, 458
스미스소니언협회 56, 58, 59, 60, 83, 165, 182
에무
《스에무라》(엠브리) 459
스톤월 항쟁 18
시카고만국박람회 97, 98, 110~114, 120, 144, 147, 270, 317, 321, 334,
식민주의 16, 421, 494
신경증 184, 263, 264, 266, 267
《심리학의 원리》(제임스) 263

ㅇ
아라페시족 363~368, 374, 391, 393
아리아인 66, 438, 440, 442, 443
〈아메리카 민속학 저널〉 300, 345, 356
《아메리카 인디언 언어 안내서》(보아스) 142, 156, 165, 203
아파치족 333, 362
《아프리카 배경 개요》(우드슨) 302
야히족 322, 323
《어느 아이티 계곡의 삶》(허스코비츠) 405, 406, 408
《엉클 리머스》(해리스) 300, 301
《여성의 신비》(프리단) 487
연역적 추론 87, 149
오네이다 공동체 68
《오마하 사회학》(도시) 328, 329
오마하족 326~329, 333, 340, 344, 346, 347, 350, 356

558 문화의 수수께끼를 풀다

'오자와 대 미국' 재판 168
오코이 사건 288, 290, 292,
《오퍼튜니티》 279, 428
옥토룬 15
옹포르 405, 409
《요나의 박 넝쿨》(허스턴) 306, 429
우생학 102, 133, 134, 135, 137, 254, 257, 273, 443, 476, 494,
우생학기록보관소 255, 256, 258, 442,
우생학적 불임 수술 258
《원시인의 정신》(보아스) 147, 150, 151, 156, 164, 177, 297, 446
《위대한 인종의 종말》(그랜트) 133, 134, 137, 139, 163, 166, 168, 169, 442
《유럽의 인종들》(리플리) 133
《유색인의 부상》(스토더드) 137
유전학 251, 367, 492
이누이트족 40, 42~52, 81, 151, 317, 318, 319, 325
이로쿼이 연맹 68, 69, 74
이로쿼이족 326, 333
이아트물족 426, 427, 450
《인간 연구》(린턴) 437
《인간의 유래》(다윈) 70, 125,
《인간의 유형》(교재) 123, 128
인구조사국 443, 444, 463
인디언 세출법 66
인류 다원론 125, 126
인류 일원론 124
《인류학과 현대 생활》(보아스) 250, 260, 359
인종 과학 127, 129, 325, 494
인종 분리 127, 273, 337, 440, 4489
《인종: 과학과 정치》(베네딕트) 449
《인종 불평등론》(고비노) 128
인종주의 164, 441, 453, 454
인체측정학 99~103, 105, 106, 123, 132, 134, 140, 148, 150, 170, 173, 195, 285, 286,
일부일처제 240, 372

ㅈ~ㅊ
전쟁재배치국 463, 464, 466,
전쟁정보국 457, 458, 459, 460, 462, 467, 468
존슨-리드법 167, 168
좀비 411~415, 418, 422, 427, 431, 446

종교적 히스테리 303
《종의 기원》(다윈) 73, 125
주니족 60, 181~184, 208, 211, 349, 356, 381, 384
지능 검사 250, 252, 254
지능 지수 254
짐 크로 법 127, 277, 421, 477, 491
짐 크로 시대 18, 276, 289
참불리족 370, 371, 374, 376, 391, 394, 426,
청소년기 12, 200, 206, 237, 241, 244, 269
《청소년기》(홀) 334
체질인류학 123, 141, 273, 318,

ㅋ~ㅌ
《칼리카크 가족》(고다드) 253, 444
캐리 벅 판결 257
코카서스인 121, 122, 139
콰키우틀족 78, 105, 108, 109, 110, 112, 113, 164, 293, 320, 321, 384, 447
쿤스트캄머 82
쿼드룬 15, 444
크리올어 302, 403
《큰 바다》(휴스) 432
《토템과 터부》(프로이트) 263, 264

ㅍ~ㅎ
패싱 현상 400
폴리네시아 198, 199, 201, 211, 212, 213, 215, 219, 230, 235, 236, 239
푸에블로족 326, 382, 384
할렘 르네상스 23, 275, 281, 284, 295, 298, 305, 432, 483
《호데노소니 또는 이로쿼이 연맹》(모건) 69
〈화이트 좀비〉 412
《황금 가지》(프레이저) 66
황홀경 184, 193, 425, 430, 431
후두(hoodoo) 309, 326, 416
후생 유전학 492
흑인성(balckness) 281, 283, 293, 311
《흑인의 과거에 관한 잘못된 믿음》(허스코비츠) 407

문희경

서강대학교 사학과를 졸업하고 가톨릭대학교 대학원에서 심리학을 전공했다. 전문 번역가로 활동하며 심리학을 비롯한 인문학, 소설, 에세이 등 다양한 분야의 책을 소개하고 있다. 옮긴 책으로 《우아한 관찰주의자》《거짓의 프레임》《지위 게임》《밀턴 에릭슨의 심리치유 수업》《타인의 영향력》《알고 있다는 착각》《이야기의 탄생》 등이 있다.

문화의 수수께끼를 풀다

2024년 12월 20일 초판 1쇄 발행

- 지은이 ─── 찰스 킹
- 옮긴이 ─── 문희경
- 펴낸이 ─── 한예원
- 편집 ─── 이승희, 양경아
- 본문 조판 ─── 성인기획
- 펴낸곳 교양인
  우04015 서울 마포구 망원로6길 57 3층
  전화 : 02)2266-2776 팩스 : 02)2266-2771
  e-mail : gyoyangin@naver.com

ⓒ 교양인, 2024
ISBN 979-11-93154-37-3   03380

* 잘못 만들어진 책은 바꾸어드립니다.
* 값은 뒤표지에 있습니다.